FEIERT JESUS!

365

ANDACHTEN

SCM
Hänssler

SCM

Stiftung Christliche Medien

SCM Hänssler ist ein Imprint der SCM Verlagsgruppe, die zur Stiftung Christliche Medien gehört, einer gemeinnützigen Stiftung, die sich für die Förderung und Verbreitung christlicher Bücher, Zeitschriften, Filme und Musik einsetzt.

FSC
www.fsc.org
MIX
Papier aus ver-
antwortungsvollen
Quellen
FSC® C014496

1. Auflage 2018

© 2018 SCM Hänssler in der SCM Verlagsgruppe GmbH
Max-Eyth-Straße 41 · 71088 Holzgerlingen
Internet: www.scm-haenssler.de; E-Mail: info@scm-haenssler.de

Die Bibelverse sind, wenn nicht anders angegeben,
folgenden Ausgaben entnommen:
Neues Leben. Die Bibel, © der deutschen Ausgabe 2002 und 2006
SCM-Verlag GmbH & Co. KG, Witten.
Weiter wurden verwendet:
Lutherbibel, revidierter Text 1984, durchgesehene Ausgabe
in neuer Rechtschreibung, © 1999 Deutsche Bibelgesellschaft, Stuttgart.
Elberfelder Bibel 2006, © 2006 by SCM-Verlag GmbH & Co. KG, Witten.
Bibeltext der Schlachter Bibelübersetzung. Copyright © 2000 Genfer
Bibelgesellschaft.
Wiedergegeben mit der freundlichen Genehmigung.
Alle Rechte vorbehalten.

Umschlaggestaltung: AH DESIGN
Titelbild: Unsplash, Samuel Ferrara
Satz: typoscript GmbH, Walddorfhäslach
Druck und Bindung: GGP Media GmbH, Pößneck
Gedruckt in Deutschland
ISBN 978-3-7751-5724-7
Bestell-Nr. 395.724

INHALT

VORWORT

Ingenieure, Kaufleute, Hausfrauen, Missionare, Theologen, Pädagogen, Studenten – Christen aus den unterschiedlichsten Bereichen haben bei diesem Andachtsbuch mitgewirkt. Jeder bringt die Gedanken und Erfahrungen ein, die er mit Liedern aus den »Feiert Jesus! 1–5«-Liederbüchern verbindet.

Dieses Andachtsbuch soll in allem Gott die Ehre geben. Ich wünsche mir, dass durch das Lesen oder Singen der Liedtexte und das Lesen und Durchdenken der Andachten und Bibelverse die Gedanken ins Rollen kommen.

Es soll einladen, Jesus »mit allem, was ich bin«, zu lieben, zu loben und zu feiern.

Es soll helfen, das eigene Leben zu hinterfragen und das eigene Reden und Tun zu durchleuchten – verherrlicht es Jesus?

Es soll ermutigen, Gott den Platz im Alltag einzuräumen, der ihm zusteht.

Es soll ermuntern, mehr ins Gebet zu gehen, wirklich alles vor Jesus auszubreiten und bei ihm abzuladen – und dann auch bei ihm zu lassen.

Es soll Mut machen, Denk- und Verhaltensweisen zu korrigieren.

Es soll einladen, mich voll und ganz von Gott lieben zu lassen.

Es soll anspornen, für Nachbarn, Freunde und Verwandte, die eigene Stadt und das eigene Land zu beten.

Ich wünsche mir, dass du Jesus jeden Tag ein Stück besser kennenlernst und ihn mehr und mehr in deinem Leben sprechen lässt. Lass dich durch Gottes Wort erfrischen und erlebe täglich seine Kraft und Freude!

Kerstin Enzenhöfer (Herausgeberin)

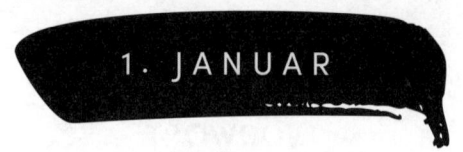

DANKBARKEIT

Du bist der Vater, der mich sieht,
der jedes Haar gezählt hat.
Du bist der Vater, der mich liebt,
der mich für sich erwählt hat.
Ich will das schätzen, was du gibst,
mich nicht daran gewöhnen.
In allem Guten find ich dich,
im Wahren und im Schönen.

Aus »Feiert Jesus! 5«, Nr. 43
Text und Melodie: Albert Frey
© 2015 SCM Hänssler, 71087 Holzgerlingen

Feiert Jesus! 365
CD 1, Nr. 1

DANKE

»Du bist der Vater, der mich sieht« – das muss sich auch Hanna gedacht haben, nachdem sie jahrelang um ein Kind gebeten hatte und nun endlich schwanger war. Gott hatte sie in ihrer Situation gesehen und nach langer Zeit ihre Bitte erfüllt. Selbst als sie ihren Sohn Samuel wieder hergeben musste (1. Samuel 1,24), folgte ein fröhlicher, überschwänglicher Lobgesang Hannas (1. Samuel 2,1-10), in dem sie Gott pries und ihre Dankbarkeit und Freude zum Ausdruck brachte. »Ich will das schätzen, was du gibst, mich nicht daran gewöhnen.« Wie schnell ist nach der ersten Freude und Dankbarkeit der Gewohnheitseffekt da. Wenn alles gut läuft, wenn es uns an nichts fehlt, wir mehr als genug haben, dann nehmen wir das schnell als selbstverständlich. Es bleibt die Herausforderung, auch dann Gott gegenüber dankbar und zufrieden zubleiben.

Eine Zeit lang wurde in unserem Hauskreis gerade aus diesem Grund ein Gebetstagebuch geführt. Jede Woche schrieb einer die Bitt- und Dankanliegen auf. Regelmäßig nach einiger Zeit blätterten wir dieses Buch durch und führten einander noch einmal vor Augen, was aus den Anliegen geworden war. Welche Bitten wurden erfüllt? Wofür möchten wir im Rückblick Gott noch einmal danken? Welche Gründe zum Danken waren bereits wieder in Vergessenheit geraten? Ein Gebetsbuch kann die Fülle der kleinen und großen Gebetserhörungen und Wunder Gottes gebündelt vor Augen führen. Und Gott bestätigt, dass es ihm Ehre bringt, wenn wir ihm danken (Psalm 50,23).

> Wer mir Dank sagt, bringt mir ein Opfer, das mich wirklich ehrt. Wer auf dem Weg bleibt, der erfährt meine Rettung.

PSALM 50,23

Gott ist ein Gott, der dich sieht – danke ihm dafür!

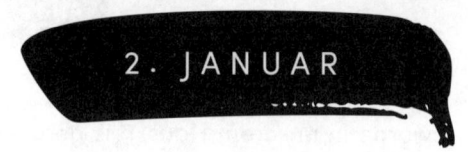

DANKBARKEIT

Du füllst mich mit Dankbarkeit,
du machst meine Seele weit,
Vater im Himmel, alles verdank ich dir.
Du füllst mich mit Dankbarkeit,
schenkst mir meine Lebenszeit,
Vater im Himmel, für alles dank ich dir.

Aus »Feiert Jesus! 5«, Nr. 43
Text und Melodie: Albert Frey
© 2015 SCM Hänssler, 71087 Holzgerlingen

Feiert Jesus! 365
CD 1, Nr. 1

DANKBARKEIT ZEIGEN

»Wie sagt man?« oder »Sag mal Danke!«, das sind die typischen Aufforderungen, die man aus dem Mund der Eltern kennt, wenn ein Kind etwas geschenkt bekommt. Geschenke sind manchmal erwartet, zum Beispiel zum Geburtstag oder an Weihnachten, manchmal eine Überraschung, mal klein, mal groß, meist unverdient. Wie reagierst du auf das, was du täglich von Gott geschenkt bekommst?

Eine befreundete Familie beispielsweise lebt ihre Dankbarkeit gegenüber den Geschenken Gottes im Alltag so, dass sie die Dinge, die ihnen gehören, auch anderen zur Verfügung stellen – und das nicht nur engsten Freunden oder Familienmitgliedern gegenüber, denn sie wissen, dass ihr Eigentum im Grunde nicht ihnen, sondern Gott gehört. Wie leicht fällt es dir, dein Auto zu verleihen?

Ein weiterer Gedanke: Eine befreundete Missionarin forderte mich einmal auf, bei allem, was ich mir kaufe – sei es ein Buch, ein T-Shirt oder eine Kinokarte – den gleichen Betrag als Dank für die Arbeit an Gottes Reich zu spenden. Eine radikale Aufforderung, die schnell den Gedanken der Abwehr hervorruft: »Da kann ich mir ja gar nichts mehr leisten!« Dennoch bringt es mich zum Nachdenken: Wie kann ich neben dem wortwörtlichen »Danke sagen« im Gebet Gott außerdem die Ehre geben und ihm für das danken, was er mir als Geschenk anvertraut hat?

Ich habe festgestellt: Indem ich Gott mit Worten, Liedern und auch durch das tatkräftige Teilen danke, wird meine Freude und mein Dank im Herzen noch größer, und die Dankbarkeit prägt meine Grundeinstellung im Leben.

> Dann will ich Gottes Namen mit einem Lied loben und ihm von ganzem Herzen danken. Das wird dem Herrn besser gefallen als die Opferung eines Ochsen oder eines Stieres mit seinen Hörnern und Hufen. Die Demütigen werden ihren Gott am Werk sehen und froh sein. Alle, die Gottes Hilfe suchen, sollen in Freude leben.
>
> **PSALM 69,31-33**

Möchtest du auch einen dankbaren Lebensstil?

3. JANUAR

DANKBARKEIT

Wenn mir das Leben etwas nimmt,
die Sicherheiten wanken,
dann gilt doch: Deine Güte bleibt,
auch dann will ich dir danken.
Wenn mir das Leben etwas gibt,
mich überrascht mit Freude,
dann weiß ich: Ich habs nicht verdient,
doch ich genieß es heute.

Aus »Feiert Jesus! 5«, Nr. 43
Text und Melodie: Albert Frey
© 2015 SCM Hänssler, 71087 Holzgerlingen

Feiert Jesus! 365
CD 1, Nr. 1

VERLUSTE – UND TROTZDEM DANK

»Der Herr hat mir alles gegeben, und der Herr hat es mir wieder weggenommen. Gelobt sei der Name des Herrn!« (Hiob 1,21). Dieser Vers hat es in sich. Der Herr hat mir alles gegeben – wie oft schon im Leben habe ich unverdient viele tolle Dinge erhalten: gute Eltern, einen Ehepartner, Kinder, liebe Freunde, ein schönes Haus, genügend Geld, um in den Urlaub fahren zu können, ein Auto; oder er hat mir Gesundheit geschenkt und eine lebendige Gemeinde. Da fällt es mir leicht, dankbar zu sein, da kann ich wirklich nicht oft genug Danke sagen, denn es ist absolut keine Selbstverständlichkeit.

Der Herr hat es mir wieder weggenommen. Da fällt es nun wirklich schwer, dankbar zu bleiben. Schnell ist Schluss mit lustig, wenn man plötzlich einen lieben Menschen verliert und alleine ist, schwer krank wird, in finanzielle Schwierigkeiten gerät oder sonst einen Verlust erleidet. Hiob musste eine ganze Reihe von Tiefschlägen auf einmal verkraften: Tod seiner Tiere, Tod der Hirten und Knechte, Tod seiner Kinder. Wahnsinn! Dennoch steht dieser unglaubliche Satz danach: Gelobt sei der Name des Herrn! Hiob weiß trotz allem Leid, Wut, Ärger und Schmerz: Er ist nicht allein. Gott hatte ihn bisher sehr reich beschenkt – nun wird ihm viel davon wieder genommen. Aber: Er ist nicht allein. Der mächtige Gott, dem er voll und ganz vertraut, steht hinter ihm, liebt ihn und wird alles zum Guten wenden.»Dann gilt doch: Deine Güte bleibt, auch dann will ich dir danken.« Im Leid darf ich dennoch dankbar sein, dass Gott mit seiner Gegenwart, seiner Gnade, Liebe, Hilfe und Herrlichkeit bei mir ist.

Dieses Wissen, dass alle Dinge uns zum Guten dienen (Römer 8,28), ist ein Rettungsanker, an den ich mich klammere.

> Da stand Hiob auf und zerriss seine Kleider. Er schor sich den Kopf, warf sich vor Gott zu Boden und sagte: »Nackt bin ich aus dem Leib meiner Mutter gekommen, und nackt werde ich sein, wenn ich sterbe. Der Herr hat mir alles gegeben und der Herr hat es mir wieder weggenommen. Gelobt sei der Name des Herrn!« Trotz allem, was geschehen war, versündigte Hiob sich nicht gegen Gott und sagte nichts Ungehöriges.
>
> **HIOB 1,20-22**

Sei dankbar, auch wenn es schwerfällt.

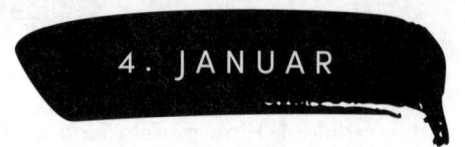

FEIERT JESUS!

Feiert Jesus, kommt, feiert ihn, feiert Jesus, kommt, feiert ihn.
Feiert Jesus, kommt, feiert ihn, feiert Jesus, kommt, feiert ihn!

Auferstanden, auferstanden, nun lebt er in Ewigkeit.
Auferstanden, auferstanden, kommt und feiert die Auferstehung
unsres Herrn.

Aus »Feiert Jesus! 1«, Nr. 1
Originaltitel: Celebrate Jesus
Text und Melodie: Gary Oliver
Deutsch: Jeanette Schaberl
© 1988 Integrity's Hosanna! Music
Für D, A, CH: SCM Hänssler, 71087 Holzgerlingen

Feiert Jesus! 2
Nr. 3

FEIERT JESUS!

»Feiert Jesus!« Ein Satz, der zur Marke geworden ist. »Feiert Jesus!«-Liederbücher, »Feiert Jesus!«-CDs, »Feiert Jesus!«-Konzerte usw. Dabei ist die Formulierung für mich alles andere als gewöhnlich. Ich feiere Geburtstage, Partys, Ostern und Weihnachten, aber ich sage nie: Ich feiere Sara. Ich feiere Christian. Eine Person zu feiern ist nicht meine Alltagssprache. Was beinhaltet dieses »Feiert Jesus!« für mich? Drei Dinge: Jesus, Gemeinschaft, Freude.
Erstens, der wichtigste Punkt: Jesus steht im Mittelpunkt. Im Zentrum der »Feier«, im Zentrum meines Lebens. Zumindest ist das mein Anspruch und Wunsch. Ob es jeden Tag Realität ist, muss ich mich immer neu ehrlich fragen und gegebenenfalls korrigieren lassen.
Zweitens: Was ist eine Feier ohne Gäste, ohne Freunde, die mitfeiern? Als Christ ist es wichtig, dass ich nicht alleine dastehe, denn

sonst laufe ich Gefahr, meinen Glauben schnell links liegen zu lassen. Gemeinschaft tut gut. Es ist wichtig zu wissen, dass andere im Glauben hinter mir stehen, mit mir beten und mich ermutigen. Auch Gott legt eine große Verheißung darauf: »Denn wo zwei oder drei zusammenkommen, die zu mir gehören, bin ich mitten unter ihnen« (Matthäus 18,20).

Und drittens: Freude. Eine Feier bedeutet meistens, dass ausgelassene, fröhliche Stimmung herrscht. Dass man Spaß hat und gut gelaunt die Zeit mit den anderen verbringt. Auch im Himmel erwartet uns ein großes Festmahl, das Hochzeitsmahl des Lammes, zu dem wir geladen sind (Offenbarung 19,7)!

Freust du dich bewusst jeden Tag daran, dass du Jesus kennst? Dass er nicht tot geblieben, sondern auferstanden ist und in uns lebt? Freust du dich jeden Tag, dass du andere Christen kennst? Ermutigst du sie bewusst im Glauben? Sei fröhlich und feiere jeden Morgen neu, dass du Gottes Kind sein darfst!

Und vom Thron war eine Stimme zu hören, die sagte: »Lobt unseren Gott, alle seine Diener, die ihn fürchten, vom geringsten bis zum größten.« Dann hörte ich wieder etwas, das wie das Rufen einer riesigen Menschenmenge oder das Rauschen mächtiger Meereswellen oder das Krachen lauter Donnerschläge klang: »Halleluja! Denn der Herr, unser Gott, der Allmächtige, herrscht. Lasst uns fröhlich sein und jubeln und ihn ehren. Denn die Zeit für das Hochzeitsmahl des Lammes ist gekommen, und seine Braut hat sich vorbereitet. Sie darf sich in strahlend weißes Leinen kleiden.« Denn das strahlende Leinen steht für die guten Taten der Menschen, die zu Gott gehören. Und der Engel sagte: »Schreib auf: Gesegnet sind diejenigen, die zum Hochzeitsmahl des Lammes eingeladen sind.« Und er fügte hinzu: »Das sind Gottes Worte, die wahr und zuverlässig sind.«

OFFENBARUNG 19,5-9

Freue dich!

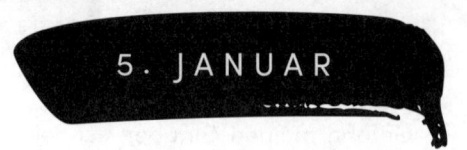

ICH WILL VON DEINER LIEBE SINGEN

Über die Berge und das Meer
fließt dein Liebesstrom zu mir.
Vor dir mach ich mein Herz ganz weit,
denn der mich heilt, der setzt mich frei.
An deiner Wahrheit freu ich mich,
und täglich rufe ich zu dir;
wie du mich liebst, davon
will ich immer singen.

Ich will von deiner Liebe singen,
immer von deiner Liebe singen.
Ich will von deiner Liebe singen,
immer von deiner Liebe singen.

Ja, ich könnte tanzen,
auch wenn es töricht scheint.
Doch wenn die Welt dein Licht erkennt,
tanzen sie mit uns vor lauter Freude.

Aus »Feiert Jesus! 2«, Nr. 74
Originaltitel: I Could Sing Of Your Love Forever
Text und Melodie: Martin Smith
Deutsch: Margit Kastner
© 1994 Curious? Music UK
Für D, A, CH: SCM Hänssler, 71087 Holzgerlingen

Feiert Jesus! 6
Nr. 10

ÜBER GOTTES WAHRHEIT FREUEN

Eine der ermutigenden Wahrheiten Gottes ist für mich, dass Gott
vor den Anspruch an mein Leben seinen Zuspruch stellt. Bevor er
mich auffordert, meiner Berufung gemäß würdig und heilig zu
leben, spricht er mir zu: Ihr seid jetzt vom Licht des Herrn erfüllt

(Epheser 5,8) – nicht ihr solltet sein, ihr solltet viel mehr beten, viel mehr Gutes tun, sondern ihr seid es! Seit ich Gottes Kind bin, bin ich von seinem Licht erfüllt. Was für ein großes Geschenk! Und auf dieser Basis des Zuspruchs folgt die Aufforderung Gottes: Wandle auch danach! Gottes Licht bringt in mir Güte, Gerechtigkeit und Wahrheit hervor, sagt Paulus (Epheser 5,9). Setze ich es auch um? Lebe ich das?

Prinzipiell kann man jeden Tag sein Leben ändern. Jeder Tag ist ein neuer Tag, ein neues Datum. Doch gerade der Jahreswechsel ist für viele Menschen ein besonderer Anlass, ihr Leben zu überdenken, Vorsätze zu fassen, Veränderungen anzupacken.

Bist du manchmal wütend über all das Unrecht in der Welt? Über die Gewalttaten, den sexuellen Missbrauch, Drogenprobleme, die Ausbeutung armer Menschen? Doch durch Zorn kann man die Probleme nicht lösen. Finsternis wird nur durch Licht vertrieben – wenn Gottes Licht und Liebe durch mich ins Dunkel scheinen (Epheser 5,13), kann es an dieser Stelle der Welt hell werden. Wo trage ich Gottes Liebe in die Finsternis, wo rede und singe ich zu seiner Ehre von seiner Liebe, die mein Herz so überreich füllt und frei gemacht hat?

> Auch wenn es früher in euch finster war, seid ihr jetzt vom Licht des Herrn erfüllt; deshalb lebt nun auch als Kinder des Lichts! Denn dieses Licht in euch bringt lauter Güte, Gerechtigkeit und Wahrheit hervor. Findet heraus, was dem Herrn Freude macht. Beteiligt euch nicht an den nutzlosen Taten der Finsternis, sondern deckt sie vielmehr auf. Es ist beschämend, auch nur davon zu reden, was gottlose Menschen im Verborgenen treiben. Doch wenn das Licht darauf fällt, wird alles sichtbar werden. Was aber sichtbar wird, wird nun auch Licht. Deshalb heißt es: »Wach auf, du Schläfer, steh von den Toten auf, dann wird Christus dir aufleuchten.«

EPHESER 5,8-14

Fasse heute einen Jahres-Vorsatz:
In welche Finsternis möchtest du Gottes Licht tragen?

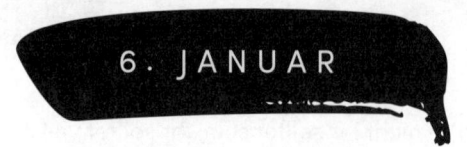

6. JANUAR

LOBET DEN HERREN

Lobet den Herren, alle, die ihn ehren;
lasst uns mit Freuden seinem Namen singen
und Preis und Dank zu seinem Altar bringen.
Lobet den Herren!

Aus »Feiert Jesus! 1«, Nr. 20
Text: Paul Gerhardt (1653)
Melodie: Johann Crüger (1653)

Glaube – Das Liederschatz-Projekt
Nr. 2

LOBT!

»Lobt den Herrn, all ihr Völker. Lobt ihn, alle Menschen auf Erden. Denn seine Gnade ist groß und seine Treue besteht für alle Zeit« (Psalm 117). Das sind die Worte des kompletten Psalms 117. Dies ist mit lediglich zwei Versen der kürzeste Psalm und auch das kürzeste Kapitel der Bibel. Doch in diesen kurzen Versen steckt viel Wahrheit. Es ist eine Aufforderung zum Lobpreis. Und warum? Weil Gott gnädig und treu ist! Diese Wahrheit ist ein wirklich guter Grund, Gott zu ehren und zu preisen. Sicher war auch Paul Gerhardt, als er diese Strophe schrieb, erfüllt von Dankbarkeit und Freude darüber, was Gott für ihn getan hat und was Gott für ihn bedeutet: »Lobet den Herren, alle, die ihn ehren; lasst uns mit Freuden seinem Namen singen und Preis und Dank zu seinem Altar bringen.«
Welche Gründe fallen dir heute ein, warum du Gott immer und immer wieder loben und preisen und ihm Danke sagen kannst? Er verdient die Ehre, weil er mein Erretter von den Sünden ist, weil er mir immer treu bleibt, weil er mich durch und durch kennt, weil er der Schöpfer ist, weil er den Tod besiegt hat, weil er mich liebt,

weil er mich erwählt hat, weil er allmächtig ist, weil er mich beschützt, weil er mich nie alleine lässt, weil er das Beste für mich möchte. Bestimmt kommst du noch auf viel mehr Dinge.

> Lobt den Herrn, all ihr Diener des Herrn, die ihr nachts im Hause des Herrn steht. Erhebt eure Hände im Heiligtum und lobt den Herrn! Der Herr, der Himmel und Erde gemacht hat, segne euch von Jerusalem aus.

PSALM 134,1-3

Lobe Gott für seine unendliche Treue!

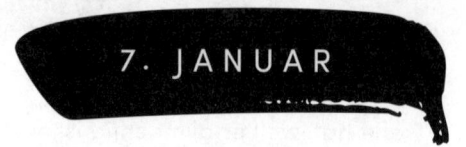

LOBET DEN HERREN

Der unser Leben, das er uns gegeben,
in dieser Nacht so väterlich bedecket
und aus dem Schlaf uns fröhlich auferwecket:
Lobet den Herren!

Aus »Feiert Jesus! 1«, Nr. 20
Text: Paul Gerhardt (1653)
Melodie: Johann Crüger (1653)

Glaube – Das Liederschatz-Projekt
Nr. 2

WENN DER HERR ES WILL …

Ich gestehe, ein Satz, der mich bei meiner Oma oft genervt hat, war: »So Gott will und ich es erlebe, werde ich …« Sie sagte das bei fast allen Zukunftsaussagen. So Gott will und ich es erlebe, werde ich meinen Geburtstag in diesem Restaurant feiern, … dorthin in den Urlaub fahren und vieles mehr.

Doch so nervig ich diese Floskel auch empfunden habe, sie enthält doch im Grunde eine Demut und ein Bewusstsein, dass das Leben nicht selbstverständlich ist und jederzeit eingeschränkt oder zu Ende sein kann. Paul Gerhardt widmet dieser Tatsache eigens eine Strophe: »Der unser Leben, das er uns gegeben, in dieser Nacht so väterlich bedecket und aus dem Schlaf uns fröhlich auferwecket.« Sowohl die Tatsache, dass ich jede Nacht behütet schlafe, als auch die, dass ich am nächsten Morgen wieder aufstehen darf, ist sein Werk. Das verdanke ich ihm! Und letztlich ist es sogar eine biblische Aufforderung, die in Jakobus 4,15 steht: »Stattdessen solltet ihr sagen: ›Wenn der Herr es will, werden wir leben und dieses oder jenes tun.‹« Ich möchte es mir zur Aufgabe machen – auch wenn ich es nicht wortwörtlich bei meinen

Aussagen laut ausspreche –, diesen Satz in mein Planen und Zukunftsdenken einzubauen. Denn die Voraussetzung für mein Leben ist, dass Gott es jeden Tag neu schenkt, weil er es will. Lobet den Herren!

> Passt auf, wenn ihr behauptet: »Heute oder morgen werden wir in eine bestimmte Stadt gehen und ein Jahr dort bleiben. Wir werden dort Geschäfte machen und Gewinne erzielen.« Woher wollt ihr wissen, was morgen sein wird? Euer Leben gleicht doch dem Nebel am Morgen – schon nach kurzer Zeit ist er wieder verschwunden. Stattdessen solltet ihr sagen: »Wenn der Herr es will, werden wir leben und dieses oder jenes tun.« Nun aber seid ihr stolz auf eure eigenen Pläne. Doch solche Angeberei ist durch und durch schlecht.
>
> **JAKOBUS 4,13-16**

Danke, Gott, dass du mir heute wieder
einen Tag Leben schenkst!

LOBET DEN HERREN

Dass unsre Sinnen wir noch brauchen können
und Händ und Füße, Zung und Lippen regen,
das haben wir zu danken seinem Segen.
Lobet den Herren!

Aus »Feiert Jesus! 1«, Nr. 20
Text: Paul Gerhardt (1653)
Melodie: Johann Crüger (1653)

Glaube – Das Liederschatz-Projekt
Nr. 2

ZUR EHRE GOTTES DIE SINNE VERWENDEN

Wie in der vorherigen Strophe das Leben an sich, so ist es ebenso keine Selbstverständlichkeit, dass unsere Sinne, Hände und Füße jeden Morgen funktionieren und gebrauchsfähig sind. Und gerade, wenn man an manchen Tagen krank aufwacht, bemerkt man erst, wie selbstverständlich man doch den gesunden Zustand hinnimmt. Doch wozu verwende ich meine Sinne, Hände, Füße, Zunge und Lippen eigentlich? Ist das, was ich denke, tue und sage in Jesus gedacht, in Jesus gesprochen, in Jesus gelebt? Ich kann es in zwei Hinsichten beleuchten. Wie setze ich meine Sinne zur Ehre Gottes ein? Und wie setze ich sie für meine Mitmenschen ein? Höre ich zum Beispiel mit meinen Ohren auf das, was Gott mir heute sagen möchte? Braucht jemand in meinem Umfeld ein offenes Ohr, das ihm zuhört? Lobe ich Gott durch das, was ich sage? Wer braucht heute eine Ermutigung durch meine Lippen? Bin ich ein Duft für Gott oder für die Nasen anderer? Wenn Paulus in 2. Korinther 2,15 schreibt, dass wir für Gott ein Wohlgeruch Christi unter den anderen Menschen sind, dann ist das ein tolles Bild dafür, dass andere Menschen den attraktiven

Geruch der Erkenntnis Christi riechen können und dadurch erfahren, dass Jesus der Retter ist. Paulus spricht hier ganz klar von unserem Auftrag, das Evangelium zu verkünden. Und wie steht es um meine Füße? Laufen sie eine zweite Meile mit (Matthäus 5,41)? Stell dir selbst ein paar Fragen, wie du deine Lippen, deine Füße usw. zur Ehre Gottes und zu seinem Lob unter den Menschen einsetzen kannst. Denn wir werden zwar allein aus Gnade errettet und nicht durch unsere Taten, doch an unseren Taten kann man sehen, woran wir glauben (Jakobus 2,14).

> Doch ich danke Gott, der uns, die wir zu Christus gehören, immer in seinem Triumphzug mitführt. Wo immer wir jetzt auch hinkommen, setzt er uns ein, um anderen vom Herrn zu erzählen und die gute Botschaft zu verbreiten wie einen wohlriechenden Duft. Unserem ganzen Leben haftet der Wohlgeruch von Christus an; und damit loben wir Gott. Aber dieser Geruch wird von denen, die gerettet werden, anders wahrgenommen als von denen, die verloren gehen. Für die Menschen, die verloren gehen, sind wir der schreckliche Gestank von Tod und Verdammnis. Doch für die Menschen, die gerettet werden, sind wir ein Leben spendender Duft. Wer kann einer solchen Aufgabe gerecht werden?
>
> **2. KORINTHER 2,14-16**

Nutze dein Leben zur Ehre Gottes!

LOBET DEN HERREN

O treuer Hüter, Brunnen aller Güter,
ach lass doch ferner über unser Leben
bei Tag und Nacht dein Huld und Güte schweben.
Lobet den Herren!

Aus »Feiert Jesus! 1«, Nr. 20
Text: Paul Gerhardt (1653)
Melodie: Johann Crüger (1653)

Glaube – Das Liederschatz-Projekt
Nr. 2

GOTT, DER BRUNNEN ALLER GÜTER

»Der Segen des Herrn allein macht den Menschen reich, durch eigene Sorge kann er nichts hinzufügen« (Sprüche 10,22). Diese Aussage ist ein Tiefschlag für alle Workaholics. Auch wenn ich kein Schwabe bin, so trifft das Sprichwort »Schaffe, schaffe, Häusle baue« doch für mich und sicherlich sehr viele in unserer Gesellschaft zu. Ich bin so geprägt, dass ich etwas tun muss, wenn ich im Leben etwas erreichen möchte, sei es das Lernen in der Schule oder der Einsatz im Beruf. Doch der Bibelvers sagt ganz klar aus: Der Erfolg kommt alleine aus Gottes Segen. Natürlich darf ich nicht den Umkehrschluss ziehen, dass mein Nichtstun automatisch Gottes Segen bringt, obwohl ich etwas hätte tun können. Aber es zeigt klar, dass all mein Mühen und Arbeiten nichts nützt und vergeblich ist, wenn Gott seinen Segen nicht schenkt. Wenn Gott, der »Brunnen aller Güter«, wie Paul Gerhardt ihn beschreibt, uns segnet, bedeutet dies nicht nur materiellen Reichtum, sondern noch viele andere Dinge, die er für uns bereithält. An vielen Stellen spricht die Bibel davon, dass Wohlstand, Anerkennung und Erfolg alles Geschenke Gottes sind, so zum Beispiel in 1. Chronik 29,12 oder in 5. Mose 28,11. Es ist auf jeden Fall eine entlastende, Gelassenheit schenkende Zusage, dass ich es nicht selbst reißen muss! Wieder ein Grund, Gott zu loben! Und ein verheißungsvoller Tipp zum Schluss (Psalm 37,4): »Freu dich am Herrn, und er wird dir geben, was dein Herz wünscht.«

> Dein, Herr, sind Größe, Macht, Herrlichkeit, Ruhm und Hoheit. Alles im Himmel und auf der Erde gehört dir; dein ist das Reich, Herr. Wir beten dich an als den Herrn über alles. Reichtum und Ehre kommen allein von dir, denn du bist Herr über alles. Macht und Stärke verleihst du dem, den du groß und mächtig machen willst. Gott, wir danken dir und preisen deinen herrlichen Namen.
>
> **1. CHRONIK 29,11-13**

Lobe den Herrn, der dich beschenkt!

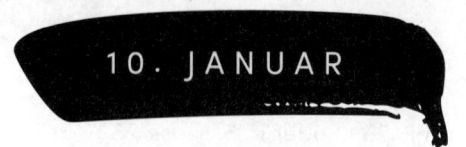
LOBET DEN HERREN

Gib, dass wir heute, Herr, durch dein Geleite
auf unsern Wegen unverhindert gehen
und überall in deiner Gnade stehen.
Lobet den Herren!

Aus »Feiert Jesus! 1«, Nr. 20
Text: Paul Gerhardt (1653)
Melodie: Johann Crüger (1653)

Glaube – Das Liederschatz-Projekt
Nr. 2

MIT GOTT UNTERWEGS

»Denn er befiehlt seinen Engeln, dich zu beschützen, wo immer
du gehst. Auf Händen tragen sie dich, damit du deinen Fuß nicht
an einen Stein stößt« (Psalm 91,11f). Dieser Vers aus dem Alten
Testament zeigt einmal mehr, dass Gott von Anfang an für uns da
ist und uns nicht alleine lässt.

Gerade durch Dekorationstrends um die Weihnachtszeit werden Engel oft mit Rauschgoldengeln, wallendem Haar und Kitsch
gleichgesetzt. Doch die Bibel zeichnet ein anderes Bild von Engeln. Sie werden mit verschiedenen Aufgaben vorgestellt, zum
Beispiel als Boten Gottes, die wichtige Botschaften – wie die Geburt Jesu – ankündigen, oder, wie in diesem Vers, als Beschützer,
die uns von Gott zur Seite gestellt werden. So können wir wissen,
dass wir durch Gottes Geleit »auf unsern Wegen unverhindert
gehen« können. Das ist eine Mut machende Verheißung.

Als ich vor vielen Jahren die Reise ins Ausland zu einer Bibelschule
antrat, las ich kurz vorher den Vers aus Josua 1,9: »Sei stark und
mutig! Hab keine Angst und verzweifle nicht. Denn ich, der Herr,
dein Gott, bin bei dir, wohin du auch gehst.« Gott ist überall dabei

und schützt mich. Mit dieser Gelassenheit lebt es sich deutlich leichter und unbeschwerter! Und genau das möchte Gott mir und dir schenken. Wo hast du solche Erfahrungen gemacht?

Denn er befiehlt seinen Engeln, dich zu beschützen, wo immer du gehst. Auf Händen tragen sie dich,damit du deinen Fuß nicht an einen Stein stößt. Löwen und giftige Schlangen wirst du zertreten, wilde Löwen und Schlangen wirst du mit deinen Füßen niedertreten! Der Herr spricht: »Ich will den erretten, der mich liebt. Ich will den beschützen, der auf meinen Namen vertraut. Wenn er zu mir ruft, will ich antworten. Ich will ihm in der Not beistehen und ihn retten und zu Ehren bringen. Ich will ihm ein langes Leben schenken und ihn meine Hilfe erfahren lassen.«

PSALM 91,11-16

Gott behütet dich!

LOBET DEN HERREN

Treib unsern Willen, dein Wort zu erfüllen,
hilf uns gehorsam wirken deine Werke,
und wo wir schwach sind, da gib du uns Stärke.
Lobet den Herren!

Aus »Feiert Jesus! 1«, Nr. 20
Text: Paul Gerhardt (1653)
Melodie: Johann Crüger (1653)

**Glaube – Das Liederschatz-Projekt
Nr. 2**

HERR, MOTIVIERE MICH, DEINEN WILLEN ZU TUN!

Wie oft schon habe ich morgens darum gebetet, dass ich diesen Tag nach Jesu Willen lebe und dass ich heute sein Werkzeug sein darf. Und tatsächlich hat Gott oft wenige Stunden später eine Situation geschenkt, wo eine gute Tat, ein gutes Wort, Geduld, Freundlichkeit oder Barmherzigkeit nötig gewesen wären – ich schreibe bewusst die Konjunktivform »wären«, nicht »waren«, denn meist geht es mir so, dass ich hinterher merke, dass ich es wieder einmal vermasselt habe. Manchmal unbewusst, manchmal bewusst. So wollte sich kürzlich eine eher unliebsame Nachbarin morgens mein Auto leihen, weil sie ihren Autoschlüssel verlegt hatte, aber dringend zur Arbeit musste. Meine ersten Gedanken waren, dass ich gerade dieser Person ungern mein Auto leihen würde, zweitens, dass es versicherungstechnisch gar nicht möglich wäre, einer fremden Person das Fahrzeug zu überlassen und dass ich drittens genau 20 Minuten später selbst einen Arzttermin hätte – ich sagte ihr also ab. Doch hinterher fragte ich mich, ob dies nicht genau so ein Moment gewesen war, wo mich jemand darum bat, eine Meile mit ihm zu gehen, und ich, statt abzusagen, zwei Meilen hätte mitgehen sollen (vgl. Matthäus 5,41f)? Schließlich hätte ich sie ja auch – statt ihr das Auto zu geben – dorthinfahren können. Leider fiel mir das zu spät ein. »Treib unsern Willen, dein Wort zu erfüllen« – ich bete weiter, dass Gott mir immer wieder Gelegenheiten und neue Motivation gibt, seinen Willen ganz konkret zu tun! Ich bete um Weisheit für das, was ich tun und sagen soll. Und ich lobe ihn, dass er mir vergibt, wo ich versage!

Liebe Freunde, als ich bei euch war, habt ihr meine Anweisungen immer treu befolgt. Jetzt, in meiner Abwesenheit, müsst ihr noch mehr darauf achten, dass Gottes Liebe in eurem Leben sichtbar wird. Deshalb gehorcht Gott voller Achtung und Ehrfurcht. Denn Gott bewirkt in euch den Wunsch, ihm zu gehorchen, und er gibt euch auch die Kraft zu tun, was ihm Freude macht. Was ihr auch tut, tut es ohne zu klagen und zu zweifeln, damit niemand euch irgendetwas vorwerfen kann. Als Kinder Gottes sollt ihr ein reines, vorbildliches Leben führen in einer dunklen Welt voller verdorbener und verirrter Menschen, unter denen euer Leben wie ein helles Licht leuchtet.

PHILIPPER 2,12-15

Gott schenkt dir seine Stärke!

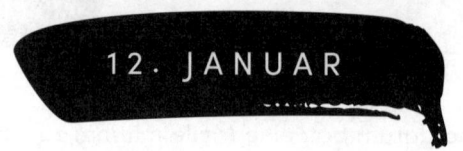
LOBET DEN HERREN

Richt unsre Herzen, dass wir ja nicht scherzen
mit deinen Strafen, sondern fromm zu werden
vor deiner Zukunft uns bemühn auf Erden.
Lobet den Herren!

Aus »Feiert Jesus! 1«, Nr. 20
Text: Paul Gerhardt (1653)
Melodie: Johann Crüger (1653)

Glaube – Das Liederschatz-Projekt
Nr. 2

DIE ERNSTHAFTIGKEIT DER SÜNDE

Wie gehst du mit dem Thema Sünde um? Wenn dir eine Sünde
bewusst wird, bist du dann tief betroffen? Schweigst du es tot?
Bist du erleichtert, dass du die Schuld erkannt hast und nun um
Vergebung bitten kannst? Entschuldigst du dich bei einer betroffenen Person? Hast du Angst, dass Jesus dir diese Sünde, die du
zum x-ten Mal begangen hast, nicht mehr vergeben möchte?
Wenn Paulus über das Thema Sünde redet, verwendet er eine
harte Ausdrucksweise. »Deshalb sollt ihr die Schwächen der Welt
in euch abtöten« (Kolosser 3,5). Töten. Abtöten. Aber Paulus ist
damit nicht allein. Auch Jesus verwendet beim Thema Sünde keine weichen, harmlosen Worte. »Wenn dich also dein Auge – auch
wenn es dein gutes Auge ist – zur Begierde verführt, reiß es heraus und wirf es weg!« (Matthäus 5,29). Herausreißen. Wegwer-
fen. Auch hier verdeutlicht die Wortwahl Jesu, dass er beim Thema Sünde keinen Spaß versteht, sondern dass Sünde, also die
Trennung von Gott, etwas sehr Ernstes ist. Paul Gerhardt mahnt
in dieser Strophe, dass wir mit den Strafen Gottes nicht scherzen
sollen. Es ist eine ehrlich gemeinte Aufforderung an Gott, mein

eigenes Herz zu richten, zu korrigieren, Falsches aufzudecken. Das mag im ersten Moment extrem schmerzhaft, bitter und deprimierend sein. Aber dann darf ich mir sofort ins Bewusstsein rufen: »Doch wenn wir ihm unsere Sünden bekennen, ist er treu und gerecht, dass er uns vergibt und uns von allem Bösen reinigt« (1. Johannes 1,9). Lobet den Herrn! Er will unsere Schuld ans Licht bringen und uns davon reinigen!

Wenn wir sagen, wir seien ohne Schuld, betrügen wir uns selbst und die Wahrheit ist nicht in uns. Doch wenn wir ihm unsere Sünden bekennen, ist er treu und gerecht, dass er uns vergibt und uns von allem Bösen reinigt. Wenn wir behaupten, wir hätten nicht gesündigt, machen wir Gott damit zum Lügner und beweisen, dass sein Wort nicht in unserem Herzen ist.

1. JOHANNES 1,8-10

Lobe Gott, dass er dir immer wieder treu vergeben will!

LOBET DEN HERREN

Herr, du wirst kommen und all deine Frommen,
die sich bekehren, gnädig dahin bringen,
da alle Engel ewig, ewig singen:
Lobet den Herren!

Aus »Feiert Jesus! 1«, Nr. 20
Text: Paul Gerhardt (1653)
Melodie: Johann Crüger (1653)

Glaube – Das Liederschatz-Projekt
Nr. 2

DER BLICK AUF DIE EWIGKEIT

Diese Strophe spricht von der Zukunft, die in Ewigkeit auf uns wartet. An sich ist es ein fröhlicher Text, der Freude macht auf das, was kommt. Doch ich muss gestehen, dass ich dabei eher nachdenklich werde. Zum einen, weil mir selbst oft der Blick auf die Ewigkeit im Alltag abhandenkommt und ich viel zu sehr mit dem Leben hier beschäftigt bin. Die Liedstrophe macht mir klar: Ich muss meine Prioritäten immer wieder neu prüfen und korrigieren! Zum anderen, weil mir bewusst wird, wie groß die Aufgabe noch ist, Menschen zu Jesus zu führen, damit auch sie die Ewigkeit bei ihm verbringen dürfen. Möchte ich, möchtest du nicht auch gerne viel mehr daran beteiligt sein, Gottes Segen zu verbreiten? Sich nicht nur selbst darin zu sonnen, ein Kind Gottes sein zu dürfen, sondern aktiv den Missionsauftrag Jesu wahrzunehmen? Solche Gedanken sollen kein schlechtes Gewissen verbreiten und miese Laune machen, sondern zum Nachdenken anregen, dass man nicht immer nur für sich selbst Gottes Segen erbitten und empfangen soll, sondern auch für andere ein Segen sein darf. Welchen Platz hat dir Gott gerade im Leben zugedacht? Es muss nicht immer ein fernes Land sein. Es kann auch in der Stadt, in der du lebst, unter deinen Nachbarn, Arbeitskollegen, Freunden und Bekannten oder auch in deiner Familie sein, wo Jesu rettende Botschaft dringend gebraucht wird. Wenn du weißt, dass auch endlich XY von Jesus gehört hat, freust du dich vielleicht noch viel mehr darauf, dass alle Gläubigen einst vor Gottes Thron ihn gemeinsam loben und anbeten werden!

Halleluja! Lobt den Namen des Herrn! Lobt ihn, alle, die ihr dem Herrn dient, die ihr im Hause des Herrn steht, in den Vorhöfen des Hauses unseres Gottes. Lobt den Herrn, denn er ist gut; singt seinem herrlichen Namen. Denn der Herr hat Jakob erwählt, er hat Israel zu seinem Eigentum gemacht. Ich weiß, dass der Herr groß ist – größer als alle anderen Götter.

PSALM 135,1-5

Heute bete ich bewusst für ...

HERR DER EHRE

Vor dir verblasst das hellste Licht.
Du bist so wunderbar,
ja, du bist wunderbar.
Wie Feuerflammen ist dein Blick.
Du bist so wunderbar,
ja, du bist wunderbar.

Aus »Feiert Jesus! 5«, Nr. 187
Originaltitel: King Of Glory
Text und Melodie: Matt Redman und David Gate
Deutsch: Chris Mühlan, Phillip Angelina und Andreas Friesen
© 2001 Thankyou Music
Für D, A, CH: SCM Hänssler, 71087 Holzgerlingen

Feiert Jesus! 21
Nr. 6

BETRACHTE JESUS!

Jesus möchte am liebsten Gemeinschaft mit uns! Er möchte, dass wir in einer innigen Beziehung mit ihm leben, dass wir über sein Wort nachdenken, mit ihm reden, auf ihn hören, ihn wieder und wieder betrachten. Nicht Arbeiten, nicht Aktiv sein, nicht Dienen ist das Entscheidende, sondern dass wir in Gemeinschaft mit ihm leben. Nicht Tun für Jesus, sondern Sein mit und für Jesus! Dann können wir spüren, dass er da ist, dass er lebt! »Deshalb, liebe Freunde, die ihr Gott gehört und an der himmlischen Berufung teilhabt, denkt über diesen Jesus nach, den wir bekennen als Gesandten und Hohen Priester Gottes« (Hebräer 3,1).
Die Auswirkung, das Tun für Jesus, dass wir anderen Menschen dienen, dass wir in der Gemeinde aktiv mitarbeiten und gestalten, das kommt automatisch aus unserer Beziehung zu Jesus. Wenn wir von ihm übervoll sind, sprudeln wir seine Liebe, sei-

ne Barmherzigkeit, seine Gnade und seinen Trost aus uns heraus und geben sie an andere weiter. Dann ist unser Glaube auch
nicht tot und ohne Werke, wie Jakobus schreibt. Doch ohne An-
schluss an ihn als Quelle würde unser Tun schnell versiegen, trocken und nutzlos werden. Wenn wir uns durch das Lesen der Bibel
bewusst machen, wer Jesus ist, wie wunderbar er ist, gibt es kein
Halten mehr! »Vor dir verblasst das hellste Licht. [...] Herr der Ehre,
dir sei Ehre«.

Da wir von so vielen Zeugen umgeben sind, die ein Leben
durch den Glauben geführt haben, wollen wir jede Last
ablegen, die uns behindert, besonders die Sünde, in die
wir uns so leicht verstricken. Wir wollen den Wettlauf bis
zum Ende durchhalten, für den wir bestimmt sind. Dies tun
wir, indem wir unsere Augen auf Jesus gerichtet halten, von
dem unser Glaube vom Anfang bis zum Ende abhängt. Er
war bereit, den Tod der Schande am Kreuz zu sterben, weil
er wusste, welche Freude ihn danach erwartete. Nun sitzt
er an der rechten Seite von Gottes Thron im Himmel!

HEBRÄER 12,1f

Sei mit Jesus!

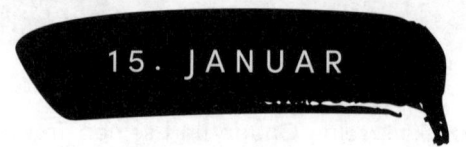
HERR DER EHRE

Herr der Ehre, dir sei Ehre.
Herr der Ehre, dir sei Ehre.

Aus »Feiert Jesus! 5«, Nr. 187
Originaltitel: King Of Glory
Text und Melodie: Matt Redman und David Gate
Deutsch: Chris Mühlan, Phillip Angelina und Andreas Friesen
© 2001 Thankyou Music
Für D, A, CH: SCM Hänssler, 71087 Holzgerlingen

Feiert Jesus! 21
Nr. 6

HERR DER EHRE, DIR SEI EHRE!

Gott hält das All in seiner Hand. Eine Dimension, die ich mir nur schwer vorstellen kann. Fakt ist, dass er einfach alles in der Hand hält, ohne Ausnahme. Das Wort »alles« kann mein Gehirn irgendwie einfacher verstehen. Aber wenn ich es herunterbreche auf meinen Alltag, heißt das vor allem, dass er jeden Montag, Dienstag, Mittwoch und jeden anderen Tag auch Herr über meine Arbeit ist. Hast du deinen Arbeitsplatz schon einmal konkret so betrachtet? Klar, du erledigst deine Aufgaben in erster Linie für deine Firma, deinen Chef, die Kunden oder Kollegen, natürlich auch für deine Familie, weil du dadurch den Lebensunterhalt verdienst. Aber du tust deine Arbeit ebenso für Gott – ihm zur Ehre. Er ist es, der dich an diese Stelle gebracht hat. Er ist es, der dich mit Geduld, Weisheit, Kraft, Mut, Ehrlichkeit und Energie versorgt, so dass du deinen Herausforderungen gerecht werden kannst. Er ist es auch, der sich darüber freut, wenn du deine Aufgaben gut machst. Danke heute Gott für seine Treue und Fürsorge, seine Kraft und Führung – er hat alles in der Hand. Bitte ihn, dass du ihn nicht aus dem Blick verlierst und er dich immer wieder neu auftankt. In allem, was wir tun, dürfen wir Gott die Ehre geben. Durch Worte, Gebete, Lieder, Stille, unsere Alltagstätigkeiten, unsere Beziehungen, unsere Prioritäten: »Herr der Ehre, dir sei Ehre!«

> Ihr Sklaven sollt euren irdischen Herren gehorchen. Achtet und ehrt sie und dient ihnen mit aufrichtigem Herzen, wie ihr Christus dient. Arbeitet hart, aber nicht nur, um euren Herren zu gefallen, wenn sie euch dabei sehen. Versteht euch vielmehr als Sklaven, die Christus gehören und die von Herzen den Willen Gottes erfüllen. Arbeitet so bereitwillig, als würdet ihr Gott dienen und nicht Menschen. Denkt daran, dass der Herr jeden von uns für das Gute belohnen wird, das wir tun, ob wir nun Sklaven sind oder frei.

EPHESER 6,5-8

Dir zur Ehre tanke mich jeden Tag neu auf!

HERR DER EHRE

Dein Wort rauscht wie ein Wasserfall.
Du bist unendlich groß,
ja, so unendlich groß.
In deiner Hand hältst du das All.
Du bist unendlich groß,
ja, so unendlich groß.

Aus »Feiert Jesus! 5«, Nr. 187
Originaltitel: King Of Glory
Text und Melodie: Matt Redman und David Gate
Deutsch: Chris Mühlan, Phillip Angelina und Andreas Friesen
© 2001 Thankyou Music
Für D, A, CH: SCM Hänssler, 71087 Holzgerlingen

Feiert Jesus! 21
Nr. 6

WASSERTROPFEN

»Dein Wort rauscht wie ein Wasserfall.« Bei diesen Worten kommt mir gleich ein Bild in den Sinn: Gottes Wort, seine Allmacht, seine Liebe, seine Kraft, seine Geduld, seine Weisheit – alles rauscht mit Macht und Schwung herunter wie Wasser über einen Felsvorsprung. Als Gottes Kind werde ich von diesem Wasserfall mitgerissen, umspült, mit Kraft erfüllt und von seiner Liebe durchnässt. Bin ich heute ein Wassertropfen, der mit großem Schwung und Tempo den Fluss weitertreibt? Voller Energie darf ich das weitertragen, was ich von Gott alles mitbekommen habe an Segen und Gnade, Trost, Heilung, Kraft, Liebe, Geduld, Vergebung und Weisheit.

Oder bin ich heute ein Wassertropfen, der von der Wucht und Kraft des Wortes Gottes in die Tiefe des Sees unter dem Wasserfall fällt? Umspült von seinen Worten und seiner Liebe tauche ich ein, tiefer und tiefer, dorthin, wo es ruhig und still ist. Bewusst lasse ich mich füllen von Gottes Wort.

Oder bin ich heute eher ein Tropfen, der voller Schwung wie die Gischt des Wasserfalls hinauskatapultiert wird – weg vom Fluss, von der Gemeinschaft mit den anderen Wassertropfen –, hinaus in die Welt zu den Menschen, die keine Gemeinschaft mit Gott haben? Werde ich ein Tropfen des lebendigen Wassers für sie sein? Werde ich auf die Quelle, auf den rauschenden Wasserfall, hinweisen?

Egal, was heute kommt: Sei gespannt, was unser unendlich großer Gott mit dir vorhat, genieße seine Gegenwart und lebe zu seiner Ehre!

Das ist das Werk des Herrn, und es ist wunderbar anzusehen. Dies ist der Tag, den der Herr gemacht hat. Lasst uns jubeln und fröhlich sein. Herr, errette uns doch. Herr, gib doch Gelingen! Gepriesen sei, der im Namen des Herrn kommt. Wir segnen euch, die ihr zum Haus des Herrn gehört. Der Herr ist Gott, er leuchtet über uns. Holt die Opfer herbei und legt sie vor dem Altar nieder. Du bist mein Gott, ich will dir danken! Du bist mein Gott, ich will dich loben! Danket dem Herrn, denn er ist gut und seine Gnade bleibt ewig bestehen.

PSALM 118,23-29

Lass dich von Gottes Wort erfüllen!

LOBE DEN HERRN, MEINE SEELE

Lobe den Herrn, meine Seele, und seinen heiligen Namen.
Was er dir Gutes getan hat, Seele, vergiss es nicht, Amen.
Lobe, lobe den Herrn, lobe den Herrn, meine Seele.
Lobe, lobe den Herrn, lobe den Herrn, meine Seele.

Aus »Feiert Jesus! 1«, Nr. 6
Text (nach Psalm 103) und Melodie: Norbert Kissel
© 1991 SCM Hänssler, 71087 Holzgerlingen

Feiert Jesus! 1
CD 1, Nr. 16

LOBE DEN HERRN!

Paulus schreibt in Philipper 4,11–12, dass er gelernt hat, in jeglicher Lebenslage zufrieden zu sein. Er hat es gelernt – das heißt für mich: Zufriedenheit ist erlernbar. Es ist nicht nur ein Gefühl, das kommt und geht. Im griechischen Urtext steht für »zufrieden sein« ein Wort, das »unabhängig« und »autark« bedeutet. Das heißt, dass ich kein Spielball der Umstände oder nur dann glücklich bin, wenn alles gut läuft und ich von allem genug habe. Doch wie komme ich dahin? Wie kann man Zufriedenheit lernen? Indem man dankbar ist für das, was Gott schenkt. Aber auch Dankbarkeit muss erlernt werden und kommt nicht von allein. Es ist eine Entscheidung, die ich jeden Tag zu treffen habe. Der Weg, wie man Dankbarkeit lernen kann, wird in Psalm 103,2 (LUT) beschrieben: »Lobe den Herrn, meine Seele, und vergiss nicht, was er dir Gutes getan hat.« Mit dem Vergessen oder gleichgültigen Hinnehmen, wie gut es mir eigentlich geht, beginnt die Undankbarkeit. Wenn ich mich ansehe, merke ich, dass mein typischer Fehler das Vergleichen ist, was andere können oder haben, was mir doch auch zustehen würde... Aber ich habe auch gelebt, wenn ich nicht verheiratet war, nie Urlaub auf Mauritius gemacht oder nicht das im Beruf erreicht habe, was ich mir wünsche. Denn ich habe eine himmlische Hoffnung – ich muss nicht alles aus dem Leben herausholen, denn ich lebe in Ewigkeit mit Gott, wo es kein Leid, keine Tränen und keine Schmerzen geben wird. Diese himmlische Hoffnung gibt mir Zufriedenheit, selbst wenn Wünsche nicht in Erfüllung gehen. Und auch dafür möchte ich Gott immer wieder loben!

> Mit meiner Seele will ich den Herrn loben, und von ganzem Herzen will ich seinen heiligen Namen preisen. Mit meiner Seele will ich den Herrn loben und das Gute nicht vergessen, das er für mich tut. Er vergibt mir alle meine Sünden und heilt alle meine Krankheiten. Er kauft mich vom Tode frei und umgibt mich mit Liebe und Güte. Er macht mein Leben reich und erneuert täglich meine Kraft, dass ich wieder jung wie ein Adler werde. Der Herr schafft Gerechtigkeit und Recht allen, die Unrecht erfahren.
>
> **PSALM 103,1-6**

Entscheide dich heute für den Weg,
Dankbarkeit zu erlernen!

LOBE DEN HERRN, MEINE SEELE

Der meine Sünden vergeben hat,
der mich von Krankheit gesund gemacht,
den will ich preisen mit Psalmen und Weisen,
von Herzen ihm ewiglich singen.

Aus »Feiert Jesus! 1«, Nr. 6
Text (nach Psalm 103) und Melodie: Norbert Kissel
© 1991 SCM Hänssler, 71087 Holzgerlingen

Feiert Jesus! 1
CD 1, Nr. 16

BLIND

Die Bibel erzählt von zwei Arten von Blindheit: Manche Menschen sind körperlich blind, andere geistlich. Was es bedeutet, körperlich blind zu sein, ist klar. Geistlich blind dagegen waren die Pharisäer. Sie konnten nicht anerkennen, wer Jesus war und was er tat. Und aus welcher Kraft er es tat. Sie wollten nicht, dass er am Sabbat heilte. Sie wollten nicht, dass er diesem Mann half. Sie wollten nicht erkennen, dass Jesus der verheißene Retter, der Messias, war. Und dabei waren sie keine »Ungläubigen«, wie die Römer oder Griechen, die Ägypter oder Perser, die an unendlich viele Gottheiten glaubten, Statuen verehrten und abergläubische Rituale hatten. Nein, es war die geistliche Elite Israels, es waren Gottesanbeter, Menschen, die ernsthaft nach Gott fragten.
Wie steht es um mich? Um meine Gemeinde? Sind wir wie die Pharisäer um das Beste bemüht, aber dabei so sehr in unsere eigenen Regeln und Formen, in Kirchenkultur und Traditionen verstrickt, dass wir übers Ziel hinausschießen? Dass wir blind sind für das Handeln Jesu und seine Stimme in uns?

»Der meine Sünden vergeben hat, der mich von Krankheit gesund gemacht« – Jesus heilte den blinden Mann von seiner körperlichen Blindheit, und er vergab ihm auch seine Sünden. Er wusste, dass dieser Mann bereit war, an ihn zu glauben. So heilte er ihn geistlich und körperlich.

Erwarten wir, wie die Pharisäer dieser Heilungsgeschichte, dass Jesus nach einem bestimmten Muster handelt und sich an unsere Regeln hält? Lassen wir dem Heiligen Geist Zeit und Platz in unserem Leben, zu uns zu sprechen? Gott hat Großes vor! »Lobe den Herrn, meine Seele«!

Als Jesus hörte, was geschehen war, suchte er den Mann auf und sagte: »Glaubst du an den Menschensohn?« Der Mann erwiderte: »Sag mir, wer es ist, Herr, denn ich würde gern an ihn glauben.« »Du hast ihn gesehen«, sagte Jesus, »und jetzt spricht er mit dir!« »Ja, Herr!«, antwortete der Mann. »Ich glaube!« Und er fiel vor Jesus nieder und betete ihn an. Da sagte Jesus zu ihm: »Zum Gericht bin ich in die Welt gekommen. Ich bin gekommen, die Blinden sehend zu machen, und denen, die sich für sehend halten, zeige ich, dass sie blind sind.« Die Pharisäer, die in der Nähe standen, hörten ihn und fragten: »Willst du damit sagen, dass etwa auch wir blind sind?« »Wenn ihr blind wärt, wärt ihr unschuldig«, erwiderte Jesus. »So aber bleibt ihr schuldig, weil ihr behauptet, sehen zu können.«

JOHANNES 9,35-41

Höre auf die Stimme des Heiligen Geistes in dir!

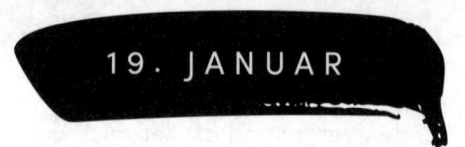

LOBE DEN HERRN, MEINE SEELE

Der mich im Leiden getröstet hat,
der meinen Mund wieder fröhlich macht,
den will ich preisen mit Psalmen und Weisen,
von Herzen ihm ewiglich singen.

Aus »Feiert Jesus! 1«, Nr. 6
Text (nach Psalm 103) und Melodie: Norbert Kissel
© 1991 SCM Hänssler, 71087 Holzgerlingen

Feiert Jesus! 1
CD 1, Nr. 16

WIEDER FRÖHLICH!

Jeder, der leidet, sucht Trost. Trost bei Familienangehörigen, Trost
bei Freunden oder Trost durch Ablenkung, Karriere, intensiven
Sport, Alkohol ... Es gibt verschiedenste Dinge, die wir tun, um Trost
zu finden. Wie ist dies bei dir? Wo und bei wem suchst du Trost?
Asaf, der Psalmist, hat erkannt: Gott ist und bleibt mein Trost für
immer! »Bin ich auch krank und völlig geschwächt, bleibt Gott
der Trost meines Herzens, er gehört mir für immer und ewig«
(Psalm 73,26). Zahlreiche Bibelstellen sprechen davon, dass Gott
unser Trost ist. Auch Oswald Chambers (1874–1917) hat einen weisen Tipp für jeden: »Wenn du einen bitteren Kelch vor dir stehen
hast, dann trinke ihn in Gemeinschaft mit Christus.« Suche Jesu
Gegenwart. Was auch immer dein Leid verursacht hat, den wahren und dauerhaften Trost findest du allein bei Gott.
Paulus weist die Korinther auf eine weitere wunderbare Konsequenz hin: »In allen Schwierigkeiten tröstet er uns, damit wir andere trösten können. Wenn andere Menschen in Schwierigkeiten
geraten, können wir ihnen den gleichen Trost spenden, wie Gott
ihn uns geschenkt hat« (2. Korinther 1,4). Unser Trost ist letztend-

lich nicht nur für uns selbst, sondern auch noch eine Trostquelle für andere. Wenn du selbst in einer leidvollen Situation steckst, ist dies nicht leicht – doch es ist ein Lichtblick: Gott will dich trösten, und du darfst für andere ein Trostspender sein. Wer benötigt heute deinen Trost? Wem kannst du davon erzählen, wie Gott dich getröstet und deinen Mund wieder fröhlich gemacht hat?

Gepriesen sei Gott, der Vater von Jesus Christus, unserem Herrn. Er ist der Ursprung aller Barmherzigkeit und der Gott, der uns tröstet. In allen Schwierigkeiten tröstet er uns, damit wir andere trösten können. Wenn andere Menschen in Schwierigkeiten geraten, können wir ihnen den gleichen Trost spenden, wie Gott ihn uns geschenkt hat. Ihr dürft darauf vertrauen: Je mehr wir für Christus leiden, desto mehr lässt uns Gott durch Christus Trost zuteilwerden. Wenn wir also von Kummer und Sorgen niedergedrückt sind, so ist es zu eurem Besten und zu eurer Rettung! Denn Gott spricht uns Mut zu, damit wir euch ermutigen können. Dann könnt ihr geduldig das Gleiche ertragen, das auch wir durchmachen. Denn wir sind sicher, dass ihr zwar leiden müsst, aber auch von Gott getröstet werdet.

2. KORINTHER 1,3-7

Gott macht deinen Mund wieder fröhlich!

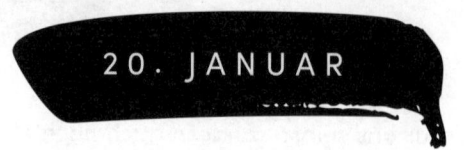
LOBE DEN HERRN, MEINE SEELE

Der mich vom Tode errettet hat,
der mich behütet bei Tag und Nacht,
den will ich preisen mit Psalmen und Weisen,
von Herzen ihm ewiglich singen.

Aus »Feiert Jesus! 1«, Nr. 6
Text (nach Psalm 103) und Melodie: Norbert Kissel
© 1991 SCM Hänssler, 71087 Holzgerlingen

Feiert Jesus! 1
CD 1, Nr. 16

DANKBAR

»Das Reifwerden eines Christen ist im tiefsten Grund ein Dankbarwerden.« Friedrich von Bodelschwingh (1831–1910), ein evangelischer Pastor und Theologe, erlebte in seinem Leben viel schweres Leid. Innerhalb von nur zwei Wochen starben seine vier Kinder an Diphtherie. Trotzdem war ihm bewusst, dass der Aufruf von Paulus an die Thessalonicher – »Was immer auch geschieht, seid dankbar« (1. Thessalonicher 5,18) – auch ihm gilt und er durch das Danken selbst in schweren Situationen einen inneren Frieden und Zuversicht bekommt. Das Danken ist der entscheidende Punkt, um nicht im Leid und in Bitterkeit zu versinken. Wir sollen nicht für alles danken, sondern in jeder Lage, in jedem Lebensumstand, zu jeder Zeit. »Denn das ist Gottes Wille für euch, die ihr Christus Jesus gehört« (1. Thessalonicher 5,18). Ich darf wissen, dass ich nicht alleine bin. Ich darf wissen, dass er immer für mich da ist und helfen will. Und weil Jesus für meine Sünden starb, habe ich einen freien Weg zum Vater, den mir nichts und niemand nehmen kann. »Der mich vom Tode errettet hat, der mich behütet bei Tag und Nacht« – dafür kann ich jeden Tag wieder und wieder dankbar sein. Ich soll meine Gedanken nicht nur um mein Leid, meine Schmerzen, Krankheit, Enttäuschung, unerfüllten Wünsche oder um meine Notlage kreisen lassen, sondern meinen Blick auf das richten, was mir Gott geschenkt hat: seine Liebe, die Errettung vom ewigen Tod, Trost und Führung und Begleitung »bei Tag und Nacht«. Ich darf meinen Blick weg von mir heben und auf Jesus sehen, das ist der Wille Gottes für uns. Für wen und für was möchte ich heute Gott bewusst danken?

> Seid immer fröhlich. Hört nicht auf zu beten. Was immer auch geschieht, seid dankbar, denn das ist Gottes Wille für euch, die ihr Christus Jesus gehört. Unterdrückt den Heiligen Geist nicht. Verachtet das prophetische Reden nicht, sondern prüft alles, was gesagt wird, und behaltet das Gute. Meidet das Böse in jeglicher Form!

1. THESSALONICHER 5,16–22

Gott behütet dich bei Tag und Nacht!

LOBE DEN HERRN, MEINE SEELE

Der Erd und Himmel zusammenhält,
unter sein göttliches Jawort stellt,
den will ich preisen mit Psalmen und Weisen,
von Herzen ihm ewiglich singen.

Aus »Feiert Jesus! 1«, Nr. 6
Text (nach Psalm 103) und Melodie: Norbert Kissel
© 1991 SCM Hänssler, 71087 Holzgerlingen

Feiert Jesus! 1
CD 1, Nr. 16

UNTER DEM JA GOTTES

»Wenn es ihre eigenen Lehren und Taten sind, wird das Ganze bald scheitern. Wenn es jedoch von Gott ist, werdet ihr sie nicht aufhalten können« (Apostelgeschichte 5,38f). Gamaliel, einer der unbekannteren Männer der Bibel, ein Pharisäer und Schriftgelehrter, ist einer derjenigen Gelehrten, die nicht in mein typisches Schubladensystem von »Pharisäer« – und damit zu den Gegnern Jesu – passen. Im Gegenteil. Als Petrus und Johannes vor dem Hohen Rat stehen und ihnen die Todesstrafe wegen ihres Missionseinsatzes droht, schreitet Gamaliel ein und setzt sich für die Anhänger Jesu ein. Sein Rat zeugt von Weisheit. Gegen die Meinung und Vorurteile der anderen Mitglieder des Hohen Rats traut er sich aufzustehen und zur Besonnenheit zu raten. Er denkt anders als die anderen Pharisäer und Schriftgelehrten in dieser Situation. Wo übernehme ich einfach Meinungen anderer und hinterfrage die Dinge nicht selbst? Wo halte ich an meinem traditionell geprägten Denken fest und lasse Gott nicht die Freiheit, anders zu handeln als ich es erwarte oder mir wünsche?
Gamaliel trifft keine schnelle Entscheidung, um die Anhänger Jesu loszuwerden oder um sich Unannehmlichkeiten zu ersparen.

Er weiß: Hier geht es nicht um meine oder die Meinung von »uns Pharisäern«, es geht hier um Gott, um seine Sache. Wenn es Gottes Sache ist, wird es Bestand haben, ob wir es wollen oder nicht. Nichts kann Gottes Wirken aufhalten! Gott hält »Erd und Himmel zusammen« und hat sie »unter sein göttliches Jawort« gestellt. Kein Mensch, kein Hoher Rat, keine Strafandrohung ... kann dagegen ankommen. Das ist eine ermutigende Feststellung für unsere Welt. Für ein Land wie Deutschland, wo so viele Menschen nichts von Jesus wissen wollen und Christen belächelt werden. Für die Länder, in denen das Reden von Jesus unter Todesstrafe verboten ist – Gott ist größer!

Doch Petrus und die Apostel entgegneten: »Man muss Gott mehr gehorchen als den Menschen.« [...] Bei diesen Worten wurden die Mitglieder des Hohen Rats sehr wütend, und sie beschlossen, die Apostel umzubringen. Im Rat gab es aber auch einen Pharisäer mit Namen Gamaliel. Dieser war ein ausgezeichneter Kenner der Heiligen Schrift und beim Volk sehr beliebt. Er erhob sich und befahl, die Apostel für kurze Zeit hinauszuführen. Dann richtete er das Wort an die Ratsmitglieder: »Männer Israels, überlegt euch gut, wie ihr mit diesen Männern verfahren wollt! Vor einiger Zeit trat ein gewisser Theudas auf und gab vor, ein bedeutender Mann zu sein. Etwa vierhundert Leute schlossen sich ihm an, doch er wurde getötet, seine Anhänger zerstreuten sich wieder, und die Bewegung wurde zerschlagen. [...] Deshalb rate ich euch, diese Männer in Ruhe zu lassen. Wenn es ihre eigenen Lehren und Taten sind, wird das Ganze bald scheitern. Wenn es jedoch von Gott ist, werdet ihr sie nicht aufhalten können, und am Ende stellt ihr womöglich fest, dass ihr gegen Gott selbst kämpft.«

APOSTELGESCHICHTE 5,29.33-36.38f

Nichts kann Gottes Wirken aufhalten!

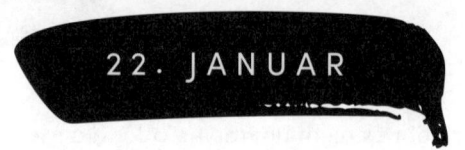

ICH VERDANKE DIR SO VIEL

Ich verdanke dir so viel, mein Gott,
hast mich unendlich reich beschenkt.
Du warst stets an meiner Seite und hast meinen Schritt gelenkt.

Niemals werde ich vergessen, wie du mir vergeben hast,
was mich lähmte und bedrückte war vorbei.
Weggewischt war meine Schuld und weggenommen meine Last.
Ich hab aufgeatmet und war wieder frei.

Aus »Feiert Jesus! 2«, Nr. 91
Text (nach Ps 103): Christoph Zehendner
Melodie: Manfred Staiger
© 2000 SCM Hänssler, 71087 Holzgerlingen/Profil Vertrieb, Gütersloh

ERRETTET!

Lukas 17,11–19 berichtet eine Geschichte über zehn Leprakranke. Sie sahen Jesus kommen und erwarteten Hilfe von ihm: »Jesus, Meister, hab Mitleid mit uns!« (Lukas 17,13). Als Aussätzige mussten sie verachtet und abgetrennt von der übrigen Bevölkerung als Ausgestoßene leben und durften nicht in Berührung mit anderen Menschen kommen. Interessanterweise heilte Jesus sie aber nicht umgehend vor Ort, sondern er schickte sie fort, damit sie sich gemäß den Vorschriften den Priestern zeigen sollten. Tatsächlich gehorchten auch alle zehn Männer, und während sie noch weggingen, wurden sie geheilt! Aber die Geschichte zeigt: Obwohl alle körperlich geheilt wurden, wurde nur einer gerettet. Nur einer kehrte um und dankte Jesus. Nur dieser eine wurde durch seinen Glauben zum ewigen Leben errettet (Lukas 17,19): »Niemals werde ich vergessen, wie du mir vergeben hast [...] Weggewischt war meine Schuld«. Auch die anderen neun Männer wurden äußerlich geheilt. Auch sie erfuhren die wunderbare Hilfe und Freundlichkeit Jesu! Aber sie blieben im geistlichen Sinn krank, härter ausgedrückt sogar »tot« aufgrund ihrer Sünden, denn sie ermöglichten Jesus nicht, ihre Beziehung zu Gott zu heilen. Fallen dir Menschen aus deinem Umfeld ein, die ebenfalls geheilt wurden oder erlebt haben, wie Gott ihnen Gutes getan hat, die ihn aber wieder vergessen und Wege ohne ihn eingeschlagen haben? Geheilt sein heißt nicht, gerettet zu sein! Dies ist Motivation für mich, einerseits wieder neu für diese Freunde, Nachbarn oder Kollegen zu beten und andererseits Jesus immer wieder zu danken – er hat mich durch meine Errettung »unendlich reich beschenkt«.

Auf seinem Weg nach Jerusalem gelangte Jesus an die Grenze zwischen Galiläa und Samaria. Als er dort in ein Dorf kam, standen in einiger Entfernung zehn Aussätzige und riefen: »Jesus, Meister, hab Mitleid mit uns!« Er sah sie an und sagte: »Geht und zeigt euch den Priestern.« Und während sie gingen, verschwand ihr Aussatz. Einer von ihnen kam, als er es merkte, zu Jesus zurück und rief: »Dank sei Gott, ich bin geheilt!« Und er fiel vor Jesus nieder und dankte ihm. Dieser Mann war ein Samariter. Jesus fragte: »Sind nicht zehn Menschen geheilt worden? Wo sind die anderen neun? Kehrt nur dieser Fremde zurück, um Gott die Ehre zu geben?« Und er sagte zu dem Mann: »Steh auf und geh. Dein Glaube hat dich gerettet.«

LUKAS 17,11-19

Danke! Jesus hat mich errettet!

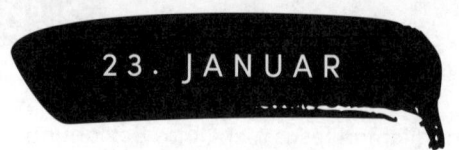

ICH VERDANKE DIR SO VIEL

Ich verdanke dir so viel, mein Gott,
hast mich unendlich reich beschenkt.
Du warst stets an meiner Seite und hast meinen Schritt gelenkt.

Niemals werde ich vergessen, wie du mir geholfen hast.
Vor dem Abgrund warst du für mich wie ein Seil.
Du warst da, als ich dich brauchte,
hast mich bei der Hand gefasst,
was in mir zerbrochen war, das wurde heil.

Aus »Feiert Jesus! 2«, Nr. 91
Text (nach Ps 103): Christoph Zehendner
Melodie: Manfred Staiger
© 2000 SCM Hänssler, 71087 Holzgerlingen/Profil Vertrieb, Gütersloh

DANKEN FÜR...

Die Geschichte der zehn Leprakranken enthält einen weiteren Aspekt: »Niemals werde ich vergessen, wie du mir geholfen hast.« Diese Aussätzigen standen am Abgrund der Gesellschaft. Ausgestoßen und verachtet. Sie ersehnten sicherlich nichts mehr, als endlich nicht mehr krank und wieder unter ihren Freunden und Verwandten zu sein. Und Jesus schenkte dieses Wunder: Alle zehn wurden rein. Aber nur einer ging zu Jesus zurück und rief: »Dank sei Gott, ich bin geheilt!« Und er fiel vor Jesus nieder und dankte ihm (Lukas 17,15f). Er lief nicht weiter zu den Priestern wie die anderen neun, um sich offiziell wieder als geheilt in die Gesellschaft eingliedern zu dürfen, sondern in dem Moment, als er es merkte, drehte er um. Und dieser eine war ein Fremder, einer aus dem von den Juden als heidnisch verachteten Volk der Samariter.
Was bedeutet das für mich heute? Zwei Dinge: »Ich verdanke dir so viel, mein Gott« – ich möchte Gott immer und immer wieder Danke sagen. Danke, dass du mich errettet hast, danke, dass ich dein Kind sein darf, danke, dass du mich liebst. Und zweitens: Die

neun Geheilten, die nicht zu Jesus umkehrten, waren Juden. Sie hätten es wie der Samariter, der Fremde, tun und Gott die Ehre geben sollen für ihre Heilung. Was kann ich im Umkehrschluss von den vielen Fremden in unserer Gesellschaft lernen? Seit Monaten strömen Tausende Flüchtlinge in die europäischen »reichen« Länder. Sie kommen, weil wir etwas haben, was sie nicht haben: bessere wirtschaftliche, politische, soziale und finanzielle Bedingungen, einen hohen Lebensstandard, Krankenversicherungen oder auch die Freiheit, den christlichen Glauben zu leben. Danke, Vater, für alles, womit du mich jeden Tag neu beschenkst und was ich oft als selbstverständlich hinnehme!

> Seid immer fröhlich. Hört nicht auf zu beten. Was immer auch geschieht, seid dankbar, denn das ist Gottes Wille für euch, die ihr Christus Jesus gehört. Unterdrückt den Heiligen Geist nicht.
>
> **1. THESSALONICHER 5,16-19**

Danke Jesus für ...!

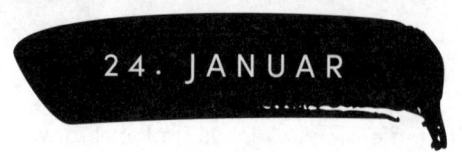

ICH VERDANKE DIR SO VIEL

Ich verdanke dir so viel, mein Gott,
hast mich unendlich reich beschenkt.
Du warst stets an meiner Seite und hast meinen Schritt gelenkt.

Niemals werde ich vergessen, wie du mich beflügelt hast.
Als ich in der Falle saß, zogst du mich raus.
Zeigtest neue Horizonte, einen Weg, der zu mir passt.
Wie ein Adler kann ich fliegen, hoch hinaus!

Aus »Feiert Jesus! 2«, Nr. 91
Text (nach Ps 103): Christoph Zehendner
Melodie: Manfred Staiger
© 2000 SCM Hänssler, 71087 Holzgerlingen/Profil Vertrieb, Gütersloh

GRENZEN, DIE GOTT VERHERRLICHEN

»Zeigtest neue Horizonte ...« – Für Maria gab es keinen Horizont, keine Hoffnung, auf die sie blicken konnte. »Als Maria nun an die Stelle kam, wo Jesus war, und ihn sah, warf sie sich ihm zu Füßen und sagte: ›Herr, wärst du hier gewesen, wäre mein Bruder nicht gestorben‹« (Johannes 11,32). Maria war traurig und enttäuscht, dass Jesus nicht sofort zu Hilfe geeilt war. Sie hatte keine Hoffnung mehr im Blick auf ihren toten Bruder Lazarus. Wie oft komme ich an Grenzen in meinem Leben, an denen ich merke, dass es vorbei ist, ein »Aus«, an dem nichts mehr zu rütteln ist oder wo ich einfach merke: ich schaffe es nicht, es gibt keine Heilung, keine Hilfe. Ob es sich um meine Krankheit handelt, um das Leben eines anderen Menschen – jeder kennt diese Grenzen. Maria war fest überzeugt, dass Jesus Lazarus geheilt hätte, wäre er nur rechtzeitig da gewesen. Hast du ebenfalls manchmal das Gefühl, Jesus ist dir nicht rechtzeitig zur Hilfe geeilt? Er ist zu spät gekommen? Oder gar nicht? Jesus hatte bewusst noch zwei volle Tage gewartet, ehe er losgegangen war. Er wusste, dass diese Krankheit nicht zum Tode führen würde, sondern der Verherrlichung Gottes dienen würde (vgl. Johannes 11,4). Jesus kommt nie zu spät, sondern immer genau richtig. Konkret umgesetzt möchte ich mir in meinem Alltag überlegen, wo ich an Grenzen stoße und wie das zur Verherrlichung unseres großen Gottes dienen kann. Wie kann meine Krankheit Gott verherrlichen? Wie kann meine Kraftlosigkeit ihm zur Ehre dienen? Was auch immer du an dieser Stelle einsetzt: du darfst wissen, dass Gottes Kraft in den Schwachen mächtig und dass ihm nichts unmöglich ist. Er zeigt »neue Horizonte, einen Weg, der zu mir passt«. Durch meine Grenzen und Grenzerfahrungen kann ich ihn verherrlichen! Und sein Timing ist immer perfekt! Er wird zur rechten Zeit das schenken, was für mich am besten ist.

> Als Jesus jedoch davon hörte, sagte er: »Lazarus' Krankheit wird nicht zum Tode führen; sie dient vielmehr der Verherrlichung Gottes. Der Sohn Gottes wird durch sie verherrlicht werden.« [...] Als Marta erfuhr, dass Jesus auf dem Weg zu ihnen war, eilte sie ihm entgegen. Maria aber blieb im Haus. Marta sagte zu Jesus: »Herr, wärst du hier gewesen, wäre mein Bruder nicht gestorben. Aber auch so weiß ich, Gott wird dir alles geben, was auch immer du ihn bittest.« Jesus sagte zu ihr: »Dein Bruder wird auferstehen.« »Ja«, erwiderte Marta, »am Tag der Auferstehung, wenn alle Menschen auferstehen.« Jesus sagte zu ihr: »Ich bin die Auferstehung und das Leben. Wer an mich glaubt, wird leben, auch wenn er stirbt. Er wird ewig leben, weil er an mich geglaubt hat, und niemals sterben. Glaubst du das, Marta?« »Ja, Herr«, antwortete sie. »Ich habe immer geglaubt, dass du der Christus bist, der Sohn Gottes, der in die Welt kommen soll.«

JOHANNES 11,4.20-27

Gott ist stärker als deine Grenzen!

DU MEINE SEELE, SINGE

Du meine Seele, singe,
wohlauf und singe schön
dem, welchem alle Dinge
zu Dienst und Willen stehn.
Ich will den Herren droben
hier preisen auf der Erd;
ich will ihn herzlich loben,
solang ich leben werd.

Aus »Feiert Jesus! 5«, Nr. 49
Text: Paul Gerhardt (1653)
Melodie: Johann Georg Ebeling (1666)

Feiert Jesus! 22
Nr. 13

ICH WILL DEN HERRN PREISEN

1653 – Das ist das Entstehungsjahr dieses Liedes. Schon unglaublich, dass dieses Lied weit über 350 Jahre alt ist und es trotz aller
neuen, modernen Lieder noch immer gesungen und gebetet wird.
Klar, die Sprache ist nicht mehr ganz die unsere. Dennoch ist sie
für jedermann verständlich und drückt das tiefe Lob, den innigen
Dank und die freudige Ehre aus, die auch wir heute noch empfinden. Paul Gerhardt (1607–1676) schrieb dieses Lied inmitten eines
leidvollen, von Trauer und Schmerzen geplagten Lebens. Er war
kein Mann, der mit unbeschwerten Lebensumständen, strotzen-
der Gesundheit und Wohlstand beschenkt war. Vielmehr erlebte
er die Folgen des Dreißigjährigen Kriegs, erlitt in seinem privaten
Umfeld viel Schweres und auch in der Gesellschaft, die von Pest-
krankheit, Armut und Tod überschattet war. »Ich will den Herren
droben hier preisen auf der Erd; ich will ihn herzlich loben, solang
ich leben werd.« Er stand – wie auch wir heute – vor einer Ent-

scheidung: Will ich in Selbstmitleid, Einsamkeit und Depression versinken oder will ich meine Hoffnung immer wieder neu auf Jesus setzen, meine Sorgen an ihn abgeben, mich an dem Guten, das Gott auch in schweren Lebensphasen schenkt, erfreuen, auf seine Hilfe und Liebe vertrauen und dankbar daran festhalten, dass Jesus die wahre Rettung schenkt, die mir niemand und nichts nehmen kann? Die Bibel fordert uns an vielen Stellen auf, unsere Sorgen abzugeben, in allen Dingen dankbar zu sein und die Kraft und Hilfe von Jesus in Anspruch zu nehmen. Manchmal eine schwere Entscheidung und eine Herausforderung für jeden neuen Tag. Aber eine lohnende Entscheidung – für mich und Gott zum Lob!

> Ihr alle sollt einander demütig dienen, denn »Gott stellt sich den Stolzen entgegen, den Demütigen aber schenkt er Gnade«! Deshalb beugt euch demütig unter die Hand Gottes, dann wird er euch ehren, wenn die Zeit dafür gekommen ist. Überlasst all eure Sorgen Gott, denn er sorgt sich um alles, was euch betrifft!

1. PETRUS 5,5-7

Wirf deine Sorgen auf Jesus!

DU MEINE SEELE, SINGE

Wohl dem, der einzig schauet
nach Jakobs Gott und Heil!
Wer dem sich anvertrauet,
der hat das beste Teil,
das höchste Gut erlesen,
den schönsten Schatz geliebt;
sein Herz und ganzes Wesen
bleibt ewig unbetrübt.

Aus »Feiert Jesus! 5«, Nr. 49
Text: Paul Gerhardt (1653)
Melodie: Johann Georg Ebeling (1666)

Feiert Jesus! 22
Nr. 13

WO VERBRINGST DU DIE EWIGKEIT?

Vor fünf Tagen verstarb meine Schulfreundin Anfang Dreißig überraschend aus gesundheitlichen Gründen. »Wohl dem, der einzig schauet nach Jakobs Gott und Heil« – wie gerne hätte ich als tröstende Worte für die betroffene Familie den hoffnungsvollen Blick auf Jesus gelenkt und als aufrichtende Worte darauf verwiesen, dass wir uns bei Gott einmal wiedersehen werden, dass es ihr nun besser geht und sie bei Jesus kein Leid und keine Schmerzen mehr haben wird. Doch leider hatte sie nicht an Jesus Christus geglaubt und ihr Leben nicht nach »Jakobs Gott und Heil« ausgerichtet. Was bleibt? Was tröstet? Worauf kann man dann als Angehöriger seine Hoffnung setzen? Ich weiß es nicht. Es gibt keine Hoffnung für die, die nicht an Jesus geglaubt haben. Ist das nicht bitter und erschreckend, wenn so ein endgültiges Urteil feststeht? Aber es motiviert mich auch, denen, die hier in meinem Umfeld leben, immer wieder von Jesus zu erzählen, ihnen zu zeigen, wie ein Leben mit Jesus aussieht – und sie von Zeit zu Zeit auf die Frage zu stoßen, wo sie die Ewigkeit einmal verbringen werden. Klar, das ist vielleicht eine komisch klingende, unbequeme oder unangenehme Frage. Aber sie bringt den einen oder anderen zum Nachdenken.

Zum Schluss heute zwei Gedanken: Sei mutig – vielleicht bietet sich in den nächsten Tagen die Gelegenheit, mit jemandem darüber zu sprechen? Und sei dankbar – dein Herz darf »ewig ungetrübt« sein, denn als Gottes Kind wirst du die Ewigkeit in seiner Herrlichkeit verbringen!

> Dann segnete er Josef und sagte: »Der Gott, dem mein Großvater Abraham und mein Vater Isaak dienten, der Gott, der mich mein ganzes Leben lang geführt und versorgt hat, und der Gott, der mich von allem Unglück erlöst hat, – er segne diese jungen Männer. In ihnen soll mein Name und der Name meiner Väter fortleben und sie sollen zu einem großen Volk werden.«
>
> **1. MOSE 48,15f**

Wo verbringst du die Ewigkeit?

DU MEINE SEELE, SINGE

Er weiß viel tausend Weisen,
zu retten aus dem Tod,
ernährt und gibet Speisen
zur Zeit der Hungersnot,
macht schöne rote Wangen
oft bei geringem Mahl;
und die da sind gefangen,
die reißt er aus der Qual.

Aus »Feiert Jesus! 5«, Nr. 49
Text: Paul Gerhardt (1653)
Melodie: Johann Georg Ebeling (1666)

Feiert Jesus! 22
Nr. 13

RETTUNG AUS DEM TOD

»Herr, du siehst meine schwierige Situation. Bitte schenke eine Lösung an meiner Arbeitsstelle – mit meinem anstrengenden Nachbarn – in meinem finanziellen Engpass. Bitte heile mich, schenke mir Gesundheit. Nimm die Schmerzen endlich weg. Bitte, Herr, lenke du die Entscheidung meiner Tochter für die richtige Berufswahl – den Ehepartner.« Klingen so oder so ähnlich deine Gebete? Wenn ich ehrlich bin, meine schon. Meistens bete und bitte ich für Dinge in meinem Leben und dem meiner Familie und Freunde, für Gesundheit, gute Entscheidungen, Schutz, Bewahrung und Segen. Und auch für meine Gemeinde oder den Ort. Aber wie häufig bete ich egoistisch und für irdische Dinge.

Ohne den Missionsbefehl zu kennen, bittet der Psalmbeter im Psalm 67, dass die ganze Welt Jesus als den einzigen Weg zum Vater erkennt. Er denkt an Gottes sehnlichsten Wunsch, dass alle

Menschen aus allen Ländern ihn kennenlernen. Empfindest du es auch als Segen, wenn sich Gottes Wünsche erfüllen? Gott gibt uns als Richtlinie, dass wir zuerst nach seinem Reich trachten sollen (vgl. Matthäus 6,33) und wir dann alles von ihm dazubekommen. Wie würde sich dein Gebet verändern, wenn du heute für diesen himmlischen Segen beten würdest, dass alle Menschen Gott erkennen und verehren? »Er weiß viel tausend Weisen, zu retten aus dem Tod.« Wie würde sich dein Gebet verändern, wenn du so nicht nur heute und morgen betest, sondern auch noch in fünf Wochen daran denkst?

Gott sei uns gnädig und segne uns. Er lasse sein Angesicht gnädig über uns leuchten. Auf der ganzen Welt soll dein Weg bekannt werden, alle Menschen sollen sehen, wie du hilfst. Gott, die Völker sollen dir danken, alle Völker sollen dich loben. Die Völker werden sich freuen und vor Freude jubeln, weil du sie gerecht richtest und alle Völker auf der Erde regierst. Gott, die Völker sollen dir danken, alle Völker sollen dich loben. Dann wird die Erde eine gute Ernte hervorbringen, und Gott, unser Gott, wird uns überreich segnen.

PSALM 67,2-7

Braucht dein Gebet Veränderung?

DU MEINE SEELE, SINGE

Ach ich bin viel zu wenig,
zu rühmen seinen Ruhm;
der Herr allein ist König,
ich eine welke Blum.
Jedoch weil ich gehöre
gen Zion in sein Zelt,
ists billig, dass ich mehre
sein Lob vor aller Welt.

Aus »Feiert Jesus! 5«, Nr. 49
Text: Paul Gerhardt (1653)
Melodie: Johann Georg Ebeling (1666)

Feiert Jesus! 22
Nr. 13

SEIN LOB MEHREN ...

Im Großen und Ganzen bin ich ganz normal. Nichts Außergewöhnliches, nichts Besonderes. Natürlich bin ich einzigartig und in Gottes Augen unendlich wertvoll, aber für andere Menschen bin ich wahrscheinlich ein Durchschnittsmensch. Dennoch kann Gott aus mir und dir etwas Unglaubliches machen.

Als Mose in der Wüste als ganz normaler Hirte einer Alltagsarbeit nachgeht – nämlich Schafehüten an einem ganz unspektakulären Ort in der dürren und heißen, einsamen Wüste –, genau da verwendet Gott einen ganz normalen Dornbusch, um mit Mose in Verbindung zu treten. Gott verwendet einen einfachen, gewöhnlichen Strauch, der in der Hitze der Wüste brennt – aber nicht verbrennt. Erst beim genauen Hinsehen bemerkt das Mose, und von da an beginnt ein unglaublicher Weg Gottes mit ihm.

Möchtest du auch ein ganz normaler Dornbusch auf dem Weg deiner Kollegen, Nachbarn, Verwandten oder anderer sein, der die Aufmerksamkeit der Menschen erregt und auf Gott hinweist? »Ach ich bin viel zu wenig, zu rühmen seinen Ruhm [...] Jedoch [...] ists billig, dass ich mehre sein Lob vor aller Welt.« Auch wenn ich nicht berühmt, mächtig oder erfolgreich bin – ich darf Gottes Liebe, Gottes Wort und seinen Rettungsplan mit dieser Schöpfung verbreiten. Gott gab Mose seine Verheißung mit auf den Weg, er offenbarte ihm seinen einzigartigen Namen: Ich bin, der ich bin, der ich war und der ich immer sein werde. Ist das nicht fantastisch? Genau der gleiche Gott ist auch mit dir und will dich gebrauchen!

»Das ist ja seltsam«, sagte er zu sich selbst. »Warum verbrennt dieser Busch nicht? Das muss ich mir näher ansehen.« Als der Herr sah, dass Mose herankam, um es genauer zu betrachten, rief er ihn aus dem Busch heraus: »Mose! Mose!« »Hier bin ich!«, antwortete Mose. »Komm nicht näher!«, befahl Gott ihm. »Zieh deine Sandalen aus, denn du stehst auf heiligem Boden. Ich bin der Gott deiner Vorfahren – der Gott Abrahams, der Gott Isaaks und der Gott Jakobs.« Als Mose das hörte, verhüllte er sein Gesicht, denn er hatte Angst, Gott anzuschauen. »Wer bin ich, dass ich zum Pharao gehen und die Israeliten aus Ägypten führen sollte?«, fragte Mose Gott. Er antwortete: »Ich werde mit dir sein. Und dies soll der Beweis sein, dass ich dich gesandt habe: Wenn du die Israeliten aus Ägypten geführt hast, werdet ihr mir an diesem Berg dienen.« Aber Mose wandte ein: »Wenn ich zu den Israeliten gehe und ihnen sage: ›Der Gott eurer Vorfahren hat mich zu euch gesandt‹, und sie mich dann fragen: ›Wie heißt er denn?‹, was soll ich ihnen dann antworten?« Gott entgegnete: »Ich bin, der ich immer bin. Sag ihnen einfach: »›Ich bin« hat mich zu euch gesandt.‹«

2. MOSE 3,3-6.11-14

Vermehre Gottes Lob vor aller Welt!

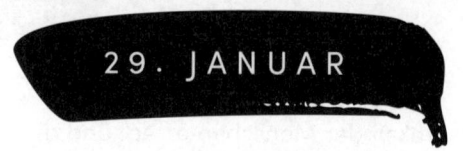

VON DEN GIPFELN DER WELT

Von den Gipfeln der Welt
zu den Tiefen des Meers
bezeugt deine Schöpfung,
wie herrlich du bist.
Von den Farben im Herbst
bis zum Frühlingsduft,
jedes Wesen bringt auf seine Art
dir sein Lied voller Staunen.

Aus »Feiert Jesus! 4«, Nr. 47
Originaltitel: Indescribable
Text und Melodie: Laura Story und Jesse Reeves
Deutsch: Arne Kopfermann und Guido Baltes
© 2004 Laura Stories/sixsteps Music/worshiptogether.com songs
Für D, A, CH: SCM Hänssler, 71087 Holzgerlingen

Feiert Jesus! 365
CD 1, Nr. 2

GOTTES HERRLICHKEIT

Zur Herrlichkeit Gottes gehört seine Majestät, seine Macht, seine Erhabenheit, sein überwältigender Lichtglanz, sein Friede, seine alles überstrahlende Gegenwart. Hast du selbst schon Gottes Herrlichkeit erlebt? Begnüge dich bitte nicht mit den Beschreibungen, die andere Menschen aus deinem Bekanntenkreis, deiner Gemeinde oder auch Personen aus der Bibel über die Herrlichkeit Gottes in ihrem Leben bezeugen, sondern erfahre sie selbst!

Wie? Wir können Gottes Herrlichkeit sehen, indem wir glauben und vertrauen (Johannes 11,40). Jesus sagte dies zu Marta, als er ihren toten Bruder Lazarus wieder zum Leben erweckte.

Aber nicht alle spüren die Herrlichkeit Gottes so unverkennbar in ihrem Leben. Auch erkennen nicht alle sie in Gottes wunderbarer Schöpfung. Denn »der Satan, der Gott dieser Welt, hat die Gedanken der Ungläubigen so verblendet, dass sie das herrliche Licht der Botschaft nicht wahrnehmen können« (2. Korinther 4,4). Solche biblischen Hinweise motivieren mich immer wieder neu, für Menschen, die ohne Jesus leben, zu beten, damit auch sie die Herrlichkeit Gottes erfahren dürfen und Jesus sehen. Was motiviert dich, für Menschen, die Jesus nicht kennen, zu beten?

Wenn die gute Botschaft, die wir verkünden, für jemanden wie hinter einem Schleier erscheint, zeigt das nur, dass er verloren ist. Der Satan, der Gott dieser Welt, hat die Gedanken der Ungläubigen so verblendet, dass sie das herrliche Licht der Botschaft nicht wahrnehmen können. Damit bleibt ihnen unsere Botschaft über die Herrlichkeit von Christus, der das Ebenbild Gottes ist, unverständlich. Wir ziehen nicht umher und verkünden uns selbst; wir verkünden Christus Jesus, den Herrn. Wenn wir etwas über uns selbst sagen, dann allenfalls, dass wir durch das, was Christus für uns getan hat, zu euren Dienern wurden. Denn Gott, der sprach: »Es werde Licht in der Finsternis«, hat uns in unseren Herzen erkennen lassen, dass dieses Licht der Glanz der Herrlichkeit Gottes ist, die uns im Angesicht von Jesus Christus sichtbar wird. Doch diesen kostbaren Schatz tragen wir in zerbrechlichen Gefäßen, nämlich in unseren schwachen Körpern. So kann jeder sehen, dass unsere Kraft ganz von Gott kommt und nicht unsere eigene ist.

2. KORINTHER 4,3-7

Bete, dass Menschen Gottes Herrlichkeit
erkennen dürfen!

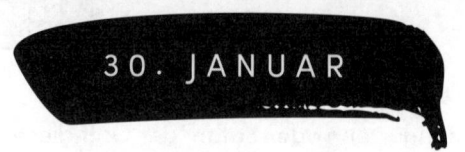

VON DEN GIPFELN DER WELT

Unbeschreiblicher, Unbegreiflicher.
Du warfst die Sterne ins All
und du kennst ihre Bahn.
Du bist unglaublich, Gott.
Allmächtiger und Ewiger,
wir fallen staunend und ehrfürchtig
nieder vor dir.
Du bist unglaublich, Gott.

Aus »Feiert Jesus! 4«, Nr. 47
Originaltitel: Indescribable
Text und Melodie: Laura Story und Jesse Reeves
Deutsch: Arne Kopfermann und Guido Baltes
© 2004 Laura Stories/sixsteps Music/worshiptogether.com songs
Für D, A, CH: SCM Hänssler, 71087 Holzgerlingen

Feiert Jesus! 365

CD 1, Nr. 2

GOTTES UNBESCHREIBLICHE, UNBEGREIFLICHE, UNERFORSCHLICHE GRÖSSE

»Groß ist der Herr und sehr zu loben! Seine Größe ist unerforschlich!« (Psalm 145,3). Gott ist einfach unbeschreiblich. Es gibt keine Beschreibung, die ihm gerecht wird. Unsere Vorstellungskraft reicht einfach nicht aus. Hiob sagt über Gott – je nach Übersetzung –, dass wir nur den Saum seiner Wege sehen oder ein Flüstern seines schöpferischen Wortes (Hiob 26,14). Wir erkennen nur einen Bruchteil seines Wirkens, seiner Kreativität, seiner Macht, Größe und Stärke. In den Psalmen wird immer wieder Gottes Größe beschrieben: Sein Blick, der die Erde beben lässt (Psalm 104,32). Gott, der die Sterne beim Namen nennt (Psalm 147,4).

Über die Herrlichkeit Gottes kann man sich nur wundern, denn er ist wunderbar, er verdient Bewunderung, seine Schöpfung ist voller Wunder. Aber auch das, was er in unserem Leben für uns getan hat, verdient nur Staunen: Aus Liebe gab er seinen einzigen Sohn Jesus Christus, damit er für unsere Sünden am Kreuz starb und wir wieder in der Herrlichkeit Gottes, in Gemeinschaft mit ihm, leben dürfen. Das ist so ein Vorrecht! »Wir fallen staunend und ehrfürchtig nieder vor dir«: Wie kann ich anders darauf reagieren, als ihn von ganzem Herzen und mit ganzer Seele zu loben, ihm zu danken und mein Leben in seinen Dienst zu stellen? Weil es sein Wille ist, möchte ich ihm immer ähnlicher werden und zu seiner Ehre leben, ihm vertrauen und einen Lichtglanz seiner Herrlichkeit abstrahlen auf diese Welt.

Gott spannt den nördlichen Himmel über den leeren Raum und hängt die Erde am Nichts auf. Er bindet den Regen in seine Wolken ein, ohne dass sie unter seinem Gewicht zerplatzen. Er umgibt seinen Thron mit Wolken, sodass man keinen Blick darauf werfen kann. Den Horizont hat er im Bogen über dem Meer ausgebreitet, er bildet die Grenze zwischen Licht und Finsternis. Das Fundament des Himmels bebt und erstarrt, wenn es ihn drohen hört. Durch seine Macht beruhigt er das Meer und durch seine Weisheit hat er das große Seeungeheuer zerschmettert. Durch seinen Geist heitert sich der Himmel auf, und seine Hand hat die fliehende Schlange durchbohrt. Und dies sind nur einige seiner geringeren Werke, es ist nur ein Flüstern seines schöpferischen Wortes. Wer könnte den Donner seiner großen Machttaten verstehen?

HIOB 26,7-14

Staunst du noch über Gottes Größe?
Wenn nicht, fange an!

VON DEN GIPFELN DER WELT

Wer weist selbst jedem Blitz,
jedem Donner den Weg,
oder wer füllt im Himmel
die Wolken mit Schnee,
gibt der Sonne ihr Licht, ihre Wärme und Kraft
und verbirgt sie doch wieder im Schatten der Nacht?
Unerforschlich.

Unbeschreiblicher, Unbegreiflicher,
du warfst die Sterne ins All,
und du kennst ihre Bahn.
Du bist unglaublich, Gott.
Unvergänglicher, Beständiger,
du kennst mein Herz
und du liebst mich doch so, wie ich bin.
Du bist unglaublich, Gott.

Aus »Feiert Jesus! 4«, Nr. 47
Originaltitel: Indescribable
Text und Melodie: Laura Story und Jesse Reeves
Deutsch: Arne Kopfermann und Guido Baltes
© 2004 Laura Stories/sixsteps Music/worshiptogether.com songs
Für D, A, CH: SCM Hänssler, 71087 Holzgerlingen

Feiert Jesus! 365
CD 1, Nr. 2

DER BLICK ZURÜCK

Kennst du die Angst, die die Ungewissheit in dir hervorruft, wenn du nicht weißt, was als nächstes kommt? Wenn du vor Herausforderungen stehst und dir nicht vorstellen kannst, wie es weitergehen soll? Wenn du Angst vor Einsamkeit hast. Angst vor Schmerzen. Angst vor Überforderung. Angst vor vielem anderen.

Oft heißt es: Blicke nach vorne. Lass dich nicht durch die Vergangenheit bremsen. Schau nicht zurück! Aber in diesem Fall ist es erlaubt, ja sogar erwünscht: Blicke nach hinten! Schau zurück. Überlege, wo, wann und wie Gott dir schon so oft geholfen hat. Staunst du noch manchmal über die unglaublichen Lösungswege, die Gott geschenkt hat, oder hast du sie längst vergessen? Bete viel in solchen angstvollen Situationen. Gehe mit deiner Angst zu Gott. Auch die Israeliten riefen sich immer wieder ihre Erlebnisse mit Gott in Erinnerung, um sich gegenseitig zu ermutigen. Sie errichteten Gedenksteine, die nicht nur sie selbst aufrichten sollten, sondern auch ihre Nachfahren. Ein gutes Vorbild – solche Gedenksteine können neben tatsächlichen Steinen auch Tagebucheinträge, Klebezettel am Kühlschrank, Markierungen in deiner Bibel sein. Oder du siehst dir die Schöpfung an – wer die Sonne geschaffen hat, wer sich die Sterne ausgedacht hat, wer das Wetter hat entstehen lassen..., der muss so unendlich kreativ, mächtig, stark und herrlich sein, wie es nur unser Gott sein kann. Und dieser starke Helfer will dir beistehen. Dir! Er kennt dein Herz und liebt dich so, wie du bist!

Also rief Josua die zwölf Männer, die er ausgewählt hatte – einen aus jedem Stamm – zusammen und befahl ihnen: »Geht in den Jordan, zur Bundeslade des Herrn, eures Gottes. Jeder von euch soll einen Stein aufheben und auf seinen Schultern aus dem Fluss tragen; insgesamt zwölf Steine, einen für jeden der zwölf Stämme. Diese Steine sollen als Denkmal dienen. Später werden eure Kinder einmal fragen: ›Was bedeuten euch diese Steine?‹ Dann könnt ihr ihnen antworten: ›Sie erinnern uns daran, dass der Jordan sich teilte, als ihn die Bundeslade des Herrn durchquerte.‹ Diese Steine sollen eine ewige Gedenkstätte für das Volk Israel sein.«

JOSUA 4,4-7

Staune immer wieder über unseren
unglaublichen Gott!

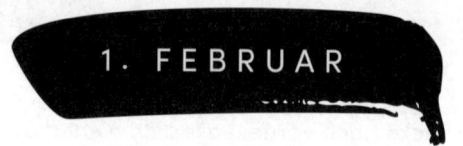

DER EINZIGE

Heilig bist du, Herr,
du bist heilig, Herr,
du sitzt auf dem Thron.
Zu deinen Füßen fühl ich mich wohl,
kniend vor deinem Thron.

Staunend singe ich zu dir:
»Du bist heilig.«
Deine Herrlichkeit strahlt so schön.
Mein Blick hebt sich zu dir und sieht:
Du bist heilig.
Deine Schönheit wird nie vergehn.

Aus »Feiert Jesus! 5«, Nr. 177
Text und Melodie: Stefan Schöpfle und Mia Friesen
© 2010 Outbreakband Musik adm. by Gerth Medien, Asslar

Feiert Jesus! 24
Nr. 11

KNIEND VOR GOTTES FÜSSEN

Früh morgens bin ich zur S-Bahn unterwegs. Es schneit, und unter meinen Schuhen knirscht der frische Schnee. Ein Schritt nach dem anderen und noch ein weiterer. Plötzlich höre ich einen echt coolen Beat. Ich versuche, die Schrittfolge zu halten, und da überkommt es mich. Warum fallen mir so wunderschöne Kleinigkeiten, solche Banalitäten sonst nicht auf?

Die Antwort wird mir schnell klar: Meistens versuche ich von einem Punkt, von einem Termin zum anderen zu hetzen, mich mit ausstehenden Entscheidungen zu beschäftigen oder irgendwas in meinem Kopf zu planen, das ich noch bis zu einem bestimmten

Zeitpunkt erledigt haben sollte. Die Zeit, eine Sekunde nach der anderen, hat mich im Griff und die zeitlosen Erlebnisse, die mein Herz und meine Sinne ansprechen, verebben in meinem Alltagstrott. Hier muss ich lernen, die Zeit Zeit sein zu lassen und einzutauchen, um mein Herz zu spüren. Eintauchen zu lernen in die Gegenwart Gottes, mich vor seinen Thron zu stellen und kniend zu bitten, mir ein neues, weiches, vom Geist erfülltes Herz zu geben (Hesekiel 36,26). Wann habe ich den Sog von Gottes Nähe und Gegenwart zum letzten Mal ganz bewusst erlebt?

Wann habe ich das letzte Mal vor seinem Thron gekniet und gespürt: »Zu deinen Füßen fühl ich mich wohl«?

Dann gieße ich reines Wasser über euch aus, und ihr werdet rein sein. Von allen euren Unreinheiten und von allen euren Götzen werde ich euch reinigen. Und ich werde euch ein neues Herz geben und euch einen neuen Geist schenken. Ich werde das Herz aus Stein aus eurem Körper nehmen und euch ein Herz aus Fleisch geben. Und ich werde euch meinen Geist geben, damit ihr nach meinem Gesetz lebt und meine Gebote bewahrt und euch danach richtet. Und ihr sollt in dem Land leben, das ich euren Vorfahren gegeben habe. Ihr werdet mein Volk sein, und ich will euer Gott sein.

HESEKIEL 36,25-28

Genieße Gottes Gegenwart wieder neu!

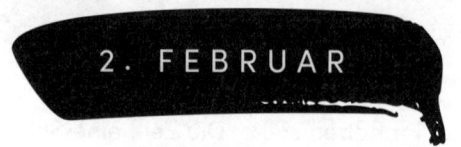

DER EINZIGE

Würdig bist du, Herr,
du bist würdig, Herr,
du sitzt auf dem Thron.
Für alle Zeiten bleibst du mein Gott,
herrschend auf deinem Thron.

Du bist der Einzige, dem dieses Lob gebührt.
Heilig bist du.
Du bist der Einzige, dem dieses Lob gebührt.
Heilig bist du.

Aus »Feiert Jesus! 5«, Nr. 177
Text und Melodie: Stefan Schöpfle und Mia Friesen
© 2010 Outbreakband Musik adm. by Gerth Medien, Asslar

Feiert Jesus! 24
Nr. 11

DU ALLEIN BIST WÜRDIG!

Heute ist Hauskreis. Oh, ich bin schon spät dran – macht nix, zum Glück kommen die anderen auch meistens etwas später. Wir beginnen zu singen, und dann erzählt Jo von einem witzigen Erlebnis. Das nächste Lied folgt und während die anderen in den Liederbüchern nach einem weiteren Lied suchen, fragt Anne neben mir, wie ich am Sonntag noch nach Hause gekommen sei. Ein schönes Lied reiht sich an das nächste, bevor wir mit der Bibelarbeit beginnen. Ich komme gar nicht in eine Anbetungshaltung, finde keine Zeit und auch keinen Raum, Jesus durch den Lobpreis zu begegnen. Und selbst wenn ich mir bewusst Zeit nehme, schaffe ich es nicht. Ich singe und tue gleichzeitig nicht das, was ich spüre und was mir mein Herz sagt oder was es sich wünscht.

Aufstehen? Hände heben? Um Ruhe bitten? Doch nicht im Hauskreis, doch nicht im Gottesdienst! Was könnten die anderen denken? Und wenn ich ehrlich zu mir bin: Habe ich Angst, was andere über mich denken und sagen könnten?

»Und der Geist des Herrn wird über dich kommen, dass du mit ihnen in Verzückung gerätst; da wirst du umgewandelt und ein anderer Mensch werden« (1. Samuel 10,6; LUT).

Ich kann aufstehen oder die Hände im Hauskreis heben und singen: »Du bist würdig, Herr, du sitzt auf dem Thron. Für alle Zeiten bleibst du mein Gott«.

> Zur gleichen Zeit wird der Geist des Herrn mit Macht über dich kommen, und du wirst mit ihnen zusammen prophetisch reden. Du wirst in einen anderen Menschen verwandelt werden. Wenn diese Zeichen eingetreten sind, dann tu, was du für richtig hältst, denn Gott wird mit dir sein.
>
> **1. SAMUEL 10,6f**

Tue das, was du für richtig hältst, um Gott die Ehre zu geben!

ZEHNTAUSEND GRÜNDE

Komm und lobe den Herrn,
meine Seele, sing,
bete den König an.
Sing wie niemals zuvor nur für ihn
und bete den König an.

Aus »Feiert Jesus! 5«, Nr. 170
Originaltitel: 10.000 Reasons (Bless The Lord)
Text und Melodie: Matt Redman und Jonas Myrin
Deutsch: David Hanheiser und David Schnitter
© 2011 Atlas Mountain Songs/Thankyou Music
Für D, A, CH: SCM Hänssler, 71087 Holzgerlingen

Feiert Jesus! 365
CD 1, Nr. 5

DER KÖNIG

Bete den König an! Sind wir uns bewusst, was das heißt? Als welche, die nie einem König Ehrerbietung erweisen mussten, tun wir uns schwer zu verstehen, was es heißt, einen König zu verehren. Das Buch Ester gibt einen kleinen Einblick in das Leben am Königshof. Wir erfahren von der Macht des Königs und vom Aufwand, den man betrieb, um ihm nur das Beste zukommen zu lassen. Zwölf Monate lang wurde eine Frau vorbereitet, bevor sie ihm zum ersten Mal begegnete. Wer ungefragt zu ihm eintrat, war des Todes, es sei denn, er begnadigte diese Person, indem er ihr sein Zepter entgegenstreckte. Gott ist nicht irgendein König. Er ist der einzige, der Ehrerbietung verdient. Doch am Beispiel menschlicher Könige können wir lernen, als Untertanen die richtige Haltung einzunehmen. Dass Gott sich uns nähert, ist ausschließlich seine Entscheidung, seine Gnade, die er uns entgegenbringt. Denn »er denkt daran, dass wir nur Staub sind«

(Psalm 103,14b). Ist uns das bewusst, wenn wir unsere Stimme erheben? »Der Herr hat den Himmel zu seinem Thron gemacht, von dort herrscht er über alles« (Psalm 103,19). Wie können wir da anders, als auf unser Angesicht zu fallen und zu hoffen, dass er uns sein Zepter entgegenstreckt? Doch weil er das tut, haben wir die Erlaubnis, für ihn zu singen. Lasst uns das tun »wie niemals zuvor«. Für unseren König!

> Wenn eine junge Frau an die Reihe kam zum König zu gehen, waren laut Vorschrift zwölf Monate vergangen, denn so lange dauerte die Schönheitspflege der Frauen: Sechs Monate wurden sie mit Myrrhenbalsam massiert und danach sechs Monate mit besonderen Balsamölen und Cremes für Frauen.
>
> **ESTER 2,12**

> Der König saß auf seinem Thron inmitten seines Hofstaates, gegenüber vom Eingang. Als er Königin Ester im Innenhof stehen sah, war er ihr wohlgesinnt und streckte ihr sein goldenes Zepter, das er in der Hand hielt, entgegen. Da trat Ester zu ihm und berührte die Spitze des Zepters.
>
> **ESTER 5,1-2**

**Du bist Kind eines Königs!
Wie kannst du ihm heute
deine Ehrerbietung ausdrücken?**

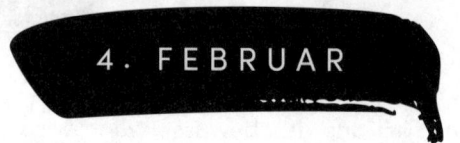

ZEHNTAUSEND GRÜNDE

Ein neuer Tag und ein neuer Morgen,
und wieder bring ich dir mein Lob.
Was heut vor mir liegt und was immer auch geschehen mag:
Lass mich noch singen, wenn der Abend kommt.

Aus »Feiert Jesus! 5«, Nr. 170
Originaltitel: 10.000 Reasons (Bless The Lord)
Text und Melodie: Matt Redman und Jonas Myrin
Deutsch: David Hanheiser und David Schnitter
© 2011 Atlas Mountain Songs/Thankyou Music
Für D, A, CH: SCM Hänssler, 71087 Holzgerlingen

Feiert Jesus! 365
CD 1, Nr. 5

DAS PRIVILEG

»Was heut vor mir liegt und was immer auch geschehen mag« –
Doch was ist, wenn mein Tagesplan überhaupt nicht meinen
Vorstellungen entspricht oder wenn ich mich am Ende des Tages frage, wo Gottes Hand in all dem war? Oft neigen wir dazu,
unser Lob an Lebensumständen und Gefühlen festzumachen.
Doch erinnern wir uns einmal daran, wem wir eigentlich unser
Loblied singen. Ist es nicht der, dessen Wesen als heilig, gnädig,
stark, weise, liebevoll, treu und souverän beschrieben wird? Ist es
nicht der, von dem gesagt wird, dass die Steine ihn loben würden, wenn es sonst niemand täte (Lukas 19,40)? Es mag sein, dass
sich die Ereignisse unseres Tages überschlagen oder dass uns die
Routine unseres Alltags zu erdrücken droht. Doch der, an den unser Lob geht, bleibt unverändert lobenswert. Der, dem unser Lob
gilt, ist Gott, ungeachtet unserer Lebensumstände. Gott ist eine
Konstante in unserem Leben, zu der es sich lohnt immer wieder
aufzublicken. Im Blickkontakt mit ihm ist unser Lob nur noch eine

Entscheidung weit entfernt. Manchmal fließt unser Lob von ganz allein. Manchmal geht es gegen unsere Gefühle und geschieht nur aus Gehorsam. Doch immer bleibt es ein Privileg. Ein Privileg, das, wenn wir es nutzen, als Segen zu uns zurückfließt.

Keiner ist heilig wie der Herr.

1. SAMUEL 2,2

»Gepriesen sei der König, der im Namen des Herrn kommt! Friede in der Höhe und Ehre im höchsten Himmel!« Einige der Pharisäer in der Menge forderten ihn auf: »Meister, rufe deine Jünger zur Vernunft!« Doch er entgegnete ihnen: »Würden sie schweigen, dann würden die Steine schreien!«

LUKAS 19,38-40

Loben zieht nach oben!
Nutze dein Privileg, so oft zu kannst!

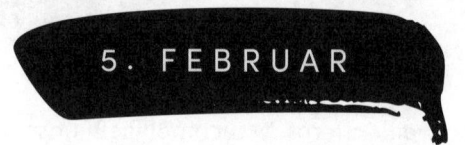

5. FEBRUAR

ZEHNTAUSEND GRÜNDE

Du liebst so sehr und vergibst geduldig,
schenkst Gnade, Trost und Barmherzigkeit.
Von deiner Güte will ich immer singen:
zehntausend Gründe gibst du mir dafür.

Aus »Feiert Jesus! 5«, Nr. 170
Originaltitel: 10.000 Reasons (Bless The Lord)
Text und Melodie: Matt Redman und Jonas Myrin
Deutsch: David Hanheiser und David Schnitter
© 2011 Atlas Mountain Songs/Thankyou Music
Für D, A, CH: SCM Hänssler, 71087 Holzgerlingen

Feiert Jesus! 365
CD 1, Nr. 5

ZEHNTAUSEND SELBSTERLEBTE GRÜNDE

In Psalm 103 sprudelt es aus David nur so hervor. »Mit meiner
Seele will ich den Herrn loben«, beginnt er und öffnet dabei sein
ganzes Inneres, um wahrzunehmen, wie Gott ist. Dann ruft er sich
die großen Taten Gottes in Erinnerung und beginnt sie aufzuzäh-
len. Eine nicht enden wollende Liste des großartigen Seins und
Tuns Gottes entsteht. Zehntausend Gründe, für die er seinen Gott
loben möchte. Viele der Gründe entspringen seinen Erfahrungen
mit Gott. Schon in jungen Jahren ging er große Risiken ein, weil er
Gott zutraute, die Kontrolle zu haben (1. Samuel 17). Er kämpfte
mit Bären und Riesen und sah Gott durch ihn siegen. Er brachte
sich in Gefahr und erlebte Gott wie kein Zweiter zu seiner Zeit.
Ist das auch für uns möglich? Es besteht kein Zweifel, dass Gott
sich uns zeigen möchte. Ja, auch wir dürfen Gott handeln sehen.
Am sichersten dort, wo wir für ihn etwas wagen. Dort, wo wir die
Kontrolle aus der Hand geben und alles in die Hand Gottes legen. Aber auch dort, wo wir mit offenem Herzen aufmerksam

hinhören und hinsehen, um ihn zu entdecken: seine Geduld mit uns, seine Gnade, seinen Trost. Auf dass wir selbst mit einstimmen können: »Von deiner Güte will ich immer singen: zehntausend Gründe gibst du mir dafür!«

Mit meiner Seele will ich den Herrn loben und von ganzem Herzen will ich seinen heiligen Namen preisen. Mit meiner Seele will ich den Herrn loben und das Gute nicht vergessen, das er für mich tut. Er vergibt mir alle meine Sünden und heilt alle meine Krankheiten. Er kauft mich vom Tode frei und umgibt mich mit Liebe und Güte. Er macht mein Leben reich und erneuert täglich meine Kraft, dass ich wieder jung wie ein Adler werde. Der Herr schafft Gerechtigkeit und Recht allen, die Unrecht erfahren. Er hat Mose seine Wege wissen lassen und Israel seine Taten gezeigt. Barmherzig und gnädig ist der Herr, geduldig und voll großer Gnade. Er wird uns nicht für immer Vorwürfe machen und nicht ewig zornig sein. Er bestraft uns nicht für unsere Sünden und behandelt uns nicht, wie wir es verdienen. Denn so hoch der Himmel über der Erde ist, so groß ist seine Gnade gegenüber denen, die ihn fürchten.

PSALM 103,1-11

Gott wartet darauf, von dir entdeckt zu werden!

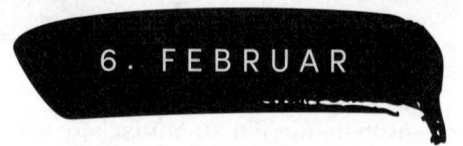
ZEHNTAUSEND GRÜNDE

Und wenn am Ende die Kräfte schwinden,
wenn meine Zeit dann gekommen ist,
wird meine Seele dich weiter preisen,
zehntausend Jahre und in Ewigkeit.

Aus »Feiert Jesus! 5«, Nr. 170
Originaltitel: 10.000 Reasons (Bless The Lord)
Text und Melodie: Matt Redman und Jonas Myrin
Deutsch: David Hanheiser und David Schnitter
© 2011 Atlas Mountain Songs/Thankyou Music
Für D, A, CH: SCM Hänssler, 71087 Holzgerlingen

Feiert Jesus! 365
CD 1, Nr. 5

IM KONTAKT MIT DER EWIGKEIT

Wie wird es wohl sein, wenn wir von dieser Erde gehen? Als Kinder Gottes haben wir das Versprechen, Gott einmal von Angesicht zu Angesicht sehen zu dürfen (1. Johannes 3,2)! Wie werden unsere Anbetung und unser Lobpreis dann wohl aussehen? Dann werden wir nicht mehr anders können, als auf unsere Knie zu fallen. Wir werden nicht mehr anders können, als anzubeten. Wieviel mehr gleicht da unser jetziger Lobpreis harter Arbeit. Wir wünschen uns, den Himmel offen zu sehen, damit wir Gott sehen und das tiefe Verlangen bekommen, ihm die Ehre zu geben. Einer, dem der Schleier einmal kurz zur Seite geschoben wurde, war Paulus. Für ihn öffnete sich der Himmel, und er durfte die Stimme des Auferstandenen hören. Diese Begegnung warf ihn auf die Knie und krempelte sein Leben um (Apostelgeschichte 9). Es gab danach noch viel, das ihn ablenken wollte, Schmerzen und unerhörte Gebete (2. Korinther 12,7f). Doch Paulus war klar: Ich diene einem Gott, vor dem sich einmal alle Knie beugen müssen (Philipper 2,10). Er wusste: Es lohnt sich nicht, sich im Hier und Jetzt durch unbeantwortete Fragen davon abhalten zu lassen, ihm die Ehre zukommen zu lassen, die ihm gebührt. Wenn wir das verstehen, dann beginnt für uns die Ewigkeit schon jetzt.

> Ich sehne mich, ja ich vergehe vor Sehnsucht, die Vorhöfe des Herrn zu betreten, wo ich den lebendigen Gott mit frohem Herzen anbeten will.
>
> **PSALM 84,3**

> Meine lieben Freunde, wir sind schon jetzt die Kinder Gottes, und wie wir sein werden, wenn Christus wiederkommt, das können wir uns nicht einmal vorstellen. Aber wir wissen, dass wir bei seiner Wiederkehr sein werden wie er, denn wir werden ihn sehen, wie er wirklich ist.
>
> **1. JOHANNES 3,2**

Was will dich davon ablenken,
Gott die Ehre zu geben, die ihm gebührt?

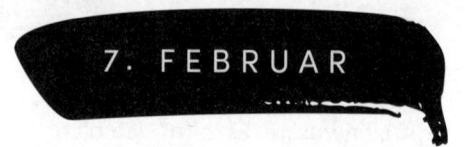

HALLELUJA, JESUS LEBT!

Komm mit mir an das leere Grab,
dort wo gestern noch ein Leichnam lag.
Wir hören zu, wie der Engel spricht.
Er sagt: »Jesus lebt, ihn findet ihr hier nicht!«

Weil er ohne Schuld in den Abgrund stieg,
ist der Tod für uns besiegt!

Aus »Feiert Jesus! 5«, Nr. 65
Text und Melodie: Winnie Schweitzer
© 2014 SCM Hänssler, 71087 Holzgerlingen

Feiert Jesus! Er lebt
Nr. 11

JESUS LEBT IN UNS!

Der Gründer der Fackelträger, Major Ian Thomas (1914–2007), sagte: »Jesus starb nicht nur für deine Vergangenheit. Er stand auf zu neuem Leben, um in dir an Stelle deines alten Wesens zu herrschen: Seine Kraft in deiner Schwachheit! Seine Weisheit statt deiner Torheit! Seine Energie statt deiner Lauheit! Seine Liebe statt deiner Eigenlust.« Jesus starb für meine Sünden. Er macht es möglich, dass mein Weg zu Gott frei ist, dass ich reine Kleider anziehen darf und in Verbindung mit dem Vater sein kann. Aber das ist nur die halbe Wahrheit. Jesus ist nicht nur gestorben, sondern er ist auferstanden, er lebt. Er ist nicht im Tod geblieben. Gott hat ihn zum Leben auferweckt, das Grab ist leer – was für eine unglaubliche Wundertat! Und es ist genau das, was Jesus bereits vor seinem Tod angekündigt hatte: »Man wird ihn umbringen, doch drei Tage später wird er von den Toten auferweckt werden« (Matthäus 17,23).

Wie lebe ich diese Wahrheit, dass Christus auferstanden ist? Wie kann ich es jeden Tag neu in Anspruch nehmen, dass Christus in mir lebt? In mir regieren möchte? In meinem Körper als einem heiligen Tempel wohnen will? Die Auferstehung hat weitreichende Folgen – nicht nur für die Ewigkeit, sondern für jeden Tag, für meine Aufgaben heute, meine Prioritäten, meine Erwartungen an Gottes Wirken, mein Gebetsleben, meine Worte, meine Lebensfreude.

> Ich freue mich, wenn ich für euch leiden darf, denn Christus hat für seinen Leib, die Gemeinde, gelitten. Nun gebe ich meinen Körper für das, was an seinen Leiden noch fehlt. Gott hat mich beauftragt, seiner Gemeinde zu dienen und bei euch seine Botschaft zu verkünden. Diese Botschaft war in der Vergangenheit über viele Jahrhunderte und viele Generationen hinweg wie ein Geheimnis verborgen; jetzt aber wurde es denen enthüllt, die zu ihm gehören. Denn Gott wollte ihnen sagen, dass der Reichtum der Herrlichkeit dieses Geheimnisses auch für die anderen Völker bestimmt ist. Und das ist das Geheimnis: Christus lebt in euch! Darin liegt eure Hoffnung: Ihr werdet an seiner Herrlichkeit teilhaben. Deshalb erzählen wir überall, wo wir hinkommen, von Christus. Wir warnen die Menschen und lehren sie mit aller Weisheit, die Gott uns geschenkt hat, denn wir möchten sie als Menschen vor Gott hinstellen, die im Glauben an Christus vollkommen sind. Für dieses Ziel setze ich mich mit meiner ganzen Kraft ein, indem ich mich auf die mächtige Kraft von Christus verlasse, die in mir wirkt.

KOLOSSER 1,24-29

Lebe in und mit Christus!

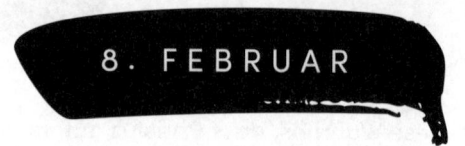

HALLELUJA, JESUS LEBT!

Halleluja, Jesus lebt!
Der Vorhang reißt, die Erde bebt.
Mit den Engeln feiern wir unsern Heiland.
Dank sei dir!

Aus »Feiert Jesus! 5«, Nr. 65
Text und Melodie: Winnie Schweitzer
© 2014 SCM Hänssler, 71087 Holzgerlingen

Feiert Jesus! Er lebt
Nr. 11

DER VORHANG REISST

Genau in dem Augenblick, als Jesus stirbt, geschehen mehrere ungewöhnliche Ereignisse. Es bebt die Erde, Gräber öffnen sich, Gläubige werden auferweckt und der Vorhang im Tempel, der zwischen dem Heiligtum und dem Allerheiligsten hängt, zerreißt. Das Allerheiligste war ein Ort, an dem Gott gegenwärtig war. Niemand durfte hinein – nur der Hohepriester betrat es einmal im Jahr unter strengster Beachtung der Gesetze, um ein Opfer darzubringen. Kein normaler Mensch konnte es betreten, denn die Gegenwart Gottes dort war so gewaltig, dass einen Sünder ihr nicht hätte standhalten können. Daher war dieser trennende Vorhang auch nicht irgendein dünnes Tuch. Er war vermutlich etwa 10 Zentimeter stark, 10 Meter breit und 20 Meter lang! So ein Vorhang zerreißt nicht einfach so, und vermutlich wäre kein Mensch dazu in der Lage, ihn zu zerreißen. Dass er nun aber sogar von oben nach unten zerreißt, zeigt uns: Gott selbst tut dies. Denn durch Jesu Opfertod steht nichts Trennendes mehr zwischen den schuldigen Menschen und dem heiligen Gott. Dieses Ereignis macht deutlich: Jeder, der an Jesus als seinen Retter glaubt, hat nun ungehinderten Zugang zu Gott!

Genaugenommen ist die Reihenfolge im Refrain dieses Liedes nicht richtig: Der Vorhang im Tempel zerriss zu dem Zeitpunkt, als Jesus starb, und nicht, als er bereits wieder auferstanden war und lebte. Aber die Folgen für uns sind genau dieselben – und sie sind unendlich wichtig: Es gibt nichts, was dich von Gott trennt, wenn du die Vergebung durch Jesus annimmst! Nichts! Und dennoch hast du vielleicht manchmal das Gefühl, dass noch immer etwas zwischen Gott und dir steht... Was ist es? Räume es mit Jesu Hilfe aus! Freue dich und rufe laut: »Halleluja« und »Danke«!

Da schrie Jesus laut auf und starb. In diesem Augenblick riss der Vorhang im Tempel von oben nach unten entzwei. Der römische Hauptmann, der dem Kreuz gegenüberstand und mit angesehen hatte, wie Jesus gestorben war, rief aus: »Ja, dieser Mann war wirklich Gottes Sohn!«

MARKUS 15,37-39

Nichts trennt dich von Gott!

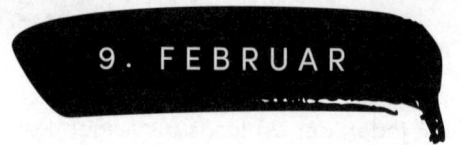

HALLELUJA, JESUS LEBT!

Singt mit mir, es ist wirklich wahr,
nichts ist mehr so, wie es einmal war.
Er stillt den Schmerz und nimmt alles Leid,
und er überwindet jede Ungerechtigkeit.

Wir erkennen hier nur ein kleines Stück,
von diesem wunderbaren Auferstehungsglück,
doch weil dieser Vorgeschmack
auf unsrer Seele liegt,
wissen wir: du hast gesiegt!

Aus »Feiert Jesus! 5«, Nr. 65
Text und Melodie: Winnie Schweitzer
© 2014 SCM Hänssler, 71087 Holzgerlingen

Feiert Jesus! Er lebt
Nr. 11

UM UNSERER SÜNDE WILLEN ZERSCHLAGEN

»Nichts ist mehr so, wie es einmal war.« Die Jünger hatten mit der Flut von Ereignissen um Jesu Kreuzigung und Grablegung ziemlich zu kämpfen. Nichts war mehr so, wie sie es bisher gekannt hatten. Mit einem Mal war die Welt auf den Kopf gestellt, sie fühlten sich verunsichert und voller Fragen. Und das ist nur allzu verständlich, denn obwohl es schon im Alten Testament angekündigt war und Jesus es ihnen immer wieder gesagt hatte – es war und ist einfach unglaublich. Die Jünger, die nach Emmaus liefen, diskutierten eifrig über alles, was passiert war (Lukas 24,13-35). Erst das Erkennen von Jesus füllte ihr Herz mit Freude. Erst als Jesus vor den Jüngern erschien und mit ihnen sprach, seine Wundmale zeigte und mit ihnen aß, dämmerte das Verständnis langsam auch bei ihnen (Lukas 24,36-53), bis sie voller Jubel begriffen: »Weil er ohne Schuld in den Abgrund stieg, ist der Tod für uns besiegt!«

In Jesaja 53,5 heißt es: »Wegen unserer Vergehen wurde er durchbohrt, wegen unserer Übertretungen zerschlagen. Er wurde gestraft, damit wir Frieden haben. Durch seine Wunden wurden wir geheilt!« – Ich bin so dankbar, dass ich die Geschichte nicht nur zum Teil kenne, sondern den Anfang und auch das Ende. Ich bin dankbar, dass ich es nicht nur lesen und hören, sondern auch verstehen darf, welches Geschenk der Vater uns hier in seiner großen Liebe gibt. Ich bin frei von meinen Sünden. Ich darf Gottes Kind sein und leben wie es ihm gefällt. Tue ich es?

> Nun öffnete er ihnen den Blick für das Verständnis dieser Schriften. Er sagte: »Es wurde vor langer Zeit aufgeschrieben, dass der Christus leiden und sterben und am dritten Tag auferstehen muss. Geht in seinem Namen zu allen Völkern, angefangen in Jerusalem, ruft sie zur Umkehr auf, damit sie Vergebung der Sünden erhalten. Für all dies seid ihr meine Zeugen. Und nun werde ich euch den Heiligen Geist senden, wie mein Vater es versprochen hat. Ihr aber bleibt hier in der Stadt, bis der Heilige Geist kommen und euch mit Kraft aus dem Himmel erfüllen wird.«

LUKAS 24,45-49

Lebe, wie Gott es gefällt!

VATER UNSER

Unser Vater, der du bist im Himmel,
geheiligt werde dein Name.
Dein Reich komme, dein Wille geschehe
wie im Himmel so auf Erden.

Aus »Feiert Jesus! 5«, Nr. 222
Text (nach Mt 6,9-13) und Melodie: Arne Kopfermann
© 2013 SCM Hänssler, 71087 Holzgerlingen

Feiert Jesus! 21
Nr. 13

VATERBILDER

Wie würdest du deinen Vater beschreiben? Kannst du behaupten: »Ich bin stolz, dass ich den Namen tragen darf, den du mir weitergegeben hast?« Würdest du sagen, dass du dankbar für den Einfluss deines Vaters auf dein Leben bist? Wenn ja, dann kannst du dich glücklich schätzen. Wenn nein, dann solltest du an deiner Vaterbeziehung arbeiten. Warum? Weil jeder von uns im Prinzip zwei Väter besitzt – einen irdischen und einen himmlischen. Das Problem ist, dass unser himmlisches Vaterbild häufig von den Erlebnissen mit unserem irdischen Vater abhängt. Manche erleben leider einen hartherzigen oder gar gewalttätigen Vater und haben dann logischerweise Schwierigkeiten, den Vater im Himmel als liebevoll wahrzunehmen. Die Folge ist oft ein Gefühl der Ablehnung oder sogar Hass. Doch es gibt eine gute Nachricht: Dein himmlischer Vater kann durch die Liebe, die er dir durch seinen Sohn Jesus Christus schenkt, deine seelischen und emotionalen Wunden heilen. In meiner Kindheit war ich im Urlaub oft mit meinem Vater beim Angeln. Da ich noch nicht schwimmen konnte, fiel ich einmal ohne Schwimmweste vom Boot ins Wasser und ging unter. Mein Vater zögerte keine Sekunde und sprang mir nach, um mich zu retten. Auch dein himmlischer Vater möchte dich retten. Suche dir Hilfe und lerne, ihm zu vertrauen, dann kannst du von Herzen beten: »Dein Wille geschehe.«

Gottes Liebe zu uns zeigt sich darin, dass er seinen einzigen Sohn in die Welt sandte, damit wir durch ihn das ewige Leben haben. Und das ist die wahre Liebe: Nicht wir haben Gott geliebt, sondern er hat uns zuerst geliebt und hat seinen Sohn gesandt, damit er uns von unserer Schuld befreit. Liebe Freunde, weil Gott uns so sehr geliebt hat, sollen wir auch einander lieben.

1. JOHANNES 4,9-11

Lass deinen Liebestank von deinem himmlischen Vater füllen.

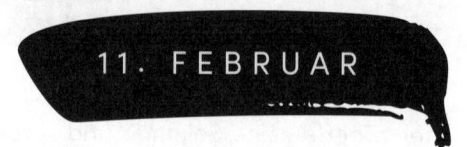
VATER UNSER

Unser tägliches Brot gib uns heute.
Und vergib uns unsere Schuld,
wie auch wir vergeben unsern Schuldigern,
so vergib uns, Herr.

Aus »Feiert Jesus! 5«, Nr. 222
Text (nach Mt 6,9–13) und Melodie: Arne Kopfermann
© 2013 SCM Hänssler, 71087 Holzgerlingen

Feiert Jesus! 21
Nr. 13

ENDLICH FREI

Wenn wir als Familie beim Essen zusammensitzen, sagen wir dem Papa im Himmel immer gerne Danke für die Dinge, mit denen er uns täglich beschenkt. Wir haben sogar genug, um von diesem Segen weitergeben zu dürfen. Aber warum werden hier Brot und Schuld in einem Atemzug genannt? Ich glaube, dass Schuld den Segen, den uns der Vater schenkt, behindern kann. Im schlimmsten Fall kann uns unvergebene Schuld sogar seelisch und körperlich krank machen. Oder warum sagt Jesus sonst zu einem Gelähmten: »Deine Sünden sind dir vergeben«, bevor dieser körperliche Heilung erfährt (Lukas 5,17–25)?!
In meiner Schulzeit schubste mich ein Mitschüler von einer Bank, so dass ich mir die Hose ruinierte und das Knie aufschlug. Ich war stinksauer auf ihn. Als ich ihm das nächste Mal allein begegnete – wir waren zu dritt – traktierte ich ihn mit Fußtritten, um mich für den Zwischenfall zu rächen. Doch irgendwie verspürte ich daraufhin keine Erleichterung. Auch später plagten mich immer wieder Gewissensbisse. Nach etlichen Jahren, als ich ihm auf einer Internetplattform begegnete, nahm ich allen Mut zusammen,

um mich für mein damaliges Verhalten zu entschuldigen. Auch wenn keine eindeutige Rückantwort kam, fühlte ich mich ziemlich erleichtert. Wenn sich dein Gewissen zu rühren beginnt, ist das ein sicheres Zeichen, dass Gott etwas geklärt haben möchte. Pack es an – Vergebung macht frei! Vergib und empfange Vergebung. Es ist eigentlich ganz leicht.

> Wenn wir sagen, wir seien ohne Schuld, betrügen wir uns selbst und die Wahrheit ist nicht in uns. Doch wenn wir ihm unsere Sünden bekennen, ist er treu und gerecht, dass er uns vergibt und uns von allem Bösen reinigt.

1. JOHANNES 1,8f

Ballast abwerfen:
Vergib und empfange Vergebung. Es ist leicht.

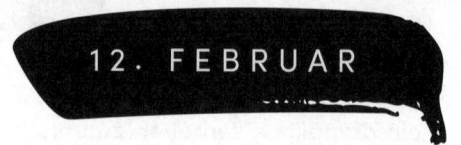
VATER UNSER

Darum führe uns nicht in Versuchung,
sondern erlöse uns von dem Bösen,
denn dein ist das Reich und die Kraft,
ist das Reich und ist die Kraft
und die Herrlichkeit in Ewigkeit. Amen.

Aus »Feiert Jesus! 5«, Nr. 222
Text (nach Mt 6,9–13) und Melodie: Arne Kopfermann
© 2013 SCM Hänssler, 71087 Holzgerlingen

Feiert Jesus! 21
Nr. 13

KRIEG DER GEDANKEN

Die Welt da draußen ist nicht die unbeschwerte Spielwiese, die du aus längst vergangenen Kindheitstagen oder aus deinem Gemeindealltag kennst. Es herrscht Krieg – um deine Gedanken, um deine Seele. Jeder von uns ist tagtäglich einer ganzen Armada von Fallstricken ausgesetzt, mit denen uns der feindliche Heerführer versucht, der Nähe des Vaters zu entreißen. Zum beliebten Arsenal gehören falscher Stolz, Geldgier, Lüge, Lästerattacken, Pornographie, Drogen und übermäßiger Medienkonsum. Ich übertreibe?! Wohl kaum, wenn ein mir bekannter Jugendlicher stolz behauptet, er sei handysüchtig, oder ein 11-Jähriger damit angibt, einschlägige FSK-18-Horrorfilme zu konsumieren. Die Versuchung ist groß, aber es ist deine Entscheidung, mit was du dich, deine Kinder oder Enkelkinder fütterst. Als ich entdeckte, dass mein 9-jähriger Sohn uneingeschränkten Zugriff auf den neu angeschafften Tablet-Computer des Großvaters hatte, musste ich dem Internetneuling erklären, dass sein Enkel mit wenigen Klicks auf nicht jugendfreie Inhalte stoßen könnte. Wer mit dem Feuer spielt, verbrennt sich leicht. Die Narben bleiben leider sichtbar. Doch Jesus hat uns die entsprechende Schutzausrüstung (Epheser 6,10-18) gegeben, um diesen Angriffen zu widerstehen: den Gürtel der Wahrheit, den Panzer der Gerechtigkeit, den Glauben als Schutzschild, den Helm der Rettung, das Wort Gottes als Schwert.

Wer der Versuchung erliegt, sollte niemals sagen: »Diese Versuchung kommt von Gott.« Gott lässt sich nicht zum Bösen verführen, und er verleitet auch niemanden zur Sünde.

JAKOBUS 1,13

Liebe Brüder, in dieser Welt seid ihr ohne Bürgerrecht und Fremde. Deshalb warne ich euch: Lasst euch nicht von den Versuchungen dieser Welt bestimmen, denn sie schaden eurer Seele.

1. PETRUS 2,11

Überdenke deinen Handy- und Medienkonsum. Weniger ist mehr!

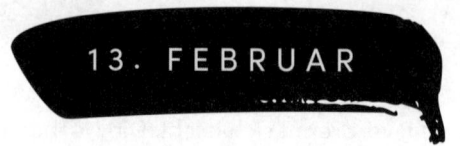

VON DEN DÄCHERN

Gott, hier bin ich vor dir.
Liebe und Wahrheit finde ich hier.
Gnade hat mich frei gemacht, mich bis hierher gebracht.
Durch deine Liebe leb ich frei.
Ich gebe dir mein Leben neu.
Und so stehe ich vor dir.
Ich singe laut, denn du machst mich frei.

Aus »Feiert Jesus! 5«, Nr. 189
Originaltitel: Rooftops
Text und Melodie: Ben Williams, Jonathan Berlin und Lindsey Sweat
Deutsch: Albert Frey
© 2010 Jesus Culture Music/Capitol CMG Amplifier/Capitol CMG Genesis
Für D, A, CH: SCM Hänssler, 71087 Holzgerlingen

Feiert Jesus! 21
Nr. 2

FREIHEITSKÄMPFER

Sucht man im Internet nach dem Stichwort »Freiheitskämpfer«,
so stößt man schnell auf Namen wie Che Guevara, William Wal-
lace, Nelson Mandela oder Mahatma Gandhi, die jeweils einen
mehr oder weniger gewaltfreien Weg zur Befreiung ihres Volkes
propagierten. Häufig geht es solchen Menschen um Ziele wie die
politische Unabhängigkeit ihres Landes, um die Durchsetzung ihrer Weltanschauung oder um die Auflehnung gegen einen über-
mächtigen Unterdrücker. Das Problem ist, dass diese Menschen,
um die Freiheit zu erkämpfen, selbst häufig andere – meist die
politischen Gegner – in ihrer Freiheit einschränken müssen. Also
eigentlich keine echte Freiheit für alle. Zur Zeit der neutestament-
lichen Begebenheiten war ein solcher Unterdrücker die Welt-
macht Rom. Die Menschen damals warteten auf einen Freiheits-

kämpfer, der sie und ihr Land aus dieser Unterdrückung führen würde. Aber derjenige, der ihnen die Freiheit versprach, war ganz anders als erwartet. Er predigte keine Auflehnung mit Waffengewalt, sondern ein Evangelium der selbstlosen, aufopfernden Liebe. Ihm ging es nicht um die politische Unabhängigkeit, sondern um die persönliche Befreiung jedes Einzelnen aus der Knechtschaft der Sünde. Jesus hat dich und mich durch sein Blut und seine vergebende Gnade endgültig befreit. Lasst uns selbst zu Freiheitkämpfern der Liebe werden, indem wir anderen diese gute Botschaft der echten Freiheit bringen – durch das Wort der Versöhnung und durch die helfende, praktische Tat.

> Gott hat unsere Freiheit mit seinem Blut teuer erkauft und uns alle unsere Schuld vergeben.

KOLOSSER 1,14

> Der Herr aber ist der Geist, und wo immer der Geist des Herrn ist, ist Freiheit.

2. KORINTHER 3,17

Danke Jesus für die Freiheit, die er dir schenkt.

VON DEN DÄCHERN

Du hast so viel für mich getan.
Vor aller Welt bet ich dich an.
Gott, nur du allein bringst mich auf meine Knie.
Die ganze Erde soll es hörn,
die Schönheit deiner Liebe sehn.
Und so beug ich mich vor dir.
Ich preise dich, du hast mich befreit.

Aus »Feiert Jesus! 5«, Nr. 189
Originaltitel: Rooftops
Text und Melodie: Ben Williams, Jonathan Berlin und Lindsey Sweat
Deutsch: Albert Frey
© 2010 Jesus Culture Music/Capitol CMG Amplifier/Capitol CMG Genesis
Für D, A, CH: SCM Hänssler, 71087 Holzgerlingen

Feiert Jesus! 21
Nr. 2

DIENSTBEREITSCHAFT

Wenn ich mein Leben Jesus anvertraue und ihm von ganzem Herzen nachfolge, dann werde ich rückblickend immer wieder erkennen, was er alles für mich getan hat und wie Gottes gute Führung in meinem Leben sichtbar wird. Grund genug um dankbar zu sein. Doch wie bringe ich meine Dankbarkeit ihm gegenüber zum Ausdruck? Wie bete ich Gott nicht nur in der frommen Schutzatmosphäre meiner eigenen Gemeinde an, sondern »vor aller Welt«, so dass es die ganze Erde hört? Musik ist sicher eine gute Möglichkeit. Aber nur wenigen bleibt es vorbehalten, Öffentlichkeitswirksamkeit zu erzielen, indem man sich auf eine Bühne stellt und Anbetungslieder schmettert.

Welche Alternativen gibt es also noch, um den heutigen Liedvers in die Tat umzusetzen? Wie sieht das praktisch für den Durchschnittschristen aus? Vielleicht indem ich eine dienende Haltung einnehme und meine »Knie beuge«. Das heißt konkret, dass ich bereit bin, meine Zeit und Kraft für Gottes Reich und in das Leben anderer Menschen zu investieren und ihnen zu dienen. In unserer heutigen Gesellschaft ist das selbstlose Dienen nicht gerade ein populäres Prinzip, wo es doch eher um Selbstverwirklichung und Individualisierung geht, aber ein afrikanisches Sprichwort sagt: »Viele kleine Leute, an vielen kleinen Orten, die viele kleine Dinge tun, können das Gesicht der Welt verändern.«

> Tut eure Arbeit mit Eifer und Freude, als würdet ihr Gott dienen und nicht Menschen.
>
> **KOLOSSER 3,23**

> Wenn ihr behauptet, Gott zu dienen, aber eure Zunge nicht im Zaum halten könnt, betrügt ihr euch nur selbst, und euer Dienst für Gott ist wertlos.
>
> **JAKOBUS 1,26**

> Ihr seid berufen, liebe Freunde, in Freiheit zu leben – nicht in der Freiheit, euren sündigen Neigungen nachzugeben, sondern in der Freiheit, einander in Liebe zu dienen.
>
> **GALATER 5,13**

Bitte Jesus um ein dienendes Herz.

VON DEN DÄCHERN

Was ich bin, lege ich in deine Hände, Gott,
denn ich gehör zu dir, gehör zu dir.
Hier bin ich, ich steh mit offnen Händen
vor dem Herrn der Herrn,
dem Gott, der ewig bleibt,
dem Gott, der ewig bleibt.

Aus »Feiert Jesus! 5«, Nr. 189
Originaltitel: Rooftops
Text und Melodie: Ben Williams, Jonathan Berlin und Lindsey Sweat
Deutsch: Albert Frey
© 2010 Jesus Culture Music/Capitol CMG Amplifier/Capitol CMG Genesis
Für D, A, CH: SCM Hänssler, 71087 Holzgerlingen

Feiert Jesus! 21
Nr. 2

MIT LEEREN HÄNDEN

Wenn du anfängst zu begreifen, dass alles, was du hast und bist, aus Gottes Hand kommt, dann machst du den ersten Schritt, von dir wegzusehen und deinen Blick auf Jesus zu richten. Du wirst aufhören, dich wie ein Kreisel um dich selbst zu drehen. Alles, was du von jetzt an tust, wird sich auf Jesus ausrichten. Lege deshalb alles, was dich ausmacht, das Gute und das Schlechte, in Gottes Hände. Gib ihm deine Fähigkeiten, deine Talente, deine Verletzungen und deine Bitterkeit, deinen Stolz, deine Wut und deinen Egoismus, deine Träume, Wünsche und Hoffnungen. Vertraue ihm – er wird das Beste daraus formen. Wenn du nämlich an diesen Dingen festhältst, sind die »Hände« deines Herzens gefüllt und du kannst nichts mehr nehmen. Mit leeren, offenen Händen aber bist du bereit zu empfangen. Nur so kannst du etwas aufnehmen.

Vielleicht entdeckst du auf diese Weise noch ganz andere Dinge, die Jesus für dich vorbereitet hat. In ein Gefäß, das bis zum Rand gefüllt ist, passt nichts mehr hinein. Es ist auch viel schwerer zu handhaben. Nur ein leeres Gefäß kann gefüllt werden. Achte darauf, es mit den richtigen Dingen zu füllen. Nur mit leeren Händen kannst du das erfrischende und prickelnde Wasser des Lebens schöpfen, das ewige Gemeinschaft mit dem liebenden Vater verheißt.

Stärkt also eure müde gewordenen Hände und stellt euch fest auf eure zitternden Knie!

HEBRÄER 12,12

Kommt zu Gott, und Gott wird euch entgegenkommen. Wascht euch die Hände, ihr Sünder; reinigt eure Herzen, ihr Zweifler!

JAKOBUS 4,8

Lege alles in Gottes Hand,
damit du neu empfangen kannst.

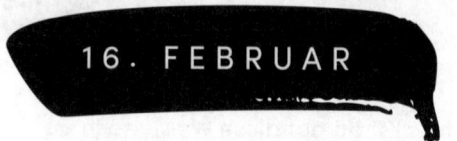

VON DEN DÄCHERN

*Von den Dächern ruf ich
deinen Namen, Gott,
denn ich gehör zu dir,
gehör zu dir.*

Aus »Feiert Jesus! 5«, Nr. 189
Originaltitel: Rooftops
Text und Melodie: Ben Williams, Jonathan Berlin und Lindsey Sweat
Deutsch: Albert Frey
© 2010 Jesus Culture Music/Capitol CMG Amplifier/Capitol CMG Genesis
Für D, A, CH: SCM Hänssler, 71087 Holzgerlingen

Feiert Jesus! 21
Nr. 2

EINDEUTIGES BEKENNTNIS

Es mutet schon manchmal ziemlich verrückt an, was wir so alles von uns geben, wenn wir in der Gemeinde die Lobpreis- und Anbetungslieder voller Inbrunst mitsingen. Oder hast du schon mal daran gedacht, die Zeilen »Von den Dächern ruf ich deinen Namen, Gott« wortwörtlich in die Tat umzusetzen? Wie würdest du dich dabei fühlen? Ich glaube, mir wäre ziemlich mulmig, wenn ich so für jedermann sichtbar aus voller Kehle Radau für Jesus machen würde. Aber genau darum geht es. Raus aus der Komfortzone und sich Hals über Kopf in ein Glaubensabenteuer stürzen. Was bist du bereit, für Jesus zu wagen? Oder bleiben die Lieder, die du mehr oder weniger bewusst mitsingst, lediglich ein Lippenbekenntnis? Wirst du deinen Glauben auch dann noch bekennen, wenn du dafür Gefahr läufst, ausgelacht oder verspottet zu werden? Wärst du bereit, dich für Jesus zum Vollidioten zu machen? Wie positionierst du dich zu dem Auferstandenen, der dein und mein Retter ist, gerade dann, wenn der Wind aus der entgegengesetzten Richtung kommt? Es geht um nichts weniger, als um ein eindeutiges Bekenntnis, damit du von ganzem Herzen sagen kannst: »Ich gehör zu dir!« Es kommt nicht auf die Lautstärke an, sondern auf die Herzenshaltung. Lass dein Herz laut sein für ihn, denn Jesus hat sich von Anfang an zu dir bekannt und den Preis dafür bezahlt.

> Ich weiß, wie unsinnig die Botschaft vom Kreuz in den Ohren derer klingt, die verloren gehen. Wir aber, die wir gerettet sind, erkennen in dieser Botschaft die Kraft Gottes. In der Schrift heißt es: »Ich will die Weisheit der Weisen vernichten und die Klugheit der Klugen verwerfen.«
>
> **1. KORINTHER 1,18f**

> Und ich versichere euch: Wer sich hier auf der Erde zu mir bekennt, zu dem wird sich der Menschensohn auch in der Gegenwart der Engel Gottes bekennen.
>
> **LUKAS 12,8**

> Macht Christus zum Herrn eures Lebens. Und wenn man euch nach eurer Hoffnung fragt, dann seid immer bereit, darüber Auskunft zu geben.
>
> **1. PETRUS 3,15**

Nutze jede Gelegenheit,
den Auferstandenen zu bekennen.

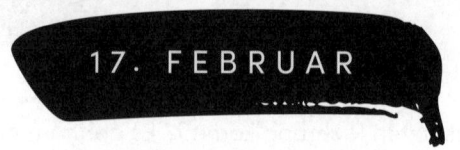

SOLANG ICH ATMEN KANN

Solang ich atmen kann,
solang mein Herz noch schlägt,
so lang lobe ich dich.
Mein ganzes Leben lang,
solang mich deine Liebe trägt.

Am Morgen weckt mich deine Gnade,
die mir ein ganzes Leben gilt.
Sie lässt mich neue Schritte wagen
und bringt mich näher an dein Bild.

Aus »Feiert Jesus! 5«, Nr. 71
Text und Melodie: Andreas Volz
© 2014 SCM Hänssler, 71087 Holzgerlingen

Feiert Jesus! 20
Nr. 11

JEDEN MORGEN NEUE GNADE

Ist es nicht ein wunderschöner Gedanke, dass jeden Morgen, wenn ich aufwache, Gott schon an meinem Bett sitzt, mich anlächelt und mir sagt: Guten Morgen! Ich freu mich so auf den Tag mit dir! Das verschönert mir den Tag, richtet meinen Blick gleich auf Jesus, korrigiert meine Prioritäten und hinterfragt so manchen Plan, den ich mir gemacht habe. Wenn ich innehalte und den Tag in Gottes Hand lege, fällt es mir leichter, neue Schritte zu wagen. Ein bekanntes Sprichwort sagt: »An Gottes Segen ist alles gelegen.« Ohne seine Gnade und seinen Segen wird mein Leben nie wirklich gut werden und es würde sein Ziel verfehlen. Ganz unverdient bekomme ich seine Liebe, Barmherzigkeit, Treue und Gnade jeden Morgen neu geschenkt – mein Leben lang, »solang ich atmen kann«.

Lass dich heute wieder neu von Gott als Quelle der Kraft und Freude füllen und lebe allein aus ihm! Du darfst dich in den vielen Herausforderungen, die neue Schritte mit sich bringen, von ihm geführt wissen und in deiner Abhängigkeit zu ihm wachsen: »Lass mich schon am Morgen deine Gnade erfahren, denn ich vertraue auf dich. Zeige mir einen Weg, den ich gehen soll, denn ich habe dich darum gebeten« (Psalm 143,8). Vielleicht schickt dir Gott auch jemanden über deinen Weg, der genau diese Ermutigung in seiner Situation braucht und dem du sie weitergeben kannst? Halte die Augen offen und lobe Gott, dass er deinen Tag lenken will. Was für ein Geschenk!

Lass mich schon am Morgen deine Gnade erfahren, denn ich vertraue auf dich. Zeige mir einen Weg, den ich gehen soll, denn ich habe dich darum gebeten. Rette mich vor meinen Feinden, Herr, ich flüchte zu dir, um Schutz zu suchen. Lehre mich, deinen Willen zu tun, denn du bist mein Gott. Dein guter Geist führe mich auf einem sicheren Weg. Um der Herrlichkeit deines Namens willen, Herr, rette mich. Weil du ein gerechter Gott bist, befreie mich aus dieser Not. Hab Erbarmen mit mir und vernichte meine Feinde und töte alle meine Gegner, denn dir diene ich.

PSALM 143,8-12

Gottes Wort führt dich jeden Tag!

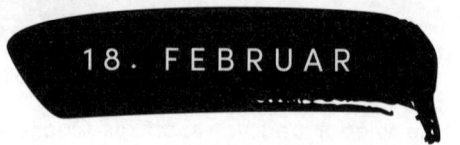
SOLANG ICH ATMEN KANN

Solang ich atmen kann,
solang mein Herz noch schlägt,
so lang lobe ich dich.
Mein ganzes Leben lang,
solang mich deine Liebe trägt.

Am Tag beschirmt mich deine Stärke,
in deinem Schatten darf ich ruhn.
Du bist und bleibst mein Wegbegleiter,
so kann ich mein Tagwerk tun.

Aus »Feiert Jesus! 5«, Nr. 71
Text und Melodie: Andreas Volz
© 2014 SCM Hänssler, 71087 Holzgerlingen

Feiert Jesus! 20
Nr. 11

ORIENTIERUNG UND BEGLEITUNG

»Warum lese ich die Bibel? Weil ich lernen möchte, so zu denken, wie Gott denkt. Denn nur dann werde ich auch lernen, so zu handeln, wie Gott handelt. Die Bibel ist für meine Frau und mich wie eine Straßenkarte des Lebens, die bei den vielen Überraschungen, die das Leben so mit sich bringt, Halt und Orientierung bietet.« Dieser sehr einprägsame Satz stammt von Hans-Peter Royer, dem ehemaligen Direktor der Fackelträger-Bibelschule Tauernhof/Österreich (1962–2013). Orientierung im Leben, Richtungsweisung, Wegbegleitung, das wünschen sich vermutlich alle Menschen – ich auch. Ist es nicht wunderbar, dass ich durch die Bibel, durch das geschriebene Wort Gottes, und auch durch den Heiligen Geist, der in mir lebt, genau das habe? Dass ich die-

ANBETUNG, LOB UND DANK

se Straßenkarte des Lebens sozusagen vor mir liegen habe und nur noch hineinsehen muss?

»Du bist und bleibst mein Wegbegleiter, so kann ich mein Tagwerk tun.« Das finde ich sehr ermutigend: Das, was ich in der Bibel lese, begleitet mich durch den ganzen Tag, erinnert mich immer wieder daran, dass ich nicht allein bin, erinnert mich daran, worüber Gott sich freut und motiviert mich, diesem wunderbaren Herrn die Ehre zu geben. Er ist das Wichtigste im Leben. »Solang ich atmen kann, solang mein Herz noch schlägt, so lang lobe ich dich«. Was möchte Gott dir heute sagen?

> Deine Gebote machen mich einsichtig, deshalb hasse ich alle falschen Wege. Dein Wort ist eine Leuchte für meinen Fuß und ein Licht auf meinem Weg. Ich habe es schon einmal geschworen und will es auch halten: Deinen wunderbaren Gesetzen will ich gehorchen.

PSALM 119,104f

Gott will dir den Weg weisen – folge ihm!

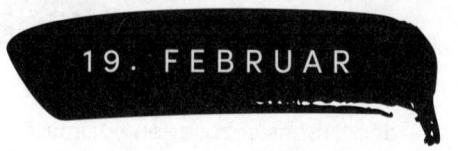
SOLANG ICH ATMEN KANN

Solang ich atmen kann,
solang mein Herz noch schlägt,
so lang lobe ich dich.
Mein ganzes Leben lang,
solang mich deine Liebe trägt.

Am Abend leg ich meine Sorgen
getrost in deine gute Hand.
Dein Friede lässt mich ruhig schlafen,
ich weiß, du bleibst mir zugewandt.

Aus »Feiert Jesus! 5«, Nr. 71
Text und Melodie: Andreas Volz
© 2014 SCM Hänssler, 71087 Holzgerlingen

Feiert Jesus! 20
Nr. 11

WENN DER HERR MIT UNS IST

»Wenn der Herr mit uns ist, warum ist uns dann all das passiert? Wo bleiben die Wunder, von denen unsere Vorfahren uns erzählten? Sagten sie nicht: ›Der Herr hat uns aus Ägypten herausgeführt‹? Jetzt hat der Herr uns verlassen« (Richter 6,13). Gideon ist enttäuscht, frustriert und voller Zweifel. Warum? Die berühmte Frage nach dem Warum. Gideon versuchte unter den Besatzern seinen Alltag zu meistern. Und nun, mitten in seiner Klage, beruft ihn Gott. Nachdem sich Gideon noch zweimal seiner Berufung versichert hat und Gott ihm die erwünschten Zeichen gibt, beginnt ein neuer Lebensabschnitt mit neuen, herausfordernden Aufgaben für Gideon. Das Mut machende für mich dabei ist: Gott ist nichts unmöglich! Gott kann mehr, als ich oft erwarte. Gott lässt Gideon nicht allein. Gott stattet ihn mit allem Nötigen aus. Gott geht auf Gideon ein. Im Folgenden steht auch die inhaltsstarke Zusage: »Geh mit der Kraft, die du hast [...] Ich sende dich aus!« (Richter 6,14).

Gott verspricht mir seine Kraft, seine göttliche, allmächtige Auferstehungskraft! Es erfordert immer wieder Vertrauen und Mut, alles Gottes Führung zu überlassen, aber es schenkt große Gelassenheit und inneren Frieden. Leg deine Sorgen und Gedanken in Gottes Hand und vertraue auf Gottes Kraft und Hilfe, solange du atmen kannst – »ich weiß, du bleibst mir zugewandt.«

»Ach, Herr«, entgegnete Gideon, »wenn der Herr mit uns ist, warum ist uns dann all das passiert? Wo bleiben die Wunder, von denen unsere Vorfahren uns erzählten? Sagten sie nicht: ›Der Herr hat uns aus Ägypten herausgeführt‹? Jetzt hat der Herr uns verlassen und an die Midianiter ausgeliefert.« Da wandte sich der Herr zu ihm und sagte: »Geh mit der Kraft, die du hast, und rette Israel vor den Midianitern. Ich sende dich aus!«

RICHTER 6,13f

Geh mit Gottes Kraft durch diesen Tag!

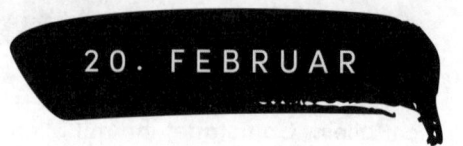
ERHEBT DEN HERRN (PSALM 99)

Gott, König bist du, es zittern die Völker.
Gott, König bist du, darum bebt die Welt.
Du bist hoch erhaben über die Völker.
Du schaffest Gericht und bist gerecht.

Aus »Feiert Jesus! 5«, Nr. 194
Text und Melodie: Dania König
© 2014 SCM Hänssler, 71087 Holzgerlingen

Feiert Jesus! 20
Nr. 9

RECHT SO!?

Vor einiger Zeit begleiteten wir musikalisch mit unserer Band die Sonntagsgottesdienste in der örtlichen Justizvollzugsanstalt, um den dortigen Insassen Gottes Liebe ins Herz zu singen. All die Menschen, die in solchen Einrichtungen ihr Leben fristen, haben gegen Recht und Ordnung verstoßen und sind straffällig geworden. Sie sind entweder schon rechtmäßig verurteilt oder warten noch in Untersuchungshaft auf einen fairen und gerechten Prozess. Diejenigen, die viel auf dem Kerbholz haben, zittern umso mehr vor dem Urteil des gerechten Richters. Recht so! Zum Glück bin ich mit meiner weißen Weste ja anders!

Moment! Wirklich!? Im Prinzip ist jeder von uns, ohne Ausnahme und egal aus welchem Volk, in der gleichen prekären Situation. Auch wir sind schuldig geworden, weil wir immer wieder in Gedanken (zum Beispiel Neid, Stolz oder Vorurteile), Worten (zum Beispiel Lästereien oder Halbwahrheiten) und Taten (zum Beispiel Lieblosigkeit, Egoismus) gegen Gottes gute Ordnungen verstoßen. Wir haben allen Grund, genauso vor Gott als dem gerechten Richter zu zittern. Eine ziemlich unangenehme Vorstellung. Doch Gott ist anders. Gott gibt Gnade. Der Gerechtigkeit ist ein für alle Mal durch das Blut Jesu Genüge getan.

Ein Funken dieser Gnade war auch an diesem Morgen spürbar. Es war rührend, die Reaktionen der Häftlinge zu beobachten. In vielen Augen war Dankbarkeit zu lesen und manch eine(r) ließ, angerührt durch den Funken der ewigen Hoffnung, seinen Tränen freien Lauf.

> Dann wird der König zu denen auf seiner rechten Seite sagen: »Kommt, ihr seid von meinem Vater gesegnet, ihr sollt das Reich Gottes erben, das seit der Erschaffung der Welt auf euch wartet. Denn ich war hungrig, und ihr habt mir zu essen gegeben. Ich war durstig, und ihr gabt mir zu trinken. Ich war ein Fremder, und ihr habt mich in euer Haus eingeladen. Ich war nackt, und ihr habt mich gekleidet. Ich war krank, und ihr habt mich gepflegt. Ich war im Gefängnis, und ihr habt mich besucht.«

MATTHÄUS 25,34-36

> Warum verurteilst du einen anderen? Warum siehst du auf einen anderen Bruder herab? Wir alle werden einmal vor dem Richterstuhl Gottes stehen.

RÖMER 14,10

Bete für Menschen im Gefängnis
und lass deinen Worten Taten folgen.

ERHEBT DEN HERRN (PSALM 99)

Gott, der mit uns geht, du Wolkensäule.
Gott, Wunder tust du, du Feuerschein.
Groß und wunderbar sind deine Namen.
Dein Reich, deine Macht wird ewig sein.

Aus »Feiert Jesus! 5«, Nr. 194
Text und Melodie: Dania König
© 2014 SCM Hänssler, 71087 Holzgerlingen

Feiert Jesus! 20
Nr. 9

WESENSZÜGE

Wie mögen sich Mose und das Volk Israel damals gefühlt haben, als Gott sie tagsüber in Gestalt einer Wolkensäule und des Nachts in einem Feuerschein durch die Wüste begleitete (2. Mose 13)? Oder später, als Gott ihnen in 2. Mose 33 (worauf sich Psalm 99 bezieht) in einer Wolkensäule vor dem Zelt der Begegnung erschien und mit ihnen sprach? Furchtsam und eingeschüchtert oder beschützt und geborgen? Sicher hing das vom Gewissen jedes Einzelnen ab, und sicher war es eine sehr eindrückliche Erfahrung für alle, die dabei waren und Gottes Nähe so plastisch erfahren konnten.

Ich frage mich manchmal, wie sich mein Glaubensleben verändern würde, wenn ich Gott tagtäglich durch dieselben drastischen Wunder erleben würde wie damals das Volk Israel. Und trotz all der Wunder in Ägypten und auf der Wüstenwanderschaft, trotz des hautnahen Erlebens der Beweise der Macht Gottes, fing das Volk immer wieder an zu murren, zu klagen und sich aufzulehnen. Die Strafe dafür folgte stets auf dem Fuß. Erst Rettung und dann Strafe? Wie passt das zusammen? Das Bild der Wolken- und Feuersäule veranschaulicht, wie ich finde, zwei grundsätzliche Wesenszüge Gottes: Einerseits das unnahbare Wolkengebilde der Heiligkeit und konsequenten Gerechtigkeit Gottes. Andererseits das durch Jesus personifizierte Feuer der Liebe und Rettung, das klar vor Augen führt: »Ich bin für euch da!«. Beides gehört untrennbar zusammen.

> Sobald Mose das Zelt betreten hatte, ließ sich die Wolkensäule nieder und lagerte vor dem Eingang, während der Herr mit Mose sprach. Wenn die Israeliten sahen, dass die Wolkensäule vor dem Eingang des Zeltes der Begegnung stand, warf sich jeder am Eingang seines Zeltes zu Boden. Der Herr sprach mit Mose von Angesicht zu Angesicht, wie einer, der mit seinem Freund redet.
>
> **2. MOSE 33,9-11**

> Jesus sagte: »Wenn ihr nicht Zeichen und Wunder seht, glaubt ihr nicht an mich.«
>
> **JOHANNES 4,48**

> Da sagte Jesus zu ihm [Thomas]: »Du glaubst, weil du mich gesehen hast. Gesegnet sind die, die mich nicht sehen und dennoch glauben.«
>
> **JOHANNES 20,29**

Fürchte Gottes Heiligkeit, aber suche stets seine liebende Nähe.

ERHEBT DEN HERRN (PSALM 99)

Erhebt den Herrn, denn er ist heilig.
Betet an auf seinem heiligen Berg.
Betet an vor dem Schemel seiner Füße.
Erhebt den Herrn, heilig ist er.

Heilig, heilig, heilig, heilig bist du.
Heilig, heilig, heilig, heilig bist du.

Aus »Feiert Jesus! 5«, Nr. 194
Text und Melodie: Dania König
© 2014 SCM Hänssler, 71087 Holzgerlingen

Feiert Jesus! 20
Nr. 9

EXTREMBERGSTEIGER

Seit alters werden Berge als spirituelle Orte mit dem Sitz von Göttern in Verbindung gebracht. Bei den alten Griechen war dies der Olymp. In der heutigen Zeit ist das beispielsweise in Afrika der Kilimandscharo für die Massai oder in Asien der Kailash für die Tibeter.

Warum ist das so? Ich denke, das liegt daran, dass es die Berge durch ihre Unzugänglichkeit und Lebensfeindlichkeit unserem begrenzten menschlichen Verstand ermöglichen, ein Gefühl für die Größe, Erhabenheit und Macht Gottes zu bekommen. Wenn wir vor einem mächtigen Felsmassiv stehen, werden wir uns oft unserer Bedeutungslosigkeit und Schwachheit und zugleich der majestätischen Heiligkeit des Schöpfers bewusst. Zudem kostet es uns jede Menge Schweiß und manchmal auch Tränen, einen Berg zu besteigen, was durchaus zu einer Grenzerfahrung werden kann, wie namhafte Extrembergsteiger mit abgefrorenen

Gliedmaßen belegen. Wenn wir oben stehen, weitet sich unser Blick für das Wesentliche.

Auch Mose hatte am Berg Sinai eine ganz entscheidende Grenzerfahrung. Er machte sich auf den beschwerlichen Weg, ohne auf das richtige Bergwetter und die passende Ausrüstung hoffen zu können. Er ging einfach im Vertrauen darauf, Gott persönlich zu begegnen. Weil er gehorsam war, finden wir die Auswirkung seiner Gottesbegegnung heute noch in unseren Gesetzbüchern, denn Mose empfing auf dem Berg die steinernen Gebotstafeln Gottes, ein äußeres Zeichen von Gottes Gerechtigkeitsempfinden.

> Mose ging direkt in die Wolke hinein und stieg weiter auf den Berg hinauf. 40 Tage und 40 Nächte blieb er auf dem Berg.
>
> **2. MOSE 24,18**

> Nicht lange danach stieg Jesus auf einen Berg, um zu beten. Er betete die ganze Nacht hindurch zu Gott.
>
> **LUKAS 6,12**

Werde zum Extrembergsteiger
der Anbetung Gottes.

KOMM, GEIST GOTTES

Nichts auf dieser Welt
bedeutet mir mehr
als Leben mit dir,
die Hoffnung in dir.
Gott, du bist hier.

Aus »Feiert Jesus! 5«, Nr. 2
Originaltitel: Holy Spirit
Text und Melodie: Katie und Bryan Torwalt
Deutsch: Albert Frey
© 2011 Capitol CMG Genesis/Jesus Culture Music
Für D, A, CH: SCM Hänssler, 71087 Holzgerlingen

Feiert Jesus! 365
CD 1, Nr. 3

GOTT, DU BIST HIER!

»Nichts auf dieser Welt bedeutet mir mehr, als Leben mit dir« –
wenn ich das singe, möchte ich es ernst meinen und wirklich im
Alltag mit Gott leben, auf ihn hören und nicht nur theoretisches
Bibelwissen sammeln, den Gottesdienst sonntags besuchen und
ansonsten mein Leben leben wie jeder andere in unserer huma-
nistischen, egoistischen Luxusgesellschaft.

Neulich hörte ich in einer Predigt einen Satz, der mir dabei wichtig geworden ist: Bei jeder Frage, die es im Leben gibt, ist die
Standardantwort Gottes: Der Heilige Geist! Wow, wie knapp, klar
und einfach ist diese Antwort. Welche Fragen treiben dich gerade
um? Wo weißt du nicht, wie es weitergehen soll? Vielleicht über-
legst du gerade: Wie soll ich mit meinem schwierigen Nachbarn
umgehen? Wie soll ich pädagogisch richtig auf die Trotzphasen
meines Kindes reagieren? Wie soll ich mit meiner Krankheit den
Alltag meistern? Was kann ich tun, damit mein Arbeitskollege

wertschätzender mit mir umgeht? Die Antwort lautet immer: Der Heilige Geist gibt Rat und Hilfe in jeder Situation. Er lebt in uns als der Tröster und Helfer, den Christus uns versprochen hat!

Und was nun? Lass dich leiten von der Stimme Gottes in dir! Höre auf das, was der Heilige Geist zu dir spricht. »Achtet darauf, den Heiligen Geist nicht durch euer Verhalten zu betrüben«, sagt Paulus in Epheser 4,30. Wo tue ich das bewusst, wo unbewusst? Den Heiligen Geist zu betrüben bedeutet, nicht seiner Führung zu folgen und nicht zu handeln, wie es Gott gefällt.

Wie kann ich mein inneres Ohr trainieren, hinzuhören? Wie dies in meinem Alltag etablieren? Eine Herausforderung, die mit Gottes Hilfe gemeistert werden kann. Wenn wir ihn bitten, dass er uns hilft, ein Leben nach seinem Willen zu führen, wird er es tun. Und wer will schon freiwillig auf den besten Berater verzichten?

> Verzichtet auf schlechtes Gerede, sondern was ihr redet, soll für andere gut und aufbauend sein, damit sie im Glauben ermutigt werden. Achtet darauf, den Heiligen Geist nicht durch euer Verhalten zu betrüben. Denkt vielmehr daran, dass ihr sein Siegel tragt und dadurch die Gewissheit habt, dass der Tag der Erlösung kommen wird. Befreit euch von Bitterkeit und Wut, von Ärger, harten Worten und übler Nachrede sowie jeder Art von Bosheit. Seid stattdessen freundlich und mitfühlend zueinander und vergebt euch gegenseitig, wie auch Gott euch durch Christus vergeben hat.
>
> **EPHESER 4,29-32**

Lade den Heiligen Geist ein, zu dir zu sprechen!

KOMM, GEIST GOTTES

Hab Liebe geschmeckt,
so unfassbar süß.
Hier wird mein Herz neu,
von Schuld und Scham frei.
Gott, du bist hier.

Aus »Feiert Jesus! 5«, Nr. 2
Originaltitel: Holy Spirit
Text und Melodie: Katie und Bryan Torwalt
Deutsch: Albert Frey
© 2011 Capitol CMG Genesis/Jesus Culture Music
Für D, A, CH: SCM Hänssler, 71087 Holzgerlingen

Feiert Jesus! 365
CD 1, Nr. 3

GOTT, DU BIST HIER

Je länger ich Christ bin, desto mehr wünsche ich mir, jeden Tag, jede Stunde, jede Minute, jede Sekunde mit Jesus zu leben, zu reden, denken und handeln, wie es Gott gefällt, mich immer in seiner Nähe sicher zu fühlen. Ihn in jeder Besprechung, jeder WhatsApp-Nachricht, jedem Telefonat, jeder Vorbereitung, jedem Treffen, jeder Tätigkeit dabeizuhaben.

Der menschgewordene Gottessohn Jesus Christus ist zwar am Kreuz gestorben und danach aufgefahren in den Himmel – doch er hat uns etwas unsagbar Wichtiges zurückgelassen: Den Heiligen Geist. Er gibt uns die Gewissheit, dass wir zu Gott gehören (Römer 8,16). Mein Herz wird frei von »Schuld und Scham« – und durch die Hilfe des Heiligen Geistes werde ich jeden Tag bestärkt, dass dies keine Einbildung ist, sondern Wirklichkeit. Der Heilige Geist offenbart uns die Wahrheit über Gott (Johannes 16,13). Er gibt uns eine hoffnungsvolle Perspektive, sowohl hier im irdischen

Leben, als auch darüber hinaus, und lässt die Hoffnung in uns stark werden (Römer 15,13). Der Heilige Geist bewirkt unendlich viel in uns – aber gerade in Bezug auf den Liedtext heute darf ich mir bewusst machen, dass er in mir mein Herz auf Gott und seine Wahrheit immer neu ausrichtet, dass ich seine Liebe spüren darf, dass ich nie vergesse, dass Gott mir rund um die Uhr nahe ist. Lass dein Herz auf die Stimme des Heiligen Geistes in dir hören, lass dich darauf ein! Dann kann er dich in jeder Situation, ob Beruf, ob E-Mail, ob Telefonat, ob Hausarbeit, leiten und dich bestärken, dass du spürst: »Gott, du bist hier« in meinem Alltag!

Doch wenn der Geist der Wahrheit kommt, wird er euch in alle Wahrheit leiten. Er wird nicht seine eigenen Anschauungen vertreten, sondern wird euch sagen, was er gehört hat. Er wird euch von dem erzählen, was kommt. Er wird mich verherrlichen, indem er euch alles offenbart, was er von mir empfängt. Alles, was der Vater hat, gehört mir; das habe ich gemeint, als ich sagte, dass der Geist euch alles offenbaren wird, was er von mir empfängt.

JOHANNES 16,13-16

Lass dich durch Gottes Gegenwart erfrischen!

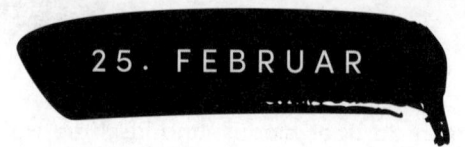
KOMM, GEIST GOTTES

Komm, Geist Gottes, sei willkommen hier.
Komm, füll den Raum, die Atmosphäre hier.
Wir sehnen uns nach deiner Herrlichkeit.
Komm, ergreife uns mit deiner Gegenwart.

Lass uns noch mehr deiner Gegenwart bewusst sein.
Lass uns noch mehr von deiner Freundlichkeit erleben.

Aus »Feiert Jesus! 5«, Nr. 2
Originaltitel: Holy Spirit
Text und Melodie: Katie und Bryan Torwalt
Deutsch: Albert Frey
© 2011 Capitol CMG Genesis/Jesus Culture Music
Für D, A, CH: SCM Hänssler, 71087 Holzgerlingen

Feiert Jesus! 365
CD 1, Nr. 3

DER HEILIGE GEIST IN MEINEM ALLTAG

Je nachdem, von welchem konfessionellen Hintergrund und welcher Prägung man kommt, spielt die Erwähnung des Heiligen Geistes im Leben eines lebendigen Christen eine kleinere oder größere Rolle. Und deshalb empfindet man die Aufforderung »Komm, ergreife uns mit deiner Gegenwart. Lass uns noch mehr deiner Gegenwart bewusst sein« als mehr oder weniger befremdlich. Wie geht es dir damit?

Ich finde es unglaublich spannend, was die Bibel alles über den Heiligen Geist berichtet! Er ist die Quelle der Geistesgaben, die Quelle der Kraft, der Freiheit und der Gemeinschaft (1. Korinther 12,4–11; Epheser 3,16; 2. Korinther 3,17; 2. Korinther 13,13). Der Heilige Geist hilft uns und vertritt uns im Gebet (Römer 8,26)! Besonders für mich in meinem Alltag empfinde ich es erleichternd, tröstend und ermutigend, dass er in jedem Gläubigen wohnt (Römer 8,9–11; 1. Korinther 3,16) und nicht nur in einigen ausgewählten! Er wohnt in dir und mir, und er ist Gottes Offenbarungskanal (2. Samuel 23,2; Johannes 14,17). Das heißt ganz konkret, dass er mir in jeglicher Lebenssituation raten und mich führen kann! Wichtig dabei ist allerdings, dass ich mir bewusst Zeit nehme, auf ihn zu hören, denn die Stimme des Heiligen Geistes ist meist leise. Deshalb möchte ich diese Einladung, wie sie der Liedtext hier ausspricht, ganz bewusst singen: Komm! Heiliger Geist, breite dich hier aus, verschaffe dir Raum und lass mich ganz bewusst auf deine Stimme hören! Führe mich den richtigen Weg!

> Und ich werde den Vater bitten, und er wird euch einen anderen Ratgeber geben, der euch nie verlassen wird. Es ist der Heilige Geist, der in alle Wahrheit führt. Die Welt kann ihn nicht empfangen, denn sie sucht ihn nicht und erkennt ihn nicht. Ihr aber kennt ihn, weil er bei euch bleibt und später in euch sein wird.
>
> **JOHANNES 14,16f**

Bete mit für ein ungehindertes Wirken des Heiligen Geistes!

SO WIE EIN OZEAN

Von diesen Quellen will ich trinken,
von diesem Wasser lebe ich.
In diesem Meer will ich versinken,
von allen Seiten umgibst du mich.

Aus »Feiert Jesus! 5«, Nr. 82
Text und Melodie: Lothar Kosse
© 2016 Praize Republic, Köln

Feiert Jesus! 22
Nr. 6

LEBENDIGES WASSER

Das Alte Testament schon spricht von Jesus als der Quelle und dem Licht des Lebens: »Denn du bist die Quelle des Lebens und das Licht, durch das wir leben« (Psalm 36,10). In der Geschichte der Samariterin, die Jesus am Brunnen trifft, spricht er ihr zu: »Wer aber von dem Wasser trinkt, das ich ihm geben werde, der wird niemals mehr Durst haben. Das Wasser, das ich ihm gebe, wird in ihm zu einer nie versiegenden Quelle, die unaufhörlich bis ins ewige Leben fließt« (Johannes 4,14). Jesus ist die Quelle des Lebens. Er ist der Spender des lebendigen Wassers. Nicht nur gestern. Nicht nur heute. Nicht nur morgen. Sondern bis in Ewigkeit.

Hast du dir schon einmal überlegt, was dies für dein Leben, deinen Alltag, bedeutet? Sprudelt dieses Wasser wie eine nie versiegende Quelle in dir?

Manchmal bemerke ich nicht, dass die Quelle blubbernd in mir sprudelt und vergesse, meinen Durst an der richtigen Stelle zu stillen. Vielleicht verspüre ich auch ein ständiges Durstgefühl, obwohl ich mit dieser Quelle in mir nie mehr Durst haben sollte, wie Jesus es verspricht.

Gott schenkt uns durch Jesus in seiner Gnade und Liebe das lebendige Wasser – ganz kostenlos. Man kann es nicht mit Geld bezahlen – und Gott möchte sogar, dass wir es als Geschenk annehmen, ohne zu glauben, irgendeine Gegenleistung bringen zu müssen. Ich möchte tagtäglich an dieser sprudelnden Quelle des lebendigen Wassers in meinem Herz trinken. Du auch?

> Wenn jemand Durst hat, soll er zu mir kommen und trinken!

JOHANNES 7,37

Gott schenkt mir lebendiges Wasser!

SO WIE EIN OZEAN

In deine Tiefen will ich dringen
auf deinem Grund, da will ich stehn.
Auf deinen Wellen will ich ruhen,
den Himmel weit geöffnet sehn.

Aus »Feiert Jesus! 5«, Nr. 82
Text und Melodie: Lothar Kosse
© 2016 Praize Republic, Köln

Feiert Jesus! 22
Nr. 6

EINDRINGEN IN DIE GEMEINSCHAFT MIT GOTT

»In deine Tiefe will ich dringen.« Wie kann ich mehr und mehr in Gottes Wesen, in das Wissen über ihn, in die Gemeinschaft mit ihm und dann in die Anbetung Gottes dringen? Wie kann ich dies in meinem Alltag intensivieren?

Dafür gibt es eine Reihe von guten Ansätzen und Ideen. Für mich wird dabei der Vers aus Römer 12,1 besonders wichtig: Ich soll mich mit meinem ganzen Leben für Gott einsetzen. Nicht nur mit meinen Gaben, nicht nur mit meinem Zehnten, nicht nur mit meiner täglichen Stillen Zeit, nicht nur mit dem halben, nein, mit meinem ganzen, kompletten Leben! Das beinhaltet alles: mein Denken, mein Reden, mein Verhalten, meine Pläne, meine Prioritäten. Was spornt dich an, dein Leben ganz nach Gottes Willen zu leben? Deine Liebe zu ihm? Der Wunsch, dass Gott sich über dich freut? Gottes geniale Eigenschaften: seine Barmherzigkeit, seine Güte, seine Gnade, seine Macht?

Durch die Denk- und Lebensgewohnheiten der Gesellschaft um mich herum bin ich geprägt von dem, was in der Welt zählt. Doch bei Gott gelten ganz andere Maßstäbe, die ich immer wieder neu lernen muss und die ich mithilfe des Heiligen Geistes in meinem Leben auch umsetzen darf. Über so ein Leben freut sich Gott. Das A und O bleibt für mich dabei das beständige Lesen und Durchbeten von Gottes Wort und das Nachdenken darüber. Das ist der felsenfeste Grund, auf dem ich als Christ stehen darf. Dazu gehört auch, ein offenes Ohr zu erbitten, dass der Heilige Geist zu mir sprechen und mich auf den Vater hinweisen kann. Dann wird meine Gemeinschaft mit Gott tiefer und tiefer.

> Weil Gott so barmherzig ist, fordere ich euch nun auf, liebe Brüder, euch mit eurem ganzen Leben für Gott einzusetzen. Es soll ein lebendiges und heiliges Opfer sein – ein Opfer, an dem Gott Freude hat. Das ist ein Gottesdienst, wie er sein soll. Deshalb orientiert euch nicht am Verhalten und an den Gewohnheiten dieser Welt, sondern lasst euch von Gott durch Veränderung eurer Denkweise in neue Menschen verwandeln. Dann werdet ihr wissen, was Gott von euch will: Es ist das, was gut ist und ihn freut und seinem Willen vollkommen entspricht. Im Auftrag Gottes warne ich jeden von euch: Seid ehrlich in eurem Urteil über euch selbst und messt euch daran, wie viel Glauben Gott euch geschenkt hat.

RÖMER 12,1-3

Was motiviert dich, dein ganzes Leben
für den lebendigen Gott einzusetzen?

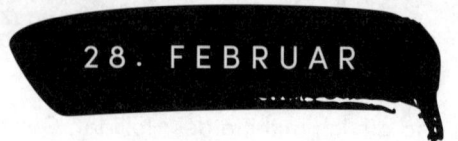

SO WIE EIN OZEAN

Denn alles Leben kommt von dir
und fließt zurück zu dem,
der ewig bleibt und alles für mich ist.

Aus »Feiert Jesus! 5«, Nr. 82
Text und Melodie: Lothar Kosse
© 2016 Praize Republic, Köln

Feiert Jesus! 22
Nr. 6

GOTT IST URSPRUNG UND ZIEL, BEGINNER UND VOLLENDER

Von Gott kommt alles, die ganze Welt, das Universum, jede Pflanze, jedes Tier, jeder Mensch. Und irgendwann geht alles zurück zu ihm. Doch nicht nur im Hinblick auf die Schöpfung ist Gott der Ursprung und das Ziel, sondern auch in meinem Glauben. Gott ist der Beginner und der Vollender des Glaubens und der Beginner und Vollender des Wunsches, ein Leben ihm zur Ehre und Freude zu führen: »Gott ist's, der in euch wirkt beides, das Wollen und das Vollbringen, nach seinem Wohlgefallen« (Philipper 2,13; LUT), oder in einer neueren Übersetzung (NLB): »Denn Gott bewirkt in euch den Wunsch, ihm zu gehorchen, und er gibt euch auch die Kraft zu tun, was ihm Freude macht.« Diese Wahrheit empfinde ich als unheimlich ermutigend. Gott ist in allem, was mein Leben betrifft, der Ursprung und das Ziel, der Beginner und Vollender, der Anfang und das Ende.

Gott erwartet keinen vollendeten Glauben, sondern er nimmt meinen Glauben, der oft viel kleiner als ein Senfkorn ist, und schenkt Wachstum, damit ich Jesus, den Ursprung und Vollender meines Glaubens, immer mehr kennenlerne, ihm immer mehr vertraue, auf ihn mein Leben ausrichte und immer mehr begreife und ergreife, dass er »alles für mich ist«: »Dies tun wir, indem wir unsere Augen auf Jesus gerichtet halten, von dem unser Glaube vom Anfang bis zum Ende abhängt« (Hebräer 12,2).

Richte jeden Tag deinen Blick bewusst auf Jesus, damit er deinen Alltag leiten darf! Das heißt nicht, dass du keine Wünsche, Sehnsüchte oder Pläne haben darfst, doch sei offen für Veränderungen und für die Führung Jesu, der vielleicht ganz andere Pläne mit dir heute hat – ihm zur Ehre.

Da wir von so vielen Zeugen umgeben sind, die ein Leben durch den Glauben geführt haben, wollen wir jede Last ablegen, die uns behindert, besonders die Sünde, in die wir uns so leicht verstricken. Wir wollen den Wettlauf bis zum Ende durchhalten, für den wir bestimmt sind. Dies tun wir, indem wir unsere Augen auf Jesus gerichtet halten, von dem unser Glaube vom Anfang bis zum Ende abhängt. Er war bereit, den Tod der Schande am Kreuz zu sterben, weil er wusste, welche Freude ihn danach erwartete. Nun sitzt er an der rechten Seite von Gottes Thron im Himmel! Denkt an alles, was er durch die Menschen, die ihn anfeindeten, ertragen hat, damit ihr nicht müde werdet und aufgebt. Immerhin habt ihr im Kampf gegen die Sünde noch nicht euer Leben opfern müssen.

HEBRÄER 12,1-3

Dein Glaube darf durch Gottes Hilfe wachsen!

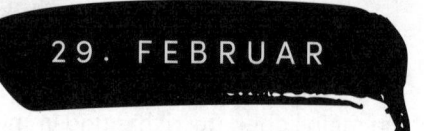
SO WIE EIN OZEAN

So wie ein Ozean,
so weit, so tief, so mächtig.
So wie ein Ozean,
deine Liebe ist unendlich.

Aus »Feiert Jesus! 5«, Nr. 82
Text und Melodie: Lothar Kosse
© 2016 Praize Republic, Köln

Feiert Jesus! 22
Nr. 6

GOTT IST LIEBE

Gott ist nicht nur einfach lieb, liebevoll, verliebt oder welches Wort mit »lieb« man auch finden kann, sondern er ist die Liebe pur (1. Johannes 4,8). Die personifizierte Liebe. Das ist in seiner kompletten Dimension für meinen Verstand nicht greifbar.

Die Bibel versucht es an verschiedenen Stellen zu erklären. So zeigt sie zum Beispiel die Auswirkung der Liebe Gottes auf: »Gott dagegen beweist uns seine große Liebe dadurch, dass er Christus sandte, damit dieser für uns sterben sollte, als wir noch Sünder waren« (Römer 5,8). Das ist wirklich das größte, was Gott für uns tun konnte: uns eine Möglichkeit zu geben, wie wir rein vor ihm stehen können. Ein Sprichwort lautet: Gottes Liebe ist bedingungslos, aber nicht folgenlos. Und die grandiose Folge ist, dass mir jegliche Sünde aus meinem Leben vergeben wird!

Gottes Liebe ist einzigartig gegenüber der menschlichen Liebe. Ich liebe jemanden, wenn er oder sie bestimmte Erwartungen erfüllt. Ich liebe meinen Ehepartner, weil ... Darüber hinaus ist unsere Liebe nicht immer dauerhaft. Gottes Liebe hingegen ist bedingungslos für jeden Menschen, sie ist ewig und vergeht nicht.

Ein bisschen vergleichbar ist Gottes Liebe mit der Liebe, die Eltern für ihre Kinder empfinden, denn Eltern entscheiden sich, ihre Kinder auch dann zu lieben, wenn sie nichts fühlen, wenn die Kinder sich nicht den Erwartungen entsprechend verhalten und nicht liebenswert reagieren. Doch Gottes Liebe übertrifft die menschliche Elternliebe, indem er seinen einzigen Sohn opfert (Johannes 3,16). Um Gottes Liebe mehr zu verstehen, muss ich ihn jeden Tag ein Stückchen besser kennenlernen, selbst wenn ich schon seit Jahren Christ bin. Mach dich auf den spannenden Weg!

> Liebe Freunde, lasst uns einander lieben, denn die Liebe kommt von Gott. Wer liebt, ist von Gott geboren und kennt Gott. Wer aber nicht liebt, kennt Gott nicht – denn Gott ist Liebe. Gottes Liebe zu uns zeigt sich darin, dass er seinen einzigen Sohn in die Welt sandte, damit wir durch ihn das ewige Leben haben. Und das ist die wahre Liebe: Nicht wir haben Gott geliebt, sondern er hat uns zuerst geliebt und hat seinen Sohn gesandt, damit er uns von unserer Schuld befreit. Liebe Freunde, weil Gott uns so sehr geliebt hat, sollen wir auch einander lieben. Niemand hat Gott je gesehen. Aber wenn wir einander lieben, dann bleibt Gott in uns, und seine Liebe kommt in uns zur Vollendung.

1. JOHANNES 4,7-12

Gottes Liebe darf aus dir herausprudeln!

DU BIST GENUG

Christus ist mein Lohn,
ich bin ihm ganz ergeben.
Es gibt nichts in dieser Welt,
das mich so erfüllt wie er.

Egal, was kommt,
ich sing zu dir.
Niemals zurück,
ich bin befreit.

Du bist genug für mich,
du bist genug für mich.
Alles, was ich brauch, ist in dir,
alles, was ich brauch.

Aus »Feiert Jesus! 5«, Nr. 161
Originaltitel: Christ Is Enough
Text und Melodie: Reuben Morgan und Jonas Myrin
Deutsch: Martin Bruch und Dennis Strehl
© 2012 Hillsong Music Publishing
Für D, A, CH: CopyCare Deutschland, 71087 Holzgerlingen

MEIN LOHN

»Christus ist mein Lohn« – Im ersten Moment stolpere ich über diese Zeile. Ich kann mir Jesus und meine Errettung von den Sünden nicht durch barmherzige und edle Taten verdienen. Im Gegenteil. Ganz klar sagt die Bibel an vielen Stellen, dass wir aus Gnade selig werden und nicht durch unsere Werke: »Weil Gott so gnädig ist, hat er euch durch den Glauben gerettet. Und das ist nicht euer eigenes Verdienst; es ist ein Geschenk Gottes. Ihr werdet also nicht aufgrund eurer guten Taten gerettet, damit sich niemand etwas darauf einbilden kann« (Epheser 2,8f). Wie kann Christus dann mein Lohn, meine Belohnung, meine Vergütung sein? Es ist vielmehr so zu verstehen, dass ich es als Lohn im Sinne von Belohnung und Geschenk empfinden darf, dass ich Jesus kenne, dass ich Jesus ergeben sein darf, dass er mich ganz erfüllt und ich zu den Auserwählten zählen darf, die Gottes Kinder genannt werden.

An einigen Stellen der Bibel sprechen die jeweiligen Schreiber von ihrem »Lohn«. In 1. Korinther 9,18 sagt Paulus: »Worin besteht nun mein Lohn? Darin, dass ich die Botschaft verkünde, ohne jemandem Kosten zu verursachen, und dass ich von meinen Rechten als Verkünder keinen Gebrauch mache.« Für Paulus ist es ein Vorrecht, Menschen für Christus zu gewinnen. Er möchte unabhängig von der Unterstützung anderer Menschen sein und weiß sich von Gott beauftragt, so zu leben. Was ist sein Lohn? Er weiß, dass Christus genug ist. Christus selbst ist sein Lohn. Ist Christus mir auch Lohn genug?

> Denn wenn ich die gute Botschaft Gottes verkünde, ist das für mich kein Grund, stolz darauf zu sein. Ich muss es einfach tun, und es würde mir schlecht ergehen, wenn ich es unterließe! Wenn ich es aus freiem Entschluss täte, hätte ich eine Bezahlung verdient. Doch ich wurde von Gott erwählt. Er hat mir diese Aufgabe anvertraut, sodass ich keine andere Wahl habe. Worin besteht nun mein Lohn? Darin, dass ich die Botschaft verkünde, ohne jemandem Kosten zu verursachen, und dass ich von meinen Rechten als Verkünder keinen Gebrauch mache. Das bedeutet, dass ich an niemanden gebunden bin. Dennoch habe ich mich zum Diener aller gemacht, um möglichst viele für Christus zu gewinnen.

1. KORINTHER 9,16-19

Christus ist genug!

DU BIST GENUG

Alles bist du mir,
die Freude meiner Rettung.
Diese Hoffnung bleibt bestehn,
wir gehörn zu dir.

In jedem Sturm
sing ich zu dir.
Jesus ist hier,
dir sei alle Ehre.

Aus »Feiert Jesus! 5«, Nr. 161
Originaltitel: Christ Is Enough
Text und Melodie: Reuben Morgan und Jonas Myrin
Deutsch: Martin Bruch und Dennis Strehl
© 2012 Hillsong Music Publishing
Für D, A, CH: CopyCare Deutschland, 71087 Holzgerlingen

»FREU DICH AM HERRN« (PSALM 37,4)

»Du bist genug für mich. Alles, was ich brauch, ist in dir.« Ein Satz, den ich von meinem Verstand, von meinem Bibelwissen, von meiner Prioritätensetzung her nur dick unterstreichen kann. Aber von meinem Herzen her muss ich gestehen, dass es geheuchelt wäre, das unkommentiert stehen zu lassen. Wie wäre es denn, wenn ich wirklich mein Haus, meine Arbeitsstelle, meine Gesundheit, meine Kinder, meinen Ehepartner, meine Freunde und vieles andere hergeben müsste, vielleicht nicht nur ein bisschen davon, sondern wirklich alles? Wenn Gott dies zulassen würde, wenn er mir dies zumuten würde? Ich weiß nicht, ob ich dann immer noch mit einem tiefen Frieden im Herzen den Satz ehrlich sagen könnte, selbst wenn ich es mir wünsche. Trotzdem weiß ich, dass Jesus alles ist, was ich im Leben und im Sterben brauche. Ich bin errettet, ich habe eine ewige Hoffnung, ich bin Gottes Kind – all das kann mir niemand nehmen. Der Liedtext unterstreicht es: »In jedem Sturm sing ich zu dir. Jesus ist hier, dir sei alle Ehre«. Letztlich besteht Anbetung darin, dass ich mich an Gott erfreue. Dass ich mich über das freue, was er alles Gutes und Schönes schenkt. Dass ich auf ihn allein blicke, vor allem dann, wenn die Schwierigkeiten sich türmen, Enttäuschungen und Leid mich gefangen nehmen wollen. »Freu dich am Herrn, und er wird dir geben, was dein Herz wünscht« (Psalm 37,4). Er sorgt für mich. Er liebt mich. Er ist größer als jeder Sturm. Er allein verdient die Ehre. Egal, in welcher Situation ich gerade stecke: Jesus ist genug. Das ist die Wahrheit. Ich bete, dass Gott dir und mir diesen festen Glauben schenkt und erhält.

> Vertraue auf den Herrn und tue Gutes, dann wirst du im Lande sicher leben, und es wird dir gut gehen. Freu dich am Herrn, und er wird dir geben, was dein Herz wünscht. Überlass dem Herrn die Führung deines Lebens und vertraue auf ihn, er wird es richtig machen.
>
> **PSALM 37,3-5**

Erfreue dich an Jesus!

DU BIST GENUG

Ich bin entschieden, Jesus zu folgen.
Niemals zurück, niemals zurück.
Die Welt liegt hinter mir,
das Kreuz steht vor mir.
Niemals zurück, niemals zurück.

Ich bin entschieden, Jesus zu folgen.
Niemals zurück, niemals zurück.

Aus »Feiert Jesus! 5«, Nr. 161
Originaltitel: Christ Is Enough
Text und Melodie: Reuben Morgan und Jonas Myrin
Deutsch: Martin Bruch und Dennis Strehl
© 2012 Hillsong Music Publishing
Für D, A, CH: CopyCare Deutschland, 71087 Holzgerlingen

NIEMALS ZURÜCK!

Ein Blick weg von der Theorie, hinein in meinen Alltag: Ein Einsatz in der Flüchtlingsunterkunft – wer kommt mit? Die Termine stapeln sich bei jedem und sicher würde keiner etwas sagen, wenn ich nicht hinginge, aber im Inneren weiß ich sicher, dass es meine Aufgabe ist, diese Zeit dort für die Menschen zu investieren. Nicht nur einfach eine Gabe vorbeibringen, sondern Gemeinschaft suchen und ins Gespräch mit ihnen kommen. – Als meine Tochter ihre Schuhe verkehrt herum anzog, kommentierte eine gläubige Bekannte: Du hast ja Hexenfüße! Eine nicht schlimm gemeinte, umgangssprachlich gebräuchliche Formulierung, aber dennoch: Hexen sind ganz klar etwas, was Gott nicht gut findet. Unsere Taten und Worte sollen Gottes Geist in uns widerspiegeln und ihm die Ehre geben. Wie spreche ich das an? – Im Kindergarten werden als Geschenke kraftverleihende Edelsteine verteilt – darf und muss ich nicht gerade in einem solchen Moment aufstehen und sagen, dass ich das nicht in Ordnung finde, auch wenn der Kindergarten keine kirchliche Einrichtung ist?

Jeden Tag ereignen sich so viele Dinge, bei denen ich durch die Stimme des Heiligen Geistes in mir deutlich merke: Hier läuft etwas nicht nach den Vorstellungen Gottes. Und ich merke auch, dass ich gerufen bin, nicht den Geist der Furcht zu haben, sondern der Kraft, der Liebe und der Besonnenheit (2. Timotheus 1,7), um diese Dinge liebevoll, aber kritisch anzusprechen und zur Ehre Gottes zu handeln: »Ich bin entschieden, Jesus zu folgen« – in allem. Das erfordert nicht nur Mut, sondern auch, dass ich damit lebe, danach schräg und unwillig angeguckt zu werden. Das ist schwer, aber zur Ehre Gottes möchte ich es tun und keine falschen Kompromisse eingehen. Niemals zurück!

> Denn Gott hat uns nicht einen Geist der Furcht gegeben, sondern einen Geist der Kraft, der Liebe und der Besonnenheit. Schäme dich also niemals, vor anderen Menschen unseren Herrn zu bezeugen. Und schäme dich auch nicht für mich, obwohl ich für Christus im Gefängnis bin. Sei vielmehr durch die Kraft, die Gott dir gibt, bereit, gemeinsam mit mir für die Verbreitung der guten Botschaft zu leiden. Gott hat uns erlöst und berufen; nicht aufgrund unserer Taten, sondern weil er schon lange, bevor es die Welt gab, entschieden hatte, uns durch Christus Jesus seine Gnade zu zeigen.

2. TIMOTHEUS 1,7-9

Folge Jesus ohne Kompromisse!

CHRISTUS IST AUFERSTANDEN

Seht, welch ein Morgen, strahlend und hell,
neue Hoffnung erwacht in Jerusalem.
Das Grabtuch gefaltet, der Stein weggerollt,
und die Engel verkünden, dass Christus lebt.
Seht den Erlösungsplan: Gottes Sohn
litt am Kreuz, gab sich für uns hin.
Alles hat er vollbracht.
Christus ist auferstanden.
Ja er lebt!

Aus »Feiert Jesus! 5«, Nr. 66
Originaltitel: Resurrection Hymn
Text und Melodie: Keith Getty und Stuart Townend
Deutsch: Frank und Norma Huck
© 2003 Thankyou Music
Für D, A, CH: SCM Hänssler, 71087 Holzgerlingen

NEUE HOFFNUNG

Was bedeutet für dich Hoffnung? Hoffnung bedeutet, dass man mit Vertrauen, Zuversicht und Optimismus auf das blickt, was die Zukunft bringt. Man hofft, dass etwas gut oder sogar besser werden wird.

Václav Havel, ehemaliger Staatspräsident Tschechiens, sieht darin eine weitere, tiefsinnige Dimension: »Hoffnung ist nicht die Überzeugung, dass etwas gut ausgeht, sondern die Gewissheit, dass etwas Sinn hat, egal wie es ausgeht.« Für ihn geht es nicht um ein Happy End, sondern vielmehr um eine Sinnfrage. Er konnte nicht wissen, wie sein politischer Kampf ausgehen würde, doch ihm war wichtig, richtig zu handeln, weil er glaubte, dass es einen Sinn macht. Was heißt das praktisch? Wenn ich mich heute beispielsweise dafür entscheide, Fair-Trade-Produkte zu kaufen, wird das die Welt nicht sofort verändern, aber ich hoffe, dass dieses kleine Handeln letztlich einen Sinn macht. Auch Paulus greift in Römer 8,28 diesen Aspekt der Hoffnung auf, denn wir wissen, dass alle Dinge, die geschehen, uns zum Besten dienen, dass sie einen Sinn haben, nämlich den, dass wir Christus gleichgestaltet werden!

Der Glaube bringt noch einen dritten Aspekt dazu: Durch die Auferstehung Jesu habe ich ein Leben mit lebendiger Hoffnung, denn er hat den Tod besiegt. Ich brauche mich nicht nur an dem festhalten, was er gesagt hat, und mich an ihn erinnern, sondern er selbst lebt weiter! Er kann hier und jetzt aktiv in mein Leben eingreifen und wirken – das finde ich immer wieder umwerfend! Und ich habe eine Hoffnung über dieses Leben hinaus, weil ich auferstehen und mit Gott ewig leben werde. »Ja, er lebt!«

> Gelobt sei der Gott und Vater unseres Herrn Jesus Christus, denn er hat uns in seiner großen Barmherzigkeit wiedergeboren. Jetzt haben wir eine lebendige Hoffnung, weil Jesus Christus von den Toten auferstanden ist. Denn Gott hat für seine Kinder ein unvergängliches Erbe, das rein und unversehrt im Himmel für euch aufbewahrt wird. Und in seiner großen Macht wird er euch durch den Glauben beschützen, bis ihr das ewige Leben empfangt. Es wird am Ende der Zeit für alle sichtbar offenbart werden. Freut euch deshalb von Herzen! Vor euch liegt eine große Freude, auch wenn ihr für eine Weile viel erdulden müsst.
>
> **1. PETRUS 1,3-6**

Hast du auch »neue Hoffnung«?

CHRISTUS IST AUFERSTANDEN

Seht, wie Maria sucht ihren Herrn,
voller Trauer verlässt sie das leere Grab.
Doch eine Stimme ruft sie zurück:
Es ist Jesus, der Herr, vom Tod auferweckt.
Sein Ruf, der immer noch
Leben bringt, hoffen lässt
und uns Frieden schenkt,
klingt, bis er wiederkommt.
Christus ist auferstanden.
Ja er lebt!

Aus »Feiert Jesus! 5«, Nr. 66
Originaltitel: Resurrection Hymn
Text und Melodie: Keith Getty und Stuart Townend
Deutsch: Frank und Norma Huck
© 2003 Thankyou Music
Für D, A, CH: SCM Hänssler, 71087 Holzgerlingen

EIN STÜCK KUCHEN GEFÄLLIG?

Von Martin Luther stammt die Aussage, dass wir als Christen so mit Christus zusammengeschweißt sind, als wären wir ein Kuchen. Ich finde das ein sehr einprägsames Bild. Als Hobbykoch und Bäcker kann ich mir das gut vorstellen. Mehl, Butter, Zucker, Eier, Backpulver – alles wird zusammengemixt, sodass ich hinterher nicht mehr sagen kann: Ich hätte gern das zweite Ei, das hineingeschlagen wurde. Ich kann nur noch ein Stück von diesem Kuchen essen, mit ausnahmslos allen Zutaten. Christus und ich sind untrennbar verbunden. Das sagt und liest sich leicht und schnell – aber die Aussagekraft ist ungeheuerlich. Denn es bedeutet, dass meine Eigenschaften und mein Besitz auch Jesu Eigenschaften und Besitz sind und umgekehrt, auch dass Christi Eigenschaften und Güter zu meinen werden.

»Sein Ruf, der immer noch Leben bringt, hoffen lässt und uns Frieden schenkt«, heißt es in dieser Strophe. Jesu lebensbringende Botschaft, sein Friede, seine Kraft, seine Geduld, seine Liebe – all das ist auch mein. Die Liste lässt sich unendlich fortsetzen. Dadurch, dass Christus lebt, lebt er auch mit allem, was er ist und hat, in mir: »Christus lebt in euch! Darin liegt eure Hoffnung« (Kolosser 1,27).

> Denn Gott wollte ihnen sagen, dass der Reichtum der Herrlichkeit dieses Geheimnisses auch für die anderen Völker bestimmt ist. Und das ist das Geheimnis: Christus lebt in euch! Darin liegt eure Hoffnung: Ihr werdet an seiner Herrlichkeit teilhaben. Deshalb erzählen wir überall, wo wir hinkommen, von Christus. Wir warnen die Menschen und lehren sie mit aller Weisheit, die Gott uns geschenkt hat, denn wir möchten sie als Menschen vor Gott hinstellen, die im Glauben an Christus vollkommen sind. Für dieses Ziel setze ich mich mit meiner ganzen Kraft ein, indem ich mich auf die mächtige Kraft von Christus verlasse, die in mir wirkt.

KOLOSSER 1,27-29

Genieße jeden Tag ein Stück von dem Kuchen, den du mit Christus bildest!

CHRISTUS IST AUFERSTANDEN

Er hat uns mit dem Vater versöhnt,
gab den Geist, der uns Glauben
und Gewissheit schenkt.
Ehre, Anbetung, Lobpreis und Dank
sei dem mächtigen König, dem Herrn der Herrn.
Wir werden auferstehn,
denn der Tod hat keine Macht:
Christus hat gesiegt;
dann herrschen wir mit ihm.
Christus ist auferstanden.
Ja er lebt!

Aus »Feiert Jesus! 5«, Nr. 66
Originaltitel: Resurrection Hymn
Text und Melodie: Keith Getty und Stuart Townend
Deutsch: Frank und Norma Huck
© 2003 Thankyou Music
Für D, A, CH: SCM Hänssler, 71087 Holzgerlingen

DER TOD HAT KEINE MACHT

Als junger Mensch denkt man meist wenig an den Tod. Vor Kurzem besuchte ich einen Freund im Krankenhaus, der durch einen schweren Autounfall fast ums Leben gekommen wäre. Bei unserem Gespräch wurde mir mehr und mehr deutlich, was es heißt, »der Tod hat keine Macht: Christus hat gesiegt«. Klar, in erster Linie ist man froh und dankbar, wenn man einen Unfall überlebt, wenn Ärzte helfen können und man nach und nach in das normale Alltagsleben zurückfinden kann. Doch was wäre passiert, wenn nicht? Eigentlich ist es doch das Allerbeste, was einem als Christ passieren kann: Sterben, um mit Christus zu leben, bei Jesus zu sein. Für meinen Freund war das keine dahingesagte Theorie, sondern eine klare Hoffnung.

Keiner erleidet gern Schlimmes, ob Krankheit, Unfall, Schwierigkeiten in Familie oder Beruf oder anderes. Dennoch bleiben diese

Dinge keinem von uns erspart. Doch eines ist tröstlich: Ich weiß, dass Jesus der Sieger über den Tod ist. Tod ist nicht das schlimme Ende, sondern Heimgehen zum Vater. Gott ist mein Halt. Auch im Leiden ist er nicht fern, und er kann mich selbst in solch schweren Situationen noch gebrauchen. Das sollte mich froh machen – tut es das auch? Was kann ich tun, um mich mehr auf die Ewigkeit, die Auferstehung aller Gläubigen, das ewige Leben zu freuen? Die Bibel spricht an vielen Stellen davon, dass wir warten, leiden und ausharren müssen. Das ist nicht einfach, aber ich darf im Gebet ringen, und ich darf alles, wirklich alles, von Gott erwarten. Und letztlich kann ich mit dem Psalmbeter sagen, dass es mir gut geht, weil ich mich nahe an Gott halte (Psalm 73,28)! Das ist das wahre Glück.

Auch ihr müsst geduldig sein. Und seid zuversichtlich, denn das Kommen des Herrn steht kurz bevor! Nehmt euch die Propheten, die im Namen des Herrn gesprochen haben, als Vorbild für Geduld im Leiden. Denn wir schätzen jene glücklich, die im Leiden durchgehalten haben. Ihr kennt die Geduld Hiobs und wisst, wie der Herr alles zu einem guten Ende führte, denn er ist voll Mitgefühl und Barmherzigkeit.

JAKOBUS 5,8.10f

Freue dich: Der Tod hat keine Macht!

HAB DANK

Hab Dank von Herzen, Herr. Hab Dank, du Heiliger.
Hab Dank, denn du gabst Jesus Christus, deinen Sohn.
In ihm spricht der Schwache: »Ich bin stark«,
und der Arme: »Ich bin reich«,
denn was er am Kreuz getan, ist mein.
Hab Dank.

Aus »Feiert Jesus! 1«, Nr. 29
Originaltitel: Give Thanks
Text (nach Joel 4,10) und Melodie: Henry Smith
Deutsch: Mirjana Angelina
© 1978 Integrity's Hosanna! Music
Für D, A, CH: SCM Hänssler, 71087 Holzgerlingen

GOTTES WESEN

Für alles, was Gott uns in der Bibel verheißt und zusagt, für alles, was er verspricht und wofür er steht, ist es als Grundlage entscheidend zu wissen, wer Gott wirklich ist. Wenn ich mit Gewissheit weiß, wer er ist und wem ich diene, dann fällt es mir leicht, ihm voll und ganz zu vertrauen.

Gott war schon immer da und wird immer da sein. Er ist unveränderlich in seinem Wesen. – Gott ist ein liebender Gott. Darin unterscheidet er sich von den Gottheiten anderer Religionen. Er liebt seine Schöpfung, er liebt mich. Darum möchte er eine Beziehung mit mir haben und wirbt um mich. – Gott ist ein persönlicher Gott. Er ist heilig, er ist allmächtig, allwissend, unendlich stark und groß. Und dennoch ist er mir ganz nah. Durch Jesus lebt er in mir, und sein Heiliger Geist weist mir den Weg. Das ist so unglaublich, dass ich es gar nicht richtig begreifen kann! – Gott ist der Befreier, Retter und Erlöser der Welt. Durch Jesus Christus wird meine Schuld von mir genommen, und ich darf Gott nahe sein. Dieses unglaubliche Geschenk ist nur durch seinen Tod am Kreuz möglich! – Und Gott ist bei mir. Er ist mir nah, wo immer ich auch bin. Er gibt mir seine Stärke, wenn ich schwach bin – und wie oft bin ich schwach, hoffnungslos und einsam. Er fordert mich auf, ihm zu gehorchen und auf seine Stärke zu vertrauen, dann werde ich Großes zu seiner Ehre tun können! Danke, danke, danke! – »Hab Dank von Herzen, Herr. [D] denn was er am Kreuz getan, ist mein. Hab Dank.«

»Solange du lebst, wird sich niemand gegen dich behaupten können, denn ich will bei dir sein, wie ich bei Mose war. Ich werde dich nie verlassen und dich nicht aufgeben. Sei stark und mutig, denn du sollst meinem Volk zu dem Land verhelfen, das ich seinen Vorfahren versprochen habe. Sei stark und mutig. Gehorche gewissenhaft den Gesetzen, die dir mein Diener Mose gab. Weiche nicht von ihnen ab, damit du Erfolg hast, wohin du auch gehst. Die Worte des Gesetzes sollen immer in deinem Mund sein. Denke Tag und Nacht über das Gesetz nach, damit du allem, was darin geschrieben steht, Folge leisten kannst, denn nur dann wirst du erfolgreich sein. Ich sage dir: Sei stark und mutig! Hab keine Angst und verzweifle nicht. Denn ich, der Herr, dein Gott, bin bei dir, wohin du auch gehst.«

JOSUA 1,5-9

Durch Jesus bist du unendlich reich!

DU HAST ERBARMEN

Du hast Erbarmen und zertrittst all meine Schuld.
Du hilfst mir auf in deiner Treue und Geduld.
Du nimmst mir meine Last, nichts ist für dich zu schwer.
Du wirfst all meine Sünden tief hinab ins Meer.

Wer ist ein Gott wie du,
der die Sünde verzeiht und das Unrecht vergibt?
Wer ist ein Gott wie du,
nicht für immer bleibt dein Zorn bestehn,
denn du liebst es, gnädig zu sein.

Aus »Feiert Jesus! 1«, Nr. 107
Text (nach Micha 7,18–20) und Melodie: Albert Frey
© 1993 SCM Hänssler, 71087 Holzgerlingen für Immanuel Music, Ravensburg

Feiert Jesus! 1
CD 1, Nr. 14

MISSIONSEINSATZ MIT FOLGEN

Vor vielen Jahren war ich mit einer Freundin auf einem Kurz-Missionseinsatz in Spanien unterwegs. Bevor wir dort zu den Menschen auf die Straße gingen und ihnen von Jesus erzählten, wurden wir selber für die Gespräche geschult. Für mich war es gar nicht so einfach, auf die Menschen zuzugehen und ihnen von Jesus zu erzählen und davon, dass er für ihre Sünden gestorben ist. Vielleicht auch, weil ich selber noch so viele Fragen zu diesem Jesus hatte und noch nicht richtig begriffen hatte, dass es auch meine Sünden waren. Aber dann durfte ich durch diesen Missionseinsatz erfahren und verinnerlichen, dass Gott Geschichte schreibt mit Menschen, die schuldig werden. Menschen, die diese Schuld auch bekennen; vor Gott, aber auch vor anderen Menschen. Menschen wie du und ich. Für mich war es einfach nur befreiend, dass es einen Gott gibt, der meine Schuld wegnimmt, der mir meine Last abnimmt und der meine Sünde wegwirft: »Du wirfst all meine Sünden tief hinab ins Meer« – ich bin es, für dessen Schuld Gottes Sohn stellvertretend gestorben ist. Statt eines Lammes, wie in so vielen alttestamentlichen Geschichten der Bibel, wird Jesus als Lamm Gottes geopfert.

> Wo ist ein Gott wie du, der die Sünden vergibt und die Missetaten seines Volkes verzeiht? Der nicht für immer an seinem Zorn festhält, sondern der sich freut, wenn er barmherzig sein kann? Er wird sich wieder über uns erbarmen, alle unsere Sünden zertreten und alle unsere Verfehlungen ins tiefe Meer werfen! Du wirst an Jakob Treue und an Abraham Gnade erweisen, wie du es unseren Vorfahren geschworen hast.

MICHA 7,18-20

Gott will auch Geschichte mit dir schreiben – bist du bereit dazu?

MEIN ERLÖSER LEBT

Ich weiß, er hat mich befreit.
Sein Blut bedeckt meine Schuld.
Ja, ich weiß, ja, ich weiß!

Aus »Feiert Jesus! 2«, Nr. 236
Originaltitel: My Redeemer Lives
Text und Melodie: Reuben Morgan
Deutsch: Tabea Higgins und Daniel Jacobi
© 1998 Hillsong Music Publishing
Für D, A, CH: CopyCare Deutschland, 71087 Holzgerlingen

Feiert Jesus! 365
CD 1, Nr. 10

ER HAT MICH BEFREIT

Welche Einstellung hat deine Gemeinde zur Mission? Welches Missionskonzept verfolgt sie aktiv? Legt sie Wert auf Glaubenskurse, Jüngerschaftsangebote, Straßeneinsätze oder betet regelmäßig für die Weltmission?
In Apostelgeschichte 11,19-21 wird beschrieben, wie zahlreiche Heiden zum Glauben an Jesus kommen. Und das Erstaunliche ist, dass die Christen dort nicht ein voll-durchdachtes Missionskonzept in Händen halten, einen Leitfaden, an den sich alle halten können oder dass sie vorab einen Rhetorikkurs belegt hätten. Das hätte sie vielleicht beruhigt – oder im Gegenteil nervös werden lassen. Diese Christen, die in Antiochia so erfolgreich vom Evangelium erzählen, sind so etwas wie Glaubensflüchtlinge, Menschen, die »wegen der Verfolgung nach dem Tod des Stephanus aus Jerusalem geflohen« sind (Apostelgeschichte 11,19). Sie ergreifen die Gelegenheit beim Schopf und berichten erst Juden, dann auch Heiden, warum sie verfolgt wurden und fliehen mussten: »Ich weiß, er hat mich befreit. Sein Blut bedeckt mei-

ne Schuld.« Sie verheimlichen nicht den Grund ihrer Flucht aus Angst, erneut verfolgt zu werden. Sie halten nicht hinterm Berg mit dem Grund ihres Aufenthalts in Antiochia. Mutig erzählen sie. Und warum bringt es Frucht? Weil sie gut reden? Weil sie tolle Argumente haben? »Die Kraft des Herrn war mit ihnen« (Apostelgeschichte 11,21). Die Ursache ihrer Flucht war sehr unangenehm – aber es brachte sie sofort ins Gespräch und Gott segnete ihren Mut, davon zu reden: »Ich weiß, er hat mich befreit.«

> Inzwischen waren die Gläubigen, die wegen der Verfolgung nach dem Tod des Stephanus aus Jerusalem geflohen waren, bis nach Phönizien, Zypern und Antiochia in Syrien gelangt. Jedoch verkündeten sie die gute Botschaft nur den Juden. Aber einige der Gläubigen, die aus Zypern und Kyrene nach Antiochia gekommen waren, fingen an, auch den Nichtjuden die Botschaft von Jesus, dem Herrn, zu erzählen. Die Kraft des Herrn war mit ihnen, und viele Nichtjuden glaubten und bekehrten sich zum Herrn.

APOSTELGESCHICHTE 11,19-21

Jesus hat dich befreit!

MEIN ERLÖSER LEBT

Er nahm die Schande auf sich,
von Schmerzen heilte er mich.
Ja, ich weiß, ja, ich weiß!

Aus »Feiert Jesus! 2«, Nr. 236
Originaltitel: My Redeemer Lives
Text und Melodie: Reuben Morgan
Deutsch: Tabea Higgins und Daniel Jacobi
© 1998 Hillsong Music Publishing
Für D, A, CH: CopyCare Deutschland, 71087 Holzgerlingen

Feiert Jesus! 365
CD 1, Nr. 10

JA, ICH WEISS!

»Ja, ich weiß schon.« »Ja, ja – du musst es nicht dauernd wiederholen. Ich weiß es.« Für mich klingt im ersten Moment »ja, ich weiß« eher genervt als begeistert. Aber warum sagen zum Beispiel Eltern ihren Kindern gegenüber etwas immer wieder und wieder, sodass diese genervt »ja, ich weiß schon« entgegnen? Weil sie ihnen etwas Wichtiges einprägen wollen. Und weil die Kinder sich vielleicht in diesem Moment gerade anders verhalten haben, obwohl sie es wissen. Wie oft schon habe ich die Wahrheiten aus der Bibel gehört – Jesus starb für meine Sünden, »er nahm die Schande auf sich«, er liebt mich, wie ich bin, Jesus möchte mein Herz verändern, ich bin neu geboren. Oft schon habe ich es gehört und gelesen, sodass es mir manchmal beim Lesen in der Stillen Zeit oder bei einer Predigt durch den Kopf schießt: Ja, ich weiß. Und trotzdem will es mir Gott immer wieder sagen, damit ich mir das tief einpräge. In Lukas 6,45 steht: »Was immer in deinem Herzen ist, das bestimmt auch dein Reden.« Deshalb: »Ja, ich weiß«. Davon ist mein Herz voll, und wenn es nicht so ist, dann will ich es täglich bewusst neu mit Gottes Wort füllen. Etwas im Glauben ist ganz wichtig: Gott hat uns immer zuerst geliebt, und es gibt nichts, was wir ihm bringen können, das er uns nicht zuvor geschenkt hat. Er hat als Zeichen seiner Liebe Jesus für unsere Sünden am Kreuz sterben lassen. Und meine Liebe zu Gott kann immer nur die Antwort auf seine Liebe sein. Diese Antwort möchte ich ihm geben. Mein Herz ist voll von ihm – und ich möchte mit übersprudelnder Freude ihm danken und anderen von ihm erzählen. Denk mal darüber nach, wovon du jeden Tag redest!

> Das Himmelreich ist wie ein Schatz, den ein Mann in einem Feld verborgen fand. In seiner Aufregung versteckte er ihn wieder und verkaufte alles, was er besaß, um genug Geld zu beschaffen, damit er das Feld kaufen konnte – und mit ihm den Schatz zu erwerben! Das Himmelreich ist auch vergleichbar mit einem Perlenhändler, der nach kostbaren Perlen Ausschau hielt. Als er eine Perle von großem Wert entdeckte, verkaufte er alles, was er besaß, und kaufte die Perle!
>
> **MATTHÄUS 13,44-46**

»Ja, ich weiß«, was du für mich getan hast.
Danke, Vater!

MEIN ERLÖSER LEBT

Lasst alle hören:
Mein Herr besiegte das Grab.

Mein Erlöser lebt! Mein Erlöser lebt!
Mein Erlöser lebt! Mein Erlöser lebt!

Aus »Feiert Jesus! 2«, Nr. 236
Originaltitel: My Redeemer Lives
Text und Melodie: Reuben Morgan
Deutsch: Tabea Higgins und Daniel Jacobi
© 1998 Hillsong Music Publishing
Für D, A, CH: CopyCare Deutschland, 71087 Holzgerlingen

Feiert Jesus! 365
CD 1, Nr. 10

LASST ES ALLE HÖREN!

»Also schenkt Gott allen Menschen die Möglichkeit zur Umkehr, damit sie leben können.« »Lasst alle hören.« Alle. Wirklich alle? Wirklich alle! Petrus mochte dies zuerst einfach nicht glauben. Aber Gott hatte es ihm ganz klar gezeigt: das Evangelium ist nicht nur für die Juden bestimmt, sondern auch für die Heiden. Einfach für alle. Nachdem Petrus die Vision von Gott bekommen und schließlich verstanden hatte, konnte es losgehen! Auf in das Haus des heidnischen Hauptmanns. Aber als die Leute in Jerusalem davon erfuhren, kritisierten sie Petrus für sein Verhalten: »Du hast das Haus von Nichtjuden betreten und mit ihnen gegessen, warfen sie ihm vor« (Apostelgeschichte 11,3). Petrus wurde verbal angegriffen und getadelt. Und niemand verteidigte ihn oder half ihm.

Obwohl Jesus ihnen den Missionsbefehl für die ganze Welt gegeben hatte, fragten sie sich, ob es wirklich sein konnte, dass Gott nicht nur die Juden erretten wollte. Bin ich auch manchmal von unseren Traditionen oder üblichen Gewohnheiten geprägt und merke nicht, wie ich den Heiligen Geist einschränke? Oder wo ich Neues dem Vertrauten und Bewähren gegenüber ablehne? Ich möchte selbst ein einladendes Haus haben und Menschen ermutigen, Fragen zu stellen. »Lasst alle hören: Mein Herr besiegte das Grab!« Es geht darum, dass Jesus bekannt gemacht und geehrt wird. Alle sollen ihn kennenlernen (Apostelgeschichte 11,18). Ist das nicht ein unglaubliches Geschenk von Gott?! Wen möchtest du Jesus heute in deinem Gebet vor die Füße legen mit der Bitte, sein Herz für ihn zu öffnen?

> Es dauerte nicht lange, bis die Apostel und anderen Gläubigen in Judäa hörten, dass Nichtjuden das Wort Gottes angenommen hatten. Als Petrus wieder in Jerusalem eintraf, kritisierten ihn daher einige der jüdischen Gläubigen. »Du hast das Haus von Nichtjuden betreten und mit ihnen gegessen!«, warfen sie ihm vor. Als die anderen das hörten, beruhigten sie sich und fingen an, Gott zu loben. Sie sagten: »Also schenkt Gott allen Menschen die Möglichkeit zur Umkehr, damit sie leben können.«
>
> **APOSTELGESCHICHTE 11,1-3.18**

Gott möchte, dass nicht ein einziger Mensch in Ewigkeit verloren geht!

ICH SEH DAS KREUZ

Ich seh das Kreuz,
und nichts andres muss ich sehn.
Ich seh das Kreuz.
»Komm und glaube«, ruft es mich.

Aus »Feiert Jesus! 2«, Nr. 146
Originaltitel: I See The Cross
Text und Melodie: Brian Doerksen
Deutsch: Guido Baltes und Stefan Amolsch
© 2000 Mercy/Vineyard Publishing/Vineyard Songs Canada
Für D, A, CH: Gerth Medien, Asslar

»ICH SEH DAS KREUZ«

Das Kreuz steht als das typische Symbol im Mittelpunkt unseres christlichen Glaubens. Warum?

Die einzige Antwort, wie wir Vergebung unserer Schuld erlangen können, hat uns Gott in seinem Sohn offenbart: »Denn Gott hat die Welt so sehr geliebt, dass er seinen einzigen Sohn hingab, damit jeder, der an ihn glaubt, nicht verloren geht, sondern das ewige Leben hat« (Johannes 3,16). Als wahrer Mensch und zugleich wahrer Gott hat Jesus die Sünde und die Todesstrafe, die darauf steht, auf sich genommen (Galater 3,13). Jesus erfüllt durch seinen Tod am Kreuz sozusagen alle Tempelopfer des Alten Testaments (2. Korinther 1,20).

Und warum tut Jesus das alles? Warum leidet er so unendlich? Aus Gehorsam seinem Vater gegenüber und aus unsagbar großer Liebe zu uns bringt sich Jesus selbst als Opferlamm vor Gott dar und tritt als Hohepriester für uns ein: »Die größte Liebe beweist der, der sein Leben für die Freunde hingibt« (Johannes 15,13). Schon bei Jesaja steht eine überwältigende Prophezeiung: »Wegen unserer Vergehen wurde er durchbohrt, wegen unserer Übertretungen zerschlagen. Er wurde gestraft, damit wir Frieden haben. Durch seine Wunden wurden wir geheilt! [...] Tatsächlich aber hat er die Sünden vieler getragen und ist für die Sünder eingetreten« (Jesaja 53,5.12). – Ich darf auf das Kreuz blicken, auf die große Liebestat Jesu, und die Vergebung aller meiner Sünden von gestern, heute und morgen einfach so in Anspruch nehmen.

Denn Gott hat die Welt so sehr geliebt, dass er seinen einzigen Sohn hingab, damit jeder, der an ihn glaubt, nicht verloren geht, sondern das ewige Leben hat. Gott sandte seinen Sohn nicht in die Welt, um sie zu verurteilen, sondern um sie durch seinen Sohn zu retten. Wer an ihn glaubt, wird nicht verurteilt. Wer aber nicht an ihn glaubt, ist schon verurteilt, weil er nicht an den Namen des einzigen Sohnes Gottes geglaubt hat. Und so vollzieht sich das Gericht: Das Licht ist vom Himmel in die Welt gekommen, aber sie liebten die Dunkelheit mehr als das Licht, weil ihre Taten böse waren. Sie hassen das Licht, weil sie im Dunkeln Böses tun. Sie bleiben dem Licht fern, weil sie Angst haben, dass ihre Taten aufgedeckt werden. Wer sich aber nach der Wahrheit ausrichtet, tritt ans Licht und jeder kann sehen, dass er in Verantwortung vor Gott handelt.

JOHANNES 3,16-21

Hast du heute schon das Kreuz angesehen?

ICH SEH DAS KREUZ

Kein andrer Weg, der zur Freiheit führt,
um Versöhnung zu erfahren.
Kein andrer Ort, der Vergebung bringt,
wo der Preis für uns bezahlt ist.
Und ich komm, wie ich bin,
und begegne deiner Gnade.
Ich seh das Kreuz.

Aus »Feiert Jesus! 2«, Nr. 146
Originaltitel: I See The Cross
Text und Melodie: Brian Doerksen
Deutsch: Guido Baltes und Stefan Amolsch
© 2000 Mercy/Vineyard Publishing/Vineyard Songs Canada
Für D, A, CH: Gerth Medien, Asslar

»KEIN ANDRER WEG, DER ZUR FREIHEIT FÜHRT«

Eine bekannte Geschichte erzählt von einem Christen, der um das Jahr 1910 in dem muslimischen Armenien lebte. Dieser Mann wurde aufgrund seines Glaubens ins Gefängnis gesperrt. Er sollte Christus absagen, um am Leben zu bleiben. Doch der Armenier lehnte immer wieder ab: Lieber wollte er sterben, als Jesus zu verraten. Da schlug der Richter Folgendes vor: Jemand, der aufgrund seines Glaubens an ein Kreuz riskiert, dass ihm mit einem Schnitt der Kopf abgeschlagen wird, sollte aus einem Blatt Papier mit einem einzigen geraden Schnitt ein Kreuz schneiden. Würde er dies bis zum nächsten Morgen schaffen, würde das Todesurteil aufgehoben werden. Der Mann dachte bis zum Morgengrauen nach und irgendwann faltete er das Blatt. Als der Richter am Morgen in seine Zelle kam, machte der Mann einen einzigen geraden Schnitt und faltete das Papier auseinander. In seiner Hand hielt er das Kreuz Jesu, die zwei Kreuze der Verbrecher, den Hügel Golgatha, die Würfel und den Speer der Soldaten sowie das INRI-Schild. Er erklärte dem Richter die Bedeutung von allem und wurde freigelassen.

»Kein andrer Weg, der zur Freiheit führt« – sowohl zur Freiheit von Sünde als auch für diesen Mann zur Freiheit außerhalb des Gefängnisses.

Vielleicht fragen sich Menschen aus meiner Nachbarschaft ebenso wie der Richter, wie man nur an einen Gekreuzigten glauben kann. Was habe ich dazu zu sagen? Jesus ist für meine Sünden gestorben und auferstanden. Er lebt! Das Kreuz auf Gipfeln oder Kirchtürmen erinnert immer wieder daran: Jesus ist Sieger über den Tod! Er macht mich frei!

> Gott dagegen beweist uns seine große Liebe dadurch, dass er Christus sandte, damit dieser für uns sterben sollte, als wir noch Sünder waren. Und da wir durch das Blut von Christus in Gottes Augen gerecht gesprochen worden sind, ist sicher, dass Christus uns vor dem Gericht Gottes bewahren wird. Wir sind ja durch den Tod seines Sohnes mit Gott versöhnt worden, als wir noch seine Feinde waren. Dann werden wir erst recht jetzt, wo wir seine Freunde geworden sind, durch das Leben von Christus gerettet werden. So freuen wir uns nun darüber, dass wir wieder eine Beziehung zu Gott haben – weil Jesus Christus, unser Herr, uns mit Gott versöhnt hat.

RÖMER 5,8-11

Jesus macht mich von der Macht der Sünde frei!

ICH SEH DAS KREUZ

Ich seh das Kreuz
über alles hoch erhöht.
Ich seh das Kreuz –
Gottes Liebe für die Welt.

Du littest und starbst, hast für uns bezahlt.
Du hast uns gezeigt, was groß zu sein heißt.
Durch dich wird der Plan des Vaters erfüllt.
Der Weg ist jetzt frei
und wir werden auferstehen
und ewig leben, weil du für uns starbst.
Wir werden auferstehen
und ewig leben, weil du in uns lebst.
Ich seh das Kreuz.

Aus »Feiert Jesus! 2«, Nr. 146
Originaltitel: I See The Cross
Text und Melodie: Brian Doerksen
Deutsch: Guido Baltes und Stefan Amolsch
© 2000 Mercy/Vineyard Publishing/Vineyard Songs Canada
Für D, A, CH: Gerth Medien, Asslar

JESUS IST AUFERSTANDEN – UND ICH WERDE ES AUCH!

Ein Artikel mit der Schlagzeile »Wer glaubt schon an Auferstehung? Viele Christen können mit der zentralen Botschaft der Bibel nichts mehr anfangen« war vor einiger Zeit in der »Zeit« zu lesen. Ist das nicht ein trauriges Fazit? Die Auferstehung ist für mich definitiv eine der genialsten Hoffnungen, die wir als Christen haben dürfen: Unser Leben ist nicht mit dem Tod beendet, sondern wir werden auferstehen. Das irdische Leben hat natürlich irgendwann ein Ende – vielleicht sogar früher, als man oft denkt oder wahrhaben möchte. Aber: Wir werden nicht tot bleiben.

Was bedeutet die Auferstehung für dich praktisch in deinem Alltag? Mich führt sie zum einen in eine große Gelassenheit: Ich muss in diesem Leben nicht alles gemacht und nicht alles erreicht haben. Außerdem gibt sie mir eine unglaubliche Hoffnung: Ich werde die Ewigkeit bei Gott verbringen. Nach dem Tod ist nicht alles vorbei, sondern es geht erst richtig los. Ich gebe zu, im Hier und Jetzt, wo es heißt, das Leben im Alltag zu meistern, sich immer wieder nach Jesus auszustrecken, zu vertrauen, Schmerzen und Leid zu ertragen, Gottes Nähe zu suchen – da kommt einem der Blick auf die Ewigkeit oft abhanden. Dennoch darf ich es mir immer wieder bewusst machen: »wir werden auferstehen und ewig leben, weil du für uns starbst« und »weil du in uns lebst«. Und das ist das Beste obendrein: Weil Jesus selbst auferstanden ist, lebt er in dir und mir! Jetzt. Heute. Allezeit!

> Da Christus in euch lebt, wird zwar euer Körper aufgrund der Sünde sterben, aber durch den Geist empfangt ihr Leben, weil ihr von Gott gerecht gesprochen wurdet. Der Geist Gottes, der Jesus von den Toten auferweckt hat, lebt in euch. Und so, wie er Christus von den Toten auferweckte, wird er auch euren sterblichen Körper durch denselben Geist lebendig machen, der in euch lebt. Liebe Brüder, ihr seid also nicht mehr dazu gezwungen, euch von den Wünschen eurer menschlichen Natur beherrschen zu lassen. Denn wenn ihr euch weiter von ihr bestimmen lasst, werdet ihr sterben. Wenn ihr euch aber durch die Kraft des Heiligen Geistes von eurem alten Wesen und den bösen Taten abwendet, werdet ihr leben. Denn alle, die vom Geist Gottes bestimmt werden, sind Kinder Gottes.

RÖMER 8,10-14

> Wie hilft dir das Wissen über Jesu
> und auch deine Auferstehung konkret?

DAS LEBEN SIEGT

An diesem Tag ist es geschehn:
Das Leben siegt, der Tod kann gehn.
Du hast die Welt von Schuld befreit.
Du bist ein Gott, der mir verzeiht.
Seit diesem Tag ist es mir klar:
Du stirbst den Tod, der meiner war.
Das Grab ist leer, du bist mir nah.
Die Hoffnung lebt und es ist wahr.

Aus »Feiert Jesus! 5«, Nr. 67
Text und Melodie: Tobi Wörner
© 2014 SCM Hänssler, 71087 Holzgerlingen

Feiert Jesus! Er lebt
Nr. 10

GÄNSEHAUTMOMENT

Ostern ist so viel mehr als Ostereier suchen und reichlich Süßigkeiten für die Kinder, sodass der Vorrat locker bis Weihnachten reicht. Am Karfreitag, dem jüdischen Passah-Fest – einem Fest, das an die Nacht erinnert, als Gott sein Volk aus der ägyptischen Sklaverei blutig befreite –, wurde die Geschichte der Welt radikal verändert. Durch das Blut von Jesus wurde deine Schuld bezahlt – ganz persönlich. Er hat sich an deiner Stelle geopfert. Die Auferstehung Jesu setzt den österlichen Ereignissen dann noch die Krone auf. Ohne diese Tatsache wäre unser ganzer christlicher Glaube wahrhaftig umsonst und wertlos, denn unsere ganze Hoffnung lebt und stirbt mit dem Auferstandenen.
Bist du dir dieser Tatsache bewusst? Ist dieses weltbewegende Ereignis für dich an Ostern greifbar? Mir fällt es ehrlich gesagt manchmal schwer, in diesen Tagen in richtige Osterstimmung

zu kommen und dieses Wissen vom Kopf ins Herz sickern zu lassen. Als wir mit unserer Band vor einigen Jahren auf einer Osterkonferenz spielten und wir uns gemeinsam am Ostermorgen in einem übervollen Saal den Chorus »Der Herr ist auferstanden, er ist wahrhaftig auferstanden« aus voller Kehle gegenseitig in die Herzen sangen, war das so ein Gänsehautmoment, der dem Kopf verstehen hilft, was das Herz schon längst weiß – Jesus ist da!

> Er ist nicht hier! Er ist von den Toten auferstanden, wie er gesagt hat. Kommt und seht, wo sein Leichnam gelegen hat.
>
> **MATTHÄUS 28,6**

> Und wenn Christus nicht auferstanden ist, dann war unser Predigen wertlos, und auch euer Vertrauen auf Gott ist vergeblich.
>
> **1. KORINTHER 15,14**

Bekenne Jesus in diesen Tagen aus vollem Herzen.

DAS LEBEN SIEGT

Als alle Welt dich leiden sah
an diesem Kreuz von Golgatha,
hast du den größten Sieg vollbracht
und alle sehn jetzt deine Macht.
Weil du heut lebst, vertrau ich dir,
ich will dir folgen jetzt und hier.
Weil ich bei dir zu Hause bin,
ergibt mein Leben einen Sinn.

Aus »Feiert Jesus! 5«, Nr. 67
Text und Melodie: Tobi Wörner
© 2014 SCM Hänssler, 71087 Holzgerlingen

Feiert Jesus! Er lebt
Nr. 10

KREUZWEG

Was muss das für ein Gefühl sein, allein und verlassen, von
Schmerzen gequält an einem Kreuz zu hängen und qualvoll zu
ersticken? Welche Gedanken und Ängste mögen einem dabei
durch den Kopf gehen? Mit Sicherheit eine der schrecklichsten
Todesarten, die ich niemals durchmachen möchte. Aber es gibt
tatsächlich Menschen, die sich dieser Tortur alljährlich bewusst
aussetzen. Den Karfreitag begehen manche wagemutigen Katholiken auf den Philippinen, indem sie sich mit echten Nägeln
durch die eigenen Hände an ein echtes Kreuz schlagen lassen.
Wie krass ist das bitteschön?! Ob Jesus das gemeint hat, als er
sagte: »Wer von euch mir nachfolgen will, muss sich selbst ver-
leugnen und sein Kreuz auf sich nehmen ...« (Matthäus 16,24)?
Sicher nicht. Aber warum machen Menschen so etwas? Vielleicht,
um näher an den ursprünglichen Ereignissen dieses Tages dran

zu sein. Wir haben es uns im Freundeskreis zur Tradition gemacht, am Karfreitag eine mehr oder weniger anstrengende Wanderung zu unternehmen und uns dabei die Leidensstationen Jesu neu ins Bewusstsein zu rufen. Und das als Allergiker in der Hauptpollenzeit. »Spinner«, magst du vielleicht denken, aber es geht nicht um die Tradition, sondern darum, bewusst seinen Komfortbereich zu verlassen, und das nicht nur am Karfreitag, sondern jeden Tag neu – um Jesus nachzufolgen.

> Dann sagte er zu der Menge: »Wenn einer von euch mit mir gehen will, muss er sich selbst verleugnen, jeden Tag aufs Neue sein Kreuz auf sich nehmen und mir nachfolgen.«
>
> **LUKAS 9,23**

Lebe dein Leben jeden Tag neu ganz für Jesus.

17. MÄRZ

DAS LEBEN SIEGT

Das Leben siegt, die Liebe siegt.
Du hast dich selbst für mich gegeben.
Das Leben siegt, die Liebe siegt.
Du bist noch stärker als der Tod, denn du bist das Leben.

Aus »Feiert Jesus! 5«, Nr. 67
Text und Melodie: Tobi Wörner
© 2014 SCM Hänssler, 71087 Holzgerlingen

Feiert Jesus! Er lebt
Nr. 10

LIEBESLÄNGLICH

Zwei Menschen lernen sich kennen und lieben. Sie werden ein Paar und heiraten. Bei dem einen Partner wird eine mangelhafte Nierenfunktion festgestellt. Diese Diagnose bedeutet langfristig eine stark eingeschränkte Lebensqualität durch ein Leben mit der Dialyse, und auch Kinderlosigkeit. Der andere Partner hat die richtigen Voraussetzungen, entschließt sich, sich den Gefahren einer Operation zu unterziehen und eine seiner gesunden Nieren zu spenden. Er rettet damit nicht nur das Leben des ihm wertvollsten Menschen auf Erden, sondern ist nun im wahrsten Sinne des Wortes auf ewig ein Teil dieser Person. Kann es einen größeren Liebesbeweis geben? Letztlich hat bei dieser wahren Geschichte, die sich bei einem befreundeten Ehepaar so zugetragen hat, die Liebe und auch das Leben im doppelten Sinn gesiegt, denn das Überleben und auch der Kinderwunsch sind jetzt wieder möglich. Wie weit würdest du gehen, wenn ein dir nahestehender Mensch in einer ähnlichen Situation wäre? Würdest du gar dein Leben geben? Einer hat es auf jeden Fall getan und sein Leben gegeben, für dich, für mich und für die kranke Welt, in der wir leben.

Jesus, der das Leben und die Liebe ist, tut heute noch Wunder und hat durch das Wunder von Opfertod und Auferstehung den größten Sieg errungen.

> Die größte Liebe beweist der, der sein Leben für die Freunde hingibt.

JOHANNES 15,13

Jesus gab sein Blut aus Liebe für dich.
Gehe doch auch Blutspenden ...

DAS LEBEN SIEGT

Mit meiner Angst komm ich zu dir.
Und wenn ich auch den Mut verlier,
weiß ich: Der Sieger ist bei mir.
Du bist bei mir. Das Leben siegt.

Aus »Feiert Jesus! 5«, Nr. 67
Text und Melodie: Tobi Wörner
© 2014 SCM Hänssler, 71087 Holzgerlingen

Feiert Jesus! Er lebt
Nr. 10

IM AUGE DES STURMS

Italien, Sommerurlaub, Sonne satt. Unsere dreijährige Tochter muss notfallmäßig ins Krankenhaus nach Florenz und wird noch in derselben Nacht operiert. Ich sitze als Vater geschlagene eineinhalb Stunden vor dem Operationssaal, und in meinem Kopf überschlagen sich die Gedanken. Wie wird die Operation verlaufen? Können die Ärzte die Ursache finden? Wird sie anschließend wieder aufwachen oder gar sterben? Ich fühle mich machtlos, mutlos, ausgeliefert. Unbestimmte Ängste wollen über mir zusammenschlagen, mich niederdrücken, wie gigantische Wellen in einem nicht enden wollenden Orkan.

»Zwei Stimmen kämpfen im Kopf«, so habe ich später dieses für mich eindrückliche Erlebnis in einem Lied festgehalten. Ja, da ist neben diesen albtraumhaften Gedanken eine zweite Stimme. Die Stimme der Hoffnung und des Lebens. Ich fange an zu beten, werfe meine Ängste auf ihn, der selbst das Leben ist, und spüre, dass Jesus mir seinen Frieden ins Herz legt. Der Sturm verebbt. Nach langer Wartezeit kommen die Ärzte. Sie geben grünes Licht. Ich darf meine Tochter glücklich in die Arme schließen. Heute geht es ihr gut. Ein fröhliches, aufgewecktes Kind. Doch auch wenn dieses Erlebnis tragisch geendet hätte, bin ich mir sicher, dass mir Jesus immer wieder neu seinen tiefen Frieden schenkt.

> Ich habe euch das alles gesagt, damit ihr in mir Frieden habt. Hier auf der Erde werdet ihr viel Schweres erleben. Aber habt Mut, denn ich habe die Welt überwunden.
>
> **JOHANNES 16,33**

Gib deine Ängste Jesus. Empfange tiefen Frieden.

ICH LEG MEIN LEBEN VOR DICH HIN

Ich leg mein Leben vor dich hin,
alles, was ich hab und bin.
Ich komm zu dir und du bist immer da.
In schweren Zeiten such ich dich.
Zuerst kommst du und dann komm ich.
Ich geb mein Leben dir, meinem Herrn.

Jesus, du bist der, für den allein ich leben möchte.
Jesus, du bist der, für den ich alles geben möchte.

Aus »Feiert Jesus! 3«, Nr. 122
Originaltitel: One Way
Text und Melodie: Joel Houston und Jonathon Douglass
Deutsch: Evie Sturm
© 2003 Hillsong Music Publishing
Für D, A, CH: CopyCare Deutschland, 71087 Holzgerlingen

ZU WENIG!

»Es genügt nicht, dass du mein Diener bist, nur um die Stämme Israels wieder aufzurichten und Israel zur Umkehr zu führen« (Jesaja 49,6). Es ist zu wenig! Was, zu wenig? Ist das nicht eher viel zu viel? Ein riesiger Auftrag, und jetzt noch mehr? Jesaja fühlt sich verachtet, nutzlos und kraftlos. Doch für Gott ist der Auftrag nur ein Bruchteil, etwas Kleines. In diesem Bibelabschnitt redet Gott zu Jesaja, doch letztlich spricht er jeden von uns an. Auch manche Christen, Prediger und Gemeinden haben hin und wieder das Gefühl, klein, lächerlich, schwach oder kraftlos zu sein. Aber Gott hat Größeres mit Jesaja und auch mit uns Christen heute vor: »Ich mache dich auch zum Licht für die Völker und zur Rettung für die ganze Welt« (Jesaja 49,6). Seine Pläne sind umfangreicher, sein Auftrag weitreichender.

Die Botschaft von Jesus soll in der ganzen Welt verbreitet werden. Jesu Licht soll in jedem Land scheinen. Ist es an der Zeit, mein Leben erneut vor Gott hinzulegen, »alles, was ich hab und bin«, und ihn an die erste Stelle zu setzen? »Zuerst kommst du und dann komm ich«, »Jesus, du bist der, für den allein ich leben möchte« – Worte, die sich schnell singen, aber ernsthafte Folgen haben. Gottes Plan mit der Welt ist groß. Gott möchte mich mit noch viel mehr beauftragen, als mir vielleicht bisher bewusst ist. Wie Jesaja mag ich das Gefühl haben, überfordert zu sein, doch Gott ist größer! Ich leg mein Leben vor Gott hin, und Gott legt mir seine Kraft hin.

Er sagte zu mir: »Du bist mein Diener, Israel, durch dich will ich mich verherrlichen.« Ich antwortete: »Aber alles, was ich tue, scheint mir nutzlos! All meine Anstrengung war umsonst und vergeblich. Doch ist es die Sache meines Herrn, meine Mühe zu verantworten. Er wird mir Gelingen schenken.« Und jetzt spricht der Herr – er, der mich im Mutterleib zu seinem Diener geformt hat, dass ich Jakob zu ihm zurückführe und Israel bei ihm versammle. Für ihn bin ich wertvoll. Mein Gott ist meine Kraft. Er sagte: »Es genügt nicht, dass du mein Diener bist, nur um die Stämme Israels wieder aufzurichten und Israel zur Umkehr zu führen. Ich mache dich auch zum Licht für die Völker und zur Rettung für die ganze Welt.« Dies sagt der Herr, der Erlöser und Heilige Israels, zu demjenigen, der von den Menschen verachtet und von den Heiden verabscheut wird, zu dem Mann, der ein Diener von Tyrannen ist: »Könige werden es sehen und anerkennen. Fürsten werden es beobachten und sich niederwerfen, weil der Herr seine Treue erwies, indem er dich erwählte.«

JESAJA 49,3-7

Du darfst einen großen Auftrag ausführen!

ICH LEG MEIN LEBEN VOR DICH HIN

Du bist einfach immer hier, überall bist du bei mir
und nur durch deine Gnade lebe ich.
Du bleibst derselbe durch die Zeit.
Du bleibst in alle Ewigkeit
und deine Größe ändert sich nicht.

Jesus, du bist der, für den allein ich leben möchte.
Jesus, du bist der, für den ich alles geben möchte.

Aus »Feiert Jesus! 3«, Nr. 122
Originaltitel: One Way
Text und Melodie: Joel Houston und Jonathon Douglass
Deutsch: Evie Sturm
© 2003 Hillsong Music Publishing
Für D, A, CH: CopyCare Deutschland, 71087 Holzgerlingen

GOTT IST ÜBERALL DA

»Du bist einfach immer hier, überall bist du bei mir«. Das muss sich Josef im Gefängnis auch die ganze Zeit über als Ermutigung vorgesagt haben. Er war eingesperrt, unschuldig, verleumdet, in einem fremden Land, vom Vater tot geglaubt, von den Brüdern verraten und verkauft – die Liste der Negativereignisse in Josefs Leben würde sich noch weiter fortsetzen lassen. Dennoch verbitterte er nicht in seiner schweren und aussichtslosen Situation. Er wusste, dass Gott ein allmächtiger Gott ist, der immer da ist und sich nie wandelt. Er ließ nicht ab von Gott. Und Gott ließ nicht ab von Josef. Josef versuchte, zuerst als Sklave unter Potifar und später im Gefängnis sein Bestes zu geben. Er half dem Gefängnisverwalter so gut er konnte, sodass der Verwalter ihm voll und ganz vertraute. Und Gott stand Josef bei, half ihm und segnete ihn (1. Mose 39,2.3.21.23). Zu guter Letzt half Josefs Verhalten dem ganzen Land. Weil Josef im Gefängnis seine Aufgaben ehrlich und gewissenhaft ausführte, glaubte man ihm. So konnte er seine von Gott geschenkte Gabe, Träume zu deuten, für andere einsetzen. Der Pharao nahm dadurch die Warnung, die er geträumt hatte, ernst und ließ Vorräte für die schlechten Jahre anlegen. Nur deshalb konnten viele Ägypter und Israeliten vor der Hungersnot gerettet werden – auch Josefs Familie. Dieses Beispiel von Josef spornt mich an, da, wo ich bin, mein Bestes zu geben und treu zu sein, weil ich weiß, dass Gott immer bei mir ist, dass er treu und stark ist. Auch wenn ich nicht das arbeite, was ich möchte, wenn ich Ziele, die ich für mein Leben hatte, nicht umsetzen konnte, wenn ich ungerecht behandelt werde wie Josef: »Jesus, du bist der, für den ich alles geben möchte«!

> Der Herr half Josef und ließ ihm alles gelingen, während er im Haus seines ägyptischen Herrn arbeitete. Potifar bemerkte, dass der Herr mit Josef war und ihm in allem, was er unternahm, Erfolg schenkte. Deshalb fand er seine Gunst und wurde Potifars persönlicher Diener. Schon bald übertrug Potifar Josef die Aufsicht über sein Haus und die Verwaltung seines gesamten Besitzes. Von jenem Tag an segnete der Herr Potifar um Josefs willen. Alle Arbeiten im Haus gelangen, die Ernte fiel gut aus und sein Viehbestand vergrößerte sich ständig.

1. MOSE 39,2-5

> Er ließ Josef in das Gefängnis werfen, in dem die Gefangenen des Königs eingesperrt waren. Doch der Herr war auch dort mit Josef und sorgte dafür, dass Josef die Gunst des Gefängnisverwalters gewann. Der Verwalter übertrug Josef die Aufsicht über alle anderen Gefangenen und über alles, was im Gefängnis geschah. Der Verwalter musste sich um nichts mehr kümmern. Denn der Herr war mit Josef und ließ alles gelingen, was er tat.

1. MOSE 39,20-23

Gebe ich mein Bestes für Gott, da, wo ich bin?

ICH LEG MEIN LEBEN VOR DICH HIN

Weg, Wahrheit, Leben bist du für mich.
Ich glaube, auch wenn ich nicht seh, an dich.
Für dich nur lebe ich.

Jesus, du bist der, für den allein ich leben möchte.
Jesus, du bist der, für den ich alles geben möchte.

Aus »Feiert Jesus! 3«, Nr. 122
Originaltitel: One Way
Text und Melodie: Joel Houston und Jonathon Douglass
Deutsch: Evie Sturm
© 2003 Hillsong Music Publishing
Für D, A, CH: CopyCare Deutschland, 71087 Holzgerlingen

JESUS, DER EINZIGE WEG

»Ich bin der Weg, die Wahrheit und das Leben. Niemand kommt zum Vater außer durch mich« (Johannes 14,6). Jesus stellt es ganz klar: Keiner kann anders zu Gott kommen als nur durch ihn allein. Kein anderer Weg führt zum Heil. Es gibt nicht viele Wege, es gibt nur einen einzigen! Und Jesus zeigt nicht nur den Weg, er selbst ist der Weg. Nicht die Einhaltung der 10 Gebote, nicht eine Mitgliedschaft in einer Kirche oder ein Sakrament. In Jesus haben wir auch die Wahrheit und das wirkliche Leben in Ewigkeit. Viele Stellen der Bibel sagen genau das gleiche aus: Jesus. Jesus. Jesus! Alles dreht sich um seine Person – Jesus allein. Deutlicher kann es nicht gesagt werden.

»Jesus, du bist der, für den ich alles geben möchte.« So eine Aussage ist ein absolut tief greifender Anspruch an mein Leben. Aber wenn ich erkannt habe, dass Jesus der einzige Weg zur Erlösung ist und ich ihm nachfolgen möchte, dann läuft es genau auf das hinaus. Mein altes Leben mit meinen egoistischen Zielen, Gewohnheiten und Plänen muss zur Ehre Gottes abgelegt werden. Jesus sagt selbst, dass ein Leben mit ihm kein leichter Weg ist, sondern Vertrauen, Glauben, Gehorsam und Ausdauer erfordert, aber es ist das einzig lebenswerte Leben (Matthäus 7,13f). Wenn ich seinem Willen folge, werde ich Lohn in Fülle erhalten. Und Jesus bietet mir seine Kraft an. Ich kann und muss es nicht alleine schaffen. Aber ich muss mich immer wieder bewusst dafür entscheiden, ihm heute nachzufolgen, heute zu seiner Ehre zu denken, zu reden und zu handeln. Ich hoffe und bete, dass ich auch in harten Proben wie Abraham bereit bin, im Vertrauen auf ihn mein Bestes zu geben (Hebräer 11,17-19). Manchmal möchte ich schon verzweifeln bei diesem unsagbar großen Anspruch. Aber ich weiß, dass er mir hilft und dass er allein es wert ist! Jesus, hilf mir mit Freude und Ausdauer für dich zu leben!

»Ich versichere euch: Ich bin das Tor zu den Schafen«, sagte er. »Alle, die vor mir kamen, waren Diebe und Räuber. Doch die Schafe hörten nicht auf sie. Ja, ich bin das Tor. Wer durch mich hineingeht, wird gerettet werden. Wo er auch hinkommt, wird er grüne Weiden finden.«

JOHANNES 10,7-9

Ihr könnt das Reich Gottes nur durch das enge Tor betreten. Die Straße zur Hölle ist breit und ihre Tür steht für die vielen weit offen, die sich für den bequemen Weg entscheiden. Das Tor zum Leben dagegen ist eng und der Weg dorthin ist schmal, deshalb finden ihn nur wenige.

MATTHÄUS 7,13f

Kennst du den einzigen Weg zur Erlösung?

FÜHR MICH AN DEIN KREUZ

An deinem Kreuz wird mein Herz still,
denn du, Herr, sahst meine Schuld,
nahmst sie auf dich durch dein Blut.

Alles, was mir wertvoll war,
bedeutet mir nichts mehr.

Führ mich an dein Kreuz, wo die Liebe floss.
Lass mich vor dir knien, nimm mein Leben hin.
Mache mich ganz neu, ich gehöre dir.
Und führ mich, führ mich an dein Kreuz.

Aus »Feiert Jesus! 4«, Nr. 18
Originaltitel: Lead Me To The Cross
Text und Melodie: Brooke Ligertwood
Deutsch: Mia und Juri Friesen, Benjamin Schuhmacher und Lilly Minnich
© 2006 Hillsong Music Publishing
Für D, A, CH: CopyCare Deutschland, 71087 Holzgerlingen

BERÜHMT FÜR...

Was mag Maria durch den Kopf gegangen sein, als sie vor Jesus auf die Knie fiel und ein unglaublich teures Öl über seine Füße schüttete? »Alles, was mir wertvoll war, bedeutet mir nichts mehr.« Maria war demütig und wollte in diesem Moment etwas sehr Kostbares und Wertvolles für Jesus geben. Es war ihr gleichgültig, was die anderen um sie herum dachten. Es war ihr egal, was man alles mit dem Öl sonst hätte tun können, wie viel Geld sie dafür hätte bekommen können. Ihr war nur wichtig, dass sie Jesus dadurch die Ehre gab. »Denn du, Herr, sahst meine Schuld, nahmst sie auf dich«. In Johannes 11,2 ist genau dieses Ereignis wieder aufgegriffen. Durch diese Geschichte wussten viele Menschen, wer Maria war. Sie war sozusagen berühmt dadurch geworden, dass sie dem Herrn das kostbare Duftöl über die Füße goss und sie mit ihrem Haar trocknete.

Wofür möchte ich einmal – geistlich betrachtet – »berühmt« sein? Was sollen die Leute einmal über mich sagen? Was kann ich zur Ehre Gottes tun, um der nächsten Generation ein geistliches Vorbild zu hinterlassen? Was kann ich tun, um wie Maria Jesus die Ehre zu geben? Noch ist Zeit, mein Leben dafür einzusetzen und mein Handeln danach auszurichten. Ich möchte Jesus darum bitten, durch seinen Heiligen Geist mein Reden und Tun zu lenken. Denn eines ist dabei ganz wichtig: Es geht um wahrhafte, ehrliche Anbetung und nicht um einen äußerlich guten geistlichen Anschein für meine Mitmenschen. Und ich darf sicher sein: Jesus wird sich sehr darüber freuen!

> Sechs Tage vor Beginn der Passah-Feierlichkeiten kam Jesus nach Betanien, in die Heimatstadt von Lazarus – jenes Mannes, den er von den Toten auferweckt hatte. Dort wurde zu seinen Ehren ein Festessen gegeben. Marta bediente die Gäste, und Lazarus saß mit ihm am Tisch. Da nahm Maria ein zwölf Unzen fassendes Fläschchen mit kostbarem Nardenöl, salbte Jesus mit dem Öl die Füße und trocknete sie mit ihrem Haar. Der Duft des Öls erfüllte das ganze Haus. Da sagte Judas Iskariot, einer seiner Jünger – der, der ihn später verriet:»Dieses Parfüm war ein kleines Vermögen wert. Man hätte es verkaufen und das Geld den Armen geben sollen.« Doch es ging ihm gar nicht um die Armen – er war ein Dieb und führte die Kasse der Jünger und entwendete hin und wieder etwas Geld für den eigenen Bedarf. Jesus erwiderte:»Lass sie. Sie hat es als Vorbereitung für mein Begräbnis getan. Die Armen habt ihr immer bei euch, aber ich werde nicht mehr lange bei euch sein.«

JOHANNES 12,1-8

Was möchtest du, dass die Leute über dein geistliches Leben sagen?

FÜHR MICH AN DEIN KREUZ

Du warst mir gleich, als Mensch versucht
und doch Gott.
Das Wort wurde Fleisch, trug meine Schuld
und besiegte den Tod.

Alles, was mir wertvoll war,
bedeutet mir nichts mehr.

Führ mich an dein Kreuz, wo die Liebe floss.
Lass mich vor dir knien, nimm mein Leben hin.
Mache mich ganz neu, ich gehöre dir.
Und führ mich, führ mich an dein Kreuz.

Aus »Feiert Jesus! 4«, Nr. 18
Originaltitel: Lead Me To The Cross
Text und Melodie: Brooke Ligertwood
Deutsch: Mia und Juri Friesen, Benjamin Schuhmacher und Lilly Minnich
© 2006 Hillsong Music Publishing
Für D, A, CH: CopyCare Deutschland, 71087 Holzgerlingen

MENSCH UND GOTT ZUGLEICH

»Du warst mir gleich, als Mensch versucht und doch Gott.« Dieses Wissen über Christus finde ich immer wieder faszinierend. Aus eigener Erfahrung weiß man, dass man selbst oft nur dann mit einem Menschen wirklich gut mitfühlen und ihn verstehen kann, wenn man Dinge so oder ähnlich auch erlebt hat. Alles andere ist nur ein Versuch zu verstehen, sich hineinzuversetzen in die Lage. Versuchungen können ganz unterschiedlich aussehen: Solange mich kein Handwerker fragt, ob ich die Reparatur ohne Rechnung haben will, kann ich schnell behaupten, dass ich Schwarzarbeit nie unterstützen würde. Wenn ich eine Delle an einem fremden Auto verursacht habe, und niemand hat es gesehen – begeh ich wirklich keine Fahrerflucht? Verhalte ich mich so, als ob ich meinen Zehnten spenden würde, gebe das Geld aber lieber für mich aus, weil es sowieso keiner nachprüft?

Jesus kennt alles, was uns Probleme bereitet und wodurch wir im Alltag versucht werden. Er musste ebenfalls widerstehen, dagegen ankämpfen, sich nicht mittreiben lassen – und weil er Gott ist, konnte er das! Ich empfinde es als sehr tröstlich, dass Jesus mich dadurch gut versteht, aber dennoch größer ist; dass er zu seiner Lebenszeit auf Erden der Sieger war und heute immer noch Sieger ist! »Führ mich an dein Kreuz, wo die Liebe floss. [...] Mache mich ganz neu, ich gehöre dir.« Für all die Versuchungen, denen ich nicht standhalten kann, ist er gestorben. Für alles, was zwischen mir und Gott steht und jeden Tag neu dazwischenkommt, ist er gestorben. Das Bild von Jesus am Kreuz, die Tatsache, dass sein Blut für meine Schuld vergossen wurde, erinnert und ermahnt mich immer wieder, dass ich Jesus zur Ehre und mit seiner Hilfe versuchen möchte standzuhalten, der Versuchung nicht nachzugeben und seinem Willen gehorsam zu leben. Unmöglich? Für mich ja. Aber ich weiß: Gottes Kraft ist in den Schwachen mächtig! Er macht mich neu und lebt in mir. Mache heute den Unterschied zu deiner Umwelt und lebe ehrlich. Halte der Versuchung stand!

> Da wir nun einen großen Hohen Priester haben, der durch den Himmel gegangen ist – Jesus, den Sohn Gottes –, wollen wir an unserem Bekenntnis zu ihm festhalten. Dieser Hohe Priester versteht unsere Schwächen, weil ihm dieselben Versuchungen begegnet sind wie uns, doch er wurde nicht schuldig. Lasst uns deshalb zuversichtlich vor den Thron unseres gnädigen Gottes treten. Dort werden wir Barmherzigkeit empfangen und Gnade finden, die uns helfen wird, wenn wir sie brauchen.

HEBRÄER 4,14-16

Danke, Jesus, dass du für mich gestorben bist!

FÜHR MICH AN DEIN KREUZ

An dein Herz, an dein Herz,
führ mich an dein Herz.

Führ mich an dein Kreuz, wo die Liebe floss.
Lass mich vor dir knien, nimm mein Leben hin.
Mache mich ganz neu, ich gehöre dir.
Und führ mich, führ mich an dein Kreuz.

Aus »Feiert Jesus! 4«, Nr. 18
Originaltitel: Lead Me To The Cross
Text und Melodie: Brooke Ligertwood
Deutsch: Mia und Juri Friesen, Benjamin Schuhmacher und Lilly Minnich
© 2006 Hillsong Music Publishing
Für D, A, CH: CopyCare Deutschland, 71087 Holzgerlingen

AN GOTTES HERZ

An Gottes Herz geführt werden und an Gottes Herz bleiben. Ein wunderschöner Gedanke. Wie geht das, und was heißt es?
David war ein Mann nach dem Herzen Gottes. Nicht, weil er so sündlos und perfekt gelebt hätte, im Gegenteil. Als Mörder, Ehebrecher und Lügner kann man das nicht gerade von ihm behaupten. Aber die Bibel bezeichnet ihn dennoch so (Apostelgeschichte 13,22), denn es ging ihm um Gottes Ehre (1. Samuel 17,36f), er glaubte und vertraute Gott, (1. Samuel 17,45) und er suchte immer wieder Gottes Nähe. Er war sich seiner Schuld bewusst, brachte sie zu Gott und bat ihn um Vergebung und Hilfe.
Das ist ein Lebensstil, den Gott sich wünscht, das ist Leben »nach seinem Herzen«: Menschen, die auf ihn vertrauen, ihn lieben, seine Nähe suchen und zu seiner Ehre leben möchten.
Gott ist die Liebe, und er liebt uns zu allererst. Das ist die Grundvoraussetzung von allem. Gott liebt uns so sehr, dass er Jesus in diese Welt schickte, um unsere Sünden ein für alle Mal wegzunehmen. Gott liebt uns so sehr, dass er diesen Lösungsweg für

uns bereithält. Er liebt uns, und das bedingungslos. Wir können nur auf seine Liebe antworten, weil er uns so sehr liebt.

In Johannes 14,15 sagt Jesus: »Wenn ihr mich liebt, werdet ihr meine Gebote halten.« Dahin möchte ich kommen. Ich möchte Jesus so von ganzem Herzen lieben, dass ich gar nicht mehr darüber nachdenken muss, wie ich am Besten zu seiner Ehre lebe. Der Heilige Geist soll es aus mir heraussprudeln, sodass ich gar nicht anders kann. Das wünsche ich mir!

»Führ mich an dein Kreuz« – denn wenn ich im Kreuz Gottes Liebe erfahre, führt es mich direkt hin zu Gottes Herzen. Der Kreislauf kann beginnen.

> Dann wollte das Volk einen König haben, und Gott gab ihnen Saul, den Sohn des Kisch, einen Mann aus dem Stamm Benjamin, der vierzig Jahre lang regierte. Doch Gott nahm ihm das Königtum wieder und setzte David an seine Stelle, einen Mann, von dem Gott sagte: »David, der Sohn Isais, ist ein Mann nach meinem Herzen. Er wird alles tun, was ich von ihm will.«

APOSTELGESCHICHTE 13,21f

Jesus, mache mich zu einem Menschen
nach Gottes Herzen!

WELCH EIN TAG

Der größte Tag für alle Zeit,
du hast den Tod besiegt und mich befreit.
Singt es laut: Jesus Christus lebt!
Das Kreuz ist leer, das Grab ist leer.
Leben hat gesiegt. Du bist der Herr!
Ruft es laut: Jesus Christus lebt!
Ja, er lebt!

Aus »Feiert Jesus! 4«, Nr. 36
Originaltitel: Happy Day
Text und Melodie: Tim Hughes und Ben Cantelon
Deutsch: David Schnitter
© 2006 Thankyou Music
Für D, A, CH: SCM Hänssler, 71087 Holzgerlingen

LEBEN, WAS MAN GLAUBT

Was für eine Begeisterung und unbändige Freude spricht aus diesen Liedzeilen! Jemand, der vollkommen überwältigt ist von dem, was Jesus für ihn getan hat, jemand, der sein Herz mit der Liebe Gottes übervoll gefüllt weiß, kann nicht anders, als davon zu singen, zu erzählen und danach zu handeln: »Ich lebe, aber nicht mehr ich selbst, sondern Christus lebt in mir« (Galater 2,20). In der letzten Zeit kamen verstärkt Flüchtlinge nach Deutschland. Für viele Menschen hier in unserem christlichen Abendland sind mehr oder weniger alle Deutschen Christen. Schließlich ist ja fast jeder getauft, man zahlt Kirchensteuer oder geht an Weihnachten in den Gottesdienst. Doch für jemanden, der von außen kommt, erscheint dies durchaus nicht so. Ein Gastprediger in unserer Gemeinde erzählte, seine Familie habe einen minderjährigen Flüchtling als Pflegekind aufgenommen. Der Junge hatte der Sozialarbeiterin gegenüber geäußert, dass er sich freue, in der christlichen Familie zu leben, da er selbst auch Christ sei. Die Sozialarbeiterin hatte daraufhin gemeint, in Deutschland seien doch alle Christen. Doch er stellte mit seiner Beobachtung klar: Diese Familie lebt auch, was sie glaubt.

Fragst du jeden Tag, was Jesus mit dir vorhat? Wie du Gottes Liebe weitergeben kannst? Verweist du im Alltag auf den Schöpfer? Rufst du laut: »Jesus Christus lebt!«, oder gehörst du zu denen, denen man nicht ansieht und abspürt, was sie glauben? Ich möchte definitiv zu denen gehören, denen ein Fremder anmerken kann, dass Jesus in ihnen lebt.

> Früher, als euer Leben noch von dieser Welt geprägt war, habt ihr euch so verhalten. Doch jetzt ist es an der Zeit, Ärger, Zorn, Bosheit, Verleumdung und schmutzige Reden aufzugeben. Belügt einander nicht, denn ihr habt eure alte, verdorbene Natur mit ihrem bösen Tun abgelegt und habt die neue Natur aufgenommen. Gott erneuert sie, sodass man erkennen kann, wie sie dem Bild ihres Schöpfers gleicht. Es kommt in diesem neuen Leben nicht darauf an, ob ihr Jude oder Grieche, beschnitten oder unbeschnitten seid, ob euer Volk zivilisiert oder primitiv ist, ob ihr versklavt oder frei seid, sondern es kommt in allem nur auf Christus an und darauf, dass er in uns allen lebt!

KOLOSSER 3,7-11

> Strebe danach, dich vor Gott als guter Arbeiter zu bewähren, der sich nicht zu schämen braucht und der das Wort der Wahrheit kompromisslos predigt.

2. TIMOTHEUS 2,15

Wie zeigt es sich in meinem Alltag, dass Christus in mir lebt?

WELCH EIN TAG

Und o, welch ein Tag, welch ein Tag!
Du wäschst mich von Sünde rein.
O, welch ein Tag, welch ein Tag!
Nichts wird wie vorher sein.
Ich bin für immer dein.

Aus »Feiert Jesus! 4«, Nr. 36
Originaltitel: Happy Day
Text und Melodie: Tim Hughes und Ben Cantelon
Deutsch: David Schnitter
© 2006 Thankyou Music
Für D, A, CH: SCM Hänssler, 71087 Holzgerlingen

NICHT MEHR SO WIE BISHER?

Schwungvoll singt man diesen Refrain: »Welch ein Tag! Nichts wird wie vorher sein«. Prinzipiell ja. Mit der Bekehrung ändert sich alles im Leben, ich habe sogar ein neues Leben geschenkt bekommen. Doch die große Frage: Freue ich mich einfach immer wieder über das Geschenk oder habe ich die Verpackung noch gar nicht geöffnet?

Kurz vor Josuas Tod spricht Gott zu ihm: »Es gibt noch sehr viel Land, das erobert werden muss« (Josua 13,1). Gott zählt auf, was alles auf das Volk Israel an großen Gebieten wartet. Dennoch reicht die Beschreibung des Landes nicht aus. Sie müssen das Land erst ganz praktisch einnehmen und danach bearbeiten – eine Beschreibung der Feldfrüchte macht noch lange nicht satt. Auch uns schenkt Gott an vielen Stellen der Bibel einen klaren Plan über das, was er sich mit der Welt ausgedacht hat, was er mit uns durch Jesus vorhat, was wir auf Erden als seine Boten tun dürfen, was einmal in Ewigkeit auf uns warten wird. Aber die alleinige Beschreibung und das Wissen genügen nicht. Ich muss die Gegenwart Jesu in meinem eigenen Leben erfahren. Gott möchte nicht nur theoretisch, sondern praktisch Gemeinschaft mit mir haben. Ich weiß, meine Sünden sind mir vergeben, ich gehöre zu Jesus. Nichts ist mehr wie vorher?!

Ein Prediger zog einmal einen tollen Vergleich: Es genügt nicht, ein Land nur von der Landkarte her zu kennen. Ein Führer, dem man vertrauen kann, darf die Wege nicht nur von der Karte kennen, sondern muss sie schon selbst gegangen sein. Deshalb nimm die Landkarte und beschreite mit ihr das Land in Christus – dann wird nichts mehr sein wie vorher!

> Wir sollten vor Furcht zittern bei dem Gedanken, dass einige von euch dieses Ziel nicht erreichen. Achtet darauf, dass dies nicht geschieht, solange die Zusage noch immer gilt, dass wir seine Ruhe finden können. Denn diese gute Botschaft wurde uns genauso verkündet wie ihnen. Aber sie nützte ihnen nichts, weil sie nicht glaubten, was Gott ihnen sagte. Denn nur wir, die wir zum Glauben gefunden haben, werden zur Ruhe Gottes gelangen. Über diejenigen, die nicht geglaubt haben, sagte Gott: »Deshalb schwor ich in meinem Zorn: ›Sie sollen meine Ruhe niemals finden‹«, obwohl diese Ruhe bestand, seit er die Welt erschaffen hatte.

> **HEBRÄER 4,1-3**

Denke über dein Erbe in Christus nach,
lebe und genieße es!

WELCH EIN TAG

Ich werd einmal vor dir stehn.
Endlich frei, darf ich dich, Herr, sehn.
Ich bin dein, Jesus, du bist mein,
wo die Freude triumphiert
und der Schmerz sein Ende finden wird.
Feiert ihn: Jesus Christus lebt!
Ja, er lebt!

Aus »Feiert Jesus! 4«, Nr. 36
Originaltitel: Happy Day
Text und Melodie: Tim Hughes und Ben Cantelon
Deutsch: David Schnitter
© 2006 Thankyou Music
Für D, A, CH: SCM Hänssler, 71087 Holzgerlingen

ERMUTIGE!

Der Duden definiert Triumph als einen großen, mit Genugtuung und Freude erlebten Sieg oder Erfolg, und bei dem Wort denke ich sofort an die Triumphzüge von Cäsar und Asterix.

Bist du schon einmal in einem Triumphzug gegangen? Im ersten Moment möchte ich antworten: Nein. Doch in 2. Korinther 2,14 steht, dass Gott uns, »die wir zu Christus gehören, immer in seinem Triumphzug mitführt.« Wir dürfen voller Stolz auf den Sieg Christi über den Tod sein. Wir dürfen voller Freude sein, wir sind frei und werden einmal vor ihm stehen. Dann werden wir in himmlischen Zuständen leben, wo es keinen Schmerz, kein Leid und keine Tränen mehr gibt.

Und jetzt auf der Erde? Der Bibelvers geht weiter: »Wo immer wir jetzt auch hinkommen, setzt er uns ein, um anderen vom Herrn zu erzählen und die gute Botschaft zu verbreiten wie einen wohlriechenden Duft« (2. Korinther 2,14). Gott gibt uns eine Aufgabe: die gute Botschaft verbreiten. Wir müssen uns dafür nicht schämen oder verstecken. Sie ist wie ein guter Duft. Wahrscheinlich nicht für jeden (2. Korinther 2,16), doch sie ist eine Ermutigung für andere Christen, und für die, die errettet werden, ist sie eine Einladung.

Die Gründerin des »Body Shop« soll an ihrem ersten Verkaufstag auf einen benachbarten Parkplatz eine Duftspur bis zu ihrer Ladentür geträufelt haben, so dass Menschen, die diesen Duft als wohlriechend empfanden, unbewusst diesem Duft folgten und so in ihr Geschäft kamen. Coole Idee! Und wirkungsvoll! Welchen Duft versprühst du da, wo du gerade bist? Ist es der ermutigende Duft »Jesus lebt«?!

> Doch ich danke Gott, der uns, die wir zu Christus gehören, immer in seinem Triumphzug mitführt. Wo immer wir jetzt auch hinkommen, setzt er uns ein, um anderen vom Herrn zu erzählen und die gute Botschaft zu verbreiten wie einen wohlriechenden Duft. Unserem ganzen Leben haftet der Wohlgeruch von Christus an; und damit loben wir Gott. Aber dieser Geruch wird von denen, die gerettet werden, anders wahrgenommen als von denen, die verloren gehen. Für die Menschen, die verloren gehen, sind wir der schreckliche Gestank von Tod und Verdammnis. Doch für die Menschen, die gerettet werden, sind wir ein Leben spendender Duft. Wer kann einer solchen Aufgabe gerecht werden?
>
> **2. KORINTHER 2,14-16**

**Du duftest nach dem Evangelium –
verströme den Duft!**

WELCH EIN TAG

O, herrlich ist dieser Tag,
herrlich ist dieser Weg.
Ich bin errettet.
O, herrlich ist dieser Tag,
herrlich ist dein Ruhm. Hey!

Welch ein herrlicher,
herrlicher Tag.
Ich bin für immer dein!

Aus »Feiert Jesus! 4«, Nr. 36
Originaltitel: Happy Day
Text und Melodie: Tim Hughes und Ben Cantelon
Deutsch: David Schnitter
© 2006 Thankyou Music
Für D, A, CH: SCM Hänssler, 71087 Holzgerlingen

»HERRLICH IST DIESER WEG«

Jesus sagt von sich, dass er die Tür zum Vater ist (Johannes 10,9). An einer anderen Stelle spricht Jesus von dem schmalen Weg und der engen Pforte, die zum ewigen Leben führen (Matthäus 7,14). Und tatsächlich erscheint es für viele Menschen aus meinem Umfeld unattraktiv, langweilig oder einschränkend, Christ zu sein. Als Christ darf man nicht ... Und überhaupt ist diese Lehre von einem einzigen Weg zur Erlösung einengend und intolerant. Doch Jesus ist dieser eine Weg. »Herrlich ist dieser Weg« – er befreit mich von meiner Schuld, von meiner Last, er macht mich frei zu lieben, zu segnen, zu loben und zu singen. Für jeden, der zu Jesus gehört, ist das die Hammer-Botschaft: »Jesus Christus lebt«. »Welch ein herrlicher, herrlicher Tag. Ich bin für immer dein!«
Im Alten Testament findet man die Beschreibung von Gottes Heiligtum (2. Mose 27). Es ist weiträumig umzäunt. In der Umzäunung gibt es ein einziges Tor, hinter dem sich der Brandopferaltar

befindet. Das Heiligtum ist wie ein Modell, das uns zeigt, wie wir in die Gemeinschaft mit Gott kommen können. Wie Jesus von sich selbst als dem einzigen Weg oder Tor redet, so gab es auch nur dieses einzige Tor in den Vorhof des Heiligtums. Doch was auffällt: Mit über 10 Metern war es ein extrem breites Tor. Es ist nicht versteckt. Es ist das einzige, doch jeder ist eingeladen, hindurchzugehen.

> Ihr könnt das Reich Gottes nur durch das enge Tor betreten. Die Straße zur Hölle ist breit und ihre Tür steht für die vielen weit offen, die sich für den bequemen Weg entscheiden. Das Tor zum Leben dagegen ist eng und der Weg dorthin ist schmal, deshalb finden ihn nur wenige.

MATTHÄUS 7,13f

Sei ein Wegweiser zur Tür ins ewige Leben!

RETTER DIESER WELT

So sehr hat Gott die Welt geliebt,
dass er seinen Sohn zu uns sandte.
Er nahm die Schuld dieser Welt auf sich
und er starb am Kreuz dort auf Golgatha.
Er ist Herr über alle Dunkelheit
und er lebt! Jesus ist der Sieger.

Denn er hat uns befreit, hat den Weg uns gezeigt,
er, der Retter dieser Welt.
Für sein Lob stehn wir auf und wir singen es laut:
Preist den Herrn, preist den Herrn,
Jesus, Retter dieser Welt.

Aus »Feiert Jesus! 5«, Nr. 159
Originaltitel: Saviour Of The World
Text und Melodie: Ben Cantelon
Deutsch: David Schnitter
© 2010 Thankyou Music
Für D, A, CH: SCM Hänssler, 71087 Holzgerlingen

Feiert Jesus! 19
Nr. 6

DIE VOLLE WAHRHEIT

»So sehr hat Gott die Welt geliebt, dass er seinen Sohn zu uns sandte. Er nahm die Schuld dieser Welt auf sich, und er starb am Kreuz von Golgatha.« Etwas gefällt mir an diesen ersten Zeilen des Liedes besonders: In zwei Sätzen ist sozusagen die volle Wahrheit ausgesprochen. Erstens: die Sünde von uns Menschen gegenüber Gott und zweitens: Errettung aus Gnade. Gottes Wort dreht sich um zwei Grundthemen, die untrennbar miteinander verbunden sind. Wir Menschen sind alle voller Sünde und schuldig vor Gott und dadurch getrennt von ihm. Aber Gott ist die Liebe und in seiner großen Liebe zu uns lässt er Christus am Kreuz für alle Sünden sterben, um uns dadurch vom ewigen Sündentod zu erretten.

Leider wird manchmal nur die »halbe Wahrheit« verkündet. Aber weder das Gesetz und unsere Sündhaftigkeit sollen überbetont werden, noch die Liebe und Rettung allein verkündet werden. Die Errettung durch Jesus setzt ein echtes Sündenbekenntnis voraus, ein Erkennen, dass mein Weg voller Irrtümer und Schuld vor Gott ist. Manchmal benötigt es viel Zeit, bis jemand erkennt, dass er schuldig ist und sich selbst nie aus seiner Sünde retten kann; dass allein der Glaube an Jesus ihn rettet. Dann erst kann Christus in uns Gestalt annehmen und der Heilige Geist unser Wesen, unser Verhalten und unser Denken verändern. »Er lebt! Jesus ist der Sieger!«

> Dieses neue Leben kommt allein von Gott, der uns durch das, was Christus getan hat, zu sich zurückgeholt hat. Und Gott hat uns zur Aufgabe gemacht, Menschen mit ihm zu versöhnen. Denn Gott war in Christus und versöhnte so die Welt mit sich selbst und rechnete den Menschen ihre Sünden nicht mehr an. Das ist die herrliche Botschaft der Versöhnung, die er uns anvertraut hat, damit wir sie anderen verkünden. So sind wir Botschafter Christi, und Gott gebraucht uns, um durch uns zu sprechen. Wir bitten inständig, so, als würde Christus es persönlich tun: »Lasst euch mit Gott versöhnen!« Denn Gott machte Christus, der nie gesündigt hat, zum Opfer für unsere Sünden, damit wir durch ihn vor Gott gerechtfertigt werden können.
>
> **2. KORINTHER 5,18-21**

Jesus ist der Sieger!

RETTER DIESER WELT

Sagt es aller Welt, er kommt bald zurück,
jedes Knie wird sich vor ihm beugen.
Der gerechte König wird bei uns sein.
Seine Herrschaft ist unsre Freiheit.
Er regiert, Herrscher aller Himmel.
Auf dem Thron ist Jesus, der Messias.

Denn er hat uns befreit, hat den Weg uns gezeigt,
er, der Retter dieser Welt.
Für sein Lob stehn wir auf, und wir singen es laut:
Preist den Herrn, preist den Herrn,
Jesus, Retter dieser Welt.

Aus »Feiert Jesus! 5«, Nr. 159
Originaltitel: Saviour Of The World
Text und Melodie: Ben Cantelon
Deutsch: David Schnitter
© 2010 Thankyou Music
Für D, A, CH: SCM Hänssler, 71087 Holzgerlingen

Feiert Jesus! 19
Nr. 6

»SAGT ES ALLER WELT« – MISSION BEGINNT MIT BETEN

Los gehts! Auf! Sagt es aller Welt! – Hm, so früh heute am Morgen, noch halb gähnend, die Augen noch ganz klein, habe ich ehrlich gesagt noch nicht den weiten Blick für die ganze Welt. Ich nicht – aber Gott schon. »Bitte nur darum, und ich will dir die Völker zum Erbe geben, die Enden der Erde zu deinem Eigentum«, verheißt Gott in Psalm 2,8. Das wiederum klingt doch eigentlich ganz einfach: Bitte nur darum, und ich will dir geben.

Das Reich Gottes hat mit Jesus bereits angefangen. Stetig dehnt es sich auf der ganzen Welt aus. Wir als Jesu Nachfolger sind aufgerufen, die rettende Botschaft bis an die Enden der Erde zu allen Völkern zu bringen. Wir dürfen Gott darum bitten. Mit Beten beginnt es; Beten steht immer am Anfang.

Der englische Missionar William Carey (1761–1834) betete lange Zeit für die unerreichten Menschen in fernen Ländern. Obwohl sich viele gegen ihn wandten und meinten, es gäbe genug Menschen in seinem Ort, seinem Viertel oder den umliegenden Gegenden, die zu Christus geführt werden müssten, war er überzeugt, dass dies kein Grund dafür sei, auf die Mission weltweit zu verzichten. 1793 brach er nach Indien auf, wo er über 40 Jahre lang als Missionar lebte. Sein Motto war: »Erwarte Großes von Gott und unternimm Großes für Gott.« Am Ende seines Lebens hatte er Teile der Bibel in 35 Sprachen Indiens übersetzt und zahlreiche Menschen durch seinen Glauben geprägt.

Der »Herrscher aller Himmel« freut sich über dein Gebet für die Menschen um dich herum und für Menschen in fernen Ländern, und er verspricht dir, dass sein Wort nicht leer zurückkommen wird (Jesaja 55,11).

> Mach in deinem Zelt Platz, breite Decken aus. Spare nicht! Mach die Stricke lang und die Pflöcke fest, denn bald wirst du aus allen Nähten platzen.
>
> **JESAJA 54,2.3**

Jesus regiert!

IN DEM KREUZ LIEGT DIE KRAFT

Welch ein dunkler Tag brach dort damals an,
als Christus ging den Leidensweg.
Wie wurde er versucht, geschlagen und verhöhnt,
gekreuzigt auf Golgatha.

Aus »Feiert Jesus! 5«, Nr. 27
Originaltitel: The Power Of The Cross
Text und Melodie: Keith Getty und Stuart Townend
Deutsch: Frank und Norma Huck
© 2003 Thankyou Music
Für D, A, CH: SCM Hänssler, 71087 Holzgerlingen

Feiert Jesus! Er lebt
Nr. 2

GEGENWIND

Wenn du Jesus persönlich in dein Leben einlädst und dich entscheidest, den Weg mit ihm zu gehen, dann wird dein Leben nicht immer unbedingt einfacher. Im Gegenteil. Es kann gut sein, dass, wenn du anderen Menschen von Jesus erzählst, sie dich für ziemlich rückständig und weltfremd halten. Vielleicht wirst du auch verspottet und ausgelacht. Oder du wirst sogar verfolgt, wie es viele Christen in anderen Teilen der Welt tagtäglich erleben. In solchen Momenten kann das Christsein ganz schön unangenehm und anstrengend sein.

Doch Jesus kennt deine Gefühle in Zeiten der Bedrängnis ganz genau, denn er hat Demütigungen bis hin zum grausamen Kreuzestod am eigenen Leib erfahren. Er hat die Qualen bewusst auf sich genommen, weil sein Blick über diese Leiden und dieses Leben hinaus gerichtet war. Auch für uns Christen ist diese Perspektive, die weiter geht als Leid und Tod, der eigentliche Maßstab, der unser Handeln bestimmt. Wenn du also Gegenwind bekommst – egal ob durch alltägliche Herausforderungen oder auch einmal durch lebensbedrohliche Situationen – dann möchte ich dich ermutigen, ganz fest an Jesus dranzubleiben und noch intensiver als sonst seine Gegenwart zu suchen. Er steht dir bei und wird dir die Kraft geben, den Herausforderungen mutig entgegenzutreten.

> Schäme dich also niemals, vor anderen Menschen unseren Herrn zu bezeugen. Und schäme dich auch nicht für mich, obwohl ich für Christus im Gefängnis bin. Sei vielmehr durch die Kraft, die Gott dir gibt, bereit, gemeinsam mit mir für die Verbreitung der guten Botschaft zu leiden.
>
> **2. TIMOTHEUS 1,8**

Bezeuge mutig den Auferstandenen, auch wenn es schwierig wird!

IN DEM KREUZ LIEGT DIE KRAFT

In dem Kreuz liegt die Kraft.
Christus wird zum Fluch gemacht.
Gottes Zorn nimmt er auf sich.
Uns ist vergeben durch das Kreuz.

Aus »Feiert Jesus! 5«, Nr. 27
Originaltitel: The Power Of The Cross
Text und Melodie: Keith Getty und Stuart Townend
Deutsch: Frank und Norma Huck
© 2003 Thankyou Music
Für D, A, CH: SCM Hänssler, 71087 Holzgerlingen

Feiert Jesus! Er lebt
Nr. 2

BLITZABLEITER

Vielleicht bist du schon einmal bei einem Gewitter im Freien gewesen und hast die ganze Gewalt des Unwetters zu spüren bekommen, wenn grelle Blitze am Himmel zucken und der mächtige Donner das Herz schneller schlagen lässt. Ein ziemlich mulmiges Gefühl. Ich habe als Kind solche Naturereignisse gerne vom sicheren Wohnzimmer aus beobachtet. Während draußen der Sturm tobte, saß ich behütet und geborgen am Fenster und fühlte mich beinahe unzerstörbar. Das Gewitter war ja ausgesperrt und unser Haus hatte glücklicherweise einen Blitzableiter. Als Kind ist einem die Gefahr eines Blitzeinschlages natürlich noch nicht in seiner ganzen Tragweite bewusst, aber die Folgen sind meist verheerend. Ähnlich ist es mit Gottes Zorn. Moment! Gott, der liebende Vater – zornig? Geht das?
Ja. Das eine schließt das andere nicht aus. Wenn mein Sohn mit einem boshaften Lächeln seiner jüngeren Schwester das Spielzeug wegnimmt, um sie zu reizen, oder sie ungerecht behandelt,

spüre ich auch manchmal so etwas wie Zorn aufsteigen, obwohl ich ihn von Herzen liebe. Wenn uns also Gottes Zorn ungebremst träfe, dann wären die Konsequenzen schwerwiegend und vernichtend. Doch der gekreuzigte Jesus ist unser Blitzableiter, der die Vernichtung von uns abwendet, indem er unsere Schuld auf sich nimmt und dem Zorn des Vaters an unserer Stelle begegnet.

> Sein Zorn trifft uns einen Augenblick, doch seine Güte umgibt uns unser Leben lang! Die Nacht ist noch voll Weinen, doch mit dem Morgen kommt die Freude.
>
> **PSALM 30,6**

Gib Jesus deine Schuld. Er ist der Blitzableiter.

IN DEM KREUZ LIEGT DIE KRAFT

Sieh doch seinen Schmerz auf dem Angesicht,
als alle Sünde auf ihm lag.
Jedes schlechte Wort, jede böse Tat
krönte sein Haupt voll Blut.

Aus »Feiert Jesus! 5«, Nr. 27
Originaltitel: The Power Of The Cross
Text und Melodie: Keith Getty und Stuart Townend
Deutsch: Frank und Norma Huck
© 2003 Thankyou Music
Für D, A, CH: SCM Hänssler, 71087 Holzgerlingen

Feiert Jesus! Er lebt
Nr. 2

WAHL DER WORTE

Worte sind ungeheuer machtvoll. Nach dem Zeugnis der Bibel schuf Gott unsere Welt durch sein Wort. Gigantisch, genial, unfassbar gut. Aber oft werden unsere eigenen Worte zu einer zerstörerischen Kraft. Worte können Leben zerstören und sind vermutlich die wirksamste Waffe, die ohne Waffenschein für jeden Menschen frei verfügbar ist und im großen Stil eingesetzt wird. Mit anderen Worten: eine verbale Massenvernichtungswaffe. Jedes schlechte Wort, das wir über andere Menschen aussprechen, kann beim Betreffenden tiefe Verletzungen hinterlassen. Jeder Hass-Kommentar im Internet trifft mit eiskalt-unerbittlicher Zielsicherheit mitten ins Herz. Jede Lästerei verursacht hässliche Narben, nicht nur beim Opfer, sondern unweigerlich auch in der Seele des »Schützen«.
Stell dir vor, dass jedes schlechte Wort ein Hammerschlag auf den Nagel ist, der sich durch blutiges Fleisch in das splitternde Holz des Kreuzes gräbt. Unsere Gedanken werden zu Worten,

unsere Worte zu Taten. Schmerzvoll, vernichtend, endgültig. Zu drastisch? Nein, sondern traurige Realität und die unausweichliche Folge unserer Schuld. Doch der leidende Jesus bleibt nicht am Kreuz. Sein Wort verheißt ewiges Leben und sein Blut bedingungslose Liebe. Lass dich von dieser Liebe erfüllen, bevor du deine Gedanken in Worte fasst. Wähle deine Worte weise, damit aus einer lieblosen Waffe entwaffnende Liebe wird.

Denn in der Schrift heißt es: »Wenn du ein glückliches Leben führen und gute Tage erleben willst, dann hüte deine Zunge vor bösen Worten und verbreite keine Lügen.«

1. PETRUS 3,10

Liebe Freunde, seid schnell bereit, zuzuhören, aber lasst euch Zeit, ehe ihr redet oder zornig werdet. Zorn kann niemals etwas hervorbringen, das in Gottes Augen gerecht ist. Trennt euch deshalb von allem Schlechten und Bösen in eurem Leben und nehmt die Botschaft Gottes, die er euch gegeben hat, demütig an, denn sie hat die Kraft, eure Seelen zu retten.

JAKOBUS 1,19-21

Betrachte den anderen mit Jesu Augen,
bevor du redest.

IN DEM KREUZ LIEGT DIE KRAFT

Licht verliert den Schein und die Erde bebt,
als Gottes Sohn am Kreuz dort stirbt.
Der Vorhang reißt entzwei, Tote stehen auf.
Sein Sieg ist jetzt vollbracht.

Aus »Feiert Jesus! 5«, Nr. 27
Originaltitel: The Power Of The Cross
Text und Melodie: Keith Getty und Stuart Townend
Deutsch: Frank und Norma Huck
© 2003 Thankyou Music
Für D, A, CH: SCM Hänssler, 71087 Holzgerlingen

Feiert Jesus! Er lebt
Nr. 2

VORHANG AUF

Die wohl dunkelste Stunde der Menschheitsgeschichte: Die
Menschheit richtet den Retter der Welt qualvoll am Kreuz zugrunde. Die Schöpfung ermordet den Schöpfer. Ein scheinbar
sinnloser Schachzug im Kampf zwischen Licht und Dunkelheit. Ein
Bauernopfer? Manchmal frage ich mich: War dieses grausame,
blutige Vorgehen wirklich nötig? Ja, denn die Regeln sind in Stein
gemeißelt. Es gibt keine Alternative. Doch Jesu Todesstunde verändert alles. Radikal. Aus seinem Fluch keimt unser Segen. Die
jahrtausendealte Mauer zwischen Gott und Mensch ist durchbrochen. Aus scheinbarer Sinnlosigkeit wird selbstloser Sieg.
In alttestamentlichen Zeiten brauchten die Israeliten Aaron und
seine Nachkommen als Fürsprecher, um mit Gott in Kontakt zu
kommen. Nur die gesalbten Priester durften das Heiligtum zu bestimmten Zeiten und unter Einhaltung bestimmter Regeln betreten. Ein Verstoß konnte ihren Tod bedeuten. Nun ist der Vorhang
zum Allerheiligsten zerrissen. Du kannst zum Vater kommen wie

du bist, denn dein Fürsprecher ist Jesus selbst. Der Tod ist besiegt, und du darfst die Verheißung des ewigen Lebens auch für dich in Anspruch nehmen, wenn du Jesus dein Herz und dein Leben anvertraust. Vorhang auf für die authentischste Rolle deines Lebens. Er wird dich nachhaltig verändern.

> Er sprach: »Warne deinen Bruder Aaron davor, zu jeder beliebigen Zeit in das Allerheiligste hinter dem Vorhang vor die Deckplatte der Bundeslade zu treten, damit er nicht stirbt. Denn ich selbst erscheine in der Wolke über der Deckplatte.«
>
> **3. MOSE 16,2**

> Da schrie Jesus laut auf und starb. In diesem Augenblick riss der Vorhang im Tempel von oben nach unten entzwei. Der römische Hauptmann, der dem Kreuz gegenüberstand und mit angesehen hatte, wie Jesus gestorben war, rief aus: »Ja, dieser Mann war wirklich Gottes Sohn!«
>
> **MARKUS 15,37-39**

Begegne dem Vater jeden Tag neu, und lass dich verändern.

IN DEM KREUZ LIEGT DIE KRAFT

Ja, mein Name steht in der durchbohrten Hand.
Er litt für mich, nun bin ich frei.
Der Tod ist jetzt besiegt und Leben mir geschenkt
durch Jesu Tat am Kreuz.

Aus »Feiert Jesus! 5«, Nr. 27
Originaltitel: The Power Of The Cross
Text und Melodie: Keith Getty und Stuart Townend
Deutsch: Frank und Norma Huck
© 2003 Thankyou Music
Für D, A, CH: SCM Hänssler, 71087 Holzgerlingen

Feiert Jesus! Er lebt
Nr. 2

GANZ SCHÖN GROSSE HÄNDE

»Mein Name steht in der durchbohrten Hand.« Und meiner auch!
Jesus hat wohl ziemlich große Hände, oder wie finden die knapp
zwei Milliarden Namen aller Christen weltweit sonst darin Platz?
Und wie viel beschreibbare Fläche bleibt für die restlichen gut
fünf Milliarden potentiellen Christen?
Auch wenn dieses Bild durchaus witzig anmutet und der Ernst-
haftigkeit der oben abgedruckten Strophe nicht ganz gerecht zu
werden scheint, macht es doch die Verhältnisse deutlich. Trotz
dieser unvorstellbaren Masse an Menschen meint Jesus ganz
persönlich mich. Er hat offenbar die erstaunliche Fähigkeit, seine
Liebe und vollkommene Aufmerksamkeit jedem Menschen auf
dieser Welt gleichzeitig und hundertprozentig zu schenken. Das
Schöne daran ist: Wenn ich mich voll und ganz auf Jesus einlasse,
dann ist seine Liebe mehr als genug, so dass sie auch noch für die
Menschen in meiner Umgebung reicht. Er liebt mich und befähigt
mich zu lieben.

Auch du bist für Jesus etwas ganz Besonderes. Er hat dich perfekt erdacht und einzigartig gemacht. Er ist für dich am Kreuz gestorben, um dich vom Tod zu erlösen und dir neues Leben zu schenken – Leben mit einer unvergleichlichen Qualität. Ergreife dieses Leben und reiche den Menschen um dich her deine »großen« Hände, indem du ihnen hilfst und so die Liebe Jesu praktisch weitergibst.

> Dann wird der König zu denen auf seiner rechten Seite sagen: »Kommt, ihr seid von meinem Vater gesegnet, ihr sollt das Reich Gottes erben, das seit der Erschaffung der Welt auf euch wartet. Denn ich war hungrig, und ihr habt mir zu essen gegeben. Ich war durstig, und ihr gabt mir zu trinken. Ich war ein Fremder, und ihr habt mich in euer Haus eingeladen. Ich war nackt, und ihr habt mich gekleidet. Ich war krank, und ihr habt mich gepflegt. Ich war im Gefängnis, und ihr habt mich besucht.«
>
> **MATTHÄUS 25,34-36**

> Doch wenn einer genügend Geld hat, um gut zu leben, und einen anderen in Not sieht und sich weigert zu helfen – wie soll die Liebe Gottes da in ihm bleiben?
>
> **1. JOHANNES 3,17**

Segne deine Mitmenschen mit deinen helfenden Händen.

IN DEM KREUZ LIEGT DIE KRAFT

In dem Kreuz liegt die Kraft.
Christus litt an unsrer statt,
starb für uns, welch ein Preis!
Uns ist vergeben durch das Kreuz.

Aus »Feiert Jesus! 5«, Nr. 27
Originaltitel: The Power Of The Cross
Text und Melodie: Keith Getty und Stuart Townend
Deutsch: Frank und Norma Huck
© 2003 Thankyou Music
Für D, A, CH: SCM Hänssler, 71087 Holzgerlingen

Feiert Jesus! Er lebt
Nr. 2

DAS ULTIMATIVE GESCHENK

Wie viel Geld wärst du bereit einem anderen Menschen zu zahlen, damit er sich an deiner Stelle zum Tode verurteilen und hinrichten ließe? Abgesehen davon, dass dieser Mensch nichts von diesem Vermögen hätte, wieviel wäre ein menschliches Leben nach unseren Maßstäben wert? Nach Gottes Maßstab entspricht der Wert eines Menschen dem für ihn Wichtigsten und Wertvollsten – dem Leben seines einzigen Sohnes. Was für ein Opfer! Bist du dir dieser Tragweite überhaupt bewusst? Gott tauscht das Leben seines Sohnes für dein eigenes. Du bist ihm so wertvoll wie sein eigener Sohn – Jesus. Er kennt dich also genau, oder würdest du das Leben eines geliebten Menschen für das einer wildfremden Person eintauschen?

Doch das ist noch lange nicht alles. Nicht nur endloses Leid und ewiger Tod bleiben uns durch Jesu Liebestat am Kreuz erspart. Obendrauf gibt es noch hier und jetzt Vergebung gratis. Einfach unbezahlbar und deshalb nur als Geschenk erhältlich – unverdiente Gnade. Ein Geschenk, das Gott alles kostet, aber dich nur ein »Ja«, ein »Dankeschön«, und doch dein ganzes Leben. Denn wenn du dieses Geschenk Gottes annimmst, wird es dich verändern. Du wirst nicht mehr der Mensch bleiben, der du warst, wenn du es ernst meinst und dich mit aller Konsequenz auf dieses ultimative Geschenk einlässt.

> Durch die Sünde des einen Menschen gerieten wir unter die Herrschaft des Todes, doch durch den anderen Menschen, Jesus Christus, werden alle, die Gottes Gnade und das Geschenk der Gerechtigkeit annehmen, über Sünde und Tod siegen und leben!
>
> **RÖMER 5,17**

Der Preis ist bezahlt.
Zeit zum »Auspacken« und Freuen.

MANN DER SCHMERZEN

Mann der Schmerzen, Gottes Lamm,
verraten und verkauft.
Der Menschen Schuld und Gottes Zorn
trug er ans Kreuz hinauf.

O, das raue Kreuz meiner Rettung,
wo die Liebe mich überströmt.
Meine Seele ruft: »Halleluja,
alle Ehre sei nur dir.«

Aus »Feiert Jesus! 5«, Nr. 31
Originaltitel: Man Of Sorrows
Text und Melodie: Brooke Ligertwood und Matt Crocker
Deutsch: Sara Lorenz-Bohlen und Martin Bruch
© 2012 Hillsong Music Publishing
Für D, A, CH: CopyCare Deutschland, 71087 Holzgerlingen

Feiert Jesus! Er lebt
Nr. 3

DER MANN DER SCHMERZEN

Jesus, der »Mann der Schmerzen«, wie ihn Jesaja im 53. Kapitel beschreibt, verlässt freiwillig die vollkommene Herrlichkeit bei Gott, seinem Vater, und begibt sich in eine von Schmerz und Leid gebrochene Welt. Und noch viel mehr: Er macht sich selbst zum Schlachtopfer, nimmt als Lamm Gottes sämtliche Schuld auf sich, um durch seinen stellvertretenden Tod am Kreuz die Beziehung zwischen Gott und Mensch wiederherzustellen. Dafür bezahlt er den bitteren Preis, alle Arten von Schmerz zu durchleiden: Den Schmerz des Verratenseins durch seinen Jünger und Freund Petrus. Den Schmerz des Verlassenseins, als seine Freunde die Stunde der stärksten Anfechtung verschlafen. Die unsäglichen körperlichen Schmerzen, die Soldaten ihm bei seiner Verurteilung und bei der anschließenden Kreuzigung zufügen. Den Schmerz der Erniedrigung, als sie ihm eine Dornenkrone aufsetzen und ihn verspotten. Und schließlich: Den Schmerz der Einsamkeit in seiner vollen Wucht: Weil Jesus »der Mann der Schmerzen« wird, muss sich sein geliebter Vater von ihm abwenden.

Den Schmerz der Welt heilt Jesus durch sein eigenes Leben: Er vergießt sein Blut, um die Konsequenzen der Sünde zu bezahlen und die Menschen frei zu machen von Schuld und Tod. Warum? Um dir und mir ein befreites Herz zu schenken, das sich voller Anbetung und Freude ihm anvertrauen kann. Halte Jesus deine inneren und äußeren Wunden hin. Wenn jemand Schmerz nachvollziehen kann, dann Jesus.

> Wer hat unserer Botschaft geglaubt? Wem wurde der mächtige Arm des Herrn offenbart? Er wuchs vor ihm auf wie ein Spross; er entsprang wie eine Wurzel aus trockenem, unfruchtbarem Land. Sein Äußeres war weder schön noch majestätisch, er hatte nichts Gewinnendes, das uns gefallen hätte. Er wurde verachtet und von den Menschen abgelehnt – ein Mann der Schmerzen, mit Krankheit vertraut, jemand, vor dem man sein Gesicht verbirgt. Er war verachtet und bedeutete uns nichts. Dennoch: Er nahm unsere Krankheiten auf sich und trug unsere Schmerzen. Und wir dachten, er wäre von Gott geächtet, geschlagen und erniedrigt! Doch wegen unserer Vergehen wurde er durchbohrt, wegen unserer Übertretungen zerschlagen. Er wurde gestraft, damit wir Frieden haben. Durch seine Wunden wurden wir geheilt!
>
> **JESAJA 53,1-5**

Vertraue ihm ganz neu!

MANN DER SCHMERZEN

Schweigend stand er vor Gericht,
hielt Spott und Schmerzen stand.
Dem Wunsch des Vaters beugt' er sich
und trug den Dornenkranz.

O, das raue Kreuz meiner Rettung,
wo die Liebe mich überströmt.
Meine Seele ruft: »Halleluja,
alle Ehre sei nur dir.«

Aus »Feiert Jesus! 5«, Nr. 31
Originaltitel: Man Of Sorrows
Text und Melodie: Brooke Ligertwood und Matt Crocker
Deutsch: Sara Lorenz-Bohlen und Martin Bruch
© 2012 Hillsong Music Publishing
Für D, A, CH: CopyCare Deutschland, 71087 Holzgerlingen

Feiert Jesus! Er lebt
Nr. 3

DAS SCHWEIGEN DES LAMMES

»»Hörst du nicht die Anschuldigungen gegen dich?‹, fragte Pilatus. Doch sehr zum Erstaunen des Statthalters sagte Jesus nichts« (Matthäus 27,13-14). Warum sagt Jesus nichts? Warum wehrt er sich nicht? Warum ringt er nicht um das Wohlwollen des Richters? Warum versucht er nicht, die Gegenpartei argumentativ in die Ecke zu drängen – oder gar zu überzeugen?
Weil seine Stunde gekommen ist. Drei Jahre ist Jesus öffentlich unterwegs gewesen. Unermüdlich hat er um Herzen geworben, unzählige Geschichten und Beispiele erzählt, Wunder und wundersame Heilungen vollbracht, mit dem Ziel, den Menschen die unendliche Vaterliebe Gottes nahezubringen. Sie in die Geheim-

nisse des einzigartigen Heilsplans Gottes einzuweihen. Sich selbst als den einzigen Weg zum Vater anzubieten (Johannes 14,6).

Bereits im Alten Testament erlöste das Blut eines makellosen Passahlammes die Menschen von Schuld und Sünde (2. Mose 12, 3-6). Jesus macht sich nun selbst zum endgültigen Opferlamm und vergießt als Erlöser der Welt am Kreuz sein Blut. Er erträgt sein Leiden schweigend, geduldig und demütig wie ein Schaf, das zum Schlachten geführt wird. Wie ein Lamm bedingungslos seinem Hirten vertraut, so übergibt Jesus seinen Willen und sein Leben ganz dem himmlischen Vater. Seine große Liebe zu den verlorenen Menschen bewegt ihn dazu, denn er erwirkt durch dieses bedeutungsschwere Liebesopfer echte Freiheit für diejenigen, die es für sich in Anspruch nehmen.

> Denn ihr wisst, dass Gott euch nicht mit vergänglichen Werten wie Silber oder Gold losgekauft hat von eurem früheren Leben, das ihr so gelebt habt wie schon Generationen vor euch. Er bezahlte für euch mit dem kostbaren Blut von Jesus Christus, der rein und ohne Sünde zum Opferlamm Gottes wurde. Schon vor Erschaffung der Welt wurde er dazu bestimmt, doch erst jetzt, am Ende der Zeiten, ist er für euch erschienen, sodass alle ihn sehen.
>
> **1. PETRUS 1,18-20**

> Entfernt diesen Mann aus eurer Mitte, damit ihr rein bleibt. Denn Christus, unser Passahlamm, ist für uns geopfert worden.
>
> **1. KORINTHER 5,7**

Haben diese Liebestat von Jesus
und die damit erworbene Freiheit Konsequenzen
für meinen Alltag?

MANN DER SCHMERZEN

Gottes Sohn, zu uns gesandt,
er kam, uns zu befrein,
um ihnen, die ihn kreuzigten,
das Lösegeld zu sein.

Nun bin ich erlöst, meine Schuld bezahlt.
Er vergoss sein Blut, als er für mich starb.
Und der Fluch der Schuld holt mich nicht mehr ein.
Wen der Sohn befreit, der ist wirklich frei.

Aus »Feiert Jesus! 5«, Nr. 31
Originaltitel: Man Of Sorrows
Text und Melodie: Brooke Ligertwood und Matt Crocker
Deutsch: Sara Lorenz-Bohlen und Martin Bruch
© 2012 Hillsong Music Publishing
Für D, A, CH: CopyCare Deutschland, 71087 Holzgerlingen

Feiert Jesus! Er lebt
Nr. 3

SCHULDSCHEIN GELÖST

Gott wird Mensch. Jesus verlässt die Herrlichkeit, den perfekten Ort, seine majestätische Position an der Seite des Vaters. Er entthront sich selbst, erniedrigt sich, macht sich klein und kommt als Menschenkind in die Einfachheit dieser Welt. Er tauscht Glanz und Pracht gegen Stallgeruch und Armut. Seine große Sehnsucht nach Gemeinschaft mit den Menschen treibt ihn an, bringt ihn dazu, sich in die Hände menschlicher Abgründe zu begeben. Freiwillig nimmt er unmenschliche Qualen auf sich, begibt sich in die Hände von Verrätern und stirbt unschuldig den Tod eines Verbrechers.

Sein Tod bringt den Menschen die große Freiheit. Der Vorhang im Tempel, der den Zugang zum Allerheiligsten, der Wohnung Gottes, einst versperrte, zerreißt. Gott wird nahbar und persönlich. Er schafft die Möglichkeit, in Beziehung zu ihm zu treten. Diese Beziehung, die Gott im Garten Eden perfekt gestaltet hat und die durch den Sündenfall und unser tägliches Versagen gestört ist, wird gekittet, indem sich Jesus zum Lösegeld macht. Die offene Rechnung des menschlichen Versagens ist mit seinem Tod ein für alle Mal beglichen. Der Preis ist endgültig bezahlt, rückwirkend für alle Verfehlungen der Vergangenheit, und hat auch Gültigkeit für zukünftige Fehltritte. Diese tiefe Wahrheit darf Leichtigkeit und eine innere Ruhe in unser Leben bringen. Nimmst du dies auch für dich persönlich in Anspruch?

Deshalb, liebe Freunde, können wir jetzt zuversichtlich in das Allerheiligste des Himmels hineingehen, denn das Blut von Jesus hat uns den Weg geöffnet. Das ist der neue, lebendige Weg durch den Vorhang, den Christus durch seinen Tod für uns eröffnet hat. Da wir also einen großen Hohen Priester haben, der über das Volk Gottes eingesetzt ist, wollen wir mit aufrichtigem Herzen in die Gegenwart Gottes treten und ihm ganz und gar vertrauen. Denn unsere Herzen wurden mit dem Blut Christi besprengt, um unser Gewissen von Schuld zu reinigen, und unsere Körper sind mit reinem Wasser gewaschen! Deshalb wollen wir weiter an der Hoffnung festhalten, die wir bekennen, denn Gott steht treu zu seinen Zusagen.

HEBRÄER 10,19-23

Ich darf alle Lasten und Beschwernisse
zu Jesus bringen und Erleichterung
von ihm erwarten.

MANN DER SCHMERZEN

Sieh, der Stein ist weggerollt,
das Grab ist wirklich leer.
Halleluja, lasst uns ehrn
den auferstandnen Herrn.

O, das raue Kreuz meiner Rettung,
wo die Liebe mich überströmt.
Meine Seele ruft: »Halleluja,
alle Ehre sei nur dir.«

Aus »Feiert Jesus! 5«, Nr. 31
Originaltitel: Man Of Sorrows
Text und Melodie: Brooke Ligertwood und Matt Crocker
Deutsch: Sara Lorenz-Bohlen und Martin Bruch
© 2012 Hillsong Music Publishing
Für D, A, CH: CopyCare Deutschland, 71087 Holzgerlingen

Feiert Jesus! Er lebt
Nr. 3

STÄRKER ALS DER TOD

Der Stein vor dem Grab ist weggerollt, die Leiche verschwunden. Ein Engel erklärt den irritierten Frauen am Grab, dass das Unbegreifliche Realität wurde: Jesus ist auferstanden. Er lebt! Das müssen sie erst einmal sacken lassen. Aber es ist tatsächlich wahr: Jesus hat den Tod besiegt und ihm die Macht genommen (Offenbarung 1, 17b-18). Und: Dieser Triumph betrifft jeden ganz persönlich: »Durch die Sünde des einen Menschen gerieten wir unter die Herrschaft des Todes, doch durch den anderen Menschen, Jesus Christus, werden alle, die Gottes Gnade und das Geschenk der Gerechtigkeit annehmen, über Sünde und Tod siegen und leben!« (Römer 5,17).

Als sich Jesus seinen Jüngern zeigt und sie die Wunden von seiner Kreuzigung sehen, wird auch dem letzten Zweifler klar: In Jesus Christus haben wir es mit Gott selbst zu tun. Jesus ist der Messias, der göttliche Erlöser (Johannes 20,28). Er ist der wahre König, das Lamm Gottes, das anbetungswürdig ist (Offenbarung 5,13).

Der Stein vor dem leeren Grab hat auch mit dir und mit mir zu tun: Jesus, von den Skeptikern als »Stein des Anstoßes« verworfen, wird für diejenigen, die an ihn glauben, zum Markstein für erfülltes irdisches Leben und sogar zu ewigem Leben (1. Petrus 2,7). Jesus möchte uns zudem zu »lebendigen Steinen« machen, zu Leuten, die ihm vertrauen, die es ernst mit ihm meinen, die das tun, was er sich wünscht und so zu Wegweisern für andere werden.

Acht Tage später waren die Jünger wieder beisammen, und diesmal war auch Thomas bei ihnen. Die Türen waren verschlossen; doch plötzlich stand Jesus, genau wie zuvor, in ihrer Mitte. Er sprach: »Friede sei mit euch!« Dann sagte er zu Thomas: »Lege deine Finger auf diese Stelle hier und sieh dir meine Hände an. Lege deine Hand in die Wunde an meiner Seite. Sei nicht mehr ungläubig, sondern glaube!« »Mein Herr und mein Gott!«, rief Thomas aus. Da sagte Jesus zu ihm: »Du glaubst, weil du mich gesehen hast. Gesegnet sind die, die mich nicht sehen und dennoch glauben.«

JOHANNES 20,26-29

Thomas nennt Jesus »mein Herr und mein Gott«.
Gilt dieses persönliche Bekenntnis
auch für deine Nachfolge?

DAS GEHEIMNIS

Der Letzte ist der Erste,
und wer verliert, gewinnt.
Das Ende ist der Anfang,
wo Gottes Reich beginnt.
Die Kraft liegt in der Schwachheit,
das Kleine wird erwählt.
Die Torheit wird zur Weisheit
in Gottes neuer Welt.
Paradox wie das Kreuz.

Das Geheimnis unsres Glaubens.
Wir verkünden deinen Tod.
Preisen deine Auferstehung,
bis du kommst in Herrlichkeit.

Aus »Feiert Jesus! 5«, Nr. 155
Text und Melodie: Albert Frey
© 2014 SCM Hänssler, 71087 Holzgerlingen

Feiert Jesus! 20
Nr. 3

PARADOX

Paradox. Widersprüchlich, widersinnig, ganz und gar abwegig. Das haben sich die Leute damals sicherlich auch gedacht, als sie den alten Mann sahen, der mitten auf dem Land bei großer Trockenheit dieses unsagbar riesige Schiff baute – und dann wahrscheinlich auf ihren Spott und ihre Nachfragen noch behauptete, das sei der Auftrag des einzig wahren Gottes und wer dem nicht folge, werde von einer großen Überschwemmung getötet werden.

Noah tat genau das, was Gott ihm aufgetragen hatte (1. Mose 6,22). Auch wenn er selbst es vielleicht auch in diesem Moment als paradox empfunden haben mag.

Oft stellt man sich die Arche als großes, schönes Schiff vor, doch es war ein hässlicher, dunkler Kasten, der zu dem einzigen Zweck gebaut wurde, Leben vor dem Untergang zu retten. Doch die Aufgabe, die Noah hatte, war nicht nur, sich und seine Familie zu retten, sondern auch jede Menge Tiere, die Gott liebevoll erschaffen hatte. Und dazu zählten nicht nur edle Pferde, milchgebende Kühe und Honigbienen, sondern auch Kakerlaken, Stinktiere und andere unattraktive Tiere. Weil Noah »in enger Gemeinschaft mit Gott« lebte (1. Mose 6,9), gehorchte er dem Auftrag, die Welt zu retten.

Auch uns gibt Gott einen Rettungsauftrag für die Menschheit. Als Gemeinde sind wir ein Bild für dieses Rettungsboot. Oft haben wir Angst, Menschen abzuschrecken oder unattraktiv zu erscheinen wie der Kasten »Arche«, da wir den Menschen keine lustige Vergnügungsreise bieten können und die Errettung durch Jesu Tod am Kreuz ihnen als Paradoxon erscheint. Doch »die Torheit wird zur Weisheit in Gottes neuer Welt« – wem möchtest du von dieser paradoxen, doch einzig rettenden Wahrheit erzählen?

> Noah aber fand Gnade vor dem Herrn. Dies ist die Geschichte von Noah und seiner Familie. Noah war ein Gerechter, der einzige fehlerlose Mensch, der damals auf der Erde lebte. Er lebte in enger Gemeinschaft mit Gott. [...] Noah führte alles genauso aus, wie Gott es ihm befohlen hatte. Dann sprach der Herr zu Noah: »Geh mit deiner ganzen Familie in das Schiff, denn unter allen Menschen auf der Erde bist du in meinen Augen der einzige, der gerecht ist.
>
> **1. MOSE 6,8. 9. 22–7,1**

Halte fest am paradoxen Geheimnis des Kreuzes!

DAS GEHEIMNIS

Das Scheitern bringt uns weiter,
im Leiden wird geteilt.
Die Wunde wird zum Segen,
wenn Gott uns tiefer heilt.
Glückselig, die Gott brauchen,
da ist der Himmel schon.
Die Sanftmütigen herrschen,
das Lamm sitzt auf dem Thron.
Paradox wie das Kreuz.

Das Geheimnis, das Geheimnis,
das Geheimnis, das Geheimnis.

Aus »Feiert Jesus! 5«, Nr. 155
Text und Melodie: Albert Frey
© 2014 SCM Hänssler, 71087 Holzgerlingen

Feiert Jesus! 20
Nr. 3

DIE TORHEIT DER WELT

Paradox, absurd, unsinnig. So klingt das Evangelium vielleicht für jemanden, der nicht »dazugehört«. Sünde, Schuld, Trennung von Gott, Kreuz, Auferstehung – was soll das alles? Warum ist das überhaupt nötig? Wenn Gott doch Gott ist, wenn er allmächtig und ihm nichts unmöglich ist, dann hätte er uns Menschen doch einfach auch so vergeben können. Dann hätte er doch auch sagen können: Schwamm drüber, vergessen wir es. Warum sind Opfer nötig? Warum muss Blut fließen? Warum eine grausame Kreuzigung? »Ich weiß, wie unsinnig die Botschaft vom Kreuz in den Ohren derer klingt, die verloren gehen. Wir aber, die wir gerettet sind, erkennen in dieser Botschaft die Kraft Gottes« (1. Korinther 1,18).

Durch den Heiligen Geist bekommen wir ein Verständnis für den Heilsplan Gottes: »Gott segnet die, die erkennen, dass sie ihn brauchen« (Matthäus 5,3). Wir dürfen erkennen, dass unser Gott ein heiliger Gott ist, der mit der Sünde nichts zu tun haben kann. Gott gibt Adam und Eva nach dem Sündenfall Felle, um sich zu kleiden (1. Mose 3,21), denn trotz der Feigenblätter, die sie sich als Lendenschurze umbinden, merken sie plötzlich, dass sie nackt sind (1. Mose 3,7). Der Grund: Sünde ist ins Leben des Menschen getreten. Von nun an muss Blut fließen, um Schuld zu sühnen. Das Alte Testament ist voll von Opfergesetzen, und auch im Neuen Testament kommt man an dem Thema nicht vorbei: Jesus Christus nimmt unsere Schuld am Kreuz auf sich, vergießt sein Blut für uns, damit wir Gottes Kinder sein dürfen! Das ist »das Geheimnis«.

> Ich weiß, wie unsinnig die Botschaft vom Kreuz in den Ohren derer klingt, die verloren gehen. Wir aber, die wir gerettet sind, erkennen in dieser Botschaft die Kraft Gottes. In der Schrift heißt es: »Ich will die Weisheit der Weisen vernichten und die Klugheit der Klugen verwerfen.« Wo bleiben da die Weisen, die Schriftgelehrten, die glänzenden Redner? Gott hat sie zu Narren gemacht und ihre Weisheit als nutzlosen Unsinn entlarvt. Obwohl die Welt von der Weisheit Gottes durchdrungen ist, konnte sie ihn durch ihre Weisheit nicht finden. Gott hat eine Botschaft, die unsinnig erscheint, dazu benutzt, alle zu retten, die daran glauben. So fordern die Juden Zeichen, und die Griechen suchen nach Weisheit. Wenn wir also Christus als den Gekreuzigten verkünden, sind die Juden entrüstet und die Griechen erklären es für Unsinn. Für die aber, die von Gott zur Erlösung berufen sind – Juden wie Nichtjuden – ist Christus Gottes Kraft und Gottes Weisheit. Der scheinbar absurde Plan Gottes ist immer noch viel weiser als der weiseste Plan der Menschen, und die Schwäche Gottes ist weitaus stärker als die Menschen sind.

1. KORINTHER 1,18-25

Du darfst Gottes »Geheimnisträger« sein!

DAS GEHEIMNIS

Die Täuschung muss vergehen,
weil Gott das Wahre sucht.
Das Weizenkorn muss sterben,
dann bringt es reiche Frucht.
Es wird gesät in Schwachheit
und auferstehn in Kraft.
So stehn wir auf in Christus,
weil sein Geist Neues schafft.
Paradox wie das Kreuz.

Aus »Feiert Jesus! 5«, Nr. 155
Text und Melodie: Albert Frey
© 2014 SCM Hänssler, 71087 Holzgerlingen

Feiert Jesus! 20
Nr. 3

RELIGIOSITÄT

Viele Missionare berichten, dass in ihrem Einsatzgebiet häufig Menschen in Armut, Egoismus, schlechte Verhaltensweisen, Alkoholismus, Aberglauben, Korruption und Boshaftigkeit verstrickt sind. Diese Menschen bemerken meist, dass die Missionare anders leben und andere Verhaltensweisen haben. Doch statt einer wirklichen Erneuerung des Herzens, statt eines Sterbens des alten Menschen, eignen sie sich nach und nach die christlichen Verhaltensweisen und Floskeln an, mit denen sie beeindrucken und nach außen reif im Glauben erscheinen. Sobald dann die Missionare nicht da sind, kehren sie schnell zu ihrer alten Lebensweise zurück.

Sicherlich gibt es das auch in unseren Gemeinden. Doch statt zu urteilen, möchte ich dich dazu auffordern, für diese Menschen zu beten, dass Gott ihnen die Erkenntnis schenkt, dass es nicht um religiöses Handeln geht. Es geht nicht um tolle Taten, die andere Menschen und Gott beeindrucken sollen. Sondern es geht darum, das alte Ich sterben zu lassen und Christus in sich die Herrschaft zu übertragen. »Die Täuschung muss vergehen, weil Gott das Wahre sucht«. Gott lässt sich nicht täuschen.

Und was noch dazu kommt: Wenn ich immer aus mir heraus versuche, Gutes zu tun und Gott zu gefallen, dann kostet mich das unendlich viel Kraft und wird mir am Ende trotzdem misslingen. Jesus sagt, dass wir ohne ihn nichts tun können (Johannes 15,5). Wenn meine alten Verhaltens- und Denkweisen aber abgestorben sind und von Christus in mir neu ausgefüllt werden, dann wirkt Gott selbst in mir, dass ich zu seiner Ehre und nach seinem Willen lebe. Das ermutigt und füllt mein Innerstes mit Freude!

> Jesus erwiderte: »Für den Menschensohn ist die Zeit gekommen, dass er verherrlicht wird. Ich versichere euch: Ein Weizenkorn muss in die Erde ausgesät werden. Wenn es dort nicht stirbt, wird es allein bleiben – ein einzelnes Samenkorn. Sein Tod aber wird viele neue Samenkörner hervorbringen – eine reiche Ernte neuen Lebens. Wer sein Leben in dieser Welt liebt, wird es verlieren. Wer sein Leben in dieser Welt gering achtet, wird es zum ewigen Leben bewahren. Wer mein Jünger sein will, muss sich aufmachen und mir nachfolgen, denn mein Diener wird da sein, wo ich bin. Wer mir nachfolgt, den wird der Vater ehren.
>
> **JOHANNES 12,23-26**

Bete für eine wahre Herzensveränderung in Christus!

MENSCHENSOHN

Er ist das Ebenbild, der erstgeborne Sohn.
Durch ihn entstand die Welt, und auf ihn zielt sie hin.
Das ewge Wort wird Fleisch und kommt in unsre Zeit,
Im Elend dieser Welt wohnt Gottes Herrlichkeit.

Aus »Feiert Jesus! 5«, Nr. 157
Text: Albert Frey
Melodie: Albert Frey und Andrea Adams-Frey
© 2013 FREYKLANG adm. by Gerth Medien, Asslar

Feiert Jesus! 21
Nr. 3

EBENBILD

Im ersten Buch Mose spricht die Bibel davon, dass Gott den Menschen zu seinem Ebenbild (1. Mose 1,27) erschuf. Eigentlich ein ziemlich großes Privileg. Doch dieses Bild wurde damals im Garten Eden und wird auch heute immer wieder neu durch mehr oder weniger drastisches Fehlverhalten und permanente Regelverstöße von Seiten der Ebenbild-Fraktion – also uns Menschen – getrübt. Oder anders gesagt: Der Spiegel ist zerbrochen, das eigentlich makellose Spiegelbild verzerrt – ein Vergleich, der beispielsweise auch die Nürnberger Band »Ebenbild« zu ihrem Namen brachte.

Tatsache ist, dass wir Ebenbilder – du und ich mit eingeschlossen – grundsätzlich für diesen ziemlich großen Schutthaufen aus Schuld, emotionalen Verletzungen, Leid und Tod – kurz: für das Elend dieser Welt – verantwortlich sind. Doch wie passt nun Jesus in ebendieses Bild? Jesus, der durch sein Wort Welten erschafft! Der in der Bibel als Anfang und Ende bezeichnet wird! Der ist doch eine Nummer zu groß, um auf dieser Ebenbild-Schiene mitzufahren! Ganz einfach: Er wurde Mensch und stellte dadurch Chancengleichheit her, dass er mit denselben Problemen und Schwächen zu kämpfen hatte wie wir. Mit einem kleinen, aber feinen Unterschied: Er hat nicht zerbrochen, sondern heil gemacht. Zeit für eine seelische Generalüberholung! Lass die Scherben deiner Seele von Jesus kitten – auch die Scherben, die du bei anderen hinterlassen hast. Vergebung tut gut.

> So schuf Gott die Menschen nach seinem Bild, nach dem Bild Gottes schuf er sie, als Mann und Frau schuf er sie.

1. MOSE 1,27

> Am Anfang war das Wort. Das Wort war bei Gott und das Wort war Gott. Er war am Anfang bei Gott. Durch ihn wurde alles geschaffen, was ist. Es gibt nichts, was er, das Wort, nicht geschaffen hat. Das Leben selbst war in ihm, und dieses Leben schenkt allen Menschen Licht. Das Licht scheint in der Dunkelheit, und die Dunkelheit konnte es nicht auslöschen.

JOHANNES 1,1-5

Lass deine Seele von Jesus heilen.
Vergebung tut gut.

MENSCHENSOHN

Seht, das ist der Mensch, er trägt die Dornenkron.
Der König, der uns dient, tauscht für uns Kreuz und Thron.
Er ging bis in den Tod, die Gottverlassenheit,
verwandelt unsern Schmerz in seine Herrlichkeit.

Aus »Feiert Jesus! 5«, Nr. 157
Text: Albert Frey
Melodie: Albert Frey und Andrea Adams-Frey
© 2013 FREYKLANG adm. by Gerth Medien, Asslar

Feiert Jesus! 21
Nr. 3

NADELKISSEN AUF DEM KOPF

Ist es nicht ein himmlisches Gefühl, sich das Knie aufzuschlagen oder sich einen Finger zu verstauchen? Nein, natürlich nicht. Und jeder, der diese Erfahrung gemacht hat, ist froh, wenn der Schmerz irgendwann nachlässt und die Wunden verheilen. Aber trotzdem fügen tagtäglich weltweit Menschen ihren Mitmenschen solche und noch viel schlimmere Dinge bewusst und willentlich zu.

Mich schaudert, während ich dies schreibe. Ich bin mir sicher, dass keiner, der diesen Text liest, solche Qualen freiwillig ertragen wollte, es sei denn, du hast Spaß daran, dir ein Nadelkissen auf den Kopf zu pressen. Dennoch hat ein Mensch diese Folter aus freien Stücken auf sich genommen, um uns die Schmerzen zu ersparen. Jesus wurde grundlos und ohne gerechtes Urteil gepeinigt, geschunden und zu Tode gequält. Seine Motivation: grenzenlose, bedingungslose Liebe. Er, der Friedefürst, hätte es nicht nötig gehabt, sich so zu demütigen. Doch dies war der vereinbarte Preis. Auch hier hat sich Jesus als Mensch denen gleichgestellt, die jeden Tag in seinem Namen Schmerzen erdulden müssen.

Sei von ganzem Herzen dankbar, wenn dir solche Erfahrungen erspart bleiben, aber lass die Leiden der unschuldig Verfolgten wie ein Nadelkissen auf deinem Kopf wirken. Und bete für sie!

> Damit erfüllte sich das Wort Gottes, das der Prophet Jesaja gesprochen hatte: »Er nahm unsere Leiden auf sich und trug unsere Krankheiten.«

MATTHÄUS 8,17

> Durch das Leiden erfahren wir am eigenen Leib ständig den Tod von Christus, damit auch sein Leben an unserem Körper sichtbar wird.

2. KORINTHER 4,10

Bete und setze dich für verfolgte Christen ein.

MENSCHENSOHN

Der neue Adam steht vor seinem Grab und lebt.
Der Auferstandene durchbricht nun Raum und Zeit.
Christus ist das Haupt und wir sind nun sein Leib.
Sein Leben tragen wir in uns und in die Welt.

Aus »Feiert Jesus! 5«, Nr. 157
Text: Albert Frey
Melodie: Albert Frey und Andrea Adams-Frey
© 2013 FREYKLANG adm. by Gerth Medien, Asslar

Feiert Jesus! 21
Nr. 3

DAMMBRUCH

Die Auferstehung verändert alles. Der Weg zum Vater ist jetzt frei
und die unüberwindliche Staumauer der ewigen Schuld ist durch
den Opfertod Jesu endgültig durchbrochen. Drei Tage nach seinem Tod gibt uns Jesus einen Vorgeschmack auf das, was einmal
kommen wird. Als neuer Mensch erscheint er nach seiner Auferstehung vielen Leuten. Doch irgendetwas ist an seiner Erscheinung anders, denn den Jüngern, die ihn auf dem Weg nach Emmaus treffen, fällt es schwer, ihn sofort zu erkennen.
In 2. Korinther 5 berichtet die Bibel davon, dass auch wir einst
einen neuen Körper erhalten werden. Wie das genau sein wird,
lässt sich nur vermuten. Aber es wird sich bestimmt genial anfühlen. Eines steht jedenfalls jetzt schon fest: Jesus lebt in uns.
Es liegt nun an uns zu entscheiden, was wir mit der Chance des
neuen Lebens anfangen wollen. In meinem Taufspruch (Johannes 7,38) liegt die Verheißung, dass »Ströme lebendigen Wassers
fließen« werden, wenn ich mein Leben unter den Oberbefehl von
Jesus stelle. Aber im Alltag passiert es mir oft, dass dieses Wasser

durch Zeitmangel, Verpflichtungen und Nebensächlichkeiten zurückgehalten wird. Vielleicht geht es dir ähnlich, dass sich Sorgen, Probleme und Alltagstrott wie ein Staudamm um dein Herz auftürmen. Zeit für den Dammbruch!

> Wer an mich glaubt, aus dessen Innerem werden Ströme lebendigen Wassers fließen, wie es in der Schrift heißt.

JOHANNES 7,38

> Stattdessen lasst uns in Liebe an der Wahrheit festhalten und in jeder Hinsicht Christus ähnlicher werden, der das Haupt seines Leibes – der Gemeinde – ist.

EPHESER 4,15

> Aber es reicht nicht, nur auf die Botschaft zu hören – ihr müsst auch danach handeln! Sonst betrügt ihr euch nur selbst.

JAKOBUS 1,22

Brich den Damm.
Lass Gottes Liebe aus dir strömen.

MENSCHENSOHN

Menschensohn, einer für alle,
nur durch ihn sind wir versöhnt.
Menschensohn, alle für einen,
nur in ihm sind wir vereint mit Gott.

Aus »Feiert Jesus! 5«, Nr. 157
Text: Albert Frey
Melodie: Albert Frey und Andrea Adams-Frey
© 2013 FREYKLANG adm. by Gerth Medien, Asslar

Feiert Jesus! 21
Nr. 3

KOCHDUELL?!

Hast du dich schon einmal gefragt, warum es so viele Konfessionen, Denominationen und Splitter-Gemeinden unter uns Christen gibt? Katholiken, Protestanten, Baptisten, Methodisten, Pfingstler, Charismatiker, Orthodoxe ...?! Irgendwie verliert man da doch schnell den Überblick. Und jeder kocht sein eigenes Süppchen und beäugt den jeweils anderen mit einem gewissen Argwohn. Aber selbst innerhalb einer Glaubensrichtung bleiben die Gemeinden von Streitereien oder gar Spaltungen nicht verschont. Da gibt es Vorurteile, geistlichen Stolz und Verletzungen – es menschelt gewaltig. In solch verfahrenen Situationen wird dann alles andere als das Musketier-Motto, »Einer für alle, alle für einen«, befolgt.
Aber mal ehrlich: Wir sitzen doch alle im selben Boot. Vorsicht! Das heißt nicht, dass wir falsch verstandene Ökumene praktizieren sollten, indem wir alle Religionen in einen Topf werfen und einmal kräftig umrühren, um dann unser Gemeindeleben mit fernöstlichen Meditationstechniken oder Koranlesungen zu »bereichern«. Nein! Ich finde, wir müssen uns allen Nebensächlich-

keiten zum Trotz wieder neu auf den ausrichten, der das Zentrum unseres christlichen Glaubens ist – Jesus Christus! In diesem Sinne: Jesus-Nachfolger, vereinigt euch!

> Bemüht euch, im Geist eins zu sein, indem ihr untereinander Frieden haltet. Ihr sollt alle gemeinsam ein Leib sein und einen Geist haben, weil ihr alle zu einer Hoffnung berufen seid. Es gibt nur einen Herrn, einen Glauben, eine Taufe, und es gibt auch nur einen Gott und Vater, der über allen steht und durch alle lebt und in uns allen ist.

EPHESER 4,3-6

Besuche mal bewusst eine andere Gemeinde.
Lass dich bereichern.

HIER AM KREUZ

Welch ein Ort, wo Gnade herrscht und nie vergeht.
Welch ein Ort, wo wie ein Strom Erbarmen fließt,
wo alle Liebe dieser Welt mich überströmt und sicher hält.

Aus »Feiert Jesus! 5«, Nr. 30
Originaltitel: At The Cross (Love Ran Red)
Text und Melodie: Chris Tomlin, Matt Redman, Jonas Myrin, Matt Armstrong und Ed Cash
Deutsch: Sam Samba
© 2014 Atlas Mountain Songs/Countless Wonder Publishing/Fots Music/McKittrick Music/S. D. G.
Publishing/Said And Done Music/Sixsteps Songs/Thankyou Music/Universal Music – Brentwood
Benson Songs/Universal Music – Brentwood Benson Tunes/Worship Together Music/sixsteps
Music/worshiptogether.com songs
Für D, A, CH: SCM Hänssler, 71087 Holzgerlingen

Feiert Jesus! 21
Nr. 10

WAS FÜLLT DEIN LEBEN?

Vor Kurzem las ich in den Stuttgarter Nachrichten einen Artikel mit der Überschrift »Lieber Google statt Gott«. Darin war zu lesen, dass eine Studie in 31 europäischen Ländern mit 650 000 Menschen im Alter von 18 bis 34 Jahren ergab, dass circa 80 % einen Gott in ihrem Leben als überflüssig ansehen. Jedoch könnten sich über 52 % ein glückliches Leben ohne Internet nicht vorstellen.
Was macht für dich ein glückliches Leben aus? Zuerst möchte ich auch viele irdische Dinge aufzählen, die für mich ein glückliches, zufriedenes Leben bedeuten: Da ist vor allem meine Familie, mein Partner, meine Kinder, mein Haus mit tollem Garten, die Tatsache, keine lebensbedrohliche Krankheit zu haben, meine Gemeinde, meine Freunde … Denn ganz ehrlich: Ohne diese Menschen und Dinge würde ich mich tatsächlich im Alltag ganz schön einsam und sinnlos fühlen, leiden.

Aber als Christ weiß ich natürlich ganz klar, dass es den wirklichen Frieden, das wirkliche Glück, nur mit Jesus gibt. Ein Leben ohne ihn ist nicht das wahre Leben. Es tut mir gut, im Gebet alles vor ihn zu bringen, zu wissen, dass er immer da ist und ich nie alleine bin, dass er sich um mich sorgt, dass er mich unendlich liebt – ohne Kompromisse! –, dass er mir vergibt, dass er mich behütet und dass er mir ein ewiges Leben bei ihm verspricht. »[W]o alle Liebe dieser Welt mich überströmt und sicher hält«, singen wir heute in diesem Lied. Wo gibt es das sonst?

Was erfüllt dein Leben? Ich wünsche und bete, dass es die lebendige Beziehung zu Gott ist, die dich jeden Tag, unabhängig von deinen Gefühlen, deinen Emotionen, Gedanken und Lebensumständen, erfüllt.

> Wen habe ich im Himmel außer dir? Du bist mir wichtiger als alles andere auf der Erde. Bin ich auch krank und völlig geschwächt, bleibt Gott der Trost meines Herzens, er gehört mir für immer und ewig. Die aber, die dich verlassen, werden umkommen, denn du vernichtest alle, die sich von dir abwenden. Doch mir geht es gut, weil ich mich nahe an Gott halte! Ich setze meine Zuversicht auf den allmächtigen Herrn. Von seinen wunderbaren Werken will ich allen erzählen.
>
> **PSALM 73,25-28**

Danke Jesus, dass er in deinem Leben
alles andere als überflüssig ist!

HIER AM KREUZ

Hier am Kreuz, hier am Kreuz geb ich mich dir ganz hin.
Staunend steh ich hier. Staunend steh ich hier.
Lieb floss blutrot, macht mein Herz schneeweiß.
Ewig dank ich dir. Ewig dank ich dir, Jesus.

Aus »Feiert Jesus! 5«, Nr. 30
Originaltitel: At The Cross (Love Ran Red)
Text und Melodie: Chris Tomlin, Matt Redman, Jonas Myrin, Matt Armstrong und Ed Cash
Deutsch: Sam Samba
© 2014 Atlas Mountain Songs/Countless Wonder Publishing/Fots Music/McKittrick Music/S. D. G.
Publishing/Said And Done Music/Sixsteps Songs/Thankyou Music/Universal Music – Brentwood
Benson Songs/Universal Music – Brentwood Benson Tunes/Worship Together Music/sixsteps
Music/worshiptogether.com songs
Für D, A, CH: SCM Hänssler, 71087 Holzgerlingen

Feiert Jesus! 21
Nr. 10

STAUNEN

Worüber staunst du am meisten, wenn du an den Kreuzestod Jesu denkst? Ich staune über vieles. Zum Beispiel darüber, dass Jesus sich wirklich ganz dem Willen seines Vaters untergeordnet hat und den Kreuzestod gestorben ist, dass er freiwillig diese unsäglichen Schmerzen auf sich genommen hat, dass er durch seine Sündlosigkeit alle meine Sünden weggenommen und mir den Weg zu Gott dadurch für immer frei gemacht hat, dass ich alle meine Sünden, die ich schon getan habe und die, die ich noch tun werde, vergeben bekomme, dass Gottes Liebe so tief und groß ist, dass er seinen eigenen und einzigen Sohn für uns Menschen geopfert hat, dass ich nichts dafür leisten muss oder kann, sondern die Erlösung geschenkt bekomme und nur annehmen muss, dass Jesus jedem Menschen ohne Unterschied diese Rettung anbietet ...

Ist es nicht unglaublich faszinierend, was Gott sich hat einfallen lassen, um mit dir und mir Gemeinschaft zu haben, um die Trennung, die durch unsere Schuld unüberwindlich zwischen Gott und uns ist, aufzuheben? »Staunend steh ich hier«: Da kann ich einfach nur staunen und dankbar sein. Und Jesus um Vergebung bitten, dass ich dies alles im Alltag oft als selbstverständlich hinnehme und mir keine Zeit zum Staunen nehme. Staunst und dankst du jetzt mit?

> Er ging auch nicht in den Himmel, um sich immer wieder selbst zu opfern, wie die irdischen Priester, die Jahr für Jahr das Heiligtum betreten, um das Blut von Tieren zu opfern. Wenn das nötig gewesen wäre, hätte er seit Erschaffung der Welt immer wieder sterben müssen. Er kam ein für alle Mal am Ende der Zeiten, um die Macht der Sünde durch seinen Opfertod für uns zu brechen. Und genauso, wie es bestimmt ist, dass jeder Mensch nur einmal stirbt, worauf das Gericht folgt, genauso starb auch Christus nur einmal als Opfer, um die Sünden vieler Menschen wegzunehmen. Er wird wiederkommen, aber nicht noch einmal wegen unserer Schuld, sondern er wird all denen Rettung bringen, die sehnsüchtig auf seine Rückkehr warten.

HEBRÄER 9,25-28

Was bringt dich am meisten zum Staunen?

HIER AM KREUZ

Welch ein Ort, wo alle Schuld die Macht verliert.
Mein Herz wird mit Gott versöhnt. Er vergibt mir,
wo alle Liebe dieser Welt mich überströmt und sicher hält.

Aus »Feiert Jesus! 5«, Nr. 30
Originaltitel: At The Cross (Love Ran Red)
Text und Melodie: Chris Tomlin, Matt Redman, Jonas Myrin, Matt Armstrong und Ed Cash
Deutsch: Sam Samba
© 2014 Atlas Mountain Songs/Countless Wonder Publishing/Fots Music/McKittrick Music/S. D. G.
Publishing/Said And Done Music/Sixsteps Songs/Thankyou Music/Universal Music – Brentwood
Benson Songs/Universal Music – Brentwood Benson Tunes/Worship Together Music/sixsteps
Music/worshiptogether.com songs
Für D, A, CH: SCM Hänssler, 71087 Holzgerlingen

Feiert Jesus! 21
Nr. 10

SCHULD KANN ERDRÜCKEN

Manchmal lässt mich etwas, was ich falsch gemacht habe, einfach nicht los. Vor einiger Zeit sagte ich etwas, was ich besser nicht gesagt hätte. Doch in diesem Moment war es mir noch nicht klar, und als es mir dann langsam bewusst wurde, war es sozusagen erst einmal zu spät, mich zu entschuldigen, da die betroffenen Personen nicht mehr um mich herum waren. Dennoch ließ mich das Ganze nicht los, und beim Bibellesen stieß ich immer wieder auf Verse, die mir klar machten: Du solltest das von damals richtigstellen. Du solltest dich bei den anderen entschuldigen für deine egoistische Aussage.
Es wird jedem einleuchten: Nach mehreren Wochen ist dies beinahe noch schwerer, als wenn man es gleich angesprochen hätte. Aber ich nahm meinen Mut zusammen und entschuldigte mich. Danach war ich sehr erleichtert. Was mich besonders freute, war die Reaktion einer der betroffenen Personen, die mich für

meinen Mut und meine Offenheit lobte – das tat gut. Schuld kann wirklich erdrückend wirken, auch wenn es sich nur um Lappalien und Kleinigkeiten handelt.

»Welch ein Ort, wo alle Schuld die Macht verliert.« Am Kreuz darf ich sicher sein, dass meine Schuld mir vergeben wird, egal, wie groß sie ist, egal, was es war. Ob ein gemeines Wort, eine Lüge, ein unterschlagener Euro oder sogar ein Mord – wenn ich ehrlich bereue, vergibt mir Jesus treu! Und dann hat Satan kein Recht mehr, mich mit meiner begangenen Schuld niederzudrücken. Die Macht der Schuld ist entkräftet!

[Christus] hat nie gesündigt und nie jemanden mit seinen Worten getäuscht. Er hat sich nicht gewehrt, wenn er beschimpft wurde. Als er litt, drohte er nicht mit Vergeltung. Er überließ seine Sache Gott, der gerecht richtet. An seinem eigenen Körper hat er unsere Sünden an das Kreuz hinaufgetragen, damit wir für die Sünde tot sind und für die Gerechtigkeit leben können. Durch seine Wunden seid ihr geheilt worden! Früher seid ihr umhergeirrt wie verlorene Schafe. Aber nun seid ihr zu eurem Hirten zurückgekehrt, dem Beschützer eurer Seelen.

1. PETRUS 2,22-25

Die Schuld hat die Macht über dich verloren, wenn Jesus sie vergeben hat!

HIER AM KREUZ

Hier fängt Hoffnung an.
Hier bet ich dich an.
Hier beug ich mich vor dir, Jesus.
Hier umarmst du mich. Hier befreist du mich.
Hier beug ich mich vor dir, Jesus.

Aus »Feiert Jesus! 5«, Nr. 30
Originaltitel: At The Cross (Love Ran Red)
Text und Melodie: Chris Tomlin, Matt Redman, Jonas Myrin, Matt Armstrong und Ed Cash
Deutsch: Sam Samba
© 2014 Atlas Mountain Songs/Countless Wonder Publishing/Fots Music/McKittrick Music/S. D. G.
Publishing/Said And Done Music/Sixsteps Songs/Thankyou Music/Universal Music – Brentwood
Benson Songs/Universal Music – Brentwood Benson Tunes/Worship Together Music/sixsteps
Music/worshiptogether.com songs
Für D, A, CH: SCM Hänssler, 71087 Holzgerlingen

Feiert Jesus! 21
Nr. 10

GNADE

»Jeder Tag ist eine neue Chance« prangt als Aufschrift auf meinem kuscheligen Pullover. Eine neue Chance, es besser zu machen und mich mehr anzustrengen.

Eigentlich wollte ich meine Großmutter anrufen, weil sie so alleine ist und sich immer freut, wenn man sich nach ihr erkundigt. Aber dann kam so viel anderes dazwischen. Eigentlich wollte ich eine bessere Note in der Klausur schreiben, aber ... Eigentlich wollte ich mich bei meiner Schwägerin entschuldigen, doch dann hatte ich doch nicht den Mut dazu und irgendwann war zu viel Zeit vergangen. Eigentlich ... Wie oft nehme ich mir gute Dinge vor, strenge mich an, bemühe mich nach Kräften, doch dann kommt etwas dazwischen, wird anderes wichtiger, stoße ich an meine Grenzen. Und wenn ich erst an meine geistlichen Vorsätze denke, dann steht es meist noch schlimmer. Denn auch wenn ich mich bemühe, kann ich einfach nicht aus eigener Kraft fehlerlos und schuldfrei vor Gott leben. Keine Chance!

Aber die befreiende Wahrheit ist, dass bei Gott alle Anstrengungen und Leistungen nichts bringen. Allein seine Gnade kann mich erlösen! »Hier umarmst du mich. Hier befreist du mich. Hier beuge ich mich vor dir, Jesus.« Am Kreuz schenkt mir Gott diese unverdiente Befreiung von meiner Sünde. Demütig kann ich mich da immer wieder nur vor Gott beugen und ihm unablässig dankbar sein für dieses Geschenk! Ohne seine Gnade habe ich keine Chance, weder heute noch morgen! Aber mit seiner Gnade darf ich als unendlich geliebtes Gotteskind jeden Tag singen: »Hier fängt Hoffnung an. Hier bet ich dich an.«

> Er möchte, dass jeder gerettet wird und die Wahrheit erkennt. Denn es gibt nur einen Gott und nur einen Vermittler zwischen Gott und den Menschen: Das ist Christus Jesus, der Mensch geworden ist. Er gab sein Leben, um alle Menschen freizukaufen. Das ist die Botschaft, die Gott der Welt gab, als die Zeit dafür gekommen war.
>
> **1. TIMOTHEUS 2,4-6**

Jesus befreit dich! Spürst du diese Befreiung?

ALLEIN DURCH DEN GLAUBEN

Allein durch den Glauben, die Gnade, dein Wort,
allein durch dich, Jesus, fand ich an den Ort,
an dem ich zu Haus bin, erlöst und geliebt.
Ich kann es kaum fassen, dass es so etwas für mich gibt.

Aus »Feiert Jesus! 5«, Nr. 151
Text und Melodie: Winnie Schweitzer
© 2014 SCM Hänssler, 71087 Holzgerlingen

Feiert Jesus! 365
CD 1, Nr. 7

GLAUBEN ALLEIN

Kann ich mir den Himmel verdienen? Viele religiöse Richtungen auf unserem Planeten verlangen gewisse Übungen und Rituale oder einen besonderen Lebensstil, damit man in das Paradies, das Nirwana oder in einen anderen höheren Seins-Zustand gelangen kann. Wenn am Ende eines Menschenlebens die Seele den Körper verlässt, so die Sichtweise vieler Religionen, benötigt man eine Art Eintrittskarte.

Zur Zeit Martin Luthers bot die katholische Kirche solche »Eintrittskarten« sogar zum Verkauf an. Den sogenannten Ablass, bei dem man sich mit Geld von seinen Sünden freikaufen konnte. In anderen Religionen ist es vielleicht nicht Geld, das die »Eintrittskarte« garantiert, dafür aber gute Taten. Die Menschen können sich dabei aber nie sicher sein, ob ihnen diese Eintrittskarte auch wirklich zusteht, da man ja doch ein wichtiges Detail bei der Durchführung seiner geistlichen Übungen im Laufe des Lebens übersehen haben könnte. So versuchen viele Gläubige Tag für Tag vergeblich, ihre wackelige Brücke zu einem unnahbaren Gott zu bauen.

Ganz anders die Zusagen Gottes in der Bibel: Wenn du von ganzem Herzen an Jesus glaubst, an seinen Opfertod für deine Sünden und an seine Auferstehung, dann bist du gerettet und vor Gott gerecht. Was für ein großartiges Geschenk! Dieser Glaube verändert dein Leben und wird auch Früchte tragen, wenn du an Jesus dran bleibst, nach seinen Worten lebst und dich von seiner Liebe leiten lässt.

> Wir werden von Gott gerecht gesprochen, indem wir an Jesus Christus glauben. Dadurch können alle ohne Unterschied gerettet werden. Denn alle Menschen haben gesündigt und das Leben in der Herrlichkeit Gottes verloren.

RÖMER 3,22f

Durch den Glauben an Jesus bist
du gerecht vor Gott!

ALLEIN DURCH DEN GLAUBEN

Glauben heißt auf deine Worte zu vertraun;
anstatt auf meine Leistung nur auf dich zu schaun.
Du nahmst meine Schuld, so hast du mich befreit,
und das gilt für alle Zeit.

Aus »Feiert Jesus! 5«, Nr. 151
Text und Melodie: Winnie Schweitzer
© 2014 SCM Hänssler, 71087 Holzgerlingen

Feiert Jesus! 365
CD 1, Nr. 7

GLAUBEN HEISST VERTRAUEN

Es steht unumstößlich fest: Jeder Mensch glaubt an irgendetwas, auch wenn manche es vielleicht bestreiten. Selbst Atheisten glauben, dass es keinen Gott gibt, ohne es wirklich beweisen zu können. Auf die Nichtexistenz einer Substanz, eines Zustandes oder eines Individuums zu schließen, bloß weil das, wonach man sucht, nicht sichtbar oder messbar ist, ist ein fataler Trugschluss. Bevor nicht die entsprechenden Mikroskope erfunden waren, konnte die Existenz von Viren nicht bewiesen werden, und dennoch gibt es sie, diese winzig kleinen Organismen, die einen wesentlich größeren Körper komplett beeinflussen können. Bei Gefühlen ist dies ähnlich. Jeder von uns kennt das wunderschöne Gefühl der Liebe und Zuneigung. Aber trotzdem ist dieser Zustand nicht direkt sichtbar oder messbar. Sollte man deshalb alle, die an die wahre Liebe glauben, für Tagträumer erklären?
Glauben heißt Vertrauen. Ich verlasse mich auf Gottes gute Zusagen und Verheißungen, obwohl ich sie nicht messen oder sehen kann. Trotzdem ist da etwas, das diesen Glauben an den dreieinigen Gott erfahrbar und spürbar macht. Durch die vielen kleinen,

alltäglichen Fügungen und Wunder kann ich, genau wie bei dem nicht ganz greifbaren Gefühl der Liebe, Gottes Gegenwart und Nähe immer wieder neu erleben und seine Vergebung täglich in Anspruch nehmen.

> Und wenn Christus nicht auferstanden ist, dann war unser Predigen wertlos, und auch euer Vertrauen auf Gott ist vergeblich.
>
> **1. KORINTHER 15,14**

Vertraue auf Gottes gute Zusagen.

ALLEIN DURCH DEN GLAUBEN

Dein Wort schließt mir täglich neue Türen auf,
zeigt mir meinen Weg, zieht mich zu dir hinauf.
Durch dieses Wort kann ich hören und sehn,
dich, meinen Gott, neu verstehn.

Aus »Feiert Jesus! 5«, Nr. 151
Text und Melodie: Winnie Schweitzer
© 2014 SCM Hänssler, 71087 Holzgerlingen

Feiert Jesus! 365
CD 1, Nr. 7

WORTWÖRTLICH

Gott offenbart sich uns Menschen immer wieder durch sein Wort, auch heute noch. Viele biblische Persönlichkeiten, wie Abraham oder Mose, erlebten die Gegenwart Gottes häufig durch Zwiegespräche mit dem Schöpfer aller Dinge. Gott liebt es offenbar, mit uns zu reden und in Beziehung zu treten.

Hilfreich für uns ist, dass wir auch bereit sind zuzuhören, wenn wir Gottes Reden in unserem Leben vernehmen wollen. In 1. Könige 3 bittet Salomo deshalb Gott um ein gehorsames Herz, das fähig ist, den Ratschluss und die Weisheit des Allmächtigen wahrzunehmen. Psalm 119, der längste Psalm der Bibel, beschäftigt sich eingehend mit den Ordnungen, Weisungen, Geboten und Worten des Herrn. Die Gottlosigkeit mancher israelitischer Könige ist immer eng mit einer Abkehr von Gottes Worten und Gesetzen verbunden.

Nimm deshalb den Psalmisten wortwörtlich und denke Tag und Nacht über das Wort des Herrn nach. Sein Wort öffnet Türen und bietet Hoffnung. Durch sein Wort haben wir die Möglichkeit, Gottes Wesen jeden Tag besser kennenzulernen. Wer bereit ist, sich nach Gottes Wort auszustrecken, der wird ganz gewiss das Wirken Gottes in seinem Leben erfahren. Worte haben Macht, aufzubauen oder auch zu zerstören. Gottes Wort hat die Macht, Leben zum Guten zu verändern.

> Früh am Morgen stehe ich auf und rufe zu dir um Hilfe, denn ich setze meine Hoffnung auf dein Wort. Nachts liege ich wach und denke über dein Wort nach.
>
> **PSALM 119,147f**

> Alle deine Worte sind wahr, alle deine gerechten Gesetze haben ewig Bestand.
>
> **PSALM 119,160**

Lass das Wort Gottes einen guten Kompass
für dein Leben sein.

ALLEIN DURCH DEN GLAUBEN

Gnade breitest du wie einen Teppich aus,
führst mich aus der Dunkelheit zu dir nach Haus.
Vollkommen gerecht darf ich nun bei dir sein.
Ich bin für immer dein.

Aus »Feiert Jesus! 5«, Nr. 151
Text und Melodie: Winnie Schweitzer
© 2014 SCM Hänssler, 71087 Holzgerlingen

Feiert Jesus! 365
CD 1, Nr. 7

TADELLOSER TEPPICH

So ein Teppich im Zimmer hat einige Vorteile. Er hält die Füße warm, schafft ein angenehmes, wohnliches Ambiente und verdeckt unschöne Schrammen oder Flecken auf dem Fußboden. Gottes Gnade lässt sich ganz gut mit einem solchen Teppich vergleichen. Seine Gnade deckt meine Sünden alle zu, wie ein Teppich die unschönen Stellen im Parkett, und zeigt nach oben hin das wohlstrukturierte Webmuster der Vergebung und Gerechtigkeit. Dieser Teppich der Gnade ist die Grundlage, auf der wir gerecht vor Gott stehen können. Durch das Blut Jesu, das unsere Schuld zudeckt, hat der Ankläger keine Chance mehr, uns zu tadeln und anzuklagen. Jesus hat durch seinen Kreuzestod die Brücke zum Vater gebaut und uns aus der Finsternis der Sünde befreit. Sein Blut führt uns in die Freiheit, die wir brauchen, um unser Leben nach Gottes Maßstäben auszurichten. Dank ihm haben wir den direkten Zugang zum Vaterhaus Gottes bekommen. Und in Gottes Wohnungen, die Jesus für uns vorbereitet, werden ganz bestimmt sehr bequeme, farbenfrohe und kuschelige Teppiche liegen. Dann dürfen wir uns wirklich zu Hause fühlen.

Seine Gnade ist so groß, dass er unsere Freiheit mit dem Blut seines Sohnes erkauft hat, sodass uns unsere Sünden vergeben sind.

EPHESER 1,7

Auf Gottes Gnade ist immer Verlass.

DORT AM KREUZ

Königlich und doch entwürdigt.
Herr, allmächtig, so zerbrechlich.
So heilig und doch so versöhnlich.
Dort am Kreuz.

Deine Hände, deine Füße durchbohrt dort am Kreuz.
Jesus, du bezahlst aus Liebe den Preis meiner Schuld
dort am Kreuz.
Dort am Kreuz.

Aus »Feiert Jesus! 5«, Nr. 29
Text und Melodie: Sam Samba, Markus Kohl und Eddy Scheck
© 2017 SCM Hänssler, 71087 Holzgerlingen

AUS LIEBE

»Jesus, du bezahlst aus Liebe den Preis meiner Schuld, dort am Kreuz.« Der König der Könige wird am Kreuz unendlich entwürdigt, verachtet und verspottet – das hat Gott in seiner unbegreiflich großen Liebe bereits »vor Erschaffung der Welt« bestimmt (1. Petrus 1,20).
In dem Moment, wenn ich Christ werde und die Vergebung in Anspruch nehme, werde ich frei von den Sünden, die ich in meinem Leben begangen habe. Doch leider ist es kein Automatismus, dass ich von dem Zeitpunkt an nie mehr schuldig werde. Ich kann immer noch sündigen. Aber: Ich muss nicht mehr. Ich habe die Freiheit und die Möglichkeit, Nein zu sagen. Machst du dir das eigentlich manchmal ausdrücklich bewusst? Wähle heute bewusst das Nein zur Trennung von Gott, das Nein zur Sünde!
Es ist eine bittere Tatsache, aber jeder von uns, du und ich, wir bleiben Sünder. Jeden Tag brauchen wir aufs Neue die Vergebung. Es gibt aber eine fantastische Tatsache: »Doch wenn wir ihm unsere Sünden bekennen, ist er treu und gerecht, dass er

uns vergibt und uns von allem Bösen reinigt« (1. Johannes 1,9). Diese Treue, auf die ich mich immer verlassen darf, begeistert mich jedes Mal neu, wenn ich vor Gott komme und ihn um Vergebung bitte. Egal, was ich getan habe, egal, was mich erneut von Gott trennt, ich kann fest darauf bauen, dass er mich nicht zurückweisen und sagen wird: »Nein, diesmal nicht. Jetzt hab ich dir das schon so oft vergeben und hab dir immer wieder eine neue Chance eingeräumt – jetzt ist endgültig Schluss.« Das ist eine Lüge, die der Satan dir einflüstert – Gott verspricht dir, dir immer wieder neu deine Sünde zu vergeben, wenn du zu ihm kommst und ehrlich bereust!

> Und denkt daran, dass der himmlische Vater, zu dem ihr betet, niemanden bevorzugt, wenn er richtet. Er wird euch nach dem beurteilen, was ihr tut. Deshalb sollt ihr während eurer Zeit als Fremde in dieser Welt in Ehrfurcht vor Gott leben. Denn ihr wisst, dass Gott euch nicht mit vergänglichen Werten wie Silber oder Gold losgekauft hat von eurem früheren Leben, das ihr so gelebt habt wie schon Generationen vor euch. Er bezahlte für euch mit dem kostbaren Blut von Jesus Christus, der rein und ohne Sünde zum Opferlamm Gottes wurde. Schon vor Erschaffung der Welt wurde er dazu bestimmt, doch erst jetzt, am Ende der Zeiten, ist er für euch erschienen, sodass alle ihn sehen.
>
> **1. PETRUS 1,17-20**

Entscheide dich täglich neu gegen die Sünde – du musst nicht sündigen!

DORT AM KREUZ

Göttlichkeit, für uns so menschlich.
Ewigkeit, für uns so sterblich.
Gerechtigkeit, für uns so gnädig.
Dort am Kreuz.

Deine Hände, deine Füße durchbohrt dort am Kreuz.
Jesus, du bezahlst aus Liebe den Preis meiner Schuld
dort am Kreuz.
Dort am Kreuz.

Aus »Feiert Jesus! 5«, Nr. 29
Text und Melodie: Sam Samba, Markus Kohl und Eddy Scheck
© 2017 SCM Hänssler, 71087 Holzgerlingen

GNÄDIGE GERECHTIGKEIT?

Ist das für uns nicht unvorstellbar? Dort am Kreuz wird die Göttlichkeit von Jesus für uns ganz menschlich. Sein ewiges, göttliches Wesen wird sterblich, wie das Wesen aller Menschen. Gottes Gerechtigkeit wird für uns durch und durch gnädig, weil er in seiner Gerechtigkeit und Treue jedem vergibt, der diese Vergebung annehmen möchte. Dort am Kreuz tut Jesus etwas Unfassbares.
Warum tut er dies? »Denn er möchte nicht, dass auch nur ein Mensch verloren geht, sondern dass alle Buße tun und zu ihm umkehren« (2. Petrus 3,9). Gott möchte Gemeinschaft mit uns – und nicht nur mit ein paar Wenigen. Sein größter Wunsch ist, dass alle zu ihm kommen und zu ihm gehören möchten.
Schon oft habe ich gehört, dass es doch seltsam sei, dass Gott so etwas tut, dass er Jesus so leiden lässt. Dass er einen so grausamen Tod zulässt. Er hätte das doch einfacher lösen können, wenn er allmächtig ist. Doch in der Bibel macht Gott eindeutig klar, dass zur Sühnung für Schuld Blut fließen muss (Hebräer 9,22). Und genau deshalb wird die ewige Göttlichkeit menschlich und

sterblich am Kreuz. Weil Gottes Liebe so groß ist, zahlt er diesen Preis! Möchtest du auch ein Zeuge der Liebe Jesu für andere sein?

> Meine Kinder, ich schreibe euch das, damit ihr nicht sündigt. Aber wenn es doch geschieht, dann gibt es jemanden, der vor dem Vater für euch eintritt: Jesus Christus, der vor Gott in allem gerecht ist. Er ist das Opfer für unsere Sünden. Er tilgt nicht nur unsere Schuld, sondern die der ganzen Welt. Aber wie können wir sicher sein, dass wir ihm gehören? – Wenn wir seine Gebote befolgen. Wer sagt: »Ich gehöre Gott« und befolgt dabei Gottes Gebote nicht, ist ein Lügner und die Wahrheit ist nicht in ihm. Doch wer sein Wort hält, an dem zeigt sich Gottes Liebe in vollkommener Weise. Daran erkennen wir, ob wir in ihm leben. Wer behauptet, dass er zu Gott gehört, soll leben, wie Christus es vorgelebt hat.

1. JOHANNES 2,1–6

Lobe Gott für seine unvorstellbare Rettungstat!

DORT AM KREUZ

Wunderheiler, so verletzlich.
Sündenfrei, doch schwer beschuldigt.
Als Hoffnungsgeber so beständig,
selbst am Kreuz.

Deine Hände, deine Füße durchbohrt dort am Kreuz.
Jesus, du bezahlst aus Liebe den Preis meiner Schuld
dort am Kreuz.
Dort am Kreuz.

Aus »Feiert Jesus! 5«, Nr. 29
Text und Melodie: Sam Samba, Markus Kohl und Eddy Scheck
© 2017 SCM Hänssler, 71087 Holzgerlingen

SEELENTRÖSTER

Mich packt es immer wieder neu, wenn ich die Passionsgeschichte lese, dass Jesus so verzweifelt rief: »Mein Gott, mein Gott, warum hast du mich verlassen?« (Markus 15,34)
Der König der Könige, der Retter der Welt, der verheiße Messias, der Seelentröster – verzweifelt, untröstlich, leidend. Jesus musste das Schlimmste ertragen: die Trennung von Gott. Das war etwas, was er noch nie in seinem Leben als Mensch erfahren hatte. Jesus war sein Leben lang ohne Schuld gewesen! »Denn Gott machte Christus, der nie gesündigt hat, zum Opfer für unsere Sünden, damit wir durch ihn vor Gott gerechtfertigt werden können« (2. Korinther 5,21).
Als Jesus in der Wüste fastete, kam der Teufel und wollte ihn mehrmals versuchen (Lukas 4). Doch Jesus vertrieb Satan durch das Wort Gottes. Jesus wusste, dass er den Versuchungen nicht nachgeben durfte. Er war ein Mensch geworden, er hatte menschliche Gefühle und Gedanken und musste die gleichen Anfechtungen erleiden, mit denen auch wir heute zu kämpfen haben:

Lüge, Streit, Neid, Eifersucht, Hass, Unrecht, Selbstsucht. Doch er blieb schuldlos, trotz aller Versuchungen. Und nun, dort am Kreuz, musste er diese schmerzvolle Gottestrennung erleiden – für mich. Für dich. Für jeden.

Jesus versuchte nicht, mit menschlicher Kraft und menschlichen Argumenten den Angriffen des Satans zu entkommen. Er richtete Gottes Worte gegen die Worte des Teufels. Kennst du die Aussagen der Bibel so gut, dass du sie dir in Angriffssituationen sofort ins Gedächtnis rufen und damit ein klares Nein gegen die Versuchung schreien kannst? Mach dir einen Plan, wie du in den nächsten Wochen Bibelverse auswendig lernen und wiederholen kannst – sie sind eine wichtige Waffe gegen das Böse!

> Was immer wir tun, tun wir, weil die Liebe Christi uns bewegt. Weil wir glauben, dass Christus für alle gestorben ist, glauben wir auch, dass unser altes Leben vorüber ist, das wir früher führten. Er starb für alle, damit diejenigen, die sein neues Leben erhalten, nicht länger für sich selbst leben. Sie sollen vielmehr für Christus leben, der für sie starb und auferstanden ist.
>
> **2. KORINTHER 5,14f**

Jesus hat die Trennung von Gott für dich erlitten!

MACHT DIE TORE AUF

Macht die Tore auf, öffnet eure Herzen,
denn der König kommt und zieht bei uns ein.
Macht die Tore auf, öffnet eure Herzen,
Gott will mit uns sein.

Er kommt, als ob es selbstverständlich wäre,
dass Mächtige so menschenfreundlich sind.
Er macht sich nichts aus Reichtum, Ruhm und Ehre.
Der König kommt im Stall zur Welt als Kind.

Aus »Feiert Jesus! 5«, Nr. 14
Text: Christoph Zehendner
Melodie: Manfred Staiger
© 2006 Auf den Punkt, Siegen

IM LEID

Sicherlich brennt dir auch manchmal diese Frage auf der Seele:
Wo ist Gott in all dem Leid? Warum lässt er das zu? Wieso greift
er nicht ein?

Darauf gibt es keine einfache Antwort. Aber eines macht die Bibel
immer wieder klar: Gott will mit uns sein. Gott will nicht fern von
uns irgendwo in der himmlischen Sphäre das Weltgeschehen als
passiver Beobachter verfolgen. Er möchte uns nah sein. Er möchte mit uns sein. Deshalb wird Christus als einfaches, hilfloses Baby
in einem Stall geboren. Das, was wir jedes Jahr neu an Weihnachten feiern, zeigt, dass Gott uns entgegenkommt, dass er unter uns
sein möchte, dass er uns nahe ist. Er verzichtet auf »Reichtum,
Ruhm und Ehre« – das bedeutet ihm nichts. Jesus lebt als Mensch
unter den Menschen auf der Erde. Er lebt, er leidet, er kämpft im
Alltag wie jeder von uns. Und das Ende seines irdischen Lebens ist
das: Damit die Trennung zu Gott endgültig überwunden werden
kann, stirbt er, der ohne Sünde war, für all unsere Sünden den
leidvollen Tod am Kreuz. Wenn einer tiefes Leid kennt, dann Jesus!

Dieses eher weihnachtliche Lied zeigt mir aber auch in anderen Zeiten des Jahres immer wieder diese Wahrheit: Gott will mit uns sein. So heißt der hebräische Gottesname »Immanuel« auch übersetzt: »Gott ist mit uns«, auch im Leid!
Betest du heute mit für Menschen im Leid, vor allem für verfolgte Christen in der ganzen Welt?

Deshalb wird der Herr selbst das Zeichen geben. Seht! Die Jungfrau wird ein Kind erwarten! Sie wird einem Sohn das Leben schenken und er wird Immanuel genannt werden. Das heißt: Gott ist mit uns.

JESAJA 7,14

»Sie wird einen Sohn zur Welt bringen. Du sollst ihm den Namen Jesus geben, denn er wird sein Volk von allen Sünden befreien.« All das geschah, damit sich erfüllt, was Gott durch seinen Propheten angekündigt hat: »Seht! Die Jungfrau wird ein Kind erwarten! Sie wird einem Sohn das Leben schenken, und er wird Immanuel genannt werden. Das heißt, Gott ist mit uns.«

MATTHÄUS 1,21-23

Gott will mit dir sein!

MACHT DIE TORE AUF

Macht die Tore auf, öffnet eure Herzen,
denn der König kommt und zieht bei uns ein.
Macht die Tore auf, öffnet eure Herzen,
Gott will mit uns sein.

Er kommt, obwohl er es nicht nötig hätte,
weil er uns liebevoll die Treue hält.
Er stört sich nicht an Brauch und Etikette.
Er kommt hinein in unsre kleine Welt.

Aus »Feiert Jesus! 5«, Nr. 14
Text: Christoph Zehendner
Melodie: Manfred Staiger
© 2006 Auf den Punkt, Siegen

CANDY CANE

Eine typische Süßigkeit in der Weihnachtszeit, vor allem in Großbritannien oder USA, ist der »Candy Cane«, die Zuckerstange. Doch im Grunde genommen passt die Bedeutung der süßen Leckerei viel besser zu Ostern – oder sogar als Erinnerung das ganze Jahr über.

Die roten Streifen der Zuckerstange stehen nämlich für das Blut, das Jesus für uns am Kreuz vergossen hat. Die weißen Streifen symbolisieren das Reinwaschen durch das Blut Jesu von allem, was wir falsch gemacht haben und was uns von Gott trennt. So, wie ein Kleidungsstück durch das Waschen von Schmutz befreit und wieder blütenweiß wird, so wäscht Jesus uns rein von Schuld. Die typische Form des Spazierstocks erinnert darüber hinaus an einen Hirtenstab: Jesus, der als Hirte treu für uns sorgt und sich um uns kümmert, uns beschützt und uns führt, »weil er uns liebevoll die Treue hält«. Und dreht man den Spazierstock um, sieht er aus wie ein »J« – der Anfangsbuchstabe von Jesus.

Möchtest du auch, dass Jesus in deine kleine Welt hineinkommt? Er hat es nicht nötig, doch er möchte so gern! Er möchte uns dienen. Er möchte uns freundlich entgegenkommen, so wie er dem Betrüger Zachäus entgegengekommen ist und mit ihm gegessen hat, obwohl das ganz gegen die Etikette war und viel Murren hervorgerufen hat. Er möchte sein Blut auch für deine Sünden vergießen. »Gott möchte mit uns sein« – als Freund, Helfer, Erlöser, Beschützer, Hirte, Richter, Ratgeber, Schöpfergott.

> Selbst der Menschensohn ist nicht gekommen, um sich dienen zu lassen, sondern um anderen zu dienen und sein Leben als Lösegeld für viele Menschen hinzugeben.
>
> **MARKUS 10,45**

Genieße eine Zuckerstange und genieße
beim Schlecken die Wahrheit,
dass Jesus alles für dich getan hat!

MACHT DIE TORE AUF

Macht die Tore auf, öffnet eure Herzen,
denn der König kommt und zieht bei uns ein.
Macht die Tore auf, öffnet eure Herzen,
Gott will mit uns sein.

Er kommt, und wer ihn einlässt, kann gewinnen,
kann spüren: Er ist Liebe in Person.
Er kommt, um neue Freundschaft zu beginnen:
Gott möchte mit uns sein in seinem Sohn.

Aus »Feiert Jesus! 5«, Nr. 14
Text: Christoph Zehendner
Melodie: Manfred Staiger
© 2006 Auf den Punkt, Siegen

EINE BESONDERE FREUNDSCHAFT

Wer ist dein bester Freund, deine beste Freundin? Warum ist das
so? Sicherlich gibt es verschiedene Gründe, warum man gern mit
einer bestimmten Person befreundet ist, und jeder setzt da andere Schwerpunkte. Aber für alle Freundschaften ist wichtig, dass
man sich gegenseitig schätzt, dass man freundlich miteinander
umgeht, dass man Zeit miteinander verbringt und dass man sich
auf den anderen verlassen kann, auch dann, wenn es Schwierigkeiten gibt. »Auf einen Freund kann man sich immer verlassen,
und ein Bruder ist dazu da, dass man einen Helfer in der Not hat«
(Sprüche 17,17).
Es ist wunderschön, gute Freunde zu haben, dafür gebührt Gott
Dank: Er hat mir einen oder sogar mehrere sehr gute Freunde
gegeben, die teilhaben an meinem Leben und an deren Leben
auch ich teilhaben darf.
»Er ist Liebe in Person. Er kommt, um neue Freundschaft zu beginnen: Gott möchte mit uns sein in seinem Sohn.« Wieviel mehr

bedeutet aber die Freundschaft, die uns Gott in Jesus anbietet! Was für ein Freund ist Jesus für jeden einzelnen von uns! Er lehnt niemand ab, der mit ihm befreundet sein will. Er ist immer da, hilfsbereit, freundlich, gnädig, zuverlässig, treu. Auch wenn Menschen mich verlassen oder kein Verständnis mehr für mich aufbringen – er ist da! Hast du schon Freundschaft mit ihm geschlossen?

> Denn Gott hat die Welt so sehr geliebt, dass er seinen einzigen Sohn hingab, damit jeder, der an ihn glaubt, nicht verloren geht, sondern das ewige Leben hat. Gott sandte seinen Sohn nicht in die Welt, um sie zu verurteilen, sondern um sie durch seinen Sohn zu retten. Wer an ihn glaubt, wird nicht verurteilt. Wer aber nicht an ihn glaubt, ist schon verurteilt, weil er nicht an den Namen des einzigen Sohnes Gottes geglaubt hat.

JOHANNES 3,16-18

Suche dir den besten Freund, den es gibt: Jesus!

IN DER WÜSTE

Ich bete zu dir in der Wüste,
wenn alles in mir trocken scheint.
In meiner Not such ich Zuflucht bei dir,
denn du bist der Gott, der versorgt.

Aus »Feiert Jesus! 4«, Nr. 98
Originaltitel: Desert Song
Text und Melodie: Brooke Ligertwood
Deutsch: David Schnitter
© 2008 Hillsong Music Publishing
Für D, A, CH: CopyCare Deutschland, 71087 Holzgerlingen

DURSTSTRECKE

Auf der Kanarischen Insel Teneriffa gibt es eine wildromanti-
sche Schlucht, die ein sehr beliebtes Wanderziel ist – die Masca-
Schlucht. Man startet in einem idyllischen Bergdorf und steigt
mehrere Stunden durch die sich windende Schlucht hinab zum
Meer. Wir waren an diesem Tag früh aufgebrochen, um der
größten Hitze zu entgehen, und waren aufgrund vieler Warnun-
gen mit reichlich Wasser versehen. Leider hatten wir die Sonnen-
glut auf dem Rückweg unterschätzt. In der Schlucht hatte sich
die Wärme gestaut und wurde auch vom Gestein unerbittlich ab-
gestrahlt. Im oberen Teil der Schlucht kam ein trockener Fallwind
hinzu, der uns wie ein Heißluft-Fön entgegenwehte. Es war eine
Wanderung im Backofen. Wir mussten alle paar Schritte stehen
bleiben, da sich der Herzschlag nach wenigen Metern enorm be-
schleunigte.
Eine definitive Grenzerfahrung. Ohne Gottvertrauen kann man
in solchen Situationen leicht in Panik geraten. Doch auch hier
konnten wir feststellen, dass Jesus Zuversicht und Gelassenheit
schenkt, wenn wir ihm vertrauen. Mit letzter Kraft erreichten wir
den Ausgangspunkt und wurden mit sechs eiskalt-erfrischenden
Dosen Cola versorgt.

Vielleicht erlebst du gerade eine Durststrecke anderer Art. Dann sei gewiss: Jesus ist bei dir und schenkt dir neue Zuversicht, wenn du ihn in deiner Not suchst.

> Dann sagte Jesus: »Kommt alle her zu mir, die ihr müde seid und schwere Lasten tragt, ich will euch Ruhe schenken.«

MATTHÄUS 11,28

> Und er sagte auch: »Es ist vollendet! Ich bin das Alpha und das Omega – der Anfang und das Ende. Jedem, der durstig ist, werde ich aus der Quelle, die das Wasser des Lebens enthält, umsonst zu trinken geben!«

OFFENBARUNG 21,6

Bei Jesus gibt es lebendiges Wasser – umsonst.

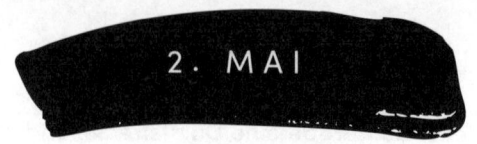

IN DER WÜSTE

Ich bete zu dir in den Flammen,
in Anfechtung, Schmerzen und Not.
Ich hoff auf dich,
bist mir mehr wert als Gold, Herr,
reinige mich, mach mich neu.

Aus »Feiert Jesus! 4«, Nr. 98
Originaltitel: Desert Song
Text und Melodie: Brooke Ligertwood
Deutsch: David Schnitter
© 2008 Hillsong Music Publishing
Für D, A, CH: CopyCare Deutschland, 71087 Holzgerlingen

FEUERPROBE

»Betet das Standbild an!« Der König befiehlt, und alle müssen gehorchen. Wirklich alle?! Drei Männer schwimmen gegen den Strom. Sie folgen ihrem Gewissen, widersetzen sich dem Befehl von höchster Ebene und erkennen allein die Autorität Gottes an. Dafür müssen sie die Konsequenzen tragen. Sie sollen lebendig verbrannt werden. »In den Feuerofen mit diesen Befehlsverweigerern!« Das Unfassbare geschieht: Die Handlanger des Königs werden vom Feuer verschlungen, aber Daniels Gefährten bleiben unversehrt. Gott steht ihnen inmitten der Flammen bei. Der König erkennt: Diese Männer stehen unter einem Schutz, dem er nicht gewachsen ist.

Die ganze Geschichte kannst du im 3. Kapitel im Buch des Propheten Daniel nachlesen. Daniel ist in einer schwierigen Situation. Soll er dem König gehorchen und seine Grundsätze über Bord werfen oder hält er Gott die Treue, den sicheren Tod vor Augen? Er vertraut felsenfest der Fürsorge Gottes, und sein Glaube wird belohnt.

Vielleicht gibt es in deinem Leben Schwierigkeiten oder Versuchungen, bei denen es verlockend wäre, den scheinbar leichte-

ren Weg zu wählen – nach dem Motto: »Das machen doch alle!«
Oft bedeutet das aber ein Verlassen von Gottes gutem Weg. In
solchen Momenten steht dein Glaube auf dem Prüfstand. Wie
entscheidest du dich?

> Dies dient nur dazu, euren Glauben zu prüfen, damit sich
> zeigt, ob er wirklich stark und rein ist. Er wird erprobt, so
> wie Gold im Feuer geprüft und geläutert wird – und euer
> Glaube ist Gott sehr viel kostbarer als bloßes Gold. Wenn
> euer Glaube also stark bleibt, nachdem er durch große
> Schwierigkeiten geprüft wurde, wird er euch viel Lob und
> Herrlichkeit und Ehre einbringen an dem Tag, an dem Je-
> sus Christus der ganzen Welt offenbart werden wird.
>
> **1. PETRUS 1,7**

**Setze dein Vertrauen ganz auf Jesus
und bleibe ihm treu – es lohnt sich.**

IN DER WÜSTE

Ich bete an, ich bete an,
alles, was gegen mich ist, soll vergehn.
Ich will mich freun, verkünde es laut:
»Gott ist mein Sieg,
ich kann nach vorne sehn.«

Aus »Feiert Jesus! 4«, Nr. 98
Originaltitel: Desert Song
Text und Melodie: Brooke Ligertwood
Deutsch: David Schnitter
© 2008 Hillsong Music Publishing
Für D, A, CH: CopyCare Deutschland, 71087 Holzgerlingen

PERSPEKTIVWECHSEL

Beim Bergsteigen verändert sich meine Wahrnehmung. Während ich über Gottes gigantische Schöpfung staune, erkenne ich, wie klein ich bin, und mein Blick auf die Dinge wandelt sich.

Auch Anbetung gibt dir die Möglichkeit, deine Blickrichtung zu ändern, indem du dein Leben und Tun ganz auf Jesus ausrichtest. Wenn du anerkennst, wer er ist, und ihm dafür dankst, was er alles Gutes in deinem Leben bewirkt hat, ändert sich deine Perspektive. Du hörst auf, dich wie ein Kreisel um dich selbst zu drehen. Deine Selbstvorwürfe (»Ich bin wertlos!«, »Ich genüge nicht!«), deine Verletzungen (»Niemand beachtet mich!«, »Die anderen denken schlecht von mir!«) und deine negativen Gedanken und Gefühle, die dich in diesem Moment beschäftigen und dir die Kraft rauben, werden klein. Stattdessen weitet sich dein Blickfeld. Du kannst wieder befreit durchatmen und dein Menschsein durch Gottes Augen sehen.

Sobald du anfängst, dich an dem zu freuen, was Jesus dir geschenkt hat – seine Vergebung, Liebe, echtes Leben und sich selbst –, wird dieser selbstzerstörerische Gedankenstrudel zur Nebensache und löst sich vielleicht sogar in Wohlgefallen auf.

Dann kannst du wieder voller Hoffnung nach vorne blicken und erkennen, wer du in Jesus bist, denn er hat die Angst und Mutlosigkeit besiegt. Du bist in seinen Augen wertvoll, angenommen und geliebt.

> Denn alles ist mir möglich durch Christus, der mir die Kraft gibt, die ich brauche.

PHILIPPER 4,13

Schau auf Jesus, dann siehst du die Dinge
mit anderen Augen.

IN DER WÜSTE

Ich bete zu dir in Bedrängnis,
in Kämpfen, die nicht enden wolln.
Ich weiß: mit Jesus kann ich triumphiern,
auf ihn ist Verlass allezeit.

Aus »Feiert Jesus! 4«, Nr. 98
Originaltitel: Desert Song
Text und Melodie: Brooke Ligertwood
Deutsch: David Schnitter
© 2008 Hillsong Music Publishing
Für D, A, CH: CopyCare Deutschland, 71087 Holzgerlingen

WAHRE FREUNDSCHAFT

Der US-amerikanische Journalist Walter Winchell soll gesagt haben: »Ein wahrer Freund ist einer, der kommt, wenn der Rest der Welt geht.« In Zeiten der Not und Bedrängnis wird sich zeigen, wer ein wirklicher Freund ist. Jesus ist so ein Freund, auf den immer hundertprozentig Verlass ist. Er wird dich nie im Stich lassen, sondern geht mit dir durch Dick und Dünn.

Gerade in Zeiten der Not kannst du die Erfahrung machen, dass deine Gottesbeziehung an Tiefe gewinnt. Denn nur, wenn du dich ganz von Jesus abhängig machst, kann er die Zügel deines Lebens in die Hand nehmen und dich aus dem Schlamassel befreien. Gerade im Kampf gegen tägliche Versuchungen oder Anfeindungen wirst du Gottes Wirken in deinem Leben ganz konkret erfahren, wenn du dein Vertrauen vollkommen auf Jesus setzt.

Vielleicht kämpfst du gerade diesen Kampf, indem du versuchst, typischen Stolpersteinen wie Pornographie, Genussmitteln oder exzessivem Medienkonsum zu widerstehen. Es hat keinen Sinn, deine heimlichen (Sehn-)Süchte zu vertuschen, denn Jesus kennt sie alle. Suche Unterstützung bei wahren Freunden oder gegebenenfalls professionelle Hilfe, und suche vor allem Jesus. Dann wirst du mit ihm am Ende triumphieren, auch wenn der Kampf noch lange und schwierig ist.

Der Herr spricht: »Ich will den erretten, der mich liebt.
Ich will den beschützen, der auf meinen Namen vertraut.
Wenn er zu mir ruft, will ich antworten. Ich will ihm in der
Not beistehen und ihn retten und zu Ehren bringen. Ich will
ihm ein langes Leben schenken und ihn meine Hilfe erfah-
ren lassen.«

PSALM 91,14-16

Jesus ist ein echter Freund.
Auf ihn ist jederzeit Verlass.

IN DER WÜSTE

Mein Leben lang, durch alle Zeiten,
bleibst du mein Gott,
darum sing ich dir mein Lied,
darum bring ich dir Anbetung.

Aus »Feiert Jesus! 4«, Nr. 98
Originaltitel: Desert Song
Text und Melodie: Brooke Ligertwood
Deutsch: David Schnitter
© 2008 Hillsong Music Publishing
Für D, A, CH: CopyCare Deutschland, 71087 Holzgerlingen

SING DEINEN SONG

Ich habe es mir zur Gewohnheit gemacht, dass ich meine Erlebnisse mit Jesus, meine Gedanken und Gefühle über ihn, gerne in Lieder verpacke. So kann ich meine Eindrücke und Erfahrungen ganz gut ordnen und reflektieren. Ein Lied hat dabei den Vorteil, dass ich neben dem Inhalt auch die Stimmung durch entsprechende Harmonien festhalten und ausdrücken kann. Außerdem macht Singen einfach Spaß, und es ist für mich einer der einfachsten Wege, Gott anzubeten und anderen von ihm zu erzählen.

Während ein solches Lied entsteht – die besten Lieder formen sich oft in Wüstenzeiten – beginnt die Kreativität nur so zu sprudeln, was, nebenbei bemerkt, eine ungeheuer belohnende Erfahrung ist. Wenn ich dann das fertige Lied meiner Familie oder meinen Freunden vorspiele, warte ich gespannt auf deren Reaktionen und freue mich, wenn ich ihnen damit eine Freude machen oder einen wertvollen Impuls liefern konnte. Einige der Lieder spielen wir sogar in unserer Band. Häufig melden uns Leute zurück, dass unsere Lieder sie ermutigt hätten.

Ich denke, dass Gott sich riesig darüber freut, wenn er die Früchte der Kreativität, die er in uns gelegt hat, sieht und hört. Deshalb möchte ich dich ermutigen, ihm deine Lebenslieder zu singen, auch wenn du denkst, dass du vielleicht unmusikalisch bist. Es geht um deine Herzenshaltung und nicht darum, Popstar zu werden. Jesus freut sich über dich und deinen Song.

> Ich will den Herrn allezeit loben und nie aufhören, ihm zu danken. Allein den Herrn will ich loben; die Mutlosen sollen es hören und sich freuen. Kommt, lobt mit mir die Größe des Herrn, lasst uns gemeinsam seinen Namen ehren!

PSALM 34,2-4

Sing dein Lebenslied für Jesus.
Er freut sich darüber.

6. MAI

IN DER WÜSTE

Ich bete zu dir in der Ernte,
wenn du mich mit Gutem beschenkst.
Ich weiß: Du gibst, sodass ich geben kann.
Die Saat, die du schenkst, will ich säen.

Aus »Feiert Jesus! 4«, Nr. 98
Originaltitel: Desert Song
Text und Melodie: Brooke Ligertwood
Deutsch: David Schnitter
© 2008 Hillsong Music Publishing
Für D, A, CH: CopyCare Deutschland, 71087 Holzgerlingen

DIE WÜSTE BLÜHT

Im ersten Moment scheint die Strophe im Hinblick auf den Liedtitel etwas aus dem Rahmen zu fallen. In der Wüste ernten? Das geht doch gar nicht! Oder?

Tatsächlich überdauern beispielsweise im heißen Sand der chilenischen Atacama, die als trockenste Wüste der Welt gilt, abertausende Pflanzensamen jahrelange Dürrezeiten. Nur eine einzige weitere Voraussetzung erweckt die Wüste zu neuem Leben: Wasser. Nach einem zwar seltenen, aber heftigen Regenguss geschieht das Wunder: Die Wüste blüht! Auch in Ägypten, einem Land, das zu circa 96 Prozent aus Wüste besteht, zieht sich der Nil wie eine Nabelschnur als einzige Lebensader durch das gesamte Staatsgebiet. Mit dem Nil-Wasser sind sogar seit Jahrtausenden ertragreiche Ernten möglich – mitten in der Wüste.

Im Johannes-Evangelium, Kapitel 4, bietet Jesus der Frau am Brunnen lebendiges Wasser an. Jesus hält dieses Wasser des Lebens auch für dich bereit. Er will deine Dürrezeit beenden und deine Wüste erblühen lassen. Dann ist Erntezeit, und du darfst dich an dem Guten, das Gott dir gibt, freuen. Er gibt dir mehr als genug. Gib deshalb großzügig davon weiter, damit auch andere dieses Lebenswasser bekommen.

Jesus antwortete: »Wenn du wüsstest, welche Gabe Gott
für dich bereithält und wer der ist, der zu dir sagt: ›Gib mir
zu trinken‹, dann wärst du diejenige, die ihn bittet, und er
würde dir lebendiges Wasser geben.«

JOHANNES 4,10

Bitte Jesus um lebendiges Wasser,
damit du Früchte tragen kannst.

SO GROSS IST DER HERR

Ein König voller Pracht, voll Weisheit und voll Macht.
Die Schöpfung betet an. Die Schöpfung betet an.
Er kleidet sich in Licht. Das Dunkel hält ihn nicht
und flieht, sobald er spricht, und flieht, sobald er spricht.

So groß ist der Herr! Singt mit mir:
So groß ist der Herr! Ihn preisen wir.
So groß, so groß ist der Herr!

Aus »Feiert Jesus! 4«, Nr. 129
Originaltitel: How Great Is Our God
Text und Melodie: Chris Tomlin, Jesse Reeves und Ed Cash
Deutsch: Arne Kopfermann
© 2004 sixsteps Music/worshiptogether.com songs
Für D, A, CH: SCM Hänssler, 71087 Holzgerlingen
© 2004 Wondrously Made Songs
Für D, A, CH: Small Stone Media Germany, Köln

Feiert Jesus! 365
CD 1, Nr. 11

GOTT ALS KÖNIG

Was verbindest du mit den Begriffen »König«, »Herrscher«, »Höchster«? Wenn ich Psalm 47 lese, sehe ich Gott als großen, erhabenen, heiligen König vor mir. Seine Königsmacht hat nichts Bedrohliches. Gott herrscht über alle Völker (Vers 9), das gab es auf der Welt bisher nie. Selbst großen Herrschern wie David, Salomo, Cäsar oder Augustus war nicht die ganze Erde unterworfen. Es ist eine Zukunftsvision, dass Gott über alle herrschen und die ganze Schöpfung ihn anbeten wird. Ein Bild der kommenden Hoffnung und Herrlichkeit.

Gott als König, als Herrscher der Welt ist mir im Alltag oft nicht präsent. Andere Bezeichnungen von Gott liegen mir oft näher:

Gott als mein Schöpfer, als mein Beschützer, Jesus als mein Freund, mein Hirte und Arzt. Doch ich möchte mein oft einseitiges Bild von Gott erweitern. Ich weiß mich in meinem alltäglichen Leben von ihm gut regiert. Es ist für mich am besten, mich von ihm »beherrschen« zu lassen und mich dabei selbst zurückzunehmen. Wenn ich nicht alles selbst erreichen möchte, sondern mir abnehmen lasse, was er für mich tun möchte, gehe ich mit leichterem Gepäck durchs Leben. Er ist groß! »Singt mit mir: So groß ist der Herr! Ihn preisen wir.« Lass Gott heute deinen König, deinen Regent sein. Bete, dass er Regent in deinem Alltagsleben sein darf, aber auch in deinem Ort, in deinem Land und in den Entscheidungsfragen der Politik!

All ihr Völker, klatscht vor Freude in die Hände, lobt Gott mit frohen Liedern! Denn der Herr, der Höchste, ist ein heiliger Gott, ein großer König über die ganze Welt. Er hat uns die Völker unterworfen und uns unsere Feinde zu Füßen gelegt. Er hat uns dieses Land zum Eigentum gegeben, zum stolzen Besitz der Nachkommen Jakobs, den er lieb hat. Denn Gott ist König über die ganze Welt, singt ihm einen Psalm! Gott herrscht über alle Völker. Gott sitzt auf seinem heiligen Thron. Die Herrscher der Welt sind zusammengekommen und preisen mit uns den Gott Abrahams. Denn alle Könige auf der Erde gehören Gott. Ihm gebührt die Ehre.

PSALM 47,2-5.8-10

Gott ist König – auch in deinem Leben?

SO GROSS IST DER HERR

Von Anbeginn der Zeit bis in die Ewigkeit
bleibt er derselbe Gott, bleibt er derselbe Gott
als Vater, Sohn und Geist, den alle Schöpfung preist,
als Löwe und als Lamm, als Löwe und als Lamm.

So groß ist der Herr! Singt mit mir:
So groß ist der Herr! Ihn preisen wir.
So groß, so groß ist der Herr!

Sein Name sei erhöht, denn er verdient das Lob.
Wir singen laut: So groß ist der Herr.

Feiert Jesus! 365
CD 1, Nr. 11

GOTT IST MÄCHTIGER!

Der Theologe Karl Barth sagte folgenden ermutigenden Satz: »Keine Angst. Es wird regiert! Nicht in Moskau, Peking oder Washington. Es wird regiert von ganz oben! Nicht den Mut verlieren. Es wird regiert.« Gott hat Macht über alles! Wenn ich mir die politische Lage ansehe, die Kriege in manchen Ländern, die Hungerkatastrophen oder die Flüchtlingsströme fällt dies manchmal schwer zu glauben.

Aber vom Beginn der Welt an war Gott. Er war, bevor alles andere war. Er ist der Schöpfergott. Er hat die Welt mit allem, was darin ist, geschaffen. Und er regiert sie noch immer. Er hat nicht abgedankt, er hat die Herrschaft nicht abgegeben. Er ist ein mächtiger Herr, der die Naturgewalten regiert und stärker ist als sie: »Doch mächtiger noch als das Wüten des Meeres, mächtiger als die Wellen am Ufer ist der Herr in der Höhe« (Psalm 93,4). Im Psalm 93 wird Gott in seiner Herrscherhoheit besungen. Seine Königswürde, seine Allmacht, seine Schöpfungskraft wird bejubelt. Und es wird betont, dass Gottes Wort zuverlässig ist. Er bleibt derselbe Gott, er ist treu und ändert sich nicht. Was passiert mit mir, wenn ich Gott so lobe? Wenn ich mir Gottes unglaubliche Größe vor Augen führe und verschiedene Aspekte seiner Macht mir konkret vorstelle?

Wenn ich Gott als König in meinem Leben habe und an seine Macht glaube, gibt mir das Sicherheit, Gelassenheit und Trost. Wenn ich in einer konkreten Situation Ermutigung brauche, hilft es, mir selbst laut vorzusagen – und ich muss mir dabei nicht dumm vorkommen –: »Gott ist mächtiger!« Oder laut zu singen: »So groß ist der Herr!«

> Der Herr ist König! Er ist in Herrlichkeit gekleidet. Ja, der Herr ist in Herrlichkeit gekleidet und mit Stärke umgürtet. Die Erde ist fest gegründet, nichts kann sie erschüttern. Dein Thron steht seit ewigen Zeiten und du selbst bist von Anbeginn an. Herr, die mächtigen Meere toben. Die mächtigen Ozeane donnern und brausen, die mächtigen Wogen schlagen ans Ufer. Doch mächtiger noch als das Wüten des Meeres, mächtiger als die Wellen am Ufer ist der Herr in der Höhe! Dein Wort ist sehr zuverlässig. Herr, dein Haus ist ein heiliges Haus für alle Zeit.

PSALM 93

Gott ist mächtiger!

FÜR IMMER

Heilig, Jesus, dein Name ist heilig,
und ich darf vor dir stehn für immer.
Ewig, Jesus, dein Name steht ewig,
Himmel und Erde knien vor dir für immer.

Aus »Feiert Jesus! 4«, Nr. 136
Text und Melodie: Winnie Schweitzer, Lars Peter und Pamela Natterer
© 2011 Gracetown Publishing bei SCM Hänssler, 71087 Holzgerlingen

Feiert Jesus! 18
Nr. 12

BIS ÜBER BEIDE OHREN

Warst du schon mal bis über beide Ohren verliebt? Dann hast du bestimmt ähnliche Gefühle empfunden wie ich. Du hattest Schmetterlinge im Bauch, wolltest dem anderen die ganze Zeit nahe sein und machtest jede Menge merkwürdiger Dinge. Wenn ich an damals denke, als ich mich in meine jetzige Frau verliebte, erinnere ich mich noch gut an unsere inhaltsschweren Telefongespräche. Sie dauerten gefühlt Stunden und bestanden hauptsächlich aus einem einzigen, sich permanent wiederholenden Liebesbekenntnis: »Ich liebe dich.« Aber was soll ich sagen: Genau das traf den Kern unserer Beziehung, und es war ein wunderbares Erlebnis, die Stimme des anderen zu hören.

Mal ehrlich: Wie stellst du dir den Himmel vor? Im ersten Moment klingt die Zeile »Und ich darf vor dir stehn für immer« aus der ersten Strophe für meine Ohren ziemlich anstrengend. Und Leute, die schon einmal mehrere Stunden am Stück stehen mussten, werden bestätigen, dass sich die Beine danach wie Blei anfühlen. Aber wenn du dir bewusst machst, wen du dabei vor Augen hast, nämlich Jesus in seiner ganzen Herrlichkeit und Heiligkeit, dann wirst du aus dem Staunen gar nicht mehr herauskommen und alles wird sich so wunderbar anfühlen wie damals die vom Telefonieren heißen Ohren. Es wird dir dann womöglich nicht mehr komisch vorkommen, dass du auf die Knie fällst und zum abermillionsten Mal sagst: »Ich liebe dich.«

> Und du sollst den Herrn, deinen Gott, von ganzem Herzen, von ganzer Seele, mit all deinen Gedanken und all deiner Kraft lieben.
>
> **MARKUS 12,30**

> Vor diesem Namen sollen sich die Knie aller beugen, die im Himmel und auf der Erde und unter der Erde sind.
>
> **PHILIPPER 2,10**

Sage Jesus auf deine Art täglich neu:
»Ich liebe dich.«

FÜR IMMER

Du bist der Anfang und das Ziel.
Du bist die Kraft, die heilen will,
und deine Liebe hält uns sicher in der Not.
Wir werden dein Reich kommen sehn,
werden am Ende vor dir stehn,
denn deine Liebe überwindet selbst den Tod für immer.
Amen.

Aus »Feiert Jesus! 4«, Nr. 136
Text und Melodie: Winnie Schweitzer, Lars Peter und Pamela Natterer
© 2011 Gracetown Publishing bei SCM Hänssler, 71087 Holzgerlingen

Feiert Jesus! 18
Nr. 12

FEUER DER LIEBE

Für den menschlichen Verstand ist es schwer vorstellbar, dass Jesus bereits vor Anbeginn der Welt dabei war und uns am Ende aller Tage in seine Arme schließen wird. Er ist der Anfang und das Ziel. Alpha und Omega. Er kennt jeden Moment dazwischen. Und er hat die größte Kraft des Universums entfesselt: seine vorbehaltlose Liebe. Diese Liebe hat die Welt auf den Kopf gestellt und verändert auch heute noch Menschen. Also, alles bestens! Oder? Häufig lese ich in den Nachrichten von grenzenlosem Hass durch religiöse Fanatiker, von Misshandlungen und abgrundtiefem Leid. Wir leben in einer gefallenen Schöpfung. Die Welt steuert auf den Abgrund zu. Irgendwie fühle ich mich machtlos, frage mich, was ich tun kann, um Licht in diese Finsternis zu bringen. Hoffnungslos? Kraftloses Christsein? Einer hat den Hoffnungsfunken bereits entfacht: Jesus, der mit seiner Liebe die Herzen der Menschen heilen will, der mit seiner Liebe selbst den Tod besiegt.

Gestern, heute und morgen. Könnten wir doch unseren Stolz und unsere Bequemlichkeit überwinden und so vorbehaltlos lieben wie er! Dann könnte diese Liebe zum Flächenbrand werden! Sein Reich wäre heute schon sichtbar. Mit Jesus wird es gelingen, denn er kann unser Feuer neu anzünden, sodass noch viele gerettet werden.

Ich bin überzeugt: Nichts kann uns von seiner Liebe trennen. Weder Tod noch Leben, weder Engel noch Mächte, weder unsere Ängste in der Gegenwart noch unsere Sorgen um die Zukunft, ja nicht einmal die Mächte der Hölle können uns von der Liebe Gottes trennen.

RÖMER 8,38

Jesus Christus ist gestern, heute und in Ewigkeit derselbe.

HEBRÄER 13,8

Ich bin das Alpha und das Omega, der Erste und der Letzte, der Anfang und das Ende.

OFFENBARUNG 22,13

Lass Jesus dein Feuer neu entfachen.

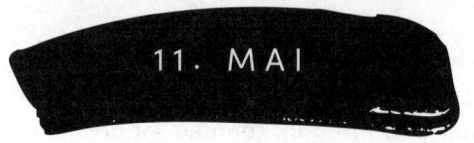
FÜR IMMER

Frieden,
in deinem Namen ist Frieden,
der diese Welt versöhnt für immer.
Schöner, Jesus, dein Name ist schöner,
mit allen Engeln singen wir für immer.
Amen.

Aus »Feiert Jesus! 4«, Nr. 136
Text und Melodie: Winnie Schweitzer, Lars Peter und Pamela Natterer
© 2011 Gracetown Publishing bei SCM Hänssler, 71087 Holzgerlingen

Feiert Jesus! 18
Nr. 12

FRIEDENSBRINGER

Als wir vor einigen Jahren eine Jüngerschaftsschule in Sydney in Australien absolvierten, gestalteten wir einen Abend für Leute, die am Rande der Gesellschaft stehen. Diese Treffen fanden regelmäßig statt, und der Pastor sagte uns, viele der Besucher seien verstimmt, weil an diesem Abend nicht die Hausband spielen würde.

Wir bereiteten uns also mit einem etwas mulmigen Gefühl auf unseren Einsatz vor. Während des Gottesdienstes fiel mir besonders die abwehrende Körperhaltung eines Mannes auf, der im hinteren Bereich des Kirchenraumes saß und nach Aussage des Pastors nur widerwillig gekommen war. Im Verlauf der abschließenden spontanen Gebetszeit kam er nach vorne und steuerte auf mich zu. Ich befürchtete schon, er wolle Ärger machen, und fragte ihn, was sein Gebetsanliegen sei. Er erwiderte: »Ich will Frieden im Geist.« Ich fühlte mich leicht überfordert und bat deshalb Jesus um Weisheit und Führung. Da kam mir Matthäus 11,28 in den Sinn: »Kommt alle her zu mir, die ihr müde seid und schwere Lasten tragt, ich will euch Ruhe schenken.« Diesen Vers sprach ich ihm zu. Was nun folgte, hatte ich noch nicht erlebt: Dieser hart wirkende und abweisende Mensch fing an zu weinen, worauf ich ihn einfach in die Arme nahm und ihm sagte, wie sehr Jesus ihn liebte. Jesus ist der wahre Friedensbringer, der selbst die härteste Schale knacken und Versöhnung schenken kann. Wir sind seine Werkzeuge.

> Denn uns wurde ein Kind geboren, uns wurde ein Sohn geschenkt. Auf seinen Schultern ruht die Herrschaft. Er heißt: wunderbarer Ratgeber, starker Gott, ewiger Vater, Friedensfürst.
>
> **JESAJA 9,5**

> In ihm allein gibt es Erlösung! Im ganzen Himmel gibt es keinen anderen Namen, den die Menschen anrufen können, um errettet zu werden.
>
> **APOSTELGESCHICHTE 4,12**

Du bist ein Werkzeug seines Friedens.
Lass dich gebrauchen.

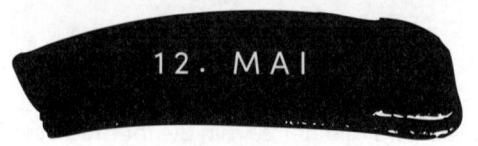
DU BIST GUT

Die ganze Welt soll hörn,
wie gut du zu uns bist,
wie groß und grenzenlos
doch deine Gnade ist.
Du machst mein Leben reich,
mit Liebe füllst du mich.
Ich kann nur staunen, Herr!

Und ich singe, denn du bist gut.
Und ich tanze, denn du bist gut.
Und ich rufe laut: »Du bist gut!«
Du bist gut zu mir.

Aus »Feiert Jesus! 5«, Nr. 41
Originaltitel: You Are Good
Text und Melodie: Brian Johnson und Jeremy Riddle
Deutsch: Anette Sorge
© 2010 Bethel Music Publishing
Für D, A, CH: Small Stone Media Germany, Köln
© 2010 Mercy/Vineyard Publishing
Für D, A, CH: Gerth Medien, Asslar

Feiert Jesus! 365
CD 2, Nr. 1

JESUS DIENEN, WEIL ER GUT ZU MIR IST

»Die ganze Welt soll hörn, wie gut du zu uns bist« – ich möchte kein Blatt vor den Mund nehmen, denn jeder, egal wer, wie, wo und wann, soll es hören und wissen: Jesus füllt mich so sehr mit seiner Liebe, damit ich sie nicht für mich behalten soll, sondern dass ich überquelle und für andere sprudle. Tue ich das? Ich weiß, dass ich mir bei Jesus nichts verdienen und erkaufen kann. Trotzdem möchte ich, dass meine Liebe zu Jesus sichtbar wird, dass mein Glaube sich in meinem Handeln zeigt und nicht tot ist, wie es die Bibel sagt.

In Matthäus 26 steht die Geschichte einer Frau, die Jesus mit kostbarem Öl salbt. Die Jünger, die es miterleben, sind keineswegs erfreut und beeindruckt, dass diese Frau Jesus so dient. Im Gegenteil. Sie empfinden es als übertrieben, als Verschwendung des teuren Öls. Sie überlegen, was man mit dem Geld, das das Öl bei einem Verkauf eingebracht hätte, alles hätte Gutes für andere Menschen tun können. Sie empfinden es als ungehörig, dass eine Frau von so zweifelhaftem Ruf sich Jesus so nähert. Alles nachvollziehbare Reaktionen. Vielleicht hätte ich an ihrer Stelle ebenso reagiert? Jesus aber denkt anders: Er sieht die Liebe der Frau zu ihm und weiß, dass sie so handelt, weil er ihr unendlich viel bedeutet. Auch von mir möchte Jesus, dass das, was ich sage, denke und tue, ihm zur Ehre ist, dass er dadurch verherrlicht wird. »Und ich singe, denn du bist gut« – und alle sollen es hören!

> Es ist alles erlaubt, aber nicht alles ist hilfreich. Es ist alles erlaubt, aber nicht alles ist gut. Denkt nicht an euren eigenen Vorteil, sondern an die anderen und an das, was für sie am besten ist. [...] Was immer ihr esst oder trinkt oder tut, das tut zur Ehre Gottes!
>
> **1. KORINTHER 10,23-24.31**

Ich singe ihm zur Ehre, denn Jesus ist gut!

13. MAI

DU BIST GUT

Nichts kommt dir jemals gleich.
Niemand ist so wie du.
Der Himmel und das Meer
rufen dir jubelnd zu.
In meiner tiefsten Nacht
strahlst du als helles Licht.
Ich kann nur staunen, Herr!

Und ich singe, denn du bist gut.
Und ich tanze, denn du bist gut.
Und ich rufe laut: »Du bist gut!«
Du bist gut zu mir.

Aus »Feiert Jesus! 5«, Nr. 41
Originaltitel: You Are Good
Text und Melodie: Brian Johnson und Jeremy Riddle
Deutsch: Anette Sorge
© 2010 Bethel Music Publishing
Für D, A, CH: Small Stone Media Germany, Köln
© 2010 Mercy/Vineyard Publishing
Für D, A, CH: Gerth Medien, Asslar

Feiert Jesus! 365
CD 2, Nr. 1

ZEUGE SEIN

»In meiner tiefsten Nacht strahlst du als helles Licht.« Dem be-
sessenen Mann im Gebiet der Gadarener (Lukas 8,26-39) mag es
wohl so gegangen sein. Mitten in seiner tiefsten Nacht, in seiner
Geisteskrankheit, die unbeschreibliche Ausmaße angenommen
hatte, mitten dahinein kam Jesus. Leider sah die Menschenmasse
es anders. Sie machten sich viel mehr Gedanken um die Schwei-
ne als um dieses Menschenleben, das gerettet wurde.

Da Jesus aus der Gegend wegging, nachdem er den Mann geheilt hatte, war sein Auftrag, den er dem Geheilten gab, umso wichtiger. Jesus gab ihm sozusagen einen Missionsauftrag (Lukas 8,39). Und das war alles andere als einfach. Schließlich waren die Menschen, die seine Heilung miterlebt hatten und eigentlich beeindruckt und voller Lob für Gott oder voll Freude für den Geheilten hätten sein müssen, eher verärgert und desinteressiert und schätzten die Tat Jesu überhaupt nicht. Dennoch nahm der Mann den Auftrag an und war gehorsam. Er ging und erzählte es allen. Er war nicht scheu oder zurückhaltend, noch ging er an einen anderen Ort, um dort von Jesu Hilfe zu erzählen, sondern er wurde da tätig, wo Jesus ihn hingesandt hatte, in seiner Heimatstadt, obwohl die Leute ihm dort nicht freundlich begegneten.

Dieser Mann ist für mich ein tolles Vorbild in der Art, wie er Zeuge von Jesu Hilfe und Wunderkraft war: »Und ich singe, denn du bist gut«.

> Bald war Jesus von Menschen umringt, die selbst sehen wollten, was geschehen war. Als sie den Mann, der von Dämonen besessen gewesen war, bekleidet und völlig bei Verstand friedlich zu Füßen von Jesus sitzen sahen, überkam sie Furcht. Diejenigen, die alles mit eigenen Augen gesehen hatten, erzählten ihnen, wie der Besessene geheilt worden war. Da drängten sie Jesus, zu gehen und sie in Ruhe zu lassen, so groß war ihre Angst. Jesus stieg daraufhin wieder in das Boot und fuhr zurück auf die andere Seite des Sees. Der Mann, der von Dämonen besessen gewesen war, wollte unbedingt mit ihm gehen, doch Jesus sagte zu ihm: »Nein, geh zu deiner Familie zurück und erzähle ihnen von dem Wunderbaren, das Gott für dich getan hat.« Da ging er durch die ganze Stadt und erzählte, was Jesus für ihn getan hatte.

LUKAS 8,35-39

Berichte von Jesu Wunder in deinem Leben!

DU BIST GUT

Das ist mein Herzensschrei,
alle solln es hörn:
Du bist gut, du bist gut!
Ob die Sonne scheint
oder Regen fällt:
Du bist gut, du bist gut!

Ja, ich singe, ja, ich tanze,
ja, ich rufe, denn du bist gut zu mir!

Aus »Feiert Jesus! 5«, Nr. 41
Originaltitel: You Are Good
Text und Melodie: Brian Johnson und Jeremy Riddle
Deutsch: Anette Sorge
© 2010 Bethel Music Publishing
Für D, A, CH: Small Stone Media Germany, Köln
© 2010 Mercy/Vineyard Publishing
Für D, A, CH: Gerth Medien, Asslar

Feiert Jesus! 365
CD 2, Nr. 1

GOTT IST GUT

»Der Herr, euer Gott, wird euch Erfolg schenken bei allem, was ihr tut. Er wird euch viele Kinder, unzählige Jungtiere sowie reiche Ernten schenken. Der Herr wird sich wieder an euch freuen und euch Gutes tun [...], wenn ihr seiner Stimme gehorcht [...] und wenn ihr euch aufrichtig und mit aller Kraft wieder dem Herrn, eurem Gott, zuwendet« (5. Mose 30,9f). Das ist eine Erfolgsgarantie. Gott verspricht ein Leben in Fülle und große Segnungen. Er verheißt nicht nur, dass wir gerade so überleben, wenn wir nach seinem Willen leben, nein, er ist gut und will auch uns viel Gutes tun!
Warum greifen wir nicht einfach zu und leben aus der Segensfülle? Gott lässt dem Volk Israel durch Mose sagen: »Dieses Gesetz,

das ich euch heute gebe, ist nicht zu schwer für euch, als dass ihr es nicht verstehen und befolgen könntet« (5. Mose 30,11). Gott stellt uns vor die Entscheidung, ob wir »Leben oder Tod, Segen oder Fluch« (Vers 19) wählen möchten. Bedingung dafür ist nur, dass wir nach seinem Willen und seinen Geboten leben. Die Fülle der Gesetze könnten wir niemals einhalten, aber Gott macht es uns einfach und sagt, wir sollen das Leben – Jesus – ergreifen (Römer 10,5-10). Jesus, der Weg, die Wahrheit und das Leben. Und weil Jesus uns ein neues und ewiges Leben schenken kann, ist es jeden Tag neu an uns, uns für dieses gesegnete Leben in Christus zu entscheiden – greife zu! Denn er ist gut!

»Nein, seine Botschaft ist euch ganz nah; sie liegt auf euren Lippen und in eurem Herzen, sodass ihr sie befolgen könnt. Hört mir zu! Heute stelle ich euch vor die Wahl zwischen Gut und Böse, zwischen Leben und Tod. Ich fordere euch heute auf, den Herrn, euren Gott, zu lieben und seine Gebote, Gesetze und Vorschriften zu halten, indem ihr nach seinem Willen lebt. Dann werdet ihr am Leben bleiben und zu einem großen Volk werden. Der Herr, euer Gott, wird euch in dem Land segnen, in das ihr nun zieht, um es zu erobern. Wenn ihr jedoch nichts mehr von ihm wissen wollt, wenn ihr ihm nicht gehorcht und euch dazu verleiten lasst, anderen Göttern zu dienen und sie anzubeten, dann werdet ihr mit Sicherheit zugrunde gehen; das kündige ich euch schon heute an. Dann werdet ihr nicht lange in dem Land leben, in das ihr jetzt über den Jordan zieht, um es zu erobern. Heute stelle ich euch vor die Wahl zwischen Leben und Tod, zwischen Segen und Fluch. Der Himmel und die Erde sind meine Zeugen. Wählt doch das Leben, damit ihr und eure Nachkommen am Leben bleiben! Entschließt euch, den Herrn, euren Gott, zu lieben, ihm zu gehorchen und euch ihm ganz anzuvertrauen, denn er ist euer Leben. Ihr werdet dann lange in dem Land leben, das der Herr euren Vorfahren Abraham, Isaak und Jakob mit einem Eid versprochen hat.«

5. MOSE 30,14-20

Danke, Vater, dass du so gut zu mir bist,
wenn ich nach deinem Weg frage!

UNSER GOTT IST EIN MÄCHTIGER GOTT

Unser Gott ist ein mächtiger Gott!
Er herrscht vom Himmel herab
mit Weisheit, Liebe und Kraft.
Unser Gott ist ein mächtiger Gott!

Aus »Feiert Jesus! 1«, Nr. 37
Originaltitel: Awesome God
Text und Melodie: Rich Mullins
Deutsch: Mirjana Angelina und Thomas Luck
© 1988 Universal Music – Brentwood Benson Publishing
Für D, A, CH: SCM Hänssler, 71087 Holzgerlingen

Feiert Jesus! 6
Nr. 5

MUT – DENN UNSER GOTT IST EIN MÄCHTIGER GOTT!

Kurz nach dem Prager Frühling 1968 unternahm mein Vater zusammen mit einer Jugendgruppe eine Reise nach Prag. Über eine Missionsgesellschaft hatte der Gruppenleiter Bibeln und Liederbücher auf Tschechisch erhalten, und so packte jeder einige davon in seine Reisetasche und schmuggelte sie trotz Stichprobenkontrollen unbemerkt über die Grenze. Zuvor hatten sie die Anschriften auswendig gelernt, wohin sie die Bibeln bringen sollten. In Prag fuhren sie immer zu zweit mit ihren Reisetaschen per Straßenbahn zu den Adressen. An jeder Straßenecke Polizei und alte Panzer. Als eins der Zweierteams das genannte Haus betrat, hörten sie schwere Schritte. Polizei? Schnell gingen sie an der richtigen Tür vorbei ein Stockwerk höher. Nachdem die Schritte weg waren, klingelten sie und versuchten dem Mann, der geöffnet hatte, zu sagen, was sie mitgebracht hatten. Da sie unangemeldet waren, den Namen der Missionsgesellschaft nicht erwähnen durften und der Mann mit einer Falle rechnen musste, war dies schwierig. Dann klingelte es auch noch an der Tür. Wurden sie verfolgt? Der Mann schickte sie schnell in ein Zimmer und schloss ab, bevor er die Wohnungstür öffnete. Unsicherheit, Angespanntheit, Angst. Glücklicherweise keine Polizei – sie konnten dem Mann die Bibeln überreichen.

Ich habe mich oft gefragt, ob auch ich dieses Risiko eingegangen wäre, geschnappt zu werden? Ich frage mich: Was wage ich im Vertrauen auf Gott, um seine Botschaft weiterzugeben? Gott möchte dich und mich gebrauchen, hab keine Angst! »Denn ich bin mit dir, und ich werde dich beschützen« (Jeremia 1,19). »Unser Gott ist ein mächtiger Gott!« Auch wenn Polizei, Geheimdienst und Militär drohen: »Er herrscht vom Himmel herab«!

> »Steh auf und zieh dich an. Dann geh hinaus und sag ihnen, was immer ich dir zu sagen befehle. Fürchte dich nicht vor ihnen – sonst sorge ich dafür, dass du tatsächlich Grund hast, vor ihnen Angst zu haben! Du sollst wissen: Ich selbst mache dich stark wie eine uneinnehmbare Festung, wie eine eiserne Säule oder eine Mauer aus Bronzeplatten. Kein einziger von den Königen, Ministern, Priestern oder übrigen Einwohnern Judas wird sich gegen dich behaupten können. Sie werden wohl gegen dich kämpfen, trotzdem werden sie dich nicht bezwingen. Denn ich bin mit dir, und ich werde dich beschützen.« So hat der Herr gesprochen.
>
> **JEREMIA 1,17-19**

Unser Gott ist mächtig!

MY BEST FRIEND

Have you heard of the One called Saviour?
Have you heard of His perfect love?
Have you heard of the One in heaven?
Have you heard how He gave His son?
Cause I have found this love
and I believe in the Son.
Show me Your way.

Deutsche Übertragung:

Hast du von dem gehört, den man Retter nennt?
Hast du von seiner vollkommenen Liebe gehört?
Hast du von dem gehört, der im Himmel ist?
Hast du davon gehört, dass er seinen Sohn gab?
Ich habe diese Liebe gefunden, und ich glaube an den Sohn.
Zeige mir deinen Weg.

Aus »Feiert Jesus! 3«, Nr. 191
Text und Melodie: Joel Houston und Marty Sampson
© 2000 Hillsong Music Publishing
Für D, A, CH: CopyCare Deutschland, 71087 Holzgerlingen

IMMER DER BESTE FREUND: JESUS

Wahrscheinlich kennt sie jeder, diese ausweglosen, traurigen, verzweifelten und scheinbar hoffnungslosen Situationen im Leben: Bei einer Familie mit fünf Kindern – das jüngste ist gerade drei Wochen alt! – verstirbt die Mutter an Krebs. Ein Familienvater wird arbeitslos und bekommt trotz aller Anstrengung keine Arbeitsstelle. Ein dreijähriges Kind erkrankt an Leukämie und stirbt. Ein Junge wird von einem betrunkenen Lastwagenfahrer überfahren. Leid, Schmerz, Trauer, Hoffnungslosigkeit, Einsamkeit, die quälende Frage nach dem Warum, Verzweiflung …

Jeder ist von zahlreichen Randbedingungen im Leben beeinflusst; dies können zeitliche, finanzielle oder medizinische Grenzen sein. Auch als Christ kann ich sie oft nicht einfach wegbeten und eine Verbesserung der Umstände erleben. Wie gelingt es dennoch, dass ich nicht zugrunde gehe und zerbreche?

In einigen Psalmen erfährt man, wie David, dem derartiges Leid nicht fremd war, damit umging. Egal, welche Not er gerade durchlebte (Psalm 57,5-7), er wandte sich an Gott. »Hast du von dem gehört, den man Retter nennt? Hast du von seiner vollkommenen Liebe gehört?« Wenn ich weiß, an wen ich mich in meinem schmerzvollen Gebet wende, hilft es mir, aufzusehen. Ich darf meinem Verstand sagen: Nein, ich bin kein Spielball des Schicksals, ich bin den Umständen meines Lebens nicht hoffnungslos ausgeliefert, sondern ich gehöre dem, der da war, der da ist und der immer sein wird, der mich unendlich liebt, der mir nah sein will und der Retter meiner Seele ist. »Jesus, du bist mein bester Freund«!

> »Doch ich vertraue fest darauf, dass ich noch sehen werde, wie gut Gott ist, solange ich lebe. Vertraue auf den Herrn! Sei mutig und tapfer und hoffe geduldig auf den Herrn!

PSALM 27,13f

Übe in guten Zeiten ein, dich in allem
an Jesus zu wenden, dann gelingt
es in schlimmen Zeiten besser!

MY BEST FRIEND

Jesus, You are my best friend,
You will always be,
and nothing will ever change that.

Deutsche Übertragung:

Jesus, du bist mein bester Freund
und du wirst es für immer bleiben.
Nichts wird dies jemals ändern.

Aus »Feiert Jesus! 3«, Nr. 191
Text und Melodie: Joel Houston und Marty Sampson
© 2000 Hillsong Music Publishing
Für D, A, CH: CopyCare Deutschland, 71087 Holzgerlingen

EIN WEISER TIPP

Vor einigen Jahren machte ich bei einem Missionseinsatz in Ecuador mit. Einmal waren wir bei einem missionarischen Radiosender zu Gast. Wir saßen vor Mikrofonen in einer kleinen Aufnahmekabine, und der Reporter fragte zum Abschluss des Interviews einen aus unserer Gruppe: Was möchtest du den jungen Menschen, die uns jetzt zuhören, als Tipp mitgeben?
Was hättest du geantwortet? Dass sie sich eine gute Ausbildung suchen sollen, bei der sie hinterher einen Job mit gutem Gehalt haben werden? Oder dass es wichtig sei, sich gesund zu ernähren und Sport zu treiben? Auf die Wahl der Freunde viel Wert zu legen? Sich einen gläubigen Ehepartner zu suchen? Sich von Drogen fernzuhalten?
Seine spontane Antwort: Sucht euch den besten Freund, den ihr da draußen finden könnt – Jesus!
Egal, was im Alltagsleben auf mich zukommen wird: Mit Jesus an meiner Seite habe ich die beste, hilfreichste, stärkste und weises-

te Leitung und Unterstützung, die es geben kann. Er allein weiß, was am wichtigsten für mich ist. Doch weil Jesus nicht sichtbar neben mir steht, fällt es mir oft schwer, ihn wirklich als den besten Freund wahrzunehmen und dieses fromme theoretische Wissen auch zu leben. Meine Beziehung zu ihm kann aber wachsen, wenn ich mehr Zeit mit ihm verbringe, nach seinem Willen frage, mich auf ihn einlasse und ihn nicht nur in Krisenzeiten zum Mittelpunkt meines Lebens mache. Jesus bezeichnet mich als Freund (Johannes 15,15), und er soll mein bester Freund sein. Das wünsche ich mir!

> Ich gebiete euch, einander genauso zu lieben, wie ich euch liebe. Die größte Liebe beweist der, der sein Leben für die Freunde hingibt. Ihr seid meine Freunde, wenn ihr tut, was ich euch auftrage. Ich nenne euch nicht mehr Diener, weil ein Herr seine Diener nicht ins Vertrauen zieht. Ihr seid jetzt meine Freunde, denn ich habe euch alles gesagt, was ich von meinem Vater gehört habe.
>
> **JOHANNES 15,12-15**

Wem darfst du diesen weisen Tipp mit auf den Lebensweg geben?

MY BEST FRIEND

I believe in the One called Saviour.
I believe He's the Risen One.
I believe that I'll live forever.
I believe that the King will come.
'Cause I have found this love,
and I believe in the Son.
Show me Your way.

Jesus, You are my best friend,
You will always be,
and nothing will ever change that.

Nothing will ever change that.
Nothing will ever change that.
Nothing will ever change that.

Deutsche Übertragung:

Ich glaube an den, den man Retter nennt.
Ich glaube, dass er der Auferstandene ist.
Ich glaube, dass ich für immer leben werde.
Ich glaube, dass der König wiederkommt.
Denn ich habe diese Liebe gefunden,
und ich glaube an den Sohn.
Zeige mir deinen Weg.

Jesus, du bist mein bester Freund
und du wirst es für immer bleiben.
Nichts wird dies jemals ändern.

Nichts wird dies jemals ändern.
Nichts wird dies jemals ändern.
Nichts wird dies jemals ändern.

Aus »Feiert Jesus! 3«, Nr. 191
Text und Melodie: Joel Houston und Marty Sampson
© 2000 Hillsong Music Publishing
Für D, A, CH: CopyCare Deutschland, 71087 Holzgerlingen

GOTTES GNADE WEITET MEIN HERZ

Manchmal habe ich ein beklemmendes Gefühl. Meine Luftröhre scheint sich zuzuschnüren, das Atmen fällt schwer und ich sinke innerlich in mich zusammen. Es gibt Situationen im Leben, mit denen es schwer ist klarzukommen, bei denen man keinen Weg sieht und fast jede Hoffnung verliert. Rein menschlich gesehen gibt es auch oft keine gute Lösung, oder man ist tatsächlich trotz aller Mittel und allem Einsatz machtlos.

»Ich glaube an den, den man Retter nennt.« An den Auferstandenen, den König. »Nichts wird dies jemals ändern.« Nichts? Nichts! Ich weiß, es ist kein Automatismus, es ist eine Willensentscheidung. Es ist eine hart erarbeitete, immer wieder zu treffende Entscheidung, sich vollkommen auf Gott zu verlassen, auf seine Hilfe, seine Macht, sein Eingreifen, seine Liebe, seinen Weg.

Aber ich hoffe, dass du sie auch kennst: die Gnade Gottes. »Denn deine Gnade ist höher als der Himmel und deine Treue reicht, so weit die Wolken ziehen« (Psalm 108,5). Diese unendlich große Gnade ist so groß und weit, dass sie mir mein beklemmendes Gefühl weitet. Schwer zu beschreiben, aber eine erstaunliche Erfahrung. Indem ich Gott danke, indem ich mir seine Macht und Größe, seine Gnade und seine Liebe bewusst mache, fällt ein Stück der Beklemmung ab, wird die Hoffnungslosigkeit durch einen neuen Hoffnungsfunken kleiner. Ich kenne den, der mich rettet, und ich glaube an den, der mich rettet. Er meint es gut mit mir, auch wenn ich es noch nicht so empfinden oder erkennen kann. »Zeige mir deinen Weg«!

> Herr, ich will dir vor allen Menschen danken. Ich will dich loben unter den Völkern. Denn deine Gnade ist höher als der Himmel und deine Treue reicht, so weit die Wolken ziehen. Herr, erhebe dich über den höchsten Himmel und deine Herrlichkeit erfülle die ganze Erde. Befreie dein geliebtes Volk, rette uns mit deiner rechten Hand und erhöre uns.
>
> **PSALM 108,4-7**

Triff bewusst die Entscheidung,
dich voll und ganz auf Gott zu verlassen.

MEINE ZUFLUCHT UND STÄRKE

Du bist meine Zuflucht und Stärke,
du bist meine Hilfe in Not.
Du bist meine Kraft, wenn ich schwach bin,
du bist mein Herr und mein Gott.
Du bist meine Freude im Leben,
du bist meine Hoffnung im Tod.
Du bist meine Zukunft für immer,
du bist mein Herr und mein Gott.

Du bist hier, auch wenn ich dich nicht spüre,
du bist treu, wenn ich untreu bin.
Du verstehst meine tiefsten Gefühle,
du liebst mich so, wie ich bin.

Aus »Feiert Jesus! 1«, Nr. 110
Text und Melodie: Albert Frey
© 1992 SCM Hänssler, 71087 Holzgerlingen für Immanuel Music, Ravensburg

Feiert Jesus! 2
Nr. 7

DU BIST HIER

Zum ersten Mal im Leben nehme ich mir ein paar Tage Zeit, um in der Stille über einige Dinge nachzudenken. Es gibt so viel, was mich gerade beschäftigt, belastet und umtreibt. Ich habe aber irgendwie auch Angst vor der Zeit. Am liebsten würde ich wegrennen. Am Anfang will sich dann auch keine rechte Ruhe einstellen. Zu viel schwirrt mir im Kopf herum.
Bei einem Spaziergang durch die Weinberge werde ich endlich still und kann mich auf Gottes Reden einlassen. Ich habe den Eindruck, dass Gott bei diesem Spaziergang zu mir sagt: »Schau dir die tolle Landschaft an, die Natur, die Blumen, die Gerüche.

Nichts ist mir zu groß oder zu klein. Und ich sehe dich mit deiner Last. Ich weiß, wie es dir geht und was dich beschäftigt. Du darfst es bei mir ablegen, und ich werde mich darum kümmern, und ich werde es gutmachen.«

»Du verstehst meine tiefsten Gefühle, du liebst mich so, wie ich bin.« Ich habe den Eindruck, dass Gott mir zeigen will, dass ich jetzt schon reich gesegnet bin mit so vielen Dingen. Ich habe zum Beispiel viele liebe Freunde, ich kann meinen Glauben frei leben und noch vieles mehr.

Gott sagt zu mir an diesem Nachmittag: »Schau, ich meine es so gut mit dir! Vertraue mir! Überlasse mir alles und ich werde es gutmachen!«

> Dann sagte Jesus: »Kommt alle her zu mir, die ihr müde seid und schwere Lasten tragt, ich will euch Ruhe schenken.«
> **MATTHÄUS 11,28**

Ich möchte dich ermutigen, dir einmal die Zeit
für ein paar stille Tage mit Gott zu nehmen.
Es wird sich lohnen!

GOTT UNSRER STÄDTE

Du bist Gott unsrer Städte,
König all dieser Menschen,
du bist Herr unsres Landes, nur du.
Du bist Licht für die Blinden,
Hoffnung für die Verzagten,
Friede für die Geplagten, nur du.

Aus »Feiert Jesus! 4«, Nr. 73
Originaltitel: God Of This City
Text und Melodie: Andrew McCann, Peter Kernoghan, Ian Jordan, Peter Comfort, Aaron Boyd und Richard Bleakley
Deutsch: Arne Kopfermann
© 2006 Thankyou Music
Für D, A, CH: SCM Hänssler, 71087 Holzgerlingen

DAS GELOBTE LAND

Die Flüchtlingsströme im Fernsehen sind nach unserem Empfinden weit weg. Ich sehe die Menschen, die ihre Heimat verlassen haben, und frage mich, was ich an ihrer Stelle wohl getan hätte. Wahrscheinlich wäre ich auch geflüchtet – in der Hoffnung auf ein besseres Leben.

Was hätte ich mir von Deutschland erträumt? Ein sicheres Leben, ohne Angst haben zu müssen, in den Wirren des Krieges getötet zu werden; ausreichend Essen; die Möglichkeit, mir und meiner Familie ein gutes Leben aufzubauen.

Wenn ich mich aufgemacht hätte – wie wäre es mir dann in den Flüchtlingsunterkünften oder bei den Aufnahmestellen ergangen? Zunächst wäre ich froh gewesen, hier zu sein, in Sicherheit, und gut versorgt zu werden. Wie schnell wäre ich aber sicherlich ernüchtert gewesen, wenn ich realisiert hätte, dass in diesem Land nicht Milch und Honig fließen und dass meine Seele durch diese Versorgung allein nicht zur Ruhe kommt. Auch wenn ich das Vorrecht habe, in meinem Land in Frieden zu leben und alles zu haben, was ich brauche, brauche ich doch vor allem das Wissen, dass über all den Wirrungen unserer Zeit Gott steht. Auch wenn ich seine Wege nicht verstehe, so kann meine Seele doch Ruhe bei ihm finden. Er allein kann mir Hoffnung in auswegloser Situation geben.

> Ihr werdet Gottes Frieden erfahren, der größer ist,
> als unser menschlicher Verstand es je begreifen kann.
> Sein Friede wird eure Herzen und Gedanken im Glauben
> an Jesus Christus bewahren.

PHILIPPER 4,7

Worauf setzt du deine Hoffnung
in aussichtslosen Situationen?

GOTT UNSRER STÄDTE

Denn wer ist so wie du, Herr?
Wer ist so wie du, Herr?

Du wirst noch viel Größres tun,
ja, größre Wunder werden wir sehn
in den Städten.

Aus »Feiert Jesus! 4«, Nr. 73
Originaltitel: God Of This City
Text und Melodie: Andrew McCann, Peter Kernoghan, Ian Jordan, Peter Comfort, Aaron Boyd und
Richard Bleakley
Deutsch: Arne Kopfermann
© 2006 Thankyou Music
Für D, A, CH: SCM Hänssler, 71087 Holzgerlingen

ERLEBEN WIR NOCH WUNDER UND GOTTES WIRKEN?

In meinem Alltag frage ich mich immer wieder, ob Gott eigentlich eingreift, warum er viele Dinge nicht zum Guten wendet, warum er keine Wunder tut. Aber ist es wirklich so, dass er keine Wunder mehr tut, oder sehe ich sie nur nicht?

Doch, es gibt Situationen, in denen ich merke, dass Gott am Wirken ist. Zum Beispiel, wenn Menschen, die mit »Kirche« eigentlich nichts anfangen können, einen Alpha-Kurs besuchen und ins Gespräch über Gott und den Glauben kommen. Hier spüre ich, wie sich etwas in meinem Gegenüber und auch in mir bewegt. Ich sehe, wie Gott wirkt, denn schon allein die Offenheit im Gespräch ist ein Wunder; wir kennen uns ja kaum.

Es stellt sich mir die Frage: Welche Erwartung habe ich in meinem Alltag an Gott? Glaube ich an das, was ich in dem Refrain singe? Habe ich mich in meiner Situation, meinem Leben, eingenistet, oder erwarte ich, dass Gott in seiner Macht wirken wird und ich mit ihm viele große Dinge erleben werde?

> Herr, mein Gott, du hast so viele wunderbare Taten getan und deine Vorhaben sind so zahlreich. Du bist mit niemandem zu vergleichen. Wenn ich versuchen wollte, all deine wunderbaren Taten aufzuzählen, würde ich kein Ende finden.

PSALM 40,6

Suche dir Orte oder Gelegenheiten
in deiner Gemeinde und erlebe,
wie Gott Menschenherzen bewegen kann.

GOTT UNSRER STÄDTE

Du bist Herr aller Schöpfung
und Begründer des Lebens,
du bist Herr aller Herren, nur du.
Du erbarmst dich der Schwachen
und du liebst die Zerbrochnen,
du schaffst Freude in Trauer, nur du.

Aus »Feiert Jesus! 4«, Nr. 73
Originaltitel: God Of This City
Text und Melodie: Andrew McCann, Peter Kernoghan, Ian Jordan, Peter Comfort, Aaron Boyd und
Richard Bleakley
Deutsch: Arne Kopfermann
© 2006 Thankyou Music
Für D, A, CH: SCM Hänssler, 71087 Holzgerlingen

WAS WIR VON SCHAFEN LERNEN KÖNNEN

Ich habe mich zu einem Schafkurs für biblische Erzählfiguren angemeldet. Am Kurstag werden unter anderem aus einem Elektrokabel Schafe in verschiedenen Größen hergestellt. Es ist für mich kaum vorstellbar, wie ich aus einem Kabel ein fertiges Schaf gestalten soll. Aber mit der Zeit und mit viel Mühe nehmen die Schafe Form und Gestalt an. Wir Kursteilnehmerinnen kommen ins Gespräch und stellen fest, dass wir durch das Gestalten der Schafe ein völlig neues Bild von lebendigen Schafen bekommen. Wie genial hat sich unser Schöpfer diese Tiere ausgedacht! Jedes Tier ist einmalig und von Gott wunderbar erschaffen. Auch unsere Schafe im Kurs sind unterschiedlich und kein Schaf gleicht dem anderen.
Eine Frau erzählt von ihren eigenen Schafen. Jede Mutter erkennt ihr Lamm, versorgt es und beschützt es – ein fremdes Lamm stößt sie weg. Das Mutterschaf erkennt ihr Lamm am Geruch, und auch die kleinen Lämmer finden ihre Mutter aus Hunderten von Schafen. Und da heißt es immer, Schafe seien dumme Tiere!

Wenn unser Gott schon die Schafe so genial erdacht hat, wie wunderbar hat er erst bei der gesamten Schöpfung gewirkt! Und sein Handeln ist noch nicht zu Ende. Er ist der Herrscher über die Welt, und Jesus, das Lamm, hat uns erlöst und ist am Ende Herr und König über alles.

> Gemeinsam werden sie gegen das Lamm Krieg führen, aber das Lamm wird sie besiegen, weil es Herr über alle Herren und König über alle Könige ist; und die, die zu ihm gehören, werden die Berufenen und die Auserwählten und die Treuen genannt.

OFFENBARUNG 17,14

Was traue ich Jesus, dem Herrn, alles zu?
Ist er für mich der König der Könige?

GOTT UNSRER STÄDTE

Du wirst noch viel Größres tun,
ja, größre Wunder werden wir sehn
in den Städten.
Wenn wir dich widerspiegeln, Herr,
wird deine Größe sichtbar sein
in den Städten.
Du wirst noch viel Größres tun,
ja, größre Wunder werden wir sehen!

Aus »Feiert Jesus! 4«, Nr. 73
Originaltitel: God Of This City
Text und Melodie: Andrew McCann, Peter Kernoghan, Ian Jordan, Peter Comfort, Aaron Boyd und Richard Bleakley
Deutsch: Arne Kopfermann
© 2006 Thankyou Music
Für D, A, CH: SCM Hänssler, 71087 Holzgerlingen

WAS KANN ICH SCHON AUSRICHTEN?

Wenn ich die Medien und Diskussionen in der Politik und in meinem Freundes- und Familienkreis beobachte, frage ich mich immer mehr: Was ist denn aus unserem »christlichen Abendland« geworden? Wo ist denn da noch das »christlich«...? Und ich stelle mir die Frage, was ich denn schon ausrichten kann. Ich stehe ohnmächtig davor und wünsche mir, dass Gott eingreift, dass zum Beispiel die Politik sich ändert.

Szenenwechsel: Ich bin auf einer Konferenz von Christen. Die meisten sind um die 30 Jahre alt. Was sie vereint, ist die Vision, sich von Gott gebrauchen zu lassen, um etwas zu bewegen. In den Lobpreiszeiten, Vorträgen und Diskussionen merke ich, wie Gott zu uns spricht und sagt: »Auch wenn die Welt um euch herum fern von mir ist, so will ich euch gebrauchen, um diese Welt zu verändern.« Wir haben keine Lösungen für all die Fragen und Probleme unserer Zeit, aber wir fragen uns, was jeder einzelne von uns an dem Platz, an dem er ist, für und vor allem mit Gott tun kann. Was für eine Kraft und Ermutigung! Es müssen aber nicht immer die großen Taten sein – an unserem Tun und Handeln werden die Menschen um uns herum merken, dass bei uns etwas anders ist. An uns wird seine »Größe sichtbar sein in den Städten.«

> Gott wirkt auf verschiedene Weise in unserem Leben, aber es ist immer derselbe Gott, der in uns allen wirkt. Jedem von uns wird eine geistliche Gabe zum Nutzen der ganzen Gemeinde gegeben.
>
> **1. KORINTHER 12,6f**

Woran können andere erkennen, dass bei dir etwas anders ist?

SO BIST NUR DU

Wasser wird Wein, Blinde sehn,
Brot wird vermehrt, Lahme gehn.
So bist nur du, Herr, du allein.

Licht scheint in dunkelste Nacht,
Armen wird Hoffnung gebracht.
So bist nur du, Herr, du allein.

Aus »Feiert Jesus! 4«, Nr. 119
Originaltitel: Our God
Text und Melodie: Chris Tomlin, Matt Redman, Jesse Reeves und Jonas Myrin
Deutsch: Albert Frey und Arne Kopfermann
© 2010 Atlas Mountain Songs/Thankyou Music/Vamos Publishing/sixsteps Music/
worshiptogether.com songs
Für D, A, CH: SCM Hänssler, 71087 Holzgerlingen

Feiert Jesus! 365
CD 2, Nr. 6

VERTRAUEN AUF GOTTES MACHT

»Wasser wird Wein, Blinde sehn, Brot wird vermehrt, Lahme gehn.« Viele faszinierende Wunder stehen in der Bibel. Ob Heilungen, Brotvermehrung, die Auferweckung des Lazarus vom Tod, die Verwandlung von Moses Stab in eine Schlange, die Teilung des Roten Meers – immer wird dadurch Gottes Macht und Herrlichkeit gepriesen und ihm die Ehre gegeben.

Was mich an dem Wunder der Speisung der Fünftausend fasziniert, ist, welche Rolle hierbei die Haltung des Jungen spielt, der das Wenige, was er hat, abgibt und teilt, obwohl er dann selbst nichts mehr hat: Obwohl er weiß, dass rein menschlich gesehen das, was er hat, für so viele ein Tropfen auf dem heißen Stein ist, mit dem er die Menschen nicht satt machen kann. Er konnte ja nicht wissen, dass Jesus ein Wunder vollbringen wird. Wenn ich an mein Verhalten denke, fällt mir sofort Eines auf: Zuerst hoffe ich darauf, dass Jesus meine materiellen Güter vermehrt, und dann gebe ich auch etwas ab. An der Stelle des Jungen hätte ich vielleicht selbst den einen Fisch gegessen und dann zu Jesus gesagt, er dürfe den Rest verteilen. Wie ist das bei dir?

Jesus fordert mich auf, alles zuerst in seine Hand zu legen. Gott wird geben, wo jetzt noch nichts ist. Gott kann Wunder tun! Wo darf ich heute etwas in Jesu wunderbringende Hände abgeben, damit er mehr daraus machen kann? Was fällt mir schwer zu teilen? Mein Geld? Meine Zeit? Mein Gästezimmer? Mein Auto? Oder sollte ich viel eher formulieren: Gottes Geld, das er mir zur Verfügung stellt? Gottes Zeit, die er mir schenkt?

Stelle Gott dein Leben zur Verfügung, damit er Wunder wirkt, und gib ihm die Ehre. Vielleicht scheint dann Jesu »Licht [...] in dunkelste Nacht« noch heller, sodass »Armen Hoffnung gebracht« wird!

> Jesus nahm die fünf Brote und die beiden Fische, blickte zum Himmel auf und erbat Gottes Segen für das Essen. Dann brach er die Brote in Stücke und reichte sie den Jüngern, damit sie alles an die Leute austeilten. Alle aßen, so viel sie wollten, und am Schluss sammelten sie noch zwölf Körbe mit Resten ein!
>
> **LUKAS 9,16f**

Gott kann auch heute Wunder tun!

SO BIST NUR DU

Gott, du bist größer, Gott, du bist stärker,
Gott, du stehst höher als alles andre.
Gott, unser Heiler, starker Befreier,
so bist nur du.

Und steht uns Gott zur Seite,
was kann uns jemals hindern?
Und steht uns Gott zur Seite,
wer kann uns widerstehn?

Aus »Feiert Jesus! 4«, Nr. 119
Originaltitel: Our God
Text und Melodie: Chris Tomlin, Matt Redman, Jesse Reeves und Jonas Myrin
Deutsch: Albert Frey und Arne Kopfermann
© 2010 Atlas Mountain Songs/Thankyou Music/Vamos Publishing/sixsteps Music/
worshiptogether.com songs
Für D, A, CH: SCM Hänssler, 71087 Holzgerlingen

Feiert Jesus! 365
CD 2, Nr. 6

WENN GOTT UNS ZUR SEITE STEHT, DANN ...

»»Komm, lass uns zu dem Posten dieser Gottlosen hinübergehen‹, sagte Jonatan zu seinem jungen Waffenträger. ›Vielleicht wird der Herr uns helfen, denn den Herrn kann nichts aufhalten. Er kann eine Schlacht gewinnen, ganz gleich, ob er viele oder nur wenige Krieger hat‹« (1. Samuel 14,6). Diese mutige Aussage Jonatans ist ganz von der Erwartungshaltung geprägt, dass Gott große Dinge tun kann. Jonatan weiß ganz sicher: Es hängt nicht von der Zahl der Krieger ab, es hängt auch nicht von seiner eigenen Erfahrung und Leistung ab. Allein Gott kann einen Sieg schenken. Es scheint, als hätte allein er dies begriffen, als die Krieger Sauls sich klein und schwach, unterlegen, eingeschüchtert und ausgeliefert gegenüber dem Heer der Philister fühlten. Und Gott belohnt Jonatans Vertrauen. Er schenkt, dass die Feinde von Panik ergriffen werden und lässt sogar die Erde erbeben. Was für eine Geschichte!

»Gott, du bist größer, Gott, du bist stärker«. Er ist mein starker Befreier, egal, wer oder was mir Schwierigkeiten bereitet, Angst verursacht und mich in Verzweiflung stürzen will. Welchem bedrohlichen Feindesheer stehe ich heute gegenüber? Gott steht mir zur Seite. Er ist der mächtigste Verbündete, den ich mir nur wünschen kann. Er kann mit viel oder wenig helfen und zum Sieg führen.

»Komm, lass uns zu dem Posten dieser Gottlosen hinübergehen«, sagte Jonatan zu seinem jungen Waffenträger. »Vielleicht wird der Herr uns helfen, denn den Herrn kann nichts aufhalten. Er kann eine Schlacht gewinnen, ganz gleich, ob er viele oder nur wenige Krieger hat!« »Tu, was du für das beste hältst«, antwortete der Waffenträger. »Ich bin an deiner Seite, was immer du vorhast.« »Gut«, meinte Jonatan. »Wir gehen zu den Männern hinüber und zeigen uns ihnen. Wenn sie zu uns sagen: ›Bleibt, wo ihr seid, bis wir bei euch sind‹, bleiben wir stehen und gehen nicht zu ihnen hinauf. Wenn sie aber sagen: ›Kommt herauf zu uns‹, gehen wir hinauf. Das soll das Zeichen des Herrn sein, dass er uns hilft, sie zu besiegen.«

1. SAMUEL 14,6-10

Vertraue erwartungsvoll auf Gottes Handeln!

JEDEN TAG BIS ZUM ENDE DER ZEITEN

Ewig treuer Gott,
im Strom der Zeit bleibst du derselbe.
Hier hat nichts Bestand,
doch du bist unsre sichre Zuflucht,
voll Erbarmen, voll Geduld,
gnädig, liebevoll und gut, so gut.

Jeden Tag bis zum Ende der Zeiten
bleibst du uns treu, jeden Tag neu.
Jeden Tag bis zum Ende der Zeiten
gilt dein Versprechen und wir vertrauen dir.

Aus »Feiert Jesus! 4«, Nr. 187
Originaltitel: Yesterday, Today And Forever
Text und Melodie: Vicky Beeching
Deutsch: Arne Kopfermann
© 2003 Thankyou Music
Für D, A, CH: SCM Hänssler, 71087 Holzgerlingen

AMEN!

»Amen!« Dieses Wort steht klassisch am Ende eines jeden Gebetes, das ich spreche. Ich muss zugeben, dass ich jedoch gar nicht so sehr über die Bedeutung dieses Wortes nachdenke, sondern es einfach aus Gewohnheit verwende.

Das Wort »Amen« kommt aus dem Hebräischen und bedeutet so viel wie »fest« und »zuverlässig«. Bereits von den Juden wurde es am Ende eines Gebetes verwendet und auch ins Alte und Neue Testament so übernommen. Sich festzumachen, sich zu verankern in Gott, ist für jeden Gläubigen unendlich wichtig.

In Jesaja 7,9 heißt es: »Wenn ihr nicht glaubt, dann werdet ihr nicht bestehen.« Diese Aussage ist eigentlich ein Wortspiel von Jesaja, bei dem er die Wurzel des Wortes »Amen« verwendet, und so heißt der Satz wörtlich übersetzt »Macht ihr euch nicht fest in Gott, so werdet ihr nicht fest stehen.«

Im Buch der Offenbarung hat Jesus sogar den Namen »Amen« (Offenbarung 3,14). Weil wir wissen, dass Gott ein ewig treuer Gott ist, der seine Zusagen hält und seine Versprechen wahr macht, können wir ein »Amen« nach jedem Gebet sprechen. Dinge ändern sich, aber Gott bleibt auch »im Strom der Zeit« derselbe. Durch Jesu Tod können wir fest darauf vertrauen, dass unsere Sünde vor Gott weggenommen ist. Er ist »voll Erbarmen, voll Geduld, gnädig, liebevoll und gut«. Und dies nicht nur in der Vergangenheit, in den Geschichten der Bibel, sondern »jeden Tag bis zum Ende der Zeiten« – Amen!

> Wie wunderbar ist doch Gott! Wie unermesslich sind seine Reichtümer, wie tief seine Weisheit und seine Erkenntnis! Unmöglich ist es uns, seine Entscheidungen und Wege zu begreifen! Denn wer kann wissen, was der Herr denkt? Wer kann sein Ratgeber sein? Und wer hat Gott jemals so viel gegeben, dass Gott ihm etwas zurückerstatten müsste? Denn alles kommt von ihm; alles besteht durch seine Macht und ist zu seiner Herrlichkeit bestimmt. Ihm gehört die Ehre in Ewigkeit! Amen.
>
> **RÖMER 11,33-36**

Mache dich fest in Jesus!

JEDEN TAG BIS ZUM ENDE DER ZEITEN

Niemand schuf dich, Herr,
du hast kein Ende, keinen Anfang.
Die Mächtigen vergehn,
doch deine Herrschaft hat kein Ende;
voll Erbarmen, voll Geduld,
gnädig, liebevoll und gut, so gut.

Jeden Tag bis zum Ende der Zeiten
bleibst du uns treu, jeden Tag neu.
Jeden Tag bis zum Ende der Zeiten
gilt dein Versprechen und wir vertrauen dir.

Aus »Feiert Jesus! 4«, Nr. 187
Originaltitel: Yesterday, Today And Forever
Text und Melodie: Vicky Beeching
Deutsch: Arne Kopfermann
© 2003 Thankyou Music
Für D, A, CH: SCM Hänssler, 71087 Holzgerlingen

GOTTES HERRSCHAFT IST EWIG

Manchmal scheint es, als ob andere die Übermacht gewinnen. Böse Diktatoren ergreifen die Macht und schaffen viel Unheil, Verbrecher entkommen ohne Strafe, Drogendealer durchsetzen die Gesellschaft und reißen zahllose Menschen in ihr Unglück – egal, ob man die Tageszeitung liest oder die Nachrichten anschaut: Katastrophen, schlimme Taten, Leid, Not und Unheil, wohin man blickt.

Und dennoch: Gottes »Herrschaft hat kein Ende«, er hält alles in der Hand und er behält den Überblick. Wenn ich die Bibel aufschlage, lese ich gleich zu Beginn nach der Schöpfung, wie das Böse und das Unheil beginnt: Eva ist Gott gegenüber ungehorsam. Sie ermutigt Adam, Gott ebenfalls ungehorsam zu sein. Und genauso geht es von da an weiter. Immer wieder handeln Menschen mal mehr, mal weniger bewusst gegen Gottes Willen und lassen sich vom Bösen verführen.

Aber dennoch gilt: Gott ruft den Menschen. »Wo bist du?« (1. Mose 3,9) – Gott ergreift die Initiative und ruft Adam und Eva. Gott geht ihnen entgegen. Gott sorgt sich um sie. Gott gibt ihnen Felle, um ihre Nacktheit zu bedecken. Gott handelt. Gott tut. Gott ...! Immer ist es Gott selbst, der aktiv wird, und er tut das bis heute, um uns zu sich zurückzuholen und uns zu vergeben. Er ist »voll Erbarmen, voll Geduld, gnädig, liebevoll und gut«.

> Wenn wir für euch beten, danken wir Gott, dem Vater von Jesus Christus, unserem Herrn, immer wieder für euch, denn wir haben gehört, dass ihr auf Christus Jesus vertraut und alle liebt, die zu Gott gehören. Denn ihr glaubt an die Hoffnung, die der Himmel für euch bereithält, wie ihr sie durch das Wort der Botschaft Gottes gehört habt. Diese gute Botschaft, die euch erreicht hat, verbreitet sich in der ganzen Welt. Überall verändert sie das Leben der Menschen, so wie sie euer Leben von dem Augenblick an verändert hat, als ihr die Wahrheit über die Gnade Gottes gehört und erkannt habt.
>
> **KOLOSSER 1,3-6**

Jesus siegt über das Böse!

JEDEN TAG BIS ZUM ENDE DER ZEITEN

Jahwe, Herr der Zeiten,
Jahwe, unsre Zuflucht.
Du bist Jahwe, Herr der Zeiten,
Jahwe, unsre Zuflucht.

Aus »Feiert Jesus! 4«, Nr. 187
Originaltitel: Yesterday, Today And Forever
Text und Melodie: Vicky Beeching
Deutsch: Arne Kopfermann
© 2003 Thankyou Music
Für D, A, CH: SCM Hänssler, 71087 Holzgerlingen

UNSERE ZUFLUCHT

Wenn man das Wort »Zuflucht« im Duden nachschlägt, erhält man folgende Bedeutungserklärungen: »ein Ort oder jemand, den man in der Not aufsucht, um Schutz oder Hilfe zu bekommen, oder der Sicherheit für einen Verfolgten oder in Not Geratenen bietet«.

»Herr, seit Generationen bist du unser Schutz! Noch bevor die Berge erschaffen wurden, bevor du die Erde und das Weltall schufst, warst du Gott, du bist ohne Anfang und ohne Ende« (Psalm 90,1f). Jahwe, der Herr der Zeiten, ist unser Schutz, unsere Zuflucht, betet Mose in diesem Psalm. Er weiß wie wir um unsere Vergänglichkeit. Und genau dann ist es tröstlich, dass Gott über allem steht und immer derselbe bleibt – vom Beginn der Welt an. Er ist die beständige, zuverlässige Konstante.

Ein Christ wurde gefragt, ob er Angst vor dem Tod hätte. Er antwortete, dass er beim Gedanken an den Tod manchmal zittere, aber er stehe auf einem Fels, und dieser Fels zittere nie.

Als Gottes Kinder dürfen wir auf diesem starken Fels stehen, der niemals wankt. Du weißt diese Wahrheit – doch weiß es der Hoteldirektor in Ägypten auch? Der Bäcker in den Niederlanden? Die Näherin in Bangladesch? Der Landwirt im Tschad? Bete für die Missionare, die du kennst, dass Gott sie in ihrem Einsatzgebiet fruchtbar gebraucht und stärkt. Bete für offene Herzen bei den Menschen, die Gottes Ruf noch nicht gehört haben und die Zuflucht bei dem Herrn der Zeiten brauchen.

Wer im Schutz des Höchsten lebt, der findet Ruhe im Schatten des Allmächtigen. Der spricht zu dem Herrn: Du bist meine Zuflucht und meine Burg, mein Gott, dem ich vertraue. Denn er wird dich vor allen Gefahren bewahren und dich in Todesnot beschützen. Er wird dich mit seinen Flügeln bedecken, und du findest bei ihm Zuflucht. Seine Treue schützt dich wie ein großer Schild. Fürchte dich nicht vor den Angriffen in der Nacht und habe keine Angst vor den Gefahren des Tages.

PSALM 91,1-5

Du darfst in Gottes Schutz leben!

ECKSTEIN

Christi Blut und Gerechtigkeit
sind meine Hoffnung allezeit.
In nichts will ich gegründet sein
als nur in Jesus, ihm allein.

Du allein sollst Zentrum sein.
Die Schwachen macht deine Liebe stark.
Selbst im Sturm bist du Herr, Herr der Welt.

Aus »Feiert Jesus! 5«, Nr. 158
Originaltitel: Cornerstone
Text (Strophen): Edward Mote (1797–1874)
Text (Refrain) und Melodie: Jonas Myrin, Reuben Morgan und Eric Liljero
Deutsch: Daniel Jacobi (Strophen) und Freimut Haverkamp (Refrain)
© 2011 Hillsong Music Publishing
Für D, A, CH: CopyCare Deutschland, 71087 Holzgerlingen

GÖTTLICHE WÄHRUNG: CHRISTI BLUT UND GERECHTIGKEIT

Normalerweise gilt in unserer Gesellschaft, dass wir umso mehr für etwas bezahlen müssen, je wertvoller es ist. Bei Gott aber erleben wir es genau umgekehrt: Wenn wir nichts haben, ist das genau das, was wir benötigen. Wenn wir nichts haben, ist das exakt richtig, um das zu bekommen, was Gott anbietet: »Auf, ihr Durstigen, kommt zum Wasser! Geht los, auch wenn ihr kein Geld habt. Geht, kauft Getreide und esst. Wer kein Geld hat, versorge sich kostenlos mit Korn. Geht hin und besorgt euch Wein und Milch, ihr braucht nicht zu bezahlen« (Jesaja 55,1). Bei Jesus sind wir am willkommensten, wenn wir nichts haben, wenn wir mit leeren Händen kommen. Je mehr wir an Hilfe, Heilung und Trost brauchen, desto mehr erleben wir, dass Gott uns versorgt.
Es geht zum einen um die alltäglichen Nöte und Sorgen, in denen uns Gott genau das schenken kann, was wir brauchen. Zum anderen geht es auch um die Lösung unserer Schuldfrage. »Sucht

den Herrn, solange er sich finden lässt. Ruft zu ihm, solange er nahe ist. [...] Ja, bekehrt euch zu unserem Gott, denn bei ihm ist viel Vergebung« (Jesaja 55,6f). Deshalb bietet uns Gott »Christi Blut und Gerechtigkeit« an, wenn wir zu ihm kommen und erkennen, dass wir vor ihm nichts haben, was uns von unserer Schuld befreit und die Trennung von Gott überwinden könnte. Wir müssen uns unsere Errettung nicht erkaufen, im Gegenteil: Wir können es gar nicht. »In nichts will ich gegründet sein als nur in Jesus, ihm allein.«

Auf, ihr Durstigen, kommt zum Wasser! Geht los, auch wenn ihr kein Geld habt. Geht, kauft Getreide und esst. Wer kein Geld hat, versorge sich kostenlos mit Korn. Geht hin und besorgt euch Wein und Milch, ihr braucht nicht zu bezahlen. Warum solltet ihr euer Geld für etwas ausgeben, das kein Brot ist, euren Lohn für etwas, von dem ihr nicht satt werdet? Hört zu und esst Gutes und eure Seele wird satt werden. Kommt zu mir und sperrt die Ohren auf! Hört mir zu und eure Seele wird leben. Ich will einen ewigen Bund mit euch schließen. Er soll so verlässlich sein wie die Gnade, die ich an David bewiesen habe. [...] Sucht den Herrn, solange er sich finden lässt. Ruft zu ihm, solange er nahe ist. Der Gottlose soll seinen Weg verlassen und der Übeltäter von seinen Plänen absehen! Stattdessen soll er zum Herrn umkehren, damit er sich seiner erbarmt. Ja, bekehrt euch zu unserem Gott, denn bei ihm ist viel Vergebung. »Meine Gedanken sind nicht eure Gedanken«, sagt der Herr, »und meine Wege sind nicht eure Wege. Denn so viel der Himmel höher ist als die Erde, so viel höher stehen meine Wege über euren Wegen und meine Gedanken über euren Gedanken.«

JESAJA 55,1-3.6-9

Gott schenkt kostenlos das, was ich brauche.

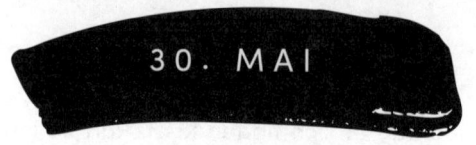

ECKSTEIN

Wenn Dunkel sein Gesicht verhüllt,
weiß ich, dass Gnade mich erfüllt.
In jedem Sturm, der um mich tobt,
ist er der Anker in der Not.

Du allein sollst Zentrum sein.
Die Schwachen macht deine Liebe stark.
Selbst im Sturm bist du Herr, Herr der Welt.

Aus »Feiert Jesus! 5«, Nr. 158
Originaltitel: Cornerstone
Text (Strophen): Edward Mote (1797–1874)
Text (Refrain) und Melodie: Jonas Myrin, Reuben Morgan und Eric Liljero
Deutsch: Daniel Jacobi (Strophen) und Freimut Haverkamp (Refrain)
© 2011 Hillsong Music Publishing
Für D, A, CH: CopyCare Deutschland, 71087 Holzgerlingen

IM STURM AUF JESUS BLICKEN!

Bei dem Wort »Sturm« fallen mir sofort zwei Bibelgeschichten ein: die Stillung des Sturms und der sinkende Petrus. Bei der Stillung des Sturms ist es entscheidend, dass die Jünger zu Jesus gehen mit ihrer Angst und darauf vertrauen sollen, dass Jesus Macht hat, auch über einen Sturm zu gebieten. Bei Petrus ist der Kernpunkt, dass Petrus in dem Moment anfängt zu sinken, als er von Jesus wegblickt. Zwei Geschichten, die mit Sturm und Wasser, Wellen und Wogen zu tun haben. Zwei Geschichten, die mir zeigen: Ich muss meinen Blick auf Jesus gerichtet halten und darauf vertrauen, dass er mächtig ist. Dann kann er »der Anker in der Not« für mich sein.

Was ist es, was im Alltag meinen Blick von Jesus ablenkt? Welche Dinge, Ereignisse und Umstände um mich herum veranlassen mich, meinen Blick von Gott wegzuwenden und wie Petrus Angst zu bekommen? Als Petrus aus dem Boot ausstieg und anfing, über das Wasser zu laufen, waren seine Augen auf Jesus allein gerichtet. Viele Christen laufen los, gerufen von Jesus, und steigen mutig aus dem Boot in Richtung Jesus. Doch auf halbem Weg versinken sie in den tosenden Wellen. Warum? Wenn du Jesus folgen und seinen Auftrag ausführen möchtest, lass deinen Blick nicht von Jesus und hole ihn immer wieder ins Zentrum deines Denkens: »Du allein sollst Zentrum sein«. Und wenn du merkst, dass etwas dich ablenkt, dann rufe wie Petrus: »Herr, rette mich!« (Matthäus 14,30), und Jesus wird dir gerne helfen.

Gegen drei Uhr morgens kam Jesus über das Wasser zu ihnen. Als ihn die Jünger sahen, schrien sie entsetzt auf, denn sie hielten ihn für einen Geist. Doch Jesus sprach sie sogleich an: »Es ist gut«, sagte er. »Ich bin es! Habt keine Angst.« Da rief Petrus ihm zu: »Herr, wenn du es wirklich bist, befiehl mir, auf dem Wasser zu dir zu kommen.« »Dann komm«, sagte Jesus. Und Petrus stieg aus dem Boot und ging über das Wasser, Jesus entgegen. Als er sich aber umsah und die hohen Wellen erblickte, bekam er Angst und begann zu versinken. »Herr, rette mich!«, schrie er. Sofort streckte Jesus ihm die Hand hin und hielt ihn fest. »Du hast nicht viel Glauben«, sagte Jesus. »Warum hast du gezweifelt?« Als sie schließlich zurück ins Boot stiegen, legte sich der Wind.

MATTHÄUS 14,25-32

Richte deine Augen jeden Morgen neu auf Jesus!

ECKSTEIN

Und wenn er mit Posaunenklang
zurück auf diese Erde kommt,
will ich geheiligt vor ihm stehn,
um vor dem Thron ihn anzusehn.

Du allein sollst Zentrum sein.
Die Schwachen macht deine Liebe stark.
Selbst im Sturm bist du Herr, Herr der Welt.

Aus »Feiert Jesus! 5«, Nr. 158
Originaltitel: Cornerstone
Text (Strophen): Edward Mote (1797–1874)
Text (Refrain) und Melodie: Jonas Myrin, Reuben Morgan und Eric Liljero
Deutsch: Daniel Jacobi (Strophen) und Freimut Haverkamp (Refrain)
© 2011 Hillsong Music Publishing
Für D, A, CH: CopyCare Deutschland, 71087 Holzgerlingen

IN ZUKUNFT...

Ob bewusst oder unbewusst, ob schon bald oder erst in weiter, ferner Zukunft: Wir nähern uns dem Tag unserer Verherrlichung. Durch die Errettung von unseren Sünden durch Jesu Tod am Kreuz ist unsere Erlösung etwas Gegenwärtiges, etwas, was heute schon Wahrheit ist und gilt. Doch durch das Wiederkommen Jesu hat sie auch eine zukünftige Perspektive: Zwar leben wir noch in der vergänglichen Welt, doch das Beste wartet noch auf uns. Durch den Heiligen Geist, mit dem wir versiegelt sind, dürfen wir die Gewissheit haben, »dass der Tag der Erlösung kommen wird« (Epheser 4,30). Wartest du gespannt auf diesen Tag? Was kannst du tun, um die Vorfreude darauf anzufachen?

Petrus schreibt in seinem ersten Brief (1. Petrus 1,4–6): »Denn Gott hat für seine Kinder ein unvergängliches Erbe, das rein und unversehrt im Himmel für euch aufbewahrt wird. Und in seiner großen Macht wird er euch durch den Glauben beschützen, bis ihr das ewige Leben empfangt. Es wird am Ende der Zeit für alle sichtbar offenbart werden. Freut euch deshalb von Herzen! Vor euch liegt eine große Freude, auch wenn ihr für eine Weile viel erdulden müsst.« Diese Verse motivieren mich, durchzuhalten in den oft schwierigen Umständen. Die himmlische Perspektive schenkt außerdem Freiheit und Zufriedenheit, denn ich weiß, dass ich im irdischen Leben nicht alles erreicht und gemacht haben muss. Das Beste wartet noch in Ewigkeit auf mich, wo es kein Leid mehr geben wird. Als Geheiligte dürfen wir dann vor Gottes Thron stehen und ihn anbeten! Was für eine Ehre!

> Hört auf zu lügen und »sagt einander die Wahrheit« (Sacharja 8,16), weil wir aufeinander angewiesen sind. »Sündigt nicht, wenn ihr zornig sei« (Psalm 4,5), und lasst die Sonne nicht über eurem Zorn untergehen. Gebt dem Teufel keine Möglichkeit, durch den Zorn Macht über euch zu gewinnen! Wer ein Dieb ist, soll aufhören zu stehlen. Er soll seine Hände zu ehrlicher Arbeit gebrauchen und dann anderen, die in Not sind, großzügig geben. Verzichtet auf schlechtes Gerede, sondern was ihr redet, soll für andere gut und aufbauend sein, damit sie im Glauben ermutigt werden. Achtet darauf, den Heiligen Geist nicht durch euer Verhalten zu betrüben. Denkt vielmehr daran, dass ihr sein Siegel tragt und dadurch die Gewissheit habt, dass der Tag der Erlösung kommen wird. Befreit euch von Bitterkeit und Wut, von Ärger, harten Worten und übler Nachrede sowie jeder Art von Bosheit. Seid stattdessen freundlich und mitfühlend zueinander und vergebt euch gegenseitig, wie auch Gott euch durch Christus vergeben hat.

EPHESER 4,25-32

Du darfst geheiligt vor ihm stehen!

HEILIG, HEILIG BIST DU, HERR

Ich öffne mein Herz, komme zu dir.
Kein andrer Ort, wo ich lieber wär
als hier bei dir, als in deiner Nähe.
Mein Schutz und Schild,
Fels auf dem ich stehe.

Heilig, heilig bist du, Herr,
Jesus, Gottes Sohn.
»Heilig, heilig« singen wir dir,
Jesus auf dem Thron.

Aus »Feiert Jesus! 5«, Nr. 182
Text: Andreas Volz
Melodie: Andreas Volz und Benjamin Krause
© 2012 SCM Hänssler, 71087 Holzgerlingen

Feiert Jesus! 365
CD 1, Nr. 12

EINE UNERSCHÖPFLICHE KRAFTQUELLE

Schlaf, Schlaf, Schlaf und Erholung. Vielleicht Urlaub? Genau das brauche ich, wenn ich müde und erschöpft bin, wenn ich keine Kraft mehr für die Schwierigkeiten und Herausforderungen des Tages habe. Und ich brauche noch etwas: Jesus. Einen ungeteilten Blick auf ihn. »Mein Schutz und Schild, Fels auf dem ich stehe.« Gott sagt mir zu, dass ich Kraft von ihm bekomme. »Er gibt den Erschöpften neue Kraft; er gibt den Kraftlosen reichlich Stärke« (Jesaja 40,29).

Perfekt. Das ist es! Das ist genau die Hilfe, die ich nötig habe. Was für eine Zusage! Ich bekomme Kraft, und nicht nur wenig, sondern »reichlich Stärke«. Adolf Schlatter, ein evangelischer Theologe, drückte es sehr treffend aus: »Gott tröstet nicht so, dass er das Leid wegnimmt, sondern dass er uns die Kraft gibt, es zu tragen.« Gott ist meine Kraftquelle: Ich bekomme seine Kraft, um dem Druck standzuhalten. Kraft, um weiterzumachen. Kraft, um den Mut nicht zu verlieren. Kraft, um Gottes Willen zu tun. Kraft, um fröhlich zu bleiben. Kraft, um in einer lebendigen Verbindung mit ihm zu bleiben.

Indem ich mich auf ihn konzentriere, kann ich gleichzeitig die Dinge auch aus einer anderen Perspektive sehen, kann von oben auf die Hürden hinabsehen und sie dadurch besser meistern. Deshalb gibt es keinen anderen Ort, an dem ich lieber bin, als in der Nähe der Quelle, die überfließt. Immer wieder fasziniert mich auch der Gedanke, dass mir die gleiche Kraft zur Verfügung gestellt ist, mit der Jesus von den Toten auferstanden ist und jetzt auf dem Thron sitzt. Seine Auferstehungskraft. Was für ein Geschenk!

> Er gibt den Erschöpften neue Kraft; er gibt den Kraftlosen reichlich Stärke. Es mag sein, dass selbst junge Leute matt und müde werden und junge Männer völlig zusammenbrechen, doch die, die auf den Herrn warten, gewinnen neue Kraft. Sie schwingen sich nach oben wie die Adler. Sie laufen schnell, ohne zu ermüden. Sie werden gehen und werden nicht matt.

JESAJA 40,29-31

Du darfst aus Jesu Auferstehungskraft leben!

HEILIG, HEILIG BIST DU, HERR

Ich lege jetzt ab, was mich noch hält,
legs vor dir hin und spür,
dass nichts fehlt.
Dich bet ich an und geb dir alle Ehre,
dir, Gottes Lamm,
dem Fels, auf dem ich stehe.

Heilig, heilig bist du, Herr,
Jesus, Gottes Sohn.
»Heilig, heilig« singen wir dir,
Jesus auf dem Thron.

Aus »Feiert Jesus! 5«, Nr. 182
Text: Andreas Volz
Melodie: Andreas Volz und Benjamin Krause
© 2012 SCM Hänssler, 71087 Holzgerlingen

Feiert Jesus! 365
CD 1, Nr. 12

ANDERS

Heilig, abgesondert, anders als die Welt. So ist Gott. Und so sollen auch wir sein. »Ihr sollt heilig sein, weil ich heilig bin« (3. Mose 11,45). Wir werden von so vielem beeinflusst: Fernsehen, Kino, Literatur, Internet, Geld, Freunde, Arbeitgeber, Nachbarn – alle versuchen, uns in die Denkweise der Gesellschaft einzupassen. Aber Gottes Wertmaßstäbe, Prioritäten und Ansprüche sind anders. Und nicht nur ein bisschen anders, ein bisschen liebevoller, ein bisschen hilfsbereiter, ein bisschen barmherziger oder freundlicher, sondern ganz anders. »Deshalb orientiert euch nicht am Verhalten und an den Gewohnheiten dieser Welt, sondern lasst euch von Gott durch Veränderung eurer Denkweise in neue Menschen verwandeln. Dann werdet ihr wissen, was Gott von euch will: Es ist das, was gut ist und ihn freut und seinem Willen vollkommen entspricht« (Römer 12,2). Deutlicher kann man es gar nicht lesen als in diesem Bibelvers.

Für was investiere ich meine freie Zeit nach der Arbeit? Für einen Besuch im Stadion, für eine Recherche im Internet, für einen guten Film im Kino oder Fernsehen? Oder fürs Gebet? Für Gott? »Ich lege jetzt ab [...]« Gott möchte, dass ich alles, was nicht zu seinem Lebensentwurf gehört, vor ihm ablege. Er möchte, dass ich heilig lebe. Er möchte, dass ich meine Zeit, mein Geld und meinen Verstand sinnvoll zu seiner Ehre gebrauche. Und das wunderbare daran ist: Tatsächlich merke ich dann sehr oft, »dass nichts fehlt«, wie es in der 2. Strophe heißt. Gott füllt mich! Lass dich heute wieder erneut darauf ein, Nein zu sagen, wo es nötig ist, und Ja zu sagen zu unserem heiligen Gott! »Dich bet ich an und geb dir alle Ehre«.

> Ich werde Gog richten durch Krankheit und Blutvergießen; ich werde Platzregen, Hagelstürme und brennenden Schwefel auf ihn, sein Heer und die vielen Völker bei ihm regnen lassen! So will ich meine Größe und Heiligkeit zeigen und mich vielen Völkern offenbaren. Dann werden sie erkennen, dass ich der Herr bin!
>
> **HESEKIEL 38,22f**

Unser Gott ist ein heiliger Gott!

LEBENSGRUND

Ich glaube an den Vater im Himmel,
den Schöpfer, der der Welt Leben gibt,
allmächtig und barmherzig und heilig,
der seine Kinder unendlich liebt.

Aus »Feiert Jesus! 5«, Nr. 149
Text und Melodie: Albert Frey
© 2012 FREYKLANG adm. by Gerth Medien, Asslar

VATER UNSER?

»Vater unser im Himmel, geheiligt werde dein Name [...]« Wie oft haben wir die Zeilen des Vaterunsers schon gebetet! Doch häufig rezitieren wir die Worte gebetsmühlenartig, ohne mit dem Herzen wirklich bei der Sache zu sein und ohne uns ihre wahre Bedeutung bewusst zu machen.

Dabei ist es ein unglaubliches Vorrecht, Gott unseren Vater nennen zu dürfen. Er selbst stellt sich uns in der Bibel als solcher vor. Lasst uns heute neu darüber staunen, was für einen großartigen Vater wir als Kinder Gottes haben: Unser Vater ist unser Schöpfer, der zu uns wie zu Jeremia spricht: »Ich kannte dich schon, bevor ich dich im Leib deiner Mutter geformt habe« (Jeremia 1,5). Unser himmlischer Vater wollte uns genauso haben, wie wir sind, und hat einen Plan für unser Leben. Unser Vater ist allmächtig: »Was menschlich gesehen unmöglich ist, ist bei Gott möglich« (Lukas 18,27). Unser himmlischer Vater ist nie ratlos. Er kann jede Situation verändern, denn er ist größer als alle Probleme, Schwierigkeiten und Mächte dieser Welt. Unser Vater ist barmherzig und verspricht uns: »Ich bin der Herr, der barmherzige und gnädige Gott. Meine Geduld, meine Liebe und Treue sind groß« (2. Mose 34,6). Unser himmlischer Vater gibt uns niemals auf und lässt uns niemals los.

Wenn ihr, die ihr Sünder seid, wisst, wie man seinen Kindern Gutes tut, wie viel mehr wird euer Vater im Himmel denen, die ihn darum bitten, Gutes tun.

MATTHÄUS 7,11

Kennst du Gott als deinen Vater?

LEBENSGRUND

Darauf verlass ich mich,
darauf vertraue ich.
Ich bin mit Gott im Bund.
Das ist mein Lebensgrund.

Aus »Feiert Jesus! 5«, Nr. 149
Text und Melodie: Albert Frey
© 2012 FREYKLANG adm. by Gerth Medien, Asslar

WARUM?

Jeder Mensch stellt sich früher oder später die Frage: Warum bin ich hier? Was hat mein Leben für einen Sinn? Um eine persönliche Antwort zu finden, stürzen sich viele in ihre Arbeit und widmen ihr Leben der großen Karriere. Andere probieren die verschiedensten Lebensentwürfe aus, kämpfen für ein politisches Ziel oder begeben sich auf Selbstfindungsreise. Wieder andere geben sich ganz für ihre Familie hin.

Doch irgendwann muss jeder feststellen, dass auch die erfolgreichste Karriere im Ruhestand endet, viele Lebensentwürfe nicht dauerhaft funktionieren und die Kinder viel zu schnell aus dem Haus sind. Gewiss: Glücksmomente oder -zeiten können uns all diese Dinge bescheren, doch einen dauerhaften Sinn im Leben geben sie nicht. Wie großartig ist es deshalb, als Christ wissen zu dürfen, warum wir hier auf dieser Erde sind: Gott ist unser Lebensgrund, und er hat uns dazu berufen, mit ihm im Bund zu leben und ihn mit unserem Leben zu verherrlichen. Dies geschieht, indem wir die Gemeinschaft mit ihm suchen, ihn durch Gebete und Lieder preisen, seine Gebote befolgen, uns von seinem Geist leiten lassen und anderen Menschen dienen. Paulus ermahnt uns: »Weil Gott so barmherzig ist, fordere ich euch nun auf, liebe

Brüder, euch mit eurem ganzen Leben für Gott einzusetzen. Es soll ein lebendiges und heiliges Opfer sein – ein Opfer, an dem Gott Freude hat. Das ist ein Gottesdienst, wie er sein soll« (Römer 12,1).

> Alles, was auch immer ihr tut oder sagt, soll im Namen von Jesus, dem Herrn, geschehen, durch den ihr Gott, dem Vater, danken sollt!
>
> **KOLOSSER 3,17**

Was ist der Sinn und das Ziel deines Lebens?

LEBENSGRUND

Ich glaube an den Sohn, Jesus Christus,
ganz Gott und doch ganz Mensch, so wie wir;
am Kreuz gestorben und auferstanden.
Er ist der Herr, sein Reich ist schon hier.

Aus »Feiert Jesus! 5«, Nr. 149
Text und Melodie: Albert Frey
© 2012 FREYKLANG adm. by Gerth Medien, Asslar

WER BIN ICH?

Jesus wollte einmal von seinen Jüngern wissen: »Und was meint ihr, wer ich bin« (Matthäus 16,15)? Wie würdest du antworten, wenn Jesus dir diese Frage stellen würde? Wer ist Jesus für dich? Während die anderen Jünger noch überlegten, preschte Simon Petrus vor: »Du bist der Christus, der Sohn des lebendigen Gottes« (Matthäus 16,16). Jesus lobte ihn für diese Antwort und bestätigte, dass er der Sohn Gottes sei, der vom Vater gesandt wurde, um uns Menschen zu retten. Petrus hatte erkannt, dass er Erlösung braucht und dass er diese nur bei Jesus finden konnte. Was für Petrus galt, das trifft auch auf jeden von uns zu: »Denn alle Menschen haben gesündigt und das Leben in der Herrlichkeit Gottes verloren« (Römer 3,23).

Da Schuld nie ungesühnt bleiben kann, entschied sich Jesus dafür, unsere Strafe auf sich zu nehmen: Wir kehren Gott den Rücken zu, doch Jesu Rücken wurde ausgepeitscht. Wir haben schlechte Gedanken, doch Jesu Haupt wurde von Dornen zerstochen. Wir handeln gegen andere Menschen, doch Jesu Hände wurden durchbohrt. Wir gehen unsere eigenen Wege, doch Jesu Füße wurden ans Kreuz genagelt. Wir haben den Tod verdient, doch Jesus starb für uns.

Aber Jesu Grab ist nicht das Ende. Er hat den Tod besiegt und ist auferstanden. Jesus lebt in Ewigkeit – und mit ihm auch wir.

Denn Gott hat die Welt so sehr geliebt, dass er seinen einzigen Sohn hingab, damit jeder, der an ihn glaubt, nicht verloren geht, sondern das ewige Leben hat.

JOHANNES 3,16

Kannst du dich dem Bekenntnis des Simon Petrus anschließen?

LEBENSGRUND

Ich glaube an die Kraft seines Geistes,
der uns lebendig macht und befreit,
der uns zusammenführt als Gemeinschaft,
der Leben gibt bis in Ewigkeit.

Aus »Feiert Jesus! 5«, Nr. 149
Text und Melodie: Albert Frey
© 2012 FREYKLANG adm. by Gerth Medien, Asslar

GEISTREICHES LEBEN?

Jeder Christ hat den Heiligen Geist als Geschenk Gottes empfangen: »Er hat [...] bestätigt, dass wir zu ihm gehören, indem
er uns den Heiligen Geist ins Herz gab. Dieser ist eine Sicherheit
für alles, was er uns noch schenken wird« (2. Korinther 1,22). Der
Heilige Geist ist also viel mehr als nur eine Bestätigung, dass wir
ein Kind Gottes sind. Er wirkt und handelt auf vielfältige Weise in
und durch uns. In uns bringt er seine guten Früchte hervor: Liebe, Freude, Frieden, Geduld, Freundlichkeit, Güte, Treue, Sanftmut und Selbstbeherrschung (Galater 5,22f). So hilft er uns dabei,
Jesus immer ähnlicher zu werden. Außerdem gibt er uns Wegweisung, lehrt uns, steht uns als Ratgeber zur Seite und spendet
uns Trost (Johannes 14,16.26). Darüber hinaus möchte er durch
uns wirken, um andere Menschen zu segnen. Er schenkt uns den
Mut, Jesus durch Worte und Taten zu bezeugen und zu verherrlichen (Apostelgeschichte 1,8). Dabei unterstützt er uns auch mit
speziellen Geistesgaben wie Prophetie, Heilung oder Wunder
(1. Korinther 12).
In uns lebt also eine Quelle göttlicher Kraft und Verheißungen:
»Der Geist Gottes, der Jesus von den Toten auferweckt hat, lebt in
euch« (Römer 8,11). Aber wie kann es sein, dass viele Christen das
Wirken des Heiligen Geistes nur sehr begrenzt erleben? Einerseits
rechnen wir häufig nicht mit dem kraftvollen Wirken des Heiligen

Geistes (vielleicht auch aus Angst davor, dass sein Handeln unseren Verstand übersteigen könnte). Andererseits warnt uns die Bibel davor, den Geist Gottes zu betrüben, indem wir uns weigern, seiner Führung zu folgen und unser Denken und Handeln nicht nach Gottes Geboten ausrichten (Epheser 4,30). Sie fordert uns vielmehr auf: »Unterdrückt den Heiligen Geist nicht« (1. Thessalonicher 5,19). Wer dem Heiligen Geist gehorsam ist, wird über sein Wirken staunen.

> Denn alle, die vom Geist Gottes bestimmt werden,
> sind Kinder Gottes.
>
> **RÖMER 8,14**

Wieviel Raum gibst du dem Heiligen Geist in deinem Leben und wo betrübst du ihn?

BARMHERZIG

Unsere Geduld ist schnell am Ende.
Deine Langmut reicht für alle Zeit.
Unser Vorrat geht so schnell zur Neige.
Deine Fülle reicht unendlich weit.
Unsre Liebeskraft kommt schnell an Grenzen.
Deine Liebe ist bedingungslos.
Unsere Vergebung ist oft kleinlich.
Deine Gnade ist unendlich groß.

Der Mond scheint nur,
wenn ihn die Sonne trifft,
so leuchten wir in deinem Angesicht.

Du bist barmherzig,
Vater, dein Herz ist immer offen.
Du bist barmherzig,
Vater, das lässt mich wieder hoffen.
Du bist barmherzig,
jetzt kann mein Herz sich wieder öffnen.

Aus »Feiert Jesus! 5«, Nr. 99
Text und Melodie: Albert Frey
© 2013 FREYKLANG adm. by Gerth Medien, Asslar

GOTTES FÜLLE REICHT UNENDLICH WEIT!

Ich kann nicht mehr! Dafür habe ich keine Kraft! Soviel Liebe kann ich nicht aufbringen. Ich habe keine Geduld mehr! – Manchmal ist alles zu viel, ich fühle mich am Limit meiner Kapazitäten. Aber wie ichbezogen ist dieses Alltagsverhalten! Heißt es nicht: »Ich lebe, aber nicht mehr ich selbst, sondern Christus lebt in mir« (Galater 2,20)? Eigentlich müsste ich an die Stelle des Wortes »ich« immer den Namen Jesu setzen: Jesus kann nicht mehr. Jesus hat keine Kraft oder Geduld mehr dafür. Jesus hat nicht mehr so viel Liebe ... Wenn ich diese Sätze lese, merke ich sofort, welcher Unsinn dabei herauskommt! Jesus hat unendlich viel Geduld, unendlich viel Liebe und Kraft für uns. Zahlreiche Verse der Bibel stellen dies immer wieder klar: Er hilft den Schwachen, er gibt Kraft, er leitet, er schenkt Liebe, Gnade, Hoffnung und Barmherzigkeit. Und dies in Fülle und bedingungslos. Ich darf jederzeit beten, dass er mit seiner Auferstehungskraft, mit dieser unglaublichen Kraft, mit der er vom Tod auferstanden ist, heute in meinem Leben zur Ehre Gottes wirkt.

Gott hat nicht nur einen unendlich großen Vorrat an Liebe, Geduld, Hoffnung und Barmherzigkeit, aus dem ich schöpfen darf. Auch andere Menschen können Gottes Barmherzigkeit sehen, und zwar an meinem Leben. Wenn mich also das nächste Mal jemand erstaunt fragt: »Wie kannst du das alles nur schaffen?« »Wie kannst du das ertragen?«, dann ist das der richtige Zeitpunkt, auf den hinzuweisen, der in mir lebt: Jesus kann es schaffen. Jesus kann es ertragen. Jesus kann! »Du bist barmherzig, Vater!«

> Ich lebe, aber nicht mehr ich selbst, sondern Christus lebt in mir. Ich lebe also mein Leben in diesem irdischen Körper im Glauben an den Sohn Gottes, der mich geliebt und sich selbst für mich geopfert hat. Ich gehöre nicht zu denen, die die Gnade Gottes gering achten. Denn wenn wir durch das Gesetz gerettet werden könnten, hätte Christus nicht sterben müssen.
>
> **GALATER 2,20f**

Jesus kann!

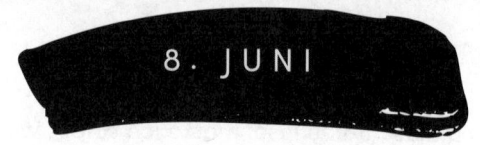

BARMHERZIG

Wir verlieren dich schnell aus den Augen.
Du hältst nach uns Ausschau jeden Tag.
Wir wolln unsern Platz bei dir verdienen.
Du nimmst uns als deine Kinder an.
Wir wolln unsre Schulden selbst begleichen.
Du vergibst in einem Augenblick.
Wir können nur selbst barmherzig werden,
weil dein Blick auf uns barmherzig ist.

Der Mond scheint nur,
wenn ihn die Sonne trifft,
so leuchten wir in deinem Angesicht.

Du bist barmherzig,
Vater, dein Herz ist immer offen.
Du bist barmherzig,
Vater, das lässt mich wieder hoffen.
Du bist barmherzig,
jetzt kann mein Herz sich wieder öffnen.

Aus »Feiert Jesus! 5«, Nr. 99
Text und Melodie: Albert Frey
© 2013 FREYKLANG adm. by Gerth Medien, Asslar

BLICKE AUF JESUS

O nein, das kann ich nicht. Das schaff ich nicht. Das ist mir zu viel!
Solche Gedanken schwirrten vermutlich auch den Juden durch
den Kopf, als sie den Tempel in Jerusalem wieder aufbauen wollten. Eine riesige, fast unmögliche Aufgabe.
»Wir verlieren dich schnell aus den Augen« – mein Blick ist so oft
auf die Dinge um mich herum gerichtet, statt auf Jesus. Dabei
muss ich es nicht können. Ich muss es nicht schaffen. Denn ich
kenne jemanden, der es kann! Gott sagt zu: »Nicht durch Gewalt

und Kraft wird es geschehen, sondern durch meinen Geist« (Sacharja 4,6). So eine Zusage, so eine Verheißung ist einfach wunderbar. Sie zeigt mir, dass es wirklich gar nicht darum geht, wer ich bin und was ich kann, wie alt ich bin, wie viel ich besitze oder auf welche Erfahrungen ich zurückgreifen kann, sondern einzig und allein darauf, dass ich auf Gott und seine Macht vertraue; dass ich ihn machen lasse und mich voll und ganz in seine Hände gebe. Er hält immer nach mir Ausschau, er will mich als sein Kind ganz nah bei sich haben.

Je mehr ich erkenne, dass ich mir bei Gott nichts verdienen kann, desto mehr kann er mir seine Barmherzigkeit schenken. Er kommt mir immer wieder neu entgegen und fordert mich auf, ganz aus seiner Kraft zu leben. Lass dich heute im Arbeitsalltag und in aller Hektik ganz von Jesu Liebe und Barmherzigkeit durchdringen, sodass du mit innerem Frieden erfüllt wirst und ein Zeugnis für andere sein kannst. Sieh auf Jesus und nicht auf das Chaos um dich herum.

> Da sagte er zu mir: »So spricht der Herr zu Serubbabel: ›Nicht durch Gewalt und Kraft wird es geschehen, sondern durch meinen Geist‹, spricht der Herr, der Allmächtige. ›Wer bist du, großer Berg, vor Serubbabel? Du wirst zur Ebene werden! Dann wird Serubbabel den Schlussstein einsetzen, und das Volk wird jubeln: Er sei gesegnet! Er sei gesegnet!‹«

SACHARJA 4,6f

Blicke zuerst auf Jesus!

DEINE GÜTE REICHT

Herr, deine Güte reicht, reicht, so weit die Wolken ziehn.
Herr, deine Güte reicht so weit.
Herr, deine Gnade bleibt, bleibt für immer uns bestehn.
Herr, deine Gnade bleibt, sie bleibt.

Aus »Feiert Jesus! 5«, Nr. 88
Text und Melodie: Andreas Volz
© 2014 SCM Hänssler, 71087 Holzgerlingen

Feiert Jesus! 365
CD 1, Nr. 6

UNWETTERWARNUNG

»Hochwasser verwüsten Deutschland!« Wenn wir solche Schlagzeilen in den Nachrichten lesen, dann herrscht irgendwo in unserem Land Ausnahmezustand. Heftige Unwetter schlagen wieder zu, und die Betroffenen verlieren viel oder gar alles. Was bleibt, ist, den Schaden zu begrenzen und neu anzufangen.

In manchen Teilen der Welt treten diese Naturkatastrophen noch weit verheerender und regelmäßiger auf. Doch das Ausmaß und die Dramatik werden uns erst bewusst, wenn sich solche Szenarien direkt vor unserer Haustür abspielen. Häuser, die einstürzen, oder gar Menschen, die sterben. In diesen Momenten zweifelt mancher an der Güte Gottes. Aber genau betrachtet ist jeder Einzelne von uns mitverantwortlich für diese Klimaextreme – durch unseren Umgang mit Ressourcen und das eigene Konsumverhalten. Wir können nicht Gott die Schuld dafür geben. Wir Menschen haben die Verantwortung für die Schöpfung übernommen. Jeder menschliche Eingriff in die Umwelt hat Auswirkungen auf das große Ganze. Sind wir dabei, den Karren gegen die Wand zu fahren?

Doch die Bibel stellt klar: Gott ist gut und gnädig. Diese beiden Eigenschaften sind grundlegend für Gottes Wesen. Er ist da in unserer Misere – verlässlich, felsenfest, gnädig und gut. Seine Güte reicht so weit, wie die Wolken ziehen. Damit ist auch jede einzelne Gewitterwolke unseres Lebens gemeint. Jesus gibt uns die Kraft, diese Situationen durchzustehen und neu zu beginnen.

> Herr, deine Gnade ist so weit wie der Himmel und deine Treue reicht so weit, wie die Wolken ziehen.

PSALM 36,6

Gottes Güte reicht so weit
wie deine ganz persönlichen Gewitterwolken.

DEINE GÜTE REICHT

In keinem andern Namen ist Heil und Zuversicht,
in keinem andern Namen Heil.
Du bist der treue Hirte, wir folgen deinem Licht.
Der treue Hirte bist du.

Aus »Feiert Jesus! 5«, Nr. 88
Text und Melodie: Andreas Volz
© 2014 SCM Hänssler, 71087 Holzgerlingen

Feiert Jesus! 365
CD 1, Nr. 6

NAMENSTAG

»Moxie CrimeFighter« oder »Pilot Inspektor« sind tatsächlich
existierende Vornamen, die jeweils Prominente für ihre Kinder
ausgesucht haben. Ob dabei an das Wohl des Kindes gedacht
wurde, ist fraglich.

Hast du dir schon einmal Gedanken darüber gemacht, was dein
Name bedeutet und warum du ihn vielleicht bekommen hast?
Manche Leute lieben ihren Vornamen, und manche tun sich ext-
rem schwer, ihn zu akzeptieren oder sich damit zu identifizieren.
Der Name, den deine Eltern für dich ausgesucht haben, ist ein
wichtiger Teil deiner Identität und begleitet dich ein Leben lang.
Deshalb ist es wichtig ist, sich damit auseinanderzusetzen.

In der Bibel wird Gott mit sehr unterschiedlichen Namen bezeichnet, die jeweils einen Aspekt seines Wesens hervorheben: Elohim,
der dreieinige Gott, der die Welt erschaffen hat; El Shaddai, Gott
der Allmächtige; Immanuel, der Herr ist mit uns; oder Jahwe-Sha-
lom, der Herr ist Frieden, um nur einige zu nennen. Auch Jesus
trägt seinen Namen zurecht: Die hebräische Form Jeschua leitet
sich von dem Wort für »retten« ab (Matthäus 1,21). Und genau

dies ist seine Bestimmung. Er rettet dich und befreit dich von aller Schuld. Der Name Jesu gibt dir die Möglichkeit, heil zu werden. Feiere doch den Tag, an dem Jesus in dein Leben kam, als neuen Namenstag.

> »Sie wird einen Sohn zur Welt bringen. Du sollst ihm den Namen Jesus geben, denn er wird sein Volk von allen Sünden befreien.« All das geschah, damit sich erfüllt, was Gott durch seinen Propheten angekündigt hat: »Seht! Die Jungfrau wird ein Kind erwarten! Sie wird einem Sohn das Leben schenken, und er wird Immanuel genannt werden. Das heißt, Gott ist mit uns.«

MATTHÄUS 1,21-23

> Der Name von Jesus hat diesen Mann geheilt – und ihr wisst alle, wie krank er war. Vor euren eigenen Augen hat der Glaube an den Namen von Jesus diese Heilung bewirkt.

APOSTELGESCHICHTE 3,16

Der Name Jesu hat die Kraft, dein Leben zu verändern – verlass dich darauf.

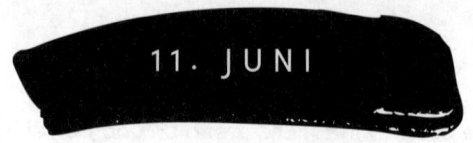
DEINE GÜTE REICHT

Was du zum Leben gibst, ist gut und reicht uns aus.
Was du zum Leben gibst, ist gut.
Du bist der feste Grund, mit dem sich leben lässt.
Der feste Grund bist nur du.

Aus »Feiert Jesus! 5«, Nr. 88
Text und Melodie: Andreas Volz
© 2014 SCM Hänssler, 71087 Holzgerlingen

Feiert Jesus! 365
CD 1, Nr. 6

LEBENSGLÜCK?

Bist du mit deinem Leben zufrieden? Bist du glücklich, so, wie du dein Leben führst? Hast du alles, was du zum Leben brauchst, oder fehlt dir etwas? Wenn man manche Werbung sieht, bekommt man den Eindruck, dass der moderne Mensch so einiges braucht, um glücklich zu sein. Der momentane Trend geht hin zur Selbstoptimierung: Da gibt es Aktivitätsarmbänder, die einen genauen Tag-Nacht-Rhythmus aufzeichnen, und Fitness-Apps, die den eigenen Körper in die beste Form aller Zeiten bringen sollen. Eine Flut an Gesund-Kochbüchern und Super-Food-Produkten regt zu einer ausgewogeneren Ernährung an, die sich nachhaltig auf das Wohlbefinden auswirken soll.

Diese Dinge sind an sich nicht grundsätzlich schlecht, trotzdem oder vielleicht gerade deswegen nehmen Krankheiten wie Burnout und Depressionen nachweislich zu. Der moderne Mensch im Hamsterrad der Work-Life-Balance macht sich selbst verrückt. Die Selbstoptimierung wird zur Ersatzreligion und raubt uns immer wieder die Zeit für die eigentlich wichtigen Dinge im Leben. Jesus sagt, dass er uns Leben in Fülle schenken möchte. Er gibt uns das, was wir wirklich zum Leben brauchen: Liebe, Wertschätzung, Zuversicht, ewiges Leben und die größte Familie, die man sich nur vorstellen kann.

Ein Dieb will rauben, morden und zerstören. Ich aber bin gekommen, um ihnen das Leben in ganzer Fülle zu schenken.

JOHANNES 10,10

Danke Jesus für die guten Dinge,
die er dir täglich neu schenkt.

DU BLEIBST

Seit tausend Jahren dreht sich unser Planet,
und unser Leben dreht sich unaufhörlich mit.
Und jeder Mensch hat sein Sonnensystem,
in dem die Sterne und Kometen verglühn.
Was heute ist, ist morgen schon Vergangenheit,
verschwindet, kaum erlebt, in Lichtgeschwindigkeit.
Wir unterliegen dem Gesetz von Raum und Zeit
und streben immer weiter nach Unendlichkeit.

Aus »Feiert Jesus! 4«, Nr. 78
Text und Melodie: Johannes Falk, Pamela Natterer und Ralf Schuon
© 2010 Gracetown Publishing bei SCM Hänssler, 71087 Holzgerlingen

Feiert Jesus! 365
CD 1, Nr. 9

IM SONNENSYSTEM GEFANGEN?

Hamsterrad. Immer weiter, immer weiter. Oft sehen wir nur noch einen riesigen Berg von Aufgaben und Herausforderungen vor uns. Und sobald ein Punkt von der To-Do-Liste gestrichen werden kann, kommen drei neue Aufgaben hinzu.

In solchen Zeiten sind wir häufig gefangen in unserem persönlichen »Sonnensystem«, drehen uns um unsere eigenen Gedanken, Sorgen, Träume, Wünsche, Pläne und Ziele. In diesem begrenzten Sonnensystem sind wir das Zentrum und das Maß aller Dinge. Unsere leistungsorientierte und gehetzte Gesellschaft bestärkt uns in dieser Sichtweise und propagiert Selbstverwirklichung und persönlichen Erfolg als höchste Güter. Doch was als Weg zum Glück dargestellt wird, nimmt uns in Wahrheit gefangen und zermürbt uns immer mehr.

Jesus jedoch hat uns zur Freiheit berufen. Deshalb tut es gut, immer wieder vor ihm innezuhalten und zur Ruhe zu kommen, um unser Leben aus Gottes Perspektive zu sehen. Dann stellen wir fest, dass wir nicht der Mittelpunkt, sondern nur ein kleines Sonnensystem im großen Universum des allmächtigen Gottes sind. Durch diesen veränderten Blickwinkel können wir die Bedeutung der Dinge in unserem Leben wieder richtig einordnen. Dann wird uns bewusst, was vergänglich ist und was ewig Bestand hat.

> Ihr seid berufen, liebe Freunde, in Freiheit zu leben – nicht in der Freiheit, euren sündigen Neigungen nachzugeben, sondern in der Freiheit, einander in Liebe zu dienen.
>
> **GALATER 5,13**

Werde still vor Jesus und bitte ihn
um seine Sichtweise auf deine Aufgaben
und Herausforderungen.

DU BLEIBST

Menschen kommen, Menschen gehn,
man hat schon viele Große fallen sehn.
Himmel und Erde werden vergehn,
doch du bleibst, du bleibst.

Wie du immer warst,
wirst du immer sein,
o, du bleibst.

Aus »Feiert Jesus! 4«, Nr. 78
Text und Melodie: Johannes Falk, Pamela Natterer und Ralf Schuon
© 2010 Gracetown Publishing bei SCM Hänssler, 71087 Holzgerlingen

Feiert Jesus! 365
CD 1, Nr. 9

ZEIT FÜR VERÄNDERUNG?

Immer neue Angebote, Trends, Lebensentwürfe, Technologien
und Theorien. Die Flut an Veränderungen, Neuerungen und Wei-
terentwicklungen überrollt unsere Gesellschaft – und lässt viele
Menschen orientierungslos zurück. Dabei sehnen wir uns hinter
der Oberfläche aus Abenteuerlust und Neugierde eigentlich nach
Beständigkeit, nach Halt. In diese Sehnsucht hinein spricht Gott:
»Himmel und Erde werden vergehen, aber meine Worte werden
ewig bleiben« (Markus 13,31). Was für eine Zusage!
Manch einer mag einwenden: Veränderung ist doch etwas Gutes. Veränderung bringt Fortschritt, keine Veränderung bedeutet
Stillstand, Starrheit oder sogar Rückschritt. Das stimmt zwar häu-
fig, aber es gibt einen Zustand, der keine Veränderung benötigt:
Vollkommenheit. Gott ist vollkommen, und deshalb gelten auch
seine Worte und Zusagen ewig (Matthäus 5,48). Keine Verände-

rung könnte sie besser, vollständiger oder vollendeter machen. Alle wunderbaren Verheißungen der Bibel haben deswegen auch heute noch Bestand, und wir dürfen sie im Glauben und Vertrauen für uns ganz persönlich in Anspruch nehmen. In einer Welt, in der menschliche Sicherheiten zerbrechen, Pläne scheitern und Versprechen gebrochen werden, ist Gott die Konstante, das Fundament, der Beginn und auch das Ende.

> Jesus Christus ist gestern, heute und in Ewigkeit derselbe.

HEBRÄER 13,8

Suche ganz konkret nach Verheißungen Gottes
in der Bibel und nimm sie für dich
persönlich in Anspruch!

DU BLEIBST

Wir klammern unser Herz an Schätzen fest,
vergessen oft, dass alles hier zu Staub zerfällt.
Vergänglich ist, was wir mit Augen sehn.
Nur das, was du sagst, bleibt am Ende bestehn.

Aus »Feiert Jesus! 4«, Nr. 78
Text und Melodie: Johannes Falk, Pamela Natterer und Ralf Schuon
© 2010 Gracetown Publishing bei SCM Hänssler, 71087 Holzgerlingen

Feiert Jesus! 365
CD 1, Nr. 9

SCHATZKISTE

Menschen sind Sammler: Egal ob Briefmarken, Münzen, Kleidung oder Treuepunkte im Supermarkt – wir lieben es, Dinge zu besitzen und zu horten. Man weiß ja nie, ob diese Briefmarke nicht später einmal sehr wertvoll sein wird oder ob man jene Hose nicht noch einmal anziehen möchte.

Aber es befinden sich nicht nur materielle Dinge in unserer Schatzkiste, sondern wir streben auch nach beruflichem Erfolg, sozialer Anerkennung oder finanziellem Wohlstand. All diese Dinge vermitteln uns ein Gefühl von Sicherheit. Doch Jesus warnt uns davor, uns allein darauf zu verlassen. In einem Gleichnis erzählt er von einem reichen Mann, dessen Äcker so groß waren, dass seine Scheunen die Ernte nicht fassen konnten. Also beschloss der Mann, noch größere Scheunen zu bauen, um alle Erträge zu lagern und sich dann zurückzulehnen und das Leben zu genießen. Aber Gott sagte zu ihm: »Wie dumm von dir! Du wirst noch heute Nacht sterben. Und wer wird dann das alles bekommen« (Lukas 12,21)? Das Gleichnis verdeutlicht, wie vergänglich die irdischen Schätze sind, die wir so eifrig sammeln. Es fordert uns auf, stattdessen Schätze im Himmel zu sammeln und unsere Sicherheit in Gott allein zu finden.

> Sammelt keine Reichtümer hier auf der Erde an, wo Motten oder Rost sie zerfressen oder Diebe einbrechen und sie stehlen können. Sammelt eure Reichtümer im Himmel, wo sie weder von Motten noch von Rost zerfressen werden und vor Dieben sicher sind.

MATTHÄUS 6,19f

Wo hast du deine Schätze und worauf verlässt du dich?

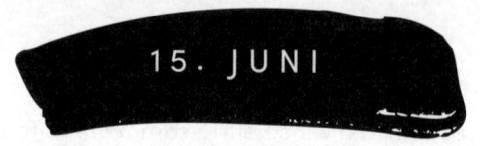
NIE, HERR, LÄSST DU MICH ALLEIN

Führt kein Weg vorbei an den Tälern,
wo der Lebensmut sinkt,
vertreibst du liebevoll meine Angst.
Und steck ich mittendrin in den Stürmen,
die das Leben mir bringt,
geb ich nicht auf, weil du niemals wankst.

Aus »Feiert Jesus! 4«, Nr. 86
Originaltitel: You Never Let Go
Text und Melodie: Matt und Beth Redman
Deutsch: Arne Kopfermann
© 2005 Thankyou Music
Für D, A, CH: SCM Hänssler, 71087 Holzgerlingen

HALT IM STURM?

Einen Anker zu haben im Sturm ist für Seeleute überlebensnotwendig. Das Boot wäre sonst den lebensbedrohlichen Wellen ausgeliefert und würde führungslos hin- und hergeschleudert werden.

In Lebensstürmen ist es für mich zu Beginn immer schwierig, an meinen Anker zu denken und ihn auszuwerfen. Ich lasse mich oft von den bedrohlichen Wellen einschüchtern, und die Angst lähmt mich. Doch nach und nach weicht meine Angst. Ich packe meinen Anker und trotze der Bedrohung, indem ich ihr den Anker entgegenwerfe. Das Unwetter legt sich nicht sofort, und auch Sorge und Angst tauchen gelegentlich wieder auf, aber ich sinke damit nicht ins Bodenlose. Das Boot bleibt stabil, ich kann die Sonne über den Wolken immer wieder erspähen. Nach und nach lässt der Sturm nach.

Ich glaube, dass dunkle Täler bei jedem eine herausfordernde Lebenserfahrung sind. Umso mehr freue ich mich, dass wir als Christen einen liebenden Vater und Freund zur Seite haben, der uns Stabilität und Halt gibt und uns in unseren Stürmen auf Kurs

hält. Jesus weist uns selbst durch die höchsten und wildesten Wellen mit seinem Kompass der Liebe den richtigen Weg.

> Doch Jesus sprach sie sogleich an: »Es ist gut«, sagte er. »Ich bin es! Habt keine Angst.« Da rief Petrus ihm zu: »Herr, wenn du es wirklich bist, befiehl mir, auf dem Wasser zu dir zu kommen.« »Dann komm«, sagte Jesus. Und Petrus stieg aus dem Boot und ging über das Wasser, Jesus entgegen.

MATTHÄUS 14,27-29

> Gott ist unsre Zuflucht und unsre Stärke, er hat sich als Hilfe in der Not bewährt. Deshalb fürchten wir uns nicht.

PSALM 46,2f

Gib in Stürmen nicht auf. Setze deinen Anker.
Jesus hält dich.

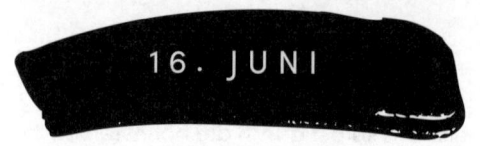
NIE, HERR, LÄSST DU MICH ALLEIN

Vor wem soll ich mich fürchten,
wenn mir Gott zur Seite steht,
wenn mir mein Gott zur Seite steht?
Wovor soll mir graun?
Wovor soll mir graun?

Aus »Feiert Jesus! 4«, Nr. 86
Originaltitel: You Never Let Go
Text und Melodie: Matt und Beth Redman
Deutsch: Arne Kopfermann
© 2005 Thankyou Music
Für D, A, CH: SCM Hänssler, 71087 Holzgerlingen

HÖHER HINAUS

Im Urlaub im Bayrischen Wald. Ich war die erste, die sich dafür einsetzte, dass wir als Familie mit unseren drei Kindern einen Baumwipfel-Pfad besuchten. Im Wald sein und die Aussicht genießen! Meine Eltern waren auch schon da gewesen und schwärmten oft davon. Also nichts wie hin!

Als wir dann auf den Holzstegen immer höher in die Baumwipfel vordrangen, kam es mir wieder: »O, ich hab doch Höhenangst!« Warum hatte ich da nicht früher dran gedacht! Aber jetzt gab es kein Zurück mehr. Ich war gewillt, mich meiner Angst zu stellen. Ich sagte mir andauernd: »Sieh auf das, was dich trägt, sieh auf die stabilen Holzbalken, die dich halten und bald zum Ausgang bringen.« Der Weg führte uns weiter in die Baumkronen und darüber hinweg. Puh! Beim Runtersehen spürte ich wieder das bekannte Bauchkribbeln. Unwillkürlich griff ich nach der Hand meines Mannes und – die Angst verflog blitzschnell. Wirklich! Warum? Ich spürte einfach, dass jemand da war, jemand, der stärker war als ich und jemand, dem ich vertrauen konnte.

Diese Erfahrung wünsche ich dir in deinem Alltag. Wenn du in Ängste kommst, dann erinnere dich daran: Dein großer Gott steht dir immer zur Seite. Du kannst ihm stets vertrauen. Vor nichts musst du dich fürchten. Denn er ist stärker als alles, was dich ängstigt.

> Was kann man dazu noch sagen? Wenn Gott für uns ist, wer kann da noch gegen uns sein?

RÖMER 8,31

> »Hab keine Angst!«, sagte Elisa. »Denn es sind mehr auf unserer Seite als auf ihrer.« Und er betete: »Herr, öffne ihm die Augen und lass ihn sehen.« Da öffnete der Herr dem Diener die Augen, und als er aufblickte, sah er, dass das Bergland um Elisa herum voll feuriger Pferde und Streitwagen war.

2. KÖNIGE 6,16f

Gib Jesus die Hand.
Er führt dich und passt auf dich auf.

NIE, HERR, LÄSST DU MICH ALLEIN

Nie, Herr, lässt du mich allein,
bei dir kann ich sicher sein.
Nie, Herr, lässt du mich allein,
du stehst fest wie Felsgestein.
Nie, Herr, lässt du mich allein,
Herr, du lässt mich niemals allein.

Aus »Feiert Jesus! 4«, Nr. 86
Originaltitel: You Never Let Go
Text und Melodie: Matt und Beth Redman
Deutsch: Arne Kopfermann
© 2005 Thankyou Music
Für D, A, CH: SCM Hänssler, 71087 Holzgerlingen

FELSENFEST

Mit einem Felsen assoziiere ich etwas Stabiles und Tragendes. Er kann die Wärme der Sonne aufnehmen, speichern und abstrahlen. Mit meiner Familie war ich einmal im Arches-Nationalpark in den USA. Es war Abend. Die Sonne stand schon tief, und wir spazierten zu einem Aussichtspunkt, um den Sonnenuntergang zu erleben. Der Tag war ziemlich heiß gewesen, und so zogen meine damals dreijährige Tochter und ich die Flipflops aus und genossen das barfüßige Laufen auf dem warmen Felsen. Es war herrlich! Wir wollten die wohlige Wärme und den festen Untergrund nicht mehr aufgeben. Die Füße erforschten regelrecht die Rillen und Erhöhungen im Stein, und wir fühlten uns pudelwohl.
Ich kann mir gut vorstellen, wenn wir zu unserem Vater eine ebenso innige Verbindung haben wie unsere Haut damals mit dem Felsen, dann kann er uns seine Liebe schenken und unserem manchmal unruhigen Herzen Wärme spenden. Wenn wir in Gottes Gegenwart sind, spüren wir seine Liebe, denn Gott ist Liebe. Diese Liebe trägt uns und gibt uns Geborgenheit in jeder Situation. Seine Liebe ist so fest, so wärmend wie der sichere Fels, ein

stabiles Fundament. Wenn wir unseren Vater im Himmel und seine liebenden Gedanken über uns noch mehr erforschen, dürfen wir noch tiefer eintauchen in die Gemeinschaft mit ihm und sicher sein: Er lässt uns nie allein!

> Ich sage dir: Sei stark und mutig! Hab keine Angst und verzweifle nicht. Denn ich, der Herr, dein Gott, bin bei dir, wohin du auch gehst.
>
> **JOSUA 1,9**

> Ich liebe dich, Herr, durch dich bin ich stark! Der Herr ist mein Fels, meine Burg und mein Retter; mein Gott ist meine Zuflucht, bei dem ich Schutz suche. Er ist mein Schild, die Stärke meines Heils und meine Festung!
>
> **PSALM 18,2f**

Überlege, wo in deinem Leben Gott dich getragen hat. Danke ihm dafür.

NIE, HERR, LÄSST DU MICH ALLEIN

Es leuchtet schon ein Licht in der Ferne,
wärmt das Herz, das dir traut.
Wie tausend Sonnen strahlt dieses Licht,
vertreibt für alle Zeit Schmerz und Sorgen.
Doch bis dieser Tag naht,
folg ich dir nach, such dein Angesicht.

Es leuchtet schon ein Licht in der Ferne,
wärmt das Herz, das dir traut,
vertreibt für alle Zeit Schmerz und Sorgen.
Doch bis dieser Tag naht,
will ich dich preisen, will ich dich preisen.

Aus »Feiert Jesus! 4«, Nr. 86
Originaltitel: You Never Let Go
Text und Melodie: Matt und Beth Redman
Deutsch: Arne Kopfermann
© 2005 Thankyou Music
Für D, A, CH: SCM Hänssler, 71087 Holzgerlingen

LICHT DES LEBENS

Hast du schon einmal auf einen Sonnenaufgang gewartet? Um dich herum ist es noch kühl und dunkel. Vielleicht sind deine Gedanken bedrückt oder hoffnungslos, und du erwartest das wärmende Licht mit Vorfreude und Sehnsucht. Die Dämmerung wird nicht auf einmal erhellt, sondern es kann lange dauern, bis sich die warmen Strahlen der Sonne in voller Pracht zeigen.
So erlebte ich es an einem Ostermorgen. Das Warten in der Kälte allein wurde zur Zerreißprobe. Ich fragte mich, wie es wohl Betenden geht, die auf eine Gebetserhörung lange warten müssen und die vielleicht zudem Schmerzen erleiden und große Sorgen tragen. Was kann man in dieser Wartezeit tun, um nicht den Mut zu verlieren?

Der obige Liedtext schlägt vor, ausdauernd in der Nachfolge zu bleiben, Gottes Angesicht zu suchen und Gott zu preisen. Im Dunkel dieser Welt trägt auf jeden Fall einer die Lasten mit uns mit, und nur er kann unser wahres Licht sein: Jesus. Er ist es, der jetzt schon und am Ende dieser Zeiten unseren Schmerz und all unsere Tränen abwischen wird. Du bist ihm nicht egal. Er versteht dich mehr, als es irgendjemand auf der Welt könnte. Er hat dich gemacht und will dich segnen, dir Gutes tun. Er ist dein Leuchtturm. Schaue auf ihn, und er kann dich durch alle Dunkelheit leiten, die dir begegnet.

> Herr, du bist mein Licht, du, Herr, hast meine Finsternis erhellt.
>
> **2. SAMUEL 22,29**

> Dein Wort ist eine Leuchte für meinen Fuß und ein Licht auf meinem Weg.
>
> **PSALM 119,105**

> Jesus sagte zu den Leuten: »Ich bin das Licht der Welt. Wer mir nachfolgt, braucht nicht im Dunkeln umherzuirren, denn er wird das Licht haben, das zum Leben führt.«
>
> **JOHANNES 8,12**

Warte doch einmal auf einen Sonnenaufgang
und denke an Jesu Herrlichkeit,
wenn er wiederkommt.

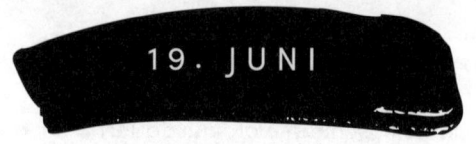

VON ALLEN SEITEN

Von allen Seiten umgibst du mich
und hältst deine Hand stets über mir.
Durch alle Zeiten bringst du mich
und hältst deine Hand stets über mir.

Aus »Feiert Jesus! 5«, Nr. 238
Text und Melodie: Andreas Volz
© 2012 SCM Hänssler, 71087 Holzgerlingen

Feiert Jesus! 365
CD 2, Nr. 11

ZEIT ZUM NACHDENKEN

Ich liege im Krankenhaus in einem Behandlungszimmer und werde an eine Infusion angeschlossen. In den zweieinhalb Stunden, die die Flüssigkeit benötigt, um in meinen Körper zu gelangen, habe ich viel Zeit zum Nachdenken. Ich lasse die letzten Tage Revue passieren. Es ist ziemlich viel passiert: Eigentlich sollte ich nur zur Blutkontrolle ins Krankenhaus, weil das Wochenende vor der Tür stand und meine Blutwerte regelmäßig kontrolliert werden mussten. Doch die Werte waren nicht zufriedenstellend, und ich musste über Nacht bleiben. Am nächsten Tag durfte ich dann doch nach Hause, weil mein Allgemeinzustand gut war. Aber ich musste alle zwei Tage kommen, um die Blutwerte kontrollieren zu lassen. Letztendlich waren alle Werte da, und die Ärzte haben entschieden, dass ich eine andere Behandlung bekommen soll. Und jetzt liege ich auf dieser Liege mit einer Nadel im Arm und habe Angst. Was soll nur werden? Wird das Medikament anschlagen? Was kommt danach?

Da fällt es irgendwie schwer zu glauben, dass Gott mich umgibt und er – egal, was die Zeit bringt – seine Hand über mich hält.

Aber es tut gut zu wissen, dass es Freunde gibt, die für mich ein-
stehen. Freunde, die für mich beten, wenn ich es nicht kann.

> Du bist vor mir und hinter mir und legst deine schützende
> Hand auf mich. Dieses Wissen ist zu wunderbar für mich,
> zu groß, als dass ich es begreifen könnte!

PSALM 139,5f

Gottes Zusage gilt: Er ist dir nah! Auch wenn
du es nicht immer siehst oder spürst.

VON ALLEN SEITEN

Ich hab es dich oft sagen hörn
und hab es mir oft wiederholt.
Du schreibst es mir in mein Herz:
Was auch geschieht, ich bin bei dir.
Vertrauen wächst von Jahr zu Jahr,
ich gründe mich in dich hinein,
sodass ich lern, trotz Wellengang
auf dich zu sehn
und auf Wasser zu gehn.

Aus »Feiert Jesus! 5«, Nr. 238
Text und Melodie: Andreas Volz
© 2012 SCM Hänssler, 71087 Holzgerlingen

Feiert Jesus! 365
CD 2, Nr. 11

GOTTES WEGE SIND ANDERS, ALS ICH DACHTE

Ich arbeite in einem Wirtschaftsunternehmen, und meine Vision an meinem Arbeitsplatz ist, zu zeigen, dass man als Christ und Führungskraft erfolgreich sein kann. Und dass es außerdem möglich ist, in einem nichtchristlichen Umfeld zu bestehen und durch die Art, wie man führt, ein Zeugnis für Jesus zu sein. Sowohl im beruflichen als auch im privaten Umfeld wurde mir immer wieder bestätigt, dass ich das Zeug zur Führungskraft habe, und ich wurde dadurch ermutigt, diesen Weg zu verfolgen.

Als sich die Möglichkeit bot, eine entsprechende Stelle zu bekommen, kam aber der Rückschlag: Im Gespräch mit der Personalabteilung konnte ich nicht überzeugen, und in ihren Augen war ich (noch) nicht für eine Führungsaufgabe geeignet.

Wie gehe ich damit um? Werde ich bitter durch den Rückschlag? Hängen mein Lebensglück und mein Selbstwertgefühl vom beruflichen Erfolg ab? Oder schaue ich auf Gott und gründe mich auf ihn?

Klar ist es angesagt, meine Vision zu prüfen und gegebenenfalls anzupassen. Aber ich bin froh, dass meine Lebensfreude aus dem Glauben an Jesus kommt und ich gelernt habe, »trotz Wellengang auf dich zu sehn und auf Wasser zu gehn.«

> Wer auf mich hört und danach handelt, ist klug und handelt wie ein Mann, der ein Haus auf massiven Fels baut. Auch wenn der Regen in Sturzbächen vom Himmel rauscht, das Wasser über die Ufer tritt und die Stürme an diesem Haus rütteln, wird es nicht einstürzen, weil es auf Fels gebaut ist. Doch wer auf mich hört und nicht danach handelt, ist ein Dummkopf; er ist wie ein Mann, der ein Haus auf Sand baut. Wenn der Regen und das Hochwasser kommen und die Stürme an diesem Haus rütteln, wird es mit Getöse einstürzen.

MATTHÄUS 7,24-27

Was macht dein Selbstwertgefühl aus?
Woraus ziehst du die Energie, im Alltag
mit Rückschlägen umzugehen?

VON ALLEN SEITEN

Wohin ich fall, du fängst mich auf,
kein Weg ist dir je zu weit.
Du sprichst es mir in mein Herz:
»Ich bin bei dir, was auch geschieht.«
An dieser Hoffnung halt ich fest,
im Leben hier und bis zuletzt.
Ich geh voran, such deinen Weg
und heb dich über meine Welt.

Aus »Feiert Jesus! 5«, Nr. 238
Text und Melodie: Andreas Volz
© 2012 SCM Hänssler, 71087 Holzgerlingen

Feiert Jesus! 365
CD 2, Nr. 11

WELCHES GLAUBENSVORBILD MOTIVIERT DICH?

Hast du Glaubensvorbilder? Meine Großmutter war eine großartige Frau und mein großes Vorbild. Sie hatte kein einfaches Leben. Im 2. Weltkrieg musste sie ihren Mann in den Krieg ziehen lassen. Nach dem Krieg folgte eine lange Ungewissheit darüber, wie es ihrem Mann geht und ob sie ihn jemals wiedersehen würde. Dann, als er endlich nach langer Kriegsgefangenschaft wieder zurückkam, begann der harte Aufbau eines neuen Lebens. Meinen Großeltern wurden fünf Kinder geschenkt und zwei genommen. Meine Großmutter opferte sich stets für ihre Familie auf. Sie stand nie an erster Stelle. Bei allem, was sie erlebte an Schönem, Herausforderndem oder Traurigem, hielt sie immer und zu jeder Zeit an ihrem Glauben zu unserem Herrn fest. Sie las jeden Morgen in der Bibel, ging in den Gottesdienst, lebte ihren Glauben im Alltag und betete viel. Es war für mich immer so beruhigend zu wissen, dass meine Großmutter jeden Tag für mich betete und vor Gott für mich einstand. Das sagte sie mir bei jedem Besuch zum Abschied.

Für wen bete ich täglich? Und sage ich es dieser Person auch?

Meine Großmutter hat die Erfahrung gemacht: Gott fängt mich immer wieder auf und ist bei mir, egal, was das Leben bringt. Und mit dieser Hoffnung, diesem tiefen Frieden und dieser Freude, durfte sie dann mit 93 Jahren zu unserem Herrn gehen.

Wenn ich an ihr Leben denke, motiviert es mich, ebenso jeden Tag unbeirrt mit Jesus zu leben – egal, was kommt.

> Die dein Gesetz lieben, haben großen Frieden, sie werden nicht zu Fall kommen.

PSALM 119,165

Kannst du an der Hoffnung festhalten,
dass unser Herr bei dir ist, was auch geschieht?

ICH BIN BEI DIR

Ich bin bei dir, keinen Augenblick bist du allein.
Vertraue mir, dann kehrt in dir bald Ruhe ein.
Wirf zu mir her, was dich beschwert und was dich lähmt,
ich bin dein Gott, der dich und deine Nöte kennt.

Du denkst zu viel an morgen,
quälst dich mit deinen Sorgen,
komm, lebe heut an diesem Tag.
Ich will dir immer helfen,
werd an deiner Seite kämpfen,
jetzt hör mir zu, was ich dir sag.

Aus »Feiert Jesus! 5«, Nr. 226
Text und Melodie: Udo David Zimmermann
© 1999 Udo David Zimmermann (www.touch-the-sky.de)

Feiert Jesus! 365
CD 1, Nr. 15

VERTRAUE MIR!

»Das Land [...] verschlingt seine Bewohner. Die Menschen [...] sind
sehr groß. Sogar die Riesen, die Anakiter, haben wir gesehen«
(4. Mose 13,32f). Was für eine Schreckensnachricht! Das Land,
das Gott seinem Volk verheißen hat, bringt zwar leckere Früchte
hervor und sieht fruchtbar und gut aus, doch das Volk, das dort
lebt, ist stark und groß. Kein Wunder, dass viele im Volk Israel große Angst bekommen und ihnen die Aufgabe von Gott, das Land
zu erobern, zu groß vorkommt. Die Hindernisse erscheinen ihnen
viel größer als das Versprechen Gottes. Hast du auch manchmal
das Gefühl, Gott mutet dir eine zu große Aufgabe zu?

Ganz anders Kaleb. Warum kommt er zu einem völlig anderen Schluss als die übrigen Spione? Er hat das gleiche gesehen, doch er ermutigt die Israeliten: »Lasst uns sofort aufbrechen und das Land einnehmen, denn wir können es ganz bestimmt erobern« (4. Mose 13,30)! Er hat das Versprechen, das Gott ihnen gegeben hat, nicht vergessen. Er hat auch den Auftrag »Seid mutig!« (4. Mose 13,20) nicht vergessen und ihn befolgt – im Vertrauen auf den lebendigen Gott! »Ich will dir immer helfen, werd an deiner Seite kämpfen«.

Vieles fällt uns im Leben nicht einfach zu. Gott verheißt uns viele gute Dinge, doch oft müssen wir dazu auch scheinbar Unmögliches im Vertrauen auf Gott wagen, wie Kaleb. Ein Sprichwort sagt, dass Mut haben nicht heißt, dass wir keine Angst haben, sondern dass wir die Angst überwinden. Was für Hindernisse stehen gerade auf deinem Weg? »Ich bin bei dir, keinen Augenblick bist du allein. Vertraue mir, dann kehrt in dir bald Ruhe ein.« Sei mutig und vertraue auf Gott!

> Doch Kaleb ermutigte die Israeliten, die sich gegen Mose stellten: »Lasst uns sofort aufbrechen und das Land einnehmen, denn wir können es ganz bestimmt erobern!«, rief er. Aber die anderen Spione wandten ein: »Wir können nicht gegen sie in den Kampf ziehen, denn sie sind stärker als wir.« Und sie stellten den Israeliten das Land, das sie erkundet hatten, negativ dar: »Das Land, durch das wir gezogen sind, um es zu erkunden, verschlingt seine Bewohner. Die Menschen, die wir dort gesehen haben, sind sehr groß. Sogar die Riesen, die Anakiter, haben wir gesehen. Wir kamen uns neben ihnen wie Heuschrecken vor, und das waren wir in ihren Augen vermutlich auch.«

4. MOSE 13,30-33

Vertrauen bringt innere Gelassenheit!

ICH BIN BEI DIR

Ich bin bei dir, keinen Augenblick bist du allein.
Vertraue mir, dann kehrt in dir bald Ruhe ein.
Wirf zu mir her, was dich beschwert und was dich lähmt,
ich bin dein Gott, der dich und deine Nöte kennt.

In dir sind viele Fragen,
die auf eine Antwort wartet,
komm, hab Geduld, leb diesen Tag.
Berg dich in meinen Händen,
ich will dir Vertrauen schenken,
und hör mir zu, was ich dir sag.

Aus »Feiert Jesus! 5«, Nr. 226
Text und Melodie: Udo David Zimmermann
© 1999 Udo David Zimmermann (www.touch-the-sky.de)

Feiert Jesus! 365
CD 1, Nr. 15

DER ERSTE BLICK

Auf was siehst du zuerst, wenn sich dir Hindernisse, Probleme und Krankheiten in den Weg stellen? Dir deine Pläne durchkreuzen oder dich in eine große Verzweiflung stürzen? Es ist nur allzu normal und menschlich, dass ich bei einer Verletzung zuerst auf meine schmerzende Wunde blicke und sehe, wie groß sie ist und ob sie blutet. So war das auch bei den Israeliten, die durch die Wüste zogen und plötzlich von Giftschlangen gebissen wurden (4. Mose 21). Aber Gott bietet den Israeliten, die gebissen wurden, eine Rettungsmöglichkeit an: »Fertige eine Schlange an und befestige sie oben an einer Stange. Jeder, der sie anschaut, nachdem er gebissen wurde, wird am Leben bleiben« (4. Mose 21,8). Die Aufmerksamkeit der Israeliten soll sich nicht auf die Wunde konzentrieren, auf den Schaden, auf das, was wehtut und sie lebensgefährlich bedroht, sondern sie sollen wegsehen von der Verletzung. Das ist unglaublich schwierig, aber es rettet ihnen ihr Leben.

Mir geht es ähnlich, wenn ich auf meine Sorgen und Probleme blicke oder auf eine schwere Krankheit, wenn ich an die Verbrechen, an die Wirtschaftslage, an Gesetzesbestimmungen und anderes denke, was mir Angst einjagt oder meine Existenz bedroht. Aber all dies soll mich nicht ablenken, sondern ich darf wie die Israeliten lernen, dass das Wegsehen von dem Schlangenbiss und das Hinsehen zu Jesus und seiner Hilfe die beste Lösung ist. Ich darf lernen, auf Gottes Lösungswege zu vertrauen. »Ich bin dein Gott, der dich und deine Nöte kennt«. Wegsehen heißt nicht, herzlos und egoistisch Probleme zu verdrängen. Es heißt, den Blick auf den lebendigen Gott zu werfen, der retten kann. »Berg dich in meinen Händen, ich will dir Vertrauen schenken«.

Vom Berg Hor aus zogen die Israeliten weiter und schlugen den Weg zum Roten Meer ein, um Edom zu umgehen. Doch unterwegs wurden die Israeliten ungeduldig und klagten Gott und Mose an: »Warum habt ihr uns aus Ägypten geführt? Etwa, damit wir hier in der Wüste sterben? Hier gibt es weder Brot noch Wasser und dieses Manna können wir nicht mehr sehen!« Da schickte der Herr Giftschlangen. Viele der Israeliten wurden gebissen und starben. Daraufhin liefen die Leute zu Mose und riefen: »Wir haben Schuld auf uns geladen, als wir dem Herrn und dir Vorwürfe machten. Bete zum Herrn, dass er uns von den Schlangen befreit!« Und Mose betete für das Volk. Da sprach der Herr zu ihm: »Fertige eine Schlange an und befestige sie oben an einer Stange. Jeder, der sie anschaut, nachdem er gebissen wurde, wird am Leben bleiben.« Mose fertigte eine Schlange aus Bronze an und befestigte sie an der Spitze einer Stange. Jeder, der von einer Schlange gebissen wurde und dann die bronzene Schlange anschaute, blieb am Leben.

4. MOSE 21,4-9

Blicke zuerst auf Jesus!

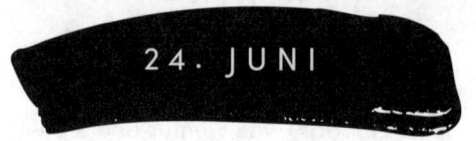

DU BIST MEINE ZUVERSICHT

Herr, du bist meine Zuversicht,
ein starker Turm, ein fester Halt,
mein Tröster und mein Lebenslicht.
Du bleibst und du änderst dich nicht.
Du bist meine Zuversicht.

Aus »Feiert Jesus! 5«, Nr. 220
Text und Melodie: Arne Kopfermann und Heinrich Gerster
© 2011 Basement Groove Publishing, adm. by Gerth Medien, Asslar

ÜBERWINDER SEIN –
EINE PERSPEKTIVE IM LEID?

»O gesegnete Axt des Leidens, die mir einen Weg zu Gott bahnt, indem sie die hohen Bäume der menschlichen Bequemlichkeit fällt!« Harte Worte des englischen Predigers C.H. Spurgeon, die ich erst einmal setzen lassen muss, um sie in ihrer Tragweite zu begreifen. Was heißt das heute konkret für mein und für dein Leben? Welche Bequemlichkeiten haben sich im Leben breit gemacht und werden dadurch zum Hindernis auf dem Weg mit Gott? Welche Leiden erfährst du vielleicht gerade in deinem Leben, die zwar schrecklich zu ertragen sind, die jedoch den klaren Blick auf Gott wieder freiräumen und dir bewusst machen, dass du ganz und gar abhängig von Jesus bist? Dass er deine Zuversicht ist, dein »starker Turm, Halt, Tröster und Lebenslicht«?
»Denn das schnell vorübergehende Leichte unserer Bedrängnis bewirkt uns ein über die Maßen überreiches, ewiges Gewicht von Herrlichkeit« (2. Korinther 4,17; ELB), sagt Paulus. Mir fällt es schwer, Unannehmlichkeiten, Schmerzen und Leid zu akzeptieren. Doch dieses Bibelwort gibt mir einen neuen Blickwinkel und spornt mich an, im Leid Jesu Nähe zu suchen. Denn nur mit seiner Hilfe kann es mir gelingen, heute, morgen, übermorgen das Leiden anzunehmen, weil ich weiß, dass mir als Erbe Christi in der

Herrlichkeit unendlich viel verheißen ist. Außerdem kann ich nur ein Überwinder sein, wenn es auch etwas zu überwinden gibt.

> Zeige deine Macht und deine Stärke, Gott, wie du es in der Vergangenheit getan hast.
>
> **PSALM 68,29**

Welche Axthiebe erträgst du heute mit Gottes Hilfe, damit sie deine Bequemlichkeit fällen?

DU BIST MEINE ZUVERSICHT

Von fern und nah, ich rufe zu dir und suche dein Angesicht.
Weil deine Gnade ewig währt, weiß ich:
Du verlässt mich nicht.
Du bist meine Zuversicht.

Aus »Feiert Jesus! 5«, Nr. 220
Text und Melodie: Arne Kopfermann und Heinrich Gerster
© 2011 Basement Groove Publishing, adm. by Gerth Medien, Asslar

»DU BIST MEINE ZUVERSICHT«

Zuversicht ist ein altes Wort – laut Duden ist die Bedeutung von »Zuversicht« das feste Vertrauen auf eine positive Entwicklung in der Zukunft, auf die Erfüllung bestimmter Wünsche und Hoffnungen. Begriffe, die verständlicher sind und synonym gebraucht werden können, sind zum Beispiel Hoffnung, Lebensbejahung, Lebensmut, Optimismus.

Wenn ich dieses Lied singe, singe ich demnach, dass Jesus meine Hoffnung und mein Lebensmut ist, dass ich darauf vertraue, dass durch ihn meine Zukunft positiv verläuft und er die Wünsche und Sehnsüchte erfüllen kann, die ich habe.

Gott gibt uns eine große Verheißung, wenn wir auf ihn hoffen, wenn er allein unsere Zuversicht ist: »Gesegnet ist der Mann, der sich auf den Herrn verlässt und dessen Zuversicht der Herr ist« (Jeremia 17,7; LUT) oder in neuerer Übersetzung: »Segen soll über den kommen, der seine ganze Hoffnung auf den Herrn setzt und ihm vollkommen vertraut«. (NLB).

Dementgegen steht in Jeremia 17,5f eine klare Warnung: »Verflucht sei, wer sich von mir abwendet und sich nur noch auf Menschen oder seine eigene Kraft verlässt. Der ist wie ein kümmerlicher Wacholderstrauch in der Wüste, der versucht, auf salzigem, unfruchtbarem Boden zu wachsen – er wird nicht viel Glück haben«.

Worauf setzt du deine Zuversicht und deine Hoffnung?

So spricht der Herr: »Verflucht sei, wer sich von mir abwendet und sich nur noch auf Menschen oder seine eigene
Kraft verlässt. Der ist wie ein kümmerlicher Wacholderstrauch in der Wüste, der versucht, auf salzigem, unfruchtbarem Boden zu wachsen – er wird nicht viel Glück haben.
Aber Segen soll über den kommen, der seine ganze Hoffnung auf den Herrn setzt und ihm vollkommen vertraut.
Dieser Mann ist wie ein Baum, der am Ufer gepflanzt ist.
Seine Wurzeln sind tief im Bachbett verankert: Selbst in
glühender Hitze und monatelanger Trockenheit bleiben
seine Blätter grün. Jahr für Jahr trägt er reichlich Frucht.«

JEREMIA 17,5-8

**Heute will ich bewusst meine Hoffnung
auf Jesus allein setzen!**

DU BIST MEINE ZUVERSICHT

Und wandre ich durchs tiefe Tal,
du hältst mich fest,
du stehst mir bei.
Dein Stecken und Stab, sie trösten mich.
Du bleibst und du änderst dich nicht.
Du bist meine Zuversicht.

Aus »Feiert Jesus! 5«, Nr. 220
Text und Melodie: Arne Kopfermann und Heinrich Gerster
© 2011 Basement Groove Publishing, adm. by Gerth Medien, Asslar

GEDULD

Wusstest du, dass sich Faultiere so langsam in den Bäumen bewegen, dass kleine blaugrüne Algen in ihrem Fell wachsen? Durch diesen grünen Schimmer sind sie bestens getarnt im tropischen Regenwald. Dies und auch ihre langsamen Bewegungen und ihr ruhiges, geduldiges Verhalten geben ihnen einen perfekten Schutz vor Feinden.

Geduldig sein ist nicht immer leicht – und definitiv nicht meine Stärke. Meistens möchten wir alles sofort und in absehbarer Zeit erreichen, bekommen, geschafft haben, erleben.

»Und wandre ich durchs tiefe Tal, du hältst mich fest, du stehst mir bei.« Gerade in Schmerzen, Enttäuschungen und im Leid ist es besonders schwer, geduldig zu warten. Aber auch wenn ich es oft nicht verstehen kann oder möchte: Es ist tatsächlich nicht gut, wenn ich immer alles gleich bekomme oder sich alle Schwierigkeiten sofort auflösen. Zum einen zeigen Leid, Trauer, Schmerz und Probleme mir immer wieder deutlich, wie abhängig ich von Gott bin und dass mein Leben ohne ihn keinen bleibenden Sinn hat. Zum anderen verspricht Gott, dass er zur richtigen Zeit das Beste für uns hat, dass er uns hilft, Lasten zu tragen und dass er jeden von uns immer mehr zu dem Menschen heranwachsen lässt, den er sich vorgestellt hat. Und das kann ich nur erleben, wenn ich ihm vertraue und geduldig auf seine Hilfe warte. Manchmal löst Gott die Situation schnell auf, manchmal schenkt er mir »Stecken und Stab«, die mir tröstend im dunklen Tal zur Seite stehen.

> Gelobt sei der Herr täglich! Lobt Gott, unseren Retter, denn er trägt für uns Belastungen. Unser Gott ist ein Gott, der rettet! Der allmächtige Herr befreit uns vom Tod.
>
> **PSALM 68,20f**

> Der Herr ist gut zu denen, die auf ihn warten und ihn suchen. Deshalb ist es gut, still zu werden und auf die Befreiung durch den Herrn zu warten. Und es ist gut, sich schon als junger Mensch dem Joch seiner Disziplin unterzuordnen: Wenn er es ihm auferlegt, so soll er es schweigend und still auf sich nehmen.
>
> **KLAGELIEDER 3,25-28**

Welchen Stab gibt dir Gott heute als Trost mit auf den Weg?

DU BIST MEINE ZUVERSICHT

Noch bleibst du fremd, geheimnisvoll,
ich ahne nur, wie schön du bist.
Doch du hältst ein, was du versprichst.
Du bleibst und du änderst dich nicht.
Du bist meine Zuversicht.

Aus »Feiert Jesus! 5«, Nr. 220
Text und Melodie: Arne Kopfermann und Heinrich Gerster
© 2011 Basement Groove Publishing, adm. by Gerth Medien, Asslar

»DU VERLÄSST MICH NICHT«

Zahlreiche Arbeiter mit einer Waffe in der einen und einem Werkzeug, Eimer oder Stein in der anderen Hand. Der Schweiß steht ihnen auf der Stirn, doch sie arbeiten und arbeiten (Nehemia 4,11). Unglaublich! Was mag das für ein umständliches Bauen gewesen sein. Als ob es nicht schon schwer genug wäre, Stunde um Stunde mit zwei Händen Steine zu schleppen oder aufeinanderzuschichten – mit einer Hand ist es so viel umständlicher und anstrengender! Sicher konnten die Arbeiter unter Nehemia diese mühevollen Arbeitsbedingungen zum Wiederaufbau der Stadtmauer nur ertragen, weil sie genau wussten, warum und für wen sie es taten.

Auch Nehemia, der Chef des ganzen Projekts, konnte die große Verantwortung und den Widerstand nur tragen und konsequent die Arbeit ausführen, weil er von Gott einen klaren Auftrag erhalten und eine Vision vor Augen hatte. Er wusste, wer ihm die Treue hielt.

Mich fasziniert diese Klarheit! Dieses Ausgerichtetsein auf den Willen Gottes! Dieses bewusste Wahrnehmen von Gottes guter, segnender Gegenwart trotz aller quälenden Umstände. Gott gab nicht nur einen Auftrag, sondern auch das Gelingen. Er schenkte nicht gerade einfache Randbedingungen, und trotzdem war für

alle Beteiligten klar: »Du hältst ein, was du versprichst. Du bleibst und du änderst dich nicht. Du verlässt mich nicht.«
Welche Hindernisse stellen sich dir gerade in den Weg – bei deiner Mitarbeit in der Gemeinde? Bei deinem missionarischen Lebensstil? In deiner Ehe? Bei deiner Ehrlichkeit im Berufs- und auch im Privatleben? Lass dir täglich neu von Gottes Geist die Kraft schenken, nur nach seinem Willen zu leben und zuversichtlich auf seine mächtige Hilfe zu warten!

»Fürchtet euch nicht vor ihnen! Denkt an den Herrn, der groß und furchtbar ist, und kämpft für eure Freunde, eure Familien und euer Zuhause!«

NEHEMIA 4,8

Sage es dir heute regelmäßig vor:
Gott verlässt mich nicht!

TISCH DEINER GNADE

Den Tisch deiner Gnade bereitest du uns,
belebst unsre Hoffnung und unser Vertraun.
Wir schmecken und sehen, wie freundlich du bist.
Von dir tief berührt, erwacht unser Lob.

Aus »Feiert Jesus! 5«, Nr. 225
Originaltitel: Table Of Grace
Text und Melodie: Katharina von Dessien und Sam Samba
Deutsch: Sam Samba
© 2017 SCM Hänssler, 71087 Holzgerlingen

GOTT LOBSINGEN, DENN ...

Warum singen wir Lieder wie diese? Lieder, die Gottes Herrlichkeit preisen, die seine Güte besingen, seine Treue, seine Macht,
sein Königtum, seine Einzigartigkeit, seine Gnade?
Psalm 147,1 gibt eine beispielhafte Antwort: »Halleluja! Ja, es ist
gut, unserem Gott Loblieder zu singen! Ihn zu loben, macht froh
und ist wunderschön!« In der Schlachter-Übersetzung lautet der
Vers: »... es gebührt ihm Lobgesang.« Gott allein steht das Lob zu.
Indem wir Gott loben und ihm Lieder singen, werden wir selbst
fröhlich, und es macht Spaß. Unsere Augen richten sich auf den,
der alles kann und der uns mit unendlicher Liebe begegnet: »Von
dir tief berührt, erwacht unser Lob«!
Psalm 147 zählt in den weiteren Versen noch eine ganze Reihe
von Gründen auf, weshalb man Gott loben kann: seine Errettung,
seine Heilung, seine Allmacht und Allwissenheit, seine Hilfe, seine
Versorgung. Welche Gründe fallen dir persönlich ein? Wo hast du
heute gemerkt: Gott ist für mich? Vielleicht hat er dich heute aus
einer Gefahr errettet und bewahrt? Vielleicht hast du heute seine
Wundermacht erleben dürfen? Vielleicht hat er dich heute besonders seine Liebe spüren lassen? Vielleicht hast du über seine
Größe oder Schöpfungskraft gestaunt? Wo hat er deine Hoffnung
neu belebt?

Über eines darfst du dich besonders freuen: Gott freut sich sehr, wenn wir ihn loben und auf ihn allein hoffen (Psalm 147,11). Und wiederum werden wir fröhlich, wenn wir Gott loben (Psalm 147,1). Das Ganze ist also ein immerwährender Kreislauf – ist das nicht genial?

> Halleluja! Ja, es ist gut, unserem Gott Loblieder zu singen! Ihn zu loben, macht froh und ist wunderschön! Der Herr baut Jerusalem wieder auf und führt die Verschleppten Israels zurück. Er heilt gebrochene Herzen und verbindet Wunden. Er zählt die Sterne und nennt jeden einzelnen beim Namen. Unser Herr ist groß und seine Macht ist gewaltig! Seine Erkenntnis übersteigt alles, was wir begreifen können! Der Herr hilft den Demütigen, die Gottlosen aber wirft er zu Boden. Singt dem Herrn Danklieder, lobt unsren Gott mit Harfenklang. Er bedeckt den Himmel mit Wolken und spendet der Erde Regen. Er lässt auf Bergen grünes Gras sprießen. [...] Doch der Herr hat Freude an denen, die ihn ehren und ihre Hoffnung auf seine Gnade setzen.

PSALM 147,1-8.11

Lobe Gott und freue dich,
dass er sich darüber freut!

TISCH DEINER GNADE

Den Kelch deiner Gnade füllst du bis zum Rand,
belebst unsre Hoffnung und unser Vertraun.
Wir schmecken und sehen, wie freundlich du bist,
denn du machst uns neu, erweckst unser Lob.

Neues Leben schenkst du durch dein Kreuz,
und zu Brot und Wein lädst du uns ein.
Deinen Tod verkünden wir erneut.
Weil du lebst, sind wir frei.

Aus »Feiert Jesus! 5«, Nr. 225
Originaltitel: Table Of Grace
Text und Melodie: Katharina von Dessien und Sam Samba
Deutsch: Sam Samba
© 2017 SCM Hänssler, 71087 Holzgerlingen

GOTT FÜLLT DEINEN KELCH

Mich fasziniert am Buch Rut die souveräne und vorhersehende Fürsorge Gottes. Selbst für scheinbar unwichtige Personen wie Rut oder Noomi hat er einen guten Plan! »Den Kelch deiner Gnade füllst du bis zum Rand, belebst unsre Hoffnung und unser Vertraun« – das erlebten die beiden Frauen in ihrem eigenen Leben. Von ihren Lebensumständen her gesehen waren sie allein, arm, ohne Perspektive. Noomi war alt, verwitwet, ohne lebende Söhne, in einem fremden Land. Rut war verwitwet, ohne Kinder, verantwortlich für ihre Schwiegermutter, auf dem Weg in ein für sie fremdes Land. Noomi wollte sogar, dass man sie »Mara« nennt – die Bittere –, da sie sich so hoffnungslos fühlte. Es erforderte für Noomi und vor allem für Rut eine unglaubliche Einsatzbereitschaft, Verantwortung, das Ertragen von Armut und Hilflosigkeit, um sich in Bethlehem, der neuen alten Heimat Noomis, einzuleben.

Doch Gott segnete ihr Leben! Boas brachte es auf den Punkt (Rut 2,12): Rut hat unter den Flügeln Gottes Schutz gesucht. Sie hatte sich von den moabitischen Göttern abgewandt und dem wahren Gott zugewandt. So eine Lebenswende bleibt nicht ohne Folgen! Die Geschichte macht klar: Gott kümmert sich um unsere Not, unsere Sorgen und Probleme! Er ist voller Gnade und voller Liebe für uns. Sein Auge blickt freundlich auf dich und mich. Und er will nicht nur materiell versorgen, sondern er will auch unser »Löser«, unser Heiland sein. Boas, Ruts Löser, ist ein Bild für Christus, der für jeden der Er-Löser sein möchte.

Was sagt dir der Liedtext über Gottes Wesen? Für dich? Setze es konkret um!

»Man hat mir genau erzählt, was du nach dem Tod deines Mannes alles für deine Schwiegermutter getan hast«, antwortete Boas, »und dass du deinen Vater und deine Mutter und deine Heimat verlassen hast, um zu einem Volk auszuwandern, das du vorher nicht gekannt hast. Der Herr, der Gott Israels, unter dessen Flügeln du Zuflucht gesucht hast, soll dir das vergelten und dich reich dafür belohnen.«

RUT 2,11-13

Gott sieht dich voller Freundlichkeit an!

TISCH DEINER GNADE

Du hast uns aus Gnade das Leben geschenkt,
belebst unsre Hoffnung und unser Vertraun.
Wir schmecken und sehen, wie freundlich du bist.
In allem bist du der Grund unsres Lobs.

Neues Leben schenkst du durch dein Kreuz,
und zu Brot und Wein lädst du uns ein.
Deinen Tod verkünden wir erneut.
Weil du lebst, sind wir frei.

Aus »Feiert Jesus! 5«, Nr. 225
Originaltitel: Table Of Grace
Text und Melodie: Katharina von Dessien und Sam Samba
Deutsch: Sam Samba
© 2017 SCM Hänssler, 71087 Holzgerlingen

HOFFNUNG AUF WEN ODER WAS?

»Du hast aus Gnade das Leben geschenkt, belebst unsre Hoffnung und unser Vertraun.« – Hoffnung auf was? Vertrauen in was oder wen? Lebenswertes Leben?
Wenn ich in die Zeitung blicke, Nachrichten ansehe oder einfach höre, was Menschen beschäftigt, dann bin ich immer wieder neu erschüttert. Die Schlagzeilen und Zahlen, die mir die moralische Verderbtheit und unsere verlorene Gesellschaft zeigen, schockieren mich. Leider braucht man oft gar nicht so weit zu gehen oder das Leid nur in anderen Kontinenten sehen. Die Verstrickung in Alkohol und Drogen, Kinderarmut, sexueller Missbrauch und vieles mehr geschieht direkt vor der eigenen Haustür oder, noch schlimmer, sogar in der eigenen Familie. Vor Angst, Wut und Traurigkeit möchte ich dann nur noch schreien. Wie kann alles nur so hoffnungslos, so dunkel sein?
Und genau an diesem Punkt wird mir mein Auftrag als Kind Gottes, als Jesus-Nachfolger, besonders deutlich: Ich – und jeder

andere Christ – darf in diese dunkle Welt das Licht des Lebens tragen! Ich habe die wichtige Aufgabe, die lebendige Hoffnung, diese himmlische Hoffnung weiterzugeben. Ich darf den einzig wahren Gott, in den Vertrauen zu setzen sich lohnt, nicht für mich behalten. Jesus möchte der Erlöser von jedem gottfernen Menschen sein und ihm das ewige Leben schenken.

In diesem Sinne: Lass dich schockieren von den schlimmen Geschehnissen um dich herum und nimm es als Motivation, das wahre Licht Jesu zu verkünden, damit verlorene Menschen schmecken und sehen, wie gut Gott auch in ihrer Verlorenheit ist (Psalm 34,9)!

> Kommt, lobt mit mir die Größe des Herrn, lasst uns gemeinsam seinen Namen ehren! Ich betete zum Herrn, und er antwortete mir und befreite mich von allen meinen Ängsten. Die von ihm Hilfe erhoffen, werden vor Freude strahlen, und sie werden nicht vor Scham erröten. Es schrie einer zum Herrn in seinem Leid, und er hörte ihn und rettete ihn aus allen seinen Ängsten. Denn der Engel des Herrn beschützt die, die ihm gehorchen, und rettet sie. Schmeckt und seht, dass der Herr gut ist. Freuen darf sich, wer auf ihn vertraut!
>
> **PSALM 34,4-8**

Jesus belebt deine Hoffnung – gib sie weiter!

1. JULI

JESUS, ZU DIR KANN ICH SO KOMMEN, WIE ICH BIN

Jesus, zu dir kann ich so kommen, wie ich bin.
Du hast gesagt, dass jeder kommen darf.
Ich muss dir nicht erst beweisen,
dass ich besser werden kann.
Was mich besser macht vor dir,
das hast du längst am Kreuz getan.
Und weil du mein Zögern siehst,
streckst du mir deine Hände hin,
und ich kann so zu dir kommen, wie ich bin.

Aus »Feiert Jesus! 1«, Nr. 82
Text: Manfred Siebald
Melodie: Johannes Nitsch
© 1989 SCM Hänssler, 71087 Holzgerlingen

Feiert Jesus! 5
Nr. 16

WIE DIE AMEISEN – DER DUFTSPUR JESU FOLGEN

Die Bibel erwähnt einige Tiere, von denen wir lernen können, so zum Beispiel die Ameise in Sprüche 6,6. Was ist auffallend an Ameisen? Sie strömen auf der Suche nach Futter aus und finden anhand einer Duftspur zu ihrem Ameisenhaufen zurück. Sie sind soziale Wesen – sie verständigen die anderen, um gemeinsam Beute nach Hause zu bringen und zu teilen. Sie können ein Gewicht, das bis zu 100 Mal schwerer ist als sie selbst, tragen. Als Waffe besitzen sie einen Speer. Das auffälligste an Ameisen jedoch ist für mich ihr emsiger Arbeitseifer.

Damit ich mich nicht in den Wirren des Lebens verliere, muss ich der Duftspur Jesu folgen. Jesus streckt mir seine »Hände hin und ich kann so zu [ihm] kommen wie ich bin.« Ich muss ihm nichts beweisen. Er freut sich, wenn er in mein Leben eingreifen darf. Mit seiner Kraft kann ich schwere Lasten tragen. Zur Verteidigung bekomme ich Gottes Waffenrüstung, die in Epheser 6 beschrieben wird. Und um auf die emsige Arbeit zurückzukommen: Aus Gnade sind wir errettet und nicht durch unsere Werke. Dennoch sagt die Bibel, dass wir die Zeit auskaufen und nutzen sollen (Epheser 5,16).

Betrachtest du deine »Stille Zeit« als Vorbereitungszeit auf das, was dich einmal erwartet, auf den Himmel und die Ewigkeit? Nutze diese Zeit mit Gott, um deine Beziehung zu ihm zu intensivieren, um Gottes Blickwinkel einzunehmen, um dich von ihm prägen zu lassen. Komm zu Jesus, so wie du bist – und sei emsig darin wie eine Ameise, Zeit mit Jesus zu verbringen!

> Noch ein Wort zum Schluss: Werdet stark durch den Herrn und durch die mächtige Kraft seiner Stärke! Legt die komplette Waffenrüstung Gottes an, damit ihr allen hinterhältigen Angriffen des Teufels widerstehen könnt. Denn wir kämpfen nicht gegen Menschen aus Fleisch und Blut, sondern gegen die bösen Mächte und Gewalten der unsichtbaren Welt, gegen jene Mächte der Finsternis, die diese Welt beherrschen, und gegen die bösen Geister in der Himmelswelt. Bedient euch der ganzen Waffenrüstung Gottes. Wenn es dann so weit ist, werdet ihr dem Bösen widerstehen können und noch aufrecht stehen, wenn ihr den Kampf gewonnen habt. Sorgt dafür, dass ihr fest steht, indem ihr euch mit dem Gürtel der Wahrheit und dem Panzer der Gerechtigkeit Gottes umgebt.
>
> **EPHESER 6,10-14**

Laufe in der Duftspur Jesu!

JESUS, ZU DIR KANN ICH SO KOMMEN, WIE ICH BIN

Jesus, bei dir darf ich mich geben, wie ich bin.
Ich muss nicht mehr als ehrlich sein vor dir.
Ich muss nichts vor dir verbergen,
der mich schon so lange kennt.
Du siehst, was mich zu dir zieht,
und auch, was mich von dir noch trennt.
Und so leg ich Licht und Schatten
meines Lebens vor dich hin,
denn bei dir darf ich mich geben, wie ich bin.

Aus »Feiert Jesus! 1«, Nr. 82
Text: Manfred Siebald
Melodie: Johannes Nitsch
© 1989 SCM Hänssler, 71087 Holzgerlingen

Feiert Jesus! 5
Nr. 16

DER KLIPPDACHS

Der Klippdachs ist eines der vier Tiere, die in den Sprüchen als außerordentlich weise Tiere genannt werden (Sprüche 30,24.26). Klippdachse leben zwischen den Felsen und können sehr schnell von Fels zu Fels springen. Sie sind keine mächtigen, starken Tiere, und sie müssen dies auch nicht vortäuschen. Da immer ein Tier Wache hält, sind sie sehr schwer zu fangen. Wenn der Feind naht, geben sie ein Signal, sodass alle schnell verschwinden können.
»Jesus, bei dir darf ich mich geben wie ich bin. Ich muss nicht mehr als ehrlich sein vor dir.« Wie die Klippdachse müssen wir nichts vorgeben, was wir nicht sind. Wir müssen keine Täuschung vornehmen, dass wir besonders giftige oder große, starke Tiere wären, sondern einfach nur schnell sein, um vor dem Angriff

des Teufels zu fliehen. Jesus ist auch unser Fels, ein Fels, zwischen dessen Spalten wir verschwinden können und sicher wohnen, wie die Klippdachse. Deshalb dürfen wir uns, so wie wir sind, in jeder Situation an Jesus wenden, denn er ist der Sieger! Habe ich irgendwo die Aufgabe, meine Mitchristen durch ein Signal vor einem Hinterhalt oder Angriff zu warnen?

Habe ich bereits in meiner Gemeinde, in der Jugendarbeit, im Hauskreis oder in einem Gebetstreffen die Aufgabe eines »Wächters« übernommen, der die Augen offenhält? Was zieht mich hin zum Felsen Jesus, was zieht mich weg? Wo versuche ich, jemand zu sein, der ich gar nicht bin – in der Gemeinde, in der Familie, bei meinen Freunden? Vor Jesus soll und darf ich sein, wie ich bin, denn er kennt mich sowieso.

> Vier Dinge gibt es auf Erden, die klein, aber außerordentlich weise sind: [...] Klippdachse – sie sind nicht mächtig, aber sie bauen ihre Häuser inmitten der Felsen.

SPRÜCHE 30,24.26

> Hoch auf den Bergen liegen Weiden für die Steinböcke, und die Felsen bieten den Klippdachsen Zuflucht.

PSALM 104,18

Sei ehrlich und ohne Täuschung!

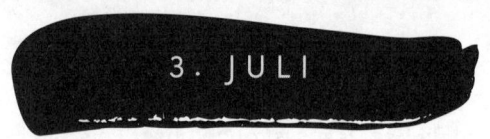

JESUS, ZU DIR KANN ICH SO KOMMEN, WIE ICH BIN

Jesus, bei dir muss ich nicht bleiben, wie ich bin.
Nimm fort, was mich und andere zerstört.
Einen Menschen willst du aus mir machen,
wie er dir gefällt, der ein Brief von deiner Hand ist,
voller Liebe für die Welt.
Du hast schon seit langer Zeit
mit mir das Beste nur im Sinn.
Darum muss ich nicht so bleiben, wie ich bin.
Du hast schon seit langer Zeit
für mich das Beste nur im Sinn.
Darum muss ich nicht so bleiben, wie ich bin.

Aus »Feiert Jesus! 1«, Nr. 82
Text: Manfred Siebald
Melodie: Johannes Nitsch
© 1989 SCM Hänssler, 71087 Holzgerlingen

Feiert Jesus! 5
Nr. 16

WIRF WEG, WAS STÖRT!

Veränderung. Wandlung. Lösen von überflüssigem Ballast, von falschen Dingen, Worten und Gewohnheiten – von Sünde. »Jesus, bei dir muss ich nicht bleiben, wie ich bin. Nimm fort, was mich und andere zerstört.«

Auch die Eidechsen werden in der Bibel als außerordentlich weise Tiere beschrieben (Sprüche 30,24.28). Und im Hinblick auf unser Leben mit Jesus können wir zwei Dinge von ihnen lernen: Sie leben »in den Palästen der Könige« (Sprüche 30,28), in der Gegenwart von ranghöchsten Personen. Lebe auch du in der Gegenwart unseres Königs Jesus!

Und wenn Gefahr droht, werfen Eidechsen ihren Schwanz ab und entkommen so mit ihrem Leben. Der abgeworfene Schwanz wächst – je nach Art – meist in verkürzter Form wieder nach. So ist es auch bei uns oft nötig, dass wir Dinge ablegen müssen, Verluste hinnehmen und uns von Vorstellungen, Verhaltensweisen und anderem komplett trennen müssen, um Menschen zu werden, wie Jesus sie haben möchte.

»Nimm fort!« Manchmal fällt es uns selbst schwer, uns davon zu trennen, deshalb dürfen wir Jesus darum bitten, dass er uns das, was stört, wegnimmt, dass er uns hilft zu erkennen, was es ist und wie wir es ablegen können. Vielleicht »wächst« es nur in verkürzter Form nach, vielleicht schenkt uns Jesus etwas anderes oder er verändert uns auf ungeahnte Weise.

Gibt es etwas, was Jesus bei dir fortnehmen soll? Hab keine Angst davor, dass er dir etwas nimmt und du dadurch unglücklich wirst. Freue dich, wenn du verändert wirst – dadurch wird Jesus die Ehre gegeben!

> Deshalb sollt ihr euer altes Wesen und eure frühere Lebensweise ablegen, die durch und durch verdorben war und euch durch trügerische Leidenschaften zu Grunde richtete. Lasst euch stattdessen einen neuen Geist und ein verändertes Denken geben. Als neue Menschen, geschaffen nach dem Ebenbild Gottes und zur Gerechtigkeit, Heiligkeit und Wahrheit berufen, sollt ihr auch ein neues Wesen annehmen. Hört auf zu lügen und sagt einander die Wahrheit, weil wir aufeinander angewiesen sind. »Sündigt nicht, wenn ihr zornig seid« (Psalm 4,26), und lasst die Sonne nicht über eurem Zorn untergehen. Gebt dem Teufel keine Möglichkeit, durch den Zorn Macht über euch zu gewinnen!

EPHESER 4,22-27

Wirf ab, was in Gottes Augen weg muss!

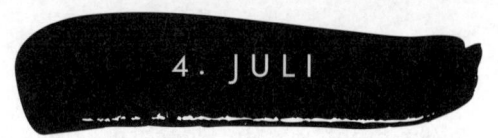

VATER, DEINE LIEBE

Vater, deine Liebe ist so unbegreiflich groß,
und ich weiß gar nicht, wie ich leben konnte
ohne dich, o Herr.
Doch machst du mich zu deinem Kind,
du schenkst mir deine Liebe jeden Tag.
Du lässt mich nie im Stich,
denn, Vater, du bist immer bei mir:

Herr, ich preise deinen heilgen Namen;
du bist König!
Du nur bist mein Herr und mein Gott.

Aus »Feiert Jesus! 1«, Nr. 108
Originaltitel: I Will Sing Your Praises
Text (nach Röm 8,15–16; Eph 1,5–6) und Melodie: Ian Smale
Deutsch: Helga Koenig
© 1984 Thankyou Music
Für D, A, CH: SCM Hänssler, 71087 Holzgerlingen

Feiert Jesus! 5
Nr. 6

BITTET DEN HERRN DER ERNTE!

»Vater, deine Liebe ist so unbegreiflich groß, und ich weiß gar nicht, wie ich leben konnte ohne dich.« Immer wieder gibt es Momente im Alltag, in denen ich einfach nur staunen kann, dass ich Gottes Kind sein darf. Unverdient. Aus Gnade. Dass gerade ich dazugehören darf!

Über die Missionsarbeit gibt es viele Statistiken. Meist kann ich mir die vielen Prozentzahlen nicht merken und häufig ändern sie sich auch, aber eine ist mir im Gedächtnis geblieben: 33 Prozent, also ein Drittel der Weltbevölkerung, hat noch nie das Evangelium gehört. Das ist eine ganze Menge. Vor allem, wenn ich mir dazu bewusst mache, wie viele Menschen das Evangelium zwar gehört haben, aber keine Gemeinde, keine gläubigen Freunde und Unterstützer haben, die sie im Glauben fördern und mittragen. Dann kommen noch all die Menschen dazu, die von Jesus gehört haben, wo aber das Gehörte keine Folgen hat.

Ich selbst komme mir oft machtlos vor bei der großen Aufgabe, allen Menschen von Jesus zu erzählen. Das kann ich nicht. Klar, das muss ich auch nicht allein. Dennoch war es bereits zu Jesu Zeiten wie auch heute die Realität, dass es viel zu tun gibt im Weinberg Gottes, aber »nicht genügend Arbeiter« da sind (Matthäus 9,37). Und noch etwas ist heute wie damals gleich – Jesus fordert seine Jünger auf: »Betet zum Herrn und bittet ihn, mehr Arbeiter zu schicken, um die Ernte einzubringen« (Matthäus 9,38). Das Gebet ist das A und O der Missionsarbeit.

Möchtest du mitbeten, dass Gott immer mehr Missionare beruft, damit Menschen von Gottes unbegreiflich großer Liebe hören, die du selbst erfahren durftest?

> Jesus zog durch die Städte und Dörfer der Umgebung. Er lehrte in den Synagogen und verkündete die Botschaft vom Reich Gottes. Und überall, wo er hinkam, heilte er Menschen von ihren Krankheiten und Leiden. Als er die vielen Menschen sah, hatte er tiefes Mitleid mit ihnen, denn sie hatten große Sorgen und wussten nicht, wen sie um Hilfe bitten konnten. Sie waren wie Schafe ohne Hirten. Deshalb sagte er zu seinen Jüngern: »Die Ernte ist groß, aber es sind nicht genügend Arbeiter da. Betet zum Herrn und bittet ihn, mehr Arbeiter zu schicken, um die Ernte einzubringen.«
>
> **MATTHÄUS 9,35-38**

Danke, Vater, für deine unglaubliche Liebe zu mir!

5. JULI

ER HAT AUF DICH GEWARTET

Komm, schließ die Augen, schau Gott an.
Dein Herz weiß längst, dass es das kann.
Ein heiliger Moment, denn Gott ist wirklich hier,
seine Liebe ist ganz nah bei dir.

Aus »Feiert Jesus! 4«, Nr. 32
Text und Melodie: Winnie Schweitzer
© 2010 Gracetown Publishing bei SCM Hänssler, 71087 Holzgerlingen

Feiert Jesus! 365
CD 1, Nr. 14

SCHNELL, SCHNELL!

Kannst du mal schnell kommen? Moment, ich komme gleich – Ich muss nur schnell was erledigen. Ab nächsten Monat haben wir endlich ein schnelleres Internet ...

In unserer heutigen Gesellschaft muss alles möglichst schnell gehen. Ich ertappe mich immer wieder dabei, dass ich schnell etwas machen möchte, schnell noch da oder dort hingehen will und ungeduldig bin, wenn es nicht schnell genug funktioniert. Mit meinen Erwartungen an mein Glaubenswachstum ist es oft das Gleiche: Ich möchte schnell wachsen und meine Beziehung zu Gott zügig stärken. Aber bei jeder Beziehung – ob zu Gott oder zu Freunden, Familienmitgliedern oder dem Ehepartner – ist es wichtig, Zeit miteinander zu verbringen. Eine Beziehung kann nicht wachsen, wenn man nicht miteinander Zeit verbringt, miteinander spricht, miteinander Dinge unternimmt, Probleme löst und sich über das Aktuelle auf dem Laufenden hält. Nur wenn ich mir diese Zeit regelmäßig nehme, kann ich den anderen besser kennenlernen, besser verstehen, können wir aufeinander eingehen, füreinander da sein. Und Gott freut sich über Zeit mit mir! »Komm, schließ die Augen, schau Gott an.« Nimm dir Zeit dafür! Der Bibelvers »Voller Freude tut er den Willen des Herrn und denkt über sein Gesetz Tag und Nacht nach« (Psalm 1,2) motiviert mich immer wieder neu, Zeit mit Gott zu verbringen, darüber nachzudenken, was ich in der Bibel lese und was Gott mir heute damit sagen möchte, und Verse auch auswendig zu lernen, sie mir tief einzuprägen, damit ich sie in jeder Situation meines Alltagslebens schnell parat habe.

> Alles, was er tut, ist gerecht und gut, und alle seine Gebote sind vertrauenswürdig. Sie sind ewig gültig und sollen treu und aufrichtig befolgt werden. Er hat sein Volk befreit und seinen Bund mit ihm für immer bestätigt. Heilig und gewaltig ist unser Gott! Ehrfurcht vor dem Herrn ist der Anfang wahrer Weisheit. Klug sind alle, die sich danach richten. Lobt seinen Namen für alle Zeit!
>
> **PSALM 111,7–10**

Lerne heute einen Bibelvers auswendig!

ER HAT AUF DICH GEWARTET

Er hat auf dich gewartet,
sich Tag für Tag nach dir gesehnt.
Er steht schon hier und wartet
und hält Ausschau nach dir.

Aus »Feiert Jesus! 4«, Nr. 32
Text und Melodie: Winnie Schweitzer
© 2010 Gracetown Publishing bei SCM Hänssler, 71087 Holzgerlingen

Feiert Jesus! 365
CD 1, Nr. 14

GOTT WARTET

Als eher ungeduldiger Mensch fällt es mir schwer zu warten. Meist möchte ich gerne sehr schnell das Ergebnis wissen, möchte erfahren, wer, wie, wo und wann das, worauf ich warte, eintritt oder eben nicht eintritt. Gott hat vermutlich nicht dieses Problem, denn er ist allwissend. Er weiß bereits im Voraus, wie etwas endet und wann es passiert. Und er wartet geduldig. Eigentlich könnte er das Ergebnis sofort herbeiführen. Er ist allmächtig, nichts ist ihm unmöglich. Er könnte dem Warten schnell ein Ende bereiten. Aber er tut es nicht. Gott wartet. Er hat Geduld, viel Geduld. Er hat sozusagen »alle Zeit der Welt«.

Im Epheserbrief schreibt Paulus: »Von Anfang an war es sein unveränderlicher Plan, uns durch Jesus Christus als seine Kinder aufzunehmen, und an diesem Beschluss hatte er viel Freude« (Epheser 1,5). Gott hat nicht nur ein bisschen gewartet, bis wir durch Jesu Tod am Kreuz seine Kinder werden konnten, sondern er hat sehr, sehr lange gewartet – von Anfang an. Und er hatte daran »viel Freude«.

Im Gleichnis vom verlorenen Sohn findet sich ebenso das Bild des wartenden Vaters, der dasteht und wartet und Ausschau hält. Als er seinen Sohn sieht, läuft er ihm voller Liebe entgegen, umarmt und küsst ihn.

Wenn sich jemand Tag für Tag nach mir sehnt, ist die Freude, wenn man sich endlich sieht, riesengroß. Wie groß ist Gottes Freude wohl über mich gewesen, als ich in seine Arme gelaufen bin? Beim Gedanken daran darf ich mich jetzt noch freuen und Gott loben und danken!

»So kehrte er zu seinem Vater nach Hause zurück. Er war noch weit entfernt, als sein Vater ihn kommen sah. Voller Liebe und Mitleid lief er seinem Sohn entgegen, schloss ihn in die Arme und küsste ihn. Sein Sohn sagte zu ihm: ›Vater, ich habe gesündigt, gegen den Himmel und auch gegen dich, und bin es nicht mehr wert, dein Sohn zu heißen.‹ Aber sein Vater sagte zu den Dienern: ›Schnell! Bringt die besten Kleider im Haus und zieht sie ihm an. Holt einen Ring für seinen Finger und Sandalen für seine Füße. Und schlachtet das Kalb, das wir im Stall gemästet haben, denn mein Sohn hier war tot und ist ins Leben zurückgekehrt. Er war verloren, aber nun ist er wiedergefunden.‹ Und ein Freudenfest begann.«

LUKAS 15,20-24

Gott wartet jeden Tag auf dich!

ER HAT AUF DICH GEWARTET

Jesus streckt die Arme aus
und ruft dir zu: »Komm doch nach Haus!«
Genau so, wie du bist, er kennt dich ganz genau,
hat er dich vermisst.
Komm, schließ die Augen, schau.

Aus »Feiert Jesus! 4«, Nr. 32
Text und Melodie: Winnie Schweitzer
© 2010 Gracetown Publishing bei SCM Hänssler, 71087 Holzgerlingen

Feiert Jesus! 365
CD 1, Nr. 14

JESUS STRECKT DIE ARME AUS

»Jesus streckt die Arme aus und ruft zu dir: ›Komm doch nach Haus!‹« Nach Hause kommen. Das ist für die meisten Menschen etwas sehr Schönes. Zuhause sein bedeutet, angekommen sein, alles Gepäck ablegen, Taschen, Jacke, Schuhe, vielleicht auch eine erfrischende Dusche nehmen, bequeme Kleidung anziehen, etwas essen und trinken und endlich Ruhe haben oder endlich die Familie sehen.

Mit der Formulierung »nach Hause kommen« verbinde ich außerdem geistlich gesehen zwei Gedanken: Zum einen ist es etwas, was mich schon zu Lebzeiten betrifft. Bei Jesus darf ich mich zu Hause fühlen, darf sein, wie ich bin, darf sagen, was ich denke, darf ihn um Hilfe bitten, darf wissen, dass er mich liebt. Zum anderen deutet es bereits auf die Ewigkeit hin, auf das, was mich nach diesem Leben erwartet. Wenn ein Christ stirbt, redet man oft davon, dass er heimgegangen ist. Auch Jesus spricht vor seinem Tod davon, dass er zurück zum Vater gehen wird. Auch wenn mir dieser Blick auf die Ewigkeit im Alltag oft abhandenkommt, ist es das Ziel, auf das ich eigentlich hinlebe.

Paulus spricht davon, dass wir wie Läufer in einem Wettkampf sind, die auf das Ziel »Jesus« hinlaufen (1. Korinther 9,24). Und wie in jedem Wettkampf bedeutet so ein Lauf viel Kraft und Anstrengung, motivierte und unmotivierte Etappen, vielleicht auch ein Stolpern, Hinfallen und Wiederaufstehen. Aber Jesus ist das Ziel. Er streckt die Arme aus, um dich in Empfang zu nehmen. Das ermutigt, das schenkt neue Kraft! Lasst uns uns gegenseitig ermutigen, auf Jesus zu sehen!

> Denkt daran, dass alle wie in einem Wettrennen laufen, aber nur einer den Siegespreis bekommt. Lauft so, dass ihr ihn gewinnt! Jeder Athlet übt strenge Selbstdisziplin. Er tut das allerdings, um einen Preis zu erringen, dessen Wert verblassen wird – wir aber tun es für einen ewigen Preis. So halte ich mir stets das Ziel vor Augen und laufe mit jedem Schritt darauf zu. Ich kämpfe wie ein Boxer, aber nicht wie einer, der ins Leere schlägt. Mit der eisernen Disziplin eines Athleten bezwinge ich meinen Körper, damit er mir gehorcht. Sonst müsste ich befürchten, dass ich zwar anderen gepredigt habe, mich danach aber womöglich selbst disqualifiziere.

1. KORINTHER 9,24-27

Ermutige jemand, auf Jesus zu blicken!

DER LÖWE UND DAS LAMM

Wenn Jesus wiederkommt, beugt sich alle Welt vor ihm.
Ketten brechen, wenn zerbrochne Herzen ihn verehrn.
Denn wer kann unsern Gott aufhalten?

Denn er ist der Löwe, der Löwe von Juda.
Sein Brüllen ist mächtig, er kämpft unsre Kämpfe.
Und jeder wird sich vor ihm beugen.
Denn er ist das Lamm, geschlachtet für uns,
für die Sünden der Welt, und sein Blut befreit.
Und jeder wird sich beugen vor dem Löwen und dem Lamm.
Jeder wir sich vor ihm beugen.

Aus »Feiert Jesus! 5«, Nr. 72
Originaltitel: The Lion And The Lamb
Text und Melodie: Brian Johnson, Leeland Mooring und Brenton Brown
Deutsch: Sandra Dittmann
© 2015 Thankyou Music/Meaux Mercy/The Devil Is A Liar! Publishing
Für D, A, CH: SCM Hänssler, 71087 Holzgerlingen
© 2015 Bethel Music Publishing
Für D, A, CH: Small Stone Media Germany, Köln

Feiert Jesus! 365
CD 2, Nr. 4

JESUS – MEIN LÖWE VON JUDA

Er kämpft unsere Kämpfe! Diese Passage spricht mich im heutigen Lied besonders an. Jesus, der auch als der Löwe von Juda
bezeichnet wird, kämpft für mich!
Der Löwe, der zu den gefährlichsten Tiere zählt, der als stark und
kräftig gilt, der mächtig brüllen kann und der seine Beute zerreißt – diese Bezeichnung von Jesus als dem Löwen Judas geht
auf Offenbarung 5,5 zurück, wo Jesus die Ereignisse am Ende der
Zeit bis hin zu seiner Wiederkunft als Herrscher einläutet. Bereits

in Philipper 2,10 und Römer 14,11 heißt es, dass sich am Ende der Zeit alle Menschen vor ihm beugen müssen und erkennen werden, dass Jesus Christus der Herr ist. Nichts und niemand kann ihn aufhalten. Alle werden sich beugen müssen, ob sie wollen oder nicht. Beinahe unglaublich! Auch wenn es jetzt in unserem Alltag noch viele Anfeindungen, Hindernisse, Verfolgung und Unterdrückung aufgrund des Glaubens gibt und wir es uns im Jetzt kaum vorstellen können – Jesus hat den Tod bereits besiegt. Und am Ende der Zeit wird er endgültig als Sieger dastehen. Nichts kann unseren Gott aufhalten!

Das gibt mir viel Zuversicht, Hoffnung, Freude, Kraft und Gelassenheit. Denn ich weiß: Es ist nicht nur ein Vertreter des Gesetzes, ein hoher Beamter oder ein einflussreicher Geschäftsmann, der für mich eintritt. Nein, es ist Jesus selbst. Der Sohn Gottes, der starke Löwe von Juda, brüllt und kämpft für mich. Bei ihm ist nichts unmöglich, ich darf still sein und auf sein Eingreifen warten (Psalm 37,7). Das ist kein lustloses, resigniertes, hoffnungsloses und passives Warten, keine frustrierte Haltung. Es ist ein aktives Hoffen und Erwarten der Hilfe Gottes, ein vertrauensvolles Festhalten an seinen Verheißungen. Er kämpft unsere Kämpfe! Lässt du ihn deine Kämpfe kämpfen?

> Warum verurteilst du einen anderen? Warum siehst du auf einen anderen Bruder herab? Wir alle werden einmal vor dem Richterstuhl Gottes stehen. Denn in der Schrift heißt es: »So wahr ich lebe«, sagt der Herr, »jedes Knie wird sich vor mir beugen und jeder Mund wird mich bekennen.«
>
> **RÖMER 14,10-11**

Welchen Kampf soll Jesus heute für dich kämpfen?

DER LÖWE UND DAS LAMM

Kommt, öffnet ihm das Tor
und bahnt den Weg dem Herrn der Herrn.
Der Gott, der uns erlöst, ist hier und setzt Gefangne frei.
Denn wer kann unsern Gott aufhalten?

Denn er ist der Löwe, der Löwe von Juda.
Sein Brüllen ist mächtig, er kämpft unsre Kämpfe.
Und jeder wird sich vor ihm beugen.
Denn er ist das Lamm, geschlachtet für uns,
für die Sünden der Welt, und sein Blut befreit.
Und jeder wird sich beugen vor dem Löwen und dem Lamm.
Jeder wir sich vor ihm beugen.

Aus »Feiert Jesus! 5«, Nr. 72
Originaltitel: The Lion And The Lamb
Text und Melodie: Brian Johnson, Leeland Mooring und Brenton Brown
Deutsch: Sandra Dittmann
© 2015 Thankyou Music/Meaux Mercy/The Devil Is A Liar! Publishing
Für D, A, CH: SCM Hänssler, 71087 Holzgerlingen
© 2015 Bethel Music Publishing
Für D, A, CH: Small Stone Media Germany, Köln

Feiert Jesus! 365
CD 2, Nr. 4

WO SIND »BAUMASSNAHMEN« NÖTIG?

»Baut dem Herrn eine Straße durch die Wüste. Ebnet unserem Gott
einen Weg durch die Steppe. Jedes Tal soll aufgeschüttet und jeder Berg und Hügel eingeebnet werden. Das Unebene soll gerade
und das Hügelige eben werden« (Jesaja 40,3-4). Das ist eine klare Bauanweisung: Einebnen, aufschütten, begradigen. Was aber
heißt das konkret in meinem Alltag?
Gott ließ den Menschen damals durch den Prophet sagen: Bahnt
einen Weg für mich! Die Lage des Volkes Israels war damals hoffnungslos – gefangen im Exil, der Siegermacht ausgeliefert. Ei-

gentlich hätte Gott dem Volk ausrichten können: Ihr seid selbst für euer Schicksal verantwortlich. Doch er lässt durch den Prophet sagen: Tröstet mein Volk! Er will ihren Blick wieder auf sich richten und Hoffnung bringen. Auch wenn sich im praktischen Alltag der Israeliten nicht gleich etwas an ihrem Frondienst und ihrer Unterdrückung ändert, so schafft Gott ihnen eine neue Perspektive: Er bietet ihnen wieder eine Beziehung zu sich an! Und er fordert sie auf, in der Wüste den Weg dafür zu ebnen.

Damals wie auch heute leben wir in Gesellschaften, die wie eine Wüste ohne Gott sind. Ich frage mich bewusst: Was und wo sind Berge und Hügel, Täler und Wüsten, die in meinem Leben ein Reden und Eingreifen Gottes verhindern? Wo verbaue ich die Möglichkeit, dass Gott zu mir kommen kann? Was muss eingeebnet und begradigt werden, damit ich Gottes Stimme wieder höre? Ist es Hoffnungslosigkeit und die Haltung, gar nichts mehr von Gott zu erwarten? Ist es ein Aktivismus, in dem ich meine, für Gott dies und jenes stemmen zu können? Ist es mein Stolz? Mein Alltagstrubel, in dem ich gar nicht mehr hinhöre? Ist es mein Zweifel? Auch Johannes der Täufer ruft: »Ebnet den Weg für das Kommen des Herrn!« (Johannes 1,23). Gott will zu uns kommen und uns seinen Trost schenken – lasst uns auch heute diesen Ruf hören, ihm folgen und ihn weitergeben!

> »Tröstet, ja, tröstet mein Volk«, spricht euer Gott. »Redet zum Herzen Jerusalems. Sagt ihm, dass seine Leidenszeit vorüber ist und dass seine Sünden bezahlt wurden. Denn der Herr hat es für alle seine Sünden doppelt gestraft.« Eine Stimme ruft: »Baut dem Herrn eine Straße durch die Wüste. Ebnet unserem Gott einen Weg durch die Steppe. Jedes Tal soll aufgeschüttet und jeder Berg und Hügel eingeebnet werden. Das Unebene soll gerade und das Hügelige eben werden. Dann wird die Herrlichkeit des Herrn offenbar und alle Menschen werden sie sehen. Dies hat der Herr beschlossen!«
>
> **JESAJA 40,1-5**

Wo und wie kann ich Gott einen Weg bahnen?

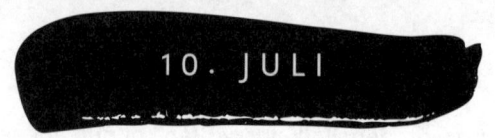
DURCH DEINE WUNDEN

Unser Leid hast du getragen, unsre Schmerzen, unsre Schuld.
Hast all das auf dich geladen und uns gerettet vor dem Tod.

Durch deine Wunden sind wir geheilt.
Die Strafe lag auf dir zu unsrem Frieden.
Durch deine Wunden sind wir jetzt frei.
Jesus, wie sehr, wie sehr musst du uns lieben.

Aus »Feiert Jesus! 5«, Nr. 34
Text und Melodie: Lothar Kosse
© 2016 Gloria – Sing ein neues Lied, adm. by Gerth Medien, Asslar

Feiert Jesus! 23
Nr. 11

DER SCHMERZ DER SÜNDE

»Das Opfer, das dir gefällt, ist ein zerbrochener Geist. Ein zer-
knirschtes, reumütiges Herz wirst du, Gott, nicht ablehnen.« Zu
dieser Aussage kommt David am Ende des 51. Psalms, in dem er
für den Ehebruch mit Batseba und den Mord an ihrem Mann Uria
Buße tut (2. Samuel 12). Trotz Davids Fasten und Beten, womit er
versucht, Gott umzustimmen, stirbt sein Sohn als Folge seiner
Sünde. An Tragik ist diese Geschichte nur schwer zu übertreffen:
Es wird deutlich, wie zerstörerisch Sünde wirklich ist und welche
Folgen sie sowohl für uns als auch für andere hat.

Darum tut es auch so weh, wenn wir erkennen müssen, was wir
anderen durch unsere Sünde angetan haben. Wenn wir von Gott
die Augen für unsere Schuld geöffnet bekommen, dann ist dort
kein Platz mehr für Egoismus und Selbstgerechtigkeit. Es wird uns
vielmehr unsere Hilflosigkeit bewusst: Wie lange können wir uns
alleine über Wasser halten, bis uns die Kraft ausgeht? Allein im

Meer unserer Sünde würden wir ertrinken, wenn uns Jesu liebende Hand nicht ergreifen und auf sicheren Boden stellen würde. Er lädt freiwillig unsere Schuld auf sich, um uns zu erretten. Wie sehr muss er uns lieben!

Gleichzeitig schenkt uns Gott eine neue Sichtweise und den Wunsch nach Veränderung in unserem Herzen und unserem Denken. So schmerzhaft diese Momente oft auch sind – David dient uns als Beispiel für ein Herz, das Reue zeigt und die eigene Hilflosigkeit anerkennt, und Gott wird uns in so einer Situation niemals abweisen. Er möchte unser Heiland sein, der unser Herz (Hesekiel 11,19) und unser Denken (Römer 12,2) erneuert und jeden von uns mehr und mehr in Jesu Ebenbild verwandelt (Römer 8,29)!

> Deshalb sag zum Volk der Israeliten: »So spricht Gott, der Herr: Ich mache das nicht euretwegen, Volk der Israeliten, sondern für meinen heiligen Namen, den ihr bei den Völkern, zu denen ihr gekommen seid, entweiht habt. So werde ich meinem großen Namen, den ihr bei den Völkern entweiht habt, seine Heiligkeit zurückgeben. Und wenn ich vor ihren Augen meine Heiligkeit an euch offenbare, spricht Gott, der Herr, dann werden die Völker erkennen, dass ich der Herr bin. Denn ich hole euch aus den Völkern und sammle euch aus allen Ländern und bringe euch in euer Land zurück. Dann gieße ich reines Wasser über euch aus, und ihr werdet rein sein. Von allen euren Unreinheiten und von allen euren Götzen werde ich euch reinigen. Und ich werde euch ein neues Herz geben und euch einen neuen Geist schenken. Ich werde das Herz aus Stein aus eurem Körper nehmen und euch ein Herz aus Fleisch geben. Und ich werde euch meinen Geist geben, damit ihr nach meinem Gesetz lebt und meine Gebote bewahrt und euch danach richtet.

HESEKIEL 36,22-27

Hast du den Wunsch, dass dein Herz verändert wird?

DURCH DEINE WUNDEN

Wir alle irrten umher wie Schafe,
wir warn verlorn auf unsrem Weg.
Unsre Schuld hat dich getroffen,
auf dass wir Gottes Gnade sehn.

Durch deine Wunden sind wir geheilt.
Die Strafe lag auf dir zu unserm Frieden.
Durch deine Wunden sind wir jetzt frei.
Jesus, wie sehr, wie sehr musst du uns lieben.

Aus »Feiert Jesus! 5«, Nr. 34
Text und Melodie: Lothar Kosse
© 2016 Gloria – Sing ein neues Lied, adm. by Gerth Medien, Asslar

Feiert Jesus! 23
Nr. 11

EIN FÜR ALLE MAL

Hin und wieder ertappe ich mich dabei, dass ich mir Gottes Geduld mit mir wie einen Luftballon vorstelle: Jedes Mal, wenn ich sündige, wird Luft in diesen Ballon gepustet, so lange, bis er schließlich platzt, bis also Gottes Geduldsfaden mit mir reißt und ich bei Gott verspielt habe. So oder so ähnlich male ich mir Gottes Art manchmal aus. Das verunsichert mich und setzt mich unter Druck. Es macht aus meiner Vater-Sohn-Beziehung zu Gott ein Vorgesetzten-Angestellten-Verhältnis, in welchem mir nach der dritten Abmahnung die Kündigung droht.
Entspricht diese Vorstellung Gottes Willen? Im Hebräerbrief lesen wir: »Gott will, dass wir durch das Opfer des Leibes von Jesus Christus ein für alle Mal geheiligt werden. [...] Denn durch dieses eine Opfer hat er alle, die er heiligt, für immer vollkommen ge-

macht. Auch der Heilige Geist versichert uns das. Er sagt: [...] ›Und ich werde nie wieder an ihr Unrecht und ihre Sünden denken‹« (Hebräer 10,10.14 f.17).

Wem glaube ich nun mehr? Meinen eigenen Vorstellungen und Gedanken über Gott oder der göttlichen Offenbarung des Schöpfers des Himmels und der Erde? Unser Vater will uns nicht im Unklaren darüber lassen, was er über uns denkt und wie er zu uns steht. Er teilt uns durch sein Wort, die Bibel, mit, dass er uns aus der Sklaverei der Angst befreien will. Jesu Opfer macht es möglich, Jesu Wunden heilen uns. Er führt uns wie verirrte Schafe zurück, weg von dem verkehrten Weg und weg von der Ungewissheit unseres Heils, hin zu einer befreiten Zukunft als Söhne und Töchter Gottes: von Liebe bestimmt, unkündbar, gewollt – ein für alle Mal!

> Wie viel mehr kann dann das Blut des Christus bewirken, denn durch die Kraft von Gottes ewigem Geist brachte Christus sich selbst Gott als vollkommenes Opfer für unsere Sünden dar. Er befreit unser Gewissen, indem er uns freispricht von unseren Taten, für die wir den Tod verdienen. Nun können wir dem lebendigen Gott dienen.

HEBRÄER 9,14

Das darfst ein für alle Mal glauben!

12. JULI

DURCH DEINE WUNDEN

So zerschunden und gemartert,
du hast den Mund nicht aufgetan.
Hast dich gebeugt und stumm ertragen,
was niemand von uns tragen kann.

Durch deine Wunden sind wir geheilt.
Die Strafe lag auf dir zu unsrem Frieden.
Durch deine Wunden sind wir jetzt frei.
Jesus, wie sehr, wie sehr musst du uns lieben.

Aus »Feiert Jesus! 5«, Nr. 34
Text und Melodie: Lothar Kosse
© 2016 Gloria – Sing ein neues Lied, adm. by Gerth Medien, Asslar

Feiert Jesus! 23
Nr. 11

MÜHE ALLEIN GENÜGT NICHT

Es ist der Abend vor der Kreuzigung. Jesus bindet sich eine Schürze um und wäscht den Jüngern die Füße. Ganz praktisch zeigt er, was er auch heute noch für uns tun möchte: den Schmutz, der sich in unserem Alltag ansammelt, wegwaschen. Doch so anschaulich, so fassbar, wie es für die Jünger damals war, ist es für uns heute oft nicht. Wir bekennen Jesus im Gebet, egal ob laut oder leise, unsere Sünden, und er reinigt uns davon (1. Johannes 1,9). Durch seine Wunden sind wir von der ewigen Strafe befreit. Er trägt, was niemand tragen könnte. Sollten wir nicht überglücklich darüber sein? Eine Dankbarkeit dafür verspüren, dass all der Mist, den wir gebaut haben, weg ist?
So oft jedoch scheinen unsere Gefühle einfach nicht auf uns zu hören. Ist es nicht so, dass wir an das Wunder glauben, dass Je-

sus uns unsere Sünden vergibt? Uns ist absolut klar, dass wir das nicht durch eigene Anstrengung schaffen könnten (Epheser 2,8f). Sündenvergebung ist allein Handeln Gottes! Und dasselbe gilt für unsere Gefühle – auch da braucht es ein Wunder! Denn so, wie die Vergebung unserer Sünden ein Wunder ist, das nur Gott vollbringen kann, so ist auch ein Wunder nötig, dass wir richtig fühlen: Die Dankbarkeit, die wir gegenüber Gott empfinden, ist gottgeschenkte Dankbarkeit. Die Freude, die wir über die Vergebung verspüren, ist göttliche Freude. Der Friede, der uns durch eine Nacht voller Anfechtung, Schmerzen oder Leid bringt, ist der Friede Gottes, der höher ist als alle Vernunft (Philipper 4,7).

Dann zeigte der Herr mir Jeschua, den Hohen Priester, der vor dem Engel des Herrn stand. Zur Rechten des Engels stand der Satan und verklagte Jeschua. Und der Herr sprach zum Satan: »Ich, der Herr, weise deine Klagen zurück, Satan. Ja, der Herr, der Jerusalem erwählt hat, weist deine Klagen zurück. Dieser Mann ist wie ein Holzscheit, das aus dem Feuer gerissen wurde.« Jeschua trug schmutzige Kleider, als er vor dem Engel stand. Deshalb sagte der Engel zu den anderen, die vor ihm standen: »Zieht ihm die schmutzigen Kleider aus.« Und zu Jeschua sagte er: »Hiermit habe ich deine Sünde von dir genommen und lasse dir jetzt festliche Kleider anziehen.« Da bat ich: »Sie sollen ihm auch einen reinen Turban aufsetzen.« Da setzten sie ihm einen reinen Turban auf und zogen ihm prächtige Kleider an, während der Engel des Herrn danebenstand. Dann sagte der Engel des Herrn feierlich zu Jeschua: »So spricht der Herr, der Allmächtige: ›Wenn du dich an meine Wege hältst und meinen Dienst recht versiehst, sollst du meinen Tempel verwalten und auf die Sicherheit in meinen Vorhöfen achten. Dann gewähre ich dir zusammen mit denen, die hier stehen, Zutritt zu mir.‹«

SACHARJA 3,1-7

Hast du Gott schon einmal
um ein dankbares Herz gebeten?

NEUES LEBEN

Ein neues Leben begann,
als mich deine Liebe fand.
Der Tag bricht an.
Durch deine Gnade allein,
steh ich fest und bin ganz dein.
Der Tag bricht an.

Neues Leben schenkst du jedem.
Jeden Tag, Herr, lässt du dich von uns finden.
Jesus, du gibst uns Hoffnung, deine Freude.
Jeden Tag, Herr, lässt du dich von uns finden.
Jesus, du liebst uns, du liebst uns.

Aus »Feiert Jesus! 5«, Nr. 103
Originaltitel: New Day
Text und Melodie: Nick Herbert und Ben Cantelon
Deutsch: Daniela Hogger und Klaus Göttler
© 2011 Thankyou Music
Für D, A, CH: SCM Hänssler, 71087 Holzgerlingen

Feiert Jesus! 20
Nr. 2

NEUES LEBEN

»Ein neues Leben begann, als mich deine Liebe fand.« Wie sieht es bei dir aus, kannst du das nachempfinden? Jesus möchte, dass wir tanzen können, dass wir kreativ sind, dass wir aufblühen, dass wir uns zutiefst freuen können. Er möchte uns ein neues Leben schenken und eine neue Identität geben als seine Töchter und Söhne. Aber was eigentlich ausschlaggebend ist: »[...] und bin ganz dein.« Bist du ganz sein? Kannst du ihm alles abgeben? Er möchte unser komplettes Leben. Er möchte unseren Alltag, unsere Beziehungen, die YouTube-Videos, die wir uns anschauen, die WhatsApp-Bilder, die wir immer bekommen und weiterleiten, auch wenn wir nicht dahinterstehen, und alle anderen Bereiche in unserem Leben. Wenn wir ihm nur Teile anvertrauen, kann er uns auch nur in den Teilen Erneuerung und neues Leben schenken. Was wäre, wenn dein Leben durchzogen wäre von einer tiefen Freude und tiefem Frieden? Traust du Gott vielleicht nicht zu, dass du immer noch glücklich bist, wenn du ihm alles gibst, weil du im Moment nicht überschauen kannst, was er dann mit dir tut? Kann es sein, dass du Gott in deine eigene Vorstellung hineindrückst? Lass los! Weil Gott Liebe ist, will er dir die Fülle geben. Glaubst du das?

Vielleicht hat Jesus dich gerade in einem Punkt deines Lebens angesprochen, dann sprich dieses Gebet: »Herr, mir fällt es so schwer, manche Dinge in meinem Leben loszulassen und sie dir anzuvertrauen. Ich bin manchmal unsicher, ob es mir dann noch gut geht. Herr, zeige mir das Gegenteil. Du bist ein Gott der Fülle, bei dem es immer genug gibt und bei dem die echte Freude ist. Hier ist mein Leben, das ich dir jetzt anvertrauen möchte.«

> Lasst euch nicht durch irgendwelche Gedankengebäude und hochtrabenden Unsinn verwirren, die nicht von Christus kommen! Sie beruhen nur auf menschlichem Denken und entspringen den bösen Mächten dieser Welt. Denn in Christus lebt die Fülle Gottes in menschlicher Gestalt, und ihr seid durch eure Einheit mit Christus damit erfüllt. Er ist Herr über alle Herrscher und alle Mächte.

KOLOSSER 2,8-10

Welchen Lebensbereich möchte ich Jesus jetzt bringen?

NEUES LEBEN

Wir sind geheilt und befreit,
stehen ganz für dich bereit.
Komm, strahl in uns.
Wir singen laut dieses Lied,
weil der Vater uns so liebt.
Komm, strahl in uns.

Führ mich, Herr.
Komm, führ mich sicher bis ans Ziel.
Ich fürcht mich nicht: Du bist hier!
Sei mein Weg. Du füllst den Tag
mit deinem Licht.
Ich fürcht mich nicht:
Du bist hier!

Aus »Feiert Jesus! 5«, Nr. 103
Originaltitel: New Day
Text und Melodie: Nick Herbert und Ben Cantelon
Deutsch: Daniela Hogger und Klaus Göttler
© 2011 Thankyou Music
Für D, A, CH: SCM Hänssler, 71087 Holzgerlingen

Feiert Jesus! 20
Nr. 2

BEFREIT

Ein Sklave, der schon sein ganzes Leben dienen musste und mit Fußfesseln gehalten wurde, wird befreit und ist nun ein freier Mann. Muss das nicht ein unglaubliches Gefühl sein? Es gibt keine Grenzen mehr, die totale Freiheit liegt vor seinen Füßen.
Jesus hat uns befreit von unseren Fesseln, und jetzt sind wir frei! Aber sind wir das auch? Stellen wir nicht oft fest, dass wir nicht wirklich frei sind? Da sind die Meinungen unserer Familie, die

sehr stark sind, da sind unsere Freunde, Schulkameraden oder Kollegen; selbst von fremden Leuten lassen wir uns beeinflussen. Heißt das, wir sind doch nicht frei?

Wir müssen feststellen, dass es eine uneingeschränkte Freiheit auf dieser Welt nicht gibt! Auch wenn die Medien uns etwas anderes vermitteln: Die totale Freiheit gibt es nicht. Ob es die Meinung anderer Leute ist, die Vorstellung von einem bestimmten Lebensstil, eine Subkultur oder vielleicht auch der Zigarettenkonsum – wir sind immer von etwas abhängig.

Gott hat uns dazu geschaffen, mit ihm verbunden zu leben. Lösen wir uns von ihm, geraten wir in Abhängigkeit von Menschen oder Dingen. Machen wir uns aber ganz und gar abhängig von ihm, dann sind wir wirklich frei. Und das macht uns zu wahrhaft glücklichen Männern und Frauen.

> Ein starker Held wird euch vorangehen und ihr werdet hinter ihm her in die Freiheit ziehen. Und ich selbst werde als der König an der Spitze vorangehen.
>
> **MICHA 2,13**

Von was machst du dich abhängig?
Denk mal darüber nach.

TEIL DIESER GESCHICHTE

Am Anfang war die Erde
noch dunkel, wüst und leer.
Nur ein Wort aus deinem Munde,
da war Licht, Himmel und Meer.
Wolltest du den Menschen machen
ganz nach deinem Ebenbild,
du hast Mann und Frau geschaffen
und sie über die Erde gestellt.

Wir sind Teil dieser Geschichte,
ein Teil vom großen Plan.
Wir sind Teil deiner Geschichte,
die vor uns begann und nach uns weitergeht.

Aus »Feiert Jesus! 5«, Nr. 146
Text und Melodie: Sefora Nelson
© 2014 SCM Hänssler, 71087 Holzgerlingen

Feiert Jesus! 21
Nr. 12

GESCHAFFEN MIT AUFTRAG

»Nur ein Wort aus deinem Munde, da war Licht, Himmel und Meer.« Dieser Satz beinhaltet so viel Wunder, so viel Schöpfungskraft, Macht, Ideen und einen großen Plan, dass ich mir das kaum vorstellen kann. Unser unglaublicher Schöpfergott, unser liebender Vater, hat sich die ganze Welt mit all ihren wunderschönen Details ausgedacht und geschaffen. Und wir sind als Gottes Ebenbild ein Teil dieser wundervollen Schöpfung und damit ein Teil ihrer Geschichte. Gott hat einen Plan mit der Welt, den er mit dir und mir verwirklichen möchte.

Er kann es ohne dich. Aber viel lieber möchte er es mit dir tun und dich gebrauchen mit deinen Stärken und Fähigkeiten. Er hat Mann und Frau mit einem Auftrag über seine Erde gestellt. Möchtest du dich selbst als aktiven Part dabei sehen?

Manchmal frage ich mich, ob ich heute wieder nur durch den Alltag strudle wie eine Welle, die den Flusslauf hinunterrast, oder ob ich immer wieder innehalten und hören will, ob Gott mir etwas sagen möchte, ob er meine Prioritäten und Pläne, meine Haltung oder das, was ich sage, hinterfragen darf. Genau dann ist es der richtige Moment, still zu werden vor ihm und zu beten, dass ich heute Teil seines Heilsplans, Teil seiner Geschichte sein darf.

Bete, dass Gott dir Gelegenheiten, Mut und die richtigen Worte gibt, Zeuge für ihn zu sein, und du wirst staunen, wie die Welt und die Geschichte der Menschheit mit jedem Einzelnen, der an Jesus glaubt, verändert wird!

> Da sprach Gott: »Wir wollen Menschen schaffen nach unserem Bild, die uns ähnlich sind. Sie sollen über die Fische im Meer, die Vögel am Himmel, über alles Vieh, die wilden Tiere und über alle Kriechtiere herrschen.« So schuf Gott die Menschen nach seinem Bild, nach dem Bild Gottes schuf er sie, als Mann und Frau schuf er sie. Und Gott segnete sie und gab ihnen den Auftrag: »Seid fruchtbar und vermehrt euch, bevölkert die Erde und nehmt sie in Besitz. Herrscht über die Fische im Meer, die Vögel in der Luft und über alle Tiere auf der Erde.«
>
> **1. MOSE 1,26-28**

Du darfst Jesu Zeuge sein!

TEIL DIESER GESCHICHTE

Die Sünde schnitt den Weg ab,
der zum Vater führen kann.
Hast bezahlt mit deinem Leben,
starbst am Kreuz als Opferlamm.
Doch der Tod ist überwunden,
seit du auferstanden bist,
bist der Weg, die Wahrheit, das Leben,
der stets war und der ewig ist.

Wir sind Teil dieser Geschichte,
ein Teil vom großen Plan.
Wir sind Teil deiner Geschichte,
die vor uns begann und nach uns weitergeht.

Aus »Feiert Jesus! 5«, Nr. 146
Text und Melodie: Sefora Nelson
© 2014 SCM Hänssler, 71087 Holzgerlingen

Feiert Jesus! 21
Nr. 12

IST JESUS AUCH WAHRHEIT
FÜR DEINE NACHBARN?

Früher dachte ich, der Missionsbefehl bedeutet, in ein weit ent-
ferntes Land zu gehen. Dorthin, wo die Menschen noch nie von
Jesus gehört haben. Doch irgendwann wurde mir bewusst, dass
die Aufforderung »Geht hinaus in alle Welt« (Matthäus 28,19)
noch mehr beinhaltet. Denn wie sieht es aus mit meinem Nachbarn in der Straße, in der ich lebe – ist er oder sie Christ? Sind sie
einfach aus Tradition getauft und gehen an Weihnachten in die
Kirche, oder haben sie tatsächlich eine lebendige Beziehung zu
Christus? Wissen sie, dass Jesus der Weg, die Wahrheit und das

Leben ist? Dass er am Kreuz für unsere Sünden starb? Wissen sie, was ein Leben mit Jesus wirklich bedeutet?

Mich kostet es Kraft und Mut, jeden Tag neu auf meine Nachbarn, Arbeitskollegen oder Bekannten zuzugehen und mit Freimut von Jesus zu reden. Denn meist habe ich Angst, dass sie mich auslachen, meiden oder gar schlecht über mich reden, weil sie nichts von Jesus wissen möchten, mich nervig oder lächerlich finden. »Hinausgehen« in meine Umwelt, in meine Umgebung, in »die Welt« bedeutet, dass wir zu denen gehen, die noch nicht das Bürgerrecht im Himmel haben, sondern »in der Welt« leben und »von der Welt sind«. Wir sind nicht von dieser Welt, aber trotzdem leben wir noch »in der Welt« und sind Teil ihrer Geschichte.

Geh heute hinaus in diese Welt, die dich umgibt, und bete voll Erwartung für die Menschen um dich herum, die Christus ablehnen, damit sie Jesus als den einzigen Weg zum Vater erkennen!

> Jesus kam und sagte zu seinen Jüngern: »Mir ist alle Macht im Himmel und auf der Erde gegeben. Darum geht zu allen Völkern und macht sie zu Jüngern. Tauft sie im Namen des Vaters und des Sohnes und des Heiligen Geistes und lehrt sie, alle Gebote zu halten, die ich euch gegeben habe. Und ich versichere euch: Ich bin immer bei euch bis ans Ende der Zeit.«

MATTHÄUS 28,18f

Bete für deine Nachbarn!

TEIL DIESER GESCHICHTE

Als Salz und Licht der Erde
sendest du uns in die Welt,
schenkst uns deine Kraft und Gaben,
wie es deinem Geist gefällt.
Dort im Hause deines Vaters
hältst du Raum für uns bereit.
Du bleibst bei uns alle Tage,
bis wir sehn deine Herrlichkeit.

Wir sind Teil dieser Geschichte,
ein Teil vom großen Plan.
Wir sind Teil deiner Geschichte,
die vor uns begann und nach uns weitergeht.

Aus »Feiert Jesus! 5«, Nr. 146
Text und Melodie: Sefora Nelson
© 2014 SCM Hänssler, 71087 Holzgerlingen

Feiert Jesus! 21
Nr. 12

BIN ICH SALZ UND LICHT?

Können andere an mir sehen, dass ich Christ bin? Können sie das Wesen von Jesus an mir erkennen? Bin ich Salz und Licht? Wenn Jesus in mir lebt, sollte das doch so hell aus mir herausstrahlen, dass alle es sehen können!

Diese Gedanken beschäftigen mich wieder und wieder. Auch zum Propheten Jeremia sagte Gott, dass er ihn erst wieder gebrauchen würde unter den Menschen, unter denen er lebte, wenn er »keine unwürdigen Worte mehr« von sich gebe (Jeremia 15,19), wenn er sich nicht mehr an sinnlosem Geschwätz beteilige. Wo beteilige ich mich an Gesprächen, die zu nichts führen, die über andere herziehen, die Unwahrheiten enthalten und stehen lassen? Und wo rede ich zwar das, was Gott möchte, handle aber nicht danach? Oder motiviere und ermutige ich durch das, was ich sage und tue, andere Menschen, Jesus kennenzulernen, ihn zu suchen und mit ihm zu leben?

Ich kann nur Salz und Licht sein für meine Mitmenschen, wenn mein Verhalten und meine Einstellung in Gottes Willen sind. Auch Lot warnte die Menschen um ihn herum, doch sie lachten ihn aus und hörten nicht auf ihn. Sein Wort blieb kraftlos (1. Mose 19,14). Bete, dass du deine »Salzkraft« nicht verlierst und dass sie nicht verwässert wird. Jesus schenkt dir die Kraft, unangepasst gegen den Strom der Gesellschaft zu schwimmen und sich nach seinem Willen zu richten, und er möchte dich gebrauchen!

> »Sagt einfach ›Ja‹ oder ›Nein‹. Jedes Wort darüber hinaus ist vom Bösen.«

MATTHÄUS 5,37

> Der Herr antwortete mir: »Wenn du anderen Sinnes wirst und zu mir zurückkommst, will ich dich wieder in meinen Dienst aufnehmen. Wenn du keine unwürdigen Worte mehr von dir gibst, sondern nur noch Worte, die es wert sind, ausgesprochen zu werden, darfst du weiterhin mein Bote sein. Dann werden alle, unter denen du jetzt leidest, auf dich hören. Du selbst sollst dich aber nicht von ihnen beeinflussen lassen! Ich werde dich diesem Volk gegenüber zu einer Mauer aus Erz machen; sie werden dir nichts anhaben können, selbst wenn sie noch so sehr gegen dich anstürmen sollten. Denn ich bin bei dir, um dir zu helfen und dir den Sieg zu schenken. Ich, der Herr, habe gesprochen!

JEREMIA 15,19f

Du darfst Gottes Salz sein!

KOMM NÄHER

Ich weiß, dein Herz hat sich verirrt,
du bist verängstigt und verwirrt,
mein Kind, du brauchst dich nicht zu fürchten.

Aus »Feiert Jesus! 5«, Nr. 227
Text und Melodie: Albert Frey
© 2013 FREYKLANG adm. by Gerth Medien, Asslar

VERIRRT, VERWIRRT – WOHIN?

Wohin soll mein Leben gehen? Wie kann ich mein Leben angenehm, sicher und schön gestalten? Was möchte ich einmal erreicht haben, wenn ich auf mein Leben zurückblicke? Diese Fragen stellen sich vermutlich fast alle Menschen. Lösungsansätze gibt es unzählige: materielle Dinge, Gesundheit, Karriere, Anerkennung, Macht und Einfluss, religiöse Erfüllung. Jede philosophische Richtung und jede Religion hat darauf eine Reihe von Antworten. Doch als Kinder Gottes wissen wir, dass es keine andere Erfüllung gibt als allein in Christus. »Was nützt es, die ganze Welt zu gewinnen und dabei seine Seele zu verlieren« (Matthäus 16,26)?

Man geht davon aus, dass aktuell etwa sieben Milliarden Menschen leben, die zu über 16 000 Völkern gehören – 6 000 Volksgruppen davon sind bisher nicht vollständig mit dem Evangelium erreicht. Doch wenn man sich umsieht: Ob Menschen in einem entfernten Land am anderen Ende der Welt oder in dem Ort, in dem du wohnst – viele sind »verängstigt und verwirrt« vom Leben. Ich bete für dich und mich heute, dass Gott uns Menschen, ob nah, ob fern, aufs Herz legt, für die wir inständig beten, dass Gott sie zu seinen Kindern macht!

Sing dieses Lied heute für jemanden und denke bewusst an diese Person, wenn du Gott durch das Lied lobst! Denn er ruft allen Menschen zu: »Kommt alle her zu mir, die ihr müde seid und schwere Lasten tragt, ich will euch Ruhe schenken« (Matthäus 11,28) – »Mein Kind, du brauchst dich nicht zu fürchten.«

> Dann sagte Jesus: »Kommt alle her zu mir, die ihr müde seid und schwere Lasten tragt, ich will euch Ruhe schenken. Nehmt mein Joch auf euch. Ich will euch lehren, denn ich bin demütig und freundlich, und eure Seele wird bei mir zur Ruhe kommen. Denn mein Joch passt euch genau, und die Last, die ich euch auflege, ist leicht.«

MATTHÄUS 11,28-30

Jesus erfülle dein Leben und das
deiner Mitmenschen!

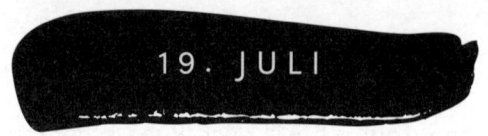

KOMM NÄHER

Ich weiß, du bist enttäuscht, verletzt,
du fühlst dich hilflos, ausgesetzt,
mein Kind, du brauchst dich nicht zu schämen.

Aus »Feiert Jesus! 5«, Nr. 227
Text und Melodie: Albert Frey
© 2013 FREYKLANG adm. by Gerth Medien, Asslar

LEBENDIGES WASSER

»Komm näher. Ich weiß, du fühlst dich vielleicht ausgenutzt, enttäuscht, verletzt. Du brauchst dich nicht zu schämen vor mir.« So ähnlich könnten auch die Worte geklungen haben, die Jesus an die Samariterin richtet, die er am Brunnen der Stadt Sychar trifft. Diese Frau kommt schon unzählige Male zum Wasserschöpfen an den Brunnen. Wasser ist eine Lebensgrundlage, ohne Wasser würde sie verdursten. Jesus fordert die Frau auf, von seinem lebendigen Wasser zu trinken, und die Frau bittet ihn auch darum: »Gib mir von diesem Wasser! Dann werde ich nie wieder durstig« (Johannes 4,15).

Nur Jesus kann die Vergebung der Sünden, die reine Beziehung zum Vater schenken. Nur er kann das Wort des ewigen Lebens geben.

Kennst du Menschen, die wie diese Frau durchs Leben gehen, treu ihre täglichen Aufgaben erledigen und mit dem Auf und Ab im Leben kämpfen? Menschen, die nach dem Sinn suchen und immer wieder Wasser holen, weil sie noch nicht das lebendige Wasser getrunken haben? Bist du jemand, der bereit ist, das lebendige Wasser auszuteilen?

Wir können solche wertvollen Brunnen sein, die das lebendige Wasser austeilen. Doch wir können dies nur tun, wenn wir selbst immer in Verbindung mit dem Wasserspender bleiben. Wenn Jesus uns bis zum Rand füllt, wird unser Brunnen übersprudeln.

»Das Wasser, das ich ihm gebe, wird in ihm zu einer nie versiegenden Quelle, die unaufhörlich bis ins ewige Leben fließt« (Johannes 4,14). Wäre das nicht eine wundervolle Bitte für diesen Tag?

Jesus erwiderte: »Wenn die Menschen dieses Wasser getrunken haben, werden sie schon nach kurzer Zeit wieder durstig. Wer aber von dem Wasser trinkt, das ich ihm geben werde, der wird niemals mehr Durst haben. Das Wasser, das ich ihm gebe, wird in ihm zu einer nie versiegenden Quelle, die unaufhörlich bis ins ewige Leben fließt.« »Bitte, Herr«, sagte die Frau, »gib mir von diesem Wasser! Dann werde ich nie wieder durstig und brauche nicht mehr herzukommen, um Wasser zu schöpfen.« [...] »Aber die Zeit kommt, ja sie ist schon da, in der die wahren Anbeter den Vater im Geist und in der Wahrheit anbeten. Der Vater sucht Menschen, die ihn so anbeten. Denn Gott ist Geist; deshalb müssen die, die ihn anbeten wollen, ihn im Geist und in der Wahrheit anbeten.« Die Frau sagte: »Ich weiß, dass der Messias kommen wird – der, den man den Christus nennt. Wenn er kommt, wird er uns alle diese Dinge erklären.« Da sagte Jesus zu ihr: »Ich bin es, der mit dir spricht!«

JOHANNES 4,13-15.23-26

Trinke täglich von der Lebensquelle!

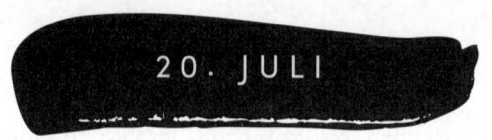

KOMM NÄHER

Ich weiß, du fühlst dich ungeschützt,
getäuscht, missachtet, ausgenutzt,
mein Kind, du musst dich nicht verschließen.

Aus »Feiert Jesus! 5«, Nr. 227
Text und Melodie: Albert Frey
© 2013 FREYKLANG adm. by Gerth Medien, Asslar

GOTT – DER LIEBENDE ERLÖSER

»Du fühlst dich ungeschützt, getäuscht, missachtet, ausgenutzt.«
Es gibt viele Menschen, über die man so etwas sagen kann. Aus
den unterschiedlichsten Gründen verschließen sie sich, lassen
niemand an sich heran, weil sie eine schlechte Erfahrung gemacht haben, verletzt, ausgenutzt und enttäuscht wurden. Vielleicht sogar von Christen. Dabei ist ihnen aber nicht bewusst,
dass Nachfolger Jesu auch nur Menschen sind, die Fehler machen – Christen können enttäuschen, Christus nie! Fällt dir spontan jemand aus deinem Umfeld ein, der solche Erfahrungen gemacht hat?
In 2. Mose 20,2 steht vor allen Geboten Gottes Zusage an sein
Volk: »Ich bin der Herr, dein Gott, der dich aus der Sklaverei in
Ägypten befreit hat.« Ein jüdischer Rabbi bekam einmal die Frage
gestellt: »Warum sagt Gott nicht, ich bin der Herr, dein Gott, der
Himmel und Erde schuf?« Darauf antwortete der Rabbi: »Himmel
und Erde? Dann hätte der Mensch gesagt: ›Das ist mir zu groß,
da traue ich mich nicht hin.‹ Gott aber sprach: ›Ich bins, der ich
dich aus dem Dreck geholt habe, nun komm heran und höre.‹«
Ein immer wiederkehrendes Thema der Bibel ist die Befreiung
aus der Versklavung Ägyptens, die Erlösung aus der von Gott ab-
gefallenen Welt. Die Erlösung gilt für Israel (Jesaja 41,14) und für
alle anderen Völker (Kolosser 1,20). Durch Jesu Tod am Kreuz sind
alle Sünden von uns abgewaschen. Möchtest du gerne einem

Freund, Kollegen, Nachbarn, Verwandten sagen: »Komm näher! Christus will dir begegnen, verschließ dich nicht vor ihm. Er ist der liebende Erlöser. Er kann dich nicht enttäuschen!«

> Doch nun spricht der Herr, der dich, Jakob, geschaffen hat und der dich, Israel, gebildet hat: »Hab keine Angst, ich habe dich erlöst. Ich habe dich bei deinem Namen gerufen; du gehörst mir. Wenn du durch Wasser gehst, werde ich bei dir sein. Ströme sollen dich nicht überfluten! Wenn du durch Feuer gehst, wirst du nicht verbrennen; die Flammen werden dich nicht verzehren! Denn ich bin der Herr, dein Gott, der Heilige Israels, dein Heiland. Ich gebe Ägypten als Lösegeld für dich hin, ich liefere Äthiopien und Seba an deiner Stelle aus. Weil du in meinen Augen kostbar bist und wertvoll und weil ich dich liebe, opfere ich Länder an deiner Stelle und Völker für dein Leben.

JESAJA 43,1-4

Gott ist dein liebevoller Erlöser!

KOMM NÄHER

Komm näher, näher, näher, komm aus der Distanz.
Komm näher, näher, näher, gib mir deine Angst.
Komm näher, näher, näher, komm, vertrau mir ganz.
Komm näher in meinen Arm.

Aus »Feiert Jesus! 5«, Nr. 227
Text und Melodie: Albert Frey
© 2013 FREYKLANG adm. by Gerth Medien, Asslar

BEZIEHUNGEN LEBEN

Was glaubst du: Will dein Arbeitskollege, deine Nachbarin oder dein bester Kumpel eher eine Predigt anhören oder den Ortspfarrer nach dessen Meinung fragen, oder wird er eher zuhören, was du zu sagen hast?

In unserem Umfeld gibt es zahllose Menschen, die Gottes Licht brauchen. Manche fühlen sich vielleicht allein, verwirrt, verängstigt und fürchten sich vor Dingen in ihrem Leben oder der Gesellschaft. Andere sind vollkommen zufrieden mit ihrem Leben, machen alle Dinge mit sich selbst aus und haben keinerlei Sinnfragen, Hoffnungslosigkeit und Zweifel. Trotzdem: Jesu Einladung »Komm näher« gilt allen. Alle brauchen das Brot des Lebens, sonst sind sie in Ewigkeit verloren.

Die Männer Andreas, Simon, Philippus und Nathanael, die uns in Johannes, Kapitel 1, begegnen, möchten sofort weitersagen, was sie erlebt haben. Vielleicht bewegen dich deine Erlebnisse mit Jesus auch so stark, dass du sie gerne weitergeben möchtest. Vielleicht ist es auch gut, erst einmal still zu sein und dem anderen zuzuhören und dann zu sagen, wie Jesus in diese Situation hineinkommen möchte? Der Heilige Geist kann dir die passenden Worte oder das Schweigen im richtigen Moment schenken. Wenn sich ein Mensch von dir ernst genommen fühlt, wenn du eine echte Beziehung mit ihm aufbaust, dann wird er dich auch nach dem fragen, was dich bewegt und prägt.

Vielleicht bist du der einzige Mensch, der für jemand anderen Christus widerspiegelt. Und er kommt näher, kommt aus seiner Distanz, die er gegenüber dem Glauben, gegenüber der Kirche, gegenüber Jesus hat. Deshalb habe Mut, deinen Glauben offen zu leben.

Andreas, der Bruder von Simon Petrus, war einer der beiden Männer, die Jesus gefolgt waren, weil sie gehört hatten, was Johannes über ihn sagte. Sofort suchte er seinen Bruder Simon auf und erzählte ihm: »Wir haben den Messias gefunden« (das bedeutet: den Christus). Dann nahm Andreas Simon mit zu Jesus. Jesus sah ihn aufmerksam an und sagte: »Du bist Simon, der Sohn des Johannes – doch du wirst Kephas genannt werden« (das bedeutet: Petrus). Als Jesus am nächsten Tag beschloss, nach Galiläa zu gehen, begegnete er Philippus und sagte zu ihm: »Komm mit und folge mir nach.« Philippus stammte aus Betsaida, der Heimatstadt von Andreas und Petrus. Philippus machte sich auf die Suche nach Nathanael und erzählte ihm: »Wir haben den gefunden, von dem Mose und die Propheten geschrieben haben! Es ist Jesus, der Sohn von Josef aus Nazareth.«

JOHANNES 1,40-45

Du darfst Christus widerspiegeln!

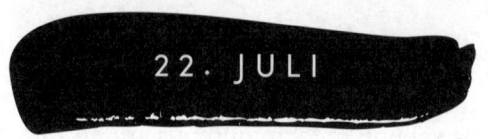
KOMM NÄHER

Wenn Vater, Mutter dich verlassen, bleibe ich dir treu.
Wenn deine Kleider nicht mehr passen, kleide ich dich neu.
Von allen untragbaren Lasten mache ich dich frei.

Aus »Feiert Jesus! 5«, Nr. 227
Text und Melodie: Albert Frey
© 2013 FREYKLANG adm. by Gerth Medien, Asslar

VERLASSEN?

Beim Lesen der Bridge fällt mir sofort der Bibeltext aus Matthäus 10,34–39 ein, in dem es darum geht, dass wir unsere leibliche Familie nicht mehr lieben dürfen als wir Jesus lieben. Tiefgehende Worte!

Vielleicht geht es dir ja tatsächlich ähnlich: Du fühlst dich zwischen den Stühlen, denn deine geliebte Familie lebt nicht mit Jesus. Du wirst von ihnen für deinen Glauben ausgelacht, verspottet, nicht für voll genommen, gemieden oder sogar verstoßen. Dann darfst du umso mehr um Gottes Kraft bitten, dass dein Glaube stark bleibt und du dich nicht von den Menschen, die dir nahestehen, abbringen lässt. Und es darf dir als besonderer Trost gelten, dass Jesus dieses Dilemma schon in der Bibel beschrieben hat – es ist nichts Neues! Er weiß darum und will klarstellen, dass er die oberste Priorität in unserem Leben haben möchte. »Wenn Vater, Mutter dich verlassen, bleibe ich dir treu«.

Wenn dir die Kleider deines alten Lebensstils nicht mehr passen, wenn du sie loswerden willst, weil sie nicht zu einem Leben mit Jesus gehören, dann schenkt dir Jesus neue, bessere! Werde los, was falsch, nutzlos und gemein ist. Wie schön siehst du in diesen reinen Kleidern aus!

Egal, wie dein Leben bisher ausgesehen hat: Jesus ist dir nahe und möchte dein Leben neu machen. Er trägt die Lasten mit dir gemeinsam, damit du nicht unter ihnen zerbrichst. Er möchte dich zu einem geliebten Kind Gottes formen, so, wie du ursprünglich erdacht wurdest von Gottes guten Gedanken.

Glaubt nicht, dass ich gekommen bin, um der Welt Frieden zu bringen! Nein, sondern das Schwert. Ich bin gekommen, um den Sohn gegen seinen Vater aufzubringen, die Tochter gegen ihre Mutter und die Schwiegertochter gegen ihre Schwiegermutter. Eure erbittertsten Feinde werdet ihr in der eigenen Familie finden. Wer Vater oder Mutter mehr liebt als mich, ist es nicht wert, zu mir zu gehören; und wer seinen Sohn oder seine Tochter mehr liebt als mich, der ist es nicht wert, zu mir zu gehören. Wer sich weigert, sein Kreuz auf sich zu nehmen und mir nachzufolgen, ist es nicht wert, zu mir zu gehören. Wer an seinem Leben hängt, wird es verlieren; aber wer es für mich aufgibt, wird es finden.

MATTHÄUS 10,34-39

Jesus ist dir immer treu!

DIESE STADT

Diese Stadt, diese Straßen,
diese Wege gehören dir.
Diese Kirche, dieses Land,
diese Menschen gehören dir.
Diese Hände, dieses Herz,
dieses Leben gehören dir.

Dazu sind wir berufen,
zu tun, was du von uns willst:

Die Schwachen zu stärken, mit Armen zu teilen
und Boten des Friedens zu sein.
Verlorene suchen, die Wunden zu heilen
und aufstehn für Wahrheit und Recht.
Die Tränen zu trocknen
und Freiheit verkünden
für die, die im Dunkeln sind.

Wenn alle Völker vor dir stehn
und alle Augen auf dich sehn,
gehört die Ehre dir allein.
Gehört die Ehre dir allein.

Feiert Jesus! 21
Nr. 8

DIESE STADT

Was für ein Tag! Nur Stress. Der Tag läuft ganz und gar nicht wie
geplant, und die Bahn hat auch noch Verspätung. Jetzt nur noch
nach Hause und einen gemütlichen Abend, einen guten Film und

meine Ruhe. Mit Scheuklappen geht es mit den Reifen auf dem Asphalt nach Hause, ein knappes Wort zu meinem Bekannten, ein kurzes Hallo zu meinen Nachbarn und verschwunden bin ich.

Diese Stadt, diese Straßen, diese Menschen gehören Jesus. Meine Hände, mein Herz und mein Leben gehören ebenfalls Jesus. In 2. Korinther 5,20 heißt es, dass wir Gottes Botschafter sind, und Gott uns gebraucht, um zu seinen Menschen zu sprechen. Wie kann mich Jesus gebrauchen? Habe ich ein offenes Ohr für meinen Nachbarn und Zeit trotz eines misslungenen Tages? Habe ich die Erwartung, dass Jesus durch mich zu den Menschen in meiner Straße, in meiner Stadt oder an meinem Arbeitsplatz spricht?

Zu sehr bin ich auf meine alltäglichen Aufgaben und Bedürfnisse konzentriert. Ich wünsche mir, dass ich eine Entscheidung treffe und trotz aller Hektik und Sehnsucht nach Erholung seine Kraft und seinen Heiligen Geist in den stressigsten Situationen in mir erlebe, um ein Ohr für die Bedürfnisse meines Gegenübers zu haben. Hier in diesen Straßen, dieser Stadt und an meinem Arbeitsplatz möchte ich Botschafter Christi sein. Wir wollen uns dafür entscheiden und dafür beten, dass Gott dir und mir ein weiches und offenes Herz für die Menschen in unserem Umfeld schenkt, unabhängig von unserer Lebenssituation.

> Dieses neue Leben kommt allein von Gott, der uns durch das, was Christus getan hat, zu sich zurückgeholt hat. Und Gott hat uns zur Aufgabe gemacht, Menschen mit ihm zu versöhnen. Denn Gott war in Christus und versöhnte so die Welt mit sich selbst und rechnete den Menschen ihre Sünden nicht mehr an. Das ist die herrliche Botschaft der Versöhnung, die er uns anvertraut hat, damit wir sie anderen verkünden. So sind wir Botschafter Christi, und Gott gebraucht uns, um durch uns zu sprechen. Wir bitten inständig, so, als würde Christus es persönlich tun: »Lasst euch mit Gott versöhnen!« Denn Gott machte Christus, der nie gesündigt hat, zum Opfer für unsere Sünden, damit wir durch ihn vor Gott gerechtfertigt werden können.

2. KORINTHER 5,18-21

Fühle ich mich berufen zu tun, was Gott will?

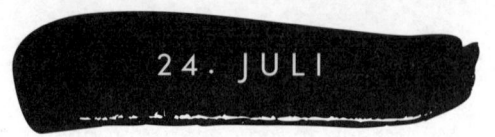
NOCH NIE

Ich hab gewartet und gewacht.
Wann kommt der Morgen, geht die Nacht?
Ich will dich sehn, ich will dich sehn.
Ich fliehe alles, was mich hält,
was mir genügt in dieser Welt,
ist dich zu sehn, ist dich zu sehn.

Und aller Reichtum ist wie Sand,
vor dieser Schönheit, die ich fand.

Ich hab noch nie eine Liebe wie die deine gefunden.
Nichts kann mich trösten wie ein Blick von dir.
Stiller Begleiter meiner einsamen Stunden.
Freund bist du mir.

Aus »Feiert Jesus! 5«, Nr. 184
Text: Johannes Hartl
Melodie: Johannes Hartl und Dietmar Kramlich
© 2001 Gebetshaus Augsburg, verwaltet von SCM Hänssler, 71087 Holzgerlingen

Feiert Jesus! 21
Nr. 4

LÖSUNGSWEGE –
ODER DER RETTENDE BLICK JESU

»Ich hab gewartet und gewacht. Wann kommt der Morgen, geht die Nacht?« Aus diesen Worten klingt für mich Verzweiflung heraus. Das Warten auf Besserung, Heilung, Hilfe, Lösungen.
Die Witwe von Zarpat, von der in 1. Könige 17 berichtet wird, steckte in so einer hoffnungslosen Lage. Eine Witwe, einsam, ohne die Versorgungssicherheit durch ihren arbeitenden Ehemann, mit einem Sohn, den sie zu versorgen hatte. Sicher war sie im Dauereinsatz, um sich um den Haushalt zu kümmern, um Es-

sen, Brennholz, Trinkwasser und alles, was sie und ihr Sohn sonst noch brauchten, zu beschaffen. Sie war es, die die alleinige Verantwortung für alle Entscheidungen und für die Erziehung des Sohnes hatte. Nun ging es ihr sogar so schlecht, dass sie kaum noch Zutaten zum Backen hatte und davon ausgehen musste, dass sie ihren Sohn und sich selbst nicht mehr würde ernähren können – sie hatten den Tod schon mehr oder wenig vor Augen. Sie kannte keinen Lösungsweg. Sie wusste nicht, an wen sie sich wenden oder zu wem sie beten sollte – ganz im Gegensatz zu dem Liedautor, der seine Hoffnung in Jesus bereits sieht.

In diese Situation dieser Witwe hinein kommt nun Elia. Er, ein Fremder, bittet sie um den letzten Bissen, den sie hat. Sie lässt sich darauf ein. Sie vertraut darauf, dass der Gott, von dem Elia redet, helfen wird. Und das Wunder geschieht: Mehl und Öl gehen nicht aus, und alle werden satt. Für diese Frau ist der rettende Morgen angebrochen, die Nacht geht. Sie darf einen Einblick bekommen in die Liebe Gottes, in die Schönheit seiner Gegenwart. Sie erfährt: Gott vergisst uns nie.

Lebt in deinem Umfeld solch eine Witwe von Zarpat, die den liebenden Blick Jesu ersehnt? – »Ich will dich sehn«!

> Doch sie antwortete: »So wahr der Herr, dein Gott, lebt, ich habe kein einziges Stück Brot mehr. Im Topf ist nur noch eine Handvoll Mehl und im Krug nur noch ein kleiner Rest Öl. Ich habe gerade ein paar Zweige gesammelt, um diese Mahlzeit zu bereiten für mich und meinen Sohn; wir werden essen und sterben.« Doch Elia sagte zu ihr: »Hab keine Angst! Geh und mach, was du gesagt hast, aber backe mir zuerst einen kleinen Laib Brot und bring ihn heraus. Dann backe für dich und deinen Sohn. Denn so spricht der Herr, der Gott Israels: ›Das Mehl im Topf wird nicht aufgebraucht werden und das Öl im Krug nicht zur Neige gehen, bis zu dem Tag, an dem der Herr dem Land Regen schickt!‹« Sie ging los und tat, was Elia ihr aufgetragen hatte, und sie, Elia und ihr Sohn aßen viele Tage lang. Denn das Mehl im Topf nahm kein Ende und das Öl im Krug ging nicht zur Neige, wie es der Herr durch Elia versprochen hatte.

1. KÖNIGE 17,12-16

Sehne dich nach Jesu liebendem Blick!

NOCH NIE

Ich warte auf den Morgenstern,
unendlich nah und doch noch fern.
Ein Blick von dir, ein Blick von dir.
Und meine Schätze bring ich dir,
meine Zeit verschwend ich für
den Blick von dir, den Blick von dir.

So lass mein Herz schmelzen wie Wachs
unter dem Blick deiner Liebe.

Aus »Feiert Jesus! 5«, Nr. 184
Text: Johannes Hartl
Melodie: Johannes Hartl und Dietmar Kramlich
© 2001 Gebetshaus Augsburg, verwaltet von SCM Hänssler, 71087 Holzgerlingen

Feiert Jesus! 21
Nr. 4

SIND MEINE SCHÄTZE »DRECK«?

»Und meine Schätze bring ich dir«. Bei diesen Worten fällt mir das Gleichnis des reichen Mannes ein, der all seinen Besitz verkauft, um eine sehr wertvolle Perle zu kaufen. Dieser Mensch hat alles, was er braucht. Er hat viel Besitz, viel Geld, viel Kleidung – aber er sieht eine wunderschöne kostbare Perle, die er gerne kaufen möchte. Diese Perle ist so wertvoll, dass er sie nicht einfach von seinem Ersparten kaufen kann. Sie ist so teuer, dass er alles, was er hat, verkaufen muss. Und er tut es auch.
Jesus erzählt dieses Gleichnis, um seinen Zuhörern zu verdeutlichen, wie sie handeln müssen, um in das Reich Gottes zu kommen. Dieselbe Bedeutung hat auch das Gleichnis eines Mannes, der im Acker einen Schatz findet und daraufhin alles, was er hat,

verkauft, um dieses Feld zu kaufen und den Schatz als den seinen haben und behalten zu dürfen (Matthäus 13,44-46).

Den meisten Menschen sind der Wert des Schatzes oder auch der Schatz und die Perle selbst verborgen. Aber wer den Schatz findet, darf den unendlich kostbaren Wert erkennen. Auch Paulus betont, dass es sich lohnt, um Jesu und der Errettung willen alles gern und bereitwillig aufzugeben: »Ja, alles andere erscheint mir wertlos, verglichen mit dem unschätzbaren Gewinn, Jesus Christus, meinen Herrn, zu kennen. Ich habe alles andere verloren und betrachte es als Dreck, damit ich Christus habe und mit ihm eins werde« (Philipper 3,8f).

Für einen Blick von Jesus, für Zeit und Gemeinschaft mit ihm lohnt es sich, alles herzugeben, so heißt es auch in diesem Lied. Ist für dich dein »Reichtum wie Sand«? Ist auch für dich ein Blick von Jesus das Tröstlichste, was es gibt? Lass es in deinem Alltagsleben konkret werden!

> Das Himmelreich ist wie ein Schatz, den ein Mann in einem Feld verborgen fand. In seiner Aufregung versteckte er ihn wieder und verkaufte alles, was er besaß, um genug Geld zu beschaffen, damit er das Feld kaufen konnte – und mit ihm den Schatz zu erwerben! Das Himmelreich ist auch vergleichbar mit einem Perlenhändler, der nach kostbaren Perlen Ausschau hielt. Als er eine Perle von großem Wert entdeckte, verkaufte er alles, was er besaß, und kaufte die Perle!
>
> **MATTHÄUS 13,44-46**

Genieße heute den liebevollen Blick Jesu!

DER EINE

Du bist der Urgrund, die Kraft im Anfang,
wie Licht und Wärme, die Liebe selbst.
Wie Wind und Wasser willst du beleben,
und Neues schaffen durch Wort und Geist.

Du bist der Eine, der war und der ist.
Kein Name fasst dich, du bist, der du bist.
Kein Bild kann dich ganz beschreiben,
der alles in allem umschließt.

Aus »Feiert Jesus! 5«, Nr. 75
Text und Melodie: Albert Frey
© 2016 SCM Hänssler, 71087 Holzgerlingen

Feiert Jesus! 22
Nr. 2

DER EINE – DEIN ERFINDER

»Der Gott aller Schöpfung« ist mein Erfinder. Er will mich beleben und Neues schaffen. Er will nicht nur der sein, der am Anfang war, sondern auch der, »der alles in allem umschließt.« Er will mittendrin in meinem Leben sein und alle Lebensbereiche lenken. Mein altes Ich darf mit seiner Hilfe abnehmen und er in mir zunehmen (Joh 3,30). Und als mein Erfinder weiß er am besten, wie mein Leben mit ihm funktioniert!

Paulus beschreibt in Römer 7, wie er erfolglos kämpft und erkennt, dass er selbst, sein Ich, den Kampf nicht gewinnen kann. Dazu eine interessante Wort-Statistik: In Römer 7,7-25 schreibt Paulus 48 Mal »ich«. Doch im folgenden Abschnitt, Römer 8,1-17, taucht das Wort »ich« nicht ein einziges Mal mehr auf – die Worte »Vater, der Sohn und der Heilige Geist« dagegen 33 Mal. Aus

Römer 7 spricht noch Verzweiflung – aber in Römer 8 übernimmt der Geist Gottes und bringt die Freiheit (Römer 8,1). Gott lässt mich nicht allein stehen! Der Geist hat mich nicht nur vom Gesetz der Sünde frei gemacht, sondern er wohnt in mir und leitet mich (Römer 8,4) – wenn ich es zulasse.

Oft geht es nicht um die Frage der Erlösung, darum, zu akzeptieren, dass ich Sünder und nur durch Jesu Blut gerecht vor Gott bin. Es geht oft vielmehr um die Frage, wie mein Leben im Geist gelingen kann, was lebendiges Christsein heißt, wie ich Gott vollkommen vertrauen und ihn in meinem Leben wirken lassen kann. Lebe ich bewusst mit dem Heiligen Geist in allen Bereichen meines Lebens? Es gilt jeden Tag von Neuem zu entscheiden, »in Verbindung mit« meinem Erfinder zu bleiben – es liegt in meiner Verantwortung!

> Lasst nicht die Sünde euer Leben beherrschen; gebt ihrem Drängen nicht nach. Lasst keinen Teil eures Körpers zu einem Werkzeug für das Böse werden, um mit ihm zu sündigen. Stellt euch stattdessen ganz Gott zur Verfügung, denn es ist euch ein neues Leben geschenkt worden. Euer Körper soll ein Werkzeug zur Ehre Gottes sein, sodass ihr tut, was gerecht ist! Die Sünde hat die Macht über euch verloren, denn ihr steht nicht mehr unter dem Gesetz, sondern seid durch Gottes Gnade frei geworden.

RÖMER 6,12-14

> »Jetzt sollt ihr euch dafür entscheiden, für die Gerechtigkeit zu leben, damit ihr heilig werdet.«

RÖMER 6,19

Suche jeden Tag die Verbindung zu Gott!

DER EINE

Wie eine Mutter willst du uns sammeln,
nähren und trösten, nah bei uns sein.
Und wie ein Vater willst du uns stärken
ins Leben bringen und mit uns sein.

Du bist der Eine, der war und der ist.
Kein Name fasst dich, du bist, der du bist.
Kein Bild kann dich ganz beschreiben,
der alles in allem umschließt.

Aus »Feiert Jesus! 5«, Nr. 75
Text und Melodie: Albert Frey
© 2016 SCM Hänssler, 71087 Holzgerlingen

Feiert Jesus! 22
Nr. 2

TROST, NÄHE, STÄRKE FÜRS LEBEN

Habe ich eine Leere in mir? Wünsche ich mir sehnlichst von Gott, dass allein er diese Leere ausfüllt? Dass er mir spürbar nahe ist und Hoffnung schenkt? Auch wenn mir vom Verstand und Wissen her sehr wohl klar ist, dass Gott allein jeden Mangel ausfüllen kann, fülle ich doch im Alltagsleben »Leerstellen« oft auch auf andere Weise aus: Durch Aktionen mit Freunden, durch Telefonate mit Geschwistern, Eltern und Freunden, durch To-Do-Listen, Einkaufen, Sport und vieles andere mehr. Doch das verdrängt die Leere nur, macht sie unter Umständen hinterher noch größer und füllt sie nicht dauerhaft aus. In dieser Situation ist die einzig richtige Reaktion das Gebet: »Bitte, Herr, komm mir ganz nah und fülle mich aus!«

Für Christen ist das alles ein »alter Hut«. Doch gerade bei meiner nicht-gläubigen Verwandtschaft und Nachbarschaft fällt es mir immer wieder schmerzlich auf: Die Suche nach Sinn ist in jedem Leben da. Sie führt zu zahlreichen Versuchen, diese Leere in der Seele irgendwie aufzufüllen – manchmal bis hin zum Alkoholismus. Dabei können doch unsere Versuche alle nur wieder in die Leere führen! Leider wird das den Betroffenen selbst oft gar nicht klar und ich wünsche und bete in solchen Momenten, dass Gott diese Leere und die immerwährenden Anstrengungen, sie zu füllen, nutzt, um selbst hineinzukommen und uns mit seiner Liebe und Nähe endgültig auszufüllen. Er tröstet! Er will uns seine Stärke geben, uns »ins Leben bringen und mit uns sein«.

Für wen möchtest du heute um Gottes Fülle beten? Möchtest du ein »Erntearbeiter« Jesu sein?

> Jesus zog durch die Städte und Dörfer der Umgebung. Er lehrte in den Synagogen und verkündete die Botschaft vom Reich Gottes. Und überall, wo er hinkam, heilte er Menschen von ihren Krankheiten und Leiden. Er hatte tiefes Mitleid mit den vielen Menschen, die zu ihm kamen, denn sie hatten große Sorgen und wussten nicht, wen sie um Hilfe bitten konnten. Sie waren wie Schafe ohne Hirten. Deshalb sagte er zu seinen Jüngern: »Die Ernte ist groß, aber es sind nicht genügend Arbeiter da. Betet zum Herrn und bittet ihn, mehr Arbeiter zu schicken, um die Ernte einzubringen.«

MATTHÄUS 9,35-38

Bete konkret für einen Menschen, dass er »den Einen« kennenlernt!

NEUES LEBEN

Du hast mich erwählt, bereits von Anfang an.
Jetzt hab ich dich gefunden und hab dich erkannt.
Ohne dass ich es verdient hab,
gibst du mir ein neues Fundament.

Aus »Feiert Jesus! 5«, Nr. 127
Text: Lea und Bastian Rauschmaier
Melodie: Bastian Rauschmaier
© 2015 SoulDevotion Publishing bei SCM Hänssler, 71087 Holzgerlingen

Feiert Jesus! 365
CD 1, Nr. 8

FESTMAHL

Wie würdest du dich fühlen, wenn ein riesiges Festmahl vorbereitet wird und du hast das Gefühl, dass alle um dich herum eingeladen werden, nur du nicht? Wäre es dir egal? Wärst du enttäuscht, traurig oder wütend? Oder wärst du vielmehr ganz froh darüber?

In Lukas 14,15–24 wird von einem Festmahl berichtet, zu dem der Hausherr einlädt. Doch die Gäste, die er durch seinen Knecht holen lassen will, sagen alle ab. Jeder hat einen anderen Grund oder Vorwand, sich zu entschuldigen und der Einladung fernzubleiben. Daraufhin werden alle eingeladen, die auf den Straßen sind, auch die Verachteten der Gesellschaft. Und als trotz ihres zahlreichen Erscheinens immer noch Platz ist, werden auch die Fremden von den Landstraßen eingeladen. Diese Menschen hatten sicherlich das Gefühl, dass sie eingeladen wurden, ohne es verdient zu haben, doch sie erkannten, dass die Einladung ihnen ein »neues Fundament«, »ein neues Leben« geben würde.

Die ursprünglich geladenen Gäste, die nicht erschienen waren, konnten hinterher nicht sagen, sie seien nicht eingeladen gewesen. Es lag in ihrer Entscheidung zu kommen oder die Einladung auszuschlagen.

Für welche Menschen möchtest du ganz konkret beten, im Gespräch deinen Glauben einfließen lassen und sie einladen, den Gottesdienst, Hauskreis oder Alphakurs zu besuchen, damit auch sie das neue Fundament, das neue, wahre Leben bekommen?

> Als ein Mann, der mit Jesus am Tisch saß, das hörte, rief er aus: »Gesegnet sind die, die am Festessen im Reich Gottes teilnehmen!« Jesus antwortete ihm mit folgendem Gleichnis: »Ein Mann bereitete ein großes Fest vor und verschickte viele Einladungen. Als alles vorbereitet war, sandte er seinen Diener aus, der den Gästen sagen sollte, dass es Zeit war, zum Fest zu kommen. Aber sie fingen alle an, Entschuldigungen vorzubringen. Einer sagte, er habe gerade ein Feld gekauft und wolle es nun begutachten; er bat, ihn deshalb zu entschuldigen. Ein anderer erklärte, dass er gerade fünf Paar Ochsen gekauft habe und sie prüfen wolle. Wieder ein anderer hatte gerade geheiratet und meinte, er könne deshalb nicht kommen. Der Diener kam zurück und berichtete seinem Herrn, was sie gesagt hatten. Da wurde der Herr zornig und sagte: ›Geh hinaus auf die Straßen und Wege der Stadt und lade die Armen, die Krüppel, die Lahmen und die Blinden ein.‹«

LUKAS 14,15-21

Lade ein zum Festmahl des Herrn!

NEUES LEBEN

Du gibst mir ein neues Leben.
Aus Gnade allein schenkst du mir ein neues Leben,
unverdient bin ich ganz dein.
Nichts ist mehr, wie es einmal war.
Du machst alles neu, du hast alles neu gemacht.

Ich bin nicht mehr derselbe, mein altes Leben ist vorbei.
Ein neues hat begonnen, Jesus, du hast mich befreit.
Ich bin nicht mehr derselbe, mein altes Leben ist vorbei.
Ein neues hat begonnen in deiner Herrlichkeit.

Aus »Feiert Jesus! 5«, Nr. 127
Text: Lea und Bastian Rauschmaier
Melodie: Bastian Rauschmaier
© 2015 SoulDevotion Publishing bei SCM Hänssler, 71087 Holzgerlingen

Feiert Jesus! 365
CD 1, Nr. 8

ALLES NEU

»Du machst alles neu. Ich bin nicht mehr derselbe, mein altes Leben ist vorbei.«
Die Bibel verwendet ein wunderbares Bild: Wir sollen unser altes Ich wie getragene Kleidung ausziehen und den neuen Menschen anziehen, wie wir in neue oder frisch gewaschene Kleider schlüpfen. Aber wenn das nur so einfach wäre!
Alles, was nicht Gottes Willen entspricht, sollen wir ablegen. Paulus zählt in Kolosser 3 einige Beispiele auf: Zorn, Wut, Bosheit, Lästerung, hässliche Redensarten, Lügen. Und an anderen Stellen der Bibel werden noch weitere erwähnt: Unzucht, Neid, Eifersucht, Diebstahl, Geldgier, Betrug. Die Liste könnte man fast endlos fortführen, und jedem von uns fallen sicher noch mehr

Dinge ein, wo unser altes Ich nicht Gottes Willen entspricht. Doch es ist nicht nur ein »ich soll und muss ablegen«, sondern auch ein ermutigendes »ich darf, ich kann mit Gottes Hilfe ablegen«! Ich muss nicht so bleiben, wie ich bin!

Leider genügt es nicht, den alten Menschen nur ein einziges Mal auszuziehen. Jeden Tag muss ich wieder aufs Neue den neuen Menschen bewusst anziehen.

Eine konkrete Frage: Wie können wir ganz praktisch einander als Christen und besonders auch neu bekehrten Christen dabei behilflich sein? Nichts ist mehr wie es war – stimmt das? Denn der Charakter bleibt auch noch nach der Bekehrung, unsere Gewohnheiten sind manchmal schwer abzulegen.

Lasst uns für Herzensveränderung beten und uns nicht entmutigen! Jesus bietet uns immer wieder Vergebung an, und wir dürfen wachsen in unserer Freiheit, Nein zur Sünde zu sagen (Römer 8,1-17)! Betest du mit?

> Deshalb sollt ihr euer altes Wesen und eure frühere Lebensweise ablegen, die durch und durch verdorben war und euch durch trügerische Leidenschaften zugrunde richtete. Lasst euch stattdessen einen neuen Geist und ein verändertes Denken geben. Als neue Menschen, geschaffen nach dem Ebenbild Gottes und zur Gerechtigkeit, Heiligkeit und Wahrheit berufen, sollt ihr auch ein neues Wesen annehmen. Hört auf zu lügen und sagt einander die Wahrheit, weil wir aufeinander angewiesen sind. Sündigt nicht, wenn ihr zornig seid, und lasst die Sonne nicht über eurem Zorn untergehen. Gebt dem Teufel keine Möglichkeit, durch den Zorn Macht über euch zu gewinnen!

EPHESER 4,22-27

Wie kannst du jemandem helfen, den neuen Menschen anzuziehen?

NEUES LEBEN

Ich höre jetzt auf, alles selbst zu tun,
und leb aus deiner Kraft. Ich darf in dir ruhn.
Ich ergreife alles, was du gibst,
lebe in der Wahrheit, die du mir zusprichst.

Aus »Feiert Jesus! 5«, Nr. 127
Text: Lea und Bastian Rauschmaier
Melodie: Bastian Rauschmaier
© 2015 SoulDevotion Publishing bei SCM Hänssler, 71087 Holzgerlingen

Feiert Jesus! 365
CD 1, Nr. 8

NICHT MEHR ICH SELBST

»Ich höre jetzt auf, alles selbst zu tun.« – Klar, manchmal klappt das. Doch immer wieder verfalle ich in den Drang, selbst etwas reißen zu wollen. Oft fällt es schwer, abzuwarten und geduldig zu sein. Und manchmal ist es auch sehr schwer zu entscheiden, ob Gott eine Chance gibt, die ich ergreifen soll, oder ob er möchte, dass ich nicht selbst aktiv werde, sondern geduldig warte. Kennst du solche Situationen?

David kannte sie – sehr gut sogar. König Saul hätte David gern tot gesehen. Als David mit seinen Männern in einer Höhle versteckt war, kam Saul und setzte sich an den Höhleneingang (1. Samuel 24). Davids Männer forderten ihn auf, diese Gelegenheit zu nutzen, die doch offensichtlich Gott geschenkt hatte, und mit Saul zu tun, was er wollte. Doch David reagierte ganz anders, als vermutlich die meisten es getan hätten. Er hielt sich und seine Männer davon ab, Saul zu töten, da Saul – wenn auch inzwischen verstoßen – der Gesalbte Gottes war.

David, der von Samuel zum neuen König gesalbt worden war, musste zuerst einmal zurück zu seiner Herde und weiterhin als unbedeutender Hirte leben. Er wurde, statt sofort König zu werden, ein von Saul Gejagter, Ausgestoßener, Verfolgter – bis zu Sauls Tod. Trotzdem legte er keine Hand an Saul. Die Aussage seiner Männer hätte stimmen können, dass es wirklich eine Gelegenheit von Gott war, aber David hörte auf die Stimme Gottes in sich! Ihm war klar, dass Gott sagt: »Mein ist die Rache« (3. Mose 32,35). Er wusste, dass er selbst Saul nicht töten durfte, sondern geduldig warten sollte, bis Gott handelt.

Eine Herausforderung für mich: In jeder Situation neu auf die Stimme Gottes in mir zu hören!

Die flüsterten ihm zu: »Heute ist der Tag, von dem der Herr zu dir gesagt hat: ›Ich werde dir deinen Feind in deine Hand geben, sodass du mit ihm tun kannst, was du willst.‹« David schlich sich nach vorne und schnitt heimlich einen Zipfel von Sauls Gewand ab. Doch dann bekam David ein schlechtes Gewissen, weil er etwas von Sauls Gewand abgeschnitten hatte. Und er sagte zu seinen Männern: »Der Herr bewahre mich davor, dass ich dem Gesalbten des Herrn etwas antue. Denn er ist ja der Gesalbte des Herrn.« Und er wies seine Männer zurecht und ließ nicht zu, dass sie Saul etwas antaten. Nachdem Saul die Höhle verlassen hatte und weitergegangen war, trat David heraus und rief ihm nach: »Mein Herr und König!« Und als Saul sich umdrehte, verneigte David sich tief und warf sich vor ihm nieder. Dann rief er Saul zu: »Warum hörst du auf Leute, die sagen, David wolle dir schaden? Heute kannst du mit eigenen Augen sehen, dass es nicht wahr ist. Denn der Herr hatte dich hinten in der Höhle in meine Hand gegeben, und ein paar meiner Männer verlangten von mir, dass ich dich töte. Doch ich habe dich verschont. Ich habe gesagt: ›Niemals werde ich ihm, meinem Herrn, etwas antun, denn er ist der Gesalbte des Herrn.‹«

1. SAMUEL 24,5-11

Höre auf die Stimme des Heiligen Geistes in dir und überlass ihm die Führung deines Lebens!

TEILE DAS MEER

Tage voll Plage, voll Schatten die Nacht.
Gehetzt und getrieben, nur Tempo gemacht.
Gestolpert, gefallen, jetzt strande ich hier,
die Wogen bedrohn mich, ich schreie zu dir.

Teile das Meer vor meinen Füßen,
dass ich in der Flut nicht zugrunde geh.
Bringe mich sicher ans andere Ufer,
zeig mir einen Weg, wo ich keinen seh.

Aus »Feiert Jesus! 5«, Nr. 116
Text: Christoph Zehendner
Melodie: Peter Schneider
© 2013 Auf den Punkt, Siegen

FESTER GLAUBE AN JESUS

Paulus schreibt in 1. Korinther 13,13 von drei wichtigen Zeichen der echten Christusnachfolge: Glaube, Hoffnung, Liebe.
Wie steht es da bei mir selbst? Gerade in den schlimmen Zeiten des Lebens, wenn vieles schiefläuft, wenn ich nicht weiterweiß, wenn ich mich geplagt, »gehetzt und getrieben« fühle, wenn ich »gestolpert« und »gefallen« bin, wenn ich es mir anders wünsche – habe ich auch dann den festen Glauben an Jesus? Habe ich dann das tiefe, unerschütterliche Vertrauen in seine Liebe? In seine Gegenwart? In seine Kraft? In seine Allmacht? In seine unabänderliche Treue? In seine guten Absichten?
Schreie zu Jesus! Lass dich von ihm neu mit Glauben füllen, mit Vertrauen in seine Person – es ist nicht irgendjemand, an den du dich hängen sollst. Es ist der allmächtige Gott!
Mich ermutigt, dass Jesus selbst zu Petrus sagt: »Doch ich habe für dich gebetet, dass dein Glaube nicht aufhöre« (Lukas 22,32).

Jesus persönlich betet für deinen und für meinen Glauben! Das ist eine sehr ermutigende Tatsache!

Lass dir von niemandem einreden, gerade wenn es schlecht läuft, dass du viel zu weit weg von Jesus seist. Er ist immer nur eine Rufweite entfernt von dir! Selbst wenn du noch nie in deinem Leben zu Jesus gerufen hast oder jemand kennst, der noch nie etwas mit Jesus zu tun hatte: Er ist keinem fern!

Was ist dein Schrei an Jesus? Dass er das Meer vor dir teilt? Dass du den Weg erkennen kannst? Dass du in ihm ruhen darfst und dich nicht mehr getrieben fühlen musst? Dass dein Körper oder deine Seele Heilung brauchen? Schreie zu Jesus – er hört dich und will dir Antwort geben!

> Von Anfang an war es sein Plan, dass die Völker Gott suchen und auf ihn aufmerksam werden sollten und ihn finden würden – denn er ist keinem von uns fern.
>
> **APOSTELGESCHICHTE 17,27**

Jesus betet für deinen Glauben!

TEILE DAS MEER

Gezeiten des Lebens, total aus dem Takt,
von Fragen zerfressen, vom Zweifel gepackt.
Ich spür, dass ich irre, die Richtung verlier,
ich weiß nicht mehr weiter und schreie zu dir.

Teile das Meer vor meinen Füßen,
dass ich in der Flut nicht zugrunde geh.
Bringe mich sicher ans andere Ufer,
zeig mir einen Weg, wo ich keinen seh.

Aus »Feiert Jesus! 5«, Nr. 116
Text: Christoph Zehendner
Melodie: Peter Schneider
© 2013 Auf den Punkt, Siegen

LIEBE – EIN MISSIONARISCHES ZEICHEN FÜR DIE WELT

»Von Fragen zerfressen, vom Zweifel gepackt« – Liebe ist praktisch!
Hä? Was haben diese zwei Satzteile miteinander zu tun? Ist hier ein Druckfehler passiert? Die Seite verrutscht? Nein. Ganz bewusst stehen diese Teile beieinander, denn Jesus sagt in Johannes 13,34: »So gebe ich euch nun ein neues Gebot: Liebt einander. So wie ich euch geliebt habe, sollt auch ihr einander lieben.« Jesus fordert uns auf, unsere Mitgeschwister zu lieben.
Wow, das ist eine hohe Messlatte. Wie kann ich noch netter, noch freundlicher, noch verständnisvoller, noch hilfsbereiter sein? Ich nehme es mir immer wieder vor, doch es klappt nicht. Klar, denn das ist der falsche Ansatz! Es geht hier nicht um menschliche Freundschaft, um Freundlichkeit, um Sympathie, sondern um die wahre Menschenliebe. Je mehr ich mit Jesus verbunden bin, desto mehr bin ich eine Einheit mit ihm, desto mehr kann ich die

Menschen um mich herum lieben. Jesus setzt hier nicht eine unerreichbar hohe Messlatte, sondern er macht eine »Quellenangabe«. Aus mir heraus kann ich es nicht. Nur in dem Maß, wie ich mich von Jesus geliebt weiß, geliebt fühle und lieben lasse, kann ich auch andere lieben und Jesu Liebe durch mich zu anderen fließen lassen.

Wenn du bemerkst, dass jemand in deiner Gemeinde, deinem Hauskreis, deinem Umfeld von Fragen und Zweifeln gepackt ist, die Richtung verliert und nicht weiterweiß, dann lass die Liebe Jesu praktisch werden! Gib das, was Jesus in dich hineinlegt, weiter und weise auf den, der deine Liebesquelle ist!

Liebe darf nicht aus leeren Worten bestehen, sie soll praktisch werden (1. Johannes 3,18). Werde ein tätiger Menschen-Liebhaber, indem du die Liebesquelle Jesu anzapfst! Und du darfst sicher sein: Dies ist ein missionarisches Zeichen für die Welt (Johannes 13,35)!

> So gebe ich euch nun ein neues Gebot: Liebt einander. So wie ich euch geliebt habe, sollt auch ihr einander lieben. Eure Liebe zueinander wird der Welt zeigen, dass ihr meine Jünger seid.
>
> **JOHANNES 13,34f**

> Dann sagte Jesus: »Kommt alle her zu mir, die ihr müde seid und schwere Lasten tragt, ich will euch Ruhe schenken. Nehmt mein Joch auf euch. Ich will euch lehren, denn ich bin demütig und freundlich, und eure Seele wird bei mir zur Ruhe kommen. Denn mein Joch passt euch genau, und die Last, die ich euch auflege, ist leicht.«
>
> **MATTHÄUS 11,28-30**

Deine Liebe zeigt anderen, dass du Jesus liebst!

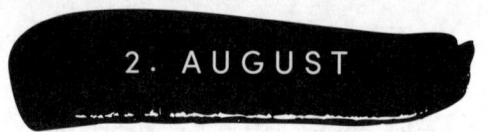
2. AUGUST

TEILE DAS MEER

Mein Weg in die Zukunft erscheint wie blockiert.
Ich fühl mich belagert, bedrängt, isoliert.
Kein Ausweg mehr sichtbar, ich kämpf, ich verlier.
Dann streck ich die Waffen, ich schreie zu dir.

Teile das Meer vor meinen Füßen,
dass ich in der Flut nicht zugrunde geh.
Bringe mich sicher ans andere Ufer,
zeig mir einen Weg, wo ich keinen seh.

Aus »Feiert Jesus! 5«, Nr. 116
Text: Christoph Zehendner
Melodie: Peter Schneider
© 2013 Auf den Punkt, Siegen

HOFFNUNG

Wo soll der Weg hingehen? Was hast du, Jesus, mit mir vor? Warum geht es nicht weiter? Warum passiert so viel, was mich lähmt, hindert, blockiert? Warum kann ich viele meiner Träume nicht verwirklichen, obwohl sie doch an sich nicht schlecht oder gegen Gottes Willen sind?
Oft quälen mich viele Fragen. Doch ich bekomme nicht immer eine Antwort. Was ich aber gelernt habe: Ich bin hier nicht zu Hause. Ich habe das Bürgerrecht für den Himmel. Diese Ewigkeitsperspektive hat Gott in unser Herz gelegt. Und dieses Ziel, die himmlische Heimat, das Leben mit Gott in Ewigkeit, darf jetzt schon mein Herz erfüllen. Ich muss jetzt nicht alles geschafft haben in diesem irdischen Leben. Ich muss nicht alles gemacht haben, was man eben heutzutage so macht. Auch wenn ich nicht das im Beruf erreicht habe, was ich mir einmal gewünscht hatte, auch wenn ich nie in einem fernen Land gewesen bin, auch wenn ich nie verheiratet gewesen bin oder die Anzahl von Kindern hat-

te, die ich mir erträumt gehabt hatte. Das ist eine harte Lektion, doch die Grenzen, mit denen ich im Leben oft und immer wieder zu kämpfen habe, wird es im Himmel nicht mehr geben. Dort wird kein Leid mehr sein. Gott wird die Tränen abwischen!

Ich darf die himmlische Hoffnung in diese dunkle Welt hineintragen. Die himmlische Hoffnung in sich zu tragen, heißt nicht, dass man apathisch oder jenseitsorientiert ist und nur noch darauf wartet, einmal bei Gott sein zu dürfen. Es bedeutet, dass ich mich an den Werten des Himmels ausrichte, dass ich dankbar sein darf, dass bei Jesus etwas vorwärtsgeht und noch nicht alles verloren ist. Das Reich Gottes ist bereits angebrochen. Ich darf und soll nicht aufhören, das Evangelium zu erzählen, und ich darf die Menschen nicht aufgeben, die diese Hoffnung noch nicht kennen.

> Eines Tages fragten die Pharisäer Jesus: »Wann wird das Reich Gottes kommen?« Jesus erwiderte: »Das Reich Gottes wird nicht durch sichtbare Zeichen angekündigt. Ihr werdet nicht sagen können: ›Hier ist es!‹, oder: ›Es ist dort drüben!‹ Denn das Reich Gottes ist mitten unter euch.«
>
> **LUKAS 17,20f**

Lass dich von der himmlischen Hoffnung erfüllen!

FINGERABDRUCK

Der du den Himmel rosafarben malst
und dann mit Sahnehäubchenwolken prahlst;
der du mit deiner Hand den Berg erhebst
und dann wie Zuckerguss mit Schnee verzierst.
Und wenn dein Finger Ebenen berührt
und damit Täler, Schluchten gut platziert,
dann seh ich, wie du Teil um Teil signierst
und deinen Fingerabdruck eingravierst.

Aus »Feiert Jesus! 5«, Nr. 77
Text und Melodie: Ulrike Pohl
© 2017 SCM Hänssler, 71087 Holzgerlingen

Feiert Jesus! 24
Nr. 12

FARBENSPIEL

Wer schon einmal bewusst einen Sonnenaufgang oder Sonnen-untergang erlebt hat, der wird vom Spiel der Farben und von der Intensität des Lichts verzaubert oder zumindest berührt gewesen sein. Neben der majestätischen Wucht der Berge, der sternen-gesprenkelten Weite des Nachthimmels und der endlos-wilden Unfassbarkeit des Meeres gibt es wohl nichts, was uns mehr an die eigene Vergänglichkeit erinnert als der sanfte Wechsel von Licht, Farbe und Schatten beim Ersterben des vergehenden Ta-ges. Jeder erste Lichtstrahl am Anbeginn des neugeborenen Ta-ges gleicht wiederum einem Leuchtstreifen, der auf die Ewigkeit verweist.

All diese Elemente sind Zeichen von Gottes Fingerabdruck auf unserem Planeten. Ich finde es immer wieder erstaunlich, wie Landschaftsmaler, wie beispielsweise der 1995 verstorbene Robert Norman »Bob« Ross, ihre Ideen auf die Leinwand zaubern und so traumhafte Paradiese schaffen und kunstvolle Abbilder der Realität entstehen lassen. Wenn nun Gott, der Schöpfer, so viel Kreativität in uns Menschen gelegt hat, um wie viel faszinierender ist dann erst die von ihm selbst erschaffene Realität, die uns umgibt! Wir alle sind jeden Tag aufs Neue Bestandteil dieses einzigartigen Kunstwerks. Ein Grund mehr, Gottes wunderbare Schöpfung entschieden zu bewahren, tatkräftig mitzugestalten und dafür dankbar zu sein.

> Danach betrachtete Gott alles, was er geschaffen hatte. Und er sah, dass es sehr gut war. Und es wurde Abend und Morgen: der sechste Tag.
>
> **1. MOSE 1,31**

> Durch ihn wurde alles geschaffen, was ist. Es gibt nichts, was er, das Wort, nicht geschaffen hat.
>
> **JOHANNES 1,3**

Werde kreativ, denn der Herr hat dich
mit Kreativität begabt.

FINGERABDRUCK

Der du die Wolken dann zu Tränen rührst
und damit Land und Leute, Tiere nährst;
der du von Zeit zu Zeit das Weiß zerbrichst
und Bunt erst danach Dunkel unterbricht.
Und wenn dann Wasser aus den Tiefen quillt
und plätschernd Trockenes mit Leben füllt,
dann seh ich, wie du Teil um Teil signierst
und deinen Fingerabdruck eingravierst.

Aus »Feiert Jesus! 5«, Nr. 77
Text und Melodie: Ulrike Pohl
© 2017 SCM Hänssler, 71087 Holzgerlingen

Feiert Jesus! 24
Nr. 12

WASSER MARSCH!

Wasser ist Leben! Das stimmt, denn ohne Wasser hätten wir Menschen und auch die Pflanzen und Tiere erhebliche Schwierigkeiten, längere Zeit zu überleben.
In dem etwas anderen Dokumentarfilm »Die verrückte Welt der Tiere« wird uns die Bedeutung von Wasser sehr eindrücklich vor Augen geführt. Die Tiere der afrikanischen Kalahari-Wüste leiden durch den extremen Wassermangel in der Dürrezeit bis zur totalen Erschöpfung. Als dann die lang ersehnte Regenzeit mit ihrem »Wasser marsch!« einsetzt, treffen die Wassermassen mit teils vernichtender Wucht auf den ausgedörrten Boden – bis schließlich die Wüste in voller Schönheit erblüht und einen bunten Fingerabdruck neuen Lebens hinterlässt.
Jesus spricht in Johannes 4 gegenüber der Frau am Brunnen auch vom Wasser des Lebens: Manchmal gleicht unsere Seele

dem ausgetrockneten Wüstenboden, der mit tiefen Trockenrissen durchzogen ist – ein unwirtlicher, lebensfeindlicher Ort, an dem der Same der Liebe scheinbar keinen Halt findet. Doch Jesus verspricht uns das Lebenswasser, das in unserer Seele neues Leben entstehen lassen will. Die samaritische Frau am Brunnen ist so fasziniert von diesem besonderen Wasser und dem, der es verspricht, dass sie sogleich ihren Nachbarn, Freunden und Bekannten davon erzählen will. Wenn du also durstig bist, dann strecke dich nach dem Leben spendenden Wasser aus, das Jesus dir geben will.

> Wer aber von dem Wasser trinkt, das ich ihm geben werde, der wird niemals mehr Durst haben. Das Wasser, das ich ihm gebe, wird in ihm zu einer nie versiegenden Quelle, die unaufhörlich bis ins ewige Leben fließt.

JOHANNES 4,14

Strecke dich heute ganz neu nach dem Wasser des Lebens aus.

FINGERABDRUCK

Der du mit Baumesringen Jahre bestimmst
und erst nach Reifezeit zum Klingen bringst;
der du den Bienen Blütenstaub vermachst
und dadurch neues Blumenblühen schaffst.
Und wenn des Löwen Maul laut brüllend tobt
und die Gazelle grazil springend lobt,
dann seh ich, wie du Teil um Teil signierst
und deinen Fingerabdruck eingravierst.

Aus »Feiert Jesus! 5«, Nr. 77
Text und Melodie: Ulrike Pohl
© 2017 SCM Hänssler, 71087 Holzgerlingen

Feiert Jesus! 24
Nr. 12

REIFEZEIT

Den Linien eines Fingerabdrucks gleich durchziehen die Jahresringe des Baumes dessen Querschnitt. Dabei kann der Experte
sehr genau bestimmte Ereignisse erkennen, die sich im Leben des
Baumes abgespielt haben. Trockene, heiße Sommer oder klirrend
kalte Winter, Waldbrände, die teilweise an der Rinde des Baumes
geleckt haben, oder fruchtbare, üppige Jahre.
Zudem ist eine solche Abfolge von Jahresringen ein Querschnitt
durch die Menschheitsgeschichte. So haben die Baumriesen an
der amerikanischen Westküste etliche einschneidende Ereignisse
der Weltgeschichte, wie den Bau der Atombombe oder die großen Weltkriege, überdauert. Wenn dann nach Jahrzehnten oder
vielleicht Jahrhunderten ein solcher Baumtitan zu einem kostbaren Möbelstück oder gar einem wohlklingenden Musikinstrument

veredelt wird, erzählt das gereifte Holz seine ganz eigene Geschichte.

Auch wir Christen werden, wenn wir geduldig die Unbilden des Lebens mit Gottes Hilfe überdauern, zur vollen Reife des Glaubens gelangen, wie es im Jakobusbrief beschrieben wird. Jesus kann so seinen Fingerabdruck, wie die Jahresringe eines Baumes, in unser menschliches Dasein eingravieren. Wenn er unser Leben bestimmen darf, lässt er die Früchte des Geistes (Galater 5,22f) in unserem Leben reifen: Liebe, Freude, Frieden, Geduld, Freundlichkeit, Güte, Treue, Sanftmut und Selbstbeherrschung.

> Und durch die Geduld werdet ihr bis zum Ende durchhalten,
> denn dann wird euer Glaube zur vollen Reife gelangen
> und vollkommen sein, und nichts wird euch fehlen.
>
> **JAKOBUS 1,4**

Lasse die Früchte des Geistes
in dir immer weiter reifen.

FINGERABDRUCK

Der du im Mensch Saiten zum Klingen bringst,
die dann erst wohlklingen, wenn du durch sie singst;
der du ins Herz die Himmelssehnsucht legst,
die Nichtvergänglichem entgegenstrebt.
Und wenn ich dich dann wahr und haftig seh
und lachend weinend gegenüber steh,
dann seh ich, wie du Teil um Teil signierst
und deinen Fingerabdruck eingravierst.

Aus »Feiert Jesus! 5«, Nr. 77
Text und Melodie: Ulrike Pohl
© 2017 SCM Hänssler, 71087 Holzgerlingen

Feiert Jesus! 24
Nr. 12

HIMMELSSEHNSUCHT

Wie stelle ich mir den Himmel vor? Wie wird es sein, wenn ich
Jesus von Angesicht zu Angesicht gegenüberstehe? Die Antwort
auf diese Fragen lässt sich aus unserer irdischen Perspektive nur
erahnen. Fest steht, dass Gott jedem Menschen eine tiefe Sehnsucht nach ewigem Leben und himmlischer Herrlichkeit ins Herz
gelegt hat, was man deutlich an den unzähligen Bemühungen
der Religionsausübenden aller Kulturen erkennen kann.
Aber die Bibel bezeugt: Nur wenn wir Jesus in unserem Herzen
haben, dann tragen wir das Bürgerrecht des Himmels und das
Recht auf die Ewigkeit bei Gott in uns. Und nur durch Jesus können wir wie ein Instrument sein, das von dieser Himmelssehnsucht in reinen, klaren Tönen singt. Wenn er unsere Saiten nicht
in die richtige Stimmung bringt, wollen die einzelnen Töne nicht
recht zueinanderpassen, und mancher Missklang würde entste-

hen, wenn wir das Instrument aus eigener Kraft und nach selbstsüchtigen Motiven spielen wollten. So setzen sich immer wieder irrige Lehrmeinungen oder falsche Schwerpunkte in unseren Gemeinden oder in unserem Glaubensleben über den genialen Kopf des Meistermusikers hinweg. Wenn wir aber seiner Feinstimmung vertrauen und uns seiner Partitur ganz überlassen, kann ein wohlklingendes Meisterwerk entstehen, welches die Handschrift des eigentlichen Komponisten trägt.

> Singt dem Herrn ein neues Lied! Die ganze Erde singe dem Herrn! Singt dem Herrn und lobt seinen Namen. Verkündet täglich, dass er uns rettet. Erzählt den Völkern von seinen Taten und sagt allen, welche Wunder er tut!

PSALM 96,1-3

> Ich sehne mich, ja ich vergehe vor Sehnsucht, die Vorhöfe des Herrn zu betreten, wo ich den lebendigen Gott mit frohem Herzen anbeten will.

PSALM 84,3

Lass dich allein durch Jesus zum Klingen bringen.

SCHÖPFERGOTT

Farben und Formen, Variationen, ähnlich und doch jedes neu.
Von kleinsten Teilchen zu Galaxien bleibt der Gestalter sich treu.
Muster kehrn wieder und weisen tiefer,
zeigen den schaffenden Geist.
Das Universum ist dein Museum,
Werk, das den Meister selbst preist.

Aus »Feiert Jesus! 5«, Nr. 76
Text und Melodie: Albert Frey
© 2013 FREYKLANG adm. by Gerth Medien, Asslar

Feiert Jesus! 22
Nr. 5

UNVORSTELLBAR?

»Der Weltraum – unendliche Weiten [...]« – Die simple Einleitung einer einschlägigen TV-Weltraumserie, aber doch weit jenseits menschlicher Vorstellungskraft. Der dokumentarische Kurzfilm »Zehn Hoch« (engl. »Powers of Ten«) aus dem Jahr 1977 entführt den Betrachter auf eine erstaunliche Reise von der Erdoberfläche bis zu den mutmaßlichen Grenzen unseres Universums und wieder zurück bis auf die Ebene der Quarks als den kleinsten bekannten Teilchen der Materie. Damit veranschaulicht er modellhaft, aber eindrucksvoll die enormen Größen- und Längenverhältnisse, auf denen diese wunderbare Schöpfung beruht.
Die Raumsonde Voyager 1 brach ebenfalls 1977 zur bisher längsten Weltraummission der Menschheitsgeschichte auf und erreichte nach über 35 Jahren 2012 den interstellaren Raum – an Bord eine vergoldete Schallplatte mit Geräuschen und Musikstücken der Erde.

Der Mensch sehnt sich danach, in dem gigantisch-lebendigen Hands-On-Museum, das wir Universum nennen, nicht alleine zu sein. Dabei erscheint, realistisch betrachtet, eine Kontaktaufnahme mit außerirdischen Lebensformen trotz des riesigen Aufwandes und trotz aller bisherigen Forschungsbemühungen aufgrund unserer begrenzten Mittel unvorstellbar. Und doch ist es ganz einfach! Jeder von uns hat die Möglichkeit, mit dem mächtigsten Wesen des Universums, dem Schöpfergott persönlich, Kontakt aufzunehmen – durch ein einfaches, ehrliches Gebet und eine persönliche Beziehung zu Jesus Christus.

> Selbst die Haare auf eurem Kopf sind alle gezählt. Deshalb habt keine Angst; ihr seid Gott kostbarer als ein ganzer Schwarm Spatzen.
>
> **MATTHÄUS 10,30f**

> Vor langer Zeit hat Gott oft und auf verschiedene Weise durch die Propheten zu unseren Vorfahren gesprochen, doch in diesen letzten Tagen sprach er durch seinen Sohn zu uns. Durch ihn hat er das ganze Universum und alles, was darin ist, geschaffen, und er hat ihn zum Erben über alles eingesetzt. Der Sohn spiegelt die Herrlichkeit Gottes wider, und alles an ihm ist ein Ausdruck des Wesens Gottes. Er erhält das Universum durch die Macht seines Wortes. Nachdem er uns durch seinen Tod von unseren Sünden gereinigt hat, setzte er sich auf den Ehrenplatz an der rechten Seite des herrlichen Gottes im Himmel.
>
> **HEBRÄER 1,1-3**

Danke dem Herrn für seine gigantische Schöpfung und dass er dir trotz seiner Größe nahe ist.

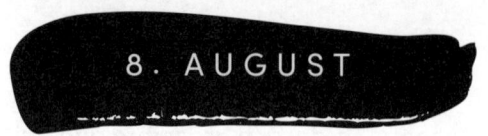

SCHÖPFERGOTT

Welche Verschwendung ohne Verwendung:
Lebenskraft im Überfluss.
Werden, Vergehen, Wachsen und Sterben:
Alles fließt im großen Fluss.
Ein Menschenleben: Göttlicher Atem gibt der Materie Geist.
Dich zu erkennen ist uns gegeben: Alles, was auf dich verweist.

Aus »Feiert Jesus! 5«, Nr. 76
Text und Melodie: Albert Frey
© 2013 FREYKLANG adm. by Gerth Medien, Asslar

Feiert Jesus! 22
Nr. 5

GÖTTLICHER ATEM

Jede einzelne Schneeflocke ist ein winziges Wunderwerk der Schöpfung, in der sich die verschwenderische Kreativität des Schöpfers jedes Mal aufs Neue offenbart. Denn es gibt wissenschaftliche Annahmen, die davon ausgehen, dass in seiner faszinierenden Komplexität kein Schneekristall dem anderen gleicht! Und hierbei handelt es sich nur um gefrorene Wassermoleküle. Der höchst komplexe menschliche Körper besteht ebenfalls zum Großteil, circa 70 Prozent, aus Wassermolekülen (in einem anderen Aggregatzustand), und auch bei uns Menschen gleicht keiner exakt dem anderen.

Aber was macht den Menschen, als Anhäufung chemischer Moleküle, zu einem selbstständig denkenden und fühlenden Individuum? Der göttliche Atem. In 1. Mose 2 beschreibt die Bibel, wie Gott den Menschen aus Erde erschuf und ihm den Atem des Lebens einhauchte. Mit anderen Worten heißt das, dass wir aus den gleichen chemischen Elementen geschaffen sind wie die restliche Schöpfung um uns herum, aber der Atem Gottes macht den Unterschied. Jeder von uns trägt diesen göttlichen Funken in sich, der uns zum lebendigen Menschen macht. Denn Gott hat jeden Menschen zu seinem Ebenbild erschaffen. Doch leider ersticken wir diesen Funken allzu häufig durch selbstsüchtiges Tun und Streben und sind – wie geistig-emotionale Zombies – tot, obwohl wir doch atmen. Sei dir deshalb dieses Funkens bewusst und lass ihn zu einem Flächenbrand in deinem Herzen werden.

> Da formte Gott, der Herr, aus der Erde den Menschen und blies ihm den Atem des Lebens in die Nase. So wurde der Mensch lebendig.
>
> **1. MOSE 2,7**

Vieles in deinem Alltag weist auf den Schöpfer hin.

SCHÖPFERGOTT

Herr, ich bewundre all deine Werke,
und ich hab Freude daran.
Du bist der wahre Künstler und Meister,
dich allein bete ich an.

Aus »Feiert Jesus! 5«, Nr. 76
Text und Melodie: Albert Frey
© 2013 FREYKLANG adm. by Gerth Medien, Asslar

Feiert Jesus! 22
Nr. 5

MEISTERKÜNSTLER

Die großen Künstler der Renaissance, wie Michelangelo oder
Leonardo da Vinci, haben bedeutende Kunstwerke mit wahrer
Meisterhand erschaffen. Auch Künstler anderer Epochen der
Kunstgeschichte haben sich mit ihren Schöpfungen ein blei-
bendes Denkmal gesetzt. Aber kein Mensch hat so faszinierende Dinge geschaffen wie der Schöpfergott selbst. Da gibt es die
Weltmeere, die nur so vor Lebenskraft strotzen und in ihrer Arten-
vielfalt mit nichts vergleichbar sind. Gigantische Gebirgszüge, die
uns immer wieder ehrfürchtig staunen lassen. Weite Wüstenland-
schaften aus Sand oder Eis und tropische Regenwälder mit aber-
tausenden Insekten und anderen Lebewesen, die sich den jeweiligen Lebensräumen perfekt angepasst haben. Und schließlich ist
da der Mensch mit winzigsten Zellen und überlebenswichtigen
Organen, beeindruckenden Fähigkeiten, Gedanken und Gefühlen, die sich kein irdisches Genie in dieser Komplexität und mit
diesem Zusammenwirken ausdenken kann.
Jedes von Menschenhand geschaffene Gemälde, jede Skulptur
kann nur ein schwaches Abbild der kraftvollen, dynamischen

Realität der göttlichen Schöpfung sein. Und dennoch hat Gott diese verschwenderische Schöpferkraft auch in uns angelegt, und er freut sich, wenn wir kreativ werden. Nutze deshalb deine Kreativität – Musik, Tanz, Fotografie, Film, Poesie, bildende Kunst, Literatur, Theater, Handwerkskunst –, um den wahren Meisterkünstler zu ehren und anzubeten.

> Denn wir sind Gottes Schöpfung. Er hat uns in Christus Jesus neu geschaffen, damit wir zu guten Taten fähig sind, wie er es für unser Leben schon immer vorgesehen hat.

EPHESER 2,10

Setze deine Kreativität bewusst für den Schöpfer ein.

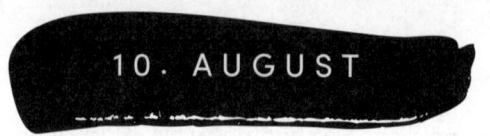
SCHÖPFERGOTT

Schöpfergott, Herr der Welt, ich bete dich an.
Schöpfergott, Herr der Welt, ich bete dich an.

Aus »Feiert Jesus! 5«, Nr. 76
Text und Melodie: Albert Frey
© 2013 FREYKLANG adm. by Gerth Medien, Asslar

Feiert Jesus! 22
Nr. 5

SCHÖPFERGOTT

Manchmal geben wir Personen oder Dingen, die uns faszinieren, einen besonderen Platz in unserem Herzen. Das können Stars aus der Film-, Musik- oder Sportindustrie sein, oder aber das Traumauto oder andere Gegenstände, auch Sehnsüchte wie Sexualität und Pornografie, Gesetzlichkeit, Esoterik, Sport, die wir wie eine Art Gottheit auf ein virtuelles Potest in unserer Seele stellen.
Oft ergibt sich daraus ein gewisses Abhängigkeits- oder Suchtverhalten. Unsere Gedanken drehen sich dann zwangsläufig immer mehr nur um den Gegenstand unserer »Anbetung«. Dabei vernachlässigen wir häufig unsere Beziehung zu dem lebendigen Gott, dem Schöpfer des Himmels und der Erde. Wir verehren die Schöpfung und nicht den Schöpfer.
Jesus möchte aber, dass wir unsere Gedanken und somit unsere Anbetung in erster Linie auf den Vater im Himmel ausrichten (Matthäus 6,6). Die Folge davon ist keine Abhängigkeit im negativen Sinne, sondern ein echtes Vertrauensverhältnis, das uns in wirkliche Freiheit führt und uns zu selbstloser Liebe befähigt. Nimm dir also immer wieder bewusst Zeit und richte deine Gedanken dauerhaft auf den himmlischen Vater aus, »bevor der silberne Faden des Lebens reißt und die goldene Schale zerbricht« (Prediger 12,6).

Denk an deinen Schöpfer, bevor der silberne Faden des Lebens reißt und die goldene Schale zerbricht, bevor der Krug an der Quelle zerschellt und das Schöpfrad am Brunnen zertrümmert ist.

PREDIGER 12,6

Sie tauschten die Wahrheit Gottes, die sie kannten, gegen die Lüge ein und verehrten das von Gott Geschaffene statt den Schöpfer selbst, dem Ehre gebührt in alle Ewigkeit. Amen.

RÖMER 1,25

Ihr seid berufen, liebe Freunde, in Freiheit zu leben – nicht in der Freiheit, euren sündigen Neigungen nachzugeben, sondern in der Freiheit, einander in Liebe zu dienen.

GALATER 5,13

Bete den Schöpfer an, nicht die Schöpfung!

MÖGE GOTTES SEGEN MIT DIR SEIN

Möge Gottes Segen mit dir sein,
wohin du auch gehst, was dir auch geschieht.
Seine Liebe lässt dich nicht allein,
wenn du nur verstehst, dass er mit dir zieht.

Aus »Feiert Jesus! 5«, Nr. 233
Text und Melodie: Hans-Joachim Eckstein
© 2015 SCM Hänssler, 71087 Holzgerlingen

Feiert Jesus! Er segnet
Nr. 7

KLAMMER DICH AN GOTTES SEGEN FEST!

Jakob gibt alles. Er kämpft mit ganzer Kraft um den Sieg. Klein beigeben ist keine Option. Hartnäckig, kräftig, willensstark stellt sich Jakob dem Unbekannten entgegen.

Was ich mich bei dieser Geschichte frage: Wieso hörte Jakob nicht auf, als er merkte, dass er mit Gott und nicht mit einem Mensch kämpfte? Warum besiegte Gott ihn so lange nicht, obwohl es für ihn in seiner Allmacht und Stärke doch ein Leichtes gewesen wäre? Wie erkannte Jakob schließlich, dass er nicht mit einem normalen Menschen ringt? Spannende Fragen!

Aber die für mich als heutigen Leser entscheidende Tatsache: Als Gott ihm letztlich nach längerem Kampf die Kraft durch einen Schlag auf die Hüfte nimmt, klammert sich Jakob trotzdem fest: »Ich lasse dich nicht los, bevor du mich gesegnet hast« (1. Mose 32,27). Er gibt alles, um Gottes Segen zu erhalten. Er weiß, wie unglaublich wichtig dies für sein Leben ist, und dass ein Loslassen und sich Entfernen von Gott Verlorenheit für ihn bedeutet. Er lässt sich von seiner Vergangenheit, seinen Fehlern und seiner Schuld nicht zurückhalten, er lässt sich durch dem schmerzhaften und

verletzenden Schlag nicht abbringen von seiner Forderung – und bekommt den Segen!
So ein intensives Verlangen nach Gottes Segen wünsche ich uns! »Möge Gottes Segen mit dir sein«! Du darfst diese Ermutigung anderen und dir selbst immer wieder sagen: »[W]ohin du auch gehst, was dir auch geschieht« – »Seine Liebe lässt dich nicht allein.« Jeder kann und darf trotz seiner Gebrochenheit wie Jakob ein Gesegneter sein!

Dann blieb er allein zurück. Da kam ein Mann und kämpfte mit ihm bis zum Morgengrauen. Als der Mann merkte, dass er Jakob nicht besiegen konnte, gab er ihm einen Schlag auf sein Hüftgelenk, sodass es ausrenkte. Dann sagte er: »Lass mich los, denn der Morgen dämmert schon.« Doch Jakob erwiderte: »Ich lasse dich nicht los, bevor du mich gesegnet hast!« »Wie heißt du?«, fragte der Mann. Er antwortete: »Jakob.« »Du sollst nicht länger Jakob heißen«, sagte der Mann. »Von jetzt an heißt du Israel. Denn du hast sowohl mit Gott als auch mit Menschen gekämpft und gesiegt.« »Nenn mir deinen Namen!«, forderte Jakob ihn auf. »Warum erkundigst du dich nach meinem Namen?«, fragte der Mann. Dann segnete er Jakob. Jakob nannte die Stätte Pnuël – ›Angesicht Gottes‹ –, denn er sagte: »Ich habe Gott von Angesicht zu Angesicht gesehen und trotzdem bin ich noch am Leben!« Die Sonne ging gerade auf, als er Pnuël verließ. Wegen seiner Hüfte hinkte er.

1. MOSE 32,25-32

Klammre dich fest an Gottes Segen!

12. AUGUST

MÖGE GOTTES SEGEN MIT DIR SEIN

Sei gewiss, er wird dich leiten.
Gott sieht stets auf dich;
er wird dich behüten Tag und Nacht.
Seine Gnade weicht nicht von dir,
hat dich stehs bewacht.
Er beschützt dich mit aller Macht!

Aus »Feiert Jesus! 5«, Nr. 233
Text und Melodie: Hans-Joachim Eckstein
© 2015 SCM Hänssler, 71087 Holzgerlingen

Feiert Jesus! Er segnet
Nr. 7

WER GOTT VERTRAUT, WIRD GESEGNET!

»Ich will dich segnen und du sollst in der ganzen Welt bekannt sein. Ich will dich zum Segen für andere machen. Wer dich segnet, den werde ich auch segnen. Wer dich verflucht, den werde ich auch verfluchen. Alle Völker der Erde werden durch dich gesegnet werden« (1. Mose 12,2f).

Was für eine Zusage! Doch die Umstände, die Abraham erlebte, als Gott diese Worte zu ihm sprach, waren nicht so einfach. Dem Segen stellte Gott den Auftrag voran, die Heimat zu verlassen, mit Sack und Pack in ein für Abraham unbekanntes Land zu gehen, fern von Familie und Freunden – ein langer, beschwerlicher Weg.

Abraham war sich Gottes Auftrag und dem damit verbundenen Schutz, der Begleitung, der Führung und dem Segen bewusst. Er zögerte nicht, sein bisheriges Leben aufzugeben, als Gott ihm diesen Auftrag gab, obwohl ihm die Verheißung einer großen Nachkommenschaft aufgrund seiner Kinderlosigkeit sehr unwahrscheinlich erschienen sein wird. Er vertraute Gott, rechnete mit dem ihm versprochenen Segen und zog los.

Wo fordert dich Gott heraus, Altes zu verlassen? Auf sein Wort hin in eine unbekannte Zukunft zu gehen? Vielleicht an einen anderen Wohnort oder in ein anderes Land, vielleicht auf eine neue Arbeitsstelle, in einen für dich neuen Aufgabenbereich in der Gemeinde? Oder fordert er dich heraus, überhaupt ein Leben mit ihm zu beginnen?

Nimm dir Zeit für eine Antwort. Sie wird nicht leicht ausfallen und wird dir möglicherweise einen beschwerlichen Weg bereiten. Doch wenn Gott dich führt, ist es ein guter Weg, und eines ist immer sicher: »Sei gewiss, er wird dich leiten. Gott sieht stets auf dich«.

> Dann befahl der Herr Abram: »Verlass deine Heimat, deine Verwandten und die Familie deines Vaters und geh in das Land, das ich dir zeigen werde! Von dir wird ein großes Volk abstammen. Ich will dich segnen und du sollst in der ganzen Welt bekannt sein. Ich will dich zum Segen für andere machen. Wer dich segnet, den werde ich auch segnen. Wer dich verflucht, den werde ich auch verfluchen. Alle Völker der Erde werden durch dich gesegnet werden.« Abram machte sich auf den Weg, wie der Herr es ihm befohlen hatte. Und Lot ging mit ihm. Abram war 75 Jahre alt, als er Haran verließ.
>
> **1. MOSE 12,1-4**

Gott sieht immer auf dich!

13. AUGUST

MÖGE GOTTES SEGEN MIT DIR SEIN

Was will er durch dich bewirken?
Wohin führt dein Weg?
Wo und wie sollst du ein Segen sein?
Er, der dich beruft, ist bei dir
und steht für dich ein.
Alles, was er zusagt, ist schon dein.

Aus »Feiert Jesus! 5«, Nr. 233
Text und Melodie: Hans-Joachim Eckstein
© 2015 SCM Hänssler, 71087 Holzgerlingen

Feiert Jesus! Er segnet
Nr. 7

GOTTES VERLÄNGERTER ARM

Möchtest du gern Gottes verlängerter Arm sein? Ein Mensch, der von Gott zum Segen für andere gemacht wird?

Mich fasziniert die Geschichte von Joschafat, dem König von Juda (2. Chronik 17–20). Über ihn wird gesagt, dass er in den Geboten Gottes wandelte und nicht den Baalen nachfolgte, wie es damals in Israel verbreitet war (2. Chronik 17,3f). Aus diesem Grund war der Herr mit ihm und gab ihm noch mehr Macht. Und dann steht da diese wunderbare Formulierung: »Und da sein Herz in den Wegen des Herrn mutig wurde, tat er [...]« (2. Chronik 17,6; SCH). Die Übersetzung von Schlachter verdeutlicht für mich besonders, dass es nicht immer leicht ist, sich vollkommen an Gottes Wort zu halten, sondern dass es Mut erfordert. Und Joschafat war mutig im Herrn!

Insgesamt unternahm er drei strategische Schritte, um sein Volk wieder zu Gott zurückzubringen: Er selbst gehorchte Gottes Wort, er bekämpfte die Anbetung falscher Götter und zerstörte Götzenbilder, und schließlich schickte er Lehrer aus, die das ganze Volk im Wort Gottes unterweisen sollten (2. Chronik 17,3-9). Und sein mutiger Plan wirkte: Nicht nur er selbst wurde mit Reichtum, Macht und Ansehen beschenkt, sondern auch das ganze Volk stand unter dem Schutz und Segen des Herrn.

»Was will er durch dich bewirken?« – Gott möchte, dass jeder Mensch von seinem Wort hört und durch das Blut Jesu Erlösung findet. Gott möchte dich und mich als seinen verlängerten Arm auf Erden gebrauchen, um Segen zu bringen. Wo muss dein Herz mutig werden in den Wegen des Herrn?

> Der Herr war mit Joschafat, weil er dem Beispiel seines Stammvaters David in den ersten Jahren seiner Regierungszeit folgte und nicht die Götzenbilder Baals anbetete. Er suchte den Gott seines Vaters und hielt seine Gebote, statt die Bräuche des Reiches Israel zu übernehmen. Deshalb stärkte der Herr Joschafats Macht im Reich Juda. Das ganze Volk brachte ihm Geschenke, und er wurde wohlhabend und hoch geachtet. Er hielt sich vollkommen an die Wege des Herrn, ließ in Juda die Höhenheiligtümer niederreißen und die Ascherabilder umstürzen. Im dritten Jahr seiner Herrschaft schickte Joschafat seine führenden Männer aus; sie sollten die Bewohner der Städte im Gebiet von Juda lehren.
>
> **2. CHRONIK 17,3-7**

Halte dich mutig an Gottes Wort – es wird dir und anderen zum Segen sein!

MÖGE GOTTES SEGEN MIT DIR SEIN

Möge Christus dich beschenken,
mache er dich frei,
gebe er dir alles, was dich heilt.
In der Not sei er dein Retter,
der zur Hilfe eilt,
der sogar sein Leben mit dir teilt.

Aus »Feiert Jesus! 5«, Nr. 233
Text und Melodie: Hans-Joachim Eckstein
© 2015 SCM Hänssler, 71087 Holzgerlingen

Feiert Jesus! Er segnet
Nr. 7

DER SEGEN IN DER KATASTROPHE?

Wer kennt das nicht: Das buchstäbliche Glück im Unglück. Du kommst in eine echt schwierige, schmerzhafte oder leidvolle Situation. Doch mitten in diesem schlimmen Erleben passiert etwas Positives, etwas Gutes, etwas Segensreiches. Martin Luther hat diese Erfahrung in einem bekannten Sprichwort aufgegriffen: »Wo ein Tröpflein Unglück ist, daselbst ist ein ganzes Meer von Wohltaten Gottes.«

Mir fallen spontan einige solcher Begebenheiten ein. Manche waren schwerwiegender als andere. Doch oft schenkte Jesus genau im richtigen Moment eine prompte Gebetserhörung, einen hilfreichen Menschen, ein unerwartetes Geldgeschenk – und manchmal sogar ein Wunder! Fallen dir auch spontan derartige Erlebnisse ein? Ein Babysitter, der sehr kurzfristig Zeit hatte, ein Arzt, der die richtige Diagnose trotz unklarer Symptome stellte, ein Freund, der dir sein Auto leihen konnte, weil dein Auto eine

Panne hatte? Welche Wohltaten, freundliche Mitmenschen und Hilfen hat Gott dir schon geschenkt in einer Unglückssituation? Gerade, wenn etwas Schlimmes passiert ist, denke ich oft nur an das Leid, die Schmerzen, die Notsituation und überlege, wie ich sie wohl lösen könnte. Doch ich möchte mir immer mehr vornehmen, Gott in diesen Situationen zu danken, dass er bereits die Lösung für mein Problem kennt, dass er da ist, dass er sich darum kümmert, dass er nicht nur etwas Gutes, sondern das Beste für mich möchte!

»In der Not sei er dein Retter, der zur Hilfe eilt, der sogar sein Leben mit dir teilt.« Kennst du diesen Retter bereits? Teilst du dein Leben mit ihm? Wem kannst du Zeugnis von seinem Segen geben?

> Siehe, der Israel behütet, wird nicht müde und schläft nicht. Der Herr selbst behütet dich! Der Herr ist dein schützender Schatten über deiner rechten Hand. Die Sonne wird dir am Tag nichts anhaben noch der Mond bei Nacht. Der Herr behütet dich vor allem Unheil und bewahrt dein Leben. Der Herr behütet dich, wenn du kommst und wenn du wieder gehst, von nun an bis in Ewigkeit.

PSALM 121,4-8

In welcher Unglückssituation hat Jesus Segen geschenkt? Sei sein Zeuge!

MÖGE GOTTES SEGEN MIT DIR SEIN

Ob wir uns bald wiedersehen
oder lange nicht,
einmal werden wir zusammen sein.
Lachend und erfüllt von Freude
stimmen wir dann ein
in ein neues Lied für ihn allein.

Aus »Feiert Jesus! 5«, Nr. 233
Text und Melodie: Hans-Joachim Eckstein
© 2015 SCM Hänssler, 71087 Holzgerlingen

Feiert Jesus! Er segnet
Nr. 7

»SEE YOU HERE OR THERE OR IN THE AIR«

Das ist eine wirklich tolle Tatsache: Als Christen wird man sich früher oder später auf jeden Fall wiedersehen. Als ich für einige Monate eine Bibelschule besuchte, war klar, dass man die vielen anderen Bibelschüler, die aus den unterschiedlichsten Ländern der Welt kamen, sicherlich niemals wiedersehen würde, sobald die Bibelschulzeit abgeschlossen war. Aber die scherzhafte Verabschiedungsformel, die wir uns sagten, ist wahr: »See you here or there or in the air!« Die einen sieht man bestimmt hier oder dort einmal wieder – geplant oder ungeplant. Doch spätestens im Himmel werden wir alle wieder beisammen sein.

Auch für wirklich traurige und einschneidende Ereignisse wie den Tod des Partners, der Eltern, eines Kindes oder anderer Verwandten und Freunde gilt genau das, wenn sie ein Leben mit Christus gelebt haben: »[e]inmal werden wir zusammen sein.« Diese Zukunftsperspektive spendet Trost und Hoffnung. Auch wenn man im Moment schwer mit den Gefühlen der Trauer zu kämpfen hat und einen Menschen unglaublich vermisst – bei Gott werden wir zusammen den freudigen Chor bilden, der glücklich und von innerem Frieden erfüllt mit Lobliedern Gott preist.

Ist dieses Wissen über meine himmlische Zukunft nicht ein unglaublich großer Segen? Und spornt es dich ebenso an wie mich, für Menschen zu beten, die Jesus noch nicht als ihren Retter erkannt haben? Bete mit!

> Wir aber erwarten den neuen Himmel und die neue Erde, die er versprochen hat. Dort wird Gottes Gerechtigkeit herrschen.
>
> **2. PETRUS 3,13**

Freust du dich auf den Himmel?

SIEH DIE STERNE HOCH AM HIMMEL

Segnen will ich dich allezeit,
Segen sollst du sein.
Geh, wohin ich dich führen will,
lass dich auf mich ein!

Sieh die Sterne hoch am Himmel,
zähl die Körner dort im Sand!
So will ich dich reichlich segnen.
Ziehe in mein Land.

Aus »Feiert Jesus! 5«, Nr. 234
Text und Melodie: Hans-Joachim Eckstein
© 2015 SCM Hänssler, 71087 Holzgerlingen

Feiert Jesus! Er segnet
Nr. 8

WER IST DEIN RIESE?

Die Israeliten zittern aus Angst vor ihren Feinden. Da steht der Riese, voller Kraft und Mut, mit einem riesigen Heer hinter sich, mit starken Waffen und erfüllt von Hass, Wut, Hohn und Kampfgeist. Es ist faszinierend, wie mutig dieser einzelne junge Mann David auftritt. Er sieht nicht wie die anderen auf die Waffen des Riesen, er sieht nicht auf das gewaltige Heer der Philister. Er sieht zuallererst den Hohn und Spott gegenüber dem lebendigen Gott. Er weiß, dass er nicht leichtsinnig handeln darf, nicht großspurig und unüberlegt kämpfen und Gott versuchen darf. Aber er weiß, dass er Großes vollbringen kann, wenn er im Willen des lebendigen Gottes handelt. Ihm ist klar, dass Gott ihn hierhergeführt hat, gerade in diese Situation, und ihn zum Segen machen möchte: »Geh, wohin ich dich führen will, lass dich auf mich ein!«

Außerdem kann David auf seine Erfahrungen mit Gott zurückgreifen, die ihn ermutigen (1. Samuel 17,37). Er weiß, dass Gott keine starke Armee, keine großen, erfahrenen Kriegsmänner braucht, sondern einzig und allein einen Menschen, der vollkommen auf ihn vertraut. So eine Haltung bringt Gott Ehre. Diese Tat Davids bringt die starke Feindesarmee dazu, zitternd zu fliehen. Wer oder was ist dein Riese, vor dem du Angst hast? Auf welche ermutigenden Erlebnisse mit Gott kannst du zurückblicken? Bete um das richtige Verhalten und den Mut, im Vertrauen auf Gott zu handeln. Er ist mächtig und erhaben. Er will dich segnen und dich zum Segen machen, wenn du vollkommen auf ihn vertraust und dich auf seine Führung einlässt!

> David rief zurück: »Du trittst mir mit Schwert, Speer und Wurfspieß entgegen, ich aber komme im Namen des Herrn, des Allmächtigen – des Gottes des israelitischen Heeres, das du verhöhnt hast. Heute wird der Herr dich besiegen und ich werde dich töten und dir den Kopf abhauen. Und dann werde ich die Leichen deiner Männer den Vögeln und wilden Tieren vorwerfen, und die ganze Welt wird wissen, dass es einen Gott in Israel gibt! Und jeder wird wissen, dass der Herr keine Waffen braucht, um sein Volk zu retten. Es ist sein Kampf. Der Herr wird euch in unsere Hände geben!«
>
> **1. SAMUEL 17,45-47**

**Lass dich voll auf Gott ein
und lobe ihn für seine Macht!**

17. AUGUST

SIEH DIE STERNE HOCH AM HIMMEL

Ich will an deiner Seite sein
als dein Schutz und Schild.
Fürchte dich nicht und traue mir!
Was ich sage, gilt.

Sieh die Sterne hoch am Himmel,
zähl die Körner dort im Sand!
So will ich dich reichlich segnen.
Ziehe in mein Land.

Aus »Feiert Jesus! 5«, Nr. 234
Text und Melodie: Hans-Joachim Eckstein
© 2015 SCM Hänssler, 71087 Holzgerlingen

Feiert Jesus! Er segnet
Nr. 8

UNTER GOTTES SCHUTZ

»Was mich betrifft, hat Gott alles Böse, das ihr geplant habt, zum Guten gewendet« (1. Mose 50,20). Diese weisen Worte spricht Joseph seinen Brüdern zu – nach einer unglaublichen Lebensgeschichte. Gott war sein einziger Halt, als er von seinen eifersüchtigen Brüdern in das Brunnenloch geworfen und kaltblütig als Sklave verkauft wurde und schließlich in der Fremde hart arbeiten musste.

Wie schlecht es ihm oft gegangen sein wird und wie viele Fragen er sich über die Zukunft oder auch das Warum der Vergangenheit gestellt haben mag, kann man nur erahnen. Doch es wird klar, dass er Gottes Nähe immer wieder suchte und erlebte: »Ich will an deiner Seite sein als dein Schutz und Schild.« Es gehört viel Größe, Weisheit und Mut dazu, so zu reagieren, wie Joseph es tat.

Oft zerstreiten und hassen sich Familien nur wegen Geld, wegen des Erbes, der Wahl des Ehepartners oder des Berufs. Wie sehr hätte Joseph doch allen Grund gehabt, Rache an seinen Brüdern zu nehmen und sie abgrundtief zu hassen. Und genau das ist auch die Angst der Brüder (1. Mose 50,15). Doch Joseph erkennt, dass dies alles so kommen musste, damit er zum Lebensretter für viele wird! »Ja, nicht ihr habt mich hierher geschickt, sondern Gott« (1. Mose 45,8).

Sicher war es nicht der Lebensweg, den er jemals freiwillig gewählt hätte, doch er überließ sich Gottes Führung und durfte in allen offenen Fragen, in allem Leid und aller Ungerechtigkeit, die ihm widerfuhr, erleben, dass es das einzig Richtige ist, auf den mächtigen Herrn des Himmels und der Erde zu vertrauen. Gott wandelte das Böse zum Guten – für ihn selbst und für viele andere.

> »Ich habe euch das alles gesagt, damit ihr in mir Frieden habt. Hier auf der Erde werdet ihr viel Schweres erleben. Aber habt Mut, denn ich habe die Welt überwunden.«
>
> **JOHANNES 16,33**

Gott ist immer an deiner Seite!

SIEH DIE STERNE HOCH AM HIMMEL

Hoffe, wo nichts zu hoffen ist,
glaub und zweifle nicht!
Sei gewiss, dass ich halten kann,
was mein Wort verspricht.

Sieh die Sterne hoch am Himmel,
zähl die Körner dort im Sand!
So will ich dich reichlich segnen.
Ziehe in mein Land.

Aus »Feiert Jesus! 5«, Nr. 234
Text und Melodie: Hans-Joachim Eckstein
© 2015 SCM Hänssler, 71087 Holzgerlingen

Feiert Jesus! Er segnet
Nr. 8

HOFFST DU TROTZ HOFFNUNGSLOSIGKEIT?

Abraham zog los an einen fremden Ort, ohne zu wissen, wo genau er hinkommen würde, wie das Land und das Leben dort sein würden. Er vertraute einfach Gottes Auftrag und hoffte, dass es ein gutes Ende nähme, weil es ja ein Auftrag Gottes war (Hebräer 11,8). Sara lachte zuerst, als sie hörte, dass sie in ihrem hohen Alter noch ein Kind bekommen sollte, doch durch den Glauben konnte Sara mit Abraham ein Kind bekommen, obwohl beide zu alt waren und obwohl Sara unfruchtbar war (Hebräer 11,11).

Was ich aus Elternsicht in Abrahams Leben besonders herausfordernd finde: Abraham war bereit, auf Gottes Befehl hin seinen einzigen und langersehnten Sohn Isaak zu opfern.

Abraham hoffte in so vielen Situationen, in denen eigentlich nichts mehr zu hoffen war: Keine Ahnung von der Zukunft, Unfruchtbarkeit und schließlich der Auftrag, seinen einzigen Sohn zu opfern. Doch ihm war bewusst, dass bei Gott keine Dinge unmöglich sind (Lukas 1,37), dass Gott immer das Beste für sein Leben möchte und dass Gott hält, was sein Wort verspricht. Gott bereitete alle seine Schritte vor und führte Abraham auf allen Wegen, die vor ihm lagen.

Unsere Aufgabe als Menschen ist es, Gott vollkommen zu vertrauen und zu gehorchen und selbst in scheinbar hoffnungslosen Situationen das Vertrauen in unseren großen, weisen, allmächtigen Gott der Liebe nicht aufzugeben! Er hält immer sein Wort. Wir dürfen von Jesu Sieg heute leben und alles für uns in Anspruch nehmen, was Gott für uns bereithält!

> Durch den Glauben war Abraham bereit, Isaak als Opfer darzubringen, als Gott ihn auf die Probe stellte. Abraham, der Gottes Zusagen empfangen hatte, war bereit, seinen einzigen Sohn Isaak zu opfern, obwohl Gott ihm versprochen hatte: »Nur die Nachkommen Isaaks sollen als deine Nachkommen bezeichnet werden.« Abraham ging davon aus, dass Gott Isaak wieder zum Leben erwecken konnte, wenn er gestorben war. Und in gewisser Weise bekam Abraham seinen Sohn tatsächlich von den Toten zurück.
>
> **HEBRÄER 11,17-19**

Hoffe, wo für Menschen nichts zu hoffen ist,
auf Gottes Hilfe!

SIEH DIE STERNE HOCH AM HIMMEL

Tage kommen, da wirst du mich
nicht sogleich verstehn.
Doch vertrau mir, ich sorg für dich,
werde nach dir sehn.

Sieh die Sterne hoch am Himmel,
zähl die Körner dort im Sand!
So will ich dich reichlich segnen.
Ziehe in mein Land.

Aus »Feiert Jesus! 5«, Nr. 234
Text und Melodie: Hans-Joachim Eckstein
© 2015 SCM Hänssler, 71087 Holzgerlingen

Feiert Jesus! Er segnet
Nr. 8

WARUM?

Warum kommt Jesus nicht? Wieso lässt er sich so viel Zeit? Weshalb hilft er nicht? Solche Fragen quälten die Schwestern Maria und Marta, als ihr Bruder Lazarus im Sterben lag (Johannes 11). »Herr, wärst du hier gewesen [...]«, sagte Maria zu Jesus, als er schließlich in Betanien ankam.

Wieso? Wozu? Warum? Die quälende Frage nach dem Grund. Nicht immer erfahren wir tatsächlich die Antwort. Definitiv aber erlebt jeder von uns Tage oder Situationen, in denen wir Gottes Handeln nicht verstehen. »Doch vertrau mir, ich sorg für dich, werde nach dir sehn«.

Jesus hatte einen guten Grund, warum er nicht sofort nach Betanien aufgebrochen war: »Da sagte er ihnen offen: ›Lazarus ist tot. Euretwegen bin ich froh, dass ich nicht dort war, weil ihr so einen weiteren Grund haben werdet, an mich zu glauben«« (Johannes 11,14f). Durch die Auferweckung des Lazarus vom Tod sollte Jesus verherrlicht werden – es gab ein anderes, ein höheres Ziel, als die Jünger und auch die Schwestern dachten.

Als ich eine Fehlgeburt erlebte, gab es keine Auferweckung wie bei Lazarus, auch keine Antwort auf das Warum. Manche Erlebnisse bleiben ohne klare Antwort im Leben. Vielleicht geschah es, um das Wunder der darauffolgenden Schwangerschaft zu seiner Ehre zu betonen? Auf jeden Fall darf ich sicher sein, dass Gott mich versorgt und er den Grund kennt.

Bin ich manchmal zu egoistisch, um das höhere Ziel, nämlich Jesus zu verherrlichen, im Blick zu haben? Wo habe ich unbeantwortete Fragen nach dem Warum? Wie gehe ich damit um?

> Marta sagte zu Jesus: »Herr, wärst du hier gewesen, wäre mein Bruder nicht gestorben. Aber auch so weiß ich, Gott wird dir alles geben, was auch immer du ihn bittest.« Jesus sagte zu ihr: »Dein Bruder wird auferstehen.« »Ja«, erwiderte Marta, »am Tag der Auferstehung, wenn alle Menschen auferstehen.« Jesus sagte zu ihr: »Ich bin die Auferstehung und das Leben. Wer an mich glaubt, wird leben, auch wenn er stirbt. Er wird ewig leben, weil er an mich geglaubt hat, und niemals sterben. Glaubst du das, Marta?«

JOHANNES 11,21–26

Vertraue, auch wenn du die Umstände nicht verstehst!

SIEH DIE STERNE HOCH AM HIMMEL

Einmal wird dir vor Augen stehn,
wie ich dich geführt,
all der Segen, den ich dir gab,
hast du in gespürt?

Sieh die Sterne hoch am Himmel,
zähl die Körner dort im Sand!
So will ich dich reichlich segnen.
Ziehe in mein Land.

Aus »Feiert Jesus! 5«, Nr. 234
Text und Melodie: Hans-Joachim Eckstein
© 2015 SCM Hänssler, 71087 Holzgerlingen

Feiert Jesus! Er segnet
Nr. 8

GOTTES WILLE

Was ist der Wille Gottes für mein Leben? Welchen Beruf soll ich ergreifen? In welches Land gehen? In der Gemeindeleitung oder in der Kinderarbeit mithelfen? Oft komme ich an Punkte im Leben, wo Entscheidungen gefragt sind und ich mir eine Wegweisung wünsche, so wie die Feuer- und Wolkensäule die Richtung für die Israeliten angab.

Tatsächlich gibt es sie manchmal, diese klaren Worte des Heiligen Geistes in meinem Kopf oder eine Aussage, die meinen Weg bestätigt. Doch oft warte ich vergeblich auf den »Zettel vom Himmel«. Aber – wenn auch sehr allgemein – die klare Aussage, was der Wille Gottes ist, welchen Weg ich einschlagen soll, finde ich in der Bibel. Dort gibt es zahlreiche Richtungsweiser, wie die Zehn Gebote, die Bergpredigt, den Missionsbefehl oder das Doppelgebot der Liebe. In seinem Wort sagt Gott mir klar, wie ich mich verhalten soll. Ich muss nicht verzweifelt danach fragen, was der Wille Gottes für mein Leben ist. Wenn ich das Allgemeine nicht erfülle, das Gott uns Menschen für unseren Lebensweg mitgibt, brauche ich auch nicht zu erwarten, dass Gott mir gesonderte Anweisungen und Antworten gibt. Wenn ich mich immer wieder mit Gottes Wort beschäftige, lese, darüber nachdenke, es verinnerliche und mich davon prägen lasse, erfahre ich unendlich viel über Gottes Denkweise. Dann gebe ich dem Heiligen Geist Raum, in mir zu wirken und zu mir zu sprechen. Bald ergeben sich viele Antworten wie von selbst und ich merke zudem, dass Jesus durch jede Situation reden kann. Ihm ist es egal, ob ich in Deutschland oder Japan lebe, ob ich als Elektriker oder Rechtsanwalt arbeite. Was zählt, ist, dass ich Gott zur Ehre lebe, dass ich alles, was ich tue, mit seiner Hilfe und zu seinem Lob tue.

Und unter Garantie wirst du im Rückblick erkennen, wie Gott dich in allem begleitet und gesegnet hat!

> Jesus antwortete: »›Du sollst den Herrn, deinen Gott, lieben, von ganzem Herzen, mit ganzer Seele und mit all deinen Gedanken!‹ Das ist das erste und wichtigste Gebot. Ein weiteres ist genauso wichtig: ›Liebe deinen Nächsten wie dich selbst.‹ Alle anderen Gebote und alle Forderungen der Propheten gründen sich auf diese beiden Gebote.«

MATTHÄUS 22,37-40

> Dein Wort ist eine Leuchte für meinen Fuß und ein Licht auf meinem Weg.

PSALM 119,105

Möchtest du ein heiliges Leben führen,
so wie Gott heilig ist? Er wird dich segnen!

IN DEINER NEUEN WELT

Himmel auf Erden und Frieden wird sein.
Der Tod weicht dem Leben, der Schmerz ist vorbei.
Freude, die die Traurigkeit vertreibt.
Keiner ist besser und jeder was wert.
Einer ist König, nur du wirst verehrt.
Gnade herrscht statt Ungerechtigkeit.

Aus »Feiert Jesus! 5«, Nr. 139
Text und Melodie: Tobi Wörner, Claus-Peter Eberwein, Mitch Schlüter und Mathias Grimske
© 2016 SCM Hänssler, 71087 Holzgerlingen

Feiert Jesus! 22
Nr. 11

FRIEDE

Ich ertappe mich oft, dass ich wie meine Mitmenschen um mich herum nach mehr und mehr strebe. Mehr im materiellen Sinn, aber auch mehr Anerkennung, mehr Dankbarkeit mir gegenüber, mehr Bewunderung. Eine typisch menschliche Falle: das Vergleichen und übertriebene Besser-Sein-Wollen. Dabei darf ich mir sicher sein, dass mein Wert bei Gott überhaupt nicht von derartigen Dingen abhängt. Jeder Mensch ist in Gottes Augen wundervoll geschaffen – mit all seinen Stärken und Schwächen. Bei Gott wird niemand nach Leistungen belohnt. »Keiner ist besser und jeder was wert«, das ist der paradiesische Zustand, der »Himmel auf Erden«, den jeder Christ in der Ewigkeit erleben wird.
Aber muss es wirklich erst in ferner Zukunft stattfinden? Ja und Nein. Der vollkommene »Himmel auf Erden«, vollkommene Gerechtigkeit, Frieden und Freude ohne Tod und Traurigkeit werden erst existieren, wenn Gott den neuen Himmel und die neue Erde am Ende der Zeiten entstehen lässt. Doch mit Gottes Hilfe dürfen

wir vieles bereits jetzt »schmecken« (Psalm 34,9). Hast du dir beispielsweise schon einmal überlegt, was es für dich persönlich bedeutet, dass Jesus unser Friedensbringer ist? Für mich ist es zum einen der unendlich wertvolle Friede mit Gott, den Christus mir durch seinen Tod am Kreuz geschenkt hat, sodass ich nun versöhnt mit Gott sein darf (Römer 5,1). Hast du diesen Frieden? Zum anderen heißt es für mich, dass Christus mir inneren Frieden geben kann, auch wenn die Umstände um mich herum alles andere als erfreulich und einfach sind.

Welche Situationen machen dir zu schaffen? Wo benötigst du inneren Frieden? Du darfst ihn von Gott erbitten und auf diese Weise schon den Vorgeschmack des vollkommenen Himmels erleben.

> Da wir nun durch den Glauben von Gott für gerecht erklärt worden sind, haben wir Frieden mit Gott durch das, was Jesus, unser Herr, für uns tat. Christus hat uns durch den Glauben ein Leben aus Gottes Gnade geschenkt, in der wir uns befinden, und wir sehen voller Freude der Herrlichkeit Gottes entgegen. Wir freuen uns auch dann, wenn uns Sorgen und Probleme bedrängen, denn wir wissen, dass wir dadurch lernen, geduldig zu werden. Geduld aber macht uns innerlich stark, und das wiederum macht uns zuversichtlich in der Hoffnung auf die Erlösung.
>
> **RÖMER 5,1-4**

Wo darf Jesus dir schon heute inneren Frieden bringen?

IN DEINER NEUEN WELT

Wenn ich dann bei dir bin
in deiner neuen Welt,
wenn ich dann bei dir bin,
es gibt nichts mehr, was fehlt,
wenn ich dann bei dir bin,
völlig frei von Raum und Zeit
in Ewigkeit.

Aus »Feiert Jesus! 5«, Nr. 139
Text und Melodie: Tobi Wörner, Claus-Peter Eberwein, Mitch Schlüter und Mathias Grimske
© 2016 SCM Hänssler, 71087 Holzgerlingen

Feiert Jesus! 22
Nr. 11

WENN ICH (DANN) BEI DIR BIN ...

Die Bibel sichert mir an vielen Stellen, vor allem in der Offenbarung, zu, dass unser Leben in Ewigkeit bei Gott wunderschön sein wird. Ein Leben ohne Tod und Schmerzen, ein Leben in der Gegenwart Gottes. Absolut ein Grund, sich auf den Himmel und die Ewigkeit zu freuen!

Um mir das besser vorstellen zu können, möchte ich mir bewusst machen, was es nicht nur »dann«, sondern schon heute heißt, »wenn ich bei dir bin« und in der Gegenwart Jesu lebe. Jesus ist keinen Atemzug weit entfernt von mir, ich darf jetzt in seiner Nähe sein. Das gibt mir unendlich viel: seine Liebe, seine Führung, seinen Trost, seine Erlösung und den Freispruch von der drückenden Last der Sünde, seine Kraft, seinen Schutz, seinen Segen und noch vieles mehr. Bist du bei ihm?

Immer wieder gibt es Momente, in denen wir uns von Gott entfernen. König Joschafat erlebte dies, als er trotz seines stetigen Bestrebens, nach Gottes Willen zu leben, auf die Verführungen des mächtigen Königs Ahab hereinfiel und trotz der warnenden Weissagung des Propheten Micha in die Schlacht zog. Aber in seiner Not rief er Gott um Hilfe an und erlebte, dass er zwar Gott, aber Gott nicht ihn verlassen oder aufgegeben hatte (2. Chronik 18,31). Gott ist treu, auch wenn ich ungehorsam bin! Oft ist in meinem Leben eine Umkehr nötig.

Ich möchte bei ihm sein. Dann darf ich schon jetzt seine Hilfe erleben und mich freuen, dass es in der neuen Welt noch viel besser, schöner und vollkommener sein wird. Nichts wird mehr fehlen. Freust du dich mit?

Ich hörte eine laute Stimme vom Thron her rufen: »Siehe, die Wohnung Gottes ist nun bei den Menschen! Er wird bei ihnen wohnen und sie werden sein Volk sein und Gott selbst wird bei ihnen sein. Er wird alle ihre Tränen abwischen, und es wird keinen Tod und keine Trauer und kein Weinen und keinen Schmerz mehr geben. Denn die erste Welt mit ihrem ganzen Unheil ist für immer vergangen.«

OFFENBARUNG 21,3f

Lebe in Gottes herrlicher Gegenwart –
heute und in Ewigkeit!

IN DEINER NEUEN WELT

Endlose Freiheit, die Mauern gesprengt,
offene Grenzen und nichts mehr, was trennt:
Leichtigkeit und Ruhe fülln mich aus.
Narben verschwinden, von Krankheit geheilt.
Endlich Versöhnung nach Brüchen und Streit:
Kein Grund für Tränen und für Leid.

Aus »Feiert Jesus! 5«, Nr. 139
Text und Melodie: Tobi Wörner, Claus-Peter Eberwein, Mitch Schlüter und Mathias Grimske
© 2016 SCM Hänssler, 71087 Holzgerlingen

Feiert Jesus! 22
Nr. 11

OFFENE GRENZEN

Im Landkreis Hof in Bayern und gleichzeitig im Saale-Orla-Kreis in Thüringen befindet sich ein Dorf, das unglaubliche Geschichte schrieb. Da der 50 Seelen große Ort Mödlareuth zu zwei Bundesländern gehört, wurde 1945 der eine Teil der sowjetischen, der andere Teil der amerikanischen Besatzungszone zugeteilt. 41 Jahre lang verlief deshalb die innerdeutsche Grenze direkt durch den Ort. Als Sperre wurde – ähnlich der Berliner Mauer – eine Betonmauer errichtet. Die Überschreitung der Grenze war nur mit einem Passierschein möglich. Heute erinnert das Deutsch-Deutsche-Museum an die Ereignisse.

»Endlose Freiheit, Mauern gesprengt, offene Grenzen und nichts mehr, was trennt« – davon konnten die Einwohner damals nur träumen, wenn sie tagtäglich von ihren bisherigen Nachbarn oder Verwandten getrennt waren und Straßen einfach an einer Mauer endeten. Um wie viel tiefer mögen diese Dorfbewohner die Grenzöffnung erfahren haben, die ihren Alltag so einschneidend veränderte!

Wo stehst du vor einer Mauer? Wo erfährst du Trennung? Besitzt du den »Passierschein« für den Himmel? Vielleicht sehnst du dich danach, endlich bedingungslos angenommen und geliebt zu werden. Nicht mehr durch Aktionismus versuchen zu müssen, dich selbst zu beweisen, die Leere in dir auszufüllen oder das hoffnungslose Gefühl, zu scheitern, allein tragen zu müssen. Oder du kennst jemand, der in so einer Lage ist?

Die Antwort ist: Jesus! Er füllt dich mit Ruhe aus. Er wischt deine Tränen ab. Er lässt deine Narben heilen. Er schenkt Freiheit! Er überwindet unsere Trennung von Gott!

Betest du mit für vorbereitete Herzen, die diese Botschaft der Freiheit hören und aufnehmen?

> Dann sagte Jesus: »Kommt alle her zu mir, die ihr müde seid und schwere Lasten tragt, ich will euch Ruhe schenken. Nehmt mein Joch auf euch. Ich will euch lehren, denn ich bin demütig und freundlich, und eure Seele wird bei mir zur Ruhe kommen. Denn mein Joch passt euch genau, und die Last, die ich euch auflege, ist leicht.«
>
> **MATTHÄUS 11,28-30**

Jesus möchte dir Freiheit schenken!

ZEIG DICH MIR

Von Zeit zu Zeit bleibt mir verborgen,
dass deine Nähe mich umgibt,
dass du mich anschaust voller Gnade,
ein Gott, der ohne Maßen liebt.
Und darum streck ich voller Sehnsucht
meine Hände aus nach dir.
Denn wie das Land auf Regen wartet, warte ich auf dich.

Aus »Feiert Jesus! 5«, Nr. 207
Text und Melodie: Arne Kopfermann
© 2015 SCM Hänssler, 71087 Holzgerlingen

Feiert Jesus! 365
CD 2, Nr. 9

VOLLKOMMENE FREUDE!

Wenn man den ersten Brief des Johannes liest, fallen einige Verse auf, die erklären, warum Johannes diesen Brief schrieb: »Und zusammen sind wir verbunden mit dem Vater und mit Jesus Christus, seinem Sohn. Wir schreiben euch das, damit unsere Freude immer größer wird« (1. Johannes 1,3f). Wir sollen uns freuen, und diese Freude soll immer größer werden durch die Gemeinschaft mit Gott, die wir in Jesus Christus haben! Dass Jesus uns die Tür zum Vater geöffnet hat, macht diese Gemeinschaft möglich.

Warum bleibt es mir manchmal verborgen, dass »Gottes Nähe mich umgibt, dass er mich anschaut voller Gnade«?

Oft geht es mir so, dass ich mir die innige Gemeinschaft mit Jesus im Alltag nicht bewusst mache. Jesus lebt in mir! Näher geht es nicht! Und trotzdem ist seine Stimme in mir so leise, dass ich sie schnell übertönen und überdecken kann. Meine eigenen Vorstellungen und Pläne, mein Terminkalender und meine To-Do-Liste im Kopf sind so dominant, dass ich vergesse zu fragen: Jesus, wohin möchtest du mich heute leiten? Was möchtest du, dass ich tun soll? Klar, dass mir dann seine Nähe – obwohl sie da ist – nicht greifbar erscheint.

»Darum streck ich voller Sehnsucht meine Hände aus nach dir.« Gott ist treu und wartet auf mich. Er fährt meist nicht wie ein Blitz in mein Leben, sondern ist eher der unscheinbar säuselnde Wind. Lass dich heute wieder neu auf ihn ein! Lass dich durch sein Wort erfrischen wie das trockene Land durch den Regen – damit deine »Freude immer größer wird« (1. Johannes 1,4).

> Es war von Anfang an, wir haben es gehört und mit unseren eigenen Augen gesehen, wir haben es betrachtet und mit unseren Händen betastet: das Wort des Lebens. Das Leben wurde uns offenbart, und wir haben es gesehen. Und jetzt bezeugen und verkünden wir euch das ewige Leben. Es war beim Vater, und dann wurde es uns offenbart. Wir sagen euch, was wir selbst gesehen und gehört haben, damit ihr Gemeinschaft mit uns habt. Und zusammen sind wir verbunden mit dem Vater und mit Jesus Christus, seinem Sohn. Wir schreiben euch das, damit unsere Freude immer größer wird.

1. JOHANNES 1,1-4

Gott ist dir nah!

ZEIG DICH MIR

Von Zeit zu Zeit bleibt mir verborgen,
dass du mir Trost und Hoffnung schenkst,
dass du mir meine Schuld nicht nachträgst,
dass du sie tief im Meer versenkst.
Doch weil das wahr ist,
strecke ich mich aus nach deiner Gegenwart.
Und wie das Land auf Regen wartet, warte ich auf dich.

Aus »Feiert Jesus! 5«, Nr. 207
Text und Melodie: Arne Kopfermann
© 2015 SCM Hänssler, 71087 Holzgerlingen

Feiert Jesus! 365
CD 2, Nr. 9

FISCHEN VERBOTEN!

»Von Zeit zu Zeit bleibt mir verborgen, dass du mir Trost und Hoffnung schenkst, dass du mir meine Schuld nicht nachträgst, dass du sie tief im Meer versenkst.«

Manchmal bin ich selbst derjenige, der mir einredet, dass meine Sünde mich verfolgt. Obwohl ich sie Jesus hingelegt und um Vergebung gebeten habe, fällt es mir schwer, sie loszulassen. Oder andere Menschen versuchen mir einzureden, dass ich schon viel zu oft diese Sünde begangen habe, als dass Jesus sie mir auch dieses Mal noch vergeben könnte. Schließlich sollte ich als Christ doch beständig in der Heiligung leben und mehr und mehr wie Jesus werden. Wenn ich dennoch sündige, scheint doch etwas mit meiner Erlösung nicht in Ordnung zu sein?

Natürlich möchte Gott, dass wir im Licht leben und keine Finsternis in uns ist (1. Johannes 1,5-10). Er ist traurig, wenn wir sündigen. Er möchte uns in sein Ebenbild verändern! Dennoch sind wir sündige Menschen. Doch das große Aber ist: »Wenn wir wie Christus im Licht Gottes leben, [...] reinigt uns [das Blut Jesu] von jeder Schuld. [...] Wenn wir ihm unsere Sünden bekennen, ist er treu und gerecht, dass er uns vergibt und uns von allem Bösen reinigt« (1. Johannes 1,7.9). Wir bekommen Vergebung und werden dadurch ständig wieder gereinigt wie in einer Badewanne!

Und Gott ist nicht nachtragend. In »Corrie ten Boom – Gottes fröhliche Dienerin. Die Biografie« (von Carole Carlson) ist ein einprägsames Zitat überliefert: »Jesus wird Ihre Sünde auslöschen wie eine Wolke. Eine Wolke kehrt nicht wieder. Er wird Ihre Sünden so weit wegbringen, wie der Osten vom Westen ist. Wenn Sie bereuen, wird er Ihre Sünden in die Tiefen des Meeres werfen, vergeben und vergessen. Dann stellt er ein Schild auf, auf dem steht: Fischen verboten.«

Wo tappst du immer wieder in der Finsternis und brauchst das reinigende Licht Jesu? Wo hast du das Gefühl, deine Sünde würde wie ein Luftballon vom Meeresboden wieder hochsteigen? Du darfst dich freuen: Gott vergibt, und er vergibt dir gern, wenn du nur zu ihm kommst!

> Wo ist ein Gott wie du, der die Sünden vergibt und die Missetaten seines Volkes verzeiht? Der nicht für immer an seinem Zorn festhält, sondern der sich freut, wenn er barmherzig sein kann? Er wird sich wieder über uns erbarmen, alle unsere Sünden zertreten und alle unsere Verfehlungen ins tiefe Meer werfen!
>
> **MICHA 7,18f**

Freude dich, deine Sünden werden dir durch Jesu Blut vergeben!

ZEIG DICH MIR

Zeig dich mir, denn ich leb von jedem Wort aus deinem Mund.
Schweige nicht, sprich zu mir, und das Grau in Grau wird bunt.
Herr, ich brauch jetzt ein Wort, nur ein Wort aus deinem Mund.
Nur ein Wort, und meine Seele wird gesund.

Dann kann ich es wieder spüren, dass deine Nähe mich umgibt,
dass du mich anschaust voller Gnade,
ein Gott, der ohne Maßen liebt.

Aus »Feiert Jesus! 5«, Nr. 207
Text und Melodie: Arne Kopfermann
© 2015 SCM Hänssler, 71087 Holzgerlingen

Feiert Jesus! 365
CD 2, Nr. 9

GOTTES NÄHE UMGIBT DICH!

Dietrich Bonhoeffer bringt es auf den Punkt, wenn er erkennt, dass die Stunden des Scheiterns gerade die Stunden sind, in denen uns Gott besonders nah und nicht fern ist. Meist erleben wir die tröstliche und treue Nähe unsers Vaters besonders dann, wenn wir in Not sind, wenn wir versagt haben, wenn etwas Schlimmes passiert ist.

Wie leicht geht man dagegen in guten Momenten wieder weiter – nach einem zwar ehrlich gemeinten Dankgebet, aber ohne sich die Treue und Liebe Jesu bewusst zu machen. Solche guten Zeiten des Lebens sind sehr wertvoll, und selbstverständlich wünscht man sich viele gesegnete und reich beschenkte Stunden. Doch die Tiefen des Lebens bleiben nicht aus. Und dann ist es umso wichtiger, dass man in den guten Zeiten eingeübt hat, Gott zu danken, mit ihm zu reden, seine Gegenwart im Alltag bewusst wahrzunehmen. Denn dann gelingt es in Notphasen viel besser, sich in den Armen Gottes gehalten zu wissen, seinen Trost und seine Nähe zu spüren und einfach fest darauf zu vertrauen, dass er gute Lösungen für jedes Problem hat und es gut mit uns meint. Wenn du zu ihm schreist: »Zeig dich mir, denn ich leb von jedem Wort aus deinem Mund. Schweige nicht, sprich zu mir«, darfst du sicher sein, dass er dich hört. Gott hilft zwar nicht immer aus der Not, aber er hilft dir in der Not (Jesaja 43,2)!

Eine solche Liebe, Treue und Fürsorge kannst du bei keinem Menschen und in keiner Religion erfahren, sondern nur bei dem wahren Gott allein! Betest du für Menschen, die die Nähe Gottes nicht spüren? Trau dich, leidvolle Lebensphasen von Menschen zu nutzen, um ihnen die gute und rettende Botschaft zu erzählen!

> Wenn du durch Wasser gehst, werde ich bei dir sein. Ströme sollen dich nicht überfluten! Wenn du durch Feuer gehst, wirst du nicht verbrennen; die Flammen werden dich nicht verzehren!

JESAJA 43,2

> Der Herr hält die fest, die hinfallen, und hilft denen auf, die zusammengebrochen sind. Aller Augen sehen auf dich und warten auf Hilfe; du gibst ihnen Nahrung, wenn es nötig ist. Wenn du deine Hand öffnest, stillst du den Hunger und Durst aller Geschöpfe. Der Herr ist gerecht in allem, was er tut, ein Gott, auf den man sich verlassen kann. Der Herr ist allen nahe, die ihn anrufen, allen, die ihn aufrichtig anrufen.

PSALM 145,14-18

Gerade in der Not darfst du Gottes Nähe spüren!

KEINE BLEIBENDE STADT

Wir haben hier keine bleibende Stadt.
Sie ist nicht hier, sie ist nicht hier.
Wir sind nur Wanderer in einem fremden Land.
Das sind wir hier, das sind wir hier.

AUF DER DURCHREISE?

Im Herbst gehe ich gerne Wandern und Bergsteigen. Je nach Land und Route habe ich dabei manchmal das Gefühl, ein wirklich Fremder zu sein. Die Umgebung sieht unbekannt aus, die Sprache verstehe ich unter Umständen nicht, andere Kultur, andere Essgewohnheiten – ich merke, dass ich nicht zu Hause bin, dass ich nur ein Besucher auf »Wanderschaft«, auf der Durchreise bin, und freue mich trotz herrlicher Wege wieder auf zu Hause. Oder aber ich fühle mich richtig wohl, genieße es, in der Fremde zu wandern und Neues kennenzulernen. Manchmal möchte ich sogar länger bleiben, es mir gemütlich machen, die Atmosphäre noch länger genießen.

Übertragen steht dieses Bild für mich für das Leben als Christ in dieser Welt. Es ist gut, wenn ich mich zu Hause fühle und gerne hier lebe, denn ich bin normalerweise für viele Jahre in diese Welt gestellt, die Gott geschaffen hat. Doch dabei sollte ich nicht vergessen: Ich bin nicht von dieser Welt. Mein Bürgerrecht ist im Himmel (Philipper 3,20)! Meine Maßstäbe sollten anders sein – Gottes Maßstäbe! Meine Prioritäten sollten anders sein als die der Gesellschaft – Gottes Prioritäten!

Wo lasse ich mich zu sehr von fremden Gewohnheiten beeinflussen und öffne mein Leben für Einflüsse, die in Gottes Augen nicht gut sind? Wo mache ich es mir zu gemütlich und setzte mich nicht mehr für das Wort Gottes ein? Jesus hat uns nicht zur Bequemlichkeit gerufen. Überlege: Wo sollte ich raus aus meiner Komfortzone, um Jesus zu begegnen? Wo sollte ich Gottes Prioritäten wieder zu meinen machen? Wo sollte ich mich mehr in die Zweisamkeit mit Jesus begeben?

Du bist nicht erschaffen, damit du in Selbsterfüllung, Zufriedenheit oder Glück deinen Sinn findest, sondern dein Leben soll zur Ehre Gottes dienen!

> Aber unsere Heimat ist der Himmel, wo Jesus Christus, der Herr, lebt. Und wir warten sehnsüchtig auf ihn, auf die Rückkehr unseres Erlösers.
>
> **PHILIPPER 3,20**

> Alle anderen sind nur auf sich selbst bedacht und nicht auf das, was Jesus Christus wichtig ist.
>
> **PHILIPPER 2,21**

> Denn Gott bewirkt in euch den Wunsch, ihm zu gehorchen, und er gibt euch auch die Kraft zu tun, was ihm Freude macht.
>
> **PHILIPPER 2,13**

Bete, dass Gottes Prioritäten zu deinen werden!

KEINE BLEIBENDE STADT

Es ist die Sehnsucht, die die Herzen treibt.
Sie treibt uns von hier, sie treibt uns zu dir,
zu der Heimat, die für immer bleibt,
denn die suchen wir, die suchen wir.

Und jede Träne, die du weinst,
jeder Schmerz, jeder stille Schrei:
Wenn du diese Stadt siehst, wie sie dort im Licht liegt,
ist alles vorbei.
Jeder Schmerz, jeder Schrei, jede Träne, jedes Leid:
Es ist alles vorbei.

Aus »Feiert Jesus! 5«, Nr. 137
Text und Melodie: Lothar Kosse
© 2006 Praize Republic, Köln

WIE GROSS IST MEINE SEHNSUCHT?

Neulich las ich Berichte von Open Doors über verfolgte Christen in aller Welt. Die Erlebnisse schockierten mich und brachten mich zum Nachdenken: Welchen Preis bin ich bereit, für den Glauben zu zahlen? Wäre ich auch bereit, wenn meine Familie gefoltert und getötet würde, zuzusehen und Jesus nicht abzusagen? Wäre ich bereit, am Glauben festzuhalten, auch wenn ich dafür jahrelang ins Gefängnis müsste? Wenn ich erschossen würde? Ich hoffe und ich bete, dass Jesus meinen Glauben stärkt!
Wie groß ist meine Sehnsucht nach Gemeinschaft mit Jesus? Wie sehr ist mir bewusst, dass ich hier nur vorübergehend bin und dass ich mein ewiges Leben im Himmel verbringe? Treibt mich meine Sehnsucht zu Jesus, egal, wie die Umstände um mich herum aussehen? Manche Fragen sind hypothetisch, und ich weiß die wahre Antwort nicht. Was bei all diesen Fragen bleibt, ist das Gebet! Ich möchte um einen starken Glauben für mich und für

andere Menschen in aller Welt beten. Betest du noch für Christen in anderen Ländern? Ich möchte mir bewusst machen, wie leicht mir ein Leben als Christ hier in diesem Land gemacht wird. Aber auch hier gibt es Fragen, die ich mir in meinem ganz normalen Alltag stellen will: Wo lasse ich mir die Jesusnachfolge etwas kosten? Wo lasse ich mich dafür auch mal schräg ansehen oder nehme materielle Nachteile in Kauf?

Habe ich die Sehnsucht, von der diese Strophe spricht? Wozu veranlasst sie mich? Werde konkret, sammle Beispiele!

Wie belebe ich meine Sehnsucht nach Jesus immer wieder neu, damit sie mich in seine liebenden Arme treibt?

> »Simon, Simon, Satan hat euch alle haben wollen. Er wollte euch durchsieben wie Weizen. Doch ich habe für dich gebetet, dass dein Glaube nicht aufhöre. Wenn du also später umgekehrt und zu mir zurückgekommen bist, dann stärke deine Brüder.« Petrus sagte: »Herr, ich bin bereit, mit dir ins Gefängnis zu gehen und sogar mit dir zu sterben.« Doch Jesus entgegnete: »Petrus, lass mich dir etwas sagen. Noch bevor morgen früh der Hahn kräht, wirst du drei Mal geleugnet haben, mich überhaupt zu kennen.«

LUKAS 22,31-34

> Kommt zu Gott, und Gott wird euch entgegenkommen. Wascht euch die Hände, ihr Sünder; reinigt eure Herzen, ihr Zweifler!

JAKOBUS 4,8

Belebe deine Sehnsucht nach Jesus neu!

KEINE BLEIBENDE STADT

Wir haben hier keine bleibende Stadt.
Sie ist nicht hier, sie ist nicht hier.
Denn das Land, das die Verheißung hat:
Es liegt nicht hier, es liegt nicht hier.

Aus »Feiert Jesus! 5«, Nr. 137
Text und Melodie: Lothar Kosse
© 2006 Praize Republic, Köln

ZULAUFEN AUF DAS ZIEL

Die himmlische Zukunft, den neuen Himmel, die neue Erde, das neue Jerusalem – das alles haben wir als Verheißung. Ein Ziel, auf das es sich lohnt, voller Freude zuzugehen.

Aber es ist eben noch nicht hier, es ist nicht nah, sondern fern. Das bedeutet für uns, dass wir noch einen weiten Weg vor uns haben, der oft auch beschwerlich sein kann. Einen Weg, der mit schönen Erlebnissen, Wundern und Freude gepflastert sein kann, aber oft auch Verluste mit sich bringt, schwierige Aufgaben und Hindernisse beinhaltet. Einen Weg, auf dem Anstrengung, Leid und Schmerzen nicht ausbleiben.

Was du dann brauchst, ist ermutigende Gemeinschaft. Jemand, der auf das gleiche Ziel zugeht wie du selbst und der dich begleitet. Jemand, der dir Mut zuspricht, der dein Leid mit dir teilt und dich unterstützt, der sich um dich kümmert, der mit dir und für dich betet. Das kann ein lieber Freund, Verwandter, Ehepartner oder Mitgläubiger aus der Gemeinde sein, den dir Gott an deine Seite gestellt hat. Es kann aber auch Jesus selbst sein, der dein Freund sein möchte und dich niemals im Stich lässt, der dir hilft, deine Last zu tragen und dir zusagt, dass er die Welt bereits überwunden hat (Johannes 16,33).

Läufst du freudig auf die himmlische Zukunft zu? Was motiviert dich dabei? Wie trainierst du, damit du das Ziel erreichst? Was meint Paulus wohl in 1. Korinther 9,27 mit der eisernen Disziplin?

> Nein, liebe Freunde, ich bin noch nicht alles, was ich sein sollte, aber ich setze meine ganze Kraft für dieses Ziel ein. Indem ich die Vergangenheit vergesse und auf das schaue, was vor mir liegt, versuche ich, das Rennen bis zum Ende durchzuhalten und den Preis zu gewinnen, für den Gott uns durch Christus Jesus bestimmt hat.

PHILIPPER 3,13f

> Denkt daran, dass alle wie in einem Wettrennen laufen, aber nur einer den Siegespreis bekommt. Lauft so, dass ihr ihn gewinnt! Jeder Athlet übt strenge Selbstdisziplin. Er tut das allerdings, um einen Preis zu erringen, dessen Wert verblassen wird – wir aber tun es für einen ewigen Preis. So halte ich mir stets das Ziel vor Augen und laufe mit jedem Schritt darauf zu. Ich kämpfe wie ein Boxer, aber nicht wie einer, der ins Leere schlägt. Mit der eisernen Disziplin eines Athleten bezwinge ich meinen Körper, damit er mir gehorcht. Sonst müsste ich befürchten, dass ich zwar anderen gepredigt habe, mich danach aber womöglich selbst disqualifiziere.

1. KORINTHER 9,24-27

Ermutige einen Mitchristen auf dem Lauf zum Ziel!

KEINE BLEIBENDE STADT

Wer mit dem Herzen sieht, der kann sie sehn:
nicht mit Händen gemacht, nicht von Menschen erdacht.
Wie ein Diamant strahlt sie so schön
ganz am Ende des Wegs, den wir hier gehen.

Und jede Träne, die du weinst,
jeder Schmerz, jeder stille Schrei:
Wenn du diese Stadt siehst, wie sie dort im Licht liegt,
ist alles vorbei.
Jeder Schmerz, jeder Schrei, jede Träne, jedes Leid:
Es ist alles vorbei.

Aus »Feiert Jesus! 5«, Nr. 137
Text und Melodie: Lothar Kosse
© 2006 Praize Republic, Köln

WIE WIRKT SICH DIE FREUDE AUF DEN HIMMEL IM ALLTAG AUS?

Eine Stadt aus purem Gold, Tore aus Perlen, eine glanzvolle Stadt, die ganz von der Herrlichkeit Gottes erfüllt sein wird (Offenbarung 21). Freue ich mich auf den Himmel?

Christen, die sich auf den Himmel freuen, wirft man oft eine Jenseitsorientierung und Weltflucht vor: »ganz am Ende des Wegs, den wir hier gehen.« Aber das ist es keineswegs. Die lebendige Ausrichtung auf die Ewigkeit motiviert zum Einsatz in dieser Welt: »Nutzt jede Gelegenheit, in diesen üblen Zeiten Gutes zu tun« (Epheser 5,16), schreibt Paulus. Wie sehr setze ich meine Zeit, mein Geld, meine Kraft ein, damit so viele Menschen wie möglich in Gemeinschaft mit Christus die Ewigkeit verbringen? Lebe ich meinen Alltag aus der Kraft des Heiligen Geistes zur Ehre Gottes? Je mehr ich mir bewusst bin, dass mein Leben in jedem Moment zu Ende sein kann und ich von dieser Welt nichts von dem mitnehmen kann, was ich angesammelt habe, desto mehr kann ich mich auf die Zukunftsperspektive der Ewigkeit einlassen. Je mehr ich bemerke, wie abhängig ich von Gott und wie machtlos ich selbst bin in dieser materialistisch gesinnten, korrupten und brutalen Welt, desto mehr freue ich mich auf Gerechtigkeit, Heilung und Frieden im Himmel.

Oft hilft es mir, meine Probleme im Licht der Ewigkeit zu sehen – und dann muss ich meist schmunzelnd feststellen, dass diese oder jene Angelegenheit im Himmel einmal überhaupt keine Rolle mehr spielen wird und es sich deshalb gar nicht lohnt, so viel Kraft, Energie, Ärger und Nerven in sie zu investieren. Was ist schon eine Delle am Auto, ein gebrochenes Bein oder ein verregneter Urlaub, betrachtet im Licht der Ewigkeit?

Lass deinen Horizont weiter werden. Blicke immer wieder auf nach oben, hin zu Christus! Es hilft, im Alltag die Prioritäten richtig zu setzen und zu seiner Ehre zu leben!

Achtet sorgfältig darauf, wie ihr lebt; handelt nicht unklug, sondern bemüht euch, weise zu sein. Nutzt jede Gelegenheit, in diesen üblen Zeiten Gutes zu tun. Handelt nicht gedankenlos, sondern versucht zu begreifen, was der Herr von euch will. Betrinkt euch nicht mit Wein; sonst ruiniert ihr damit euer Leben. Lasst euch stattdessen vom Heiligen Geist erfüllen. Singt miteinander Psalmen und Lobgesänge und geistliche Lieder, und in euren Herzen wird Musik sein zum Lob Gottes. Und dankt Gott, dem Vater, zu jeder Zeit für alles im Namen unseres Herrn Jesus Christus.

EPHESER 5,15-20

Versuche dein Leben im Licht der Ewigkeit zu betrachten!

KEINE BLEIBENDE STADT

Was das Auge nicht sieht, ist die Welt, die es gibt,
voller Pracht, voller Licht, voller Lachen, voller Glück.
Und das Herz, es wird leicht, denn der Weg ist nicht weit
zu der Heimat, die uns bleibt, denn wir sind frei, wir sind frei!
Wir haben hier keine bleibende Stadt.
Sie ist nicht hier, sie ist nicht hier.

Aus »Feiert Jesus! 5«, Nr. 137
Text und Melodie: Lothar Kosse
© 2006 Praize Republic, Köln

DAS LICHT AM ENDE DES TUNNELS

Ein Licht am Ende des Tunnels – der Blick auf das Gute, das Freundliche, die Zufriedenheit, das Glück, die Heilung, den Segen. Martin Luther King, der in seinem Kampf gegen Rassismus und Unterdrückung viel Anfeindung und Bedrohung ertragen musste, fand in Jesus und dem ihm verheißenen ewigen Leben Hoffnung: »Komme, was mag, Gott ist mächtig. Wenn unsere Tage verdunkelt sind und unsere Nächte finsterer als tausend Mitternächte, so wollen wir stets daran denken, dass es in der Welt eine große, segnende Kraft gibt, die Gott heißt. Gott kann Wege aus der Ausweglosigkeit weisen. Er will das dunkle Gestern in ein helles Morgen verwandeln, zuletzt in den leuchtenden Morgen der Ewigkeit.«

In welchem dunklen Tunnel läufst du gerade? Wo brauchst du Licht und Hoffnung? Du darfst wissen: Gott ist mächtig! Wir laufen tatsächlich auf das helle Ziel zu: das Leben in der Ewigkeit, in der Herrlichkeit Gottes! »Was das Auge nicht sieht, ist die Welt, die es gibt, voller Pracht, voller Licht, voller Lachen, voller Glück.« Auch wenn unser Auge das helle Ziel noch nicht wahrnimmt: Unser Verstand weiß, dass es da ist. Unser Verstand kann uns sagen, dass es sich lohnt weiterzugehen.

Oft setzt der Verstand jedoch in leidvollen Situationen aus und sagt eben nicht, dass es sich lohnt, weiterzugehen. Deshalb ermutige du jemand, der das Licht gerade nicht sieht und lass dich ermutigen, wenn es dir selbst gerade so geht! Bete um Kraft und Hilfe! Und wir müssen nicht alleine durch den Tunnel gehen. Jesus geht mit. Nichts, aber auch gar nichts ist ihm unmöglich (Lukas 1,37). Er will dich führen. Vielleicht hast du Jesus gerade überholt, statt hinter ihm zu gehen, und wolltest den Weg selbst bahnen? Dann tritt einen Schritt beiseite und lass ihn wieder vor!

> Kommt alle und hört zu, die ihr Gott fürchtet, ich will euch erzählen, was er für mich getan hat. Denn ich rief zu ihm um Hilfe und lobte ihn mit meinem Mund. Hätte ich in meinem Herzen böse Gedanken, dann hätte der Herr mich nicht erhört. Aber Gott hat mich erhört! Er hat mein Gebet vernommen! Lobt Gott, der mein Gebet ernst nimmt und mir seine Gnade nicht entzogen hat.
>
> **PSALM 66,16-20**

**Gott nimmt seine Güte nicht von dir
und begleitet dich bis zum Ziel!**

1. SEPTEMBER

STILL

Berge mich in deinem Arm.
Schütze mich mit deiner starken Hand.

Aus »Feiert Jesus! 4«, Nr. 140
Originaltitel: Still
Text und Melodie: Reuben Morgan
Deutsch: Winnie Schweitzer
© 2002 Hillsong Music Publishing
Für D, A, CH: CopyCare Deutschland, 71087 Holzgerlingen

Feiert Jesus! 365
CD 2, Nr. 12

VERTRAUEN IN EINEN STARKEN GOTT

Kennst du König Hiskia? Er war ein beeindruckender König, der auf Gott vertraute wie kein anderer König von Juda. Das ist ein tolles Urteil, das die Bibel Hiskia hier ausstellt. Ich befürchte, dass über mich dies niemand sagen können wird.

Was tat er so Bemerkenswertes? »Hiskia tat, was dem Herrn gefiel« (2. Könige 18,3), er zerstörte die Opferstätten anderer Götzen (2. Könige 18,4), »Hiskia vertraute dem Herrn« (2. Könige 18,5) und »er blieb dem Herrn in allem treu und hielt die Gebote, die der Herr Mose gegeben hatte« (2. Könige 18,6). Ich finde dies unglaublich beeindruckend zu lesen. Hiskia führte ein vorbildliches Leben in der Erfurcht vor Gott. Dabei war es nicht immer leicht in Hiskias Leben: Oft musste er Angriffe abwehren und wurde immer wieder versucht, sich von Gott abzuwenden. Doch er ließ sich in Notlagen nicht von Gott wegreißen, sondern direkt in seine Arme treiben. Und er wusste, warum: Er hatte einen starken Gott! »Du allein bist Gott über alle Königreiche der Erde. Du allein hast Himmel und Erde geschaffen. Höre meine Worte, Herr, und erhöre mich!« (2. Könige 19,15f).

Weiß auch ich, was dem Herrn gefällt? Tue ich, wie Hiskia, aktiv etwas gegen Dinge, die einen Platz in meinem Leben eingenommen haben, den sie nicht haben sollen? Vertraue ich Gott – in allem? Ich bete, dass Gott mir immer wieder neu die Kraft gibt, nach seinem Willen zu leben. Ich bitte für einen klaren Blick für »Götzen«, die zerstört werden müssen. Und ich bete, dass mich seine Treue und Liebe so überströmen, dass ich überquelle und sie weitergeben darf, dass ich den Mut habe, treu zu sein, und Jesus nicht nur als Notnagel, sondern als erste Adresse anspreche: Berge mich! Schütze mich!

Hiskia tat, was dem Herrn gefiel, so wie sein Stammvater David vor ihm. Er ließ die Höhenheiligtümer zerstören, die Gedenksteine umhauen und die Ascherabilder umstürzen. Er zerbrach die bronzene Schlange, die Mose gemacht hatte, weil das Volk Israel angefangen hatte, sie anzubeten, indem es Weihrauch vor ihr verbrannte. Die Bronzeschlange wurde Nehuschtan genannt. Hiskia vertraute dem Herrn, dem Gott Israels. Weder vorher noch nachher gab es einen König im Land Juda, der ihm gleichkam. Er blieb dem Herrn in allem treu und hielt die Gebote, die der Herr Mose gegeben hatte. Deshalb war der Herr mit ihm und schenkte ihm Erfolg in allem, was er unternahm. Hiskia lehnte sich gegen den König von Assyrien auf und weigerte sich, ihm weiterhin Tribut zu zahlen.

2. KÖNIGE 18,3-7

Setze dein ganzes Vertrauen auf Gott allein!

STILL

Wenn die Meere toben, Stürme wehn,
werd ich mit dir übers Wasser gehn.
Du bist König über Wind und Flut,
mein Herz wird still, denn du bist gut.

Aus »Feiert Jesus! 4«, Nr. 140
Originaltitel: Still
Text und Melodie: Reuben Morgan
Deutsch: Winnie Schweitzer
© 2002 Hillsong Music Publishing
Für D, A, CH: CopyCare Deutschland, 71087 Holzgerlingen

Feiert Jesus! 365
CD 2, Nr. 12

ÜBERS WASSER GEHEN

Wie oft verzweifle ich an Alltagsproblemen und werde von den Stürmen des Lebens hin- und hergeworfen. Und manchmal frage ich mich, wo Jesus gerade ist, jetzt, wo ich ihn doch so nötig brauche! Vielleicht geht es mir wie den Jüngern im Boot, die in Seenot geraten, während Jesus am Berg betet (Matthäus 14,23). Er scheint weit weg zu sein, doch in diesem Moment betet er für seine Jünger – er betet für mich!

Petrus war sich sicher, »wenn die Meere toben, Stürme wehn, werd ich mit [Jesus] übers Wasser gehn«. Er ist Herr, er ist König. Mutig forderte er von Jesus, ihm zu befehlen, übers Wasser zu ihm zu kommen. Petrus wusste, dass Jesus zu einem Auftrag immer auch die Kraft und Befähigung gibt. Als Petrus die Aufforderung Jesu hörte, dachte er nicht lange nach und stieg aus dem Boot. Es geschah ein Wunder: Er konnte Jesus tatsächlich übers Wasser entgegenlaufen! Doch dann passierte es: Er blickte sich um, sah die bedrohlichen Wellen und bekam Angst. Er bemerkte, wie unmöglich sein Vorhaben war. Sein Blick glitt weg vom Ziel, weg von Jesus, und in diesem Moment begann er zu sinken.

Da frage ich mich, wie ich meinen Blick wirklich jeden Tag auf Jesus richten kann. Wann beginne ich zu zweifeln? Lasse ich mich von Ereignissen um mich herum, von Politik, Naturkatastrophen oder Krankheiten ablenken, sodass ich nicht mehr die Macht des Schöpfers sehe? Lass die tosenden Wellen die tröstende Stimme Jesu nicht übertönen, die zu dir sagt: »Es ist gut«, »Ich bin es! Habt keine Angst« (Matthäus 14,27)!

> Währenddessen hatte sich das Boot weit vom Ufer entfernt und war in schweren Seegang geraten, denn ein starker Wind war aufgekommen. Gegen drei Uhr morgens kam Jesus über das Wasser zu ihnen. Als ihn die Jünger sahen, schrien sie entsetzt auf, denn sie hielten ihn für einen Geist. Doch Jesus sprach sie sogleich an: »Es ist gut«, sagte er. »Ich bin es! Habt keine Angst.« Da rief Petrus ihm zu: »Herr, wenn du es wirklich bist, befiehl mir, auf dem Wasser zu dir zu kommen.« »Dann komm«, sagte Jesus. Und Petrus stieg aus dem Boot und ging über das Wasser, Jesus entgegen. Als er sich aber umsah und die hohen Wellen erblickte, bekam er Angst und begann zu versinken. »Herr, rette mich!«, schrie er.

MATTHÄUS 14,24-30

Blicke voll Vertrauen auf Jesus!

STILL

Komm, ruh dich aus bei deinem Gott.
Trau auf ihn und seine große Kraft.

Aus »Feiert Jesus! 4«, Nr. 140
Originaltitel: Still
Text und Melodie: Reuben Morgan
Deutsch: Winnie Schweitzer
© 2002 Hillsong Music Publishing
Für D, A, CH: CopyCare Deutschland, 71087 Holzgerlingen

Feiert Jesus! 365
CD 2, Nr. 12

TRAU AUF IHN – DIE HELFENDE HAND JESU

Die Geschichte von Petrus endet nicht dort, wo er im Sturm zu versinken droht. Sofort schreit er: »Herr, rette mich« (Matthäus 14,30)! Und Jesus lässt ihn nicht einen Tropfen Wasser schlucken. Er wartet nicht bis zur letzten Sekunde, sondern streckt ihm sofort die Hand hin und hält ihn fest (Matthäus 14,31). Sofort! Das empfinde ich als sehr ermutigend, dass Jesus umgehend eingreift und hilft. Danach bekommt Petrus noch einen kleinen Tadel, weil er »nicht viel Glauben« hat (Matthäus 14,31), und wird von Jesus zum Boot zurückgebracht. Und sobald Jesus an Bord ist, zeigt er, dass er »König über Wind und Flut« ist: der Sturm hört auf.
»Trau auf ihn und seine große Kraft.« Petrus zweifelte nicht daran, dass er auf dem Wasser laufen könnte, wenn Jesus es ihm in seiner großen Kraft befehlen würde. Und er konnte es. Als er zu versinken drohte, zweifelte er wiederum nicht daran, dass Jesus ihm helfen könnte und helfen würde. Und Jesus tat es.
Mein Leben als Christ erscheint mir oft so unmöglich, wie es auch nicht möglich ist übers Wasser zu laufen. Doch in der Kraft des Heiligen Geistes kann das Unmögliche möglich werden! Wenn ich

mich mehr mit mir selbst oder den Wellen um mich herum beschäftige, darf ich Jesus um Hilfe bitten, dass er meinen Blick wieder auf das Ziel, auf sich, richtet. »Wir wollen den Wettlauf bis zum Ende durchhalten, für den wir bestimmt sind. Dies tun wir, indem wir unsere Augen auf Jesus gerichtet halten, von dem unser Glaube vom Anfang bis zum Ende abhängt« (Hebräer 12,1f).

Sofort streckte Jesus ihm die Hand hin und hielt ihn fest. »Du hast nicht viel Glauben«, sagte Jesus. »Warum hast du gezweifelt?« Als sie schließlich zurück ins Boot stiegen, legte sich der Wind. Da beteten ihn die Jünger an. »Du bist wirklich der Sohn Gottes!«, riefen sie.

MATTHÄUS 14,31-33

Ich wünsche dir, dass du Jesus als Quelle der Hilfe,
Kraft und Freude jeden Tag erlebst!

BEFIEHL DU DEINE WEGE

Befiehl du deine Wege
und was dein Herze kränkt
der allertreusten Pflege
des, der den Himmel lenkt.
Der Wolken, Luft und Winden
gibt Wege, Lauf und Bahn,
der wird auch Wege finden,
da dein Fuß gehen kann.

Aus »Feiert Jesus! 1«, Nr. 136
Text (nach Ps 37,5): Paul Gerhardt (1653)
Melodie: Bartholomäus Gesius (1603); bei Georg Philipp Telemann (1730)

Glaube – Das Liederschatz-Projekt
Nr. 3

LEBENSTIPP

Der Liederdichter Paul Gerhardt (1607–1676) wandte bei dem Lied »Befiehl du deine Wege« eine literarische Besonderheit an: ein Akrostichon. Das heißt, dass die Anfänge der Strophen nacheinander gelesen einen Sinn ergeben. In diesem Fall ergeben die Anfangsworte den Bibelvers aus Psalm 37,5 nach der Lutherübersetzung: »Befiehl dem Herrn deine Wege und hoffe auf ihn, er wird's wohl machen«. Oder in einer neueren Übersetzung (NLB): »Überlass dem Herrn die Führung deines Lebens und vertraue auf ihn, er wird es richtig machen.«

Heutzutage gibt es für jede Sinn- und Lebensfrage zahllose Ratgeber zu kaufen. Wie wird mein Leben erfolgreich? Wie führe ich eine erfolgversprechende Gehaltsverhandlung? Wie kann ich meine Vergangenheit erfolgreich bewältigen, und, und, und. Auch der Psalmist gibt im Psalm 37 einen weisen Lebenstipp, wie das Leben gelingen kann: Befiehl Gott deinen Lebensweg an und vertraue und hoffe auf seine Hilfe! Eigentlich ganz einfach. Ein einzelner Satz. Keine riesige Anleitung mit mehreren Seiten. Einfach alles, was mich bewegt, was in meinem Herzen bohrt, was meine Gedanken umtreibt – all das kann ich dem großen, mächtigen Schöpfergott anvertrauen. Denn wie Paul Gerhardt schreibt: Derjenige, »der Wolken, Luft und Winde« steuert und sich das alles wunderbar ausgedacht hat, der wird doch auch für mich den besten Weg wissen und mich führen können!

Aber nun die entscheidende Frage: Wie setze ich das konkret um? Was heißt dieses Anbefehlen zum Beispiel an einem Dienstagmorgen für mich? Was bedeutet es an einem Samstagabend? Im Urlaub? Im Krankenhaus? Während meines Pendelwegs zur Arbeit? Beim Einkaufen?

Das Beste an diesem Rat fürs Leben finde ich, dass es nicht nur ein Verhaltenshinweis ist, sondern dass die Erfolgsgarantie gleich mitgeliefert wird: Gott wirds richtig machen! Vertraue darauf!

> Ärgere dich nicht über die schlechten Menschen. Beneide die nicht, die Unrecht tun. Denn sie werden wie Gras verdorren und wie Blumen verwelken. Vertraue auf den Herrn und tue Gutes, dann wirst du im Lande sicher leben, und es wird dir gut gehen. Freu dich am Herrn, und er wird dir geben, was dein Herz wünscht. Überlass dem Herrn die Führung deines Lebens und vertraue auf ihn, er wird es richtig machen. Deine Unschuld wird er sichtbar machen so hell wie das Licht des Tages, und die Rechtmäßigkeit deiner Sache wird leuchten wie die Mittagssonne. Sei ruhig in der Gegenwart des Herrn und warte, bis er eingreift. Ärgere dich nicht über die Bösen, denen es gut geht, und fürchte dich nicht vor ihren bösen Plänen.
>
> **PSALM 37,1-7**

Wie setzt du es heute um?

5. SEPTEMBER

BEFIEHL DU DEINE WEGE

Dem Herren musst du trauen,
wenn dir's soll wohlergehn;
auf sein Werk musst du schauen,
wenn dein Werk soll bestehn.
Mit Sorgen und mit Grämen
und mit selbsteigner Pein
lässt Gott sich gar nichts nehmen,
es muss erbeten sein.

Aus »Feiert Jesus! 1«, Nr. 136
Text (nach Ps 37,5): Paul Gerhardt (1653)
Melodie: Bartholomäus Gesius (1603); bei Georg Philipp Telemann (1730)

Glaube – Das Liederschatz-Projekt
Nr. 3

VERTRAUEN!

Sich auf Gott verlassen. Dem Herrn vertrauen. Gott die Führung überlassen. Das ist es, was die Bibel an vielen Stellen befiehlt, so auch in dem folgenden Vers: »Vertraue von ganzem Herzen auf den Herrn und verlass dich nicht auf deinen Verstand. Denke an ihn, was immer du tust, dann wird er dir den richtigen Weg zeigen« (Sprüche 3,5f).

Ein ähnlicher Vers wie bei der Andacht gestern zu Psalm 37,5. Und was ist die Konsequenz? Welche Folgen hat es, wenn ich mich nicht auf mich verlasse, nicht selbst das Leben in die Hand nehme, sondern die Führung abgebe? Treibe ich dann ziellos dahin? Komme ich dann an ein Ziel, an das ich nie kommen wollte? Muss ich tatenlos zusehen, wie jemand anderes mein Leben an die Wand fährt? Im Gegenteil: Der Bibelvers zeigt, dass Gott den richtigen Weg zeigen wird. Er wird Gelingen schenken. Er hat den Überblick. Er weiß besser als ich, was gut ist. »Wenn dir's soll wohlergehn«, »wenn dein Werk soll bestehn«.

Wie oft aber sagt mein Herz zwar, dass Gott es gut mit mir meint, aber mein Verstand hat unzählige Ideen, was und wie ich etwas tun möchte, wie ich ein Problem lösen könnte, wie ich mir mein Leben vorstelle usw. Es bedeutet für mich immer wieder und jeden Tag neu, bewusst Gott nach seinem Weg zu fragen: Im Gebet, beim Bibellesen, in der Stille. Was willst du wirklich, Jesus? Was hast du mit mir und meinem Leben heute vor?

Lass den Heiligen Geist zu dir sprechen, wie, wo und wozu Gott dich an diesem Tag gebrauchen möchte.

> Mein Sohn, vergiss nicht, was ich dich gelehrt habe. Bewahre meine Gebote in deinem Herzen, denn sie schenken dir ein langes und zufriedenes Leben. Gnade und Treue sollen dir nicht verloren gehen. Trage sie wie eine Kette um deinen Hals und schreibe sie dir tief in dein Herz. Dann wirst du freundlich und klug werden und Anerkennung bei Gott und den Menschen finden. Vertraue von ganzem Herzen auf den Herrn und verlass dich nicht auf deinen Verstand. Denke an ihn, was immer du tust, dann wird er dir den richtigen Weg zeigen.
>
> **SPRÜCHE 3,1-6**

Lass den Heiligen Geist zu dir sprechen!

6. SEPTEMBER

BEFIEHL DU DEINE WEGE

Dein ewge Treu und Gnade,
o Vater, weiß und sieht,
was gut sei oder schade
dem sterblichen Geblüt;
und was du dann erlesen,
das treibst du, starker Held,
und bringst zu Stand und Wesen,
was deinem Rat gefällt.

Aus »Feiert Jesus! 1«, Nr. 136
Text (nach Ps 37,5): Paul Gerhardt (1653)
Melodie: Bartholomäus Gesius (1603); bei Georg Philipp Telemann (1730)

Glaube – Das Liederschatz-Projekt
Nr. 3

ICH WILL ES TUN!

Gott treibt es, Gott bringt es zu einem Ende, Gott lässt gelingen, was er für gut befunden hat. In Lukas 5,13 sagt Jesus zu einem Leprakranken: »Ich will es tun. Sei gesund!« Dieser Satz: »ich will es tun«, steht ungefähr 4 000 Mal in der Bibel. Gott will es tun. Gott kann es tun. Gott wird es tun. Gott ist mächtig, er ist interessiert an uns und an seiner Welt. Er ist aktiv, er handelt, greift ein. Und wenn Gott etwas verspricht, wenn er sagt: »ich will es tun«, dann tut er es auch, dann hält er sein Versprechen.

Und wir haben eine Verheißung, auf die wir hoffen und vertrauen dürfen: Wenn etwas »Gottes Rat gefällt«, dann treibt er es voran, dann will er es tun. Manchmal ist mir diese Verheißung im Alltag nicht bewusst. Aber ich möchte mir bei dieser Liedstrophe in Erinnerung rufen, dass Gott treu ist und seine Versprechen hält. Und dass er der mächtige Gott ist, der alles kann und auf den ich voll und ganz vertrauen darf. Wichtig ist nur, sich dabei auch ins Bewusstsein zu rufen, was Gott eigentlich versprochen hat – er hat mir nämlich nicht versprochen, dass ich immer wohlhabend, immer gesund, immer erfolgreich sein werde, sondern er gibt Verheißungen und Versprechen für das, was letzten Endes gut für unser »sterbliches Geblüt« ist – und das ist manchmal anders als das, was ich mir wünsche und erbete.

Wo muss ich meine Wünsche anhand von Gottes Wort korrigieren? Wo fällt mir dieses volle Vertrauen schwer, dass Gott das Gute für mich will und tun wird?

In einem der Dörfer begegnete Jesus einem Aussätzigen, dessen Krankheit schon weit fortgeschritten war. Als der Mann Jesus sah, warf er sich mit dem Gesicht vor ihm in den Staub und flehte ihn an, ihn zu heilen. »Herr«, sagte er, »wenn du willst, kannst du mich gesund machen.« Da streckte Jesus die Hand aus und berührte den Mann. »Ich will es tun«, sagte er, »sei gesund!« Und im gleichen Augenblick verschwand der Aussatz. Jesus wies ihn an, niemandem zu erzählen, was geschehen war. Er sagte: »Geh zum Priester und lass dich von ihm untersuchen. Nimm das Opfer mit, das im Gesetz Moses für diejenigen vorgeschrieben wird, die von Aussatz geheilt sind. Das wird für alle ein Beweis deiner Heilung sein.«

LUKAS 5,12-14

Du darfst vertrauen!

BEFIEHL DU DEINE WEGE

Weg hast du allerwegen,
an Mitteln fehlt dir's nicht;
dein Tun ist lauter Segen,
dein Gang ist lauter Licht;
dein Werk kann niemand hindern,
dein Arbeit darf nicht ruhn,
wenn du, was deinen Kindern
ersprießlich ist, willst tun.

Aus »Feiert Jesus! 1«, Nr. 136
Text (nach Ps 37,5): Paul Gerhardt (1653)
Melodie: Bartholomäus Gesius (1603); bei Georg Philipp Telemann (1730)

Glaube – Das Liederschatz-Projekt
Nr. 3

GOTTES LANGER ARM

Machst du dir manchmal bewusst, dass Gott einen sehr langen Arm hat? Egal, wie gleichgültig Menschen ihm gegenüber sind – Gott kann sie erreichen. Egal, wie sehr sie die Bibel und ihren Inhalt ablehnen – Gott kann sie erreichen. Egal, wie sehr Menschen verstrickt sind in Aberglauben oder falsche Religionen – Gott kann sie erreichen. »Weg hast du allerwegen, an Mitteln fehlt dir's nicht«.
In Jesaja 59,1 steht ein ermutigender Vers: »Hört zu! Die Hand des Herrn ist nicht zu kurz, um euch zu helfen, und er ist nicht taub, dass er euch nicht hören würde.« Gottes Arm ist lang, sehr lang. Und Gott hat ein offenes Ohr, um unser Gebet zu hören. Betest du für die Errettung eines bestimmten Menschen? Oder eines bestimmten Volkes? Gott erfüllt unser Gebet nicht immer – manchmal erfüllt er es später, manchmal nie. Aber eines ist ganz sicher: Gott hört dein Gebet!

Der schottische Reformator John Knox (*1572) betete: »Gib mir Schottland, oder ich sterbe.« Und Gott gab ihm tatsächlich, worum er gebeten hatte! John Knox gründete die Presbyterianische Kirche. Der englische Prediger John Whitefield (*1714) betete: »Herr, gib mir Seelen oder nimm meine Seele.« Und Gott »schenkte ihm Seelen«, und Whitefield war Teil einer großen Erweckungsbewegung. Wenn ich solche Zeugnisse höre, werde ich motiviert, ebenfalls verstärkt für Erweckung und Rettung von Menschen zu beten. Denn Gottes Arm ist lang und sein »Tun ist lauter Segen, [sein] Gang ist lauter Licht«.

> Hört zu! Die Hand des Herrn ist nicht zu kurz, um euch zu helfen und er ist nicht taub, dass er euch nicht hören würde. Nein, eure Sünden sind eine Schranke, die euch von Gott trennt. Wegen eurer Sünden verbirgt er sein Antlitz vor euch und will euch nicht mehr hören. An euren Händen klebt Blut, an euren Fingern Sünde. Eure Lippen lügen, mit eurer Zunge zischt ihr boshafte Dinge.

JESAJA 59,1-3

Bete für Gottes Wirken!

BEFIEHL DU DEINE WEGE

Und ob gleich alle Teufel
hier wollten widerstehn,
so wird doch ohne Zweifel
Gott nicht zurücke gehn;
was er sich vorgenommen
und was er haben will,
das muss doch endlich kommen
zu seinem Zweck und Ziel.

Aus »Feiert Jesus! 1«, Nr. 136
Text (nach Ps 37,5): Paul Gerhardt (1653)
Melodie: Bartholomäus Gesius (1603); bei Georg Philipp Telemann (1730)

Glaube – Das Liederschatz-Projekt
Nr. 3

WAS ER SICH VORGENOMMEN ...

Was Gott sich vorgenommen hat, das wird er zum Ziel bringen.
Nichts und niemand wird ihn daran hindern können. »Durch ihn
hat Gott alles erschaffen, was im Himmel und auf der Erde ist. Er
machte alles, was wir sehen, und das, was wir nicht sehen können, »ob Könige, Reiche, Herrscher oder Gewalten. Alles ist durch
ihn und für ihn erschaffen. Er war da, noch bevor alles andere
begann, und er hält die ganze Schöpfung zusammen« (Kolosser
1,16f).
Gott hat nicht nur viel geredet, sondern er hat es auch umgesetzt.
Er hat alles erschaffen – und er hat es zu einem Zweck erschaffen: »Für ihn erschaffen«, heißt es im Bibelvers. Alles, was Gott
geschaffen hat, hat er sich zur Ehre geschaffen. Ist das nicht ein
großes Lob für dich und mich, dass wir von Gott zu seinem Ruhm,
zu seiner Ehre erschaffen wurden? Es ist eine Ehre für mich, für

Gott zu leben! Deshalb möchte ich es auch für ihn zur Ehre tun. Wie kann ich ihn heute verherrlichen?

Es wird immer wieder Gegenwind geben. Immer wieder versucht der Teufel, mich zu Fall zu bringen, sodass ich nicht zur Ehre Gottes lebe. Aber mit Jesu Hilfe darf ich ihn verherrlichen. Gott hat sich vorgenommen, dass die Menschen errettet werden zu seiner Ehre. Was er sich vorgenommen hat, wird er zum Ziel bringen. Dafür möchte ich bewusst danken!

> Christus ist das Bild des unsichtbaren Gottes. Er war bereits da, noch bevor Gott irgendetwas erschuf, und ist der Erste aller Schöpfung. Durch ihn hat Gott alles erschaffen, was im Himmel und auf der Erde ist. Er machte alles, was wir sehen, und das, was wir nicht sehen können, ob Könige, Reiche, Herrscher oder Gewalten. Alles ist durch ihn und für ihn erschaffen. Er war da, noch bevor alles andere begann, und er hält die ganze Schöpfung zusammen. Christus ist das Haupt der Gemeinde, und die Gemeinde ist sein Leib. Er ist der Anfang und als Erster von den Toten auferstanden, damit er in allem der Erste ist. Denn Gott wollte in seiner ganzen Fülle in Christus wohnen.
>
> **KOLOSSER 1,15-19**

Du darfst Gott zur Ehre leben!

9. SEPTEMBER

BEFIEHL DU DEINE WEGE

Hoff, o du arme Seele,
hoff und sei unverzagt!
Gott wird dich aus der Höhle,
da dich der Kummer plagt,
mit großen Gnaden rücken;
erwarte nur die Zeit,
so wirst du schon erblicken
die Sonn der schönsten Freud.

Aus »Feiert Jesus! 1«, Nr. 136
Text (nach Ps 37,5): Paul Gerhardt (1653)
Melodie: Bartholomäus Gesius (1603); bei Georg Philipp Telemann (1730)

Glaube – Das Liederschatz-Projekt
Nr. 3

TROST

Plagt dich auch gerade ein Kummer, eine Notlage, eine traurige Tatsache? Dann befindest du dich in guter Gesellschaft. Fast alle Menschen, die du fragen könntest, werden antworten, dass sie – mal mehr, mal weniger aktuell, mal mehr, mal weniger intensiv – unter etwas leiden: Unter finanzieller Not, unter einer Krankheit, unter Einsamkeit, unter einem Unrecht, das ihnen angetan wurde. Wenn man in die Bibel schaut, gibt es unzählige Geschichten von Menschen, die an etwas oder unter etwas litten. Auch Paulus scheint unter etwas gelitten zu haben, wenn er von einem Stachel im Fleisch spricht, den Gott trotz seines Gebets nicht geheilt hat. Auch als Christen haben wir mit Krankheiten, Enttäuschungen oder schweren Lebensumständen zu kämpfen. Gott lässt Leid, Einsamkeit, Schmerzen und andere negativen Umstände zu. Aber er verheißt uns auch seine Kraft. Er verheißt, dass er uns nie alleinlässt. Er verheißt, dass er uns hilft, die Last zu tragen. Und als Trost, auf den wir als seine Nachfolger blicken können, verspricht Jesus in der Bergpredigt: »Gott segnet die, die traurig sind, denn sie werden getröstet werden« (Matthäus 5,4). »Gott segnet euch, wenn ihr verspottet und verfolgt werdet und wenn Lügen über euch verbreitet werden, weil ihr mir nachfolgt« (Matthäus 5,11).

»Erwarte nur die Zeit.« Noch ist es nicht so, aber wir dürfen darauf hoffen und vertrauen, denn Gott hält seine Versprechen immer. Und spätestens im Himmel werden wir die »Sonn der schönsten Freud« erblicken.

> »Gott segnet die, die erkennen, dass sie ihn brauchen, denn ihnen wird das Himmelreich geschenkt. Gott segnet die, die traurig sind, denn sie werden getröstet werden. Gott segnet die Freundlichen und Bescheidenen, denn ihnen wird die ganze Erde gehören. Gott segnet die, die nach Gerechtigkeit hungern und dürsten, denn sie werden sie im Überfluss erhalten. Gott segnet die Barmherzigen, denn sie werden Barmherzigkeit erfahren. Gott segnet die, die ein reines Herz haben, denn sie werden Gott sehen. Gott segnet die, die sich um Frieden bemühen, denn sie werden Kinder Gottes genannt werden. Gott segnet die, die verfolgt werden, weil sie in Gottes Gerechtigkeit leben, denn das Himmelreich wird ihnen gehören. Gott segnet euch, wenn ihr verspottet und verfolgt werdet und wenn Lügen über euch verbreitet werden, weil ihr mir nachfolgt. Freut euch darüber! Jubelt! Denn im Himmel erwartet euch eine große Belohnung. Und denkt daran, auch die Propheten sind einst verfolgt worden.«

MATTHÄUS 5,3-12

Gott verspricht dir seinen Trost!

VOR DIR

Vor dir kommt mein Herz zur Ruhe.
Vor dir atmet meine Seele auf.
Vor dir fallen meine Masken ab,
vor dir.

Aus »Feiert Jesus! 4«, Nr. 89
Text: Johanna Schmidt und Melanie Schmidt
Melodie: Johanna Schmidt, Melanie Schmidt, Richard Schmidt und Daniela A. Bauer
© 2011 SCM Hänssler, 71087 Holzgerlingen

Feiert Jesus! 19
Nr. 12

DAS WESENTLICHE

Manchmal habe ich das Gefühl, dass der Tag nicht 24 Stunden haben müsste, sondern mehr. Denn ich renne ständig meiner To-Do-Liste und meinem Terminkalender hinterher. Der Stress des alltäglichen Lebens nimmt mich sehr oft gefangen. Ich investiere meine Kraft, Gedanken, Zeit und Gefühle, um alles zu regeln und zu erledigen. Dabei verliere ich meist den Blick auf das große Ganze, auf die ganze Lebenszeit, auf das Reich Gottes, auf die Ewigkeit. Und ich höre Gottes Stimme nicht.

Ich frage mich von Zeit zu Zeit, ob ich mich nicht von vielen Dingen, die zwar schön, aber auch anstrengend sind, ablenken lasse. Dinge die mich sogar an dem, was ich eigentlich möchte, und dem Weg, den ich gehen will, hindern – oder meine Kraft so in Anspruch nehmen, dass ich mich erschöpft und verausgabt fühle, statt aus Gottes Kraft für das Wesentliche zu leben, das Ewigkeitswert hat. Meist komme ich dann zu der Erkenntnis, dass ich mich zu ausgiebig mit den Ergänzungen und Zugaben des Lebens beschäftige.

»Vor dir kommt mein Herz zur Ruhe. Vor dir atmet meine Seele auf.« Vor Gott möchte ich mir immer wieder die Zeit nehmen, mein Leben zu hinterfragen und meine angeblich so wichtigen To-Dos zu durchleuchten, damit ich meine wertvolle Lebenszeit nicht mit Dingen verschwende, die für die Ewigkeit keinerlei Bedeutung haben. Das befreit und lässt meine Seele aufatmen, denn dann erkenne ich, was ich weglassen darf. Es ist nicht einfach, aber wichtig. Ich bete, dass Jesus alle meine Überlegungen, Planungen, Entscheidungen und Schritte führt und dass mein Leben dazu dient, ihn zu verherrlichen.

> Hört auf, euch Sorgen zu machen um euer Essen und Trinken oder um eure Kleidung. Warum wollt ihr leben wie die Menschen, die Gott nicht kennen und diese Dinge so wichtig nehmen? Euer himmlischer Vater kennt eure Bedürfnisse. Macht das Reich Gottes zu eurem wichtigsten Anliegen, lebt in Gottes Gerechtigkeit, und er wird euch all das geben, was ihr braucht. Deshalb sorgt euch nicht um morgen, denn jeder Tag bringt seine eigenen Belastungen. Die Sorgen von heute sind für heute genug.

MATTHÄUS 6,31-34

Gott kann dir den Blick für das Wesentliche schenken.

VOR DIR

Vor dir werden meine Sorgen klein.
Vor dir werden meine Wunden heil.
Vor dir mach ich meine Fäuste auf,
vor dir.

Aus »Feiert Jesus! 4«, Nr. 89
Text: Johanna Schmidt und Melanie Schmidt
Melodie: Johanna Schmidt, Melanie Schmidt, Richard Schmidt und Daniela A. Bauer
© 2011 SCM Hänssler, 71087 Holzgerlingen

Feiert Jesus! 19
Nr. 12

SORGEN

»Sorgt euch nicht um euer tägliches Leben – darum, ob ihr genug zu essen, zu trinken und anzuziehen habt« (Matthäus 6,25). Wie oft schon habe ich diesen Bibelvers und andere Bibelstellen über das Abgeben der Sorgen gelesen. Und wie oft schon habe ich dafür gebetet, dass ich mir keine Sorgen mehr mache. Wie oft schon Gott meine Sorgen vor die Füße gelegt. Wie oft schon! Und trotzdem gelingt es mir nicht immer gleich gut, meine Sorgen wirklich loszulassen. Aber ich muss gestehen: Dadurch, dass ich mir Sorgen mache, wird nichts verändert. Im Gegenteil: Das, worüber ich mir Sorgen mache, gewinnt immer mehr an Bedeutung, und meine Gedanken kreisen endlos darum.

Trotzdem darf ich jedes Mal neu erfahren: Gott sorgt für mich. Er schenkt mir meist unendlich viel mehr, als ich zum Überleben brauche. Und wenn es einmal doch weniger ist an Essen, an Kleidung, an Heilung oder was ich mir sonst gewünscht habe, dann darf ich trotzdem erfahren: Gott ist da. Er lässt mich nicht allein. Und ich habe eine Ewigkeitsperspektive, die mir kein Leid auf der

Welt nehmen kann. Doch je mehr Sorgen ich mir mache, desto mehr wird mein Blick auf Gott verstellt.

»Vor dir leg ich meine Sorgen ab«. Nicht umsonst fordert uns Gott radikal dazu auf, unsere Sorgen ganz auf ihn zu werfen: »Sorgt euch um nichts, sondern betet um alles. Sagt Gott, was ihr braucht, und dankt ihm. Ihr werdet Gottes Frieden erfahren, der größer ist, als unser menschlicher Verstand es je begreifen kann« (Philipper 4,6f). Wenn ich meine Sorgen konsequent immer wieder vor Gott hinlege, habe ich seine Verheißung, dass er mir einen tiefen Frieden ins Herz legt! Diesen tiefen Frieden möchte ich!

Darum sage ich euch: Sorgt euch nicht um euer tägliches Leben – darum, ob ihr genug zu essen, zu trinken und anzuziehen habt. Besteht das Leben nicht aus mehr als nur aus Essen und Kleidung? Schaut die Vögel an. Sie müssen weder säen noch ernten noch Vorräte ansammeln, denn euer himmlischer Vater sorgt für sie. Und ihr seid ihm doch viel wichtiger als sie. Können all eure Sorgen euer Leben auch nur um einen einzigen Augenblick verlängern? Nein. Und warum sorgt ihr euch um eure Kleider? Schaut die Lilien an und wie sie wachsen. Sie arbeiten nicht und nähen sich keine Kleider. Trotzdem war selbst König Salomo in seiner ganzen Pracht nicht so herrlich gekleidet wie sie. Wenn sich Gott so wunderbar um die Blumen kümmert, die heute aufblühen und schon morgen wieder verwelkt sind, wie viel mehr kümmert er sich dann um euch? Euer Glaube ist so klein!

MATTHÄUS 6,25-30

Mach dir keine Sorgen. Gott versorgt dich!

VOR DIR

In deinem Licht will ich leben
und deinen Willen tun,
deinen Wegen folgen,
dir mein Leben anvertraun.

Aus »Feiert Jesus! 4«, Nr. 89
Text: Johanna Schmidt und Melanie Schmidt
Melodie: Johanna Schmidt, Melanie Schmidt, Richard Schmidt und Daniela A. Bauer
© 2011 SCM Hänssler, 71087 Holzgerlingen

Feiert Jesus! 19
Nr. 12

IN JESU LICHT DIE WELT BETRACHTEN

Nach einem anstrengenden Tag mit vielen Terminen, Trotzattacken und Schreiphasen der Kinder ging mir dieser Refrain immer wieder durch den Kopf: »In deinem Licht will ich leben und deinen Willen tun« – genau das ist es, was ich möchte. Jesus, ich möchte mein Dasein, meine Lebenszeit, meine Aufgaben, meine Probleme aus deinen Augen betrachten lernen und in deinem Licht stehen. Ich will alles aus deinem Blickwinkel ansehen, durchleuchten, bewerten, hinterfragen und korrigieren. Lebe ich wirklich zu deiner Ehre? Habe ich durch das, was ich heute getan und gesagt habe, dich verherrlicht? Habe ich dich bekannt gemacht?

Ich möchte in deinem Willen leben, so werden und sein, wie du mich haben möchtest. Ich möchte meine Aufgaben so erledigen, als ob ich sie für dich persönlich tun würde. Ich möchte meine Kinder so erziehen, dass sie dich in mir erkennen und eine Sehnsucht nach dir entwickeln. Ich möchte mit meinen Nachbarn so reden, dass sie dein Licht in mir sehen. An meinem Arbeitsplatz möchte ich nach deinen Maßstäben handeln.

Das alles kann ich nicht – aber du kannst es. Ich bin weit davon entfernt, aber dir ist nichts unmöglich. Ich meine es ernst, es soll keine Floskel sein. Zeige mir deinen Willen jeden Tag neu in konkreten Situationen. Ich danke dir, dass du mehr Kraft, Liebe und Geduld hast, als ich mir vorstellen kann. Danke, Jesus, dass du mich kompromisslos liebst, wie ich bin, und dass du mich verändern kannst. Danke, dass du mir durch die Bibel deinen Willen und deinen Weg offenbarst: »Herr, zeige mir den richtigen Weg, damit ich nach deiner Wahrheit lebe! Gib mir das Verlangen ins Herz, dich zu ehren« (Psalm 86,11).

Ich habe gesehen, dass selbst das Vollkommene vergeht, doch deine Gebote gelten für immer. Wie sehr liebe ich dein Gesetz! Den ganzen Tag denke ich darüber nach. Durch deine Gebote bin ich meinen Feinden überlegen, denn sie sind mein ständiger Begleiter. Ich habe größere Erkenntnis als meine Lehrer, denn ich denke unablässig über deine Ratschlüsse nach. Ich bin klüger als die Alten, denn ich habe deine Gebote befolgt. Ich habe mich geweigert, böse Wege zu gehen, damit ich deinem Wort gehorsam bleibe. Ich habe deine Gesetze nicht aufgegeben, denn du warst mir ein guter Lehrer. Wie süß schmecken mir deine Worte, sie sind süßer als Honig. Deine Gebote machen mich einsichtig, deshalb hasse ich alle falschen Wege. Dein Wort ist eine Leuchte für meinen Fuß und ein Licht auf meinem Weg.

PSALM 119,96-105

Jesus, hilft dir, die Welt mit seinen Augen zu sehen.

13. SEPTEMBER

VOR DIR

Vor dir darf ich deine Wahrheit sehn.
Vor dir müssen alle Schatten fliehn.
Vor dir stehe ich in deinem Sieg,
vor dir.

Aus »Feiert Jesus! 4«, Nr. 89
Text: Johanna Schmidt und Melanie Schmidt
Melodie: Johanna Schmidt, Melanie Schmidt, Richard Schmidt und Daniela A. Bauer
© 2011 SCM Hänssler, 71087 Holzgerlingen

Feiert Jesus! 19
Nr. 12

NACHFOLGER, DIE IM SIEG VON JESUS STEHEN DÜRFEN

»Vor dir darf ich deine Wahrheit sehn. Vor dir müssen alle Schatten fliehn.« Der Begriff Wahrheit hat viele Aspekte. Doch einer bewegt mich zurzeit stark: Die Wahrheit der Erlösung.

Als Jesus seinen Jüngern in Matthäus 28,19 den Missionsbefehl gibt, fordert er sie auf, hinaus in die Welt zu gehen und Menschen zu Jüngern zu machen, zu Nachfolgern auszubilden. Jesus selbst hatte als seinen engsten Kreis zwölf Männer um sich, die ihn ständig begleiteten und von ihm aus nächster Nähe lernen konnten. Später, nach Jesu Auferstehung, lesen wir in Apostelgeschichte 1,15 bereits von 120 Menschen.

In 2. Timotheus 2,2 wird Timotheus von Paulus beauftragt: »Was du von mir gehört hast, das sollst du auch weitergeben an Menschen, die vertrauenswürdig und fähig sind, andere zu lehren.«

Es ist klar: Jeder Nachfolger Jesu soll die Wahrheit der Erlösung an andere Menschen weitergeben und somit wieder neue Nachfolger lehren. Wenn wir die Wahrheit weitergeben, müssen die Schatten des Bösen fliehen und dem Licht Jesu weichen!

»Vor dir stehe ich in deinem Sieg«. Wäre es nicht wunderbar, wenn mit mir noch viel mehr Menschen in Jesu Sieg stehen würden, weil Gott mich als seinen Jünger gebraucht? Hast du jemand, der »dein Jünger« ist, jemand, mit dem du das Evangelium teilst und den du lehrst und prägst mit dem, was du von Gott geschenkt bekommen hast? Jesus kann dich zum Segensbringer machen!

> Timotheus, mein lieber Sohn, werde stark durch die Gnade, die Gott dir in Christus Jesus schenkt. Was du von mir gehört hast, das sollst du auch weitergeben an Menschen, die vertrauenswürdig und fähig sind, andere zu lehren. Sei bereit, als ein treuer Kämpfer für Christus Jesus zu leiden. Und keiner, der in den Krieg zieht, verstrickt sich in die Angelegenheiten des täglichen Lebens, denn er will ja dem gefallen, der ihn in seine Armee aufgenommen hat. Auch wer an einem Wettkampf teilnimmt, kann nur gewinnen, wenn er sich an die Regeln hält. Bauern, die schwer arbeiten, erhalten als Erste Anteil an den Früchten ihrer Arbeit. Denke über meine Worte nach. Der Herr wird dir in all diesen Dingen das nötige Verständnis geben.
>
> **2. TIMOTHEUS 2,1-7**

Lass dich von Jesus gebrauchen!

BEFIEHL DU DEINE WEGE

Auf, auf, gib deinem Schmerze
und Sorgen gute Nacht!
Lass fahren, was das Herze
betrübt und traurig macht;
bist du doch nicht Regente,
der alles führen soll:
Gott sitzt im Regimente
und führet alles wohl.

Aus »Feiert Jesus! 1«, Nr. 136
Text (nach Ps 37,5): Paul Gerhardt (1653)
Melodie: Bartholomäus Gesius (1603); bei Georg Philipp Telemann (1730)

Glaube – Das Liederschatz-Projekt
Nr. 3

GOTT REGIERT

»God is in control!«, heißt ein beliebter englischer Ausspruch. Manchmal stecke ich in Situationen, bei denen ich mich frage, ob Gott wirklich über alles die Kontrolle hat. Ob er wirklich regiert und nicht viele andere Menschen oder Mächte die Führung übernommen haben, während er im Hintergrund steht und sich alles ansieht. Kennst du das? Oder ich frage mich, warum mir dies oder jenes geschehen muss, darf oder kann, wenn Gott doch alles in der Hand hat?

Wie kann es sein, dass Paulus im Römerbrief schreibt: »Und wir wissen, dass für die, die Gott lieben und nach seinem Willen zu ihm gehören, alles zum Guten führt« (Römer 8,28). Ich habe oft die Kontrolle verloren – aber Gott bleibt der Regent. Er gibt das Zepter nicht aus der Hand, auch wenn es für mich vielleicht so aussehen mag. Eines ist für mich sicher: In jeder Situation regiert

Gott und jede Situation kann einen tieferen Sinn haben, auch wenn ich ihn nicht gleich oder vielleicht auch nie erkenne. Ist es vielleicht eine Ermutigung für mich und andere, wenn es ausgestanden ist? Kann ich andere dadurch besser verstehen? Erkenne ich dadurch besser meine Abhängigkeit von Gott?

Die Frage nach dem Warum führt meist zu nichts. Aber ich darf darauf gespannt sein, wie er meine Situation lösen wird. Und ich darf vertrauen, dass Gott das Beste – und nicht nur das mittelmäßig Gute – für mich vorhat: Er hat mich dazu bestimmt, Jesus gleich zu werden!

> Der Heilige Geist hilft uns in unserer Schwäche. Denn wir wissen ja nicht einmal, worum oder wie wir beten sollen. Doch der Heilige Geist betet für uns mit einem Seufzen, das sich nicht in Worte fassen lässt. Und der Vater, der alle Herzen kennt, weiß, was der Geist sagt, denn der Geist bittet für die, die zu Gott gehören, wie es dem Willen Gottes entspricht. Und wir wissen, dass für die, die Gott lieben und nach seinem Willen zu ihm gehören, alles zum Guten führt. Denn Gott hat sie schon vor Beginn der Zeit auserwählt und hat sie vorbestimmt, seinem Sohn gleich zu werden, damit sein Sohn der Erstgeborene unter vielen Geschwistern werde. Und da er sie erwählt hat, hat er sie auch berufen, zu ihm zu kommen. Er hat sie gerecht gesprochen und hat ihnen Anteil an seiner Herrlichkeit gegeben.
>
> **RÖMER 8,26-30**

God is in control!

BEFIEHL DU DEINE WEGE

Ihn, ihn lass tun und walten,
er ist ein weiser Fürst
und wird sich so verhalten,
dass du dich wundern wirst,
wenn er, wie ihm gebühret,
mit wunderbarem Rat
das Werk hinausgeführet,
das dich bekümmert hat.

Aus »Feiert Jesus! 1«, Nr. 136
Text (nach Ps 37,5): Paul Gerhardt (1653)
Melodie: Bartholomäus Gesius (1603); bei Georg Philipp Telemann (1730)

Glaube – Das Liederschatz-Projekt
Nr. 3

SÄEN UND ERNTEN

Ich werde mich wundern, wie Gott die Sache gut zu Ende bringen wird. Wie er das löst, woran ich mir die Zähne ausgebissen habe. Deshalb: Lass es Gott machen. So klingt für mich das Fazit dieser Liedstrophe.

Ein Prediger erzählte einmal in einer Geschichte, dass Gott ein Geschäft eröffnet hätte. Ein gläubiger Mann sei hineingegangen und habe den Verkäufer begrüßte. Da er wisse, dass es Gottes Geschäft sei und Gott alles könne, wolle er gerne das ganze Glück der Welt kaufen und die Errettung seiner Nachbarn. Der Verkäufer musste den Mann enttäuschen. Er sagte ihm, dass in diesem Geschäft nur die Samen verkauft werden würden, nicht aber die Ernte. Er verkaufe die Werkzeuge, nicht aber die fertige Ware.

Zugegeben – eine eigenartige Geschichte. Aber sie verdeutlicht eines besonders: Wenn ich mir wünsche, dass die Menschen um mich herum verändert werden und ein Leben mit Jesus führen, wenn ich mir wünsche, dass meine Gemeinde stark wird, wenn ich mir wünsche, dass Menschen in fernen Ländern das Evangelium hören, wenn ich mir wünsche, dass..., dann muss ich auch bereit sein zu säen, das Feld zu bearbeiten und die Pflanzen zu pflegen. Gott allein kann schenken, dass die Samen, die wir ausstreuen, auch Früchte tragen.

Aber ich darf ihm dabei helfen, die Samen zu säen und die Pflanzen zu gießen. Und das kann manchmal unter Tränen, großer Kraftanstrengung und Enttäuschung verlaufen, wie es auch in Psalm 126,5 steht: »Die mit Tränen säen, werden mit Jubel ernten.« Doch Gott wird »das Werk [...], das dich bekümmert hat«, wunderbar vollenden.

> Herr, wende unser Schicksal auch jetzt wieder zum Guten; so wie Bäche die Wüste neu beleben. Die mit Tränen säen, werden mit Jubel ernten. Weinend gehen sie hinaus und streuen ihre Samen, jubelnd kehren sie zurück, wenn sie die Ernte einholen.
>
> **PSALM 126,4-6**

Säe heute – auch wenn es manche Träne kostet!

BEFIEHL DU DEINE WEGE

Er wird zwar eine Weile
mit seinem Trost verziehn
und tun an seinem Teile,
als hätt in seinem Sinn
er deiner sich begeben
und sollt'st du für und für
in Angst und Nöten schweben,
als frag er nichts nach dir.

Aus »Feiert Jesus! 1«, Nr. 136
Text (nach Ps 37,5): Paul Gerhardt (1653)
Melodie: Bartholomäus Gesius (1603); bei Georg Philipp Telemann (1730)

Glaube – Das Liederschatz-Projekt
Nr. 3

WIE LANGE NOCH?

»Herr, wie lange willst du mich noch vergessen? Wie lange willst du dich noch von mir abwenden? Wie lange soll meine Seele noch sorgen und mein Herz täglich aufs Neue trauern« (Psalm 13,2f)? Der Schreiber dieses Psalms, David, ist in einer Notsituation. Auch ich befinde mich manchmal in einer unbeschreiblichen, schmerzvollen, gefährlichen oder notvollen Lage, in der es keinen Ausweg zu geben scheint. Oder wie es Paul Gerhardt in der 9. Strophe dieses Liedes schreibt, schwebe ich in Angst und Not und habe das Gefühl, Gott kümmere sich nicht um mich. Ob es Gott manchmal egal ist, wie es mir geht? Ob es ihm gleichgültig ist, wie viele Tage ich in Furcht lebe, an Schmerzen leide und keine Hoffnung habe?

Sicher nicht. Aber er lässt zu, dass ich leidvolle Tage, Wochen und Monate erlebe. Er lässt Krankheit, Leid, Hoffnungslosigkeit und Zweifel zu. Aber er bietet immer sein offenes Ohr an. Er bietet immer seine offenen Arme an. Er bietet immer seine starken Schultern an, auf die ich meine Lasten werfen soll. Er will meine Hoffnung und mein Trost in allem sein!

David wechselt in seinem Klagepsalm in drei Stufen seine innere Haltung: Ist er zuerst vollkommen verzweifelt (Psalm 13,2f), drückt er in den Versen 4 und 5 bereits eine sehnsuchtsvolle Erwartung an Gott aus. In den letzten zwei Psalmversen schließlich betont er die Freude und die hoffnungsvolle Zuversicht, dass Gott ihn errettet und die Oberhand behält.

David ist mir ein großes Vorbild und eine Ermutigung. Welche verzweifelte Notlage habe ich gerade vor mir? Was ist meine Hoffnung und Erwartung, auf die ich meine Augen richten könnte? Und wie möchte ich Gott loben für das, was er daraus machen wird?

> Herr, wie lange willst du mich noch vergessen? Wie lange willst du dich noch von mir abwenden? Wie lange soll meine Seele noch sorgen und mein Herz täglich aufs Neue trauern? Wie lange wird mein Feind noch die Oberhand behalten? Wende dich mir zu und erhöre mich, Herr, mein Gott! Mach es wieder hell vor meinen Augen, damit ich nicht sterbe. Lass nicht zu, dass meine Feinde triumphieren und sagen: »Wir haben ihn besiegt!« Lass nicht zu, dass sie jubeln, weil ich unterliege. Ich vertraue auf deine Gnade. Ich freue mich, dass du mich retten wirst. Ich will dem Herrn ein Loblied singen, weil er so gut zu mir war.
>
> **PSALM 13,2-6**

Gott ist da, auch wenn du es im Moment
nicht denkst!

BEFIEHL DU DEINE WEGE

Wird's aber sich befinden,
dass du ihm treu verbleibst,
so wird er dich entbinden,
da du's am mindsten gläubst;
er wird dein Herze lösen
von der so schweren Last,
die du zu keinem Bösen
bisher getragen hast.

Aus »Feiert Jesus! 1«, Nr. 136
Text (nach Ps 37,5): Paul Gerhardt (1653)
Melodie: Bartholomäus Gesius (1603); bei Georg Philipp Telemann (1730)

Glaube – Das Liederschatz-Projekt
Nr. 3

TREU

Wenn man in Jesaja 36 die Geschichte von König Hiskia und dem feindlichen König von Assyrien liest, ist es beeindruckend, wie sich das Geschehen entwickelt: Der Obermundschenk des assyrischen Königs wendet fiese Methoden an, um das Vertrauen, das Hiskia Gott entgegenbringt, zu untergraben. Hinterhältig fragt er: Auf wen vertraust du eigentlich? Meinst du wirklich, du könntest dich auf deinen Gott verlassen? Denkst du, Worte allein genügen und sind so viel wert wie militärisches Können und Stärke? Gib auf! Auch das Volk stürzt er in Versuchung: Lasst euch vom König nicht täuschen, denn er kann euch nicht retten. Lasst euch nicht vertrösten (Jesaja 36,1–21). Eine typische Taktik, die unsicher und mutlos macht: Ersatz bieten für das, was Gott bietet: Infragestellen des Vertrauens.

Aber das »große Aber« schreibt auch Paul Gerhardt: Wenn wir treu bleiben, nimmt Gott unsere Last auf sich. Das Vertrauen zahlt sich am Ende aus! Es braucht jedoch viel Kraft und Geduld, dieses Vertrauen aufrechtzuerhalten, wenn man von allen Seiten bedrängt und in Versuchung geführt wird. Ich weiß, dass ich allein nicht treu sein kann. Doch ich darf Gott immer wieder neu bitten, dass er mir hilft, an ihm allein festzuhalten und mich nicht von hinterhältigen Fragen und Entmutigungen von ihm wegbringen zu lassen.

Doch der Obermundschenk entgegnete: »Hat mich mein Herr etwa nur zu deinem Herrn und zu dir gesandt, um diese Dinge zu sagen? Hat er mich nicht auch zu den Männern auf der Mauer geschickt, die mit euch zusammen ihren eigenen Kot essen und ihren eigenen Urin trinken werden?« Damit stand er auf und rief mit lauter Stimme auf Judäisch: »Hört die Worte des großen Königs von Assyrien! So spricht der König: ›Lasst euch nicht von König Hiskia täuschen, denn er wird euch nicht retten können. Lasst euch nicht von Hiskia mit dem Herrn vertrösten, wenn er behauptet: Der Herr wird uns bestimmt retten! Diese Stadt wird dem assyrischen König nicht in die Hände fallen!‹ Hört nicht auf Hiskia! Der König von Assyrien bietet euch folgenden Handel an: Schließt mit mir Frieden und kommt heraus. Dann wird jeder Einzelne von euch weiterhin von seinem Weinstock und von seinem Feigenbaum essen und aus seinem eigenen Brunnen trinken, bis ich komme und euch in ein Land bringe, das eurem gleicht – ein Land voller Getreide und Most, Brot und Weinbergen. Lasst euch nicht von Hiskia verführen, wenn er sagt: ›Der Herr wird uns retten!‹ Haben die Götter irgendeines anderen Volkes ihr Land jemals vor dem König von Assyrien gerettet? Was wurde aus den Göttern von Hamat und Arpad? Und was aus den Göttern von Sefarwajim? Haben sie Samaria vor mir retten können? Welcher von all den Göttern dieser Länder hat jemals sein Land vor meiner Macht schützen können? Und da glaubt ihr, der Herr könnte Jerusalem vor mir retten?«

JESAJA 36,12-20

Gott hilft dir, treu zu bleiben!

BEFIEHL DU DEINE WEGE

Wohl dir, du Kind der Treue,
du hast und trägst davon
mit Ruhm und Dankgeschreie
den Sieg und Ehrenkron;
Gott gibt dir selbst die Palmen
in deine rechte Hand,
und du singst Freudenpsalmen
dem, der dein Leid gewandt.

Aus »Feiert Jesus! 1«, Nr. 136
Text (nach Ps 37,5): Paul Gerhardt (1653)
Melodie: Bartholomäus Gesius (1603); bei Georg Philipp Telemann (1730)

Glaube – Das Liederschatz-Projekt
Nr. 3

DANKGESCHREI

»[...] mit Ruhm und Dankgeschreie« – Geschrei und Dank sind zwei Worte, die für mich nicht direkt zusammenpassen. Dank verbinde ich eher mit Freundlichkeit, Sanftheit, zwar auch mit kräftiger Stimme, aber eher begleitet von einem Lächeln. Geschrei dagegen ist für mich verbunden mit laut, lärmend, meist auch nervig, unangenehm und auf Dauer störend.

Aber es verbirgt sich für mich eine Wahrheit hinter der Wortwahl Paul Gerhardts: Wenn ich ehrlich dankbar bin und völlig von Dank erfüllt, dann ist es nicht nur ein leises Danke, das ich Gott zuflüstere, sondern dann rufe ich es laut, fröhlich, ja eben fast schreiend, sodass Gott und die Welt es hören können. Er, der mein »Leid gewandt« hat, der mich vom ewigen Tod errettet hat, der soll immer und immer wieder ein dickes Dankeschön von mir erhalten. Dies kann ich mit Psalmen tun, wie es in dieser Strophe heißt, oder mit eigenen Liedern, eigenen Worten und Gebeten. Wir als Christen sind wirklich überreich beschenkt, und nur zu oft nehme ich dies als selbstverständlich hin. Es gibt so viele kleine Dinge im Alltag: »Schrei« heute dein Danke fröhlich an Gott! Und noch ein Tipp: Überlege, bei wem du dich außer bei Gott noch bedanken kannst. Vielleicht bei deinen Eltern? Deinen Geschwistern, Freunden, Nachbarn oder Kollegen? Wenn wir auch lobend, anerkennend, ermutigend und dankbar gegenüber unseren Mitmenschen sind, freut sich Gott ebenfalls!

Auf seinem Weg nach Jerusalem gelangte Jesus an die Grenze zwischen Galiläa und Samaria. Als er dort in ein Dorf kam, standen in einiger Entfernung zehn Aussätzige und riefen: »Jesus, Meister, hab Mitleid mit uns!« Er sah sie an und sagte: »Geht und zeigt euch den Priestern.« Und während sie gingen, verschwand ihr Aussatz. Einer von ihnen kam, als er es merkte, zu Jesus zurück und rief: »Dank sei Gott, ich bin geheilt!« Und er fiel vor Jesus nieder und dankte ihm. Dieser Mann war ein Samariter. Jesus fragte: »Sind nicht zehn Menschen geheilt worden? Wo sind die anderen neun? Kehrt nur dieser Fremde zurück, um Gott die Ehre zu geben?« Und er sagte zu dem Mann: »Steh auf und geh. Dein Glaube hat dich gerettet.«

LUKAS 17,11-19

Danke, Gott, für deinen Segen,
den du über mir ausschüttest!

19. SEPTEMBER

BEFIEHL DU DEINE WEGE

Mach End, o Herr, mach Ende
mit aller unsrer Not;
stärk unsre Füß und Hände
und lass bis in den Tod
uns allzeit deiner Pflege
und Treu empfohlen sein,
so gehen unsre Wege
gewiss zum Himmel ein.

Aus »Feiert Jesus! 1«, Nr. 136
Text (nach Ps 37,5): Paul Gerhardt (1653)
Melodie: Bartholomäus Gesius (1603); bei Georg Philipp Telemann (1730)

Glaube – Das Liederschatz-Projekt
Nr. 3

PAUSE!

Mach dem Ganzen ein Ende! Das halt ich nicht mehr länger aus! Stopp! Das reicht doch jetzt wirklich! Besser wird es nicht mehr auf der Erde, erst wieder im Himmel.

So, wie es in der letzten Strophe dieses Liedes anklingt, mag Paulus auch manchmal gedacht haben. In seinem Brief an die Philipper (1,23) schreibt er: »Ich fühle mich zwischen zwei Wünschen hin- und hergerissen: Ich sehne mich danach, zu sterben und bei Christus zu sein, denn das wäre bei Weitem das Beste.« Wenn wir selbst Not leiden, Schmerzen haben, eine schlimme Krankheit ertragen müssen, Schwierigkeiten in der Familie, im Beruf oder finanzieller Art haben – egal, welche Herausforderungen uns zu schaffen machen – dann wünschen wir uns manchmal ein Ende. Wäre es nicht viel besser, endlich bei Gott zu sein? Dann gibt es kein Leid mehr, keine Schmerzen, keine Tränen, keinen Tod. Diese

Wahrheit, die in Zukunft auf uns wartet, wenn wir »zum Himmel eingehen«, klingt einfach fantastisch. Doch wann es soweit ist, weiß allein Gott. Im Jetzt und Hier ist es noch nicht so.

Trotzdem lässt Gott uns nicht mit allem allein. Er weiß, dass wir immer wieder Stärkung brauchen, immer wieder das Bedürfnis nach Entspannung, nach Durchatmen, nach Pause haben. Und er will uns genau das auch schenken: »Kommt alle her zu mir, die ihr müde seid und schwere Lasten tragt, ich will euch Ruhe schenken« (Matthäus 11,28). In Gottes Gegenwart können wir frei atmen und ihm unsere Lasten abgeben. Rechne mit Gott und seiner Kraft in deinem Alltag! Gönn dir Pausen mit Jesus – das setzt neue Kräfte frei!

> Denn Christus ist mein Leben, aber noch besser wäre es, zu sterben und bei ihm zu sein. Doch wenn ich lebe, dann trägt meine Arbeit für Christus Früchte. Deshalb weiß ich wirklich nicht, was ich wählen soll. Ich fühle mich zwischen zwei Wünschen hin- und hergerissen: Ich sehne mich danach, zu sterben und bei Christus zu sein, denn das wäre bei Weitem das Beste. Doch für euch ist es besser, wenn ich lebe. Darauf vertraue ich und deshalb werde ich bei euch bleiben, damit ihr im Glauben wachst und erlebt, welche Freude der Glaube bringen kann. Wenn ich dann zu euch zurückkomme, werdet ihr sogar noch mehr Grund haben, stolz davon zu erzählen, was Christus Jesus für mich getan hat.
>
> **PHILIPPER 1,21-26**

Gott schenkt dir Pausen – hol sie dir!

IN DIR IST FREUDE

In dir ist Freude in allem Leide,
o du süßer Jesu Christ!
Durch dich wir haben himmlische Gaben,
du der wahre Heiland bist;
hilfest von Schanden, rettest von Banden.
Wer dir vertrauet, hat wohl gebauet,
wird ewig bleiben.
Halleluja.
Zu deiner Güte steht unser G'müte,
an dir wir kleben im Tod und Leben;
nichts kann uns scheiden.
Halleluja.

Aus »Feiert Jesus! 1«, Nr. 221
Text: Cyriakus Schneegaß (1598)
Melodie: Giovanni Giacomo Gastoldi (1591); geistlich Erfurt (1598)

Liebe – Das Liederschatz-Projekt
Nr. 7

WEM VERTRAUST DU?

Wenn es hart auf hart kommt, wenn sich die Schwierigkeiten häufen, keine Lösung in Sicht ist – wem vertraust du dann? Johannes berichtet von einem Juden, der seit 38 Jahren krank war – seit 38 Jahren (Johannes 5,1–16)! Eine lange, lange Zeit. Bestimmt hatte dieser Jude in den langen Jahren seiner Krankheit oft zu Gott um Heilung gebetet und vertraut, dass Gott ihm helfen kann. Doch nichts geschah.

Warum also nicht nach anderen Lösungen suchen? Warum nicht etwas ausprobieren – ist doch gut, falls es hilft? Er setzte sich an den Teich Bethesda in Jerusalem, eine Art Wasserbecken, umgeben von Säulenhallen, die dem griechischen Gott Asklepios geweiht waren. Ausgebildete Priester gaben Ratschläge zur Heilung. Dieser Gelähmte sollte als Erster in den Teich steigen, wenn sich das Wasser bewegte. Aber er erkannte: es ging nicht. Er selbst konnte nicht laufen, und er hatte niemand, der ihn schnell genug in den Teich brachte. Und ob dieser Heilungsweg wirklich Erfolg hatte, wusste er schon gar nicht. Trotzdem, trotz aller Unwahrscheinlichkeit, hielt er an dieser Hoffnung fest.

Das nun ist Spekulation: Vielleicht betete er sogar während dieser Zeit am Teich Bethesda weiter zu Gott, doch Gott heilte ihn nicht, da dies als Heilungserfolg des Gottes Asklepios angesehen worden wäre und nicht zur Ehre Gottes geführt hätte?

Bei dieser Geschichte frage ich mich, ob ich vielleicht auch auf einem Weg bin, der nichts mit Gottes Willen zu tun hat? Wo ich Gott nicht zutraue, dass er mein Problem löst; dass er es gut mit mir meint? In Jesus allein »ist Freude in allem Leide«. Er allein hilft. »Wer dir vertrauet, hat wohl gebaut, wird ewig bleiben. Halleluja.«

> Einer der Männer, die dort lagen, war seit achtunddreißig Jahren krank. Als Jesus ihn sah und erfuhr, wie lange er schon krank war, fragte er ihn: »Willst du gesund werden?« »Herr, ich kann nicht«, sagte der Kranke, »denn ich habe niemanden, der mich in den Teich trägt, wenn sich das Wasser bewegt. Während ich noch versuche hinzugelangen, steigt immer schon ein anderer vor mir hinein.« Jesus sagt zu ihm: »Steh auf, nimm deine Matte und geh!« Im selben Augenblick war der Mann geheilt!
>
> **JOHANNES 5,5-9**

Weicht mein Weg von Gottes Willen ab?

IN DIR IST FREUDE

Wenn wir dich haben, kann uns nicht schaden
Teufel, Welt, Sünd oder Tod;
du hast's in Händen, kannst alles wenden,
wie nur heißen mag die Not.
Drum wir dich ehren, dein Lob vermehren
mit hellem Schalle, freuen uns alle
zu dieser Stunde.
Halleluja.
Wir jubilieren und triumphieren,
lieben und loben dein Macht dort droben
mit Herz und Munde.
Halleluja.

Aus »Feiert Jesus! 1«, Nr. 221
Text: Cyriakus Schneegaß (1598)
Melodie: Giovanni Giacomo Gastoldi (1591); geistlich Erfurt (1598)

Liebe – Das Liederschatz-Projekt
Nr. 7

GOTT KANN ALLES!

Mal ganz ehrlich: Wenn man die Geschichte von Josua in Josua 6 zum ersten Mal hört oder liest und das gute Ende noch nicht kennt, klingt die Anweisung Gottes ziemlich dumm. Vielleicht wäre ich mir als einer der Israeliten, die sechs Tage lang schweigend um die Stadt gelaufen sind und nun noch ein siebtes Mal um Jericho ziehen sollten, ziemlich bescheuert vorgekommen und hätte mich gefragt, wie viel Sinn diese Aktion wirklich macht.

Manchmal kommt es mir auch idiotisch vor, darauf zu warten, dass Gott sein Versprechen einlöst. Geht es dir ähnlich? In welchen Situationen? Die Israeliten waren gehorsam und warteten voller Glauben darauf, dass Gott sein Versprechen hält – dann durften sie »jubilieren und triumphieren«. Ich darf mir immer wieder neu klarmachen, dass Gott alles »in Händen« hat und »alles wenden« kann, egal, um welche Situation, Not oder Bedrängnis es sich handelt.

Zugegeben, das klingt alles sehr logisch und fromm – aber wie setze ich es im Alltag konkret um? Bete ich um Veränderung nach Gottes Willen? Bete ich um sein wirkungsvolles Eingreifen zu seiner Ehre? Und kann ich dann mit einem tiefen inneren Frieden warten, wie er eingreifen und wirken wird, ohne mir weiter Sorgen zu machen? Ich will es immer wieder neu versuchen und Gott schon jetzt dafür loben, wie er handeln wird. Ich will »dich ehren, dein Lob vermehren«!

> Da sagte der Herr zu Josua: »Ich habe Jericho, seinen König und dessen starke Krieger in deine Hand gegeben. Dein Heer soll die Stadt einmal am Tag umrunden. Das soll sechs Tage lang geschehen. Dabei sollen sieben Priester vor der Lade hergehen, und jeder von ihnen soll ein Widderhorn tragen. Am siebten Tag sollt ihr die Stadt siebenmal umrunden, und die Priester sollen in die Hörner stoßen. Wenn ihr hört, dass die Priester ihre Hörner blasen, soll das ganze Volk lautes Kriegsgeschrei anstimmen. Daraufhin werden die Stadtmauern zusammenbrechen, und das Volk kann geradewegs in die Stadt eindringen.«

JOSUA 6,2–5

**Vertraue auf Gottes Macht,
ohne dir Sorgen zu machen!**

GEH UNTER DER GNADE

Geh unter der Gnade, geh mit Gottes Segen;
geh in seinem Frieden, was auch immer du tust.
Geh unter der Gnade, hör auf Gottes Worte,
bleib in seiner Nähe, ob du wachst oder ruhst.

Alte Stunden, alte Tage
lässt du zögernd nur zurück.
Wohlvertraut wie alte Kleider
sind sie dir durch Leid und Glück.

Aus »Feiert Jesus! 1«, Nr. 254
Text und Melodie: Manfred Siebald
© 1987 SCM Hänssler, 71087 Holzgerlingen

ALTES UND NEUES

Den meisten Menschen fällt es schwer, Vergangenes vergangen sein zu lassen. Natürlich prägt uns unsere Vergangenheit: positive wie negative Erlebnisse, Schmerzen, leidvolle Erfahrungen, gute und schlechte Überraschungen, Erfolge und Misserfolge, Geschenke, Heilung und Bewahrung. Aber wir leben im Hier und Jetzt. Heute ist ein neuer Tag, an dem es gilt, nach vorne zu sehen. Was möchtest du heute mit mir machen, Herr? Wie kann ich heute dein Werkzeug sein?

Vielleicht bedeutet diese Frage eine Überwindung des Alten. Vielleicht heißt es, nicht zurückzuschauen und sich davon verunsichern zu lassen, weil es vielleicht beim letzten Mal schief ging oder Probleme gab. Vielleicht heißt es, alte Verletzungen heilen und die Wunde nicht wieder neu aufreißen zu lassen? Oder es bedeutet, nicht nach hinten zu sehen und sich gemütlich zurückzulehnen, weil man denkt, schon genug geleistet und getan zu haben.

Jesus möchte, dass wir seine Kraft in uns wirken lassen und er durch uns wundervolle Dinge tun kann: »Denn wir sind Gottes

Schöpfung. Er hat uns in Christus Jesus neu geschaffen, damit wir zu guten Taten fähig sind, wie er es für unser Leben schon immer vorgesehen hat« (Epheser 2,10). Möchtest du auch etwas Altes, was dein Leben begleitet und geprägt hat und dir vertraut ist »wie alte Kleider«, ablegen und mit Jesu Hilfe nach vorne schauen? Erlebe Gott jeden Tag als deine Kraft- und Freudenquelle und lass dich von seiner Gnade und seinem Segen erfüllen.

> Denn er hat uns zusammen mit Christus von den Toten auferweckt, und wir gehören nun mit Jesus zu seinem himmlischen Reich. So wird er für alle Zeiten an uns seine Güte und den Reichtum seiner Gnade sichtbar machen, die sich in allem zeigt, was er durch Christus Jesus für uns getan hat. Weil Gott so gnädig ist, hat er euch durch den Glauben gerettet. Und das ist nicht euer eigenes Verdienst; es ist ein Geschenk Gottes. Ihr werdet also nicht aufgrund eurer guten Taten gerettet, damit sich niemand etwas darauf einbilden kann. Denn wir sind Gottes Schöpfung. Er hat uns in Christus Jesus neu geschaffen, damit wir zu guten Taten fähig sind, wie er es für unser Leben schon immer vorgesehen hat.

EPHESER 2,6-10

Lass das Alte hinter dir!

GEH UNTER DER GNADE

Geh unter der Gnade, geh mit Gottes Segen;
geh in seinem Frieden, was auch immer du tust.
Geh unter der Gnade, hör auf Gottes Worte,
bleib in seiner Nähe, ob du wachst oder ruhst.

Neue Stunden, neue Tage –
zögernd nur steigst du hinein.
Wird die neue Zeit dir passen?
Ist sie dir zu groß, zu klein?

Aus »Feiert Jesus! 1«, Nr. 254
Text und Melodie: Manfred Siebald
© 1987 SCM Hänssler, 71087 Holzgerlingen

NEUES...

Cool. Spannend. Abenteuerlich. Endlich etwas Neues! Oder: O nein. Schon wieder etwas Neues. Nur das nicht. Ob ich das kann? Wie wird es werden? So unterschiedlich können die Reaktionen sein. Wie geht es dir mit Neuem?

Als Jesus die zwölf Apostel beruft (Markus 3,13-19), sucht er bewusst aus der Menge zwölf Männer aus, die er für seinen Dienst haben möchte. Dabei müssen sie keine ausgefeilte Bewerbungsmappe abliefern, kein knallhartes Bewerbungsverfahren durchlaufen, sondern Jesus beruft sie. Er beruft die, »die er bei sich haben« will (Markus 3,13). Sie sollen bei ihm und mit ihm sein. Das heißt es im tiefsten Sinne, ein Nachfolger zu sein. Und was sollen sie tun? »Er wollte sie aussenden, damit sie predigen und mit Vollmacht Dämonen austreiben« (Markus 3,14f). Das ist nicht gerade eine kleine Aufgabe.

Und sie erfordert eine Kraft, die die Jünger aus sich selbst heraus nie hätten. Ob sie Angst vor ihrem neuen Dienst hatten? Ob sie unglücklich über ihre Berufung waren und sich gewünscht haben, sie hätten einfach nur hinter Jesus herlaufen können, zuhören und zusehen, was er tut, und freudig über seine Wunder klatschen, hätten aber keine solche Aufgabe übernehmen müssen? Vielleicht sind manche von ihnen nur zögernd eingestiegen in diesen neuen Weg. Aber etwas ist wichtig: Sie sind eingestiegen. Sie haben sich darauf eingelassen, und Jesus hat ihnen Vollmacht gegeben. Sie haben auf Gottes Worte gehört, sie sind »in seiner Nähe« geblieben und sie durften unter seiner Gnade gehen und seine Macht spüren.

Später stieg Jesus auf einen Berg und rief die zu sich, die er bei sich haben wollte. Sie traten zu ihm. Er wählte zwölf von ihnen aus, die ihn ständig begleiten sollten, und nannte sie Apostel. Er wollte sie aussenden, damit sie predigen und mit Vollmacht Dämonen austreiben. Und das sind die Namen der zwölf, die er wählte: Simon (dem er den Namen Petrus gab), Jakobus und Johannes (die Söhne des Zebedäus; ihnen gab er den Beinamen »Donnersöhne«), Andreas, Philippus, Bartholomäus, Matthäus, Thomas, Jakobus (der Sohn des Alphäus), Thaddäus, Simon (der Zelot) und Judas Iskariot (der ihn später verriet).

MARKUS 3,13-19

Lass dich auf neue Wege mit Jesus ein!

GEH UNTER DER GNADE

Geh unter der Gnade, geh mit Gottes Segen;
geh in seinem Frieden, was auch immer du tust.
Geh unter der Gnade, hör auf Gottes Worte,
bleib in seiner Nähe, ob du wachst oder ruhst.

Gute Wünsche, gute Worte
wollen dir Begleiter sein.
Doch die besten Wünsche münden
alle in den einen ein.

Aus »Feiert Jesus! 1«, Nr. 254
Text und Melodie: Manfred Siebald
© 1987 SCM Hänssler, 71087 Holzgerlingen

GOTTES SEGEN

Was schreibt man in eine Geburtstagskarte? In eine Hochzeits-karte? Eine Dankeskarte? Geburtsanzeige? Ganz gleich, welcher Anlass – immer sind es »[g]ute Wünsche, gute Worte«, und als Christ ist das Wichtigste, was ich wünschen kann, immer Gottes reicher Segen. »Doch die besten Wünsche münden alle in den einen ein.«

Was mir an diesem Liedtext gefällt, ist, dass im Refrain neben dem Segens- und Friedenswunsch auch eine Art Verhaltenstipp gegeben wird: »Hör auf Gottes Worte, bleib in seiner Nähe, ob du wachst oder ruhst«. Damit ich Gottes Segen in vollsten Zügen erfahren und bewusst aus seiner Gnade leben kann oder in jeglicher Situation trotz Stürmen um mich herum seinen inneren Frieden spüre, muss ich mich in Gottes Nähe aufhalten! Durch das Lesen und Leben von Gottes Wort und seinen Anweisungen ist das fast schon ein Automatismus: Ich darf das, was ich lese, verinnerlichen. Ich darf das, was ich lese, im Gebet vor ihn bringen, darf ihn auffordern, seinen Versprechungen nachzukommen und mich daran klammern, dass Gott seine Verheißungen immer erfüllt. Indem ich in seiner Nähe bleibe, fühle ich mich sicher und geborgen und weiß mich in seiner Segenshand.

Das ist alles keine neue Weisheit, und trotzdem fällt es mir immer wieder schwer, mir tagtäglich diese Zeit zu nehmen, »ob ich wache oder ruhe«, an Bibelverse zu denken oder sie auswendig zu lernen, zu beten und die Bibel zu lesen. Doch bei diesem Lied erinnere ich mich daran und nehme mir vor, heute und in den nächsten Tagen ein paar Versprechen Gottes auswendig zu lernen, an denen ich mich festhalten kann. Welche Verheißungen fallen dir spontan ein?

> Glücklich ist der Mensch, der nicht auf den Rat der Gottlosen hört, der sich am Leben der Sünder kein Beispiel nimmt und sich nicht mit Spöttern abgibt. Voller Freude tut er den Willen des Herrn und denkt über sein Gesetz Tag und Nacht nach. Er ist wie ein Baum, der am Flussufer wurzelt und Jahr für Jahr reiche Frucht trägt. Seine Blätter welken nicht, und alles, was er tut, gelingt ihm.
>
> **PSALM 1,1-3**

Geh mit Gottes Segen durch diesen Tag!

JESUS, WIR SEHEN AUF DICH

Jesus, wir sehen auf dich.
Deine Liebe, die will uns verändern,
und in uns spiegelt sich deine Herrlichkeit.
Jesus, wir sehen auf dich.

Aus »Feiert Jesus! 1«, Nr. 198
Text und Melodie: Peter Strauch
© 1982 SCM Hänssler, 71087 Holzgerlingen

Feiert Jesus! 1
CD 1/Nr. 6

AUFSEHEN ZU JESUS

In der Geschichte von Maria und Marta (Lukas 10,38-42) lädt
Marta Jesus in ihr Haus ein, als er durch ihr Dorf reist. Sie wuselt
geschäftig durchs Haus und möchte eine perfekte Gastgeberin
sein, während ihre Schwester Maria ihr nicht hilfreich zur Seite
steht, sondern sich zu Jesu Füßen hinsetzt und ihm zuhört.
Was kann ich von Maria lernen? »Im Grunde ist doch nur eines
wirklich wichtig. Maria hat erkannt, was das ist – und ich werde es ihr nicht nehmen«, sagt Jesus (Lukas 10,42). Das eine, das
wirklich wichtig ist: auf Jesus sehen und ihm zuhören. »Jesus, wir
sehen auf dich.«
Maria handelt ganz entgegen ihrer Erziehung und Gewohnheit
als Frau, wonach sie doch eigentlich die Gastgeberin sein müsste. Sie hat regelrecht einen Tunnelblick. Wie mit Scheuklappen
sieht sie nur noch auf Jesus. Sie versucht auch nicht, ihm auf Au-
genhöhe zu begegnen und auszudiskutieren, was Jesus alles erzählt – eine Haltung, die heute in unserer Gesellschaft sehr verbreitet ist. Sie setzt sich nur zu seinen Füßen, demütig und voller

Erwartung, und blickt auf zu ihm. Sie ist fasziniert und vergisst ihre Alltagsaufgaben.

Ich lebe in einem betriebsamen Alltag, dem ich mich in den meisten Fällen nicht entziehen kann. Manche Aufgaben kann ich verschieben oder wegfallen lassen, aber viele müssen einfach erledigt werden – und das ist auch in Ordnung. Trotzdem möchte ich mir Maria als Vorbild nehmen und mir bewusst mehrmals am Tag Zeit nehmen, in meiner Alltagshektik auf Jesus zu sehen.

»Deine Liebe, die will uns verändern.« Wenn ich Jesus betrachte, über ihn nachdenke, lese oder zu ihm bete, werde ich verändert. Auch dir und mir wünsche ich heute diesen Tunnelblick auf Jesus!

> Auf ihrem Weg nach Jerusalem kamen Jesus und die Jünger auch in ein Dorf, in dem eine Frau mit Namen Marta sie in ihr Haus einlud. [...] Ihre Schwester Maria saß Jesus zu Füßen und hörte ihm aufmerksam zu. [...] »Im Grunde ist doch nur eines wirklich wichtig. Maria hat erkannt, was das ist – und ich werde es ihr nicht nehmen.«

LUKAS 10,38.39.42

Blicke auf Jesus – egal wie hektisch es um dich ist!

JESUS, WIR SEHEN AUF DICH

Jesus, wir hören auf dich.
Du hast Worte des ewigen Lebens,
und wir haben erkannt: Du bist Christus.
Jesus, wir hören auf dich.

Aus »Feiert Jesus! 1«, Nr. 198
Text und Melodie: Peter Strauch
© 1982 SCM Hänssler, 71087 Holzgerlingen

Feiert Jesus! 1
CD 1/Nr. 6

AUF JESUS HÖREN

»Jesus, wir hören auf dich. Du hast Worte des ewigen Lebens«.
Hören auf Gottes Wort: das tat Maria (Lukas 10,40f).
Doch was kann ich von der »nicht-hörenden« Marta lernen?
Marta ergriff die Initiative und lud Jesus erst einmal ein. Als sie
nun merkt, dass Maria ihr nicht tatkräftig zur Seite steht, geht sie
mit ihrem Ärger zu Jesus. Sie fordert ihn auf, Maria zurechtzu-
weisen, damit sie ihr hilft. Und dann? Marta hat einen Plan, wie
der Tag ablaufen soll, wie sie ihren Gast bewirten und verwöhnen
möchte. Als der Plan wegen Maria nicht so funktioniert, wie sie
es sich wünscht, geht sie zu Jesus und bittet ihn, dass er eingreift,
damit ihr Vorhaben gelingt. Jesus hört Martas Bitte, aber er erfüllt ihren Wunsch nicht so, wie sie es erhofft. Manchmal muss ich
lernen, dass Jesus nicht meinen Plan erfüllen möchte, sondern ich
den seinen erfüllen soll.
Jesus antwortet Marta: »Meine liebe Marta, du sorgst dich um
so viele Kleinigkeiten« (Lukas 10,41)! Bei dieser Aussage fühle ich
mich total ertappt. Wie viele Sorgen und Dinge beschäftigen
mich in meinem Alltag. Ich kann mich dem nicht entziehen, ich

lebe in einer Welt, in der ich meinem Beruf nachgehen, meine Familie versorgen und viele wichtige Aufgaben erledigen muss. Dennoch sollen sie mich nicht vereinnahmen und kaputt machen. Dazu muss ich mir bewusst Zeit nehmen und das hören, was Jesus zu mir sagt. Sagt er mir wie Marta, dass ich mir zu viele Sorgen mache? Dass ich nicht einen eigenen Lebensplan machen soll, sondern nach seinem Plan für mein Leben fragen darf? Was sagt Jesus dir heute? Höre zu!

> Marta dagegen mühte sich mit der Bewirtung der Gäste. Sie kam zu Jesus und sagte: »Herr, ist es nicht ungerecht, dass meine Schwester hier sitzt, während ich die ganze Arbeit tue? Sag ihr, sie soll kommen und mir helfen.« Doch der Herr sagte zu ihr: »Meine liebe Marta, du sorgst dich um so viele Kleinigkeiten!«
>
> **LUKAS 10,40f**

Höre ganz bewusst auf Jesu Stimme!

JESUS, WIR SEHEN AUF DICH

Jesus, wir warten auf dich.
Du wirst kommen nach deiner Verheißung.
Alle Menschen, sie werden dich sehen.
Jesus, wir warten auf dich.

Aus »Feiert Jesus! 1«, Nr. 198
Text und Melodie: Peter Strauch
© 1982 SCM Hänssler, 71087 Holzgerlingen

Feiert Jesus! 1
CD 1/Nr. 6

AUF JESUS WARTEN

Als Christen warten wir alle auf die Wiederkunft Jesu. Mal mehr, mal weniger bewusst. Wie verbringen wir unsere Zeit, während wir auf Jesus warten?

Die Geschichte von Maria und Marta gibt uns ein Beispiel: Marta möchte, dass Jesus Maria auffordert, ihr zu helfen. Doch Jesus antwortet: »Im Grunde ist doch nur eines wirklich wichtig. Maria hat erkannt, was das ist – und ich werde es ihr nicht nehmen« (Lukas 10,42). Jesus schützt Maria davor, aufzustehen und ihren Pflichten nachzugehen. Er erklärt ganz klar: Maria hat es richtig gemacht und sich für das wirklich Wichtige entschieden.

Es scheint im ersten Moment unerhört, aber es ist so: Manchmal ist es wichtig, dass wir Dinge, Aufgaben und sogar Menschen im Stich lassen. Denn Jesus hat die oberste Priorität. In unserer Lebenszeit, während wir auf die Wiederkunft Jesu warten, sollen wir diese Zeit gut nutzen: »Lebt klug unter den Menschen, die keine Christen sind, und macht aus jeder Gelegenheit das Beste« (Kolosser 4,5)!

Bin ich manchmal eine »Marta«, die – wahrscheinlich unbewusst – einen anderen von Jesus wegziehen will, damit Aufgaben erledigt werden, die zwar gut und richtig sind, aber nicht in dem Moment? Beispielsweise: Hole ich jemand von einer tiefgehenden Unterhaltung weg, weil er sich in eine Liste eingetragen hat, Stühle für eine Veranstaltung zu stellen? Unterbreche ich ein geistliches Gespräch, weil ich denke, ein Plan müsste umgesetzt werden? Wäre es da nicht besser, Jesus um »Ersatz« zu bitten? Während wir auf das Kommen Jesu warten, sollen wir die Zeit gut nutzen, um das Evangelium auszubreiten, auf Jesus hinzuweisen und andere im Glauben zu unterstützen. Und ich darf mich freuen: Wenn Jesus wiederkommt, bricht für uns Christen ein neues Zeitalter an!

> Hört nicht auf zu beten und Gott zu danken. Vergesst nicht, auch für uns zu beten, dass Gott uns viele Gelegenheiten schenkt, sein Geheimnis weiterzusagen: Die Botschaft von Christus. Das ist auch der Grund, warum ich in Ketten liege. Betet, dass ich diese Botschaft so klar verkünde, wie ich es sollte! Lebt klug unter den Menschen, die keine Christen sind, und macht aus jeder Gelegenheit das Beste! Redet freundlich und klar mit ihnen, damit ihr wisst, wie ihr jedem Einzelnen am besten antworten sollt.
>
> **KOLOSSER 4,2-6**

Nutze die Zeit, die Gott dir schenkt!

HERR, BLEIB BEI MIR

Herr, bleib bei mir, der Abend bricht herein.
Es kommt die Nacht, die Finsternis fällt ein.
Wo fänd ich Trost, wärst du, mein Gott, nicht hier?
Hilf dem, der hilflos ist: Herr, bleib bei mir!

Aus »Feiert Jesus! 4«, Nr. 196
Text: Henry Francis Lyte (1847)
Melodie: William Henry Monk (1861)
Deutsch: Theodor Werner
© (Dt. Text) Lutherischer Weltbund, Genf

Morgen & Abend – Das Liederschatz-Projekt
Nr. 9

NICHT AUS EIGENER KRAFT

Warst du schon einmal in einer Situation, in der du komplett hilflos warst? Oft versuche ich, Probleme erstmal aus eigener Kraft zu lösen. Leider erlebt man auf diese Weise kaum Gottes Eingreifen. Erst wenn man sich ganz von Jesus abhängig macht, wird man Wunder erleben.

Bei einem Aufenthalt in Neuseeland verbrachten wir eine Nacht auf einem sehr abgelegenen Selbstregistrierungs-Campingplatz auf der Coromandel-Halbinsel. Die wenigen Wohnwagen sahen unbewohnt aus. Wir waren spät angekommen und bauten im Halbdunkel das Zelt auf. Als wir uns soweit eingerichtet hatten, stellten wir fest, dass wir in der Eile dummerweise den Autoschlüssel ins Auto gesperrt hatten.

In solchen Augenblicken kommt leicht ein Gefühl von Panik auf. Wir hatten kein Telefon, und es schien niemand sonst hier zu sein. Wie würden wir bloß wieder wegkommen? Dennoch waren wir erstaunlich ruhig. Wir machten das einzige, was uns in dieser Zwickmühle übrig blieb: erzählten Jesus unsere Sorgen und legten uns schlafen. Am nächsten Morgen erlebten wir dann seine Hilfe: Im benachbarten Wohnwagen lebte ein neuseeländisches Ehepaar, das unsere Hilflosigkeit bemerkte. Der Mann knackte mit einem Draht unser Auto, sodass uns der Pannendienst erspart blieb, und lud uns zu einem spontanen Frühstück ein, bei dem wir auch noch von Jesus erzählen konnten. Jesus versorgt.

> Da rief ich den Namen des Herrn an: »Herr, rette mich!«
> Der Herr ist freundlich und gerecht! Barmherzig ist unser
> Gott! Der Herr beschützt die Menschen, die hilflos sind.
> Ich war schwach, doch er hat mich gerettet.

PSALM 116,4-6

Gib nicht auf.
Gottes Hilfe kommt oft anders als du denkst.

HERR, BLEIB BEI MIR

Wie bald verebbt der Tag, das Leben weicht,
die Lust verglimmt, der Erdenruhm verbleicht;
umringt von Fall und Wandel leben wir.
Unwandelbar bist du: Herr, bleib bei mir!

Aus »Feiert Jesus! 4«, Nr. 196
Text: Henry Francis Lyte (1847)
Melodie: William Henry Monk (1861)
Deutsch: Theodor Werner
© (Dt. Text) Lutherischer Weltbund, Genf

Morgen & Abend – Das Liederschatz-Projekt
Nr. 9

ZEITGEIST

Das Fernsehen und die sozialen Netzwerke suggerieren uns gerne, dass es erstrebenswert sei, in diesem Leben möglichst beliebt und angesehen zu sein, indem man eine kurzlebige Popstar-Karriere anstrebt oder massenweise Facebook-Freunde sammelt, bis der nächste Trend kommt.

Die Welt ist im Wandel, und viele schwimmen mit dem Strom, ohne darüber nachzudenken, welche Konsequenzen ihr Handeln hat. Wertesysteme verändern sich oder beginnen zu bröckeln. Die Ursachen sind vielfältig. Veränderung gab und gibt es in allen Epochen, aber im digitalen Zeitalter, so habe ich das Gefühl, beschleunigt sich dieser Prozess. Was gibt in solchen Zeiten Halt und Orientierung? Welche Maßstäbe sind noch gültig, an denen man sein Leben ausrichten kann?

Einer bleibt derselbe, unwandelbar – in Vergangenheit, Gegenwart und Zukunft: Jesus Christus, der uns durch sein Wort und seine Liebe die richtige Richtung weisen will. Er, der von sich sagt: »Ich bin der Weg, die Wahrheit und das Leben. Niemand kommt zum Vater außer durch mich« (Johannes 14,6), hat uns seinen Geist als Ratgeber gegeben (Johannes 14,26). Mit seiner Hilfe haben wir die Orientierung, die wir brauchen, um, wenn nötig, auch einmal gegen den Strom zu schwimmen und dem Zeitgeist zu widerstehen.

> Doch wenn der Vater den Ratgeber als meinen Stellvertreter schickt – und damit meine ich den Heiligen Geist –, wird er euch alles lehren und euch an alles erinnern, was ich euch gesagt habe.

JOHANNES 14,26

> Ihr könnt das Reich Gottes nur durch das enge Tor betreten. Die Straße zur Hölle ist breit und ihre Tür steht für die vielen weit offen, die sich für den bequemen Weg entscheiden. Das Tor zum Leben dagegen ist eng und der Weg dorthin ist schmal, deshalb finden ihn nur wenige.

MATTHÄUS 7,13f

Widerstehe dem Zeitgeist.
Orientiere dich an Jesus und seinem Wort.

HERR, BLEIB BEI MIR

Ich brauch zu jeder Stund dein Nahesein,
denn des Versuchers Macht brichst du allein.
Wer hilft mir sonst, wenn ich den Halt verlier?
In Licht und Dunkelheit, Herr, bleib bei mir!

Aus »Feiert Jesus! 4«, Nr. 196
Text: Henry Francis Lyte (1847)
Melodie: William Henry Monk (1861)
Deutsch: Theodor Werner
© (Dt. Text) Lutherischer Weltbund, Genf

Morgen & Abend – Das Liederschatz-Projekt
Nr. 9

WIDERSTAND ZWECKLOS?

Die Versuchung ist ein leider unausweichlicher Bestandteil unseres Daseins. Schon die ersten Menschen konnten der Versuchung im Garten Eden nicht widerstehen, haben so die Geschichte der Menschheit grundlegend verändert und einen Keil in die vertrauensvolle Beziehung zwischen Gott und Mensch getrieben. Die Konsequenzen folgten auf dem Fuß: Der Mensch versteckte sich vor Gott, versuchte seine Verfehlungen zu vertuschen und verlor so das Privileg der Gegenwart Gottes.

Genauso geht es uns, wenn wir Gefühlen wie Neid, Gier, Begierde und der Erfüllung selbstsüchtiger Wünsche wieder einmal nachgeben. Wir entfernen uns zwangsläufig immer mehr von unserem himmlischen Vater und verlieren vielleicht sogar den festen Boden unter den Füßen, wenn die Versuchung zur Sucht wird. Wenn wir hingegen der Versuchung entgegentreten und standhalten, haben wir die Möglichkeit, an der Herausforderung zu wachsen. Das Gute ist: Wir sind dabei nicht alleine, sondern wir dürfen uns auf Jesus verlassen, der die Macht hat, die Ketten der Versuchung zu durchbrechen.

Die Entscheidung liegt bei dir: Willst du der Versuchung immer wieder nachgeben oder widerstehst du Stück für Stück mit Gottes Hilfe? Der Herr ist bei dir und steht dir bei.

> Lass nicht zu, dass wir der Versuchung nachgeben, sondern erlöse uns von dem Bösen.
>
> **MATTHÄUS 6,13**

> Bleibt wach und betet. Sonst wird euch die Versuchung überwältigen. Denn der Geist ist zwar willig, aber der Körper ist schwach!
>
> **MATTHÄUS 26,41**

> Widerstehe der Versuchung.
> Jesus gibt dir die Kraft dazu.

HERR, BLEIB BEI MIR

Geführt von deiner Hand fürcht ich kein Leid,
kein Unglück, keiner Trübsal Bitterkeit.
Was ist der Tod, bist du mir Schild und Zier!
Den Stachel nimmst du ihm. Herr, bleib bei mir!

Aus »Feiert Jesus! 4«, Nr. 196
Text: Henry Francis Lyte (1847)
Melodie: William Henry Monk (1861)
Deutsch: Theodor Werner
© (Dt. Text) Lutherischer Weltbund, Genf

Morgen & Abend – Das Liederschatz-Projekt
Nr. 9

STUMME TRÄNEN

Wer in der Pflege mit Schwerstkranken arbeitet, der wird unweigerlich mit dem Tod konfrontiert. Als ich auf einer onkologischen Station arbeitete, auf der hauptsächlich Patienten mit Tumoren des lymphatischen Systems behandelt wurden, musste ich mich häufig mit Leid und Sterben auseinandersetzen. Obwohl ich dabei mit der Zeit eine gewisse Routine entwickelte, ging mir das Schicksal eines jungen Mannes, der ungefähr in meinem Alter war, besonders nahe. Er war an einem unheilbaren Tumor erkrankt. Trotz der Tatsache, dass man bereits einige Tage zuvor ahnen konnte, dass das Ende nahe war, konnte man den genauen Todeszeitpunkt natürlich nicht vorhersagen. In dieser Zeit führten wir immer wieder Gespräche über Gott und die Welt. Nach langer Leidenszeit schlief er dann im Beisein der Angehörigen in meiner Nachtschicht friedlich ein. Der Schmerz war groß, und auch ich hatte mit Tränen zu kämpfen, während ich versuchte, meine Aufgaben als Pflegekraft in dieser todtraurigen Nacht zu erfüllen.

Die Trennung von einem geliebten Menschen ist immer mit Schmerz und Trauer verbunden. Diese Gefühle gehören zu unserem Menschsein dazu. Lass diese Traurigkeit ruhig wirken und schütte Jesus dein Herz aus. Er kann deine Tränen trocknen. An seiner Hand verliert der Stachel des Todes, verlieren Schmerz und Leid ihre Kraft.

> Tod, wo ist dein Sieg? Tod, wo ist dein Stachel? Denn die Sünde ist der Stachel, der zum Tod führt, und das Gesetz verleiht der Sünde ihre Kraft. Wir danken Gott, der uns durch Jesus Christus, unseren Herrn, den Sieg über die Sünde und den Tod gibt!
>
> **1. KORINTHER 15,55–57**

> Gepriesen sei Gott, der Vater von Jesus Christus, unserem Herrn. Er ist der Ursprung aller Barmherzigkeit und der Gott, der uns tröstet. In allen Schwierigkeiten tröstet er uns, damit wir andere trösten können. Wenn andere Menschen in Schwierigkeiten geraten, können wir ihnen den gleichen Trost spenden, wie Gott ihn uns geschenkt hat.
>
> **2. KORINTHER 1,3f**

Jesus trocknet deine Tränen,
wenn du ihm deinen Schmerz gibst.

HERR, BLEIB BEI MIR

Halt mir dein Kreuz vor, wenn mein Auge bricht;
im Todesdunkel bleibe du mein Licht.
Es tagt, die Schatten fliehn, ich geh zu dir.
Im Leben und im Tod, Herr, bleib bei mir!

Aus »Feiert Jesus! 4«, Nr. 196
Text: Henry Francis Lyte (1847)
Melodie: William Henry Monk (1861)
Deutsch: Theodor Werner
© (Dt. Text) Lutherischer Weltbund, Genf

Morgen & Abend – Das Liederschatz-Projekt
Nr. 9

DER MORGEN BEGINNT

Der Tod gehört zu den existenziellsten Erfahrungen im Leben eines Menschen. Als Henry Francis Lyte im Herbst des Jahres 1847 den englischen Original-Text »Abide with me« verfasste, hatte der an Tuberkulose erkrankte ehemalige Pastor nur noch wenige Wochen zu leben. Er hatte schon wiederholt dem Tod ins Auge geblickt, als er beide Eltern sehr früh verlor und eine Tochter im Säuglingsalter beerdigen musste. Vielleicht ahnte er bereits, dass er bald vor seinen Schöpfer treten werde.
In solch düsteren und bedrückenden Stunden ist es gut zu wissen, dass man letztendlich in die Arme des himmlischen Vaters laufen darf. Und so strahlt dieser Vers, trotz der Gewissheit des Unvermeidlichen, für mich umso mehr eine hoffnungsvolle Zuversicht aus. Als Nachfolger Jesu darfst du die unerschütterliche Hoffnung hegen, dass der Tod nicht das Ende, sondern der Anfang von etwas Größerem ist. Denn du hast das Kreuz vor Augen, als Zeichen dafür, dass Jesus den Abgrund des Todes und der Schuld überbrückt hat.

C.S. Lewis beschreibt die Todeserfahrung am Ende seiner Narnia-Chroniken mit einem sehr schönen Bild: Er vergleicht das Leben auf der Erde mit dem Umschlag eines Buches. Mit dem Tod beginnt erst die größte aller Geschichten, »in der jedes Kapitel besser ist als das vorangegangene«.

Jesus sagte zu den Leuten: »Ich bin das Licht der Welt. Wer mir nachfolgt, braucht nicht im Dunkeln umherzuirren, denn er wird das Licht haben, das zum Leben führt.«

JOHANNES 8,12

Es gibt viele Wohnungen im Haus meines Vaters, und ich gehe voraus, um euch einen Platz vorzubereiten. Wenn es nicht so wäre, hätte ich es euch dann so gesagt?

JOHANNES 14,2

Lass deine Trauer zu,
aber freue dich auf den Morgen.

AM ENDE DES TAGES

Ich komme jetzt zu dir
und höre auf mit allem, was ich tu.
Ich beuge mich vor dir
und alles in mir findet jetzt bei dir zur Ruh.
Ich atme ein, schau auf dich.
Du bist meine Zuversicht.

Aus »Feiert Jesus! 4«, Nr. 200
Text und Melodie: Andreas Volz
© 2011 SCM Hänssler, 71087 Holzgerlingen

Feiert Jesus! 365
CD 2, Nr. 15

GOTTES GRÖSSE IM GEGENSATZ ZUR MACHTLOSIGKEIT DER GÖTZEN

In unserem Urlaub in Indonesien sahen wir viele große hinduistische Tempel, aber auch fast jedes Haus hatte einen sogenannten »Familientempel«. Was auffiel, waren die vielen Opfergaben, die den Göttern gebracht werden. Mit viel Hingabe werden die Opfergaben von den Frauen hergestellt. Um vor »ihren« Gott treten zu können, müssen sich die Hindus vorher rituell reinigen. Dann erst dürfen sie unter Gebeten ihre Opfergaben wie Blumen, Früchte, Reis oder Räucherstäbchen darbringen, um die Götter zu sich einzuladen. Der Priester hilft den Hindus, mit den Göttern in Kontakt zu treten. Die Opfergaben werden im balinesischen Hinduismus täglich gebraucht, um die Götter und Dämonen milde zu stimmen. Um manche Tempel besichtigen zu können, müssen sich auch Touristen einer rituellen Reinigung unterziehen.
Verglichen mit dem Hinduismus können wir dankbar sein, dass wir als Christen keine rituelle Reinigung machen und keine Op-

fergaben bringen müssen, weil Jesus ein für alle Mal für uns am Kreuz gestorben ist! Er war das Lamm, das zur Schlachtbank geführt wurde!

Ich bin so dankbar über einen lebendigen Gott, bei dem ich zur Ruhe kommen kann, der nichts von mir verlangt, der mich sieht und meine Zuversicht ist.

> Ihre Götzen sind aus Silber oder Gold, von Menschenhand gemacht. Obwohl sie einen Mund haben, können sie nicht reden, obwohl sie Augen haben, sehen sie doch nicht! Mit ihren Ohren können sie nicht hören und mit ihren Nasen nicht riechen. Und die, die sie gemacht haben, sind ihnen gleich, und auch alle, die auf sie vertrauen. Israel, lobe den Herrn! Ihr Priester Aarons, lobt den Herrn! Ihr Leviten, lobt den Herrn! Ihr alle, die ihr den Herrn fürchtet, lobt den Herrn!
>
> **PSALM 135,15-20**

Ist Gott deine Zuversicht, oder versuchst du, Gott mit deinen »Opfergaben« zu gefallen?

AM ENDE DES TAGES

Am Ende des Tages schau ich auf zu dir,
um wieder zu wissen:
Ja, du bist bei mir.
Am Ende des Tages berg ich mich bei dir.
Am Ende des Tages gilt mein Lob nur dir,
in Höhen und Tiefen warst du nah bei mir.
Am Ende des Tages weiß ich:
Du bist hier.

Aus »Feiert Jesus! 4«, Nr. 200
Text und Melodie: Andreas Volz
© 2011 SCM Hänssler, 71087 Holzgerlingen

Feiert Jesus! 365
CD 2, Nr. 15

AM ENDE DES TAGES

Gemeinsam mit meinem Mann sitze ich zu Beginn unseres Indo-
nesienurlaubs auf der Dachterrasse und lasse die letzten beiden
Tage Revue passieren: Am Flughafen der erste Schreck: Das Gepäck kam nicht an und ist auch nicht zu finden. Immer wieder
schauen wir in den beiden Tagen im Internet nach Neuigkeiten.
Ohne Gepäck können wir nicht weiterreisen.
Am nächsten Morgen besuchen wir einen indonesischen Gottesdienst. Ich verstehe kein Wort, aber ich spüre, dass es dem Prediger sehr auf dem Herzen liegt, das Wort Gottes zu verkünden.
In meiner Bibel schlage ich die Bibelstelle nach, um die es in der
Predigt geht. Es trifft mich wie ein Schlag: In Matthäus 6,25–34
steht, dass wir uns nicht um unsere Kleider sorgen sollen. Mir fällt
es wie Schuppen von den Augen. Was ist schon ein fehlender
Rucksack? Es ist nichts Wertvolles darin, was man nicht ersetzen

oder worauf man nicht verzichten könnte. Noch im Gottesdienst bitte ich unseren Herrn um Vergebung für meinen Unglauben. Am Abend dann das Wunder. Wir fragen beim Flughafen noch einmal nach und bekommen bestätigt, dass der Rucksack auf dem Weg ist und wir ihn abholen können. Und nun sitze ich hier und bin dankbar, dass ich einen Gott habe, auf den ich mich 1000-prozentig verlassen kann, der für mich sorgt und um mich weiß.

> Darum sage ich euch: Sorgt euch nicht um euer tägliches Leben – darum, ob ihr genug zu essen, zu trinken und anzuziehen habt. Besteht das Leben nicht aus mehr als nur aus Essen und Kleidung? Schaut die Vögel an. Sie müssen weder säen noch ernten noch Vorräte ansammeln, denn euer himmlischer Vater sorgt für sie. Und ihr seid ihm doch viel wichtiger als sie. Können all eure Sorgen euer Leben auch nur um einen einzigen Augenblick verlängern? Nein. Und warum sorgt ihr euch um eure Kleider? Schaut die Lilien an und wie sie wachsen. Sie arbeiten nicht und nähen sich keine Kleider. Trotzdem war selbst König Salomo in seiner ganzen Pracht nicht so herrlich gekleidet wie sie. Wenn sich Gott so wunderbar um die Blumen kümmert, die heute aufblühen und schon morgen wieder verwelkt sind, wie viel mehr kümmert er sich dann um euch? Euer Glaube ist so klein! Hört auf, euch Sorgen zu machen um euer Essen und Trinken oder um eure Kleidung. Warum wollt ihr leben wie die Menschen, die Gott nicht kennen und diese Dinge so wichtig nehmen? Euer himmlischer Vater kennt eure Bedürfnisse. Macht das Reich Gottes zu eurem wichtigsten Anliegen, lebt in Gottes Gerechtigkeit, und er wird euch all das geben, was ihr braucht. Deshalb sorgt euch nicht um morgen, denn jeder Tag bringt seine eigenen Belastungen. Die Sorgen von heute sind für heute genug.

MATTHÄUS 6,25-34

Vertraust du darauf, dass Jesus dich versorgt?

DAS, WAS ICH BRAUCH, BIST DU

Dunkelheit umgibt mich,
doch ich fürchte mich nicht,
denn ich weiß:
du gehst mit mir.
Deshalb geh ich mutig vorwärts,
schaue nur auf dein Herz,
denn du kennst das alles hier.

Und während mich dein Trost umschließt,
spür ich, wie du mir Frieden gibst.
Du lehrst mich auszuruhn, dir zu vertraun.

Aus »Feiert Jesus! 5«, Nr. 120
Originaltitel: As Long As I Have You
Text und Melodie: Mark Roach
Deutsch: Winnie Schweitzer
© 2006 Dayspring Music
Für D, A, CH: Small Stone Media Germany, Köln

Feiert Jesus! 19
Nr. 2

ANGST IM DUNKELN?

Vor allem Kinder haben oft große Angst vor Dunkelheit. Doch wie verändert sich die Situation, wenn ihr Papa sie an die Hand oder auf den Arm nimmt? Plötzlich scheint es so, als ob die Dunkelheit verschwunden sei. Die Angst wird kleiner oder ist sogar ganz weg. Die Gegenwart des Vaters verändert alles!

So ähnlich war es auch beim Volk Israel nach dem Auszug aus Ägypten, als sie durch die Wüste wanderten. Auch sie hatten sicherlich große Angst. Sie waren Flüchtlinge und hatten keine Ahnung von ihrem neuen Zuhause. Eigentlich tappten sie, wie man so sagt, im Dunkeln! Aber Gott war ganz nah und sogar sichtbar bei ihnen: Bei Tag zog er als Wolkensäule und bei Nacht als Feuersäule vor ihnen her (2. Mose 13,21). »Deshalb geh ich mutig vorwärts, [...] denn du kennst das alles hier.«

Wie oft wünschen wir uns, dass Gott genauso sichtbar neben uns hergeht? Gott hat uns versprochen, immer bei uns zu sein. Das ist eine Tatsache! Manchmal erleben wir das jedoch anders, als wir es erwarten!

Ich schaue hinauf zu den Bergen – woher wird meine Hilfe kommen? Meine Hilfe kommt vom Herrn, der Himmel und Erde gemacht hat. Er wird nicht zulassen, dass du stolperst und fällst; der dich behütet, schläft nicht. Siehe, der Israel behütet, wird nicht müde und schläft nicht. Der Herr selbst behütet dich! Der Herr ist dein schützender Schatten über deiner rechten Hand. Die Sonne wird dir am Tag nichts anhaben noch der Mond bei Nacht. Der Herr behütet dich vor allem Unheil und bewahrt dein Leben. Der Herr behütet dich, wenn du kommst und wenn du wieder gehst, von nun an bis in Ewigkeit.

PSALM 121,1-8

Wo kannst du heute die »Wolkensäule« erkennen?

DAS, WAS ICH BRAUCH, BIST DU

Du räumst mir den Weg frei,
machst mich wieder ganz neu,
feierst heut ein Fest mit mir.
Du schenkst mir übervoll ein
und lässt mich dein Kind sein.
All das gibt es nur bei dir.

Und während mich dein Trost umschließt,
spür ich, wie du mir Frieden gibst.
Du lehrst mich auszuruhen, dir zu vertrauen.

Aus »Feiert Jesus! 5«, Nr. 120
Originaltitel: As Long As I Have You
Text und Melodie: Mark Roach
Deutsch: Winnie Schweitzer
© 2006 Dayspring Music
Für D, A, CH: Small Stone Media Germany, Köln

Feiert Jesus! 19
Nr. 2

GOTTES FRIEDEN

Während meines Auslandseinsatzes in Asien wurde ich krank. Ich hatte Fieber. Draußen war es wie immer heiß und schwül, das Haus hatte keine Isolierung, und das Moskitonetz, unter dem ich lag, verstärkte die Hitzebelastung. So lag ich schwitzend und unzufrieden in meinem Bett. Da ich nicht schlafen konnte, dachte ich nach. Irgendwann begann ich zu beten und sagte Jesus, wie unwohl ich mich fühlte, aber auch wie sehr es mich ärgerte, krank zu sein.

Dann berührte Jesus mein Herz. Weder meine Krankheit noch die Hitze hatte sich gebessert, aber ich lag lächelnd und zufrieden in meinem Bett. Jesus hatte mir seinen Frieden in mein Herz gelegt.

Auf einmal konnte ich meine Situation anders sehen. Ich genoss nun vielmehr die Zeit, die ich hatte, um mit Jesus zu reden (denn das kommt in meinem Alltag oft zu kurz). Auch wenn es letztendlich nur eine kleine Grippe war, zeigte mir Jesus damit, dass ich in seinem Frieden leben darf: »Ich lasse euch ein Geschenk zurück – meinen Frieden. Und der Friede, den ich schenke, ist nicht wie der Friede, den die Welt gibt. Deshalb sorgt euch nicht und habt keine Angst« (Johannes 14,27).

Er möchte, dass es mir gut geht, denn ich bin sein Kind. Ich darf ihm vertrauen und mich bei ihm ausruhen.

> Freut euch im Herrn. Ich betone es noch einmal: Freut euch! Lasst alle sehen, dass ihr herzlich und freundlich seid. Denkt daran, dass der Herr bald kommt. Sorgt euch um nichts, sondern betet um alles. Sagt Gott, was ihr braucht, und dankt ihm. Ihr werdet Gottes Frieden erfahren, der größer ist, als unser menschlicher Verstand es je begreifen kann. Sein Friede wird eure Herzen und Gedanken im Glauben an Jesus Christus bewahren. Und nun, liebe Freunde, lasst mich zum Schluss noch etwas sagen: Konzentriert euch auf das, was wahr und anständig und gerecht ist. Denkt über das nach, was rein und liebenswert und bewunderungswürdig ist, über Dinge, die Auszeichnung und Lob verdienen. Hört nicht auf, das zu tun, was ihr von mir gelernt und gehört habt und was ihr bei mir gesehen habt; und der Gott des Friedens wird mit euch sein.

PHILIPPER 4,4-9

Es ist ein großes Privileg,
in Gottes Frieden zu leben!

DAS, WAS ICH BRAUCH, BIST DU

Und selbst wenn alle Wände wanken,
Sturm und Regen um mich weht:
Ich halt alles aus,
weil Jesus mit mir geht.
Wenn der Feind hinter mir her ist
und die ganze Erde bebt:
ich halte alles aus,
weil Jesus mit mir geht.
Das, was ich brauch, bist du.

Aus »Feiert Jesus! 5«, Nr. 120
Originaltitel: As Long As I Have You
Text und Melodie: Mark Roach
Deutsch: Winnie Schweitzer
© 2006 Dayspring Music
Für D, A, CH: Small Stone Media Germany, Köln

**Feiert Jesus! 19
Nr. 2**

CHRISTSEIN ...

Gott sagt nicht, dass, wenn wir ihm nachfolgen, alles besser oder einfacher wird. Vielmehr warnt Jesus selbst, dass wir verfolgt werden, wenn wir uns zu ihm bekennen: »Ihr werdet verhaftet, verfolgt und umgebracht werden. Auf der ganzen Welt wird man euch hassen, weil ihr euch zu meinem Namen bekennt« (Matthäus 24,9). Diese Worte zeigen, dass es für uns Christen hier auf der Erde nicht leichter werden wird. Umso wichtiger ist es, dass wir tief in unserem Gott verwurzelt sind, damit wir, wenn Nöte und Stürme kommen, fest stehen und in ihm Halt haben. Er hat zugesagt, dass er uns im Sturm begleitet: »Der Herr selbst behütet dich! Der Herr ist dein schützender Schatten über deiner rechten Hand« (Psalm 121,5).

David war in einer ähnlichen Situation: Er war auf der Flucht. Es ging um sein Leben. Umso bemerkenswerter ist, was er in Psalm 27 niederschrieb! Hier können wir sehen: David hatte keine Angst und war sich sicher, dass Gott ihn beschützen wird. Er war tief in ihm verwurzelt! Möchtest du auch gerne in jeglicher Lage tief in Jesus verwurzelt sein? Wie kann man das fördern? Auch dazu gibt David in Psalm 27 einen sehr klugen und eigentlich ganz einfachen Ratschlag: »Herr, dich suche ich« (Psalm 27,8).

Der Herr ist mein Licht und mein Heil – vor wem sollte ich mich fürchten? Der Herr beschützt mich vor Gefahr – vor wem sollte ich erschrecken? Wenn böse Menschen kommen, um mich zu vernichten, wenn meine Feinde und Verfolger mich angreifen, dann werden sie stolpern und stürzen. Ein mächtiges Heer umzingelt mich, dennoch fürchte ich mich nicht. Auch wenn sie mich angreifen, bleibe ich voller Zuversicht. Eine einzige Bitte habe ich an den Herrn. Ich sehne mich danach, solange ich lebe, im Haus des Herrn zu sein, um seine Freundlichkeit zu sehen und in seinem Tempel still zu werden. Denn er wird mich aufnehmen, wenn schlechte Zeiten kommen, und mir in seinem Heiligtum Schutz geben. Er wird mich auf einen hohen Berg stellen, wo mich niemand erreichen kann. Dann werde ich über meine Feinde, die mich umzingeln, triumphieren. Jubelnd will ich ihm Opfer darbringen und den Herrn loben und ihm singen. Hör meine Bitten, Herr. Sei barmherzig und erhöre mich! Ich erinnere mich, dass du gesagt hast: »Suchet meine Nähe.« Und ich habe geantwortet: »Herr, dich suche ich.«

PSALM 27,1-8

Keine Angst: du hast den besten Begleiter an deiner Seite!

DEINE LIEBE BLEIBT

Ich weiß, du bleibst bei mir,
selbst wenn ich nicht zu dir steh.
Deine Liebe bleibt.
Ich weiß, dass ich Fehler mach, doch
deine Gnade schenkst du jeden Tag.
Deine Liebe bleibt.

Du bleibst dir treu durch die Zeiten,
liebst mich immer weiter.
Und auf die dunkelste Nacht
folgt doch ein neuer Morgen.
Und wenn das Meer auch tobt,
fürchte ich doch keine Not.
Du bist mein Halt und du trägst mich.
Deine Liebe bleibt.

Aus »Feiert Jesus! 5«, Nr. 215
Originaltitel: Your Love Never Fails
Text und Melodie: Chris McClarney und Anthony Skinner
Deutsch: Gabi Czabanski und Philipp Seibert
© 2008 Thankyou Music/Out Of The Cave Music/Integrity's Alleluia! Music
Für D, A, CH: SCM Hänssler, 71087 Holzgerlingen

Feiert Jesus! 19
Nr. 4

BEDINGUNGSLOSE LIEBE

Wir alle kennen das Gefühl, nicht gut genug für Gottes Liebe zu sein. Zu vieles haben wir falsch gemacht. Innerlich wird die Liste der Dinge, die uns von Gott trennt, immer länger. Kein Wunder, dass die eigenen Gebete inzwischen nur noch bis zur Zimmerdecke reichen. In solchen Augenblicken fallen uns sofort einige Momente ein, in denen wir Gott untreu waren. So hätte man letztens von Gott erzählen oder dem Nächsten helfen können, ließ es dann aber doch bleiben. Der Mut oder der Wille dazu fehlten oder die eigene Trägheit und die Bequemlichkeit standen im Weg. Warum sollte Gott jetzt eingreifen?

Jedes weitere Grübeln entfernt uns innerlich noch weiter von Gott, und wir verlieren das Vertrauen in sein Liebesversprechen an uns. Dieses Gefühl basiert auf einer Lüge. In dieser Lüge steckt allerdings tatsächlich ein kleiner Funke Wahrheit: Wir Menschen sind Sünder! Keiner von uns kann durch sein Tun und Nicht-Tun Gottes Liebe gewinnen. Jede weitere Anstrengung aus unserer eigenen Kraft bringt uns kein Stückchen näher zu ihm.

Doch nun zur großen Lüge, die in diesem Denken steckt. In den Beziehungen, die wir kennen, mag es immer eine Grenze geben. Übertreten wir die Grenze, verlieren wir die Liebe und Zuneigung eines Menschen. Nicht aber bei Gott! Er möchte die Beziehung zu uns, weil er jeden von uns bedingungslos liebt! Er hat den Schritt bereits getan, als er durch Jesu Tod unsere Sünden beglichen hat (Johannes 3,16)! Allein durch seine unglaublich große Liebe zu uns und durch seine Gnade können wir jederzeit zu ihm kommen. Zu dieser Gnade und Liebe dürfen wir immer wieder zurückkommen. Wenn wir uns Christus zuwenden, kehren wir den Lügen des Teufels den Rücken. Wir sind frei und geliebt!

Nichts und niemand in der ganzen Schöpfung kann uns von der Liebe Gottes trennen, die in Christus Jesus, unserem Herrn, erschienen ist.

RÖMER 8,39

Er wartet nur auf dich!

DEINE LIEBE BLEIBT

Der Wind ist stark und die Wasser tief,
doch du bist mein Halt, lässt mich nicht untergehn,
denn deine Liebe bleibt.
Der Graben schien viel zu breit
zwischen mir und deiner Herrlichkeit,
doch deine Liebe bleibt.

Aus »Feiert Jesus! 5«, Nr. 215
Originaltitel: Your Love Never Fails
Text und Melodie: Chris McClarney und Anthony Skinner
Deutsch: Gabi Czabanski und Philipp Seibert
© 2008 Thankyou Music/Out Of The Cave Music/Integrity's Alleluia! Music
Für D, A, CH: SCM Hänssler, 71087 Holzgerlingen

Feiert Jesus! 19
Nr. 4

HALT IN STÜRMISCHEN ZEITEN

Wir alle erleben in unserem Leben stürmische Zeiten. Starke Winde und tiefe Wasser sorgen für Chaos und einen rauen Wellengang. Unser Sichtfeld verringert sich stetig, bis wir die Orientierung verlieren. Wir wissen nicht, ob wir uns überhaupt noch auf dem geplanten Kurs befinden oder schon längst auf einem anderen Weg sind. Oft versuchen wir, gegen den Sturm zu kämpfen. Wir umklammern fest das Steuerrad, in der Hoffnung, die Situation wieder unter Kontrolle zu bekommen. Das erfordert viel Kraft und lässt uns glauben, alleine gegen den Sturm ankämpfen zu müssen. Rettung scheint weit entfernt zu sein.
So eine Sturmsituation erlebte ich, als ich unverhofft schwanger wurde. Das Studium war noch nicht zu Ende und ich wusste nicht, ob ich das noch irgendwie hinbekommen konnte. Ich hatte Angst vor den Veränderungen und dem Ungewissen in meinem Leben.

Nach vielen Kämpfen mit mir selbst und meinen eigenen Plänen ließ ich schließlich das Steuerrad los und vertraute mich Gott an. Mir wurde bewusst, dass er die ganze Zeit neben mir drauf gewartet hatte, dass ich seine Hand ergreifen und ihm vertrauen würde. Bei ihm war ich sicher! Er half mir aus dem Sturm heraus und schenkte mir eine neue, nämlich seine Perspektive.

Er ist bei uns in starken Stürmen auf hoher See! Es tut gut, das Steuerrad loszulassen und ihn wieder neu Kapitän auf unserem Schiff sein zu lassen. Es lohnt sich, seine rettende Hand zu ergreifen und ihm zu vertrauen, dass er es richtig machen wird.

Überlass dem Herrn die Führung deines Lebens und vertraue auf ihn, er wird es richtig machen.

PSALM 37,5

Kämpfst du noch oder vertraust du schon?

10. OKTOBER

DIR NAH ZU SEIN

Gott, du umgibst mich.
Ohne dich fall ich.
Du trägst und hältst mich.
Du bist für mich da.
Gott, du versorgst mich.
Mein Herz ist hungrig.
Dein Wort ernährt mich.
Du bist für mich da.

Aus »Feiert Jesus! 5«, Nr. 216
Text und Melodie: Albert Frey
© 2014 SCM Hänssler, 71087 Holzgerlingen

Feiert Jesus! 20
Nr. 7

DAS GRÖSSTE GLÜCK: GOTT IST MIR NAH – BIN ICH AUCH IHM NAH?

»Gott du umgibst mich [...] Du trägst und hältst mich«. Mit Gott bist du niemals allein. Diese Verheißung Gottes, dass er uns nie alleine lässt, steht unzählige Male in der Bibel. Sie gilt nicht nur dann, wenn es läuft, wenn wir zufrieden, gesund, froh und ausgeglichen sind, sondern vor allem auch und gerade dann, wenn wir stürmische Lebensphasen durchleben. Ich muss Gott nicht immer neu bitten, mir nah zu sein, mich zu begleiten oder mit mir zu gehen, denn er ist da, er ist überall und hat es mir versprochen! Ich darf stattdessen Gott immer wieder dafür danken, dass er versprochen hat, mir nah zu sein. Und eines ist sicher: Gott verspricht – aber er verspricht sich dabei nicht. Er meint es ernst und steht zu seinen Versprechen. »Ich helfe dir, darauf hast du mein Wort« (Jesaja 41,14). Kann und muss Gott es noch klarer ausdrücken, bis ich es endlich verstehe?

Die Frage ist nur: Vertraue ich uneingeschränkt darauf? Bin ich mir dessen auch in den konkreten Alltagssituationen bewusst? Wenn nicht, wie könnte ich dieses Bewusstsein stärken und fördern? Schreibe beispielsweise jemandem, der dir nun spontan einfällt, diese Verheißung Gottes als ermutigende E-Mail, SMS oder WhatsApp – das ermutigt den anderen und dich zugleich!

Fürchte dich nicht, denn ich bin bei dir. Sieh dich nicht ängstlich nach Hilfe um, denn ich bin dein Gott: Meine Entscheidung für dich steht fest, ich helfe dir. Ich unterstütze dich, indem ich mit meiner siegreichen Hand Gerechtigkeit übe [,] weil ich deine rechte Hand halte – ich, der Herr, dein Gott. Und ich sage dir: »Hab keine Angst. Ich bin da und helfe dir. Du armer Wurm Jakob, du trauriger Haufen Israel, fürchte dich nicht, ich helfe dir, darauf hast du mein Wort. Dein Erlöser ist der Heilige Israels.«

JESAJA 41,10.13.14

Suche beständig Gottes Nähe –
es »bringt dir Glück«!

11. OKTOBER

DIR NAH ZU SEIN

Ich komme heim, zu dir zurück.
Dir nah zu sein ist mein Glück.
Ich atme ein, ich atme aus.
Hier kann ich sein, bin zu Haus.

Aus »Feiert Jesus! 5«, Nr. 216
Text und Melodie: Albert Frey
© 2014 SCM Hänssler, 71087 Holzgerlingen

Feiert Jesus! 20
Nr. 7

DIE GLÜCKSFORMEL

»Dir nahe zu sein ist mein Glück«, heißt es im Refrain – ein Zitat des Bibelverses aus Psalm 73,28. Warum ist das so? Was ist der Grund für dieses Glücksgefühl? In Gottes Gegenwart darf ich einfach ich sein. Ich muss mich nicht verstellen. Es ist wie ein Nachhausekommen. Es ist ein Ort, wo ich mich wohlfühle, wo ich willkommen bin, wo ich zur Ruhe kommen kann, wo man mich auch mal tadelt oder kritisiert, wo ich ernstgemeinte Ratschläge bekomme, wo ich geliebt werde trotz meiner Fehler und Schwächen.

In Psalm 84 findet man Beispiele von Menschen, die als glücklich angesehen werden: »Wie glücklich sind die, die in deinem Hause wohnen dürfen, [...] die in dir ihre Stärke finden und von Herzen dir nachfolgen [,] glücklich ist der Mensch, der auf dich vertraut« (Psalm 84,5.6.13). Zählst du dich auch zu diesen glücklichen Menschen? Wenn ja, lebst du dieses Glücklichsein aus? Zeigst du es nach außen oder wirkst du eher gedrückt, kraftlos und leer? Wenn du dich nicht zu den Glücklichen zählst, woran könnte es liegen? Suchst du deine Stärke im Herrn? Folgst du Gott von ganzem Herzen nach? Vertraust du vollkommen auf ihn? Fühlst du dich bei ihm zu Hause?

Gottes Nähe ist der Schlüssel. Seine Nähe kann man suchen, beispielsweise durch das Gebet, durch das Hören auf den Heiligen Geist, durch das Nachdenken über Gottes Wort. »Dir nahe zu sein ist mein Glück« – lass dir heute bewusst zusprechen: Gott nahe zu sein ist dein Glück! Suche Gottes Nähe – das schenkt dir ein glückliches, zufriedenes und gelassenes Herz und gibt Gott die Ehre.

> Glücklich ist der Mensch, der nicht auf den Rat der Gottlosen hört, der sich am Leben der Sünder kein Beispiel nimmt und sich nicht mit Spöttern abgibt. Voller Freude tut er den Willen des Herrn und denkt über sein Gesetz Tag und Nacht nach. Er ist wie ein Baum, der am Flussufer wurzelt und Jahr für Jahr reiche Frucht trägt. Seine Blätter welken nicht, und alles, was er tut, gelingt ihm.
>
> **PSALM 1,1-3**

> Doch mir geht es gut, weil ich mich nahe an Gott halte! Ich setze meine Zuversicht auf den allmächtigen Herrn. Von seinen wunderbaren Werken will ich allen erzählen.
>
> **PSALM 73,28**

Suche und genieße die Nähe, Hilfe und Kraft
unseres mächtigen Vaters!

12. OKTOBER

DIR NAH ZU SEIN

Gott, du erkennst mich.
Mein Herz erkennt dich.
Dein Geist durchdringt mich.
Du bist immer da.
Gott, du erfüllst mich.
Ich bin zerbrechlich,
doch du scheinst durch mich.
Du bist immer da.

Gott meines Lebens,
Gott meines Lebens,
Gott meines Lebens, du bist für mich da.
Gott meines Lebens,
Gott meines Lebens,
Gott meines Lebens, immer bist du da.

Aus »Feiert Jesus! 5«, Nr. 216
Text und Melodie: Albert Frey
© 2014 SCM Hänssler, 71087 Holzgerlingen

Feiert Jesus! 20
Nr. 7

IN SEINER KRAFT

»Dein Geist durchdringt mich [...] Gott du erfüllst mich« – wenn Gott mich mit seinem Geist durchdringt, dann bin ich erfüllt von seiner Kraft, von seinem Willen, von seiner Liebe. In der Welt um mich herum bin ich so vielen Einflüssen ausgesetzt, die mich wegreißen wollen von Gott. Mit meiner eigenen Kraft kann ich dem nicht standhalten. Dazu brauche ich seine mächtige Kraft, wie es Paulus formuliert: »Werdet stark durch den Herrn und durch die mächtige Kraft seiner Stärke! Legt die komplette Waffenrüstung

Gottes an, damit ihr allen hinterhältigen Angriffen des Teufels widerstehen könnt« (Epheser 6,10f). Ich stelle mir immer wieder die Fragen: Aus wessen Kraft lebe ich gerade? Lasse ich mich immer wieder neu vom Heiligen Geist erfüllen? Entfache ich das Feuer Gottes beständig in mir? Bin ich mir bewusst, dass der »Gott meines Lebens« in mir lebt und mein Leben lenken möchte?

Und dann folgt die praktische Seite, und ich frage mich, wie ich den Heiligen Geist in mir entfachen kann und nicht dämpfe? Zum Beispiel durch Nachdenken über Gottes Wort, durch Beten, durch Hören auf Gottes Stimme, durch Lobpreis, durch...?

Wenn ich nicht aus meiner eigenen Kraft, sondern aus Gottes Kraft lebe und mich immer mehr in sein Bild verwandeln lasse, dann scheint Jesus durch mich! Dann ist es möglich, ein Leben nach Gottes Willen zu führen. Dann kann ich Salz und Licht und Zeuge für Jesus sein.

> Herr, ich danke dir von ganzem Herzen, ich will dir singen vor den Göttern. Vor deinem heiligen Tempel werfe ich mich nieder und bete dich an. Ich preise deinen Namen für deine Gnade und Treue, denn du hast versprochen, deine Zusagen einzuhalten um der Ehre deines Namens willen. Wenn ich zu dir bete, erhörst du mich; du machst mir Mut und gibst mir Kraft. Herr, alle Könige der Erde werden dir danken, wenn sie deine Worte gehört haben. Sie werden von den Wegen des Herrn singen, denn der Ruhm des Herrn ist groß.
>
> **PSALM 138,1-5**

Lebe den Tag aus Gottes Kraft!

MEER

Du rufst mich raus aufs weite Wasser,
wo Füße nicht mehr sicher stehn.
Dort finde ich dich im Verborgnen.
Mein Glaube trägt im tiefen Meer.

Und deinen Namen ruf ich an.
Ich schau so weit ich sehen kann.
Und kommt die Flut,
hältst du mich fest in deinem Arm.
Denn ich bin dein und du bist mein.

Aus »Feiert Jesus! 5«, Nr. 108
Originaltitel: Oceans (Where Feet May Fail)
Text und Melodie: Joel Houston, Matt Crocker und Salomon Ligthelm
Deutsch: Martin Bruch
© 2012 Hillsong Music Publishing
Für D, A, CH: CopyCare Deutschland, 71087 Holzgerlingen

Feiert Jesus! 365
CD 1, Nr. 13

DU FORDERST MICH HERAUS

Entscheidungen, so viele Entscheidungen gibt es zu treffen. Pro Tag treffen wir circa 20 000 Entscheidungen – welches Auto oder Handy soll ich mir zulegen, wohin will ich mich weiterentwickeln oder lasse ich mich auf meinen oder den einen Partner ein? Immer wieder komme ich an Weggabelungen, die eine Entscheidung von mir verlangen.

Manchmal setze ich mich hin und erstelle eine Checkliste, um Positives und Negatives abzuwägen. Die Fakten sind klar, doch die Entscheidung fällt mir trotzdem schwer. Und was ist Gottes Wille? Was soll ich tun? Was würde Jesus tun? Es kostet mich so viel, wenn ich mich für die eine Sache entscheide und meine Liste zeigt mir deutlich, dass dies die Entscheidung mit dem größten Risiko, dem unberechenbarsten Wagnis wäre. Doch tief in meinem Herzen fühle ich mich zu der Option hingezogen, trotz aller Irrationalität und Angst. Gott kann das doch nicht ernst meinen? Er fasst mich an der Hand und sagt: »Wag es, geh hinaus aufs Eis – ich halte und trage dich. Hab Mut.«

In der Bibel finden wir dieses Phänomen immer wieder, sehen Vorbilder, die Schritte im Vertrauen gehen – hinein in ein fremdes Land, ins Ungewisse und Unbekannte. David singt von Gott, dass auch am Ende der Welt seine Hand ihn führt und seine Rechte ihn hält (Psalm 139,9f).

> Herr, du hast mein Herz geprüft und weißt alles über mich. Wenn ich sitze oder wenn ich aufstehe, du weißt es. Du kennst alle meine Gedanken. Wenn ich gehe oder wenn ich ausruhe, du siehst es und bist mit allem, was ich tue, vertraut. Und du, Herr, weißt, was ich sagen möchte, noch bevor ich es ausspreche. Du bist vor mir und hinter mir und legst deine schützende Hand auf mich. [...] Nähme ich die Flügel der Morgenröte oder wohnte am äußersten Meer, würde deine Hand mich auch dort führen und dein starker Arm mich halten. Bäte ich die Finsternis, mich zu verbergen, und das Licht um mich her, Nacht zu werden – könnte ich mich dennoch nicht vor dir verstecken; denn die Nacht leuchtet so hell wie der Tag und die Finsternis wie das Licht.

PSALM 139,1-5.9-12

Wo fordert Gott dich heraus? Wage es!

MEER

Die Gnade strömt wie tiefes Wasser,
und deine Hand zeigt mir den Weg.
Wenn Angst mich lähmt und ich versage,
lässt du nie los und gibst niemals auf.

Führ mich dorthin, wo ich unbegrenzt vertraue.
Lass mich auf dem Wasser laufen,
wo immer du mich hinführst.
Führ mich tiefer, als ich selber jemals gehn kann,
dass ich fest im Glauben stehe,
in der Gegenwart des Retters.

Aus »Feiert Jesus! 5«, Nr. 108
Originaltitel: Oceans (Where Feet May Fail)
Text und Melodie: Joel Houston, Matt Crocker und Salomon Ligthelm
Deutsch: Martin Bruch
© 2012 Hillsong Music Publishing
Für D, A, CH: CopyCare Deutschland, 71087 Holzgerlingen

Feiert Jesus! 365
CD 1, Nr. 13

WO KEINE ERWARTUNGEN MEHR SIND, WARTET DIE GNADE GOTTES

Kann mir denn noch vergeben werden? Meint Gott es wirklich ernst, dass er mir immer wieder vergibt (Matthäus 12,31)? Schuldgefühle halten uns häufig davon ab, die Gnade Gottes in Anspruch zu nehmen. Es kann doch nicht sein, dass ich Gottes Gnade einfach so annehmen kann, dass er mir ganz ohne mein Zutun vergibt, ohne dass ich bestraft werde, auch wenn es heißt: »Doch Gott erklärt uns aus Gnade für gerecht. Es ist sein Geschenk an uns durch Jesus Christus, der uns von unserer Schuld befreit hat«

(Römer 3,24). Hier passt doch mein Herz mit dem geschriebenen Wort und meinem Verstand nicht zusammen?

Das andere Extrem ist die Normalität meines Glaubensalltages, dass mich nämlich der Inhalt von Römer 3,24 emotional gar nicht mehr bewegt. Worte wie Erbarmen, Erlösung, Vergebung und Gnade Gottes sind Vokabeln, die mein Verstand versteht, aber mein Herz nicht spürt und erlebt. Vielleicht muss ich wieder mehr in mich gehen, dem nachsinnen und mir Zeit nehmen, mich zu fragen: Wie passen mein Lebensstil und meine Worte in die Gegenwart Gottes, in sein Reich? »Denn er hat uns aus der Macht der Finsternis gerettet und in das Reich des geliebten Sohnes versetzt« (Kolosser 1,13).

Wie erlebe ich Vergebung? Brauche ich Gottes Erbarmen, seinen Arm, der sich nach mir ausstreckt? Oder brauche ich eine Berührung meines Herzens, um die Nähe und Liebe Gottes für mich zu spüren?

> Denn alle Menschen haben gesündigt und das Leben in der Herrlichkeit Gottes verloren. Doch Gott erklärt uns aus Gnade für gerecht. Es ist sein Geschenk an uns durch Jesus Christus, der uns von unserer Schuld befreit hat. Denn Gott sandte Jesus, damit er die Strafe für unsere Sünden auf sich nimmt und unsere Schuld gesühnt wird. Wir sind gerecht vor Gott, wenn wir glauben, dass Jesus sein Blut für uns vergossen und sein Leben für uns geopfert hat. Gott bewies seine Gerechtigkeit, als er die Menschen nicht bestrafte, die in früheren Zeiten gesündigt haben. Er handelte so, weil er Geduld mit ihnen hatte. Und er ist auch jetzt, in dieser Zeit, vollkommen gerecht, indem er die für gerecht erklärt, die an Jesus glauben.

RÖMER 3,23-26

Wie erlebe ich Vergebung?

LEUCHTTURM

Wenn ich zweifle und kämpf mit mir,
wenn ich falle, bleibst du doch hier.
Deine Liebe trägt mich durch.
Du bist mein Halt in der rauen See.
Du bist mein Halt in der rauen See.

Aus »Feiert Jesus! 5«, Nr. 202
Originaltitel: My Lighthouse
Text und Melodie: Rend Collective
Deutsch: Klaus Göttler
© 2013 Thankyou Music
Für D, A, CH: SCM Hänssler, 71087 Holzgerlingen

Feiert Jesus! 365
CD 2, Nr. 3

HALT IN RAUER SEE

Jeder kennt diese Situationen: Da wird einem urplötzlich der Boden unter den Füßen weggezogen. Nichts geht mehr. Alles wird ungewiss. Es ist so, als wären wir völlig unvermittelt mit unserem kleinen Schlauchboot in einen Sturm geraten. Und jetzt droht der Untergang. Was trägt? Wer hält uns?

Die Jünger von Jesus kennen dieses Gefühl nur zu gut. Sie schippern mit ihrem Boot friedlich über den See Genezareth, als plötzlich der Sturm über sie hereinbricht. Chaos, Verzweiflung, Angst! Erst als letzte Lösung fällt ihnen ein: Wir haben doch Jesus an Bord! Und der bringt den Sturm dann zum Erliegen.

Natürlich sieht das im Leben sehr unterschiedlich aus. Oft brauchen wir nicht einmal andere für einen Sturm. Wir machen uns selbst das Leben schwer. Wir zweifeln an uns und kämpfen mit unseren Eigenarten und unserem Charakter.

Doch egal, woher die Stürme kommen – entscheidend ist: Wir haben Jesus an Bord. Es lohnt sich, sich immer wieder gegenseitig zu vergewissern: Jesus, du bist mein Halt in der rauen See. Du trägst mich durch. Du bringst mich wieder ans sichere Ufer!

> Währenddessen schlief Jesus hinten im Boot mit dem Kopf auf einem Kissen. In ihrer Verzweiflung weckten sie ihn schließlich und riefen: »Lehrer, macht es dir denn gar nichts aus, dass wir umkommen?« Jesus erwachte, bedrohte den Wind und befahl dem Wasser: »Schweig! Sei still!« Sogleich legte sich der Wind, und es herrschte tiefe Stille. Und er fragte die Jünger: »Warum seid ihr so ängstlich? Habt ihr immer noch keinen Glauben?« Voll Furcht sagten sie zueinander: »Wer ist dieser Mann, dass ihm sogar Wind und Wellen gehorchen?«

MARKUS 4,38–41

Welchen Sturm möchte ich Jesus jetzt anvertrauen?

LEUCHTTURM

Auch im Schweigen bist du stets da,
in den Fragen bleibt dein Wort wahr.
Deine Liebe trägt mich durch.
Du bist mein Halt in der rauen See.
Du bist mein Halt in der rauen See.

Aus »Feiert Jesus! 5«, Nr. 202
Originaltitel: My Lighthouse
Text und Melodie: Rend Collective
Deutsch: Klaus Göttler
© 2013 Thankyou Music
Für D, A, CH: SCM Hänssler, 71087 Holzgerlingen

Feiert Jesus! 365
CD 2, Nr. 3

TROTZIG GLAUBEN

Es gehört zu einem gereiften Glauben zu wissen, dass Gott da ist, auch wenn wir ihn nicht hören oder erleben. So, wie wir wissen, dass die Sonne da ist, auch wenn die Wolken sie verdecken. Manche Fragen und Erlebnisse führen dazu, dass uns Gott fremd wird. Diese Situationen bleiben nicht aus: Gott schweigt und die Fragen hämmern in unserem Kopf.

In allem Fragen und Schweigen ist es trotzdem das Beste, was wir tun können, dass wir an Gott dranbleiben und bei ihm nach Halt und Antworten suchen. Bei wem sonst?

Auch wenn wir Gott nicht hören, so ist er doch da und leitet uns. Manchmal entdecken wir seine Spuren erst im Rückblick. An manchen Stellen werden wir vielleicht nie Antworten finden. Dann gilt es, trotzig an Gott festzuhalten und mit dem Psalmdichter Asaf in Psalm 73 einzustimmen und zu sagen: »Trotzdem bleibe ich bei dir. Du hältst mich mit deiner starken Hand und leitest mich. An wen sollte ich mich sonst halten?« Gott ist immer die richtige Adresse in allen Lebenslagen. Selbst da, wo er schweigt.

> Doch ich gehöre noch immer zu dir, du hältst meine rechte Hand. Du wirst mich nach deinem Rat leiten und mich schließlich in Ehren aufnehmen.
>
> **PSALM 73,23f**

Gott ist da – trotz allem!

LEUCHTTURM

Sei mein Licht, sei mein Licht.
Du strahlst wie ein Leuchtturm
und ich schau auf dich.
Sei mein Licht, sei mein Licht.
Du gabst das Versprechen:
Sicher bringst du mich bis ans Land,
bis ans Land, bis ans Land, bis ans Land.

Aus »Feiert Jesus! 5«, Nr. 202
Originaltitel: My Lighthouse
Text und Melodie: Rend Collective
Deutsch: Klaus Göttler
© 2013 Thankyou Music
Für D, A, CH: SCM Hänssler, 71087 Holzgerlingen

Feiert Jesus! 365
CD 2, Nr. 3

SEI MEIN LICHT!

Mein Lieblingsleuchtturm steht in Pilsum an der ostfriesischen Nordseeküste. Oft spaziere ich daran entlang, und schon von Weitem stechen mir seine rot-gelben Ringe ins Auge. Nun ist dieser Leuchtturm nicht mehr im Einsatz. Aber ich kann mir lebhaft vorstellen, dass der Turm mit seinem Licht unzähligen Seeleuten in tobender See den Weg gezeigt und sie so vor dem sicheren Untergang bewahrt hat.

Gott ist der Leuchtturm unseres Lebens. Er bringt uns in den sicheren Hafen. Er führt uns durch alle Stürme und gibt uns Halt auch da, wo unsere Welt ins Wanken gerät. Für mich ist das ein sehr eindrückliches Bild.

Jesus sagt von sich: »Ich bin das Licht der Welt.« Wo Licht ist, können wir uns orientieren. Wo Licht ist, da ist Leben möglich. Jesus strahlt wie ein Leuchtturm. Doch dieser Leuchtturm hat eine besondere Architektur. Es ist kein gewöhnlicher Leuchtturm. Er hat die Form eines Kreuzes. Das Kreuz von Jesus gibt uns Klarheit: Hier bist du richtig. Hier findest du Gott. Hier stehst du auf sicherem Boden.

»Es gibt wirklich nur eine Stelle in der Welt, wo wir kein Dunkel sehen. Das ist die Person Jesus Christus. In ihm hat sich Gott am deutlichsten vor uns hingestellt.« (Albert Einstein)

> Jesus sagte zu den Leuten: »Ich bin das Licht der Welt.
> Wer mir nachfolgt, braucht nicht im Dunkeln umherzuirren,
> denn er wird das Licht haben, das zum Leben führt.«

JOHANNES 8,12

Jesus, leite mich heute mit deinem Licht.

LEUCHTTURM

Ich fürcht nicht, was die Zukunft bringt,
ich geh vorwärts und mein Herz singt:
Gottes Liebe trägt mich durch.
Du bist mein Halt in der rauen See.
Du bist mein Halt in der rauen See.

Dein Licht leuchtet,
nichts strahlt heller,
und du führst uns
durch den Sturm.

Aus »Feiert Jesus! 5«, Nr. 202
Originaltitel: My Lighthouse
Text und Melodie: Rend Collective
Deutsch: Klaus Göttler
© 2013 Thankyou Music
Für D, A, CH: SCM Hänssler, 71087 Holzgerlingen

Feiert Jesus! 365
CD 2, Nr. 3

MUTIG NACH VORN

»Die Welt lebt von den Wartenden.« Dieser Satz begleitet mich seit einigen Jahren. Die Welt lebt von Menschen, die etwas erwarten, die hoffen. Wenn man die Hoffnung aufgegeben hat, kommt das einem Todesurteil gleich. Als Christ habe ich allen Grund zur Hoffnung. Deshalb kann ich mutig nach vorn blicken. Die Zukunft ist für mich nicht düster und ungewiss. Sie ist hell und aufregend, weil ich weiß: Am Ende droht nicht das schwarze Loch. Am Ende steht Gott mit seinen ausgebreiteten Armen und empfängt mich mit einem strahlenden Lächeln. Ich gehe nicht in eine fremde Zukunft. Ich gehe nach Hause. Und an diesem Zuhause arbeitet Jesus seit zweitausend Jahren. Was muss das für ein Himmel sein!

Diese Perspektive prägt mein Leben. Denn mein Blick auf die Zukunft bestimmt meine Gegenwart. Das, was ich erwarte, prägt das, was ich erlebe. Es beeinflusst, wie ich lebe. Und deshalb macht die Hoffnung den Unterschied. Ich kann fröhlich nach vorne blicken mit einem Lied auf den Lippen, weil ich weiß: Am Ende steht Gott! Er trägt mich durch und führt mich ans Ziel.

> Habt keine Angst. Ihr vertraut auf Gott, nun vertraut auch auf mich! Es gibt viele Wohnungen im Haus meines Vaters, und ich gehe voraus, um euch einen Platz vorzubereiten. Wenn es nicht so wäre, hätte ich es euch dann so gesagt? Wenn dann alles bereit ist, werde ich kommen und euch holen, damit ihr immer bei mir seid, dort, wo ich bin. Ihr wisst ja, wohin ich gehe und wie ihr dorthin kommen könnt.
>
> **JOHANNES 14,1-4**

Die Hoffnung macht den Unterschied!

DIE SELIGPREISUNGEN

Selig, die da arm sind vor Gott.
Er schenkt ihnen das Himmelreich.
Selig, die da leiden, denn Gott
wird ihr ewiger Tröster sein.
Er trocknet ihre Tränen.

Aus »Feiert Jesus! 5«, Nr. 39
Text (nach Mt 5,3–12) und Melodie: Sam Samba
© 2015 SCM Hänssler, 71087 Holzgerlingen

Feiert Jesus! 21
Nr. 9

IDEALBESCHREIBUNG

»Eine einigermaßen genaue Beschreibung der Menschheit für jemanden, der sie nicht kennt, wäre, wenn man die Seligpreisungen nehmen würde, sie auf den Kopf stellte und sagen würde: Schau, das ist die menschliche Rasse« (A. W. Tozer).

Die Eigenschaften, die in der sogenannten Bergpredigt Jesu beschrieben werden, sind das absolute Gegenteil der weltlichen Werte. Die Bergpredigt beginnt mit den Seligpreisungen. »Selig« – ein kaum noch gebräuchliches Wort. Es bedeutet froh, glücklich oder voll Glück sein. Im Gegensatz zum oberflächlichen Glück der Welt durch Reichtum, Anerkennung oder Vergnügen beschreibt Jesus das Glück, das Gott nur den Gläubigen schenkt.

Bin ich geistlich arm? Geistlich arm zu sein hat nichts mit geistigem oder geistlichem Minderbemitteltsein zu tun. Wer geistlich arm ist, ist sich bewusst, dass er vor Gott nichts vorzuweisen hat und ohne ihn verloren ist. Wir sind allein aus Gnade errettet, und als geistlich Arme gehört uns das Himmelreich.

Bin ich trauernd? Damit ist nicht gemeint, ob ich beispielsweise über einen Todesfall in der Familie oder im Freundeskreis zu klagen habe. Die Trauer, von der Jesus spricht, ist der Schmerz, den wir über unsere eigene Sünde und auch über die Sündhaftigkeit und Verlorenheit der ganzen Welt empfinden. Doch die, die darum trauern, werden am Ende der Zeit endgültig getröstet werden (Offenbarung 21,4).

Eines Tages, als sich immer mehr Menschen um Jesus sammelten, stieg er mit seinen Jüngern auf einen Berg und setzte sich dort hin, um sie zu unterrichten. Und das lehrte er sie: »Gott segnet die, die erkennen, dass sie ihn brauchen, denn ihnen wird das Himmelreich geschenkt. Gott segnet die, die traurig sind, denn sie werden getröstet werden.

MATTHÄUS 5,1-4

Dir gehört das Himmelreich!

DIE SELIGPREISUNGEN

Selig, die da sanftmütig sind.
Ihr Besitz wird die Erde sein.
Selig, die da hungern nach Gott
und dürsten nach Gerechtigkeit.
Gott wird ihr Sehnen stillen.

Erbarme dich über uns.
Kyrie eleison.
Du bist Herr. Du bist Gott.
Kyrie eleison.
Kyrie eleison.

Aus »Feiert Jesus! 5«, Nr. 39
Text (nach Mt 5,3–12) und Melodie: Sam Samba
© 2015 SCM Hänssler, 71087 Holzgerlingen

Feiert Jesus! 21
Nr. 9

NOCH IST ES NICHT SOWEIT

Sanftmut – ein Wort, das heute kaum noch Verwendung findet. Sanftmut wird im Galaterbrief 5,23 auch als Frucht des Heiligen Geistes genannt. Wer sanftmütig ist, kann sich durch die Kraft des Heiligen Geistes selbst beherrschen, und er weiß demütig um seine Stellung vor Gott. Sanftmut ist keine Schwäche – im Gegenteil: Jesus selbst wird als sanftmütig beschrieben (Matthäus 21,5; Sacharja 9,9). Als Sanftmütige zeigen wir eine Lebenshaltung wie Jesus. Kein Angeber, nicht hochmütig, anmaßend oder stolz. Jetzt werden die Sanftmütigen allerdings noch nicht ihr Erbe bekommen, sondern sie werden die Erde erst dann erben, wenn Christus als König herrschen wird.

Gerechtigkeit – »Denn sie haben nicht erkannt, auf welche Weise Gott die Menschen gerecht erklärt. Stattdessen gehen sie ihren eigenen Weg, indem sie versuchen, das Gesetz zu halten, um dadurch die Anerkennung Gottes zu gewinnen. Damit lehnen sie den Weg Gottes ab. Denn mit Christus ist die Absicht des Gesetzes vollkommen erfüllt. Wer an ihn glaubt, wird vor Gott gerecht gesprochen« (Römer 10,3f). Auch wer sich nach Gottes Gerechtigkeit sehnt, wird froh und glücklich werden, verheißt Jesus in den Seligpreisungen. Noch ist es nicht Wirklichkeit, doch in Gottes ewigem Reich wird alles ehrlich, aufrichtig und gerecht zugehen und der Hunger nach der echten Beziehung zu Gott gestillt sein.

> Wenn dagegen der Heilige Geist unser Leben beherrscht, wird er ganz andere Frucht in uns wachsen lassen: Liebe, Freude, Frieden, Geduld, Freundlichkeit, Güte, Treue, Sanftmut und Selbstbeherrschung. Nichts davon steht im Widerspruch zum Gesetz. Diejenigen, die zu Christus Jesus gehören, haben die Leidenschaften und Begierden ihrer sündigen Natur an sein Kreuz geschlagen. Wenn wir jetzt durch den Heiligen Geist leben, dann sollten wir auch alle Bereiche unseres Lebens von ihm bestimmen lassen. Lasst uns darauf achten, dass wir nicht stolz werden und uns gegenseitig verärgern oder beneiden.
>
> **GALATER 5,22-26**

Deine Sanftmut wird belohnt werden!

21. OKTOBER

DIE SELIGPREISUNGEN

Selig, die erbarmungsvoll sind.
Gott wird ihnen barmherzig sein.
Selig, die da friedfertig sind.
Sie werden Kinder des Höchsten sein,
Gott schaun mit reinem Herzen.

Aus »Feiert Jesus! 5«, Nr. 39
Text (nach Mt 5,3–12) und Melodie: Sam Samba
© 2015 SCM Hänssler, 71087 Holzgerlingen

Feiert Jesus! 21
Nr. 9

WIE GOTT MIR, SO ICH ANDEREN

Gott ist ein barmherziger Gott. Jesus spricht hier nicht von der Gnade, dass wir von unserer Schuld errettet sind. Denn das ist nicht von Gottes Barmherzigkeit abhängig, sondern ein bedingungsloses Geschenk, dass Gott uns verspricht, wenn wir unsere Sünden bekennen. Dann ist er treu und gerecht und vergibt sie uns durch Jesu Tod am Kreuz (1. Johannes 1,9). Barmherzigkeit will uns Gott schenken, wenn wir zu anderen barmherzig sind, wenn wir ehrliches Mitleid empfinden und Notleidenden helfen. Dies bezieht sich sowohl auf das Alltagsleben jetzt als auch auf unseren Lohn in der Zukunft, wenn unsere Werke vor dem Richterstuhl Christi beurteilt werden (1. Korinther 3,12–15; 2. Korinther 5,10; Jakobus 2,13).

Wenn ich überlege, welchen Personen gegenüber ich barmherzig handle oder nicht und auch warum, werde ich nachdenklich. Wenn ich kein Erbarmen anderen gegenüber habe, zeige ich, dass ich Gottes Gnade nicht auslebe und das, was ich von ihm für mich in Anspruch nehme, nicht weitergebe. Eigentlich schade, oder? Dann möchte ich mich wieder neu von Gottes Liebe und Barmherzigkeit füllen lassen und darum bitten, dass er mein Herz weit macht für die, die Barmherzigkeit brauchen.

Glücklich werden auch die sein, die ein reines Gewissen und Herz haben. Sie bekommen eine unglaublich schöne Verheißung: Sie werden Gott sehen. Sowohl durch den Heiligen Geist werden sie mit den Augen des Glaubens sehen, als auch in der Herrlichkeit: »[...] und sie werden sein Gesicht sehen« (Offenbarung 22,3f).

> Wirklich gut handelt ihr, wenn ihr dem königlichen Gebot unseres Herrn gehorcht, wie es in der Schrift steht: »Liebe deinen Nächsten wie dich selbst.« Wenn ihr aber einen Menschen bevorzugt, werdet ihr schuldig, denn ihr missachtet dieses Gesetz. Und wer alle Gesetze bis auf ein einziges befolgt, ist genauso schuldig wie einer, der alle Gesetze Gottes gebrochen hat. Denn derselbe Gott, der gesagt hat: »Du sollst nicht die Ehe brechen«, der sagte auch: »Du sollst nicht töten«. Wenn du also jemanden tötest, aber keinen Ehebruch begehst, hast du damit dennoch das ganze Gesetz gebrochen. Bedenkt deshalb in allem, was ihr sagt oder tut, dass ihr nach dem Gesetz Gottes gerichtet werdet, das euch frei macht.
>
> **JAKOBUS 2,8-12**

Zählst du dich zu den »Glückseligen«?

22. OKTOBER

DIE SELIGPREISUNGEN

In Verleumdung, Versuchung, Verzweiflung
bist du unsre Hoffnung, ewig.
Du bist uns nah.
In Verachtung, Entbehrung, Verfolgung
bist du unsre Stärke, Jesus.
Du bist uns nah. Du bist uns nah.

Erbarme dich über uns.
Kyrie eleison.
Unser Herr, unser Gott,
Kyrie eleison.

Aus »Feiert Jesus! 5«, Nr. 39
Text (nach Mt 5,3-12) und Melodie: Sam Samba
© 2015 SCM Hänssler, 71087 Holzgerlingen

Feiert Jesus! 21
Nr. 9

VERFOLGUNG

Die letzten Seligpreisungen sprechen davon, dass wir um der Gerechtigkeit willen, für die wir uns einsetzten, oder um Christi willen verfolgt werden. Von Anfang an wurden Menschen, die Jesus nachfolgten, verfolgt, geschmäht, ins Gefängnis geworfen, verspottet. So unglaublich es klingen mag: Wegen Christus zu leiden ist ein Vorrecht. Darüber sollten wir uns freuen. Ehrlich gesagt: Das fällt mir schwer. Richtig schwer. Denn wer möchte schon gern leiden? Aber wer trotz alldem treu bleibt, wird wunderbar belohnt werden!
In unserer Gesellschaft fällt die Verfolgung und Schmähung noch relativ gering aus. Klar, wenn es mich trifft, wenn mich Menschen belächeln, nicht für voll nehmen, meiden oder auslachen,

weil ich offen von meinem Glauben an Jesus rede, fällt mir das sehr schwer. Doch es geht hier nur um mein Ansehen oder gesellschaftliches Leben, nicht um das echte Leben. Wie viele Menschen können aber auch in unserer Zeit von Verfolgungen wegen ihres Glaubens berichten! In unzähligen Ländern steht auf die Nachfolge Christi die Todesstrafe. Und dennoch bezeugen Christen dort mutig ihren Glauben, nehmen Folter, Verfolgung und sogar ihren Tod in Kauf, weil sie wissen: Jesus ist es wert! Und sie erleben tatsächlich, dass Jesus ihre Stärke und Hoffnung ist und ihnen innig nah ist – bis in den Tod. Ein unglaublich großes Geschenk! »Jubelt! Denn im Himmel erwartet euch eine große Belohnung« (Matthäus 5,12).

Bete für deine Glaubensgeschwister, die tagtäglich aufgrund ihres Glaubens verfolgt werden!

Meine lieben Freunde, erschreckt nicht über die schmerzhaften Prüfungen, die ihr jetzt durchmacht, als wären sie etwas Ungewöhnliches. Freut euch darüber, denn dadurch seid ihr im Leiden mit Christus verbunden, und ihr werdet euch auch sehr darüber freuen, wenn er in seiner Herrlichkeit erscheint. Freut euch, wenn ihr beschimpft werdet, weil ihr zu Christus gehört. Denn daran wird sichtbar, dass der Geist der Herrlichkeit Gottes bei euch ist. Niemand soll leiden wegen Mord, Diebstahl, Unruhestiftung oder wegen Einmischung in fremde Angelegenheiten. Doch es ist keine Schande, dafür zu leiden, dass man Christ ist. Ihr sollt Gott in diesem Falle viel mehr loben! Denn die Zeit des Gerichts ist gekommen, und es muss bei den Kindern Gottes beginnen. Und wenn selbst wir gerichtet werden müssen, was erwartet dann erst all diejenigen, die die Botschaft Gottes nicht angenommen haben? Denn »wenn die Gerechten kaum auf Rettung hoffen dürfen, wo werden sich dann die Gottlosen und Sünder wiederfinden«? Wenn ihr also leidet, weil Gott es so will, dann hört nicht auf, Gutes zu tun, und vertraut euch Gott an, der euch geschaffen hat. Er wird treu zu euch stehen!

1. PETRUS 4,12-19

Lebe mutig deinen Glauben!

HÖRE, ISRAEL

Höre, Israel:
Der Herr ist Gott allein.
Beug dich keinem andern Gott.
Er will einzig für dich sein.
Höre, Israel:
Der Herr hat dich befreit.
Lass die Knechtschaft hinter dir.
Bleib ihm treu zu jeder Zeit.

Du sollst den Herrn, deinen Gott, lieben
mit ganzem Herzen.
Du sollst den Herrn, deinen Gott, lieben
mit aller Kraft.
Du sollst den Herrn, deinen Gott, lieben
mit deinem Denken
und mit all deiner Leidenschaft.

Aus »Feiert Jesus! 5«, Nr. 121
Text und Melodie: Albert Frey
© 2013 FREYKLANG adm. by Gerth Medien, Asslar

Feiert Jesus! 24
Nr. 8

SCH'MA ISRAEL

»Gott ist einzig, darum sollst du ihn lieben mit ganzem Herzen, mit ganzer Seele und mit ganzer Kraft!« Diese Passage, die am Anfang und am Ende des jüdischen Glaubensbekenntnisses (»Sch'ma Israel«) steht, kann als das Lebensmotto aller gläubigen Juden verstanden werden: Es gibt nur den einen, einzigartigen, wahren Gott. Ihm zu gefallen ist das höchste Lebensziel. In allen Freuden und Anstrengungen des Alltags soll sich die Liebe zu Gott widerspiegeln. Das komplette Denken, Handeln und Fühlen soll von der Liebe zu Gott durchdrungen sein.

Charakteristisch für die jüdische Glaubensweise ist es, sich an die großen Befreiungstaten Gottes für sein Volk zu erinnern. Das ermutigt, ihm auch heute und morgen zu vertrauen und auf seine unendlichen göttlichen Möglichkeiten zu setzen. Beim Blick auf die eigene Geschichte werden aber auch Schattenseiten deutlich. Israel war untreu und musste die Konsequenz aus seinem Handeln tragen.

Doch dabei bleibt der Blick nicht stehen: Gott hat sein geliebtes, auserwähltes Volk nicht verstoßen. Der Gott der Bibel ist ein Gott der zweiten Chance. Er ermöglicht den Neustart, und der gemeinsame Weg geht weiter – bis heute. Durch den Glauben an seinen Sohn Jesus Christus gilt Gottes unendliche Liebe auch dir und mir. Trotz aller menschlichen Unvollkommenheit liebt er uns mit der Begeisterung und Leidenschaft der ersten Liebe und möchte uns in seine Nähe bringen.

> Einer der Schriftgelehrten stand dabei und hörte dem Gespräch zu. Er merkte, wie gut Jesus geantwortet hatte; deshalb fragte er ihn: »Welches von allen Geboten ist das wichtigste?« Jesus antwortete: »Das wichtigste Gebot ist dies: ›Höre, o Israel! Der Herr, unser Gott, ist der einzige Herr. Und du sollst den Herrn, deinen Gott, von ganzem Herzen, von ganzer Seele, mit all deinen Gedanken und all deiner Kraft lieben.‹ Das zweite ist ebenso wichtig: ›Liebe deinen Nächsten wie dich selbst.‹ Kein anderes Gebot ist wichtiger als diese beiden.« Der Schriftgelehrte erwiderte: »Das hast du sehr gut gesagt, Lehrer. Du hast die Wahrheit gesprochen, als du sagtest, dass es nur einen einzigen Gott gibt und keinen außer ihm. Und ich weiß auch, dass es wichtig ist, ihn von ganzem Herzen, mit all meinen Gedanken und all meiner Kraft zu lieben und meinen Nächsten zu lieben wie mich selbst. Das ist weit wichtiger, als all die Brandopfer und Opfergaben darzubringen, die vom Gesetz vorgeschrieben werden.« Als Jesus sah, welche Einsicht dieser Mann besaß, sagte er zu ihm: »Du bist nicht weit vom Reich Gottes entfernt.« Danach wagte niemand mehr, ihm weitere Fragen zu stellen.

MARKUS 12,28-34

Lasse ich mich von Gottes großer Liebe ergreifen oder ist dazu ein Neustart in meiner Beziehung zu Jesus nötig?

HÖRE, ISRAEL

Höre, Gottes Volk:
Der Herr ist Gott allein.
Ehre ihn und werde eins.
Er will deine Mitte sein.
Höre, Gottes Volk:
Der Herr hat dich befreit.
Leg dir keine Lasten auf
außer dem, was er dir zeigt.

Du sollst den Herrn, deinen Gott, lieben
mit ganzem Herzen.
Du sollst den Herrn, deinen Gott, lieben
mit aller Kraft.
Du sollst den Herrn, deinen Gott, lieben
mit deinem Denken
und mit all deiner Leidenschaft.

Aus »Feiert Jesus! 5«, Nr. 121
Text und Melodie: Albert Frey
© 2013 FREYKLANG adm. by Gerth Medien, Asslar

Feiert Jesus! 24
Nr. 8

AUF GUTE NACHBARSCHAFT!

Das Volk Israel bekommt einen neuen Nachbarn: Gott selbst zieht ins Wüstencamp ein. Die von Mose nach detailreichen und symbolträchtigen Angaben gebaute Stiftshütte wird Gottes neue Zeltwohnung und zum Treffpunkt von Gott und Mensch. Gott wünscht sich direkte Nachbarschaft, reale Gottesbegegnungen, persönliche Beziehung.

Gottes Wüstenwohnung liegt in zentraler Lage, mittendrin im campierenden Gottesvolk (4. Mose 35,34), für alle sichtbar und erreichbar. Damit wird schon äußerlich deutlich: Gott allein ist der Mittelpunkt des alltäglichen Lebens. Alle Lebensbereiche richten sich auf ihn aus. Dadurch wird Anbetung zum authentischen Lebensstil. In der Verherrlichung seines großen Namens werden Anbeter eins. Und Gott schafft einen neuen Bund: Jesus wird die Kontaktstelle Nummer 1 – zwischen Gott und Mensch und zwischen Mensch und Mensch.

Das Unfassbare geschieht: Durch den Glauben an Jesus nimmt Gott Wohnung in uns. Jesus befreit von Schuld und dem eigenen, unvollkommenen Ich. Sein Geist bewirkt in uns verändernde Liebe zum himmlischen Vater und zu unseren Mitgläubigen. Diese Liebe bringt uns in Bewegung, sie wird praktisch, fassbar, erfahrbar. Unsere Aufgabe ist: Aus Liebe zu Jesus die Werke tun, die er für uns vorbereitet hat (Epheser 2,10). Nicht mehr und nicht weniger. Echte Jesus-Liebe aus ganzem Herzen, mit ganzer Seele und aus aller Kraft bekommt Hände und Füße und hat Auswirkungen auf uns selbst, unsere Familien, unsere Nachbarn, Kollegen, Gemeinden und die Welt (Jakobus 2,17).

> Deshalb, liebe Freunde, können wir jetzt zuversichtlich in das Allerheiligste des Himmels hineingehen, denn das Blut von Jesus hat uns den Weg geöffnet. Das ist der neue, lebendige Weg durch den Vorhang, den Christus durch seinen Tod für uns eröffnet hat. Da wir also einen großen Hohen Priester haben, der über das Volk Gottes eingesetzt ist, wollen wir mit aufrichtigem Herzen in die Gegenwart Gottes treten und ihm ganz und gar vertrauen. Denn unsere Herzen wurden mit dem Blut Christi besprengt, um unser Gewissen von Schuld zu reinigen, und unsere Körper sind mit reinem Wasser gewaschen! Deshalb wollen wir weiter an der Hoffnung festhalten, die wir bekennen, denn Gott steht treu zu seinen Zusagen. Spornt euch gegenseitig zu Liebe und zu guten Taten an. Und lasst uns unsere Zusammenkünfte nicht versäumen, wie einige es tun, sondern ermutigt und ermahnt einander, besonders jetzt, da der Tag seiner Wiederkehr näher rückt!

HEBRÄER 10,19-25

Ich darf Gott heute bitten, dass er mir durch seinen Geist diese dienende Liebe und Herzenshaltung schenkt.

HÖRE, ISRAEL

Höre, Menschenkind:
Der Herr ist Gott allein.
Komm zu ihm, komme heim.
Er will Vater für dich sein.
Höre, Menschenkind:
Der Herr hat dich befreit.
Werde ganz und werde heil,
spiegle seine Herrlichkeit.

Ich will den Herrn, meinen Gott, lieben
mit ganzem Herzen.
Ich will den Herrn, meinen Gott, lieben
mit aller Kraft.
Ich will den Herrn, meinen Gott, lieben
mit meinem Denken
und mit all meiner Leidenschaft.

Aus »Feiert Jesus! 5«, Nr. 121
Text und Melodie: Albert Frey
© 2013 FREYKLANG adm. by Gerth Medien, Asslar

Feiert Jesus! 24
Nr. 8

ANKOMMEN BEI JESUS

Du hättest die Augen des Vaters sehen sollen, als sein geliebtes Kind in seine ausgebreiteten Arme sprang: Nichts als Wärme, Liebe, Güte und Freude waren darin zu lesen. Und das Kind? Es empfand nichts anderes als Vertrauen, Sehnsucht und Angenommensein. Darum geht es, wenn der Menschensohn uns zu Kindern Gottes macht. Die geniale Botschaft von der Erlösung durch Jesus, die ursprünglich von dem jüdischen Volk gehört und angenommen werden sollte, gilt auch dir und mir (Epheser 2,12-18): Wir Christen sind eingepfropft in den edlen Ölbaum (Römer 11,13-19). Dadurch wird Gott unser himmlischer Vater. Jesus Christus ist unser Heiland. Er ist der, der heil macht. Heil von inneren und äußeren Verletzungen und vor allem von dem größten Schmerz: dem Getrenntsein von Gott. Jesus schafft Wiederherstellung der einst perfekten Vater-Kind-Beziehung. Und das Beste: Er schenkt uns wahre Heimat, er bereitet für uns eine Wohnung im Himmel vor. Dort, wo alle Schmerzen endgültig geheilt und vergessen sind.

So, wie sich das Sonnenlicht im Wassertropfen bricht und bunte Farbfacetten ausstrahlt, spiegeln Jesus-Leute die Liebe und Güte ihres himmlischen Vaters wieder. Ihr Geheimnis: Sie hängen sich mit aller Kraft an den, der ihnen Lebens- und Ewigkeitsperspektive gibt (Johannes 15,5). Sie halten innerlich still und lassen den wirken, der ihr Leben bestimmt. Indem sie sich ihrem Herrn ganz hingeben und mit ihm fest verbunden bleiben, spiegeln sie seine Herrlichkeit wieder.

> Christus ist das Bild des unsichtbaren Gottes. Er war bereits da, noch bevor Gott irgendetwas erschuf, und ist der Erste aller Schöpfung. Durch ihn hat Gott alles erschaffen, was im Himmel und auf der Erde ist. Er machte alles, was wir sehen, und das, was wir nicht sehen können, ob Könige, Reiche, Herrscher oder Gewalten. Alles ist durch ihn und für ihn erschaffen. Er war da, noch bevor alles andere begann, und er hält die ganze Schöpfung zusammen. Christus ist das Haupt der Gemeinde, und die Gemeinde ist sein Leib. Er ist der Anfang und als Erster von den Toten auferstanden, damit er in allem der Erste ist. Denn Gott wollte in seiner ganzen Fülle in Christus wohnen. Durch ihn hat er alles mit sich selbst versöhnt. Durch sein Blut am Kreuz schloss er Frieden mit allem, was im Himmel und auf der Erde ist. Darin seid auch ihr eingeschlossen, obwohl ihr früher so weit von Gott entfernt wart. Ihr wart seine Feinde, und eure bösen Gedanken und Taten trennten euch von ihm, doch nun hat er euch wieder zu seinen Freunden gemacht. Durch seinen Tod am Kreuz in menschlicher Gestalt hat er euch mit sich versöhnt, um euch wieder in die Gegenwart Gottes zurückzuholen und euch heilig und makellos vor sich hinzustellen. Ihr müsst allerdings an dieser Wahrheit festhalten und euren Glauben bewahren. Weicht nicht von der Hoffnung ab, die euch geschenkt wurde, als ihr die Botschaft von Jesus Christus gehört habt. Diese Botschaft ist in der ganzen Welt verbreitet worden, und ich, Paulus, wurde von Gott berufen, sie zu verkünden.

KOLOSSER 1,15-23

Jesus schenkt dir eine wunderbare Ewigkeitsperspektive

MITTELPUNKT

Königlich strahlt dein Licht.
Du bist ewiglich, niemand kommt dir gleich.
Sanftmütig führst du mich hin zu deinem Licht.
Ich darf bei dir sein.

Aus »Feiert Jesus! 5«, Nr. 119
Text und Melodie: Juri Friesen und Pala Friesen
© 2012 Outbreakband Musik adm. by Gerth Medien, Asslar

Feiert Jesus! 365
CD 2, Nr. 8

KÖNIGLICHES LICHT

Königliches Licht, göttliches Licht, Jesus, das Licht: Ohne dieses Licht kann niemand seine Sünde und die Trennung von Gott wahrnehmen. Jeder hält sich von Natur aus für gut und gerecht. C. H. Spurgeon formuliert treffend: »Erst, wenn Gottes Blitze in unser verfinstertes Herz dringen, erkennen wir unseren verzweifelten Zustand und fühlen uns unsagbar elend. Dann sehen wir, wie außerordentlich sündig unsere Sünde ist.«

Aber im Licht des Kreuzes sieht alles ganz anders aus: Da kann ich erkennen, wer ich bin und ich darf dankbar und froh sein, dass ich rein vor Gottes Thron stehen darf. Das königliche Licht, das Gott uns von seinem Thron aus sendet, schenkt uns diese Erkenntnis. »Denn du bist die Quelle des Lebens, in deinem Licht sehen wir das Licht« (Psalm 36,10; SCH). Erst der Vater ermöglicht mir, dass ich durch den Heiligen Geist erkenne, wer er wirklich ist.

Ist das nicht ein wunderbares Geschenk, für das ich mich heute bewusst bei Gott bedanken möchte? Immer wieder frage ich mich, wie mein Leben wohl aussehen würde, wenn ich Jesus nicht als meinen Retter hätte erkennen dürfen. Und dann bin ich unendlich froh und dankbar, dass ich Gottes Kind sein darf. Dass Gott mich zu Jesus gezogen hat (Johannes 6,65), aus Gnade, unverdient. – »Ich darf bei dir sein«!

> »Es ist der Geist, der lebendig macht. Das Fleisch hat keine Macht. Die Worte aber, die ich euch gesagt habe, sind Geist und Leben. Doch einige von euch glauben mir nicht.« Denn Jesus wusste von Anfang an, wer die waren, die nicht glaubten, und er wusste auch, wer ihn verraten würde. Er fuhr fort: »Deshalb habe ich gesagt: Niemand kann zu mir kommen, wenn der Vater ihn nicht zu mir zieht.« Von da an wandten sich viele seiner Jünger von ihm ab und folgten ihm nicht mehr nach. Da fragte Jesus die Zwölf: »Werdet ihr auch weggehen?« Simon Petrus antwortete: »Herr, zu wem sollten wir gehen? Nur du hast Worte, die ewiges Leben schenken. Wir glauben und haben erkannt, dass du der Heilige Gottes bist.«

JOHANNES 6,63-69

Ich darf vor Gottes Thron stehen!

MITTELPUNKT

Sei du der Mittelpunkt in meinem Leben,
der Mittelpunkt in meinem Herzen,
ich gehöre dir.
Sei du der Mittelpunkt in meiner Schwäche,
der Mittelpunkt in meiner Stärke,
ich gehöre dir.

Feiert Jesus! 365
CD 2, Nr. 8

KRAFTLOS – WARUM?

Keine Kraft, keine Energie, keine Motivation, keine Zeit. So ging es wohl den Juden, als sie den zerstörten Tempel wieder aufbauen wollten, aber die große Aktion immer mehr ins Stocken geriet. Wie konnten sie Zeit, Kraft oder gar Geld investieren für den Tempelbau, wo es ihnen doch selbst gerade so schlecht ging und sie Widerstand erlebten?

Aber genau das sieht Gott umgekehrt: Nicht weil es den Juden so schlecht ging, konnte der Wiederaufbau des Tempels nicht geschehen, sondern weil sie den Tempel nicht erneuerten, ging es ihnen schlecht. Gott wurde nicht an die richtige Stelle im Leben gesetzt, hatte nicht die Priorität Nummer eins, war nicht der Mittelpunkt im Leben.

Der Prophet Haggai (Haggai 1) stellt diese Verschiebung der Prioritäten klar und fordert die Menschen auf, ihre Lebensweise zu überdenken und Gott wieder den Platz einzuräumen, der ihm gebührt – und dies nicht nur in Worten und Gebet, sondern auch in praktischen Taten. Nicht nur punktuell und vorübergehend, sondern in ihrem ganzen Leben, jeden Tag, bei allem, was sie reden und tun. Wie sieht dies in deinem Leben aus? Wer oder was nimmt praktisch den Mittelpunkt in deinem Leben und deinem Herzen ein? Hätte Haggai dir etwas zu sagen?

Mir hat er etwas zu sagen. Deshalb möchte ich das Lied ganz bewusst als Bitte an Gott richten: Sei du der Mittelpunkt in meinem Herzen und Leben! Ich gehöre dir!

> Deshalb sandte der Herr durch den Propheten Haggai folgende Botschaft:»Ist jetzt etwa die Zeit für euch, in euren holzvertäfelten Häusern zu wohnen, während dieses Haus in Trümmern liegt? So spricht der Herr, der Allmächtige: ›Seht doch, wie es euch geht: Ihr habt viel ausgesät, aber wenig geerntet. Ihr habt zwar zu essen, aber ihr werdet nicht satt. Ihr habt zu trinken, doch euer Durst bleibt ungestillt. Ihr habt Kleidung, doch sie hält euch nicht warm. Und die Lohnarbeiter müssen ihr Geld in löchrige Beutel stecken!‹ So spricht der Herr, der Allmächtige: ›Seht doch mit dem Herzen auf euren Weg! Steigt auf den Berg, holt Holz und baut das Haus auf. So werde ich geehrt und ihr macht mir Freude damit. Ihr habt auf vieles gehofft, doch bekamt ihr nur wenig, und als ihr das wenige ins Haus brachtet, blies ich es fort. Warum ich das tat? Weil mein Haus in Trümmern liegt, während ihr euch eifrig Häuser baut‹, spricht der Herr, der Allmächtige. ›Deshalb hat der Himmel den Tau zurückgehalten und die Erde ihre Ernte. Ich habe über die Äcker und Hügel eine Dürre geschickt, über das Korn, die Trauben und Oliven und über alles andere, was der Acker hervorbringt, sowie über die Menschen und das Vieh und über alles, wofür ihr so hart gearbeitet habt.‹«

HAGGAI 1,3-11

Jesus sei dein Mittelpunkt!

MITTELPUNKT

Ich will dir nah sein,
ich werd dir folgen,
mein ganzes Leben in dir verliern.

Aus »Feiert Jesus! 5«, Nr. 119
Text und Melodie: Juri Friesen und Pala Friesen
© 2012 Outbreakband Musik adm. by Gerth Medien, Asslar

Feiert Jesus! 365
CD 2, Nr. 8

ZEIT MIT GOTT

Im Alltag mit vielen Terminen und einer schier unendlichen To-Do-Liste fällt es mir oft schwer, mir tatsächlich »Stille« Zeit mit Gott zu nehmen, sie trotz all dem Trubel um mich für ihn zu reservieren. Eine Studie besagt, dass 40 Prozent aller Missionare nach Beginn ihres Einsatzes weniger Stille Zeit mit Gott verbringen. Sie vernachlässigen dies, um ihre Aufgaben und Pläne am Missionsfeld umzusetzen: das Erlernen einer neuen Sprache, das Übersetzen der Bibel, das Knüpfen von Kontakten, das Veranstalten von Gottesdiensten, das Evangelisieren und so weiter. Alles wichtig und gut. Aber ist es nicht trotzdem genau das Falsche, meine Beziehung zu Gott zu vernachlässigen, um diese angeblich wichtigeren und dringlicheren Dinge zu tun?

Wenn ich meine Verbindung zu Jesus nicht pflege, macht sich dies schnell bemerkbar in meinem alltäglichen Verhalten, meinen Prioritäten, meinen Reaktionen und meinen Lebensplänen. Dabei möchte ich doch, dass meine Kinder, Familie, Freunde, Kollegen und Nachbarn merken, aus wessen Kraft ich lebe. Ich möchte einen Unterschied machen. Und möchte ich nicht allem voran das tun, was Gott von mir möchte, mich jeden Tag neu von seinem

Heiligen Geist leiten und verändern lassen? »Ich will [Jesus] nah sein, ich will [Jesus] folgen, mein ganzes Leben in [Jesus] verliern.« Die Worte »nah sein«, »folgen« und »in dir verliern« machen ganz deutlich, dass es darum geht, ganz nah, in direktem Kontakt und in tiefstem Vertrauen bei Jesus zu sein und mich ganz auf ihn einzulassen. Doch das kann ich nur, wenn ich mich beständig von Jesus prägen, korrigieren und vollkommen lieben lasse.

> Ihr solltet euch um vergängliche Dinge wie Nahrung nicht solche Sorgen machen. Sucht stattdessen, was euch in das ewige Leben führt, das der Menschensohn euch schenken kann. Denn dazu hat Gott, der Vater, ihn gesandt.« Sie erwiderten: »Was sollen wir denn nach dem Willen Gottes tun?« Jesus erklärte: »Dies ist der Wille Gottes, dass ihr an den glaubt, den er gesandt hat.« [...] Jesus erwiderte: »Ich bin das Brot des Lebens. Wer zu mir kommt, wird nie wieder hungern. Wer an mich glaubt, wird nie wieder Durst haben.«
>
> **JOHANNES 6,27-29.35**

Jesus hat die Priorität Nummer eins!

WIR WERDEN UNS WIEDERSEHN

In dieser Welt hat nichts ewig Bestand.
Mein ganzes Leben liegt allein in Gottes Hand.
Was ich hab und bin, das hat er mir geschenkt,
wie lang mein Herz schlägt,
das wird allein von ihm gelenkt.

Und in der Trauer, dass ein geliebter
Mensch fortgeht,
trägt uns die Hoffnung,
dass neues Leben bevorsteht.

Wir werden uns wiedersehn in der Ewigkeit,
wenn wir bei Jesus sind, in seiner Herrlichkeit,
wo es kein Leid mehr gibt und keine Tränen mehr;
was uns jetzt traurig macht, ist dann schon lange her.

Wenn wir uns dann wiedersehn in Gottes neuer Welt,
haben wir neue Körper, die keine Krankheit quält.
Zum allererst Mal sind unsre Herzen rein,
wo Gott zu Hause ist, kann nur Licht und Liebe sein.

Aus »Feiert Jesus! 5«, Nr. 140
Text: Markus Kohl und Arne Kopfermann
Melodie: Markus Kohl
© 2014 SCM Hänssler, 71087 Holzgerlingen

Feiert Jesus! 365
CD 2, Nr. 13

WIR WERDEN UNS WIEDERSEHN

Endlich Wochenende, und heute Abend kommen Meiers zum Grillen. Die ganze Woche habe ich mich schon darauf gefreut. Ich habe leckere Steak-Soßen besorgt, beim Metzger Fleisch eingekauft und jetzt will ich noch schnell einen frischen Salat zubereiten. Eigentlich ist ja gar keine Zeit mehr dafür, aber egal. Kennst du das auch? Du bist voller Vorfreude, und trotz der Fülle des Tages findest du noch Zeit, das letzte »gewisse Etwas« vorzubereiten. Die Vorfreude entwickelt erstaunliche Kräfte, die jede Müdigkeit, jede Trägheit und Resignation überwinden.

Wieso ist mein Glaube dagegen so träge? Wo ist meine Motivation? Habe ich eigentlich eine Vorstellung, auf was ich mich im Himmel freuen kann? Kann ich mich auf ein BBQ oder einen geliebten Menschen freuen? »Wir werden uns wiedersehn«.

Hier wird mir schnell klar: So eine klare Vorstellung vom Himmel, wie ich sie von einem Stadion- oder Konzertbesuch habe, eine Vorstellung, die eine Kraft in mir freisetzt, habe ich gar nicht. Das ist doch schade, oder? Doppelt schade, dass gerade ich als Christ, in dem der Heilige Geist, Gott selbst wohnt, kraftlos und müde bin. Mein Glaube ist alltäglich, ohne Höhepunkte, ohne Vorfreude, ohne Perspektive. Wie wäre es, wenn ich anfangen würde, eine neue Sichtweise anzunehmen, mich auf den Himmel zu freuen und das zu tun, worüber Gott sich freut? Dann werde ich schon heute Gottes Wirken, den Himmel in meinem Alltag erleben und mich auf die Begegnung mit Jesus freuen!

> Denn wir wissen: Wenn dieses irdische Zelt, in dem wir leben, einmal abgerissen wird – wenn wir sterben und diesen Körper verlassen –, werden wir ein ewiges Haus im Himmel haben, einen neuen Körper, der von Gott kommt und nicht von Menschen. Deshalb sehnen wir uns danach, diesen vergänglichen Körper zu verlassen, und freuen uns auf den Tag, an dem wir unseren himmlischen Körper anziehen dürfen wie ein neues Gewand. Denn wir werden nicht nackt sein, sondern einen neuen himmlischen Körper erhalten. In unserem sterblichen Körper seufzen wir, denn wir möchten lieber gleich unseren neuen Körper anlegen und vom vergänglichen in das ewige Leben überwechseln. Gott selbst hat uns darauf vorbereitet und uns als Sicherheit seinen Heiligen Geist gegeben. [...] Unser Ziel ist es deshalb, immer zu tun, was ihm gefällt, ob wir nun in diesem Körper leben oder ihn verlassen.

2. KORINTHER 5,1-5.9

Hast du eine Vorfreude auf die Ewigkeit?

WIR WERDEN UNS WIEDERSEHN

Ein jedes Haar auf meinem Kopf ist gezählt.
Gott kennt die Summe,
hat selbst die Farbe gewählt.
Doch mein Leben hier ist geliehne Zeit
auf meiner Reise in diese andre Wirklichkeit.

Und in der Trauer, dass ein geliebter
Mensch fortgeht,
trägt uns die Hoffnung,
dass neues Leben bevorsteht.

Wir werden uns wiedersehn in der Ewigkeit,
wenn wir bei Jesus sind, in seiner Herrlichkeit,
wo es kein Leid mehr gibt und keine Tränen mehr;
was uns jetzt traurig macht, ist dann schon lange her.

Wenn wir uns dann wiedersehn in Gottes neuer Welt,
haben wir neue Körper, die keine Krankheit quält.
Zum allerersten Mal sind unsre Herzen rein,
wo Gott zu Hause ist, kann nur Licht und Liebe sein.

Aus »Feiert Jesus! 5«, Nr. 140
Text: Markus Kohl und Arne Kopfermann
Melodie: Markus Kohl
© 2014 SCM Hänssler, 71087 Holzgerlingen

Feiert Jesus! 365
CD 2, Nr. 13

DIE ZEIT AUSKAUFEN

Wie stelle ich mir mein Leben vor? Was möchte ich einmal erreicht haben und was sind meine Ziele? Ich träume beispielsweise von einem Partner, einer Familie, einem Haus und einer Arbeit,

die mich erfüllt und die gut bezahlt ist. Ich stecke viel Energie und Zeit in meine Ziele und Wünsche. Ich binde zwar Gott ein und bin dankbar, wenn ich eine Etappe erreicht habe, doch setzte ich mich auch gleichermaßen für Gottes Reich ein? »Denkt nicht an weltliche Angelegenheiten, sondern konzentriert eure Gedanken auf ihn!«, heißt es im Kolosserbrief (Kolosser 3,2).

Paulus schreibt (nach der Übersetzung von Luther): »So seht nun sorgfältig darauf, wie ihr euer Leben führt, nicht als Unweise, sondern als Weise, und kauft die Zeit aus« (Epheser 5,15f LUT). Hier stelle ich mir die Frage: Welche Handlungen und Investitionen in meine Gemeinde, meine Freunde und Bekannten sind auf Gott gerichtet und aus seiner Perspektive weise? Welche Dinge, die ich tue, haben Ewigkeitswert und überdauern mein Leben und alles, was ich in meine Familie gesteckt habe? Gott kennt mich (Psalm 139), er hat mich geschaffen, auch meine Lebenszeit. »Mein Leben hier ist geliehne Zeit«. Was mache ich mit dieser geliehenen Zeit? Kaufe ich sie aus? Wie gebrauche ich sie für mein Leben in der Ewigkeit?

> Achtet sorgfältig darauf, wie ihr lebt; handelt nicht unklug, sondern bemüht euch, weise zu sein. Nutzt jede Gelegenheit, in diesen üblen Zeiten Gutes zu tun. Handelt nicht gedankenlos, sondern versucht zu begreifen, was der Herr von euch will. Betrinkt euch nicht mit Wein; sonst ruiniert ihr damit euer Leben. Lasst euch stattdessen vom Heiligen Geist erfüllen. Singt miteinander Psalmen und Lobgesänge und geistliche Lieder, und in euren Herzen wird Musik sein zum Lob Gottes. Und dankt Gott, dem Vater, zu jeder Zeit für alles im Namen unseres Herrn Jesus Christus.
>
> **EPHESER 5,15-20**

Was hat Ewigkeitswert?

NUR DU

Farben vermischst du zu Bildern,
aus Schritten wird mit dir ein Tanz.
Töne vereinst du zu Liedern,
Leben wird durch dich erst ganz.

Nur du, nur du füllst uns mit deiner Kraft.
Nur du, nur du bist wahre Leidenschaft.
Nur du, nur du gibst Altem neuen Glanz,
denn Leben wird durch dich erst ganz.
Mein Leben wird durch dich erst ganz.

Nimm meine Farben. Lenk meine Schritte.
Hör meine Töne. Nimm was ich habe.
Nimm meine Farben, vermisch sie zu Bildern.
Lenk meine Schritte und form einen Tanz.
Hör meine Töne, verein sie zu Liedern.
Nimm, was ich habe, mach es ganz.

Aus »Feiert Jesus! 5«, Nr. 198
Text und Melodie: Jasmin Taubert
© 2017 SCM Hänssler, 71087 Holzgerlingen

NUR DU

Wie dankbar war ich gestern, dass Gott so mächtig ist, dass er mein »Rundumschutz« ist. Wie begeistert war ich heute Morgen, als ich über Gottes Liebe nachgedacht habe. Wie gut tut es zu wissen, dass Gott mir gnädig auch diese Verfehlung vergibt. Wie froh war ich in den letzten Wochen, Gott als starken Helfer und Heiler zu erleben.

Wenn ich an Gott denke, dann fallen mir viele Eigenschaften ein, die er hat – die wirklich nur er hat, und das in vollster Perfektion. Gott ist nicht nur geduldig, freundlich, barmherzig, wie ich es über einen Menschen sagen kann. Vielmehr kann nichts seine Freundlichkeit, seine Barmherzigkeit, seine Gnade, Güte und Geduld übertreffen. Dazu kommen Eigenschaften, die nur er als Gott haben kann, wie seine Allwissenheit, seine Allmacht, seine Allgegenwart. Das macht es manchmal schwer, sich Gottes Wesen vorzustellen, und ich bin sicher, dass ich nicht annähernd eine Vorstellung davon haben kann, wie Gott wirklich ist. Aber es lässt mich gleichzeitig auch ungeheuerlich staunen und verblüfft sein, denn es ist einfach einmalig, wie Gott ist und was dies praktisch für mein Leben bedeutet.

Der Liedschreiber versucht, Eigenschaften Gottes wie Liebe, Wahrheit, Größe, Gnade, Stärke oder Treue in eindrückliche Bilder zu packen. Auch die Verfasser der Psalmen taten dies. Versuche das diese Woche auch einmal! Nimm dir zehn Eigenschaften Gottes heraus, die dir in den letzten Tagen in deinem Alltag besonders wichtig geworden sind, und umschreibe sie mit Vergleichen oder Bildern. Du wirst sehen: es macht dir die jeweilige Wesensart Gottes noch eindrücklicher und führt dein Lobgebet in eine stärkere Tiefe: »Nur dich bestaune ich bis in Ewigkeit.«

Gott, mein Herz vertraut auf dich, deshalb will ich dich preisen! Wach auf, meine Seele! Wacht auf, Harfe und Zither! Ich will den Tag mit meinem Lied aufwecken. Herr, ich will dir danken vor den Völkern. Ich will dein Loblied singen vor allen Menschen. Denn deine Gnade ist so groß wie der Himmel und deine Treue reicht bis zu den Wolken. Gott, erhebe dich über die Himmel. Erfülle mit deiner Herrlichkeit die ganze Erde.

PSALM 57,8-12

Was wäre mein Alltag ohne Gottes Schutz,
Liebe, Hilfe, Vergebung und vieles andere mehr?

ALLE AUGEN AUF DICH

Ich komm zu dir, du siehst mich an,
dein Blick durchbricht den Alltagswahn.
Bei dir zu sein, tut immer wieder gut.
In deiner Nähe komme ich an, ein Ort,
an dem ich echt sein kann.
Bei dir bin ich so, wie ich bin, genug.

Aus »Feiert Jesus! 5«, Nr. 1
Text und Melodie: Mitch Schlüter, Tobi Wörner und Daniel Harter
© 2017 SCM Hänssler, 71087 Holzgerlingen

Feiert Jesus! 23
Nr. 1

GIGANTISCHER BLICK

Hast du auf Google Maps einmal so weit herausgezoomt, bis du den kompletten Erdball sehen konntest? Hast du die Sonne gesehen? Oder hast du dir mal den Mond angeschaut? Schon verrückt, was wir mit der heutigen Technik alles sehen können. Doch wenn ich mir so den Erdball angucke, sehe ich eigentlich nichts. Ich erkenne vielleicht einzelne Kontinente, vielleicht auch verschiedene Länder. Aber kann ich ein einziges Lebewesen oder eine einzige Pflanze erkennen? Nein, natürlich nicht. Dabei muss ich daran denken, dass Gott nicht nur unseren Erdball überschaut, sondern das ganze Universum. Und doch schaut er hin und sieht mehr als nur einen Kontinent: Er erkennt jeden Menschen – mehr als 7 Milliarden.

Und noch viel mehr: Er sieht unser Herz und kennt uns durch und durch. Das ist doch echt krass und absolut fantastisch. Bei ihm müssen wir uns nicht verstellen, er kennt uns. Wir dürfen einfach echt, einfach wir sein.

Wenn ich nun noch daran denke, dass er weiß, wie viele Haare ich auf dem Kopf habe (Matthäus 10,30), obwohl das eigentlich doch total unwichtig ist, bin ich völlig überwältigt. Wie sehr muss uns Gott lieben, dass er uns so gut kennt und sich so um uns bemüht! Er sieht uns voll Liebe an und wir sind perfekt in seinen Augen – so, wie wir sind!

Herr, unser Herrscher, herrlich ist dein Name auf der Erde! Deine Herrlichkeit zeigt sich am Himmel. Kinder und Säuglinge hast du gelehrt, dich zu loben. Sie bringen deine Feinde zum Schweigen, die auf Rache aus waren. Wenn ich den Himmel betrachte und das Werk deiner Hände sehe – den Mond und die Sterne, die du an ihren Platz gestellt hast –, wie klein und unbedeutend ist da der Mensch, und doch denkst du an ihn und sorgst für ihn! Denn du hast ihn nur wenig geringer als Gott gemacht und ihn mit Ehre und Herrlichkeit gekrönt.

PSALM 8,2-6

Wir haben einen unglaublich fürsorglichen
und liebenden Gott!

ALLE AUGEN AUF DICH

Will mich nicht um mich selber drehn,
mit neuen Perspektiven sehn.
Will spüren, dass du mich unendlich liebst.
Ich such den Blick in dein Gesicht.
In deinem Licht erkenne ich die Spuren,
die du durch mein Leben ziehst.

Aus »Feiert Jesus! 5«, Nr. 1
Text und Melodie: Mitch Schlüter, Tobi Wörner und Daniel Harter
© 2017 SCM Hänssler, 71087 Holzgerlingen

Feiert Jesus! 23
Nr. 1

HOFFNUNG?

Trauer und Leid gehören wohl zu den schwierigsten Dingen, die wir Menschen hier auf dieser Erde durchleben. Und jeder hat eine andere Art, damit umzugehen.

Gestern saß mir eine Frau gegenüber. In Tränen aufgelöst erklärte sie mir, dass die Ärzte einen Tumor in ihrem Körper festgestellt hätten. Große Sorgen plagten sie und sie war am Boden zerstört. Diese Frau kennt Jesus nicht. Aus ihrer Sicht hat sie nichts außer ihrem Leben hier auf Erden!

Diese Begegnung veränderte meine Sichtweise auf Leid! Mir wurde bewusst, welches Privileg wir in Gott haben, der uns in Situationen des Leidens und der Trauer neuen Mut und neue Hoffnung schenkt. Er gibt uns neue Perspektiven: »Als mich viele Sorgen quälten, gab dein Trost mir neue Hoffnung und Freude« (Psalm 94,19).

Wir haben einen treuen Vater, zu dem wir kommen dürfen und von dem wir wissen, dass er uns in seinen Händen hält. Mit diesem Rückhalt können wir schwierige Situation auf andere Weise durchleben als Menschen, die Gott nicht kennen. Sie sind auf sich selbst gestellt. Sie sehen nicht die Spuren von Gottes Handeln, Hilfe und Liebe auf ihrem Lebensweg und haben keinerlei Hoffnung. Wir jedoch haben eine Hoffnung: Gott »wird alle ihre Tränen abwischen, und es wird keinen Tod und keine Trauer und kein Weinen und keinen Schmerz mehr geben« (Offenbarung 21,4).

Gepriesen sei Gott, der Vater von Jesus Christus, unserem Herrn. Er ist der Ursprung aller Barmherzigkeit und der Gott, der uns tröstet. In allen Schwierigkeiten tröstet er uns, damit wir andere trösten können. Wenn andere Menschen in Schwierigkeiten geraten, können wir ihnen den gleichen Trost spenden, wie Gott ihn uns geschenkt hat. Ihr dürft darauf vertrauen: Je mehr wir für Christus leiden, desto mehr lässt uns Gott durch Christus Trost zuteilwerden. Wenn wir also von Kummer und Sorgen niedergedrückt sind, so ist es zu eurem Besten und zu eurer Rettung! Denn Gott spricht uns Mut zu, damit wir euch ermutigen können. Dann könnt ihr geduldig das Gleiche ertragen, das auch wir durchmachen. Denn wir sind sicher, dass ihr zwar leiden müsst, aber auch von Gott getröstet werdet. Liebe Freunde, ihr sollt wissen, welche Schwierigkeiten wir in der Provinz Asien aushalten mussten. Wir haben wirklich Vernichtendes erlebt, sodass wir schon glaubten, nicht mit dem Leben davonzukommen. Wir haben dem Tod ins Gesicht gesehen. Doch auf diese Weise haben wir gelernt, nicht auf uns selbst zu vertrauen, sondern auf Gott, der die Toten auferweckt. Und tatsächlich hat er uns aus der Todesgefahr befreit. Nun sind wir sicher, dass er es wieder tun wird, denn ihr betet ja für uns. Und viele Menschen werden Gott dafür danken, dass er ihre Gebete für uns erhört hat.

2. KORINTHER 1,3-11

Mache deinen Mitmenschen Mut
und erzähle ihnen von deiner Hoffnung!

ALLE AUGEN AUF DICH

Alle Augen auf dich, den Gott, der größer ist.
Alle Augen auf dich, wir heben unseren Blick.
Alle Augen auf dich, den Gott, der größer ist.
Alle Augen auf dich, du weitest unsere Sicht.
Alle Augen auf!

Aus »Feiert Jesus! 5«, Nr. 1
Text und Melodie: Mitch Schlüter, Tobi Wörner und Daniel Harter
© 2017 SCM Hänssler, 71087 Holzgerlingen

Feiert Jesus! 23
Nr. 1

GOTT IST GRÖSSER!

Auch wenn es im ersten Moment nicht danach aussah, so hatte Gott Daniel und seine drei Freunde doch beständig im Blick. Sie hatten es eigentlich ganz gut am Hofe Nebukadnezars, aber ihren Glauben an Gott durften sie nicht offen ausleben. Das waren schwierige Umstände, und sicherlich fragten sich die vier jungen Männer, warum Gott diese Situation nicht veränderte. Bei ihm ist doch das Unmögliche möglich!

Trotz dieser Fragen hielten sie auch in größter Gefahr vertrauensvoll an Gott fest und blickten auf ihn. Und sie erlebten ein Wunder. Sie durften erfahren, dass Gott, ihr Herrscher, alles im Griff hat: Weder das Feuer, das normalerweise alles verzehrt, noch der Löwe, der zu den gefährlichsten Tieren zählt, hatten Macht über sie! Gott, der größer als alles ist, griff ein! Er ist größer als jedes Problem, jedes Hindernis, jede Gefahr, jede Verfolgung, jede Anfechtung. Er möchte auch in dein Leben eingreifen!

Was ist deine Löwengrube? Was ist dein Feuerofen? Und worauf ist dein Blick gerichtet? Auf den brüllenden Löwen? Auf das lodernde Feuer? Oder auf deinen unendlich liebenden Gott, der größer und mächtiger ist als alles auf dieser Welt?

So wurden diese Männer mitsamt ihrer Unterbekleidung, ihrem Obergewand und ihrer Kopfbedeckung gefesselt und in den Ofen geworfen, in dem das Feuer brannte. Weil aber der Befehl des Königs so streng war und deshalb der Ofen übermäßig angeheizt worden war, wurden die Soldaten, die die drei Männer in den Ofen geworfen hatten, allein durch die Flammen, die aus der Ofentür herauszüngelten, getötet. Die drei Männer aber, Schadrach, Meschach und Abed-Nego, fielen, gefesselt wie sie waren, in die Flammen des Feuerofens. Plötzlich sprang Nebukadnezar erschrocken auf und fragte seine Ratgeber: »Haben wir nicht eben drei Männer gefesselt ins Feuer werfen lassen?« – »Ja, natürlich, o König«, antworteten sie. »Aber seht doch!«, rief Nebukadnezar. »Dort sehe ich vier Männer, ungefesselt, die im Feuer umhergehen. Und sie sind völlig unversehrt! Und der Vierte sieht aus wie ein göttliches Wesen!« Daraufhin trat Nebukadnezar an die Öffnung des brennenden Feuerofens und rief hinein: »Schadrach, Meschach und Abed-Nego, ihr Diener des höchsten Gottes, tretet aus dem Ofen heraus und kommt zu mir!« Da kamen Schadrach, Meschach und Abed-Nego aus dem Feuer heraus. Die Fürsten, Präfekten, Statthalter und Ratgeber des Königs umringten sie und sahen, dass das Feuer ihrem Körper keinerlei Schaden zugefügt hatte. Nicht ein Haar auf ihrem Kopf war versengt, selbst ihre Kleidung war unversehrt. Sie rochen nicht einmal nach Rauch! Da rief Nebukadnezar: »Gelobt sei der Gott Schadrachs, Meschachs und Abed-Negos! Denn er schickte seinen Engel und hat seine Diener, die sich auf ihn verlassen, gerettet. Sie haben den Befehl des Königs nicht befolgt – ja, sie wollten lieber sterben als irgendeinen anderen Gott außer ihrem Gott zu verehren oder anzubeten.«

DANIEL 3,21-28

Richte deinen Blick auf unseren mächtigen Gott!

SCHAFFE IN MIR, GOTT, EIN REINES HERZ

Schaffe in mir, Gott, ein reines Herz,
und gib du mir einen neuen Geist.
Schaffe in mir, Gott, ein reines Herz,
und gib du mir einen neuen Geist.

Verwirf mich nicht, Herr, von deinem Angesicht,
nimm mir nicht deinen Heiligen Geist!
Erfreue mich, Herr, wieder neu mit deiner Hilfe,
und gib du mir einen neuen Geist.

Aus »Feiert Jesus! 1«, Nr. 142
Originaltitel: Create In Me A Clean Heart
Text und Melodie: überliefert
Deutsch: Ulrich Zimmermann
© (dt. Text) beim Urheber

ERNEUERE MEIN HERZ!

»Create In Me A Clean Heart« ist eines der ergreifendsten Lieder für mich, die Keith Green (1953–1982), ein bekannter christlicher amerikanischer Musiker, geschrieben hat. Er greift dazu Worte aus Psalm 51,12 auf. Diesen Psalm betete David, nachdem er mit Batseba Ehebruch begangen hatte. Es ist ein Psalm voller Reue und Buße und der Bitte um Gottes Gnade. »Schaffe in mir, Gott, ein reines Herz« – das Wort, das David hier verwendet – »schaffe« –, ist das gleiche Verb, das auch in der Schöpfungsgeschichte in 1. Mose 1,1 Verwendung findet. David weiß, dass nur durch Gottes Eingreifen sein Herz und seine Gedanken verändert werden können. Und er weiß auch, dass sein Leben von Gottes Gegenwart abhängt. Wenn Gott ihn verwirft, werden sein Leben und sein Glauben keinen Bestand haben. David hat Angst, dass Gott seinen Heiligen Geist von ihm nehmen wird. Darum bittet er inständig darum, dass Gott ihn nicht verwirft und in seinem Leben wieder die Führung übernimmt!

Nicht jede Sünde hat so schwerwiegende Auswirkungen auf das Leben wie ein Ehebruch. Dennoch bedeutet jede Sünde Trennung von Gott! Gott verspricht, dass er mir jede Sünde gerne vergibt, wenn ich sie bereue (1. Johannes 1,9). Und ich darf wie David oder Keith Green in diesem Lied Gott bitten, dass ich mich wieder an seiner Rettung erfreuen darf – eine Freude, die meist bei der Bekehrung bewusst da ist und dann im Lauf der Zeit in den Hintergrund tritt. Aber dennoch ist die Rettung von Sünde ein großer Grund zur Freude und Dankbarkeit, die ich immer wieder bewusst in mein Denken rufen möchte. Singe und bete dieses Lied und diesen Psalm von ganzem Herzen zu Gott, der gerne vergibt, dich unendlich liebt und dir hilft!

Wasche mich rein von meiner Schuld und reinige mich von meiner Sünde. Denn ich bekenne meine Sünde, die mich Tag und Nacht verfolgt. Gegen dich allein habe ich gesündigt und getan, was in deinen Augen böse ist. Darum wirst du recht behalten mit dem, was du sagst, und dein Urteil über mich ist gerecht. Denn ich war ein Sünder – von dem Augenblick an, da meine Mutter mich empfing. Dir gefällt ein Herz, das wahrhaftig ist; und im Verborgenen lehrst du mich deine Weisheit. Wasche von mir ab meine Sünden, und ich werde ganz rein werden; wasche mich, und ich werde weißer sein als Schnee. Gib mir meine Freude zurück und lass mich wieder fröhlich werden, denn du hast mich zerbrochen. Sieh meine Sünde nicht mehr an und vergib mir meine Schuld. Gott, erschaffe in mir ein reines Herz und gib mir einen neuen, aufrichtigen Geist. Verstoße mich nicht aus deiner Gegenwart und nimm deinen Heiligen Geist nicht von mir. Lass mich durch deine Hilfe wieder Freude erfahren und mach mich bereit, dir zu gehorchen.

PSALM 51,4-14

Gott kann auch dein Herz verändern
und mit seinem Heiligen Geist neu füllen!

ATEM GOTTES

Heil'ger Geist, komm, wirke unter uns
mit Freiheit und mit Macht,
mit Liebe und mit Kraft.

Atem Gottes, Atem Gottes, Atem Gottes,
wirke unter uns.

Aus »Feiert Jesus! 2«, Nr. 85
Text und Melodie: Albert Frey
© 1997 SCM Hänssler, 71087 Holzgerlingen für Immanuel Music, Ravensburg

Feiert Jesus! 5
Nr. 12

GIB DEM HEILIGEN GEIST FREIRAUM ZU WIRKEN!

Nachdem Petrus einige Zeit von Ort zu Ort gezogen war und Heilungen sowie eine Erweckung vom Tod mit Gottes Kraft vollbracht hatte, kam es in Joppe erst einmal zu einer Pause (Apostelgeschichte 9,32–43). Ob sie Petrus willkommen war? Vielleicht war er froh, durchatmen zu können, keine Aufgabe oder Anfrage vor sich zu haben. Vielleicht war er aber auch enttäuscht, dass niemand ihn sofort benötigte oder dass Jesus ihm keine Aufgabe vor die Füße legte. »Wie lange muss ich noch im Haus des Gerbers warten?«, mag ihm vielleicht durch den Kopf gegangen sein. Was er noch nicht wusste: Petrus wurde auf die große, ungewöhnliche Aufgabe vorbereitet, das Evangelium zu den Heiden zu bringen Apostelgeschichte 10).
Fühlst du dich gerade auch so, als wärst du in einer Warteschleife oder unfreiwilligen Pause? Sehnst du dich danach, dass der »Atem Gottes«, dass der Heilige Geist in deiner Gemeinde, in deinem Ort, in deinem Hauskreis wirkt, »mit Freiheit und mit Macht,

mit Liebe und mit Kraft«? Dieses Lied ist eine bewusste Einladung an den Heiligen Geist, ganz konkret zu wirken. Die evangelistische Tätigkeit, die Petrus anfing, war vom Heiligen Geist vorbereitet. Petrus wäre der Einladung des heidnischen Hauptmanns Kornelius sicher nicht gefolgt, wenn der Heilige Geist nicht durch die dreimalige Vision zu ihm gesprochen und ihn dadurch vorbereitet hätte, denn die Mission der Heiden war undenkbar! Doch Petrus dämpfte den Heiligen Geist nicht. Auch wenn es ihm schwerfiel, verweigerte er den Gehorsam nicht.

Bete für das Wirken des Heiligen Geistes und lass dich darauf ein – es kann unglaubliche und nie geahnte Folgen haben!

»Niemals, Herr«, erklärte Petrus. »In meinem ganzen Leben habe ich noch nie etwas gegessen, das uns nach unserem jüdischen Gesetz verboten ist.« Da sprach die Stimme zum zweiten Mal: »Wenn Gott sagt, dass etwas rein ist, dann sag du nicht, dass es unrein ist.« Diese Vision wiederholte sich drei Mal, und sofort danach wurde das Tuch wieder in den Himmel hinaufgezogen. Petrus war ratlos, was dies zu bedeuten hatte. In diesem Augenblick fanden die Männer, die Kornelius geschickt hatte, das Haus des Simon. Sie standen draußen vor dem Tor und erkundigten sich, ob dies das Haus sei, in dem Simon Petrus als Gast wohne. Gleichzeitig sprach der Heilige Geist zu Petrus, während dieser noch über die Vision nachdachte: »Drei Männer sind gekommen, die dich suchen. Steig hinunter und geh ohne Bedenken mit ihnen, denn ich habe sie gesandt.«

APOSTELGESCHICHTE 10,14-20

Heiliger Geist, komm, wirke unter uns!

BEFREIT DURCH DEINE GNADE

Befreit durch deine Gnade,
erschließt sich mir ein neuer Horizont.
Wie gut du von mir denkst, war mir nicht klar.
Lass mich durch deine Augen sehn,
erkennen, welchen Menschen du in mir siehst,
und mach mir klar:
Was du sagst, ist wahr.

Deine Gnade reicht bis ans Ende der Welt.
Von dir geliebt, macht mein Leben Sinn.
Meine schönste Melodie erzählt nun für alle Zeit
von deiner Liebe, die bleibt.

Aus »Feiert Jesus! 4«, Nr. 158
Text: Juliane Eva Eberwein und Claus-Peter Eberwein
Melodie: Claus-Peter Eberwein
© 2009 Gracetown Publishing bei SCM Hänssler, 71087 Holzgerlingen

Feiert Jesus! 365
CD 2, Nr. 5

PERSPEKTIVWECHSEL

In Begegnungen mit Menschen erlebe ich immer wieder, wie hilfreich es ist, mal meine Sicht der Dinge eine Zeit lang ruhen zu lassen und mich zu fragen: Wie sehen die anderen vielleicht unser Miteinander? »So hab ich das überhaupt noch nicht gesehen«, denke ich dann oft. Und merke, dass die andere Sichtweise nicht mehr oder weniger Logik und Berechtigung hat als meine eigene. Neue Perspektiven einzunehmen erweitert meine Handlungsmöglichkeiten: Mit einigen Kollegen treffe ich mich zur Beratung; dabei spielt eine große Rolle, dass die anderen auf eine (Problem-) Situation mit ihren Augen blicken und Hypothesen in den Raum werfen – das nimmt oft die Enge aus einer scheinbar verfahrenen Situation und schenkt mir ganz neue Ideen. Eine beeindruckend simple Methode und doch so hilfreich.

Wenn es in meinem Alltag so viel Kraft hat, die Perspektive im Zwischenmenschlichen zu verändern, wie viel Kraft hat es dann erst zu versuchen, aus Gottes Augen auf mich und meine Umwelt zu blicken? Das Lied erzählt davon. Gottes Sicht erschließt neue Horizonte. Mehr noch: Sie überrascht. »Wie gut du von mir denkst, war mir nicht klar.« Wie gut Gott von uns denkt und wie groß seine Sehnsucht danach ist, dass wir seinen Blick auf uns und auch auf die Welt suchen und danach handeln – das will ich mir immer wieder vor Augen führen und Perspektivwechsel üben.

> Doch der Herr sprach zu Samuel: »Lass dich nicht von seinem Äußeren oder seiner Größe blenden, ich habe ihn nicht erwählt. Der Herr entscheidet nicht nach den Maßstäben der Menschen! Der Mensch urteilt nach dem, was er sieht, doch der Herr sieht ins Herz.«
>
> **1. SAMUEL 16,7**

> Ich habe den gesehen, der mich sieht!
>
> **1. MOSE 16,13**

Frage Gott doch mal: Wie siehst du mich?

BEFREIT DURCH DEINE GNADE

Ergriffen von der Wahrheit,
fängt meine Seele langsam an zu sehn.
Durchbohrte Hände öffnen mir das Herz.
Lass mich jetzt glauben und verstehn,
dass du mich wirklich liebst, so wie ich bin,
und mach mir klar:
Was du sagst ist wahr.

Aus »Feiert Jesus! 4«, Nr. 158
Text: Juliane Eva Eberwein und Claus-Peter Eberwein
Melodie: Claus-Peter Eberwein
© 2009 Gracetown Publishing bei SCM Hänssler, 71087 Holzgerlingen

Feiert Jesus! 365
CD 2, Nr. 5

ÖFFNE MEIN HERZ

Es gibt so vieles, was ich besser machen könnte in meinem Leben. Oft denke ich so. Der innere Ankläger macht mir das Leben immer wieder ganz schön schwer. Klar, er spornt auch an und fordert mich heraus, nicht mit dem Status quo zufrieden zu sein, aber er ist auch ganz schön anstrengend.

»Du bist oft so hart zu dir.« Das hat mir ein Seelsorger mehrmals gespiegelt. Kennst du das? Dann ist dieses Lied genau das richtige, um es nicht nur heute zu singen, sondern immer und immer wieder. »Durchbohrte Hände öffnen mir das Herz« – ein dramatisches Bild. Aber genau das soll Realität werden in meinem Leben. Jesus hat seine Hände für mich ans Kreuz nageln lassen, damit ich nicht mehr besser werden muss, um das ewige Leben zu gewinnen. Es liegt nicht mehr an mir. Seine durchbohrten Hände wollen mich berühren – tief in meiner Seele, die den inneren Ankläger so gut kennt. Jesus will mich berühren, um mir mit all seiner

Liebe und Hingebung zu sagen: Es ist gut, wie es ist. Öffne dein Herz für meine Herrlichkeit.

Ja, von diesen Händen will ich mich ergreifen lassen – von dieser Wahrheit. Alles bekomme ich durch ihn, Jesus, geschenkt, alles, was meine Seele braucht. Vielleicht fängt meine Seele erst langsam an zu sehen, aber ich will sehen lernen und mich berühren lassen von seiner Wahrheit.

> Weil Gott so gnädig ist, hat er euch durch den Glauben gerettet. Und das ist nicht euer eigenes Verdienst; es ist ein Geschenk Gottes. Ihr werdet also nicht aufgrund eurer guten Taten gerettet, damit sich niemand etwas darauf einbilden kann.
>
> **EPHESER 2,8f**

Es ist gut, wie es ist. Öffne dein Herz
für Gottes Herrlichkeit.

WER NUR DEN LIEBEN GOTT LÄSST WALTEN

Wer nur den lieben Gott lässt walten
und hoffet auf ihn allezeit,
den wird er wunderbar erhalten
in aller Not und Traurigkeit.
Wer Gott, dem Allerhöchsten, traut,
der hat auf keinen Sand gebaut.

Aus »Feiert Jesus! 4«, Nr. 100
Text und Melodie: Georg Neumark (1657)

Hoffnung – Das Liederschatz-Projekt
Nr. 12

EILIGE GEDULD

Wenn das immer so einfach wäre: den lieben Gott schalten und walten lassen. Wie oft ertappe ich mich selbst dabei, dass ich ungeduldig werde im Warten auf sein Tun. Auch der gut gemeinte Rat, dass Gott im Verborgenen sicher schon wirkt, während ich das Gefühl habe, dass gar nichts passiert, tröstet mich dann nur schwer.

Eine Freundin hat mir vor einigen Jahren eine Postkarte geschickt, da steht vorne drauf: »Gott, gib mir Geduld, aber bitte beeile dich.« Lange hing diese Postkarte in meiner Küche. Ich spreche es vielleicht oft nicht aus, aber ja, so denke ich häufig. Ich bin eben auch eher von der schnellen Sorte. Wie gut, dass ich ahne, dass Gott darüber lachen kann und sich auch an mir ungeduldig mit den Hufen scharrendem Wesen freut. Denn diese Kraft, die da in mir ist und unbedingt loslegen will, die hat ja auch er in mich hineingelegt. Wie gut zu erleben, dass Gott dennoch seinen Zeitplan hat und verfolgt und sich nicht von mir erpressen lässt. Und noch besser, dass er sehr gnädig mit seinen Plänen ist und mich dann eben doch nicht über meine Kraft beansprucht in Sachen Warten. Trotzdem werde ich wohl immer wieder ungeduldig warten und Gott damit zum Schmunzeln bringen, manchmal ja auch mich selber – das gehört zu mir. Hat Gott eigentlich auch die Ungeduld erschaffen?

> »Denn ich weiß genau, welche Pläne ich für euch gefasst habe«, spricht der Herr. »Mein Plan ist, euch Heil zu geben und kein Leid. Ich gebe euch Zukunft und Hoffnung. Wenn ihr dann zu mir rufen werdet, will ich euch antworten; wenn ihr zu mir betet, will ich euch erhören.«

JEREMIA 29,11f

Welche deiner Eigenschaften könnten Gott
zum Schmunzeln bringen?

WER NUR DEN LIEBEN GOTT LÄSST WALTEN

Was helfen uns die schweren Sorgen,
was hilft uns unser Weh und Ach?
Was hilft es, dass wir alle Morgen
beseufzen unser Ungemach?
Wir machen unser Kreuz und Leid
nur größer durch die Traurigkeit.

Aus »Feiert Jesus! 4«, Nr. 100
Text und Melodie: Georg Neumark (1657)

Hoffnung – Das Liederschatz-Projekt
Nr. 12

GÖTTLICHE KLEIDER

Morgens aufstehen und schon wissen: dieser Tag wird kein guter Tag – kennst du das? Oder gehörst du eher zu der Sorte von Leuten, die aus dem Bett springen und voller Begeisterung ausrufen: »Heute ist ein guter Tag!«?

Eine Zeit lang hatte ich an meinem Spiegel im Badezimmer einen Vers aus dem Kolosserbrief hängen: »So zieht nun an als die Auserwählten Gottes, als die Heiligen und Geliebten, herzliches Erbarmen, Freundlichkeit, Demut, Sanftmut, Geduld; und ertrage einer den andern und vergebet euch untereinander« (Kolosser 3,12f; LUT). Ich habe mir beim morgendlichen Zähneputzen vorgestellt, wie ich jede dieser Gaben anziehe wie Kleidungsstücke und wie sie mich über den Tag begleiten. Und wie sie zu mir gehören wie eine zweite Haut. Innerlich habe ich mich mancher Traurigkeit zum Trotz dann immer ein Stück weit aufgerichtet. Ja, mich manchmal sogar wie eine Königin gefühlt – in solch edle Kleider gehüllt. So kann der Tag kommen!

Die Kleider der Traurigkeit oder Sorge, die ich vielleicht auch zu tragen weiß, werden nicht entsorgt, aber sie werden umhüllt von einem Mantel voll göttlicher Gaben. Immer wieder durfte ich erleben, wie diese Gaben auf meine Traurigkeit abgefärbt und sie dadurch verwandelt haben.

> Du hast meine Trauer in einen Tanz voller Freude verwandelt. Du hast mir die Trauergewänder ausgezogen und mir Freude geschenkt, damit ich dich preise und nicht schweige. Herr, mein Gott, für immer will ich dir danken!

PSALM 30,12f

Welche göttliche Gabe würde deiner Seele heute als Kleidung guttun?

WER NUR DEN LIEBEN GOTT LÄSST WALTEN

Man halte nur ein wenig stille
und sei doch in sich selbst vergnügt,
wie unsers Gottes Gnadenwille,
wie sein Allwissenheit es fügt;
Gott, der uns sich hat auserwählt,
der weiß auch sehr wohl, was uns fehlt.

Aus »Feiert Jesus! 4«, Nr. 100
Text und Melodie: Georg Neumark (1657)

Hoffnung – Das Liederschatz-Projekt
Nr. 12

WENN ES GOTTES WILLE IST...

Ein junger Mann aus Mittelamerika, den ich auf einer großen Reise kennengelernt habe, der würde wohl zu dieser Liedstrophe den einen Satz sagen, den er oft auf den Lippen hatte: »If it's Gods will, it's his bill.« – Wenn es Gottes Wille ist, dann übernimmt er auch die Rechnung. Natürlich kostet Nachfolge uns auch etwas, das will dieser Satz nicht kleinreden. Aber er spricht von großem Gottvertrauen und der Gewissheit, dass Gott mich befähigt, mit dem zurechtzukommen, was mein Weg mit sich bringt. Vielleicht nicht immer schon lange im Vorfeld, aber doch in den jeweiligen Situationen.

Dieser junge Mann lebte diesen Satz und stürzte sich hinein in große Abenteuer mit Gott – immer mit der tiefen Gewissheit seines Glaubens im Herzen, dass Gott ihn nicht nur versorgt, sondern seine Wege ebnen wird, wenn es an der Zeit ist, und ihn mit allem Notwendigen, also mit allem – im wahrsten Sinne des Wortes – »Not wendenden« ausstattet.

Er ist mir ein Vorbild geworden für mein Leben mit Gott. So viele große Abenteuer warten auf mich – bin ich bereit, mich Gott ganz in die Arme zu werfen und auf seinen guten Willen mit mir ganz zu vertrauen?

> Schaut die Vögel an. Sie müssen weder säen noch ernten noch Vorräte ansammeln, denn euer himmlischer Vater sorgt für sie. Und ihr seid ihm doch viel wichtiger als sie.

MATTHÄUS 6,26

Wo wünschst du dir mehr Vertrauen auf Gottes Weg mit dir?

WER NUR DEN LIEBEN GOTT LÄSST WALTEN

Er kennt die rechten Freudenstunden,
er weiß wohl, wann es nützlich sei;
wenn er uns nur hat treu erfunden
und merket keine Heuchelei,
so kommt Gott, eh wir's uns versehn,
und lässet uns viel Guts geschehn.

Aus »Feiert Jesus! 4«, Nr. 100
Text und Melodie: Georg Neumark (1657)

Hoffnung – Das Liederschatz-Projekt
Nr. 12

GNADE!

Viel Gutes wird uns geschehen, wenn wir ihm treu sind und nicht heucheln, so sagt es die heutige Strophe. Um ehrlich zu sein: ich habe Gott noch viel gnädiger erlebt in meinem Leben. Dass er mir auch Gutes schenkt, wenn ich nicht treu bin, wenn ich an ihm und meinem Leben verzweifle. Wenn ich auf mich selbst, auf andere Menschen oder Dinge vertraue, statt allein ihm alles zuzutrauen – selbst dann kommt er mir immer wieder mit offenen Armen entgegen und nimmt mich in Liebe an. Das ist für mich das allergrößte Geschenk. Denn es ist in unserem menschlichen Denken eigentlich undenkbar.

Vielleicht tue ich mich deswegen immer wieder so schwer, von der Gnade nicht nur zu wissen, sondern aus ihr zu leben, weil ich immer wieder in meinen Vorstellungen gefangen bin: »Er muss doch etwas von mir erwarten, eine Leistung von mir sehen wollen.« Aber nein, das braucht Gott nicht! Gnade ist es, dass Jesu Tod und Auferstehung alle Leistungen meinerseits unnötig macht. Gnade ist es, dass Gott sich auch dann mir freundlich nähert mit vielen guten Gedanken für mich, wenn ich alles andere als würdig bin. Denn Gott sagt immer wieder zu mir: »Vor mir verlierst du dein Gesicht nicht. Ich kenne dich. Ich weiß um dich. Ich liebe dich und ich gebe dir ein Gesicht.«

> Wie kostbar sind deine Gedanken über mich, Gott!
> Es sind unendlich viele.
>
> **PSALM 139,17**

Frag Gott doch mal, was er über dich denkt.

WER NUR DEN LIEBEN GOTT LÄSST WALTEN

Denk nicht in deiner Drangsalshitze,
dass du von Gott verlassen seist
und dass ihm der im Schoße sitze,
der sich mit stetem Glücke speist.
Die Folgezeit verändert viel
und setzet jeglichem sein Ziel.

Aus »Feiert Jesus! 4«, Nr. 100
Text und Melodie: Georg Neumark (1657)

Hoffnung – Das Liederschatz-Projekt
Nr. 12

WIESO DIE?

Eine Frau in meinem Alter. Sie hat die gleiche Ausbildung, die gleichen Qualifikationen und eine vergleichbare Familiensituation. Zur gleichen Zeit wollen wir wieder in den Beruf einsteigen, und am Ende hat sie eine Stelle und ich nicht. Noch dazu sind wir schon früher nicht besonders gut miteinander ausgekommen. Manches steht zwischen uns, was aus verschiedenen Gründen ungeklärt bleiben musste. Ja, ich ertappe mich dabei, wie ich voll Neid auf sie blicke und mir die Homepage ihrer neuen Stelle ansehe, wo ihr Bild nun abgebildet ist.

Wie schwer fällt es mir da, zu vertrauen, dass Gott auch für mich einen Weg und ein Ziel hat. Verbitterung und Wut machen sich in mir breit. Im Gottesdienst bitte ich Gott um Vergebung. Vergebung für meinen Neid, aber auch Vergebung für das, wo ich an ihr schuldig geworden bin. Und ich vergebe ihr, wo sie mir etwas schuldig geblieben ist. Plötzlich weitet sich mein Herz. Ich kann aufatmen, und als ich wieder an sie denke, kann ich für sie beten und ihr Gutes für ihre Stelle wünschen. Meine Arbeitssituation hat sich dadurch nicht verändert, aber mein Lebenshaus ist ein Stück freier und aufgeräumter geworden. Nicht Verbitterung und Neid sollen meine stetigen Begleiter sein, sondern Vertrauen und Vergebung. Denn nur sie schenken mir Weite, wo Enge sich breit machen wollte.

Achtet darauf, den Heiligen Geist nicht durch euer Verhalten zu betrüben. Denkt vielmehr daran, dass ihr sein Siegel tragt und dadurch die Gewissheit habt, dass der Tag der Erlösung kommen wird. Befreit euch von Bitterkeit und Wut, von Ärger, harten Worten und übler Nachrede sowie jeder Art von Bosheit. Seid stattdessen freundlich und mitfühlend zueinander und vergebt euch gegenseitig, wie auch Gott euch durch Christus vergeben hat.

EPHESER 4,30-32

Was lastet auf deiner Seele und wartet auf Vergebung?

WER NUR DEN LIEBEN GOTT LÄSST WALTEN

Es sind ja Gott sehr leichte Sachen
und ist dem Höchsten alles gleich:
den Reichen klein und arm zu machen,
den Armen aber groß und reich.
Gott ist der rechte Wundermann,
der bald erhöhn, bald stürzen kann.

Aus »Feiert Jesus! 4«, Nr. 100
Text und Melodie: Georg Neumark (1657)

Hoffnung – Das Liederschatz-Projekt
Nr. 12

SCHAUT GOTT NACHRICHTEN?

Gott, der Arme erhöht und Reiche stürzt – wenn ich in das Weltgeschehen blicke, dann frage ich mich manchmal: Tut er das denn? Oft genug werde ich zornig, wenn ich die Nachrichten sehe, und rufe – wenn ich sie an mich heranlasse – zu Gott wegen des großen Unheils und der himmelschreienden Ungerechtigkeit in dieser Welt. Nicht nur am anderen Ende der Welt, auch hier gibt es genügend Lebensgeschichten, die mich fast verzweifeln lassen.

Die heutige Liedstrophe spricht ganz selbstverständlich von Gott, dem Wundermann, der alles tun kann und das auch noch leicht. Wodurch kann ich solch ein Gottvertrauen bekommen? Paul Field, ein christlicher Musiker, hat ein Lied geschrieben, in dem er fragt: »Jesus, do you watch the news?« Also: »Jesus, schaust du die Nachrichten an?« Und er fragt weiter, wie es ihm wohl dabei ergehe. Dieser kleine Gedanke tröstet mich sehr: Ja, Jesus schaut sich die Nachrichten auch an beziehungsweise kennt sie ja ohnehin, und ich bin sicher: er leidet. Er hat all das schon längst getragen, und er leidet für diese Welt und auch für mich.

Das mag nicht groß klingen, aber es macht einen großen Unterschied, so einen persönlichen Gott zu kennen und anzubeten. Und in dem Vertrauen zu leben, dass Gott Unrecht verwandeln kann, dass es ihm alles andere als egal ist und dass er mitleidet.

> Jesus zog durch die Städte und Dörfer der Umgebung. Er lehrte in den Synagogen und verkündete die Botschaft vom Reich Gottes. Und überall, wo er hinkam, heilte er Menschen von ihren Krankheiten und Leiden. Als er die vielen Menschen sah, hatte er tiefes Mitleid mit ihnen, denn sie hatten große Sorgen und wussten nicht, wen sie um Hilfe bitten konnten. Sie waren wie Schafe ohne Hirten. Deshalb sagte er zu seinen Jüngern: »Die Ernte ist groß, aber es sind nicht genügend Arbeiter da. Betet zum Herrn und bittet ihn, mehr Arbeiter zu schicken, um die Ernte einzubringen.«

MATTHÄUS 9,35-38

Über was weint Jesus mit dir?

WER NUR DEN LIEBEN GOTT LÄSST WALTEN

Sing, bet und geh auf Gottes Wegen,
verricht das Deine nur getreu
und trau des Himmels reichem Segen,
so wird er bei dir werden neu.
Denn welcher seine Zuversicht
auf Gott setzt, den verlässt er nicht.

Aus »Feiert Jesus! 4«, Nr. 100
Text und Melodie: Georg Neumark (1657)

Hoffnung – Das Liederschatz-Projekt
Nr. 12

SCHLICHT VERTRAUEN

Manchmal begegnen mir Menschen, deren Gottvertrauen alles
Schwere zu übersteigen scheint. Besonders denke ich an eine äl-
tere Frau. Sie hat ihren Mann verloren. Schon lange ist sie allein.
In der Familie ist manches nicht leicht. Im Ruhestand zieht sie weit
weg von ihrer gewohnten Umgebung in eine Großstadt – sie, die
die Natur so liebt! – um näher bei ihrem Sohn und seiner Familie zu sein. Das hat er sich gewünscht, damit sie nicht so allein
ist. Was für ein großer Schritt: sich entwurzeln, neu anfangen in
ungewohnter Umgebung! Andere ihres Alters haben jetzt Zeit, es
sich in Altbewährtem gemütlicher einzurichten – in der Heimat.
Jedes Mal, wenn ich ihr begegne, ist diese Frau eine Wohltat für
meine Seele. Denn sie murrt nicht. Sie strahlt Gottvertrauen aus
und redet so frei von ihm, unserem großen Gott. Sie wirkt dankbar, unfassbar dankbar und zufrieden, obwohl wahrlich nicht alles glatt läuft in ihrem Leben. Sie lebt in tiefem Vertrauen auf Gott,
und das gibt ihr eine große Gelassenheit. Sie ist wohl einer der
freisten Menschen, die ich kenne, obwohl ihr Radius kleiner wird.

Sie tut meiner Seele gut und ist mir ein Vorbild. Würde ich ihr das sagen, würde sie bescheiden abwinken.

Kaum ein Mensch hat mir bisher so deutlich gezeigt, wie viel Freiheit man bekommt, wenn man Worte wie die der obigen Liedstrophe täglich ganz praktisch lebt.

> Der Weg der Gottesfürchtigen ist wie der erste Sonnenstrahl am Morgen, der immer heller leuchtet, bis das volle Licht des Tages erstrahlt.
>
> **SPRÜCHE 4,18**

> Es wurde dir, Mensch, doch schon längst gesagt, was gut ist und wie Gott möchte, dass du leben sollst. Er fordert von euch nichts anderes, als dass ihr euch an das Recht haltet, liebevoll und barmherzig miteinander umgeht und demütig vor Gott euer Leben führt.
>
> **MICHA 6,8**

Wer ist dir ein Vorbild in Gottvertrauen und Freiheit?

JESUS TRÄGT DICH

Glaube nicht, dass Gottes Liebe nicht mehr hält.
Glaube nicht, dass sein Versprechen nicht mehr zählt.
Glaube nicht, dass er sein Kind jemals vergisst,
er weiß genau, wie dir zumute ist.
Glaube nicht, das Leben sei jetzt aus,
weder hier noch drüben, nicht in Gottes Haus.
Glaube nicht, dass er dich jetzt alleinelässt.
Er ist dir nah, komm, halte dich dran fest!

Aus »Feiert Jesus! 4«, Nr. 163
Text und Melodie: Judith Rößler
© 2007 SCM Hänssler, 71087 Holzgerlingen

Feiert Jesus! 365
CD 2, Nr. 14

UND WIEDER EIN TIEFSCHLAG

Endlich wieder schwanger! Die Freude ist riesengroß, so viele Hoffnungen, Pläne. Der langersehnte Wunsch nach einem Kind scheint endlich Realität zu werden.

Aber dann der Tiefschlag. Wir merken schnell, dass etwas nicht stimmt, und dann nach vielen ärztlichen Untersuchungen die Gewissheit: Wir werden auch das vierte Kind verlieren. »Warum? Wieso wir? Gott liebt doch Kinder, warum gibt er uns dann nicht dieses große Geschenk?« Diese Fragen und noch viele mehr: »Gott, wir verstehen dich nicht. Warum tust du uns das an? Drei Mal hätten gereicht. Jetzt hatten wir doch gerade wieder den Boden unter den Füßen.«

Wie schwer werden diese Verse da zu singen. Wenn ich doch das Gefühl habe, er hat mich – sein Kind – vergessen.

Aber ich darf erfahren: wir sind nicht alleingelassen. Im Gottesdienst können wir zwar die Lieder in unserer Trauer nicht mitsingen, aber es tut gut zuzuhören. Die Predigt handelt von der Liebe Gottes (Agape) zu uns. So ganz kann ich die Worte zwar noch nicht für mich annehmen. Aber ich merke irgendwie: Gott ist da und nah. Er lässt mich in meiner Trauer, meiner Wut und meinen Fragen nicht alleine – auch wenn ich ihn gerade nicht spüre.

> Fürchte dich nicht, denn ich bin bei dir. Sieh dich nicht ängstlich nach Hilfe um, denn ich bin dein Gott: Meine Entscheidung für dich steht fest, ich helfe dir. Ich unterstütze dich, indem ich mit meiner siegreichen Hand Gerechtigkeit übe.

JESAJA 41,10

Wie gehst du mit Tiefschlägen um?

JESUS TRÄGT DICH

Jesus trägt dich, er behütet dich
und er segnet dich von nun an und für immer.
Jesus trägt dich und er stärkt dich
und er sorgt für dich
und segnet dich für immer.

Aus »Feiert Jesus! 4«, Nr. 163
Text und Melodie: Judith Rößler
© 2007 SCM Hänssler, 71087 Holzgerlingen

Feiert Jesus! 365
CD 2, Nr. 14

SO KANN JESUS TRAGEN

In Zeiten, in denen ich den Boden unter den Füßen verliere, tut es
mir gut, wenn ich zurückblicke und schaue, wie Gott mich in der
Vergangenheit getragen hat.

Wir hatten die letzten Jahre drei Fehlgeburten und wir sind immer
ins Bodenlose gefallen. Die Sorgen, die Ängste und die quälenden Fragen haben uns sehr zugesetzt.

Aber sowohl meine Frau als auch ich durften erfahren, wie Gott
und Jesus uns durchgetragen haben. Wir haben erlebt, wie gut es
tut zu weinen, mit anderen Menschen zu sprechen. Mit Christen
zu beten und zu wissen, dass für uns gebetet wird. Wie haben
wir am Anfang gute Worte und später auch Predigten oder Andachten in uns aufgesogen! Wir haben erfahren, wie Jesus uns
gestärkt hat, das Leiden zu ertragen, wie er uns sensibel füreinander und für andere gemacht hat.

Wir haben nicht auf alle Fragen Antworten bekommen. Aber er
hat uns geholfen, unseren Lebensmut und unsere Lebensfreude
wiederzufinden.

Wenn ich mich in meiner aktuellen Not – der vierten Fehlgeburt – daran erinnere, bekomme ich die Hoffnung, dass ich auch dieses Mal sagen werde: »Jesus hat uns durchgetragen«. Auch wenn ich gerade das Gefühl habe, meine Füße hingen frei in der Luft. Ja, ich bekomme die Zuversicht, dass er mich stärkt, für mich sorgt und mich segnet.

> Der Herr ist allen nahe, die verzweifelt sind; er rettet die, die den Mut verloren haben. Wer auf den Herrn vertraut, erleidet zwar vieles, doch der Herr errettet ihn aus aller Not.
>
> **PSALM 34,19f**

Blicke zurück und erinnere dich,
wo du getragen worden bist!

JESUS TRÄGT DICH

Glaube nicht, das sei nur frommer, schwacher Trost.
Glaube nicht, für Gott seist du bedeutungslos.
Seine Tränen fließen in das große Meer
seiner unendlichen Liebe zu dir.
Ja, er selbst hat alle Qualen schon erlebt,
bis hin zum Tod am Kreuz, auf dem auch unser Name steht.
Doch am Ende gilt der Sieg über alle Macht,
Jesus rettet dich aus der Nacht.

Aus »Feiert Jesus! 4«, Nr. 163
Text und Melodie: Judith Rößler
© 2007 SCM Hänssler, 71087 Holzgerlingen

Feiert Jesus! 365
CD 2, Nr. 14

JESUS WEISS, WOVON ER SPRICHT

In schweren Zeiten, bei Schicksalsschlägen oder Hilflosigkeit habe ich erlebt, wie verschieden Menschen auf meine Situation reagieren.

Teilweise habe ich Reaktionen von Menschen erlebt, die uns nicht geholfen, ja teilweise sogar verletzt haben. Worte wie »das wird schon wieder«, »nur nicht die Hoffnung aufgeben« oder »dann wird es halt das nächste Mal was« waren alles andere als hilfreich.

Ich hatte aber auch viele Begegnungen, in denen ich gemerkt habe, dass Freunde mitgefühlt haben, oftmals ohne viele Worte. Das Zuhören, ein Nicken, Tränen in den Augen… aber auch die Aussagen »ich bete für dich« oder »ich verstehe Gott hier auch nicht« haben zwar nicht meine Schmerzen genommen, aber mir gezeigt: ich bin nicht alleine. Und so stelle ich mir Jesus vor. Er hört mir zu, er leidet mit. Denn er hat – indem er meine Sünden mit ans Kreuz genommen hat – riesige Qualen durchlitten.

Wie sehr trägt mich da die Zusage von Gott, dass ich am Ende der Zeit bei ihm sein werde und alles Leid in seiner Herrlichkeit vergessen sein wird.

> Er wird alle ihre Tränen abwischen, und es wird keinen Tod und keine Trauer und kein Weinen und keinen Schmerz mehr geben. Denn die erste Welt mit ihrem ganzen Unheil ist für immer vergangen.
>
> **OFFENBARUNG 21,4**

Wie stellst du dir das Leben in der Ewigkeit bei Jesus vor, wenn es keinen Tod, keine Trauer, kein Weinen und keinen Schmerz mehr geben wird?

DU TUST

Meine Seele sucht Heimat, mein Herz sucht Glück,
doch wo immer ich hingeh, gehts mal vor und mal zurück,
ich sehn mich nach Frieden, was ich auch tu,
am Ziel meiner Suche stehst du.
Mein Freudeschenker, mein Heimatgeber,
mein Glücklichmacher und mein Schuldvergeber,
mein Friedensbringer und mein Worteinhalter,
mein Liebesspender bist du.

Aus »Feiert Jesus! 4«, Nr. 170
Text und Melodie: Tobi Wörner
© 2008 SCM Hänssler, 71087 Holzgerlingen

Feiert Jesus! 365
CD 2, Nr. 10

AM ZIEL DER SINNSUCHE STEHT JESUS

In einer Zeit, in der alles so schnelllebig, undurchschaubar komplex, brutal, tolerant und gleichgültig geworden ist, ist die Frage nach dem Sinn im Leben, nach Heimat für die Seele und Frieden unglaublich präsent. So viele Menschen sind getrieben von dieser Suche und probieren dabei fast jeden möglichen Weg aus, mal mehr, mal weniger erfolgreich.

In China findet sich die momentan am stärksten wachsende Gemeinde. In China – wo es doch verboten ist, dort öffentlich über Jesus zu reden! Aber die Christen dort treffen sich heimlich und riskieren jedes Mal viel für sich selbst, aber auch für ihre Ehepartner, Kinder und sonstigen Verwandten. Und weil sie die Heimat für ihre Seele in Christus gefunden haben, weil sie wissen, dass er allein wahren Frieden geben kann, trauen sie sich auch noch,

Freunde zu ihren geheimen Versammlungen und Gottesdiensten einzuladen.

Ich gebe zu, dass mich dieser Glaubensmut beeindruckt und ich ehrlich gesagt nicht weiß, wie ich mein Christsein leben würde, wenn es in Deutschland verboten wäre, offen das Evangelium zu verkünden. Doch konkret zeigt es mir, dass in unserer Gesellschaft, in der so viele Menschen am Fragen sind, ich genau die richtigen Antworten habe: »Am Ziel meiner Suche stehst du«.

Ist es nicht unfair, wenn ich es für mich behalte? Wie kann ich an dem Ort, an dem ich heute bin, einem Fragenden weitergeben, wer »mein Freudeschenker, mein Heimatgeber, mein Glücklichmacher und mein Schuldvergeber, mein Friedensbringer und mein Worteinhalter, mein Liebesspender« ist?

> Ich erinnere mich, dass du gesagt hast: »Suchet meine Nähe.« Und ich habe geantwortet: »Herr, dich suche ich.« Verbirg dich nicht vor mir und verstoße deinen Knecht nicht im Zorn! Du hast mir immer geholfen, darum verlass mich jetzt nicht. Gott, mein Retter, lass mich nicht im Stich! Wenn selbst Vater und Mutter mich verlassen, wird doch der Herr mich aufnehmen. Herr, zeige mir, wie ich leben soll, und führe mich den Weg, der richtig ist, denn meine Feinde warten nur darauf, dass ich falle. Doch ich vertraue fest darauf, dass ich noch sehen werde, wie gut Gott ist, solange ich lebe. Vertraue auf den Herrn! Sei mutig und tapfer und hoffe geduldig auf den Herrn!

PSALM 27,8-11.13f

Freu dich, dass du den ewigen Freudeschenker kennst!

DU TUST

Du tust im Innern meiner Seele gut
und du tust, was Balsam auf den Wunden tut,
und du suchst mich, wenn ich mich in mir verlier,
in mir verlier.

Aus »Feiert Jesus! 4«, Nr. 170
Text und Melodie: Tobi Wörner
© 2008 SCM Hänssler, 71087 Holzgerlingen

Feiert Jesus! 365
CD 2, Nr. 10

DAS TUT DER SEELE GUT!

Ich gehöre zu den Menschen, die gerne aktiv sind, etwas unternehmen, beisteuern, mitwirken, gestalten, sowohl privat als auch beruflich oder in der Gemeinde. Gott begabt uns mit verschiedenen Fähigkeiten und möchte, dass wir sie für sein Reich einsetzen, dass wir Menschen von ihm erzählen und seine Gemeinde mitbauen.

Mich motiviert dabei vor allem, dass ich weiß, wie sehr sich Gott freut, wenn ich das, was er mir schenkt, auch weiterschenke. Trotzdem kann dieses »Tun für Gott« auch schnell kippen, indem ich mich oder andere daran messe, ob sie sich auch genug für Gott einsetzen. Oder wenn ich zwar vielen wichtigen und guten Tätigkeiten nachgehe, aber dadurch gar keine Zeit mehr finde, mich mit Gottes Wort zu befassen, über das Gelesene oder Gehörte nachzudenken, zu beten und auf Gottes Stimme zu hören.

In 1. Könige 19,11f steht beschrieben, auf welche Weise Gott zu Elia sprach: Der Herr war nicht im heftigen Sturm, er war nicht im Erdbeben und er war nicht im Feuer. Aber er sprach zu ihm in einem leisen Säuseln. Solche Bibelstellen ermutigen mich, mir bewusst Zeit mit Gott zu nehmen und mich von ihm suchen zu lassen. Ich merke, wie mir das Stillwerden vor Gott »im Innern meiner Seele« guttut. Es ist wie ein heilender, mildernder »Balsam auf den Wunden«. Ich darf Kraft schöpfen und Gott immer mehr kennenlernen. Und manchmal merke und lerne ich, was ich bisher falsch verstanden habe.

Deshalb möchte ich mir die Zeit nehmen und bewusst nicht aktiv sein, sondern auf Gott hören, mit ihm reden und seine Gegenwart einfach nur genießen!

Da sprach der Herr zu ihm: »Geh hinaus und stell dich auf den Berg vor den Herrn, denn der Herr wird vorübergehen.« Zuerst kam ein heftiger Sturm, der die Berge teilte und die Felsen zerschlug, vor dem Herrn her. Doch der Herr war nicht im Sturm. Nach dem Sturm bebte die Erde, doch der Herr war nicht im Erdbeben. Und nach dem Erdbeben kam ein Feuer, doch der Herr war nicht im Feuer. Und nach dem Feuer ertönte ein leises Säuseln. Als Elia es hörte, zog er seinen Mantel vors Gesicht, ging nach draußen und stellte sich in den Eingang der Höhle. Eine Stimme sprach: »Was tust du hier, Elia?«

1. KÖNIGE 19,11-13

Genieße Gottes Gegenwart – es tut deiner Seele gut!

DU TUST

Meine Sehnsucht nach Liebe ist täglich da,
doch ich kann nirgends finden, was ich bei dir sah.
Meine Schuld braucht Vergebung, was ich auch tu,
am Ende des Weges stehst du.
Mein Freudeschenker, mein Heimatgeber,
mein Glücklichmacher und mein Schuldvergeber,
mein Friedensbringer und mein Worteinhalter,
mein Liebesspender bist du.

Aus »Feiert Jesus! 4«, Nr. 170
Text und Melodie: Tobi Wörner
© 2008 SCM Hänssler, 71087 Holzgerlingen

Feiert Jesus! 365
CD 2, Nr. 10

GOTT IST LIEBE

»Meine Sehnsucht nach Liebe ist täglich da, doch ich kann nirgends finden, was ich bei dir sah.« Die Liebe von Gott ist einfach unglaublich! Egal, mit was und wem ich sie vergleiche, nichts kommt auch nur im Entferntesten an Gottes Liebe ran. Nicht die Liebe eines Menschen, nicht die Liebe des treuen Dackels und auch nicht die Liebe einer anderen Gottheit. Das Faszinierende ist, dass Liebe nicht nur eine Eigenschaft Gottes ist, sondern Gott die Liebe selbst ist (1. Johannes 4,16)!
Und wie zeigt sich diese Liebe für uns? Auf sehr vielfältige Weise. Gott möchte immer in Ewigkeit mit uns zusammen sein – das ist echte Liebe und gewaltige Wertschätzung! Das Schöne, aber auch gleichzeitig Herausfordernde daran ist, dass wir nichts dafür tun müssen und nichts dafür tun können, als einfach nur diese Liebe anzunehmen. Seine große Liebe können wir in Jesus se-

hen. »Gottes Liebe zu uns zeigt sich darin, dass er seinen einzigen Sohn in die Welt sandte, damit wir durch ihn das ewige Leben haben« (1. Johannes 4,9).

Ist es nicht immer wieder einzigartig, sich dieses unermesslich große Geschenk bewusst zu machen? Gott hat uns in Jesus überreich beschenkt. Zu allererst mit der Vergebung unserer Sünden. Mit der Sicherheit und Geborgenheit, unendlich geliebt und geschätzt zu sein. Mit so viel guten Dingen, die das Leben bereichern, mit einer ganzen Bandbreite jeglicher Segnungen. Er hält so viel für dich und mich bereit. Er ist der liebevolle Freudeschenker, der Heimatgeber voll Liebe, der liebende Glücklichmacher und einfach »mein Liebesspender«!

Hol dir wie aus dem Seifenspender einen großen, schäumenden Tropfen seiner Liebe!

> Liebe Freunde, lasst uns einander lieben, denn die Liebe kommt von Gott. Wer liebt, ist von Gott geboren und kennt Gott. Wer aber nicht liebt, kennt Gott nicht – denn Gott ist Liebe. Gottes Liebe zu uns zeigt sich darin, dass er seinen einzigen Sohn in die Welt sandte, damit wir durch ihn das ewige Leben haben. Und das ist die wahre Liebe: Nicht wir haben Gott geliebt, sondern er hat uns zuerst geliebt und hat seinen Sohn gesandt, damit er uns von unserer Schuld befreit. Liebe Freunde, weil Gott uns so sehr geliebt hat, sollen wir auch einander lieben.
>
> **1. JOHANNES 4,7-11**

Genieße die Liebe Gottes wie einen wärmenden Sonnenstrahl!

DER HERR SEGNE DICH

Der Herr segne dich und er behüte dich.
Gottes Friede leuchte über dir.
Wenn es dunkel wird, sei er ein Licht für dich.
Der Herr ebne deine Wege unter dir.

Aus »Feiert Jesus! 5«, Nr. 231
Text: Christian Gallant und Peter Eltermann
Melodie: Christian Gallant
© 2012 SCM Hänssler, 71087 Holzgerlingen

Feiert Jesus! 19
Nr. 13

SEGENSLEITUNG

Der sogenannte priesterliche oder aaronitische Segen aus 4. Mose 6,24–26 ist in vielen Gemeinden (meist in einer älteren Übersetzung gesprochen) beliebt: »Der Herr segne dich und beschütze dich. Der Herr wende sich dir freundlich zu und sei dir gnädig. Der Herr sei dir besonders nahe und gebe dir seinen Frieden.« Häufig wird er zum Abschluss des Gottesdienstes gesprochen und ist eine Ermutigung für jeden einzelnen, der den Segen hört. Wenn ich mich von Gott beschützt weiß, wenn ich mir sicher sein kann, dass ich nicht alleine bin und Gott gnädig auf mich blickt, kann ich unendlich sorglos und gelassen sein und mich in ihm freuen!

Das Beispiel von Abraham macht dabei jedoch auch deutlich, dass Gott seinen Segen nicht nur zum Selbstzweck gibt und wir als die Gesegneten nicht die »Endverwahrer« der Segnungen sind. In 1. Mose 12,2 verheißt Gott Abraham seinen Segen, damit er selbst wiederum zum Segensbringer für andere Menschen wird. »Ich will dich segnen und du sollst in der ganzen Welt bekannt sein. Ich will dich zum Segen für andere machen.« Die Absicht, die Gott mit seinen Segnungen verfolgt, ist, dass andere Menschen zu Nachfolgern Christi werden. Abraham und auch wir dürfen eine Leitung für Gottes Segen sein, sodass unzählige Menschen um uns herum von Gottes Segen etwas spüren und nach der Quelle des Segens fragen. Auch der Psalmist in Psalm 67 verdeutlicht, dass es Gottes Absicht ist, dass Menschen durch seinen Segen seinen Weg und seine wunderbare Hilfe erkennen und sehen, wer er ist. Deshalb wünsche ich dir von ganzem Herzen: Sei gesegnet!

Gott, sei uns gnädig und segne uns. Er lasse sein Angesicht gnädig über uns leuchten. Auf der ganzen Welt soll dein Weg bekannt werden, alle Menschen sollen sehen, wie du hilfst. Gott, die Völker sollen dir danken, alle Völker sollen dich loben. Die Völker werden sich freuen und vor Freude jubeln, weil du sie gerecht richtest und alle Völker auf der Erde regierst. Gott, die Völker sollen dir danken, alle Völker sollen dich loben. Dann wird die Erde eine gute Ernte hervorbringen, und Gott, unser Gott, wird uns überreich segnen. Ja, Gott wird uns segnen, und die Völker der Welt werden ihn verehren.

PSALM 67,2-8

Du darfst eine Segensleitung sein!

DER HERR SEGNE DICH

Wunderbar sind seine Werke,
er hat dich gemacht,
der schon im Mutterleibe
über dich gewacht,
der dich liebt und beim Namen nennt
und der jeden Schritt von dir kennt.

Aus »Feiert Jesus! 5«, Nr. 231
Text: Christian Gallant und Peter Eltermann
Melodie: Christian Gallant
© 2012 SCM Hänssler, 71087 Holzgerlingen

Feiert Jesus! 19
Nr. 13

SEGEN FÜR DIE NATIONEN

Ist es nicht fantastisch zu wissen, dass du von Gott unendlich geliebt wirst? Dass er dich wunderbar geschaffen und schon vor deiner Geburt genau gekannt und beschützt hat? Das ist ein echtes Privileg von Christen!

In Jesaja 44,3 spricht Gott uns gerade in dem Zusammenhang, dass er uns geschaffen und bereits im Mutterleib bewahrt hat, eine Verheißung zu: »Ich werde meinen Geist auf deine Nachkommen und meinen Segen über deinen Kindern ausgießen.« Wäre es nicht fabelhaft, wenn jeder Mensch das wissen dürfte? Es gibt so viele Menschen, die das noch nie gehört haben, zum Beispiel, weil es die Bibel nicht in ihrer Sprache gibt. Oder sie haben es gehört, aber noch nicht für sich in Anspruch genommen.

Wie würde sich dein Gebet verändern, wenn du heute für diesen himmlischen Segen beten würdest, dass alle Menschen Jesus als den einzigen Weg zum Vater erkennen und Gott verehren? Dass sie Gott als den wahren Schöpfer der Welt annehmen, der jeden wunderbar nach seinem Ebenbild geschaffen hat, beim Namen nennt und liebt? Wie würde sich dein Gebet verändern, wenn du dies nicht nur heute und morgen tun, sondern auch noch in fünf Wochen daran denken würdest?

Vielleicht hilft dir dieses Lied, es dir immer wieder in Erinnerung zu rufen: Gott liebt dich, er liebt jeden Menschen und er möchte, dass ihm kein einziger verloren geht. Bete für diesen himmlischen Segen – du darfst selbst ein Segen sein.

> Doch nun hör mir zu, Jakob, mein Diener, und Israel, mein Erwählter. So spricht der Herr, der dich geschaffen und gebildet hat und dir vom Mutterleib an beisteht: »Hab keine Angst, Jakob, mein Diener. Jeschurun, den ich erwählt habe. Denn ich werde Wasser auf Durstige ausschütten und das trockene Land mit Bächen bewässern. Ich werde meinen Geist auf deine Nachkommen und meinen Segen über deinen Kindern ausgießen. Sie werden wachsen wie Gras am Ufer, wie Weiden am Fluss.«

JESAJA 44,1-4

Bete für den himmlischen Segen!

DER HERR SEGNE DICH

Jeder Tag, der auf dich wartet,
ist ihm wohlbekannt,
du darfst dich sicher fühlen
an des Vaters Hand,
der dich führt und dich nie vergisst
und der allezeit bei dir ist.

Aus »Feiert Jesus! 5«, Nr. 231
Text: Christian Gallant und Peter Eltermann
Melodie: Christian Gallant
© 2012 SCM Hänssler, 71087 Holzgerlingen

Feiert Jesus! 19
Nr. 13

»DER ALLEZEIT BEI DIR IST«: NIE ALLEIN

Während eines Urlaubs mieteten mein Mann und unsere zwei ältesten Kinder ein Tretboot und fuhren über einen Stausee. Ich spazierte mit der Jüngsten im Kinderwagen am Ufer entlang. Nach einer Weile hatten die beiden Großen jedoch keine Lust mehr am Bootfahren und wollten unbedingt an Land. Ich half ihnen mit einem Seil, das Boot ans Ufer zu ziehen, und sie konnten an Land springen. Als ich bedauerte, wie schade es doch nun für Papa sei, allein zurückfahren zu müssen, antwortete der Große fröhlich: »Wieso allein? Jesus fährt doch mit Papa mit!« – Genau: Jesus ist allezeit – auch in diesen nebensächlichen Alltagsdingen – bei uns!

Gott gibt uns zahlreiche Zusagen, dass wir nie alleine sind, dass er uns zuhört, führt, gerne hilft, für uns sorgt, dass ihm nichts unmöglich ist, er unsere Lasten abnimmt und tragen hilft und dass er uns tröstet und wieder aufrichtet.

Bei Gelegenheit kannst du einige dieser Ermutigungen nachlesen: Offenbarung 21,4; 1. Petrus 5,7; 2. Thessalonicher 3,3; 2. Korinther 12,9; 2. Korinther 1,4; 1. Korinther 10,13; Johannes 16,33; Matthäus 28,20; Jeremia 29,11; Jesaja 43,1f; Jesaja 42,6; Jesaja 41,10; Jesaja 40,28-31; Sprüche 18,10; Psalm 139,5; Psalm 121; Psalm 118,5; Psalm 91,1-2.11-12; Psalm 68,20; Psalm 34,19; Psalm 27,1; Psalm 23; Psalm 16,1; 2. Mose 15,26; 2. Mose 3,14.

Oder schreibe beim täglichen Bibellesen die Stellen heraus, die einen tröstlichen Zuspruch beinhalten. Du wirst erstaunt sein, was für eine lange Liste dabei entsteht!

In diesem unendlichen Meer an ermutigenden Aussagen empfinde ich eine Zusage als besonders tröstlich: »Wenn ich auch falle, werde ich doch wieder aufstehen. Ist um mich herum auch alles dunkel, ist doch der Herr selbst mein Licht« (Micha 7,8)!

> Die Worte des Gesetzes sollen immer in deinem Mund sein. Denke Tag und Nacht über das Gesetz nach, damit du allem, was darin geschrieben steht, Folge leisten kannst, denn nur dann wirst du erfolgreich sein. Ich sage dir: Sei stark und mutig! Hab keine Angst und verzweifle nicht. Denn ich, der Herr, dein Gott, bin bei dir, wohin du auch gehst.
>
> **JOSUA 1,8f**

Du bist nie allein!

DER HERR SEGNE DICH

Voll Vertrauen darfst du wissen,
du bist nicht allein.
Denn Gott hat dir versprochen,
er wird bei dir sein,
der dich trägt und mit Frieden füllt
und der all deinen Kummer stillt.

Aus »Feiert Jesus! 5«, Nr. 231
Text: Christian Gallant und Peter Eltermann
Melodie: Christian Gallant
© 2012 SCM Hänssler, 71087 Holzgerlingen

Feiert Jesus! 19
Nr. 13

INNEREN FRIEDEN

»Ich lasse euch ein Geschenk zurück – meinen Frieden«, sagt Jesus zu seinen Jüngern (Johannes 14,27). Schwer zu fassen, dieses Geschenk. Ich kann es nicht aus Geschenkpapier wickeln, ich kann es nicht anfassen, rundherum betrachten oder einem anderen, der gerade neben mir steht, ausleihen. Es ist ein einzigartiges, besonderes Geschenk – nicht weltlicher Frieden oder Waffenruhe, sondern innerer Frieden, Ruhe im Herzen, Frieden mit Gott, den Jesus durch seinen Tod am Kreuz uns möglich macht.
»Ich habe euch das alles gesagt, damit ihr in mir Frieden habt. Hier auf der Erde werdet ihr viel Schweres erleben. Aber habt Mut, denn ich habe die Welt überwunden« (Johannes 16,33). Immer wieder ermutigt uns Jesus in den Folgeversen, dass wir uns keine Sorgen zu machen und keine Angst zu haben brauchen. Dies ist ein Schlüssel für den Frieden, mit dem uns Jesus füllen möchte.

Was aber tun, wenn trotzdem Sorgen und Angst auf mich einstürmen? Wie der Psalmbeter in Psalm 42,6 ist meine Seele trotzdem manchmal unruhig. Not, Krankheit, Einsamkeit oder Trauer im Leben lassen sich nicht einfach wegwischen. Auch wenn ich auf Jesus und sein Wort vertraue, komme ich manchmal in Situationen, wo ich einsam bin, Schmerzen habe, Probleme bewältigen muss. Aber Jesus gibt die Ruhe im Sturm und will meinen Kummer stillen. Er ist da, er liebt mich und will mich segnen. Und den grundsätzlichen Frieden mit Gott, den Jesus durch seinen Tod am Kreuz für mich ermöglicht hat, den kann mir niemand mehr nehmen.

> Ich lasse euch ein Geschenk zurück – meinen Frieden. Und der Friede, den ich schenke, ist nicht wie der Friede, den die Welt gibt. Deshalb sorgt euch nicht und habt keine Angst. Denkt an das, was ich euch gesagt habe: Ich gehe fort, aber ich werde wieder zu euch kommen. Wenn ihr mich wirklich lieb habt, freut ihr euch für mich, weil ich jetzt zum Vater gehen darf, der größer ist als ich.
>
> **JOHANNES 14,27f**

Jesus ist dein Anker im Sturm.

WIR BETEN FÜR SEGEN

Wir beten für Segen, für Frieden hier.
Trost für Familien und für Schutz in jeder Nacht.
Wir wollen Heilung, Gutes nur von dir
und dass deine starke Hand
das Leben leichter macht.
Die ganze Zeit hörst du uns wirklich zu,
denn du liebst uns so sehr
und gibst uns umso mehr.

Aus »Feiert Jesus! 5«, Nr. 142
Originaltitel: Blessings
Text und Melodie: Laura Story
Deutsch: Esther und Thomas Lütze, Manuel Trautmann
© 2011 Laura Stories/New Spring
Für D, A, CH: Small Stone Media Germany, Köln

Feiert Jesus! 20
Nr. 12

DIE ANTWORT DES VATERS

»Betet um alles. Sagt Gott, was ihr braucht«, fordert Paulus im Philipperbrief auf. Er weiß: Wir sind auf dieses irdische Leben fixiert, denn das ist alles, was wir kennen. Und so bitten wir um Versorgung, Erleichterung, Schutz, Trost, Heilung und vieles mehr. Und Gottes Antwort? »Ihr werdet Gottes Frieden erfahren« (Philipper 4,7). Nicht immer das, was wir uns vorgestellt haben. Doch ist tiefer innerer Friede nicht viel mehr? Wenn eine junge Frau dem nahenden Tod entgegensieht? Wenn uns finanzielle Sorgen über den Kopf wachsen? Ist Friede, der uns nachts trotz allem schlafen lässt, Friede, der uns hilft loszulassen, nicht umso mehr?

Doch obwohl wir Gott unsere Bitten vorbringen, bleibt da so oft diese Angst, Gott könnte in seiner Souveränität nicht das wollen, was wir wollen; nicht so antworten, wie wir es uns vorstellen. Und doch: »Die ganze Zeit hörst du uns wirklich zu.« Wer ist es, der da wirklich hört? Es ist unser Vater. Ein Vertrauter, der noch mehr für uns ist: Versorger, Stärke, Friede, Weisheit, Retter. Kenne ich diesen meinen himmlischen Vater? Vertraue ich ihm? Dann kenne ich auch seine Antwort auf meine Bitten: Ich höre dich, Kind. Friede sei mit dir.

> Sorgt euch um nichts, sondern betet um alles. Sagt Gott, was ihr braucht, und dankt ihm. Ihr werdet Gottes Frieden erfahren, der größer ist, als unser menschlicher Verstand es je begreifen kann.
>
> **PHILIPPER 4,6f**

> Ich lasse euch ein Geschenk zurück – meinen Frieden. Und der Friede, den ich schenke, ist nicht wie der Friede, den die Welt gibt. Deshalb sorgt euch nicht und habt keine Angst.
>
> **JOHANNES 14,27**

Du darfst ihm alles sagen. Und es bei ihm lassen!

WIR BETEN FÜR SEGEN

Doch was, wenn durch Regen erst der Segen,
wenn erst durch Tränen Heilung kommt?
Was, wenn erst tausend wache Nächte
mir dann zeigen: »Du bist da!«?
Wenn im Leid in Wirklichkeit
vielmehr deine Gnade wohnt?

Aus »Feiert Jesus! 5«, Nr. 142
Originaltitel: Blessings
Text und Melodie: Laura Story
Deutsch: Esther und Thomas Lütze, Manuel Trautmann
© 2011 Laura Stories/New Spring
Für D, A, CH: Small Stone Media Germany, Köln

Feiert Jesus! 20
Nr. 12

SEGEN WEITERDENKEN

So oft liegen Fluch und Segen nah beieinander. Beim einen führen Erfolg und Geld zum Absturz, während ein anderer durch eine Lebenskrise erst auf die rechte Bahn zurückkommt. Wie sieht Segen eigentlich aus?

In Lukas 6 klärt Jesus seine Jünger darüber auf, was er unter Segen für seine Nachfolger versteht. Nämlich alles, was uns in seine Arme zurücktreibt – wenn wir es zulassen. Alles, was uns den Blick weitet für ein Leben außerhalb von Raum und Zeit: Armut will uns vielleicht die Augen öffnen für das, was wirklich Ewigkeitswert hat. Hunger (wonach auch immer) kann uns zu dem führen, der uns alles sein will. Trauer vergrößert unsere Sehnsucht, ganz bei ihm zu sein. Hass und Spott von Menschen bewahrt uns davor, die Ehre, die nur Gott zusteht, selbst zu suchen. Verstehen wir das nicht falsch: Leid ist nichts, was Gott für uns wollte. Doch auch

Leid muss letztlich den Zielen Gottes dienen. Er sehnt sich danach, von uns wahrgenommen und erkannt zu werden. Das, was oberflächlich betrachtet als Fluch erscheint, kann uns zum Segen einer tiefen Gotteserfahrung werden. Nirgendwo erfahren wir innigere Gemeinschaft mit ihm als im Leid, aber nur dann, wenn wir durch die Tränen hindurch auf ihn blicken, den Anfänger und Vollender unseres Glaubens (Hebräer 12,2).

> Dann wandte Jesus sich an seine Jünger und sagte: »Gott segnet euch, die ihr arm seid, denn euch wird das Reich Gottes geschenkt. Gott segnet euch, die ihr jetzt hungert, denn ihr werdet satt werden. Gott segnet euch, die ihr jetzt weint, denn die Zeit wird kommen, in der ihr vor Freude lachen werdet. Gott segnet euch, die ihr gehasst und ausgeschlossen und verspottet und verflucht werdet, weil ihr zum Menschensohn gehört. Wenn das geschieht, dann freut euch, springt vor Freude! Denn im Himmel erwartet euch eine große Belohnung.
>
> **LUKAS 6,20-23**

Was hilft uns, in schweren Zeiten den Blick auf ihn gerichtet zu halten?

WIR BETEN FÜR SEGEN

Wir beten für Weisheit, um dich zu hörn,
doch wir sind enttäuscht,
wenn wir dich dann nicht nahe spürn.
Wir zweifeln deine Güte, deine Liebe an.
Dein Wort hat es versprochen,
doch wir denken kaum daran.
Alle Zeit hörst du, Herr, unser Flehn
und sehnst dich danach,
dass wir dir ganz vertraun.

Aus »Feiert Jesus! 5«, Nr. 142
Originaltitel: Blessings
Text und Melodie: Laura Story
Deutsch: Esther und Thomas Lütze, Manuel Trautmann
© 2011 Laura Stories/New Spring
Für D, A, CH: Small Stone Media Germany, Köln

Feiert Jesus! 20
Nr. 12

BLINDES VERTRAUEN

Eine der härtesten Proben unseres Glaubens ist, wenn wir Gott nicht wahrnehmen können. Dann beginnen wir, alles in Frage zu stellen, was wir an Gutem über ihn wissen: Wenn er gütig wäre, wenn er lieben würde, dann müsste er sich mir doch zeigen.
Eine Erfahrung, die auch David machte: »Herr, wie lange willst du mich noch vergessen? Wie lange willst du dich noch von mir abwenden« (Psalm 13,2)? Unglaublich, wie David mit dieser Situation umgeht: Er schüttet seine Sehnsucht nach Gott vor ihm aus. Er ruft ihn an und will ihn an seine eigenen Versprechen erinnern. Vielleicht führt ihn das zu einem plötzlichen Innehalten. Als er sich erinnert, wie er Gott bisher erfahren hat, entscheidet er sich, weiter zu vertrauen. Blind. Er hält sich an dem fest, was

er bisher über Gott wusste und entscheidet sich im Hier und Jetzt, in der Dunkelheit, der Depression, der Gottesferne, ihn zu loben. Weil er im Moment kein Material für ein Loblied zu haben scheint, benutzt er das, was er in der Vergangenheit gesammelt hat. Das bringt eine Freude in ihm hervor, die unabhängig ist von der jetzigen Situation. David lebt aus einem Generalvertrauen auf die Gnade seines Herrn und aus der Vorfreude darauf, ihn bald sichtbar zu erleben. Was für ein Beispiel für uns: »Aber Segen soll über den kommen, der seine ganze Hoffnung auf den Herrn setzt und ihm vollkommen vertraut« (Jeremia 17,7).

> Herr, wie lange willst du mich noch vergessen? Wie lange willst du dich noch von mir abwenden? Wie lange soll meine Seele noch sorgen und mein Herz täglich aufs Neue trauern? Wie lange wird mein Feind noch die Oberhand behalten? Wende dich mir zu und erhöre mich, Herr, mein Gott! Mach es wieder hell vor meinen Augen, damit ich nicht sterbe. Lass nicht zu, dass meine Feinde triumphieren und sagen: »Wir haben ihn besiegt!« Lass nicht zu, dass sie jubeln, weil ich unterliege. Ich vertraue auf deine Gnade. Ich freue mich, dass du mich retten wirst. Ich will dem Herrn ein Loblied singen, weil er so gut zu mir war.

PSALM 13,2-6

Was du im Licht gelernt hast,
das gib in der Finsternis nicht auf.

WIR BETEN FÜR SEGEN

Wenn Freunde gehen,
wenn Dunkelheit gewinnt, wird klar:
Der Schmerz erinnert mich:
Hier bin ich, bin ich nicht daheim,
bin nicht daheim.

Wenn meine größten Illusionen
und die Schmerzen dieser Zeit
nur ein Zeichen des Verlangens sind,
das diese Welt nicht stillen kann?
Wenn im Leid in Wirklichkeit,
im Regen, Sturm, in harter Zeit,
vielmehr deine Gnade wohnt?

Aus »Feiert Jesus! 5«, Nr. 142
Originaltitel: Blessings
Text und Melodie: Laura Story
Deutsch: Esther und Thomas Lütze, Manuel Trautmann
© 2011 Laura Stories/New Spring
Für D, A, CH: Small Stone Media Germany, Köln

Feiert Jesus! 20
Nr. 12

AUF DEM LANGEN WEG NACH HAUSE

Menschen, die viele Umzüge hinter sich haben, fühlen sich oft heimatlos. Wer oft entwurzelt wurde, kommt schnell zu dem Schluss, dass Heimat nicht an eine geografische Lage gebunden ist. Heimat ist für sie vielmehr dort, wo vertraute, geliebte Menschen sind. Doch einen bestimmten Umzug können wir kaum erwarten – den, der allen Schmerzen, Sorgen und Ängsten ein Ende macht: »Wir erwarten unsere zukünftige Stadt erst im Himmel« (Hebräer 13,14). Kein Wunder, wenn wir uns nach diesem Ortswechsel sehnen!

Doch der eigentliche Grund, warum wir den Himmel unser eigentliches Zuhause nennen können, ist, weil dort eine vertraute, geliebte Person auf uns wartet: Jesus. Der, der unser himmlisches Zuhause zum Zuhause macht, ist Jesus selbst.

Die gute Nachricht: Dieses Zuhause hat jetzt schon für uns begonnen, denn Jesus lebt in uns. Und er möchte, dass wir diesen Vorgeschmack des Himmels mit den Menschen um uns teilen. Er will, dass noch viele erkennen: Jemand wartet auf mich! »Eure Liebe zueinander wird der Welt zeigen, dass ihr meine Jünger seid« (Johannes 13,35). Was für eine Strategie: selbstlose Liebe! In einer Welt voller Egoismus und Rechthaberei muss sie wie ein Magnet wirken. Ein Magnet, der Menschen mit nach Hause nimmt.

> Denn wir leben im Glauben und nicht im Schauen. Ja, wir sind voll Zuversicht und würden unseren jetzigen Körper gern verlassen, weil wir dann daheim beim Herrn wären.
>
> **2. KORINTHER 5,7f**

> Er wird alle ihre Tränen abwischen, und es wird keinen Tod und keine Trauer und kein Weinen und keinen Schmerz mehr geben. Denn die erste Welt mit ihrem ganzen Unheil ist für immer vergangen.
>
> **OFFENBARUNG 21,4**

Es gibt tausend Möglichkeiten, Gottes Liebe für die Menschen um uns scheinen zu lassen.

HEILIGER GEIST

Heiliger Geist,
reiß Mauern ein.
Heiliger Geist,
komm, brich herein.

Unser Vater,
hör, der Himmel ruft zu dir.
Singt lauter,
deinen Namen preisen wir.
Unaufhaltsam,
das Lied des Himmels bricht herein,
berührt die Erde, macht uns eins.

Aus »Feiert Jesus! 5«, Nr. 213
Text und Melodie: Tim Hughes, Luke Hellebronth, Myles Dhillon und Ben Bryant
Deutsch: Martin Mroncz, Daniela Hogger und Julie Osmaston
© 2010 Thankyou Music
Für D, A, CH: SCM Hänssler, 71087 Holzgerlingen

Feiert Jesus! 24
Nr. 6

DEN HEILIGEN GEIST FÖRDERN

Den Heiligen Geist kann ich nur bestaunen. An so vielen Stellen der Bibel wird er erwähnt, so viele Funktionen und Aufgaben werden ihm zugeschrieben und unfassbar groß und stark ist sein Wirken: »Reiß die Mauern ein« deutet auf seine gewaltige Macht hin. Der Heilige Geist ist Gottes Offenbarungskanal (2. Samuel 23,2), er beruft in den Dienst (Apostelgeschichte 13,2-4), hilft (Johannes 14,16), wohnt in uns Gläubigen (Römer 8,9-11), tröstet (Johannes 14,26), lehrt (Johannes 14,26), bringt Frucht (Galater 5,22-23), heiligt (Römer 15,16), ist die Quelle der Kraft (Epheser 3,16), der Geistesgaben (1. Korinther 12,4-11), der Einheit (Epheser 4,3), der Freiheit (2. Korinther 3,17) und vieles, vieles mehr.

Jeder, der wiedergeboren ist, hat den Heiligen Geist – und dennoch ist es möglich, so sagt die Bibel, dass wir den Heiligen Geist dämpfen und nicht zulassen, dass er wirken kann. Was kann ich also tun, um das Feuer des Heiligen Geistes anzufachen? »Singt lauter, deinen Namen preisen wir.« Wenn ich singe, bete und Gott preise, seinen Namen lobe und mir seine Größe vor Augen führe, öffne ich einen Kanal, werde ich offen für das Sprechen des Heiligen Geistes in mir. Wenn ich mich auf Gottes Pläne konzentriere, nach seinem Willen frage, gebe ich dem Heiligen Geist die Möglichkeit zu reden oder zu wirken.

Nimm dir für die nächsten Tage vor, für das Wirken des Heiligen Geistes zu beten und dafür zu bitten, dass du und andere Christen wieder neu von ihm erfüllt werdet.

Deshalb sage ich euch: Bittet, und ihr werdet erhalten. Sucht, und ihr werdet finden. Klopft an, und die Tür wird euch geöffnet werden. Denn wer bittet, wird erhalten. Wer sucht, wird finden. Und die Tür wird jedem geöffnet, der anklopft. Gibt es einen Vater, der seinem Kind eine Schlange hinhält, wenn es um einen Fisch bittet? Oder wenn es um ein Ei bittet, reicht er ihm dann einen Skorpion? Natürlich nicht! Wenn aber selbst ihr sündigen Menschen wisst, wie ihr euren Kindern Gutes tun könnt, wie viel eher wird euer Vater im Himmel denen, die ihn bitten, den Heiligen Geist schenken.

LUKAS 11,9-13

Gottes Heiliger Geist lebt in dir!

HEILIGER GEIST

Heiliger Geist,
reiß Mauern ein.
Heiliger Geist,
komm, brich herein.

König Jesus,
wir erheben dich allein.
Die Schöpfung
bebt vor deiner Herrlichkeit.
Erweck uns,
wir wollen dein Reich kommen sehn.
Wir wollen dein Reich kommen sehn.

Aus »Feiert Jesus! 5«, Nr. 213
Text und Melodie: Tim Hughes, Luke Hellebronth, Myles Dhillon und Ben Bryant
Deutsch: Martin Mroncz, Daniela Hogger und Julie Osmaston
© 2010 Thankyou Music
Für D, A, CH: SCM Hänssler, 71087 Holzgerlingen

Feiert Jesus! 24
Nr. 6

ZUR RECHTEN ZEIT AM RECHTEN ORT!

»Erweck uns, wir wollen dein Reich kommen sehn.« Die faszinierende Bekehrungsgeschichte eines Heiden aus einem afrikanischen Land steht in Apostelgeschichte 8,26–40. In dieser Geschichte wirkt der Heilige Geist auf zweierlei Weise: In Vers 29 spricht er zu Philippus – und Philippus hört und gehorcht. Hätte der Heilige Geist bei mir auch diese Gelegenheit gehabt zu sprechen und hätte ich bedingungslos gehorcht?
Das Zweite ist, dass der Heilige Geist ganz unterschiedliche Dinge zusammenfügt, sodass man floskelhaft sagen kann: zur rech-

ten Zeit am rechten Ort. Der Afrikaner wurde »zur rechten Zeit« von einem Christen angesprochen, nämlich bei seiner Reise, bei der er gerade mit der »richtigen« Lektüre der Heiligen Schrift beschäftigt war. Er hatte Zeit zu lesen und Zeit zuzuhören, was Philippus, der gleichzeitig am »richtigen Ort« war, zu sagen hatte. Philippus hat die richtige Frage gestellt: »Verstehst du auch, was du da liest« (Apostelgeschichte 8,30)? Die Bibel zu lesen und die Bibel zu verstehen ist nicht das Gleiche. Eigentlich ist es ziemlich unhöflich, wie Philippus zu diesem ihm fremden Mann redet. Doch es ist die entscheidende Frage, und der Afrikaner nimmt sie zum Anlass, sich von Philippus helfen zu lassen, damit er den Text versteht. Hätte ich auch den Mut gehabt, so eine direkte Frage an einen anderen Menschen zu stellen?

Ich will dieses Lied und diese Bibelgeschichte zum Anlass nehmen, um wieder bewusst für Erweckung in meinem Ort zu beten. Du auch?

Zu Philippus aber sagte ein Engel des Herrn: »Geh nach Süden auf der einsamen Straße, die von Jerusalem nach Gaza führt.« Philippus ging und begegnete auf dem Weg dem Schatzmeister Äthiopiens, einem Eunuchen der äthiopischen Königin, der großen Einfluss hatte. Er war nach Jerusalem gekommen, um dort anzubeten, und befand sich nun auf dem Heimweg. Er saß in seinem Wagen und las im Buch des Propheten Jesaja. Der Heilige Geist sagte zu Philippus: »Lauf hinüber und geh neben dem Wagen her.« Da lief Philippus hin und hörte, wie der Mann aus dem Propheten Jesaja las. Er fragte ihn: »Verstehst du auch, was du da liest?« Der Mann erwiderte: »Wie soll ich es verstehen, wenn es mir niemand erklärt?« Und er bat Philippus, einzusteigen und sich neben ihn zu setzen.

APOSTELGESCHICHTE 8,26-31

Der Heilige Geist kann Erweckung schenken!

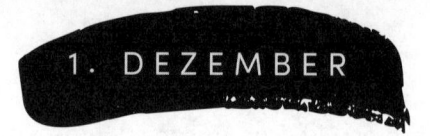
GNADE, DIE UNS FINDET

Gnade im ersten Schrei,
Gnade im Licht des neuen Morgens,
Gnade im Schatten unsrer Welt:
du bist da.
Gnade im Gipfelglück,
Gnade im ganz gewöhnlichen Alltag,
Gnade im Klagen und im Jubeln:
du bist da, bist uns nah.

Von deiner Schöpfung bis zum Kreuz,
von deinem Kreuz bis in die Ewigkeit
ist es Gnade, die uns findet.

Aus »Feiert Jesus! 5«, Nr. 36
Originaltitel: Your Grace Finds Me
Text und Melodie: Matt Redman und Jonas Myrin
Deutsch: Albert Frey
© 2013 Atlas Mountain Songs/Said And Done Music/Thankyou Music/
sixsteps Music/worshiptogether.com songs
Für D, A, CH: SCM Hänssler, 71087 Holzgerlingen

Feiert Jesus! 20
Nr. 8

GOTTES UNVERDIENTES GESCHENK

Was würdest du denken, wenn Gott dich wegen deiner Fehler und Schuld eines Tages verurteilen würde und du die Strafe erhieltest, die dafür angemessen wäre? Du könntest dich nicht beschweren, denn es wäre gerecht und verdient.

Was würdest du denken, wenn Gott dir stattdessen ein (Weihnachts-)Geschenk anbieten würde: Dass du nur seinen Sohn Jesus als Stellvertreter annehmen musst, um der Strafe zu entkommen? Dass er deine Schuld auf sich nimmt und statt deiner dafür am

Kreuz stirbt? Es klingt verrückt, aber das ist die unvergleichliche Gnade Gottes! Gottes Gnade ist schlicht und einfach unverdient. Niemand kann sie kaufen, durch tolle Leistungen erreichen oder einfordern. Gott bietet sie jedem Sünder an – eigentlich würde als Strafe für die Sünde der Tod stehen (Römer 6,23): »Denn der Lohn der Sünde ist der Tod; das unverdiente Geschenk Gottes dagegen ist das ewige Leben durch Christus Jesus, unseren Herrn.«

Über diese unglaubliche Gnade darfst du dich »im Licht des neuen Morgens« freuen: »Lass mich schon am Morgen deine Gnade erfahren, denn ich vertraue auf dich. Zeige mir einen Weg, den ich gehen soll, denn ich habe dich darum gebeten« (Psalm 143,8). Du darfst dich darüber freuen, jeden Tag, im Trubel des »ganz gewöhnlichen Alltags«, »im Klagen und im Jubeln«. Zu wissen, dass Gott immer da ist, dass er dich unendlich liebt und segnen möchte, das ist Gnade. Freu dich über dieses Geschenk!

> Abraham war seiner Herkunft nach der Stammvater unseres jüdischen Volkes. Durch was wurde er nun gerettet? Nahm Gott ihn etwa aufgrund seiner guten Taten an? Wäre es so, dann hätte er Grund, stolz zu sein. Doch aus der Sicht Gottes hatte Abraham dazu keinen Anlass. Denn was steht in der Schrift? »Abraham glaubte Gott; und Gott erklärte ihn wegen seines Glaubens für gerecht.« Wenn Menschen arbeiten, erhalten sie ihren Lohn nicht als Geschenk. Ein Arbeiter hat sich verdient, was er bekommt. Gerecht gesprochen aber wird ein Mensch aufgrund seines Glaubens, nicht aufgrund seiner Taten.

RÖMER 4,1-5

Freu dich über Gottes Gnade in deinem Leben!

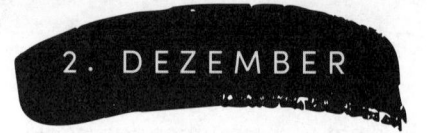
GNADE, DIE UNS FINDET

Du bist da, bist uns nah.
Du bist da, bist uns nah.
Gnade für Arm und Reich,
Gnade für Heilige und Sünder,
genug für die ganze Welt:
du bist da, bist uns nah.

Und wir atmen Gnade ein. Wir atmen Lobpreis aus.
Wir atmen Gnade ein für alle Zeit.
Wir atmen Gnade ein. Wir atmen Lobpreis aus.
Wir atmen Gnade ein für alle Zeit.
Wir atmen Gnade ein. Wir atmen Lobpreis aus.
Wir atmen Gnade ein für alle Zeit.
Wir atmen Gnade ein. Wir atmen Lobpreis aus.
Wir atmen Gnade ein für alle Zeit, für alle Zeit.

Aus »Feiert Jesus! 5«, Nr. 36
Originaltitel: Your Grace Finds Me
Text und Melodie: Matt Redman und Jonas Myrin
Deutsch: Albert Frey
© 2013 Atlas Mountain Songs/Said And Done Music/Thankyou Music/
sixsteps Music/worshiptogether.com songs
Für D, A, CH: SCM Hänssler, 71087 Holzgerlingen

Feiert Jesus! 20
Nr. 8

ALLES IST GNADE

»Ich kann gar nicht aufhören, Gott für die Gnade zu danken, die euch durch Jesus Christus gegeben ist« (1. Korinther 1,4). Paulus dankt Gott immer wieder für seine Gnade, die er uns in Jesus schenkt. Im Grunde ist alles, was ich im Leben habe, und auch mein Leben selbst Gnade. Dass ich morgens aufwache und atmen kann, ist Gnade. Dass ich etwas zu essen, zu trinken und zum Anziehen habe, ist Gnade. Dass ich eine Familie habe, Freunde – alles ist geschenkt und Gnade des Herrn!

Allzu oft nehme ich diese Gnade als selbstverständlich hin und denke nicht mehr groß darüber nach. So wie die Luft zum Atmen, die mich immer umgibt und die ich automatisch und unbewusst einatme, so atme ich Gnade ein. Ich sauge sie sozusagen in mich hinein und werde erfüllt von ihr. Gott schenkt mir seine Gnade in Fülle. Und was passiert mit der Luft, die ich in meine Lunge eingeatmet habe? Der Sauerstoff durchströmt von dort mit Hilfe des Bluts meinen Körper und ermöglicht – vereinfacht gesprochen – den Organen, meinen Körper funktionsfähig zu halten. Die verbrauchte Luft mit Kohlendioxid wiederum wird ausgeatmet.

Das Bild hinkt wie die meisten Bilder, dennoch verdeutlicht es, wie die Gnadengaben Gottes mein Leben durchströmen und mich sozusagen funktionsfähig machen für ein Leben in Christus. Wie ich die Luft aus meiner Lunge wieder ausströmen lasse, so atme ich den Lobpreis und den Dank gegenüber Gott aus als Folge seiner Gnade. Es ist eine Art Kreislauf.

Wäre es nicht wunderbar, wenn der Lobpreis durch mich ebenso automatisch »für alle Zeit« geschehen würde? Oder anders ausgedrückt: Wenn Lobpreis und Dank für die von Gott empfangene Gnade beständig aus meinem Inneren strömen würde?

> Ich kann gar nicht aufhören, Gott für die Gnade zu danken, die euch durch Jesus Christus gegeben ist. Durch ihn seid ihr in allem reich beschenkt – in aller Lehre und in aller Erkenntnis. Die Botschaft von Christus ist zur Kraft in eurem Leben geworden, sodass ihr mit allen geistlichen Gaben gesegnet seid, während ihr sehnsüchtig auf die Rückkehr von Jesus Christus, unserem Herrn, wartet. Er wird euch Kraft geben bis zum Ende. So werdet ihr an dem Tag, an dem Jesus Christus wiederkommt, ohne Schuld sein. Gott ist treu. Er hat euch berufen zur Gemeinschaft mit seinem Sohn Jesus Christus, unserem Herrn.
>
> **1. KORINTHER 1,4-9**

Atme Gnade ein und lass den Lobpreis von dir ausströmen!

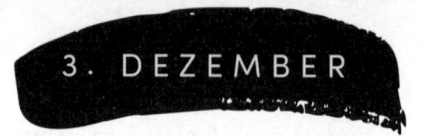
GNADE, DIE UNS FINDET

Gnade am Hochzeitstag,
Gnade beim Weinen an den Gräbern,
Gnade in jedem Atemzug: Du bist da.
Gnade für Arm und Reich,
Gnade für Heilige und Sünder,
genug für die ganze Welt: Du bist da,
bist uns nah.

Von deiner Schöpfung bis zum Kreuz,
von deinem Kreuz bis in die Ewigkeit
ist es Gnade, die uns findet.
Dort, in der dunklen Seelennacht,
dort, wo das helle Lied vom Sieg erklingt,
ist es Gnade, die uns findet.

Aus »Feiert Jesus! 5«, Nr. 36
Originaltitel: Your Grace Finds Me
Text und Melodie: Matt Redman und Jonas Myrin
Deutsch: Albert Frey
© 2013 Atlas Mountain Songs/Said And Done Music/Thankyou Music/
sixsteps Music/worshiptogether.com songs
Für D, A, CH: SCM Hänssler, 71087 Holzgerlingen

Feiert Jesus! 20
Nr. 8

GNÄDIG UND GERECHT ZUGLEICH

Gott ist heilig. Gott ist gerecht. Gott ist ein eifernder Gott, der durch Mose dem Volk Israel sagen lässt: »Ich, der Herr, dein Gott, bin ein eifersüchtiger Gott! Ich lasse die Sünden derer, die mich hassen, nicht ungestraft« (2. Mose 20,5).
Gott ist nicht nur ein gnädiger Gott, sondern auch ein gerechter Gott. Aber ist das nicht eher ungerecht, wenn Gott einfach so

»Gnade vor Recht« ergehen lässt, wie ein bekanntes Sprichwort sagt, und uns schuldigen Menschen die Strafe erlässt, einfach so? Wird Gott sich dann nicht selbst untreu? Drückt er bei seiner Heiligkeit und Gerechtigkeit einfach mal ein Auge zu in seiner Liebe? Das Ganze ergibt einen Sinn, wenn wir auf Jesus sehen. Jesus, der ohne Sünde war, wurde in die Welt geboren. Genau deshalb feiern wir Weihnachten: Gott lässt seinen Sohn als Mensch auf die Welt kommen, um für die Sünden der Menschen stellvertretend zu sterben: »Gnade [...] genug für die ganze Welt«. Er starb, wofür eigentlich ich hätte sterben müssen. Und dadurch, dass nun Gottes Gerechtigkeit Genüge getan ist, kann Gott denen gnädig den Sündentod erlassen und das ewige Leben schenken, die Jesus als ihren Retter annehmen. »Von deiner Schöpfung bis zum Kreuz, von deinem Kreuz bis in die Ewigkeit ist es Gnade«.
Unfassbar und doch wahr – davon bin ich immer wieder beeindruckt. Du auch?

Lasst nicht die Sünde euer Leben beherrschen; gebt ihrem Drängen nicht nach. Lasst keinen Teil eures Körpers zu einem Werkzeug für das Böse werden, um mit ihm zu sündigen. Stellt euch stattdessen ganz Gott zur Verfügung, denn es ist euch ein neues Leben geschenkt worden. Euer Körper soll ein Werkzeug zur Ehre Gottes sein, sodass ihr tut, was gerecht ist! Die Sünde hat die Macht über euch verloren, denn ihr steht nicht mehr unter dem Gesetz, sondern seid durch Gottes Gnade frei geworden.

RÖMER 6,12-14

Danke, Gott, für deine unglaubliche Gnade!

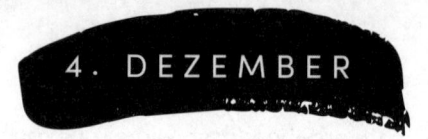

GROSSER GOTT, WIR LOBEN DICH

Großer Gott, wir loben dich;
Herr, wir preisen deine Stärke.
Vor dir neigt die Erde sich
und bewundert deine Werke.
Wie du warst vor aller Zeit,
so bleibst du in Ewigkeit.

Aus »Feiert Jesus! 1«, Nr. 27
Text: Ignaz Franz (1768) nach dem »Te Deum Laudamus« (4. Jh.)
Melodie: Heinrich Bone (1852), Lüneburg um 1668, Wien um 1776, Leipzig 1819)

Glaube – Das Liederschatz-Projekt
Nr. 11

EIN EINFACHER STAB

Da fragte der Herr ihn: »Was hast du da in der Hand?« »Einen Hirtenstab«, antwortete Mose (2. Mose 4,2). Was hast du in der Hand? Einen einfachen Stab. Einen Stab, mit dem man die Schafherde hütet, mit dem man die Herde zusammentreiben oder einem angreifenden Tier entgegentreten kann. Aber der Stab, den Mose trug, bedeutete viel mehr. Wenn wir die Geschichte weiterlesen, sehen wir, dass Gott Mose befahl, den Stab auf den Boden zu werfen. »Mose gehorchte und der Stab verwandelte sich in eine Schlange« (2. Mose 4,3). Der Stab wurde von einem einfachen Holzstück zu einem Werkzeug, mit dem Wunder geschehen konnten. Ein einfaches Hirtenwerkzeug wird zu einem Stab, mit dem Mose ein ganzes Volk aus der Sklaverei führt.
Hast du manchmal den Eindruck, »nur ein einfaches Werkzeug« zu besitzen, mit dem du aber keine großen Herausforderungen bestehen kannst? Oder mit dem sicher kein Wunder passieren kann? Gott hat jedem von uns Werkzeuge gegeben. Vielleicht ist

es ein Besitzstück, dein Haus, dein Auto, ein Handwerkszeug, dein Geld, deine Zeit oder deine Begabungen?

Manchmal magst du den Eindruck haben, es sei nur etwas Normales, etwas, das viele andere Menschen auch haben. Aber Mose lernte, dass er Gottes Auftrag gehorchen und ihm vertrauen musste, um ein Wunder zu erleben. Gott ist ein großer Gott, voller Stärke, Weisheit und Macht.

Vielleicht darfst auch du heute Gott gehorchen und vertrauen, um zu erleben, wie dein einfacher Stab durch seine Stärke zu einem Stab wird, der Wunder wirkt, für die Gott bewundert wird. Das, was du in Händen hältst, ist oft viel mehr, als das, was du siehst oder zu sehen glaubst.

> Doch Mose protestierte erneut: »Aber sie werden mir nicht glauben und nicht auf mich hören. Sie werden einwenden: ›Der Herr ist dir nicht erschienen!‹« Da fragte der Herr ihn: »Was hast du da in der Hand?« »Einen Hirtenstab«, antwortete Mose. »Wirf ihn auf den Boden«, befahl ihm der Herr. Mose gehorchte, und der Stab verwandelte sich in eine Schlange. Mose lief vor ihr davon. Da befahl ihm der Herr: »Pack sie beim Schwanz.« Mose packte die Schlange, und sie wurde in seiner Hand wieder zum Hirtenstab. »Wenn sie das sehen, werden sie glauben, dass dir der Herr, der Gott ihrer Vorfahren – der Gott Abrahams, der Gott Isaaks und der Gott Jakobs – erschienen ist.«
>
> **2. MOSE 4,1-5**

Lass dich von Gott in Wort und Tat gebrauchen!

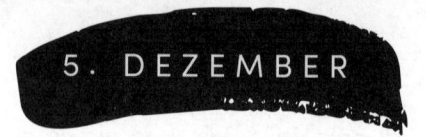

GROSSER GOTT, WIR LOBEN DICH

Alles, was dich preisen kann,
Cherubim und Seraphinen,
stimmen dir ein Loblied an,
alle Engel, die dir dienen,
rufen dir stets ohne Ruh:
»Heilig, heilig, heilig!« zu.

Aus »Feiert Jesus! 1«, Nr. 27
Text: Ignaz Franz (1768) nach dem »Te Deum Laudamus« (4. Jh.)
Melodie: Heinrich Bone (1852), Lüneburg um 1668, Wien um 1776, Leipzig 1819)

Glaube – Das Liederschatz-Projekt
Nr. 11

EIN LOBLIED

»Wie können Wasserläufer auf der Wasseroberfläche hüpfen?« –
»Wieso dreht sich die Erde um die Sonne?« – »Warum gibt es die
Anomalie des Wassers?« Wenn ich über die Schöpfung nachdenke und darüber forsche, gibt es unzählige Dinge, für die ich Gott
loben und preisen kann – so, wie es vielleicht auch die Cherubim
und Seraphinen vor Gottes Thron tun.

Die Schöpfung, ein unglaubliches Wunderwerk: Wäre die Erde
nicht circa 150 Millionen Kilometer von der Sonne entfernt, wäre
es entweder zu heiß oder zu kalt für Leben. Wäre der Mond nicht
circa 384 000 km von der Erde entfernt, sondern viel weiter, wären die Flutberge auf der Erde so groß, dass das Wasser jeden
Tag alle Kontinente überfluten würde. Würde sich die Erde nicht
täglich um die Sonne drehen, würde ein Teil überhitzt und der
andere Teil unterkühlt werden. Der Mond, der für seine Umdre-
hung 28 Tage und nicht 24 Stunden wie die Erde benötigt, hat im
Vergleich zu dieser monatlich riesige Temperaturschwankungen.

Wäre, würde, wenn... Die Reihe der wissenschaftlichen Erkenntnisse über die perfekten Lebensbedingungen auf unserer Erde und die perfekt abgestimmten Details des Weltalls ließen sich weiter fortsetzen. »Alles, was dich preisen kann, Cherubim und Seraphinen, stimmen dir ein Loblied an [...]«. Wer diese wundervollen Tatsachen kennt, kann nur staunen und Gott dankbar loben!

> Am Anfang schuf Gott den Himmel und die Erde. Die Erde aber war wüst und öde, finster war es über den Wassern. Und der Geist Gottes schwebte über der Wasserfläche. Da sprach Gott: »Es soll Licht entstehen!«, und es entstand Licht. Und Gott sah, dass das Licht gut war. Dann trennte er das Licht von der Finsternis. Gott nannte das Licht »Tag« und die Finsternis »Nacht«. Es wurde Abend und Morgen: der erste Tag. Und Gott sprach: »Es soll Raum zwischen den Wassern entstehen, der die Wasser voneinander trennt.« Und so geschah es. Gott schuf diesen Raum, um die Wasser oberhalb und unterhalb dieses Raumes zu trennen. Und Gott nannte den Raum »Himmel«. Es wurde Abend und Morgen: der zweite Tag.

1. MOSE 1,1-8

Du bist Teil von Gottes wunderbarer Schöpfung!

GROSSER GOTT, WIR LOBEN DICH

Heilig, Herr Gott Zebaoth!
Heilig, Herr der Himmelsheere!
Starker Helfer in der Not!
Himmel, Erde, Luft und Meere
sind erfüllt von deinem Ruhm;
alles ist dein Eigentum.

Aus »Feiert Jesus! 1«, Nr. 27
Text: Ignaz Franz (1768) nach dem »Te Deum Laudamus« (4. Jh.)
Melodie: Heinrich Bone (1852), Lüneburg um 1668, Wien um 1776, Leipzig 1819)

Glaube – Das Liederschatz-Projekt
Nr. 11

EIN STARKER HELFER MIT GUTEN GEDANKEN FÜR MICH

Manchmal, wenn es dick kommt, wenn alles nicht zu laufen scheint oder schmerzvolle Neuigkeiten mich erreichen, fühle ich mich genervt, verzweifelt, hoffnungslos und deprimiert. Wie soll es am besten weitergehen? Was tun?

Wie immer ist es das Beste, die Antwort bei Gott zu suchen. Er ist allwissend. Er ist allmächtig. Er hat Pläne für die Welt und auch für mich. Und das sind keine Pläne voller Qualen, Leid, Schmerzen, Tränen, sondern Gedanken des Friedens. Gott will Hoffnung schenken, wo ich gerade hoffnungslos bin. »›Denn ich weiß genau, welche Pläne ich für euch gefasst habe‹, spricht der Herr. ›Mein Plan ist, euch Heil zu geben und kein Leid. Ich gebe euch Zukunft und Hoffnung‹« (Jeremia 29,11).

Gott ist mein starker Helfer, egal in welcher Notlage ich mich befinde. »Denn ich bin bei dir und werde dir helfen« (Jeremia 30,11). Deshalb sind »Himmel, Erde, Luft und Meere« erfüllt von Gottes

Ruhm. Ich lobe unseren großen Gott, der mir seine Hilfe verspricht. Und Gott hält seine Versprechen. Er ist treu. Auch wenn es abgedroschen klingen mag, es ist die Wahrheit!

Könntest du gerade heute einen starken Helfer gebrauchen? Oder kennst du jemand, der Gottes starke Hilfe dringend nötig hat und den du heute ermutigen möchtest, sie in Anspruch zu nehmen? Bete! Und richte deinen Blick weg von deiner Enttäuschung, deinen Schmerzen oder deiner Notlage hin zu dem, der helfen kann und helfen will.

»Denn ich weiß genau, welche Pläne ich für euch gefasst habe«, spricht der Herr. »Mein Plan ist, euch Heil zu geben und kein Leid. Ich gebe euch Zukunft und Hoffnung. Wenn ihr dann zu mir rufen werdet, will ich euch antworten; wenn ihr zu mir betet, will ich euch erhören. Wenn ihr mich sucht, werdet ihr mich finden; ja, wenn ihr ernsthaft, mit ganzem Herzen nach mir verlangt, werde ich mich von euch finden lassen«, spricht der Herr. »Ich will euer Geschick wenden und euch aus allen Völkern und von allen Orten, wohin ich euch vertrieben habe, zusammenbringen«, spricht der Herr. »Ich will euch wieder dorthin zurückbringen, von wo ich euch fortgejagt habe.«

JEREMIA 29,11-14

Richte deinen Blick auf Jesus!

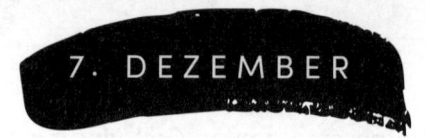
GROSSER GOTT, WIR LOBEN DICH

Sieh dein Volk in Gnaden an.
Hilf uns, segne, Herr, dein Erbe;
leit es auf der rechten Bahn,
dass der Feind es nicht verderbe.
Führe es durch diese Zeit,
nimm es auf in Ewigkeit.

Aus »Feiert Jesus! 1«, Nr. 27
Text: Ignaz Franz (1768) nach dem »Te Deum Laudamus« (4. Jh.)
Melodie: Heinrich Bone (1852), Lüneburg um 1668, Wien um 1776, Leipzig 1819)

Glaube – Das Liederschatz-Projekt
Nr. 11

AUF DER RECHTEN BAHN BIS ANS ZIEL

Als Sportler hat man immer eines vor Augen: das Ziel. Als Läufer heißt es, die Ziellinie zu überqueren. Diese vor Augen zu haben und darauf zuzulaufen hilft vor allem bei den letzten Metern, die nötige Kraft und Schnelligkeit aufzubringen.

Auch Jesus selbst und wir als seine Nachfolger werden in der Bibel mit Läufern verglichen, die auf ein Ziel zulaufen: »Wir wollen den Wettlauf bis zum Ende durchhalten, für den wir bestimmt sind« (Hebräer 12,1).

Was motivierte Jesus? Das Ziel, die Freude, die »ihn danach erwartete« (Hebräer 12,2). Er konnte sozusagen leichter mit der Schande am Kreuz, dem Tod für unsere Sünden, umgehen, weil er wusste, was danach kommt.

In unserer »Laufbahn«, auf unserem Lebensweg, kommen viele Hürden und Hindernisse vor. Unzählige Kurven, bei denen wir nicht wissen, was danach kommt. Zahlreiche Wegkreuzungen, bei denen wir entscheiden müssen, welche wir gehen wollen. Bei allem ist das Wichtigste: der Blick auf Jesus. »Hilf uns, segne, Herr, dein Erbe; leit es auf der rechten Bahn, dass der Feind es nicht verderbe.« Gott muss sein Volk, muss uns leiten und uns den Blick auf sich und unser ewiges Ziel freigeben, damit wir sicher und gut ankommen. Der Blick nach oben, auf Gottes Größe, Macht und Liebe rückt oft manche Furcht, Verzweiflung und manche Enttäuschung wieder gerade. Es relativiert manchen irdischen Kummer, den ich habe. Schmerz, Leid und Verluste können nicht einfach weggebetet werden, aber das Wissen, dass Gott alles in der Hand hält und uns in Gnaden leitet, hilft unbestritten!

Lass dich durch die Freude, die am Ziel, im Himmel, in Ewigkeit auf dich wartet, immer wieder neu motivieren!

> Da wir von so vielen Zeugen umgeben sind, die ein Leben durch den Glauben geführt haben, wollen wir jede Last ablegen, die uns behindert, besonders die Sünde, in die wir uns so leicht verstricken. Wir wollen den Wettlauf bis zum Ende durchhalten, für den wir bestimmt sind. Dies tun wir, indem wir unsere Augen auf Jesus gerichtet halten, von dem unser Glaube vom Anfang bis zum Ende abhängt. Er war bereit, den Tod der Schande am Kreuz zu sterben, weil er wusste, welche Freude ihn danach erwartete. Nun sitzt er an der rechten Seite von Gottes Thron im Himmel! Denkt an alles, was er durch die Menschen, die ihn anfeindeten, ertragen hat, damit ihr nicht müde werdet und aufgebt. Immerhin habt ihr im Kampf gegen die Sünde noch nicht euer Leben opfern müssen. Und habt ihr die ermutigenden Worte völlig vergessen, die Gott zu euch sprach? »Mein Sohn, lehne dich nicht dagegen auf, wenn der Herr dich zurechtweist und lass dich dadurch nicht entmutigen! Denn der Herr weist die zurecht, die er liebt, und er straft jeden, den er als seinen Sohn annimmt.«

HEBRÄER 12,1-6

Gott führt dich den rechten Weg!

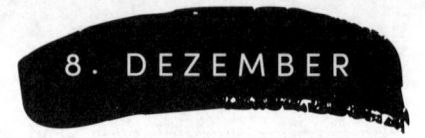

GROSSER GOTT, WIR LOBEN DICH

Herr, erbarm, erbarme dich.
Lass uns deine Güte schauen;
deine Treue zeige sich,
wie wir fest auf dich vertrauen.
Auf dich hoffen wir allein,
lass uns nicht verloren sein.

Aus »Feiert Jesus! 1«, Nr. 27
Text: Ignaz Franz (1768) nach dem »Te Deum Laudamus« (4. Jh.)
Melodie: Heinrich Bone (1852), Lüneburg um 1668, Wien um 1776, Leipzig 1819)

Glaube – Das Liederschatz-Projekt
Nr. 11

JONI EAREKSON TADA – GOTTES GÜTE IM LEID ERFAHREN

»Herr, erbarm, erbarme dich.« Wie oft mag das Joni Eareckson Tada (*1949), heute Künstlerin und Autorin, gebetet haben. Herr, erbarme dich doch! Mit 17 Jahren wurde die junge Frau durch einen Badeunfall mit Genickbruch zwischen dem vierten und fünften Halswirbel gelähmt. Eine schwere Zeit mit vielen Tälern liegt vor ihr. Obwohl sie zuerst an ihrem Dasein im Rollstuhl zu zerbrechen droht, findet sie schließlich im Glauben wieder neuen Sinn im Leben. Wie oft mag sie Gott um Erbarmen und Heilung angefleht haben? Doch an ihrer Gelähmtheit hat sich bis heute nichts geändert.

Dennoch zeigt ihr Leben, wie sie im Leid Gottes Treue erfährt und sie seine »Güte schauen« darf. Sie verzweifelt nicht an ihrer Behinderung, sondern lernt sie als Chance wahrzunehmen, um mehr und mehr in Abhängigkeit von Gott zu leben. Was für kraftvolle Worte aus dem Mund einer unheilbaren Frau: »Wir sind nicht immer für die Situation verantwortlich, in die wir manchmal hineingeraten. Aber wir sind sehr wohl dafür verantwortlich, wie wir reagieren. Wir können uns völlig der Verzweiflung überlassen und mit selbstmörderischen Gedanken umgehen, oder aber wir blicken auf zu einem Gott, der keine Fehler macht und der alles unter Kontrolle hat. Er ist in der Lage, unsere bitteren Erfahrungen zu unserem Besten zu wenden und uns in das Ebenbild Jesu Christi umzuwandeln.«

Ich finde es beeindruckend, wie Joni dies gelernt hat. Sicher war es ein langer Prozess und keine Erkenntnis, die sie innerhalb der ersten Tage nach ihrem Unfall hatte. Ein gutes Beispiel dafür, wie ich im Vertrauen auf Gott wachsen kann, hin zu einer Zufriedenheit, die unabhängig ist von meinen Lebensumständen, von Sorgen, Krankheit und Belastungen jeglicher Art. Gott lässt die, die auf ihn vertrauen und hoffen, nicht verloren sein. Nicht hier auf der Erde und nicht in Ewigkeit!

> Da dieser neue Bund uns diese Hoffnung gibt, können wir alles wagen. Wir sind nicht wie Mose, der sein Gesicht verhüllte, damit das Volk Israel nicht sah, wie der Glanz der Herrlichkeit Gottes darauf verging. Doch die Gedanken der Menschen wurden verfinstert, und bis auf den heutigen Tag liegt ein Schleier über ihrem Denken. Wenn das Gesetz des alten Bundes vorgelesen wird, erkennen sie die Wahrheit nicht. Dieser Schleier kann nur durch den Glauben an Christus aufgehoben werden. Ja, noch heute sind ihre Herzen, wenn sie die Schriften Moses lesen, durch diesen Schleier verhüllt, sodass sie sie nicht verstehen. Doch wenn sich jemand dem Herrn zuwendet, wird der Schleier weggenommen. Der Herr aber ist der Geist, und wo immer der Geist des Herrn ist, ist Freiheit. Von uns allen wurde der Schleier weggenommen, sodass wir die Herrlichkeit des Herrn wie in einem Spiegel sehen können. Und der Geist des Herrn wirkt in uns, sodass wir ihm immer ähnlicher werden und immer stärker seine Herrlichkeit widerspiegeln.

2. KORINTHER 3,12-18

»Lass mich deine Güte schauen!«

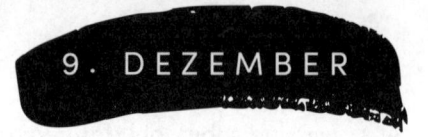

BIS DU WIEDER TANZT

Preis ihn
mit zerbrochnem Herzen,
wenn du keine Kraft mehr hast,
dann sing dein Lied und
preis ihn,
wenn das Feuer wütet,
in der dunklen Seelennacht.
Dein Gott hat alle Macht.

Er tröstet dich,
dein Herz wird ganz,
die Wunden heil,
bis du wieder tanzt.

Aus »Feiert Jesus! 5«, Nr. 59
Originaltitel: Dance Again
Text und Melodie: Matt Hooper
Deutsch: Albert Frey
© 2013 Life Worship
Für D, A, CH: SCM Hänssler, 71087 Holzgerlingen

Feiert Jesus! 21
Nr. 11

ER TRÖSTET DICH MIT DEM BESTEN GESCHENK!

Nun, in der Adventszeit, der Vorbereitungszeit auf Weihnachten, auf die Geburt Jesu, ist das Thema wieder ganz aktuell: Wir sehnen uns danach, dass wir getröstet werden, dass unsere Wunden heilen, dass wir Kraft haben und die Unruhe in uns still wird. Woran es wohl liegt, dass gerade im Dezember das Harmoniebedürfnis so stark ausgeprägt ist? Dass man überall die gut gemeinten Wünsche hört: eine frohe, ruhige und besinnliche Zeit! Und gerade in der Vorweihnachtszeit ist es meist stressiger als sonst im ganzen Jahr mit Vorbereitungen, zusätzlichen Terminen, Feiern, Jahresendabrechnungen und so weiter.

Wahrscheinlich spielt es eine große Rolle, dass man Weihnachten als ein harmonisches Familienfest betrachtet, an dem sich alle lieben und vertragen sollen. Doch gerade weil die Erwartungen so hoch sind, kommt es oft erst recht zu Streit und Tränen. Dabei wird mir wieder ganz klar: So sehr wir Menschen uns auch bemühen, oft scheitern wir dennoch kläglich. Und wahren Frieden im Herzen, wahre Heilung der Wunden, wahren Trost, ein zufriedenes Herz voller Liebe – das kann nur Jesus schenken. Deshalb darfst du den Vater im Himmel – auch wenn dein Herz gerade zerbrochen ist und du dich kraftlos fühlst – umso mehr dafür preisen, dass er alle Macht hat und dass er bei dir ist! Dass er Jesus als Mensch in die Welt gesandt hat und uns so unendlich nah ist!

Das ist das größte Geschenk, das uns Gott in seiner großen Liebe gegeben hat.

> Denn Gott hat die Welt so sehr geliebt, dass er seinen einzigen Sohn hingab, damit jeder, der an ihn glaubt, nicht verloren geht, sondern das ewige Leben hat. Gott sandte seinen Sohn nicht in die Welt, um sie zu verurteilen, sondern um sie durch seinen Sohn zu retten. Wer an ihn glaubt, wird nicht verurteilt. Wer aber nicht an ihn glaubt, ist schon verurteilt, weil er nicht an den Namen des einzigen Sohnes Gottes geglaubt hat.
>
> **JOHANNES 3,16-18**

Gott will dein gebrochenes Herz heilen!

BIS DU WIEDER TANZT

Preist ihn,
sagt es allen Nachbarn weiter,
lasst die ganze Erde jubeln,
weil Gott so treu ist.

Preist ihn, seine große Liebe.
Preist ihn, seine Gunst und Gnade.
Preist ihn, weil Gott so treu ist.
Preist ihn, er ist stark und mächtig.
Preist ihn, er ist heilig, heilig.
Preist ihn, er hat alles in der Hand,
denn seine Liebe siegt,
denn seine Liebe siegt.

Aus »Feiert Jesus! 5«, Nr. 59
Originaltitel: Dance Again
Text und Melodie: Matt Hooper
Deutsch: Albert Frey
© 2013 Life Worship
Für D, A, CH: SCM Hänssler, 71087 Holzgerlingen

Feiert Jesus! 21
Nr. 11

FREUDE IM HIMMEL

Im Lukasevangelium wird das Gleichnis von einer Frau erzählt, die zehn Münzen besitzt. Die Münzen sind ihr wichtig. Wenn eine verloren geht, wird sie alles tun, um diese eine verlorene Münze wiederzufinden. »Und wenn sie sie gefunden hätte, würde sie nicht ihre Freundinnen und Nachbarinnen rufen, damit sie sich mit ihr freuen, dass sie ihre verlorene Münze wiedergefunden hat« (Lukas 15,9)? Sie wäre voll Freude, sodass sie die Nachricht nicht für sich behalten, sondern ihren Freundinnen oder Nachbarn davon erzählen würde. Im übertragenen Sinn verdeutlicht dieses Gleichnis, wie groß im Himmel die Freude über jeden Sünder ist, der Jesus als seinen Retter annimmt und ein Leben nach dem Willen Gottes führen möchte.

»Sagt es allen Nachbarn weiter« – Wer ist gerade dein Nachbar? Ist es ein tatsächlicher Nachbar in deiner Straße? Ist es jemand in deiner Familie? Ist es ein Freund oder jemand in deinem Bekanntenkreis, der dir nahesteht? Wem möchtest du voller Freude von Jesus erzählen, sodass Freude bei den Engeln Gottes herrschen wird? Das gibt Gott die Ehre und preist ihn.

Gerade die Vorweihnachtszeit bietet so viele Anknüpfungspunkte, um auf das Thema der Geburt Jesu und die wirkliche Bedeutung für unser Leben zu sprechen zu kommen.

> Oder nehmt einmal an, eine Frau hätte zehn Drachmen und würde eine verlieren. Würde sie nicht eine Lampe anzünden und das ganze Haus auf den Kopf stellen, bis sie sie gefunden hätte? Und wenn sie sie gefunden hätte, würde sie nicht ihre Freundinnen und Nachbarinnen rufen, damit sie sich mit ihr freuen, dass sie ihre verlorene Münze wiedergefunden hat? Genauso herrscht Freude bei den Engeln Gottes, wenn auch nur ein einziger Sünder bereut und auf seinem Weg umkehrt.

LUKAS 15,8-10

Sag es weiter!

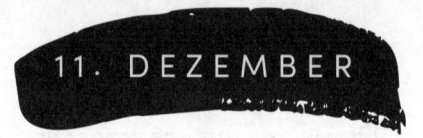
BIS DU WIEDER TANZT

Er tröstet dich,
dein Herz wird ganz,
die Wunden heil,
bis du wieder tanzt.
Sein Königreich
wird endlos sein.
Ja, Christus kommt
und wir gehörn ihm ganz.

Und wir gehörn ihm ganz.
Singt ihm ein Lied und ...

Preist ihn, seine große Liebe.
Preist ihn, seine Gunst und Gnade.
Preist ihn, weil Gott so treu ist.
Preist ihn, er ist stark und mächtig.
Preist ihn, er ist heilig, heilig.
Preist ihn, er hat alles in der Hand,
denn seine Liebe siegt,
denn seine Liebe siegt.

Aus »Feiert Jesus! 5«, Nr. 59
Originaltitel: Dance Again
Text und Melodie: Matt Hooper
Deutsch: Albert Frey
© 2013 Life Worship
Für D, A, CH: SCM Hänssler, 71087 Holzgerlingen

Feiert Jesus! 21
Nr. 11

PREIST IHN!

Das ist eine ganze Reihe von guten Gründen, Gott zu loben: wegen seiner großen Liebe, wegen seiner Gunst und Gnade, wegen seiner Treue, wegen seiner Stärke und Macht, wegen seiner Heiligkeit, wegen seiner Allmacht. Welche Gründe fallen dir spontan noch ein? Ich finde es überwältigend, wie viele gute Gründe es gibt, Gott zu loben und ihm ein dickes Dankeschön auszusprechen. Wenn man erst einmal beginnt, Gründe zu suchen, dann kann man so schnell nicht aufhören. Probier es aus!

Kennst du typische Entmutiger? Menschen, die einen immer wieder runterziehen? Die einen davon abbringen, dankbar, zufrieden und fröhlich in Jesus zu sein? Lass dich nicht von ihnen entmutigen, sondern setze vielmehr das dagegen, was du Wunderbares mit Gott erlebt hast und wo du dich an seiner Hilfe, Liebe, Treue oder Stärke festhalten und von ihnen trösten lassen konntest. »Ermutigt einander jeden Tag«, heißt es im Hebräerbrief (Hebräer 3,13). Jeden Tag. Gestern. Heute. Morgen.

Hast du heute schon jemanden ermutigt? Wurdest du gestern von jemand anderem ermutigt? Ermutigungen tun jedem Menschen unglaublich gut. Die größte Ermutigung ist der Hinweis auf den allmächtigen Gott, der jeden unendlich liebt und trösten möchte.

> Ermutigt einander jeden Tag, solange es »Heute« heißt, damit keiner von euch von der Sünde überlistet wird und hart wird gegen Gott! Denn wenn wir bis zum Ende treu bleiben und Gott genauso fest vertrauen wie in der ersten Zeit unseres Glaubens, wird Christus uns an allem Anteil geben.
>
> **HEBRÄER 3,13f**

Ermutige jemanden, indem du ihm erzählst,
dass Gott stark, gnädig, treu ... ist!

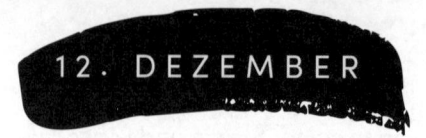
JESUS CHRISTUS HERRSCHT ALS KÖNIG

Jesus Christus herrscht als König,
alles wird ihm untertänig,
alles legt ihm Gott zu Fuß.
Aller Zunge soll bekennen,
Jesus sei der Herr zu nennen,
dem man Ehre geben muss.

Aus »Feiert Jesus! 1«, Nr. 19
Text: Philipp Friedrich Hiller (1757)
Melodie: Johann Löhner (1691); bei Johann Adam Hiller (1793)

Liebe – Das Liederschatz-Projekt
Nr. 9

DIE MITTE: JESUS CHRISTUS

»Jetzt ist er als Herrscher eingesetzt über jede weltliche Regierung, Gewalt, Macht und jede Herrschaft und über alles andere, in dieser wie in der zukünftigen Welt« (Epheser 1,21). Ist das nicht gewaltig, dass Jesus nicht erst in Ewigkeit, sondern schon in dieser Welt, in der wir jetzt leben, über allem steht? Er steht über dem Bürgermeister deines Ortes, über dem Bundeskanzler oder der Bundeskanzlerin, über dem amerikanischen Präsidenten. Gleichgültig, ob diese Personen Christus als den wahren und einzigen König der Welt anerkennen oder nicht: Jesus steht über ihnen. Ich darf jeden Tag wissen, wer der Herr ist, dem allein die Ehre gebührt: Jesus.

Für den Theologen und Liedtexter Philipp Friedrich Hiller (1699–1769) war Jesus die Mitte der Bibel und des Lebens als Christ: »Da hängt Anfang, Mitte und Ende fest zusammen. Auf Jesus fällt der Mittelpunkt, auf ihn zielt alles Vorige, und aus ihm fließt alles

Künftige.« Aus diesem Grund schrieb er dieses bekannte Anbe-
tungslied, in dem er Jesus Christus in den Mittelpunkt rückt.
Gleich in dieser ersten Strophe weist er auf den Regenten, den
Herrn der Welt, hin: Gott, der Vater, und Christus, der zu seiner
Rechten sitzt. Jesus ist der Retter, der Erlöser, den uns Gott in die
Welt geschickt hat, um uns von unserer Schuld zu reinigen. Doch
Jesus ist nicht im Tod geblieben – Gott hat ihn auferweckt und ins
Recht gesetzt. Nun hat er den Ehrenplatz zur Rechten des himm-
lischen Throns neben dem Vater und herrscht als König.

Ich bete, dass ihr erkennen könnt, wie übermächtig groß
seine Kraft ist, mit der er in uns, die wir an ihn glauben,
wirkt. Es ist dieselbe gewaltige Kraft, die auch Christus von
den Toten auferweckt und ihm den Ehrenplatz an Gottes rechter Seite im Himmel gegeben hat. Jetzt ist er als
Herrscher eingesetzt über jede weltliche Regierung, Gewalt, Macht und jede Herrschaft und über alles andere, in
dieser wie in der zukünftigen Welt. Gott hat alles der Herrschaft von Christus unterstellt und hat Christus als Herrn
über die Gemeinde eingesetzt. Die Gemeinde aber ist sein
Leib, und sie ist erfüllt von Christus, der alles ganz mit
seiner Gegenwart erfüllt.

EPHESER 1,19-23

Jesus Christus ist der König der Welt!

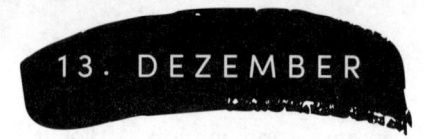

JESUS CHRISTUS HERRSCHT ALS KÖNIG

Fürstentümer und Gewalten,
Mächte, die die Thronwacht halten,
geben ihm die Herrlichkeit;
alle Herrschaft dort im Himmel,
hier im irdischen Getümmel
ist zu seinem Dienst bereit.

Aus »Feiert Jesus! 1«, Nr. 19
Text: Philipp Friedrich Hiller (1757)
Melodie: Johann Löhner (1691); bei Johann Adam Hiller (1793)

Liebe – Das Liederschatz-Projekt

HIMMLISCHER LOBPREIS

Alle Engel und Himmelsmächte beten das Lamm auf dem Thron an. Während an anderen Stellen der Bibel Jesus zum Beispiel als »Meister«, »Löwe«, oder »Arzt« bezeichnet wird, spricht die Offenbarung hier von dem »Lamm« – das Lamm steht für das Opfertier, das für die Vergebung unserer Sünden sterben musste. Jesus, das Lamm, ermöglicht uns den Weg zu Gott. Durch seinen Tod am Kreuz überwindet er die Trennung, die zwischen dem Vater und uns schuldigen Menschen besteht. Dafür wird er erhöht und gelobt, und es wird ihm die Herrlichkeit gegeben. Im Himmel ist ein lautstarker, ehrfürchtiger Lobpreis vor dem Thron: »Amen! Lob und Herrlichkeit und Weisheit und Dank und Ehre und Macht und Stärke gehören unserem Gott für immer und ewig. Amen« (Offenbarung 7,12)!
Weißt du, dass du ein riesiges Privileg genießt? Dass du ein Vorrecht hast, das Menschen, die Jesus nicht kennen, hier auf Erden nicht haben? Auch jetzt schon darfst du als Kind Gottes in den gewaltigen himmlischen Lobpreis einstimmen, darfst Jesus an-

beten, dass er der Herr dieser Welt ist, der dich vom Sündentod befreit hat. Dass er dein Opferlamm ist, das sein Blut für dich vergossen hat. Das ist ein himmlisches Privileg auf Erden. Und im Gegensatz zu anderen weltlichen Vorrechten, die man verlieren kann oder die einem wieder abgesprochen werden können, kann nichts und niemand dich aus seiner mächtigen Hand reißen – für immer und ewig.

> Nichts wird je wieder unter einem Fluch stehen. Denn der Thron Gottes und des Lammes wird dort sein, und seine Diener werden ihn anbeten. Und sie werden sein Gesicht sehen, und sein Name wird auf ihren Stirnen geschrieben stehen. Und es wird dort keine Nacht mehr geben – man wird weder Lampen noch das Licht der Sonne brauchen –, weil der Herr, Gott, über ihnen leuchten wird. Und sie werden für immer und ewig herrschen.
>
> **OFFENBARUNG 22,3-5**

Gott ist Herr, Amen!

14. DEZEMBER

JESUS CHRISTUS HERRSCHT ALS KÖNIG

Gott ist Herr, der Herr ist Einer,
und demselben gleichet keiner,
nur der Sohn, der ist ihm gleich;
dessen Stuhl ist unumstößlich,
dessen Leben unauflöslich,
dessen Reich ein ewig Reich.

Aus »Feiert Jesus! 1«, Nr. 19
Text: Philipp Friedrich Hiller (1757)
Melodie: Johann Löhner (1691); bei Johann Adam Hiller (1793)

Liebe – Das Liederschatz-Projekt
Nr. 9

GOTT IST DER HERR

So einen Gott, wie ihn die Bibel beschreibt, gibt es in keiner anderen Religion der Welt. Und die Bibel stellt eines sofort klar: Es gibt nur einen einzigen Gott! Sowohl im Alten als auch im Neuen Testament wird darauf immer wieder Wert gelegt. So sagt Jesus in Markus 12,29: »Das wichtigste Gebot ist dies: ›Höre, o Israel! Der Herr, unser Gott, ist der einzige Herr.‹« Niemand soll auf die Idee kommen, dass noch eine andere Macht existiert, die Anbetung verdient. Kein Engel, kein Apostel, kein Heiliger. Und es gibt auch nur einen Weg zur Erlösung: »Es gibt nur einen Gott. Und es gibt nur einen Weg, von ihm angenommen zu werden. Nur aufgrund des Glaubens spricht er die Menschen vor sich selbst gerecht, ob sie nun Juden sind oder nicht« (Römer 3,30).

In einer Gesellschaft, in der alles toleriert wird und jeder angeblich den Weg für sich selbst finden muss, lässt sich die biblische Wahrheit oft schwer vertreten. Man wird belächelt, verspottet oder für intolerant erklärt. Aber das hat Jesus bereits vorhergesagt: »Wer aber sein Leben um meinetwillen und um der guten Botschaft willen verliert, wird es retten. [...] Wenn sich ein Mensch in dieser treulosen und sündigen Zeit für

mich oder meine Botschaft schämt, für den wird sich auch der Menschensohn schämen, wenn er mit den heiligen Engeln in der Herrlichkeit seines Vaters kommt« (Markus 8,35.38).

Als Nachfolger Jesu wissen wir, dass Jesus der einzige Weg zum Vater ist, dass sein »Reich ein ewig Reich« ist – doch nicht immer erzählen wir das freudestrahlend weiter. Warum? Aus Angst, Furcht oder Scham? Dennoch haben wir von Gott den Geist der Kraft, der Liebe und Besonnenheit bekommen (2. Timotheus 1,7f). Gott ist der Herr, der eine Herr, dem keiner gleicht – und er schenkt dir Mut, Kraft und Standhaftigkeit!

> Nachdem Jesus all das gesagt hatte, blickte er zum Himmel auf und sagte: »Vater, die Zeit ist gekommen. Verherrliche deinen Sohn, damit er dich verherrlichen kann. Denn du hast ihm Macht über alle Menschen auf der ganzen Welt gegeben. Er schenkt allen, die du ihm gegeben hast, das ewige Leben. Und das ist der Weg zum ewigen Leben: dich zu erkennen, den einzig wahren Gott, und Jesus Christus, den du in die Welt gesandt hast. Ich habe dich hier auf Erden verherrlicht, indem ich alles tat, was du mir aufgetragen hast. Und nun, Vater, verherrliche mich mit der Herrlichkeit, die wir schon teilten, ehe die Welt erschaffen wurde.

JOHANNES 17,1-5

Der einzig wahre Gott will dein Vater sein!

JESUS CHRISTUS HERRSCHT ALS KÖNIG

Gleicher Macht und gleicher Ehren
sitzt er unter lichten Chören
über allen Cherubim;
in der Welt und Himmel Enden
hat er alles in den Händen,
denn der Vater gab es ihm.

Aus »Feiert Jesus! 1«, Nr. 19
Text: Philipp Friedrich Hiller (1757)
Melodie: Johann Löhner (1691); bei Johann Adam Hiller (1793)

Liebe – Das Liederschatz-Projekt
Nr. 9

ALLES IST FÜR CHRISTUS ERSCHAFFEN

»Denn der Vater gab es ihm« – in dem sogenannten Christus-hymnus in Kolosser 1,15–23 wird genau das beschrieben, was Philipp Friedrich Hiller in dieser Strophe besingt: »Durch ihn hat Gott alles erschaffen, was im Himmel und auf der Erde ist. Er machte alles, was wir sehen, und das, was wir nicht sehen können, ob Könige, Reiche, Herrscher oder Gewalten. Alles ist durch ihn und für ihn erschaffen« (Kolosser 1,16).

Jesus ist der Sohn Gottes. Er war bereits vor der ganzen Schöpfung da und hat eine Vormachtstellung über die Welt. Er hat die Herrschaft im Himmel und auf Erden. Das gesamte Universum, sowohl Sichtbares als auch Unsichtbares, ist »in ihm«, »durch ihn« und »für ihn« geschaffen. Diese riesige Schöpfungsgewalt, diese unglaubliche Macht ist beeindruckend, aber auch etwas befremdlich und unnahbar. Doch durch die Beschreibung, dass Christus alles zusammenhält (Kolosser 1,17) oder dass er »alles in den Händen« hat, wie es in Hillers Strophe formuliert ist, wirkt es auf mich wieder persönlicher, liebevoller und nahbarer. Jesus Christus, der für mich starb, der für mich den Weg des Todes am Kreuz ging, der mein Freund sein möchte, der die Führung in meinem Leben haben will, der auferstanden ist – dieser Christus regiert nun, genau in diesem Moment, zur Rechten Gottes. Und durch ihn darf ich – wie auch er – »Vater« zu dem großen und allmächtigen, heiligen Gott sagen. Dies überwältigt mich immer wieder neu!

Christus ist das Bild des unsichtbaren Gottes. Er war bereits da, noch bevor Gott irgendetwas erschuf, und ist der Erste aller Schöpfung. Durch ihn hat Gott alles erschaffen, was im Himmel und auf der Erde ist. Er machte alles, was wir sehen, und das, was wir nicht sehen können, ob Könige, Reiche, Herrscher oder Gewalten. Alles ist durch ihn und für ihn erschaffen. Er war da, noch bevor alles andere begann, und er hält die ganze Schöpfung zusammen.

KOLOSSER 1,15-17

Jesus hat alles in den Händen –
er hat die Kontrolle! Vertraue darauf!

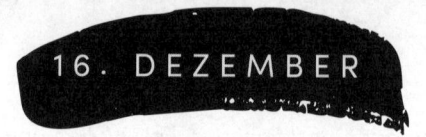
JESUS CHRISTUS HERRSCHT ALS KÖNIG

Nur in ihm, o Wundergaben,
können wir Erlösung haben,
die Erlösung durch sein Blut.
Hörts: das Leben ist erschienen,
und ein ewiges Versühnen
kommt in Jesus uns zugut.

Aus »Feiert Jesus! 1«, Nr. 19
Text: Philipp Friedrich Hiller (1757)
Melodie: Johann Löhner (1691); bei Johann Adam Hiller (1793)

Liebe – Das Liederschatz-Projekt
Nr. 9

DAS LEBEN IST ERSCHIENEN!

»Wohnst du noch oder lebst du schon?«, lautete der bekannte Werbeslogan von IKEA. Mit dem Begriff »Leben« bezeichnet man mehr als das Existieren, das Überleben und Gerade-So-Durchkommen, sondern verbindet damit einen Qualitätsbegriff. Es beinhaltet ein Hoffen und Erwarten von Besserem, von Erfolg, von Glück, von Gelassenheit, von Idylle... Doch wie oft hat man dennoch das Gefühl, dass etwas fehlt zum wahren Leben?

Mit den Worten »das Leben ist erschienen« oder »das Leben wurde uns offenbart« (1. Johannes 1,2), wie es in der NLB-Übersetzung heißt, kommen mir gerade in der Vorweihnachtszeit die Gedanken an die Geburt von Jesus in Bethlehem in den Sinn. Aber dem Schreiber des ersten Johannesbriefs geht es weniger um die Geburt von Jesus als Säugling, sondern vielmehr darum, dass Jesus überhaupt als Mensch in die Welt kam. Im ersten Jahrhundert feierten die Christen nicht Weihnachten wie wir, sondern Epiphanias: das Fest der »Erscheinung«. Sie feierten, dass das Leben erschienen ist in dem Menschen Jesus von Nazareth. Durch seine Menschwerdung kam uns Gott so nahe, dass wir das Leben sozusagen mit unseren Händen betasten, mit den Augen sehen und den Ohren hören können (1. Johannes 1,1).

Gott lässt Jesus Mensch werden, damit wir leben können in Ewigkeit. Denn »nur in ihm [...] können wir Erlösung haben, die Erlösung durch sein Blut«. Er schenkt die Möglichkeit, dass wir das wahre Leben auf Erden und in Ewigkeit bekommen, ein Leben voll von Segnungen Gottes, ein Leben in Fülle: »Du wirst mir den Weg zum Leben zeigen und mir die Freude deiner Gegenwart schenken. Aus deiner Hand kommt mir ewiges Glück« (Psalm 16,11).

> Es war von Anfang an, wir haben es gehört und mit unseren eigenen Augen gesehen, wir haben es betrachtet und mit unseren Händen betastet: das Wort des Lebens. Das Leben wurde uns offenbart, und wir haben es gesehen. Und jetzt bezeugen und verkünden wir euch das ewige Leben. Es war beim Vater, und dann wurde es uns offenbart. Wir sagen euch, was wir selbst gesehen und gehört haben, damit ihr Gemeinschaft mit uns habt. Und zusammen sind wir verbunden mit dem Vater und mit Jesus Christus, seinem Sohn. Wir schreiben euch das, damit unsere Freude immer größer wird.
>
> **1. JOHANNES 1,1-4**

Freue dich über deine Erlösung durch Jesu Blut!

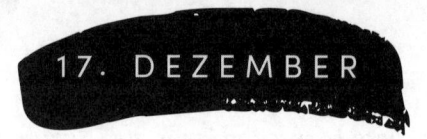

JESUS CHRISTUS HERRSCHT ALS KÖNIG

Jesus Christus ist der Eine,
der gegründet die Gemeinde,
die ihn ehrt als teures Haupt.
Er hat sie mit Blut erkaufet,
mit dem Geiste sie getaufet,
und sie lebet, weil sie glaubt.

Aus »Feiert Jesus! 1«, Nr. 19
Text: Philipp Friedrich Hiller (1757)
Melodie: Johann Löhner (1691); bei Johann Adam Hiller (1793)

Liebe – Das Liederschatz-Projekt
Nr. 9

»WEIL SIE GLAUBT«!

Die Gemeinde lebt, weil sie glaubt, schreibt Philipp Friedrich Hiller in der sechsten Strophe. So wie die Gemeinde kann auch jeder einzelne nur in Ewigkeit leben, wenn er glaubt: »Diese Botschaft ist die Kraft Gottes, die jeden rettet, der glaubt – die Juden zuerst, aber auch alle anderen Menschen. Sie zeigt uns, wie Gott uns in seinen Augen gerecht spricht. Dies geschieht einzig und allein durch Glauben. Denn es heißt schon in der Schrift: »Durch den Glauben hat ein Gerechter Leben« (Römer 1,17).
Hiller betont dies in mehreren Strophen immer wieder: Es gibt nur einen Gott. Und es gibt nur einen Weg zum Heil. Nur der Glaube an Christus rettet! Wir brauchen nur im Glauben Ja zu sagen. Als Christen glauben wir alles, was in der Bibel steht. Das Zentrum bildet Jesus Christus. Wir dürfen jeden Tag neu die Fülle, die uns in Jesus geschenkt ist, erfahren. Und wir dürfen Jesus jeden Tag mehr Platz in unserem Leben geben, mehr Verantwortung, mehr Führung, mehr Leitung, mehr Einfluss, damit er allen Mangel in

uns ausfüllt, mit seinem Heiligen Geist jede Entscheidung lenkt, die Dankbarkeit in uns wachsen lässt und uns die Freude gibt, Gott immer und immer wieder zu loben und zu preisen!
Möge Gott täglich unser Herz öffnen, damit wir erfahren, dass uns in Jesus alles geschenkt ist: Trost, Friede, Kraft, Freude, Weisheit und nicht zuletzt unser Leben!

Denn ich schäme mich nicht für die gute Botschaft von Christus. Diese Botschaft ist die Kraft Gottes, die jeden rettet, der glaubt – die Juden zuerst, aber auch alle anderen Menschen. Sie zeigt uns, wie Gott uns in seinen Augen gerecht spricht. Dies geschieht einzig und allein durch Glauben. Denn es heißt schon in der Schrift: »Durch den Glauben hat ein Gerechter Leben.« Doch vom Himmel her wird Gottes Zorn sichtbar über alle Gottlosigkeit und Ungerechtigkeit der Menschen, die die Wahrheit ablehnen. Dabei wissen sie von Gott; Gott selbst hat ihnen diese Erkenntnis gegeben. Seit Erschaffung der Welt haben die Menschen die Erde und den Himmel und alles gesehen, was Gott erschaffen hat, und können daran ihn, den unsichtbaren Gott, in seiner ewigen Macht und seinem göttlichen Wesen klar erkennen. Deshalb haben sie keine Entschuldigung dafür, von Gott nichts gewusst zu haben.

RÖMER 1,16-20

Danke für den Glauben!

JESUS CHRISTUS HERRSCHT ALS KÖNIG

Gebt, ihr Sünder, ihm die Herzen,
klagt, ihr Kranken, ihm die Schmerzen,
sagt, ihr Armen, ihm die Not.
Wunden müssen Wunden heilen,
Heilsöl weiß er auszuteilen,
Reichtum schenkt er aus dem Tod.

Aus »Feiert Jesus! 1«, Nr. 19
Text: Philipp Friedrich Hiller (1757)
Melodie: Johann Löhner (1691); bei Johann Adam Hiller (1793)

Liebe – Das Liederschatz-Projekt
Nr. 9

SEGEN IM LEID

Philipp Friedrich Hiller litt in den letzten 18 Jahren seines Lebens an einer Stimmerkrankung. Dadurch konnte er seiner Tätigkeit als Gemeindepfarrer nicht mehr nachgehen und predigen. Aber er hatte dadurch viel mehr Zeit für seine Lieddichtungen, mit denen er heute noch viele Menschen erreicht – mehr, als er je von seiner Kanzel aus hätte erreichen können.

Er verbitterte nicht. Trotz oder gerade wegen seiner Krankheit wurde er zum Segen für viele Menschen. Oft ist dies schwer zu akzeptieren, wenn man selbst in einer schmerzhaften, leidvollen oder traurigen Situation steckt, aber es darf dir ein Trost sein: Auch in deinem Leid kann Jesus Segen schenken. Klag Jesus deinen Kummer, klag ihm deine Schmerzen und deine Not – er kann deine Wunden heilen, die körperlichen und die seelischen, er kann Frieden schenken, und er schenkt das ewige Leben. Er hat den Tod besiegt! Jesus trägt dich bis ans Ziel.

Vielleicht ist dir in deinem eigenen Leben schon aufgefallen, dass gerade die schweren und leidvollen Zeiten dich näher zu Gott bringen und du dann umso mehr merkst, wie klein deine menschliche Kraft ist und wie abhängig du doch von Gott bist? Leid ist definitiv nicht schön, aber es kann zum Guten führen. Denke an Joseph, der von seinen Brüdern als Sklave verkauft wurde – doch Gott machte es gut, und Joseph erlebte Gottes Nähe und Gnade in seinem Leben und wurde zum Segen für viele Menschen.

Aber Josef sagte zu ihnen: »Habt keine Angst vor mir. Bin ich etwa an Gottes Stelle? Was mich betrifft, hat Gott alles Böse, das ihr geplant habt, zum Guten gewendet. Auf diese Weise wollte er das Leben vieler Menschen retten. Habt also keine Angst. Ich selbst will für euch und eure Familien sorgen.« So beruhigte er sie und sprach freundlich mit ihnen.

1. MOSE 50,19-21

Nimm dein Leid an und lass es dich näher zu Jesus bringen!

19. DEZEMBER

JESUS CHRISTUS HERRSCHT ALS KÖNIG

Ich auch auf der tiefsten Stufen,
ich will glauben, reden, rufen,
ob ich schon noch Pilgrim bin:
Jesus Christus herrscht als König,
alles sei ihm untertänig;
ehret, liebet, lobet ihn!

Aus »Feiert Jesus! 1«, Nr. 19
Text: Philipp Friedrich Hiller (1757)
Melodie: Johann Löhner (1691); bei Johann Adam Hiller (1793)

Liebe – Das Liederschatz-Projekt
Nr. 9

MISSIONARE ALS PILGER

Einer der bekanntesten Pilgerwege heutzutage ist der Jakobsweg – erkennbar an der gelben Muschel auf blauem Untergrund.
Zum Jakobsweg gehört eine Reihe von Wegen durch ganz Europa,
die alle das angebliche Grab des Apostels Jakobus in Santiago de
Compostela in Spanien zum Ziel haben. Manche Menschen machen eine Pilgerreise, um Buße zu tun, und hoffen, ihre Sünden
erlassen zu bekommen. Andere, um ein Gelübde zu erfüllen, eine
religiöse Vertiefung zu erleben oder Gott Dank zu bringen. Ziel
eines solchen Weges ist ein als heilig betrachteter Ort.
Jedes Jahr begeben sich Tausende Menschen auf diesen Pilgerweg, oft auf der Suche nach dem Sinn im Leben, auf der Suche
nach sich selbst, nach Erfüllung, nach innerem Frieden oder zur
Meditation und Stille. Eines dabei ist ganz klar: Die Wenigsten suchen trotz des frommen Hauches des Pilgerns wirklich nach Gott
und Jesus Christus. Aber alle haben eines gemeinsam: sie sind
Suchende voller Fragen und mit offenen Ohren für Glaubensthe-

men. Vor einiger Zeit las ich von Missionaren, die eine tolle Idee hatten: Sie nahmen genau dies als Anlass, und begaben sich auf den Jakobsweg, um mit den Menschen, denen sie dort begegneten, ins Gespräch zu kommen und ihre Sinnsuche auf Jesus zu lenken.

Gibt es in meinem Umfeld solche Orte wie den Pilgerweg? Orte, die einen frommen Anstrich haben und von Menschen aller Art auf der Suche nach Sinn im Leben besucht werden, die aber leider oft nichts mit Jesus zu tun haben? Vielleicht bietet sich die Gelegenheit, sich bewusst auf den Weg dorthin zu machen, um Menschen auf Jesus hinzuweisen: »Ich will glauben, reden, rufen[:] Jesus Christus herrscht als König, alles sei ihm untertänig; ehret, liebet, lobet ihn!«

Ihr könnt das Reich Gottes nur durch das enge Tor betreten. Die Straße zur Hölle ist breit und ihre Tür steht für die vielen weit offen, die sich für den bequemen Weg entscheiden. Das Tor zum Leben dagegen ist eng und der Weg dorthin ist schmal, deshalb finden ihn nur wenige. Nehmt euch vor falschen Propheten in Acht. Sie kommen daher wie harmlose Schafe, aber in Wirklichkeit sind sie gefährliche Wölfe, die euch in Stücke reißen wollen. [...] Nicht alle Menschen, die sich fromm gebärden, glauben an Gott. Auch wenn sie »Herr« zu mir sagen, heißt das noch lange nicht, dass sie ins Himmelreich kommen. Entscheidend ist, ob sie meinem Vater im Himmel gehorchen.

MATTHÄUS 7,13-15.21

Ehre, liebe, lobe Jesus!

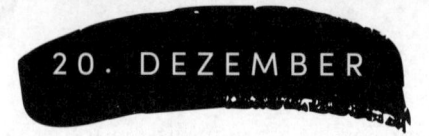
WIR SIND HIER, UM ANZUBETEN

Bevor das Licht die Nacht durchbrach,
noch ehe sich die Welt zu drehn begann,
kam Gott, der Herr, hier in unsre Zeit
und schrieb den Liebesbrief,
der jedem Menschen gilt.

Er füllt unser Herz mit Staunen,
lässt uns stets vor Augen stehen:

Wir sind hier, um anzubeten,
und zu lieben, wie er liebt.
Wir sind frei, weil uns Jesus vergibt.
Wenn wir uns ihm ganz anvertrauen,
und glauben, was er zu uns sagt,
dann werden wir verstehn: Wir leben, ihn zu sehn.

Aus »Feiert Jesus! 4«, Nr. 15
Originaltitel: Made To Worship
Text und Melodie: Chris Tomlin, Stephan Sharp und Ed Cash
Deutsch: Arne Kopfermann
© 2006 worshiptogether.com songs/sixsteps Music/Vamos Publishing
Für D, A, CH: SCM Hänssler, 71087 Holzgerlingen
© 2006 Wondrously Made Songs/New Spring
Für D, A, CH: Small Stone Media Germany, Köln

Feiert Jesus! 17
Nr. 9

EHE DIE WELT WAR ...

Gott schuf die Erde und dachte sich zum krönenden Schluss den Menschen aus. Und als Gott sah, wie böse die Menschen sich verhielten und wie wenig sie nach seinem Willen lebten, überlegte er sich schnell einen Plan B, um die Menschen zu erretten und wieder in Gemeinschaft mit sich zu bringen: Jesus. – Steht das so in deiner Bibel?

Nein, natürlich nicht. »Bevor das Licht die Nacht durchbrach, noch ehe sich die Welt zu drehn begann« – das ist einfach unglaublich: Noch bevor Gott überhaupt die Welt erschaffen hatte, noch bevor es die Erde, die Sonne, die Pflanzen und Tiere und den Menschen gab, hat Gott »den Liebesbrief, der jedem Menschen gilt«, geschrieben.

In Johannes 17,5 können wir es lesen: »Und nun, Vater, verherrliche mich mit der Herrlichkeit, die wir schon teilten, ehe die Welt erschaffen wurde.« Ehe die Welt erschaffen wurde! Jesus hat bereits von Anfang an existiert, ehe sich die Menschen gegen Gott stellten und ganz weit weg von ihm waren. Gott wusste es bereits vorher. Und er liebt uns so sehr, dass er sich diesen Plan der Rettung als Plan A, als erste Wahl überlegt hat, nicht nur als Rettungsanker in der Not. Das lässt mich immer wieder staunen: »Wir leben, ihn zu sehn«. Am Ende der Zeit werden wir ihn sehen können, denn durch Jesus ist der Weg zum Vater frei. Das hat sich Gott von Anfang an für dich und mich ausgedacht!

Und nun, Vater, verherrliche mich mit der Herrlichkeit, die wir schon teilten, ehe die Welt erschaffen wurde. Ich habe deinen Namen diesen Menschen offenbart. Sie waren in der Welt, doch dann hast du sie mir gegeben. Sie haben dir schon immer gehört, und du hast sie mir gegeben, und sie haben dein Wort bewahrt. Jetzt wissen sie, dass alles, was ich habe, von dir ist, denn ich habe ihnen die Worte weitergegeben, die du mir mitgegeben hast. Sie haben diese Worte angenommen und wissen, dass ich von dir gekommen bin; und sie glauben, dass du mich gesandt hast. Mein Gebet gilt nicht der Welt, sondern denen, die du mir gegeben hast, weil sie dir gehören. Weil sie die Meinen sind, gehören sie auch dir; doch du hast sie mir gegeben, damit ich durch sie verherrlicht werde!

JOHANNES 17,5-10

Staune über Gottes Plan!

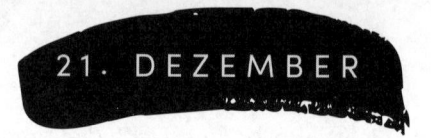
WIR SIND HIER, UM ANZUBETEN

Was wir sind, was uns gehört,
ist alles ein Geschenk aus Gottes Hand.
Wenn wir ihn in seiner Größe sehn,
dann wächst der Wunsch in uns,
dem König zu gefalln.

Er füllt unser Herz mit Staunen,
lässt uns stets vor Augen stehen:

Wir sind hier, um anzubeten,
und zu lieben, wie er liebt.
Wir sind frei, weil uns Jesus vergibt.
Wenn wir uns ihm ganz anvertrauen
und glauben, was er zu uns sagt,
dann werden wir verstehn: Wir leben, ihn zu sehn.

Aus »Feiert Jesus! 4«, Nr. 15
Originaltitel: Made To Worship
Text und Melodie: Chris Tomlin, Stephan Sharp und Ed Cash
Deutsch: Arne Kopfermann
© 2006 worshiptogether.com songs/sixsteps Music/Vamos Publishing
Für D, A, CH: SCM Hänssler, 71087 Holzgerlingen
© 2006 Wondrously Made Songs/New Spring
Für D, A, CH: Small Stone Media Germany, Köln

Feiert Jesus! 17
Nr. 9

ANBETUNG

Eine Geschichte der Bibel fordert mich immer wieder heraus:
1. Mose 22. Wenn man die Geschichte liest und das Happy End im
Hinterkopf hat, ist es eine schöne Erzählung, doch Abraham hatte
nicht das Glück, das gute Ende schon vorab zu kennen. Abraham
soll seinen einzigen, langersehnten Sohn Isaak opfern. Töten.

Wenn ich dabei an meine eigenen Kinder denke, erscheint mir dieser Gedanke unglaublich, und ich weiß nicht, ob ich ihn in letzter Konsequenz durchführen würde, selbst wenn ich hundertprozentig wüsste, dass der Auftrag von Gott kommt. Doch Abraham gehorcht. Er weiß, was Gott von ihm verlangt, und schwersten Herzens macht er sich auf den Weg.

Das ist wahre Anbetung. Gottes Willen durchführen, ihm Gehorsam leisten, auch wenn es schwerfällt, auch wenn es wehtut. »Was wir sind, was uns gehört, ist alles ein Geschenk aus Gottes Hand«. Gott hat Abraham Isaak geschenkt – er hat auch das Recht, zurückzufordern, wieder zu nehmen. Fordert Gott von dir gerade in einem Lebensbereich Gehorsam, wo es dir schwerfällt?

Diese Geschichte ist die erste in der Bibel, in der der Begriff »Anbetung« verwendet wird. Anbetung heißt nicht nur Lieder singen, Gott danken und loben für seine Größe und Macht. Anbetung geschieht nicht immer nur in den eigenen vier Wänden, auf dem Sofa im Hauskreis oder in den Gemeinderäumen. Anbetung bedeutet, Gottes Willen zu tun. Einen Lebensstil zu haben, der Gott die Ehre gibt.

»Wartet hier mit dem Esel auf uns!«, wies er seine beiden Diener an. »Der Junge und ich werden noch ein Stück weitergehen. Dort oben werden wir Gott anbeten und dann zu euch zurückkommen.« Abraham nahm das Messer, um seinen Sohn als Opfer für den Herrn zu töten. In diesem Augenblick rief der Engel des Herrn ihn vom Himmel: »Abraham! Abraham!« »Ja«, antwortete er. »Ich höre.« »Lass es sein«, sagte der Engel. »Tu dem Kind nichts. Denn jetzt weiß ich, dass du Ehrfurcht vor Gott hast. Du hättest sogar deinen einzigen Sohn auf meinen Befehl hin geopfert.«

1. MOSE 22,5.10-12

Was ist Anbetung für dich?

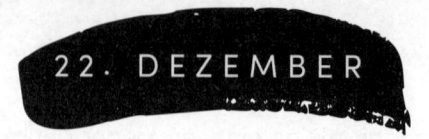
WIR SIND HIER, UM ANZUBETEN

Selbst Felsen und Steine schrein:
Die Ehre sei Gott allein.
Wenn sein Name erhoben wird,
stimmt ein, denn er ist nicht fern.
Beugt euch vor dem Herrn der Herrn,
er verdient unsern Lobgesang.

Aus »Feiert Jesus! 4«, Nr. 15
Originaltitel: Made To Worship
Text und Melodie: Chris Tomlin, Stephan Sharp und Ed Cash
Deutsch: Arne Kopfermann
© 2006 worshiptogether.com songs/sixsteps Music/Vamos Publishing
Für D, A, CH: SCM Hänssler, 71087 Holzgerlingen
© 2006 Wondrously Made Songs/New Spring
Für D, A, CH: Small Stone Media Germany, Köln

Feiert Jesus! 17
Nr. 9

SCHREIENDE STEINE

»Selbst Felsen und Steine schrein«. – Nein, das ist kein wortgewandter, humoristischer Wortvergleich, den die Liedautoren sich hier überlegt haben. So steht es tatsächlich in der Bibel. In Lukas 19 wird berichtet, wie Jesus auf einem Eselsfohlen in Jerusalem einzieht und die Menschenmenge anfängt, Gott zu loben »mit lautem Jubel für die großen Wunder [...]. ›Gepriesen sei der König, der im Namen des Herrn kommt‹« (Lukas 19,37f). Und das sehr zum Ärger der Pharisäer: Sie fordern Jesus auf, seinen Freunden und Anhängern Einhalt zu gebieten. Doch Jesus antwortet: »Würden sie schweigen, dann würden die Steine schreien« (Lukas 19,40). Das heißt, wenn seine Nachfolger Gott nicht loben würden, dann würden die Steine dies übernehmen.

Die Bibel spricht an verschiedensten Stellen davon, dass unbelebte Dinge der Natur Gott preisen und seine Gottheit bezeugen, beispielsweise in Psalm 96,11: Himmel, Erde und Meer; in Psalm 98,7f: Meer, Erde, Flüsse und Berge; in Psalm 114,7: die Erde; oder in Jesaja 55,12: Berge, Hügel und Bäume.

Gibt es in deiner Nachbarschaft, deiner Familie oder unter deinen Kollegen Menschen, die es ebenso nicht gutheißen, Jesus laut zu loben? Die sich darüber ärgern, wenn du von seinen Wundern erzählst? Oder traust du dich gar nicht, weil du so eine Reaktion erwartest? »Stimmt ein [,] er verdient unsern Lobgesang.« Gerade jetzt vor Weihnachten möchte ich laut bekennen, was der wahre Grund von Weihnachten ist: Nicht Geschenke, nicht ein harmonisches Familienfest, sondern die Geburt des einzigen Retters!

> Als sie die Stelle erreichten, an der der Weg den Ölberg hinabführte, fingen alle seine Anhänger an, Gott mit lautem Jubel für die großen Wunder zu loben, die sie gesehen hatten. »Gepriesen sei der König, der im Namen des Herrn kommt! Friede in der Höhe und Ehre im höchsten Himmel!« Einige der Pharisäer in der Menge forderten ihn auf: »Meister, rufe deine Jünger zur Vernunft!« Doch er entgegnete ihnen: »Würden sie schweigen, dann würden die Steine schreien!«
>
> **LUKAS 19,37-40**

Lobe Gott – er allein verdient es!

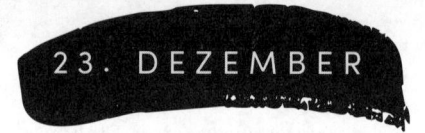
GOTT UND KÖNIG

Du bist gnädig, du bist treu,
du bist voller Freundlichkeit.
Deine Liebe fließt aus den Strömen
deiner Güte zu uns.

Wir singen: Majestät, du thronst in Herrlichkeit.
Deine Güte währet ewig.
Wir verehren dich, denn niemand kommt dir gleich.
Du bist unser Gott und König.

Aus »Feiert Jesus! 5«, Nr. 171
Text und Melodie: Stefan Schöpfle und Mia Friesen
© 2012 Outbreakband Musik adm. by Gerth Medien, Asslar

Feiert Jesus! 365
CD 2, Nr. 7

JESUS, UNSER HOHER PRIESTER

Ein entscheidender Punkt unseres Glaubens – so sagt der Hebräerbrief – ist: Jesus, unser Hoher Priester. »Das Wichtigste aber ist: Unser Hoher Priester hat sich auf den höchsten Ehrenplatz im Himmel gesetzt, an Gottes rechte Seite« (Hebräer 8,1).
Im Alltag muss ich immer wieder aufpassen, zurückrudern und bewusst meine Sorgen, Ängste und Zweifel abgeben, die mich so sehr überrollen und beschäftigen. Das ist nicht leicht – dennoch dreht sich mein Leben (hoffentlich!) nicht allein darum, sondern um das Entscheidende beziehungsweise den Entscheidenden: Jesus! Dieser Liedtext und auch der Hebräerbrief reden von dem Dienst, den Jesus als Hoher Priester an uns tut. Jesus sitzt zur Rechten Gottes – direkt bei ihm! Er tritt für uns ein! Er betet für unseren Glauben. Was für eine Ermutigung! Wenn ich mir die-

se Wahrheit jeden Tag neu bewusst mache, erfüllt sie mich und drängt meine sorgenvollen Gedanken, Schmerzen oder Herausforderungen in den Hintergrund. Das ist jedoch kein Automatismus. Ich muss mich vielmehr immer wieder entscheiden, Jesus jetzt, heute, in diesem Moment meinen Retter, Tröster und König sein zu lassen.

Sing und bete mit: »Majestät, du thronst in Herrlichkeit. Deine Güte währet ewig. Wir verehren dich, denn niemand kommt dir gleich. Du bist unser Gott und König.«

Das Wichtigste aber ist: Unser Hoher Priester hat sich auf den höchsten Ehrenplatz im Himmel gesetzt, an Gottes rechte Seite. Dort dient er im Zelt, dem wahren Heiligtum, das vom Herrn und nicht von Menschen errichtet wurde. Und da jeder Hohe Priester dazu eingesetzt ist, Gaben und Opfer darzubringen, muss auch unser Hoher Priester etwas haben, das er Gott opfern kann. Wäre er hier auf der Erde, dann wäre er nicht einmal ein Priester, weil es ja schon Priester gibt, welche die Opfer darbringen, die das Gesetz verlangt. Sie dienen in einem Heiligtum, das nur ein Abbild, nur ein Schatten des wahren Heiligtums im Himmel ist. Denn als Mose daran ging, das Zelt Gottes zu errichten, warnte Gott ihn: »Achte darauf, dass du alles ganz genau nach dem Entwurf machst, der dir hier auf dem Berg gezeigt worden ist.« Der Hohe Priester, von dem wir sprechen, hat dagegen ein weit höheres Amt erhalten, weil er der Vermittler eines besseren Bundes mit Gott ist, welcher auf besseren Zusagen beruht.

HEBRÄER 8,1-6

Jesus tritt für dich ein!

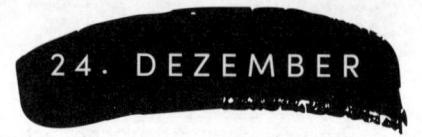

24. DEZEMBER

GOTT UND KÖNIG

Du bist heilig und gerecht,
voller Sanftmut und Geduld.
Tiefer Friede liegt in dem Schatten
deiner Flügel für uns.

Aus »Feiert Jesus! 5«, Nr. 171
Text und Melodie: Stefan Schöpfle und Mia Friesen
© 2012 Outbreakband Musik adm. by Gerth Medien, Asslar

Feiert Jesus! 365
CD 2, Nr. 7

TIEFER FRIEDE – EIN GESCHENK FÜR MICH NICHT NUR AM HEILIGABEND

»Meiner Meinung nach ist die Bibel Gottes größtes Geschenk an den Menschen. Alle Wohltaten des Erlösers der Menschheit werden uns durch dieses Buch bekannt. Ich musste schon oft auf die Knie gehen, weil ich fest davon überzeugt war, dass es dazu keine Alternative gibt.« Dieses Bekenntnis von Abraham Lincoln (1809–1865), dem 16. Präsidenten der Vereinigten Staaten von Amerika, spiegelt wider, wie tief jemand ergriffen ist, der die großen Taten Gottes, seine Liebe zu uns und seine Gnade verinnerlicht hat.
»Heilig und gerecht, voller Sanftmut und Geduld. Tiefer Friede liegt in dem Schatten deiner Flügel für uns.« Die Fülle, die wir in Jesus haben, ist unfassbar. Keine Aufzählung kann sie greifen, kein Bild verdeutlichen – alles sind nur glitzernde Facetten des großen Ganzen. Doch schon allein die wenigen Stichworte »heilig«, »gerecht«, »sanftmütig«, »geduldig« oder »tiefer Friede« drücken so viel Schutz, Trost, Kraft und Schönheit aus, dass ich voller Freude darüber bin, dass ich Gottes Kind sein darf und zu ihm gehöre. Ich darf all das in Anspruch nehmen, was Gott in der

Bibel verheißt! Wenn das kein Grund ist, vor Gott auf die Knie zu fallen, wie Lincoln es sagt.

Auf gehts! Beuge dich vor dem Gott und König und preise ihn! Er macht dir heute durch Jesu Geburt als Mensch in diese Welt das größte Geschenk! Freue dich und preise ihn!

Wer im Schutz des Höchsten lebt, der findet Ruhe im Schatten des Allmächtigen. Der spricht zu dem Herrn: Du bist meine Zuflucht und meine Burg, mein Gott, dem ich vertraue. Denn er wird dich vor allen Gefahren bewahren und dich in Todesnot beschützen. Er wird dich mit seinen Flügeln bedecken, und du findest bei ihm Zuflucht. Seine Treue schützt dich wie ein großer Schild. Fürchte dich nicht vor den Angriffen in der Nacht und habe keine Angst vor den Gefahren des Tages, vor der Pest, die im Dunkeln lauert, vor der Seuche, die dich am hellen Tag trifft.

PSALM 91,1-6

Ruh dich in ihm aus!

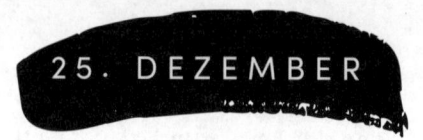

GOTT UND KÖNIG

Wir singen: Majestät, du thronst in Herrlichkeit.
Deine Güte währet ewig.
Wir verehren dich, denn niemand kommt dir gleich.
Du bist unser Gott und König.

Wir erheben deinen Namen, Herr.
Dir sei Ehre, Ruhm und Macht.

Aus »Feiert Jesus! 5«, Nr. 171
Text und Melodie: Stefan Schöpfle und Mia Friesen
© 2012 Outbreakband Musik adm. by Gerth Medien, Asslar

Feiert Jesus! 365
CD 2, Nr. 7

NIEMAND KOMMT GOTT GLEICH

Gott ist nicht nur ein Gott, er ist der Gott und König. Niemand kommt ihm gleich. Er ist der Herr – neben ihm gibt es keinen anderen Herrn. Und auch keinen anderen Weg zur Erlösung. Petrus gibt ein klares Bekenntnis: »In ihm allein gibt es Erlösung! Im ganzen Himmel gibt es keinen anderen Namen, den die Menschen anrufen können, um errettet zu werden« (Apostelgeschichte 4,12). Jesus ist nicht nur irgenwie eine frohe Botschaft, irgenwie ein Rettungsangebot für die Menschheit, irgenwie eine Möglichkeit für Erlösung, die heute am ersten Weihnachtsfeiertag besonders gefeiert wird, sondern der einzige Weg.

Indem ich diesen Rettungsanker, den mir Gott zuwirft, im Glauben ergreife, darf ich ihn als den einzig wahren und mächtigen Gott erkennen und verehren. Gott ist der König, der in Herrlichkeit thront. Seine »Güte währet ewig« – immer wieder neu schenkt er mir, was ich brauche, »um ein Leben zu führen, das Gott gefällt«

(2. Petrus 1,3). Täglich neu erlebe ich seine Gnade. Diese Gnade dürfen wir zur Ehre Gottes weitergeben, indem wir Zeuge von seiner rettenden Botschaft sind: »Eure Füße sollen für die gute Botschaft eintreten, die den Frieden mit Gott verkündet« (Epheser 6,15). Oder wie Jesaja schreibt: »Wie schön klingen die Schritte dessen auf den Bergen, der eine gute Botschaft von Freude und Frieden und Rettung bringt, der zu Zion sagt: ›Dein Gott ist König!‹« (Jesaja 52,7).

Ich kenne so viele Menschen, die diese Freudenbotschaft nicht kennen und bete für Mut, so ein freudiger Bote zur Ehre des Vaters auf dem Thron sein zu dürfen.

> Denn dessen göttliche Kraft hat uns ja alles gegeben, was wir brauchen, um ein Leben zu führen, das Gott gefällt. Das kam dadurch, dass wir den erkannt haben, der uns durch seine Herrlichkeit und Güte berufen hat. Und durch dieselbe mächtige Kraft hat er uns seine kostbaren und größten Zusagen geschenkt. Er hat versprochen, dass ihr Anteil an seiner göttlichen Natur haben werdet, denn ihr seid dem Verderben dieser verführerischen Welt entflohen. Strengt euch deshalb an, diese Zusagen Gottes in eurem Glauben zu leben. Dann zeigt sich euer Glaube durch ein vorbildliches Leben. Ein vorbildliches Leben aber führt zur tieferen Erkenntnis Gottes.

2. PETRUS 1,3-5

Erhebe den Namen Gottes in den Alltagssituationen deines Tages!

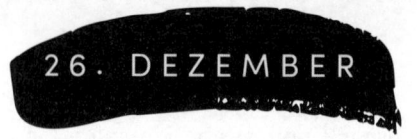
WIR SIND GEKOMMEN

All die Sprachen und Geschichten
hörn wir hier im Abendland.
Können wir die Sterne sichten
der Weisen aus dem Morgenland?
Eine Ahnung von dem König
ist in unser Herz gelegt.
Lebt in allen Völkerseelen,
ist, was uns zu dir bewegt.
Dein Stern in dunkler Nacht
hat uns zu dir gebracht.

Aus »Feiert Jesus! 5«, Nr. 5
Text und Melodie: Pamela Natterer, Guido Baltes und Lars Peter
© 2012 Gerth Medien Musikverlag, Asslar

Feiert Jesus! 20
Nr. 1

JESUS, DAS LICHT

»Können wir die Sterne sichten der Weisen aus dem Morgenland?« Die Sterndeuter folgten dem hell strahlenden Stern, der ihnen etwas Besonderes versprach: »Wo ist der neugeborene König der Juden? Wir haben seinen Stern aufgehen sehen und sind gekommen, um ihn anzubeten« (Matthäus 2,2).
Viele Missionare, die mit Muslimen Kontakt haben, berichten, dass Muslime zu ihnen kommen und erzählen, sie hätten Jesus gesehen. Doch nicht eine bildliche Erscheinung, sondern »das Licht«. Im Islam gibt es ein Bilderverbot. Typisch dagegen ist Kalligraphie, Schönschreibkunst der arabischen Schriftzeichen. Vielleicht schenkt Gott Muslimen diese Lichterscheinungen, um sie auf sich aufmerksam zu machen und zu sich zu führen, da eine

eher bildliche Erscheinung sie abschrecken würde? Ein Afrikaner in meiner Studentengruppe, der von einem sehr islamisch geprägten Stamm kam, erzählte, dass er im Traum Jesus gesehen hatte. In seinem Stamm waren Träume von großer Bedeutung. Deshalb machte er sich wegen dieses Traums auf die Suche nach Christen, die ihm das Evangelium von Jesus erzählten, und er wurde Christ.

Solche Ereignisse und Begebenheiten sind immer wieder faszinierend. Gott spricht zu verschiedenen Menschen auf die unterschiedlichsten Weisen und begegnet ihnen in ihrer Kultur. Lass uns heute dafür beten, dass Jesus vielen Menschen als das rettende Licht erscheint und sie diesem Licht folgen und Christus anbeten.

Jesus wurde in der Stadt Bethlehem in Judäa während der Herrschaft von König Herodes geboren. In dieser Zeit kamen einige Sterndeuter aus einem Land im Osten nach Jerusalem und fragten überall: »Wo ist der neugeborene König der Juden? Wir haben seinen Stern aufgehen sehen und sind gekommen, um ihn anzubeten.« Ihre Frage versetzte Herodes in große Unruhe, und alle Einwohner Jerusalems mit ihm. Er berief eine Versammlung der obersten Priester und Schriftgelehrten ein. »Wo soll denn der Christus nach Aussage der Propheten zur Welt kommen?«, fragte er sie. »In Bethlehem«, sagten sie, »denn der Prophet hat geschrieben: ›O Bethlehem in Judäa, du bist alles andere als ein unbedeutendes Dorf, denn ein Herrscher wird aus dir hervorgehen, der wie ein Hirte mein Volk Israel führen wird.‹«

MATTHÄUS 2,1-6

Lass dein Licht für Jesus leuchten!

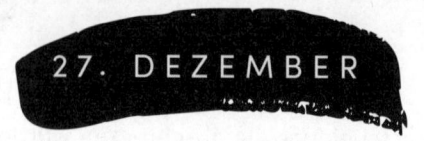

27. DEZEMBER

WIR SIND GEKOMMEN

Wir sind gekommen, um dich anzubeten.
Auf vielen Wegen
haben wir zu dir gefunden.
Dein Ruf ist durch die Welt gegangen,
hat angefangen
die Sehnsucht aufzuwecken,
uns von fern und von nah zu verbinden,
um dich zu finden,
um dich zu finden.

Aus »Feiert Jesus! 5«, Nr. 5
Text und Melodie: Pamela Natterer, Guido Baltes und Lars Peter
© 2012 Gerth Medien Musikverlag, Asslar

Feiert Jesus! 20
Nr. 1

AUF VIELEN WEGEN

Der Weg, auf dem der Heerführer Naaman zu Gott findet, ist beeindruckend: Ein israelisches Mädchen, das von den aramäi-
schen Soldaten gefangen genommen worden ist und als Sklavin
im Hause Naamans arbeitet, übernimmt sozusagen die Aufgabe,
dass Menschen »von fern und von nah« Gott finden.
Obwohl sie als Sklavin von ihrer Familie entführt worden ist und
nun, fern der Heimat, verbittert, traurig und auch von Gott enttäuscht sein könnte, fügt sie sich treu in ihr neues, erzwungenes
Leben. Trotz ihres eigenen Leids nimmt sie die Not Naamans,
der unter Aussatz leidet, wahr. Sie ist voller Mitleid, und mutig
erwähnt sie, dass der Prophet Elisa, der in der Kraft des einzig
wahren und lebendigen Gottes wirkt, helfen kann. Sie bringt damit ungefragt, aber in einer passenden Situation, ganz klar zum

Ausdruck, an wen sie glaubt. Wenn auch nicht sofort, so erkennt Naaman dadurch schließlich doch, dass es keinen anderen Gott gibt außer dem Gott Israels (2. Könige 5,15).

Rückblickend können dies wohl viele Christen sagen: »Auf vielen Wegen haben wir zu dir gefunden.« Es gibt nicht »das Gespräch«, »die gute Tat« oder »die Situation«, um Nachbarn, Freunden oder Fremden Jesus als Retter nahezubringen. Es gibt kein Standardrezept oder den ultimativen Ablaufplan. Wir sollen allezeit bereit sein: »Macht Christus zum Herrn eures Lebens. Und wenn man euch nach eurer Hoffnung fragt, dann seid immer bereit, darüber Auskunft zu geben, aber freundlich und mit Achtung für die anderen« (1. Petrus 3,15f).

Gerade aber in der Zeit vor und nach Weihnachten bete ich dafür, dass der Heilige Geist mir Begegnungen schenkt, in denen ich eine Sehnsucht nach Jesus wecken und ein Zeuge seiner rettenden Botschaft sein darf.

> Nun war eine Schar Aramäer in Israel eingefallen. Sie hatten ein junges Mädchen gefangen genommen, das dann als Dienerin zu Naamans Frau kam. Eines Tages äußerte das Mädchen seiner Herrin gegenüber: »Ich wünschte, mein Herr würde zu dem Propheten in Samaria gehen. Er könnte ihn von seinem Aussatz heilen.« Naaman ging und erzählte seinem Herrn: »Das und das hat das Mädchen aus Israel gesagt.« Da befahl ihm der König von Aram: »Reise zu dem Propheten. Ich werde einen Brief an den König von Israel schreiben.« Naaman brach auf.

2. KÖNIGE 5,2-5

Wecke Sehnsucht für Jesus!

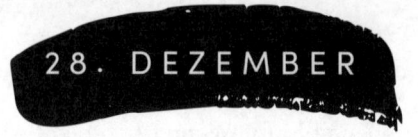
WIR SIND GEKOMMEN

All die Stimmen und Gesichter,
die so unterschiedlich sind.
Können wir die Worte finden,
in denen deine Liebe klingt?
Lass uns hier in diesen Zeiten
deine Friedensbringer sein.
Alte Grenzen überschreiten,
bring Hoffnung in die Welt hinein.
Wir sehen, wie das Licht
der Ewigkeit anbricht.

Aus »Feiert Jesus! 5«, Nr. 5
Text und Melodie: Pamela Natterer, Guido Baltes und Lars Peter
© 2012 Gerth Medien Musikverlag, Asslar

Feiert Jesus! 20
Nr. 1

RAUS AUS DER WOHLFÜHLZONE

Als typischer Deutscher möchte man immer gerne einen Plan
haben. Ein Konzept. Wissen, welche Schritte als nächstes dran
sind. Und wenn man einmal keinen Plan hat, dann macht man
eben einen. Dann fühlt man sich wohl und sicher. Als Campingfan
könnte man auch sagen, man befindet sich in der »Komfortzone«, wie es bei den Schlafsäcken der Fall ist: die warmen, dicken
Schlafsäcke für die kalten Regionen und Nächtigen unter freiem
Himmel, die dünnen für das Übernachten in warmen Gebieten
oder Häusern.

In Apostelgeschichte 10 lesen wir eine Geschichte, in der Gott
Petrus dreimal auffordert, etwas zu tun, das sich außerhalb der
Komfortzone befindet, in der er sich wohlfühlt. Aber Gott verdeut-

licht Petrus mehrmals, dass ihm seine Glaubenskultur, seine Traditionen und seine Prägung nicht im Weg stehen sollen. Er soll »alte Grenzen überschreiten«. Gott hat einen Auftrag für ihn. Und Petrus? Er geht schließlich. Er hört auf das, was der Heilige Geist ihm sagt (Apostelgeschichte 10,19). Noch kennt er das Ende des Plans nicht, aber er weiß, welche Schritte er nun gehen soll. Er geht sie im Vertrauen darauf, dass Gott ihn führt und ihm die richtigen Worte, die Kraft und das rechte Tun gibt.

Gehst du aus deiner Wohlfühlzone heraus? Wagst du es, die Schritte zu machen, die Gott dich weist, ohne den ganzen Marschplan zu kennen? Ich bete für dich und mich, dass Gott uns die Glaubensfrische erhält, Neues und Ungewohntes außerhalb unserer Wohlfühlzone zu tun, damit wir seine Friedensbringer sind und er verherrlicht wird. Nicht nur jetzt in der Weihnachtszeit.

Er hörte eine Stimme, die sprach zu ihm: »Petrus, steh auf. Schlachte sie und iss davon.« »Niemals, Herr«, erklärte Petrus. »In meinem ganzen Leben habe ich noch nie etwas gegessen, das uns nach unserem jüdischen Gesetz verboten ist.« Da sprach die Stimme zum zweiten Mal: »Wenn Gott sagt, dass etwas rein ist, dann sag du nicht, dass es unrein ist.« Diese Vision wiederholte sich drei Mal, und sofort danach wurde das Tuch wieder in den Himmel hinaufgezogen. Petrus war ratlos, was dies zu bedeuten hatte. In diesem Augenblick fanden die Männer, die Kornelius geschickt hatte, das Haus des Simon. Sie standen draußen vor dem Tor und erkundigten sich, ob dies das Haus sei, in dem Simon Petrus als Gast wohne. Gleichzeitig sprach der Heilige Geist zu Petrus, während dieser noch über die Vision nachdachte: »Drei Männer sind gekommen, die dich suchen. Steig hinunter und geh ohne Bedenken mit ihnen, denn ich habe sie gesandt.«

APOSTELGESCHICHTE 10,13-20

Wage Schritte mit Gott aus deinem Wohlfühlbereich hinaus!

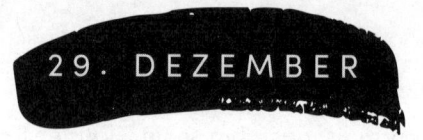
EWIG TREUER GOTT

Es liegt Kraft in dem Warten auf den Herrn,
Warten auf den Herrn,
Warten auf den Herrn.
Es liegt Kraft in dem Warten auf den Herrn,
Warten auf den Herrn,
Warten auf den Herrn.

Denn du regierst für immer,
denn du bist unser Retter.

Du bist der ewig treue Gott,
der ewig treue Gott.
Du bleibst dir treu und wirst nicht müde.
Den Schwachen stehst du immer bei,
schenkst Trost und machst uns frei.
Und wir fahrn auf mit Adlersschwingen.

Aus »Feiert Jesus! 4«, Nr. 69
Originaltitel: Everlasting God
Text und Melodie: Brenton Brown und Ken Riley
Deutsch: Arne Kopfermann
© 2005 Thankyou Music
Für D, A, CH: SCM Hänssler, 71087 Holzgerlingen

Feiert Jesus! 365
CD 1, Nr. 4

GOTT ALS ANKER

Dieses Bild ist unglaublich beruhigend: »Diese Zuversicht ist wie ein starker und vertrauenswürdiger Anker für unsere Seele. Sie reicht hinter den Vorhang des Himmels bis in das Innerste des Heiligtums Gottes« (Hebräer 6,19). Manchmal geht es in meinem Leben sehr turbulent zu. Eine negative Nachricht jagt die andere. Was tun, wenn mir die Hoffnung auf Heilung meiner Krankheit, auf Verbesserung der Situation, auf Erweckung in meiner Stadt und vieles andere abhandenkommt? Dann brauche ich mich nicht hoffnungslos und verzweifelt dahintreiben oder von den

Sturmwellen niederreißen lassen, sondern darf mich an meinem Anker festhalten! Meine Seele ist in Jesus verankert – was für ein unglaublich fester Halt!

Gerade in der Not darf ich darauf vertrauen, dass unser Gott ein starker, mächtiger und ewig treuer Gott ist, der mir Trost schenkt, der mir beisteht, der mir neue Kraft geben möchte. Er kann helfen, die Schwierigkeiten, Hindernisse und Wachstumshemmer zu überwinden, damit wir nach seinem Willen in ihm wachsen. Welche kommen dir gerade jetzt am Jahresende in den Sinn?

Manchmal erfordert dies aber Geduld, viel Geduld. Und Warten ist bekanntlich nicht jedermanns Stärke – auch meine nicht. »Sei ruhig in der Gegenwart des Herrn und warte, bis er eingreift« (Psalm 37,7). Der Psalm gibt uns den klaren Hinweis: Warten und ruhig und gelassen sein. Ebenso sagt es der Liedtext: »Es liegt Kraft in dem Warten auf den Herrn«. Dadurch, dass ich weiß, auf wen ich warte, darf ich getrost meine Sorgen und Zweifel ablegen und kann ruhig abwarten und dadurch Kraft schöpfen. Lerne ruhig auf Gott zu warten!

> Denkt an Gottes Zusage, die er Abraham gab. Weil Gott bei keinem Größeren schwören konnte, schwor er bei seinem eigenen Namen und sagte: »Ich werde dich reich segnen, und deine Nachkommen sollen zahllos sein.« Danach wartete Abraham geduldig und empfing schließlich, was Gott ihm versprochen hatte. Wer einen Eid leistet, schwört bei einem Größeren, dass er diesen Eid halten wird, und ein solcher Eid ist ohne Zweifel gültig. Auch Gott verpflichtete sich mit einem Eid, damit die Empfänger dieser Zusage vollkommen sicher sein konnten, dass sie unabänderlich war. Gott gab uns also sowohl seine Zusage als auch seinen Eid, die beide unabänderlich sind, weil Gott nicht lügt. Das ist für uns, die wir bei ihm Zuflucht gesucht haben, eine große Ermutigung, denn wir wollen ja das vor uns liegende Ziel, die Erfüllung der Hoffnung, erreichen. Diese Zuversicht ist wie ein starker und vertrauenswürdiger Anker für unsere Seele. Sie reicht hinter den Vorhang des Himmels bis in das Innerste des Heiligtums Gottes.
>
> **HEBRÄER 6,13-19**

Schöpfe Kraft, indem du auf Gottes Eingreifen wartest!

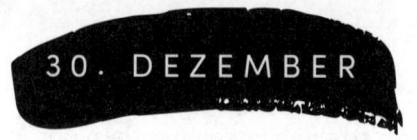
MIT ALLEM, WAS ICH BIN

Deine Gnade erfüllt mein Herz mit Dankbarkeit,
wie Wasser die Wüste erfrischt.
Deine Liebe erfüllt mein Herz mit Dankbarkeit,
wie Licht das Dunkel erhellt.

Auch wenn ich mich verloren fühl, bist du da.
Auch wenn ich dich nicht immer spür, bist du nah.

Aus »Feiert Jesus! 5«, Nr. 42
Text und Melodie: Ben Lütke
© 2010 Glaubenszentrum Music adm. by Gerth Medien, Asslar

Feiert Jesus! 365
CD 2, Nr. 2

GOTTES GNADE KRÖNT DIESES JAHR

»Du krönst das Jahr mit reicher Ernte, die steinigen Wege fließen über vor Fülle« (Psalm 65,12). Kannst du diesen Satz ebenfalls über dein vergangenes Jahr setzen? Wie auch immer dein letztes Jahr verlaufen ist – konntest du trotz allem oder gerade deswegen die Gnade Gottes erkennen? Was ist in den vergangenen zwölf Monaten in deinem Leben passiert an wunderschönen, unglaublichen, guten Ereignissen, Momenten, Wundern? Was an traurigen, enttäuschenden, verletzenden und schmerzhaften Dingen?

Bei jedem von uns mag dies anders verlaufen sein – kein Menschenleben gleicht einem anderen. Ein Vergleich bringt meist nichts außer Enttäuschung, Neid und Unzufriedenheit. Unser himmlischer Vater hat jeden von uns einzigartig geschaffen mit unterschiedlichen Gaben, Stärken und Schwächen, Familienverhältnissen, Berufsumständen und unterschiedlichem Gesundheitszustand. Er segnet jeden auf seine Weise und mutet auch nicht jedem das Gleiche zu. Dennoch erfüllt Gottes unglaubliche Liebe und Gnade »mein Herz mit Dankbarkeit«. Viele Wünsche und Gebete sind nicht in Erfüllung gegangen, doch trotzdem darf ich erkennen, dass ich einen Vater habe, der das Beste für mich möchte und der mich unendlich liebt, der mir meine Sünden vergibt und mich rein macht von aller Schuld, der Gemeinschaft mit mir haben möchte.

Hast du dich manchmal verloren und voller Fragen gefühlt? Ich schon, und genau dann tut dieses Wissen sehr gut: Auch wenn ich Gott nicht immer gespürt habe: er ist und bleibt immer bei mir! Gottes Spuren hinterlassen viel Segen in meinem Leben – Luther übersetzte Psalm 65,12 so: »[...] deine Fußtapfen triefen von Segen« (LUT 84). Ist das nicht ein wunderschönes Bild?

> Du sorgst für die Erde und bewässerst sie, machst sie üppig und fruchtbar. Gottes Fluss führt Wasser im Überfluss. Du schenkst ihnen Getreide in Hülle und Fülle, denn so hast du es angeordnet. Du tränkst die Ackerfurchen mit Regen und weichst den Erdboden auf. Du schenkst der Erde fruchtbringenden Regen und segnest, was auf ihr wächst. Du krönst das Jahr mit reicher Ernte, die steinigen Wege fließen über vor Fülle. Die Wüste wird zur blühenden Wiese, und von den Bergen hört man Jubel. Die Täler sind voller Schafherden, und die Felder sind üppig mit Korn bedeckt. Deshalb freuen sich alle und singen vor Glück!

PSALM 65,10-14

Gottes Spuren in deinem Leben sind voller Segen!

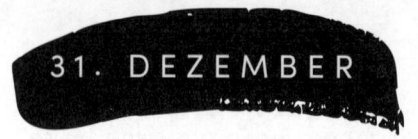

MIT ALLEM, WAS ICH BIN

Mit allem, was ich bin, will ich dich loben.
Mit meiner Stimme ruf ich aus: »Du bist treu!«
Mit allem, was ich bin, will ich dich lieben.
Von Herzen sing ich dir, denn du bist mein Gott!

Du schenkst Leben, gibst mir Hoffnung für alle Zeit,
bist mein Schöpfer und Erlöser für alle Zeit.

Aus »Feiert Jesus! 5«, Nr. 42
Text und Melodie: Ben Lütke
© 2010 Glaubenszentrum Music adm. by Gerth Medien, Asslar

Feiert Jesus! 365
CD 2, Nr. 2

WACHSTUM UND ZIELE ZUR EHRE GOTTES

»Mit allem, was ich bin, will ich dich lieben. Von Herzen sing ich dir, denn du bist mein Gott!« Richtig schwungvoll möchte ich dieses Lied mitsingen. Die Melodie reißt mich mit und auch der Text ermutigt mich, an dem, was ich glaube, festzuhalten: »Du schenkst Leben, gibst mir Hoffnung für alle Zeit.«
Manche Menschen nehmen sich bewusst zum Jahresbeginn neue Vorsätze, andere tun dies mitten im Jahr oder zu einem speziellen Anlass. Manchmal für ein Jahr, für fünf Jahre oder sogar für ein langfristiges Ziel. Jetzt zum Jahresschluss kannst du dir die interessante Frage stellen: Hast du die Ziele, die du dir vorgenommen hast, bereits verwirklicht? Hast du das, was du geplant hast im familiären, beruflichen oder geistlichen Bereich, umsetzen können? Waren es Zeiten des Wachstums? Warst du voller Freude und Hoffnung? Waren es Ziele, durch die Gott verherrlicht werden soll? Willst du Gott tatsächlich ganz praktisch mit allem,

was du bist, loben, oder ist es gerade an der Zeit für eine Korrektur? Sicher ist das eine oder andere gelungen, du bist beschenkt und überrascht worden. Anderes ließ sich bisher nicht verwirklichen, du bist verzweifelt oder enttäuscht worden, warst machtlos gegenüber mancher Herausforderung oder hast dich verloren gefühlt. Oder du hast gemerkt, dass du dich von deinen Zielen hast ablenken lassen.

Danke Gott für all das, was bereits gut geworden ist und träume weiter mit ihm, was du gerne zu seiner Ehre verwirklichen möchtest. Lass dein Leben mit ihm zu einem Frühling voll gesegneter Saat, einem Sommer voller Wachstum und einem Herbst mit reicher Ernte werden nach seinem Willen. Und du darfst wissen: Er ist treu und er ist da, auch wenn du ihn nicht immer spürst!

> Gebt den Worten von Christus viel Raum in euren Herzen. Gebraucht seine Worte weise, um einander zu lehren und zu ermahnen. Singt Gott aus ganzem Herzen Psalmen, Lobgesänge und geistliche Lieder. Doch alles, was auch immer ihr tut oder sagt, soll im Namen von Jesus, dem Herrn, geschehen, durch den ihr Gott, dem Vater, danken sollt! Tut eure Arbeit mit Eifer und Freude, als würdet ihr Gott dienen und nicht Menschen. Vergesst nicht, dass der Herr euch mit dem himmlischen Erbe belohnen wird. Dient dem Herrn Jesus Christus!
>
> **KOLOSSER 3,16-17.23-24**

Liebe und lobe Gott von Herzen!

AUTORINNEN & AUTOREN

Christina Clesle (1983) ist verheiratet mit Frank und Diplom-Betriebswirtin/Bachelor of Arts (DH). Sie lebt im Schwarzwald und widmet sich dort ihrer großen Leidenschaft: den drei gemeinsamen Kindern und der örtlichen Kinder- und Jugendarbeit.

Kerstin Enzenhöfer (1982) ist seit 2007 glücklich mit Rainer verheiratet und Mutter von vier Kindern. Neben ihren Jobs als Hausfrau und begeisterte Mama arbeitet sie als freie Lektorin und Hörbuchautorin. Ihre Hobbys sind Kochen, Fotografieren, Nähen und Verreisen.

Dr. Rainer Enzenhöfer (1978) ist verheiratet mit Kerstin und Vater von vier lebhaften Kindern. Er arbeitet bei einem Energieversorgungsunternehmen. Seine Hobbys sind Reisen, Bauen im und rund ums Haus sowie Grillen zu allen Jahreszeiten.

David Dietterle (1987) wohnt mit seiner Frau Hanna in Entringen. Er ist Techniker im Bereich Maschinenbau. In seiner freien Zeit engagiert er sich als ehrenamtlicher Jugendleiter und genießt es, in den Bergen zu sein beim Wandern, Biken und Snowboarden.

Lena Dietterle (1992) wohnt in Stuttgart. Sie arbeitet als Erzieherin in einer Ganztagesschule. Ihre freie Zeit verbringt sie am liebsten mit Freunden, spielt Gitarre oder macht Sport.

Klaus Göttler lebt gemeinsam mit seiner Familie in Wuppertal und ist Dozent an der Evangelistenschule Johanneum. Außerdem ist er als Redner bei ProChrist engagiert und als Musiker bundesweit tätig. Klaus ist an der Erstellung und Herausgabe der »Feiert Jesus«-Liederbücher beteiligt.

Tanja Härtel (1980) ist verheiratet mit Steffen. Sie wohnt in Gärtringen und war bis zur Geburt ihres Sohnes als Erzieherin tätig. In ihrer Freizeit geht sie gerne ins Fitnessstudio, reist gerne mit ihrem Mann und ist gerade dabei, das Klavierspielen zu lernen.

Steffen Härtel (1981) ist verheiratet mit Tanja und Vater eines Sohnes. Er ist Bankangestellter und Dozent an einer dualen Hochschule. In seiner Freizeit macht er gerne Sport, entdeckt die Welt und ist in der christlichen Freizeitarbeit tätig.

Ursula Kupfer (1980) ist glücklich verheiratet mit Michael und lebt in Roth. Die gelernte Logopädin ist mit ihren drei Kindern zu Hause. Neben ihrem neuen Musikprojekt »Königstöchter« engagiert sie sich im Bereich Seelsorge in der Gemeinde.

Michael Kupfer (1978) wohnt mit seiner wundervollen Frau und drei Kindern im mittelfränkischen Roth. Der gelernte Krankenpfleger und Mittelschullehrer mag Bücher und Bergwandern und ist gerne kreativ, unter anderem als Musiker und Songwriter der Nürnberger Band »*EBENBILD*«.

Jeroen Laverman (1989) wohnt mit seiner Frau Sabrina in Gärtringen-Rohrau. Derzeit befindet er sich kurz vor Abschluss seines Masterstudiums. Neben gelegentlichen Verkündigungsdiensten begeistert er sich vor allem für die Musik.

Manuela Rau (1989) studiert Grundschullehramt in Ludwigsburg. Sie wohnt mit ihrem Mann und ihrer Tochter in der Nähe von Stuttgart. Neben ihrer Leidenschaft fürs Singen bastelt und liest sie gerne.

Susanne Spinnler (1985) lebt mit ihrem Mann und zwei Kindern in Franken und ist dort evangelische Pfarrerin. Parallel ist sie Systemische Seelsorgerin, Tandemfahrerin, Köchin, Musikerin. Alles Kreativ-Künstlerische begeistert sie ebenso wie unser großer Gott, seine Wunder der Natur und Menschen, mit denen es gelingt, Leben zu teilen.

Franziska Widmaier (1993) ist seit 2014 mit Moritz verheiratet. Sie arbeitet im Marketing einer Softwarefirma und bringt sich ehrenamtlich in der Kinder- und Jugendarbeit ihrer Gemeinde ein.

Moritz Widmaier (1986) ist mit Franziska verheiratet und wohnt mit ihr in Gärtringen. Er arbeitet als Lehrer in Rottenburg und bringt sich ehrenamtlich in der Gemeindearbeit in Gärtringen ein.

Myriam Zinser (1979) ist dreifache Mutter und verheiratet mit Daniel. Bis 2010 arbeitete sie als Grundschullehrerin. Heute lebt sie mit ihrer Familie in Costa Rica (Zentralamerika), wo sie hilft, Lateinamerikaner für die Weltmission zuzurüsten.

BIBELSTELLENVERZEICHNIS

LIEDVERZEICHNIS

Das Liederschatz-Projekt
Liederschätze neu entdeckt

In vielen Kirchen und Gemeinden, besonders in Freikirchen, hat sich eine solch starke Lobpreiskultur etabliert, dass viele traditionelle Choräle z. B. aus den Kirchengesangbüchern fast gar nicht mehr gesungen werden. Diese werden nicht mehr an jüngere Generationen weitergegeben und sterben aus.

Unter dem Titel »Liederschatz-Projekt« will das Produzenten-Team Albert Frey und Lothar Kosse wertvolle, alte Gemeindelieder erhalten. Zu den Themen »Glaube«, »Hoffnung«, »Liebe«, »Morgen & Abend« und »Advent & Weihnachten« haben sie deshalb 60 beliebte Choräle neu aufgenommen, damit diese besser in den modernen Gemeindealltag eingebaut werden können.

Mit vielen bekannten deutschen Musikern wie Juri Friesen, Anja Lehmann, Andrea Adams-Frey, Sarah Kaiser, Thomas Enns, u. v. a.

Glaube
Nr. 097.360

Hoffnung
Nr. 097.361

Liebe
Nr. 097.362

Abend & Morgen
Nr. 097.387

Advent & Weihnachten
Nr. 097.388

Die Liederbücher

Die Notenausgaben enthalten die Choräle und Heilslieder
der CDs »Glaube«, »Hoffnung«, »Liebe«
und »Advent & Weihnachten«. Jedes Lied ist dabei
sowohl als Leadsheet als auch als mehrstimmig
gesetztes Notenarrangement abgedruckt:

Nr. 395.751
ISBN 978-3-7751-5751-3

Nr. 395.806
ISBN 978-3-7751-5806-0

Das Andachtsbuch

Daniel Schneider
Glaube, Hoffnung, Liebe
Das Andachtsbuch mit 36 Andachten
Nr. 226.677 / ISBN 978-3-4172-6677-1

Weitere Informationen unter www.das-liederschatzprojekt.de

Feiert Jesus! FÜNF

Feiert Jesus! 5 – das Standardwerk für das gemeinsame Singen in Gottesdiensten und Kleingruppen, es enthält 248 neue und bekannte Lieder, von national und international bedeutenden Songwritern wie Chris Tomlin, Matt Redman, Hillsong, Jesus Culture, der Outbreakband, Sefora Nelson, Albert Frey, Lothar Kosse, Arne Kopfermann und vielen anderen. Eine Kategorisierung, ein großes Bibelstellen- und Stichwortverzeichnis, sowie ein umfangreicher Anhang mit weiteren Texten und Gebeten dienen der praxisnahen Anwendung des Liederbuchs.

Paperback-Ausgabe: Nr. 395.700 / ISBN 978-3-7751-5700-1
Ringbuch-Ausgabe: Nr. 395.701 / ISBN 978-3-7751-5701-8

Damit die Lieder des Feiert Jesus! 5- Liederbuchs schnell und unkompliziert gelernt werden können, gibt es das Begleitset »Listen & Learn«: Ein Paket mit sechs CDs, auf denen alle Lieder in kurzen Lernversionen enthalten sind. Jeder Titel wird in der Originaltonart des Liederbuchs mit schlichtem Sologesang und einem Begleitinstrument (Klavier oder Gitarre) vorgetragen. Bei der »Listen & Learn«-Version, werden alle musikalisch relevanten Teile eines Liedes berücksichtigt: Strophe, Refrain und falls vorhanden auch Sonderteile wie Bridge oder Coda. So können die neuen Songs ganz einfach und schnell gelernt werden.

6-CDs Nr. 097.391

Die Doppel-CD zum Andachtsbuch

Die ideale Ergänzung zu diesem neuen »Feiert Jesus!«-
Andachtsbuch: Eine Auswahl von 30 Songs aus der beliebten
Bestseller-Reihe, interpretiert von bekannten Interpreten wie
Juri Friesen, Andreas Volz, Lena Belgart, Anja Lehmann u.v.m.
Mit mehr als 2 Stunden Spielzeit, ein echter Lobpreis-Genuss!
Nr. 097.410